谨以此书庆祝

中国共产党第二十次全国代表大会胜利召开

《包头政协文史资料》第三十辑

人物履迹话包头

（上册）

杨利民　主编

樊尚仁　执行主编

中国文史出版社

序

包头市政协党组书记、主席　杨利民

有一句话这样形容包头的特点：山川形胜，历史悠久，人文荟萃。

包头，位于祖国的正北方，北与蒙古国相接；南依黄河与鄂尔多斯相邻而达于晋陕；东通京津冀；西达甘宁青。阴山山脉横亘中部，山北为半荒漠化草原，山南是古称敕勒川的土默川平原。

黄河与阴山天险构成了古代北方游牧文明与南方农耕文明相交集的分界线。特别是险峻的阴山山脉包头大青山段，在遥远的古代能够沟通南北的交通要道只有昆都仑沟（汉代称稒阳道）和忽鸡沟（汉代称满夷谷），这种独有的地理形势造就了包头地区成为历朝历代民族战争与民族贸易、民族融合的大舞台；这种独特的地理环境造就了一代又一代对历史进程有较大影响的人物在这片热土上先后闪亮登场！

早在原始社会后期，就有先民在黄河北侧台地上繁衍生息。

据《史记》记载，夏朝被商汤灭国后，夏桀的一部分后代及妻妾逃亡到这一地区并与当地土著融合。

商、周时期，这里有一支十分强悍的少数民族，人称鬼方。商王武丁时期曾派大将震征伐鬼方，所谓"震用伐鬼方，三年有赏于大国"。（《周易》）周代的康王也曾命盂征伐鬼方。

包头最早的建置是九原县，是战国时期赵武灵王所置。秦朝设置九原郡。汉朝设置五原郡，下辖九原县。

赵武灵王征服包头地区后，把长城修到这个地方。

秦始皇派大将蒙恬北征，兵锋直指包头地区，修筑了从云阳甘泉宫直抵九原郡的直道，同时在阴山山脉包头段修筑了长城。

汉代在今包头麻池地区筑城，是五原郡治所在地，地属九原县管辖。汉代经过"文景之治"，到武帝时国力得到极大的提升，以卫青、霍去病为代表的一大批杰出军事人才多次北伐匈奴，将包括包头地区在内的广大北方收入囊中。汉朝曾在包头达茂草原上修筑长城。这里一度有饮马长城窟、水寒风似刀的景象。

据《资治通鉴》记载，汉元封元年，汉武帝"自云阳北历上郡、西河、五原，出长城，北登单于台，至朔方，临北河，勒兵十八万骑，旌旗径千余里，以见武节，威匈奴"。然后东去泰山封禅，再到碣石，巡辽西，"历北边，至九原。五月，乃至甘泉，凡周行万八千里云"。汉武帝还曾命浮沮将军公孙贺"将万五千骑出九原二千余里，至浮苴井而还"。

汉代王昭君和亲，过黄河后在五原停留，此后一直活动于九原、黑水（今达茂旗艾不盖河）及今呼和浩特市、鄂尔多斯市准格尔旗等地，她的丈夫呼韩邪单于在五原一带为汉朝守边。

西汉末年，西平王卢芳在匈奴的支持下称帝，建都于五原郡九原县，割据五原先后十二年。后被光武帝封为代王，不久又逃入匈奴。

东汉末年，天下大乱，一代才女蔡文姬被南匈奴所掠，嫁给左贤王，活动在五原一带，后被曹操赎回。

《后汉书》和《三国志》记："吕布，字奉先，五原郡九原人也。"

北魏时期，朝廷在中国北方设置了几个军镇，其中最大的怀朔镇建在今包头固阳县境内，替父从军的女英雄木兰、北魏丞相高欢（后被其孙追封为北齐神武皇帝）、北齐皇帝高洋等都在这一带活动过。

唐代的李世勣（《隋唐演义》中的徐茂公）曾在这里用兵。张仁愿曾在这里修筑中受降城，驻军七千人。

唐末，李克用为云中守捉使，治所在今包头萨拉齐镇。

据史料记载，辽末天祚帝在王朝即将灭亡的最后几年曾躲进大青山中有一段叫夹山的地方暂避风头。

在成吉思汗建立蒙古帝国的征战过程中，今包头达茂旗境内有一支高鼻深目白颜、具有我国西部民族体貌特征的汪古部人对他帮助较大，后来成吉思汗封其部落首领为赵王，并把自己的女儿阿剌海别吉嫁给他。此后成吉思汗每逢外出征战，都把帝国的内部事务交给阿剌海别吉处理（内政问阿剌海别吉，军务问木华黎），人称"监国公主"。赵王在今达茂草原上建了赵王城，后被北伐的红巾军烧毁。

明朝初期，包头地区为明朝管辖。"土木堡之变"后，包头地区被蒙古土默特部阿勒坦汗占据，其时出现了一位杰出的蒙古族女杰三娘子。"隆庆和议"后土默川草原上出现了蒙汉互市的热闹场景。那个时期，土默川地区以蒙古族为主，但也有汉人十万。那时，包头村已具雏形。此后三百年来，蒙汉回满等各族人民经过辛勤建设，终使包头由村而镇、由镇而县、由县而市，得以发展。

清王朝建立后，康熙西征噶尔丹，曾派兵部尚书范昭逵在包头考察建立兵站事宜，范昭逵把包头称作"泊头"。后来康熙率大军西征时，军队后面跟随了不少为军队服务的内地农民，有些人后来就留在包头，做一些草料生意或干些手工活儿。

清同治年间大同镇总兵马升筑包头城，并在本地剿匪。

清末，义和团运动波及包头，其标志性事件是萨拉齐等地义和团及民众攻打二十四顷地主教府。

清朝时期，山西、陕西等地的汉族农民"走西口"到包头、乌拉特、五原、临河、陕坝，络绎不绝。这些人有的在萨拉齐、包头城做小买卖，还有的春天来包头租地种地，秋天收走粮食后再回去，老百姓称之为"雁行"。

清末，托克托县河口古镇码头被水冲毁后，包头建成南海子码头，加之民国初年京包铁路通车，包头成为东通京津冀、西通甘宁青、南通晋陕、北通俄蒙的四通之地，人称"水陆通衢""水旱码头"，成为西北地区粮油、皮毛、牲畜集散地，是"旅蒙商"的一个重要聚集地和货物中转站。

清末武昌起义后，包头发生了镇压起义军的"马号事件"。后来阎锡山率山西起义军进入包头，将包头改名为"包东州"，不久撤走。

民国初期，军阀混战，驻防包头的各路军阀你来我往，社会上土匪横行，乱象丛生。这一时期发生了玉禄、满泰的"老一团"剿匪事件。

大革命时期，中共北方区执行委员会在李大钊的领导下，在包头地区初布星火，早期在包头地区从事党的地下工作的有李裕智、吉雅泰。他们建立了中共包头工委，组织罢工，还建立了自己的武装。

此后，王若飞、刘仁等先后到包头，与乌兰夫、吉合等取得联系，组建了中共绥远省特委。

1931年九一八事变，日本关东军大规模军事侵华，黑龙江马占山将军组织"江桥抗战"，数年后率部抵达包头，参加了卢沟桥事变后的全面抗战。

早在卢沟桥事变前，内蒙古部分共产党员和进步青年就发动了反抗蒙奸德王的百灵庙暴动。此后，国民党军傅作义部组织了攻击百灵庙的战斗。

1937年9月17日上午，包头沦陷，日军进占包头。全面抗战期间，在包头及其周边地区参加抗战的有八路军大青山支队，包头城内及固阳县、萨拉齐组织的三支抗日自卫军，共产党领导的游击队，马占山的挺进军，傅作义的国民党军等。

抗战胜利后，国民党派员"劫收"包头。内战爆发后，发生在包头地区的重要战役是贺龙指挥所部两打包头城。

中华人民共和国成立后，包头焕发出勃勃生机和无穷活力。

新中国成立初期，百废待兴，在苏联的支持下，国家开始实施"一五"计划，在包头布局了五个重大工业项目。此后几十年，包头由过去的一个商业型小城逐步蜕变为一个重工业城市。特别是在"全国支援包钢"的号召下，一大批建设人才云集包头。在建设包钢的同时，内蒙古第一机械制造厂、内蒙古第二机械制造厂、核工业二〇二厂、中国第二冶金建设公司（简称二冶）、五二研究所、包头钢铁设计研究院、包头铝厂以及各大中专院校和中小学校、医院，汇集了一大批建设人才、研究人才和教学骨干、医务工作者、艺术工作者。

今天，我们回顾历史上的包头，不禁百感交集，浮想联翩。在这片神奇的土地上，从茹毛饮血冥顽不灵到蒙昧初开文明肇创，从各路人等你方唱罢我登场到各种势力此消彼长，从个人起落沉浮到社会动荡变革……直到在中国共产党领导下，才把她建成了一个经济发展、社会和谐、人民幸福、美丽宜居的文明之城。

有一种精神，穿越历史；有一种奋斗，辉映未来。而穿越岁月风尘的包头，正是这种奋斗精神的忠实践行者。中华人民共和国成立以来，包头市攻坚克难，生产出中国第一辆坦克、第一门高射炮、第一颗原子弹和氢弹的核燃料，让共和国为之骄傲；党的十八大以来，包头进入了高质量发展的崭新时期，全市人民乘势而上、主动转型，厚植发展优势，助力经济发展方式实现新转变，包头经济"块头"更大、"筋骨"更强，整体实力迈上新台阶。2016年包头市在中国289个城市中综合经济竞争力居第76位；2021年在中国百强城市排行榜中位列67位，在一路奋进的发展答卷上写下了精彩的华章。

包头地区历来是兵家必争之地，是汉族与北方游牧民族的民族纷争和民族融合之地，是人文荟萃之地，一些历史人物包括近现代以来在包头地区活动过的代表人物的一些史料均散见于包头市各级党委的党史、政府的志史、政协的文史以及一些行业史、厂史、村镇史中。为便于全面了解历史人物，包头市政协责成政协教科卫体委员会副主任樊尚仁同志，主持编撰一套能够综合反映曾经在包头地区活动过的代表人物的简要生平，以及他们在包头地区生活和工作主要事迹的书籍，并定名为《人物履迹话包头》。

文史资料的征集、研究、出版工作是人民政协工作中的一项重要内容，尚仁同志长期从事文史资料工作，由他具体负责编撰的金戈铁马、塞上通衢、人文历史、诗词歌赋、抗日烽火、多党合作、民族宗教（后更名为"鹿野长河"）"话包头"系列及《包头人文景观概览》《包头非公经济人物撷萃》《改革开放亲历记》《包头日文经济史料选辑》等，将包头政协的文史资料工作由广泛征集、整理出版提升到专题研究、整理出版的新阶段。所谓宝剑锋从磨砺出，梅花香自苦寒来；累累硕果饱含着尚仁同志几十年如一日严谨艰辛的治学理念和求真务实的治学精神。

这次尚仁同志又不辞辛苦，经过一年多的努力，终将《人物履迹话包头》集结成上、中、下三册（90万字、637帧图片），属于市政协编纂的又一种研究性专题读物。加上前不久市政协出版的《工业经济话包头》，"话包头"系列已成书九种十五册。

《人物履迹话包头》结稿后，邀请内蒙古自治区文史研究馆馆员齐凤凌同志对全书内容做了审核并作《跋》。市政协有关负责同志最后加以审定。

我相信，本书的出版发行将十分有益于"存史、资政、团结、育人"以及对外交流工作的开展，这也是我们决定出版此书的目的和意义所在。

中国特色社会主义进入新时代，以习近平同志为核心的中共中央对人民政协工作提出了新要求新部署。政协文史工作的历史方位和时代背景正发生深刻变化。加强和改进政协文史工作，必须深刻把握时代要求，深化规律性认识，从以抢救挖掘为主向抢救挖掘与做好经常性文史工作并重转变，从重视史料征集向史料征集与史料研究利用并重转变，使政协文史工作更好成为彰显人民政协专门协商机构特色优势的基础支撑，成为促进中华儿女大团结的有力抓手，成为发挥委员主体作用的有效载体。在中华人民共和国国史学会成立30周年之际，习近平总书记在致大会的贺信中指出："希望国史学会深入学习贯彻党的二十大精神，坚持正确政治方向，坚持历史唯物主义，以马克思主义中国化时代化最新成果为指导，进一步团结全国广大国史研究工作者，牢牢把握国史的主题主线、主流本质，不断提高研究水平，创新宣传方式，加强教育引导，激励人们坚定历史自信、增强历史主动，更好凝聚团结奋斗的精神力量，为全面建设社会主义现代化国家、全面推进中华民族伟大复兴作出新贡献。"

我想，这也应该是我们当前和今后做好文史工作的根本指南和努力方向。

初稿于 2022 年 10 月 8 日

定稿于 2022 年 12 月 15 日

目 录 |

中　册

下　册

0863	苍鹰雄踞坚韧柏	水仙绽放清白花 —— 任德超小传
0871	云儿知他太辛苦	风儿唱他奋进歌 —— 沙月林小传
0875	金榜之上题姓名	不负当年苦用功 —— 吕湘提小传
0879	月下急追关汉卿	梨园初探二人台 —— 苗文琦小传
0882	一生正气培新苗	两袖清风育家风 —— 李畅茂小传
0887	生离死别已吞声	总教后人常恻恻 —— 孟克达赖小传
0890	男儿一向心如铁	看他试手补天裂 —— 哈斯楚鲁小传
0892	迎难而上打基础	敢于攻关开新局 —— 安纯祥小传
0897	肩负使命埋头干	不忘工作只忘我 —— 吕瑛小传
0900	千里草原风景异	塞外钢水第一炉 —— 额尔敦布和小传
0902	豪情壮志两难休	都自心头涌笔头 —— 李野小传
0907	访师拜友勤学问	工人画家演风流 —— 杨发旺小传
0913	医者本是仁者心	救死扶伤记不清 —— 蒋焰小传
0917	组合设计频突破	一百年来第一人 —— 陆家義小传
0924	千里之行步步难	九层之台渐渐高 —— 刘克敌小传
0930	黄沙漫漫初创业	硕果累累苏步环 —— 苏步环小传
0935	寂寂江山摇落处	怜君何事到天涯 —— 张乃钧小传
0941	擦亮蓝天歌一曲	净化心田勤呼唤 —— 焦德成小传
0948	不辍耕耘若许年	大珠小珠落玉盘 —— 许淇小传
0954	写尽熏风青草地	画成照影碧蓝天 —— 刘在田小传
0959	天长地久有时尽	师德绵绵无绝期 —— 韩雪屏小传
0966	曲罢曾教善才服	妆成每被秋娘妒 —— 乔玉莲小传
0969	劳动模范力量大	铁定企业主人翁 —— 唐章媛小传
0974	柳絮纷纷随风起	举国献爱如潮生 —— 张雪小传
0983	笔挟元气力扛鼎	苍茫飞动势磅礴 —— 麻天佑小传
0987	宝剑锋从磨砺出	梅花香自苦寒来 —— 高仁宽小传
0993	人生如棋局局新	入局之人需用心 —— 李曰纯小传

骑射胡服捍北疆
英雄不愧武灵王

——赵武灵王小传

赵武灵王（约公元前 340—公元前 295 年），嬴姓赵氏，名雍，赵国邯郸（今河北省邯郸市）人。战国时期赵国第六代君主，先秦时代著名的政治家、军事家、改革家，赵肃侯的儿子。被梁启超称为"黄帝之后的第一伟人"。

赵武灵王在位的时候，军事上推行"胡服骑射"，不断推动赵国军力日益强盛，成为战国中后期的强国，甚至可以和秦国相抗衡。后来吞灭中山国，大败林胡、楼烦，开辟云中、雁门、代郡三郡，还修筑了"赵长城"。

从史籍记载看，包头地区的开发大约要追溯到战国时期的赵武灵王。关于他在塞北高原修筑赵长城的典故一直流传至今，包头人还给他塑了一尊像。

春秋时邯郸先属卫，后属晋，战国时属赵，邯郸作为赵国的都城长达165年之久。在赵国统治时期，邯郸得以迅速发展，是赵武灵王"胡服骑射"军事改革后出现的局面，邯郸成为名扬天下的大都市。那时的邯郸，不仅是赵国的政治、经济、文化、军事中心，还是中原冶铁业和商业中心。但是当王位传到赵武灵王的时候，这个曾经强大无比的国家其国势已日趋衰弱，那时的赵国，西边有强秦的威逼，对赵国一直虎视眈眈，"亡赵之心不死"，常有战争发生。赵国的东边有齐国的不断进攻，也就是说赵国两头挨打。北边更麻烦，匈奴屡屡骚扰，攻城掳财，扰乱边疆。更糟的是林胡和楼烦也乘机捣乱，弄得赵国国无宁日，人民苦不堪言，赵国危在旦夕，面临灭亡的危险。也就在这个时候，赵雍在其叔父公子成的拥立下继位，号武灵。

赵武灵王年轻好胜，血气方刚，不甘心受欺凌、遭祸乱，很想富国强兵，干一番兴国事业。他继位时，赵国周围楚、齐、秦、魏等国都已称王，谋臣

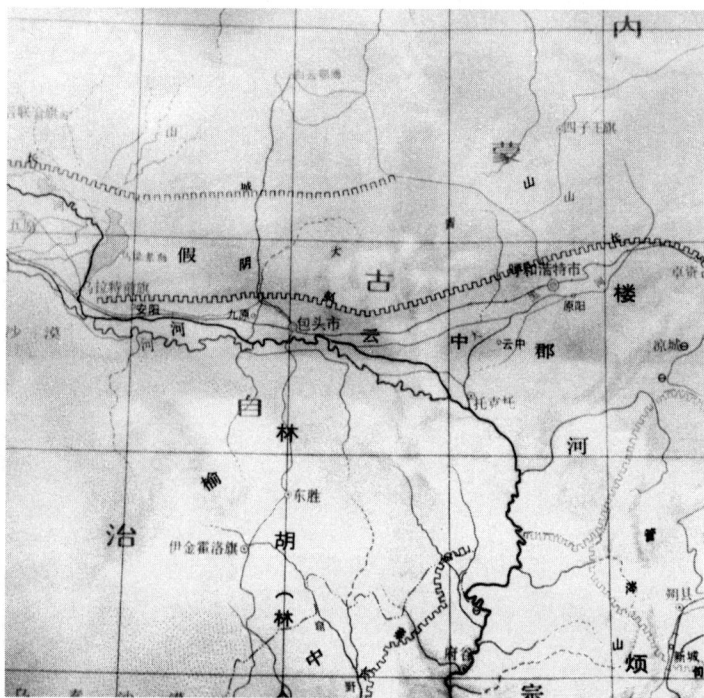

战国包头地区为赵国云中郡下的一个"邑"，即县级行政区

们劝他也称王。他回答：称公称王只是虚名，要紧的是国富民强，这才是真正称王于天下。缓称王，既可以避免树大招风带来的麻烦，又可以积蓄实力，武灵王令国人称自己为君。

赵国北境，有很长的边界与林胡、楼烦等胡人接壤，经常受到侵扰。

赵雍为此多次到北境察看，他渐渐悟出一个道理，要想使国家强大，人民富足，就得先学习胡人，在赵国来一番改革。为此，他奖励耕作，发展农业，壮大冶炼业，鼓励将士杀敌立功，还亲自跑到战场前线，一面指挥作战，一面观察敌情，从中寻找取胜的经验。

有一次，他化装成普通边民，短衣窄裤，头戴毡帽，混进胡营，仔细了解了胡人练兵的情况。

就这样，武灵王经过长期细心的"调查研究"，认识到胡人军队穿紧身短衣窄裤的服装、骑马射箭作战的优越性，发现了自己军队穿着宽大的战袍，驾着笨重的战车作战的缺点。胡人这种战法，机动灵活，进退自如，攻守皆宜。而自己祖传的车战，攻不能追击胡骑，退躲不过追兵，常吃败仗。尤其是在丘陵、山地作战，胡人更优于自己。于是，他就想进行一次军事改革，让自己的军队也穿胡服、习骑射，改变祖传那种穿战袍、驾战车的作战方法。

武灵王的这一主张，虽受到肥义、娄缓等革新派大臣的支持，却遭到了他的叔父公子成等守旧派重臣们的强烈反对。反对派认为，胡服骑射是损伤祖礼、破坏祖制、有害国体的伤风败俗行为，是背叛祖宗的逆行，于是群起而攻之，坚决阻止这一改革。公子成还恃功自骄，在责骂赵武灵王为忤逆不孝的昏君之后，以辞朝来威胁。其他守旧臣吏有公子成为靠山，更是气焰嚣张，肆意攻击胡服骑射，大造反对舆论，要维护传统旧制，不能丢掉旧式战法，即使打了败仗也不接受教训，反说赵武灵王的主张违了天意，伤了祖宗，动摇了军心。

赵雍面对重重压力，召集肥义、娄缓等大臣计议。认为保守势力的总后台是公子成，是这场改革的最大障碍，而公子成又是赵雍的大恩人，在赵雍的继位问题上态度坚决，力排众议，毫不动摇地支持其上位，又率军平定叛乱，为国之安定立下汗马功劳。这样一位德高望重、功劳卓著的叔父不支持改革，那是万万不可贸然行事的。

为此，赵雍寝不安枕，食不甘味，焦急万分。他思前想后，觉得对叔父公子成不能以非对非，更不能一杀了之。他回想起当年老爹驾崩，国内无主，秦国探得情报，阴谋挑起继位之争，以便乘乱入侵灭掉赵国时，正是公子成当机立断，立自己为君，从而挫败了秦王阴谋，保住了赵氏江山社稷。这一功劳，不仅安定了赵国，也使赵雍有了发挥才能的机会。如今自己当政了，地位巩固了，若只顾一时痛快而伤害了恩人，岂不令世人齿寒？况且叔父公子成虽然老了，思想守旧，反对改革，也曾羞辱了自己，侵犯了国君威权，不成体统，但并无篡权谋位之心。出发点还是忠君爱国的。对这样的反对派领袖人物，决不能粗暴无礼，更不能滥施刑罚。怎么办呢？有道是："精诚所至，金石为开。"耐心说服，以理服人，方能化解矛盾，把叔父争取过来。于是赵雍放下君主的架子，屈尊登门拜望公子成，向公子成耐心陈述了旧服旧制的种种弊端，阐明了新服新制的优越性，用亲身经历和深入敌阵看到的实况为例，说得入情入理，慷慨激昂，声泪俱下，十分动人。最后，他看到叔父沉默不语、心有所动时，便继续说道："叔父啊，你想想吧，从古到今，不管哪朝哪代，所有的律令礼制，哪一条不是根据实际情况制定的？所有服装和器械哪一件不是为了穿用方便而制作的？古人说过'因事而制礼'，只要对国家、对百姓有利，适合当时的环境，古人能'制礼'，我们为什么就不能呢？我今日推行胡服骑射，革除旧服旧制，符合实际情况，既能富国强兵，又可抵御强国侵扰，有何不可呢？像我们现在的军队，穿着行动很不方便的宽袖长襟战袍，坐着笨重的战车，攻不能追打敌人，退又会被敌人追上，能强大吗？能不吃败仗吗？这么下去我们赵国慢慢不就灭亡了吗？"

武灵王的言论颇有道理，过去的战法愚笨，军队以战车为主，每车配甲士三员，车后随步兵七十二员。每逢阵战，预先列好方队，然后一通鼓令，才与敌人冲击拼杀。中原的这套战法，对于北方胡人是全无用处。而胡人无论是行军或作战，都很简便快捷，一匹快马、一身便装、一把利刀、一袋干

赵长城

肉、一壶泉水就能来如电去如风，征服天下。

他接着再劝叔父："您老人家也说说，到底是只顾脸面、死守祖制和成规故礼重要，还是进行改革、富国强兵保国安民重要？还请叔父三思！"

武灵王这一席话，如春风化雨，句句打动了公子成，解开了公子成心中的疙瘩，使他心悦诚服地认识到自己陈腐观念的错误，转而支持武灵王的改革。

武灵王认为，摆在赵国面前的主要问题是防止入侵中原的胡人铁骑，只要修筑一条长城，胡马铁骑就甭想跨越，阻其行、断其路，才能给赵国带来安全。

公元前306年，赵国军队消灭楼烦、林胡，辟地千里，在阴山之南建立了代郡、雁门、云中三郡。包头麻池古城即为云中郡所辖之九原。

公元前302年，武灵王命吏大夫的奴隶们都迁移到九原，充实边境，垦农田，发展农业生产；又命令边塞将士、官吏、士民都穿胡服，守边疆。

公元前300多年，赵武灵王筑起一条500多公里长的赵长城——东起河北

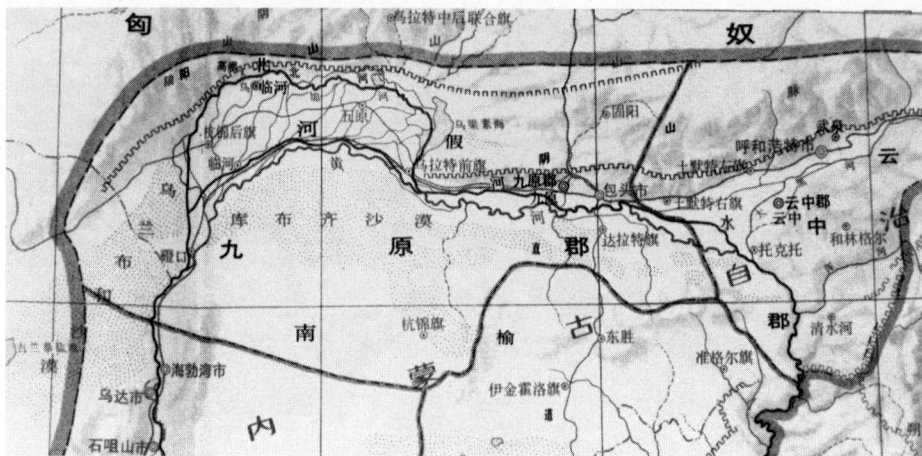
秦代九原郡图

省蔚县，经山西省雁北，再傍阴山山脉南麓迤逦而西，经包头直至巴彦淖尔市乌拉特前旗。赵长城在包头境内，东从今土默特右旗与土默特左旗交界处的协力气村一带进入包头，沿大青山西去。从石拐区老爷庙山以东经北部的大庙、二相公窑、西边墙壕等地，越昆都仑沟口、梅力更沟口入乌拉特前旗。

赵长城的特点是长城修筑于阴山南麓，一般取直线行进。长城主体以土筑为主，个别地段用石头砌筑。长城在重要关口处往往置有与长城相依的障城，这些障城多为长方形，有的与长城相连。障城的规模和数量往往与该关口的重要程度相关。在包头境内，赵长城全长约150公里。

武灵王为了与秦国争夺霸权，亲自到云中（今托克托县古城乡古城）、九原活动。他以九原为基地，移民实边，垦农田、建马苑，征集林胡、楼烦的士兵，准备从北向南出兵攻秦。武灵王还乔装打扮成赵国使臣到秦国去观察沿途的地形，绘制地图。

武灵王二十七年（公元前299年），赵武灵王在赵国鼎盛的时候为了专注于军国大事，把王位禅让给儿子赵惠文王，自己被尊为"主父"。

赵惠文王四年（公元前295年），赵武灵王遭遇沙丘之乱——主父武灵王与少子惠文王同游沙丘，长子章乘机作乱，欲杀惠文王以自立，公子成等发

赵长城遗址

兵平乱，长子章兵败，逃入武灵王行宫，公子成率兵围困，杀章。武灵王被围困三个月，在宫中得不到饮食，终于饿死在沙丘宫中，未能实现与秦争雄的目的，终年 45 岁，被追谥"武灵"，后人尊称赵武灵王。从他奠定赵国强盛基础之后，赵国君主正式称王。

由于胡服骑射这一军事改革取得了巨大成功，所以被历代传为佳话，对后世产生了深远的影响。随着时间的流逝，直到两千三百多年后的今天，武灵王修筑的长城遗址犹在，如今是国家重点文物保护单位，也是包头市的旅游景点，供人凭吊。

今天的赵长城虽然已失去了昔日的辉煌，但作为历史遗迹，也足以让人发思古之幽情。著名历史学家翦伯赞曾有诗曰：

骑射胡服捍北疆，英雄不愧武灵王。
邯郸歌舞终消歇，河曲风光旧莽苍。
坐断云中无鹊起，飞来天外有鹰扬。
两千几百年前事，只剩蓬蒿伴土墙。

赵长城遗址碑

　　赵武灵王在包头修长城，穿胡服，习骑射，垦农田，并在两千多年前就把内地文化渗透到这片古老的地域，把先进的农耕文化传入塞外，赵武灵王功不可没。

硝烟散去边警息
万里红尘走一遭

—— 王昭君小传

公元前33年（汉元帝竟宁元年），一队队战马，一峰峰骆驼，一辆辆毡车，旌旗招展地缓缓行进在从长安至五原郡（今包头市）的秦直道上。队伍当中的一辆毡车上，有位发髻高耸、光彩照人的靓女，怀抱琵琶，玉指轻弹。那行云流水般的琴声，在广袤的天地间徜徉着，给草原增添了几分浓浓的生气，这是汉室宫女王昭君和亲出塞的情景。

王昭君（约公元前52—公元前19年），名嫱，字昭君，乳名皓月，西汉南郡秭归（今湖北省宜昌市兴山县）人，与貂蝉、西施、杨玉环并称中国古代四大美女，是四大美女之一的落雁，晋朝时为避司马昭讳，又称"明妃"。

王昭君故里雕塑

一个时期以来，强悍的匈奴民族一直与中原汉王朝对峙，为对北方民族实行有效挟制和管辖，汉武帝先后派遣卫青、霍去病等大将三次讨伐匈奴。

汉宣帝时，汉室国力渐弱，匈奴内部也发生了严重分裂。在这种情况下，南匈奴首领、富有政治远见的挛鞮稽侯珊（生于公元前80年，卒于公元前31年，公元前58至公元前31年在位，名稽侯珊，虚闾权渠单于子）父死，未能立，逃至妻父乌禅幕处。汉中宗孝宣帝神爵四年（公元前58年），被乌禅幕及左地贵人等拥立，称呼韩邪单于，发兵击败握衍朐鞮单于。汉中宗孝宣帝五凤二年（公元前56年）秋，击败右地屠耆单于。五凤四年夏，被其兄郅支单击败，引众南近塞，遣子入汉，对汉称臣，欲借汉朝之力保全自己。

公元前51年（汉中宗孝宣帝甘露三年）春正月，呼韩邪单于经五原（治所在今包头市九原区麻池古城遗址），沿直道到长安谒见天子，受到汉孝宣帝刘询的隆重接待。临别前，孝宣帝还同意了他的请求，准许呼韩邪单于率部留居光禄塞（约为今包头市达茂旗百灵庙镇西南古城处）下为汉朝守边。

公元前49年（汉中宗孝宣帝黄龙元年），汉孝元帝刘奭继位，呼韩邪单于再次入朝，又受到孝元帝礼遇。不久，北匈奴郅支单于被汉将甘延寿、陈汤共同消灭，为呼韩邪单于除了敌手。

呼韩邪单于在公元前33年春正月第三次到了长安，为表示亲近友好，提出愿给汉室当女婿的请求。

汉孝元帝刘奭答应了呼韩邪单于的请求，下令从后宫待诏、尚未取得嫔妃身份的"良家子"中挑选一位合适的女子嫁给呼韩邪单于。消息传到后宫，众宫人惧怕北地寒冷艰苦不敢请行，独有王嫱深明大义，自请北行。

王嫱是汉孝元帝继位初被选入宫中的，几年间一直没有见过皇帝的面，是个待诏掖庭的"良家子"身份，过着锦衣玉食但百无聊赖的生活。听到消息后，她向管理后宫的掖庭令要求，愿意嫁给呼韩邪单于，促进汉匈和好，孝元帝就把她赐给呼韩邪单于为妻。临辞行时，"昭君丰容靓饰，光明汉宫，顾影徘徊，竦动左右"，确是一绝世美人，呼韩邪单于极为欢喜，当即封王嫱为"宁胡阏氏"（阏氏，音焉支，意思是"王后"，象征她将给匈奴带来安宁

昭君出塞

和兴旺——樊尚仁注）。汉孝元帝认为这次政治联姻意义重大，可使"边陲长无兵革之事"，特意将年号"建昭"改为"竟宁"，取边境安宁之意。

王昭君当年与呼韩邪单于一行，大致是从汉都长安出发，先过左冯翊（在长安东北），然后经北地（今甘肃庆阳市）、上郡（今陕西榆林县）、西河（今内蒙古鄂尔多斯市东胜区）及朔方（今鄂尔多斯市杭锦旗）而至五原塞（今内蒙古包头市九原区哈业胡同附近，其塞人称"夫人城"，北周人庾信写《明妃词》说："敛眉光禄塞，还望夫人城。"——樊尚仁注），与呼韩邪单于迎亲的队伍在黄河渡口会合，迎娶礼仪规格之高、声势之大实为空前。

王昭君出塞到单于南庭（位于今包头市固阳县北及达茂联合旗艾不盖河一带），辅助呼韩邪单于促进汉匈和好，保障边塞安宁。

王昭君与呼韩邪单于生有一子，名伊屠智牙师，后封为右日逐王。

两年后，呼韩邪单于病逝，其长子雕陶莫皋继位，为复株累若鞮单于。汉孝成帝刘骜要王昭君入乡随俗，嫁于复株累若鞮单于，生二女，长女须卜居次（"居次"是公主的意思），小女当于居次。王昭君先后做了两代匈奴单于的阏氏，巩固了汉匈之间的和平，影响惠及子孙，她的儿子、女儿、女婿、外孙，都为汉匈友好做出过很大贡献；她在南郡家乡的几位亲属如侄子王歙、王飒都曾作为汉室使者出使匈奴，为汉匈友好也做出了努力。在昭君出塞后的 60 年间，汉匈一直友好相处，正如《汉书·匈奴传》所记载的："是时边城晏闭，牛马布野，三世无犬吠之警，黎庶亡干戈之役。"

包头召湾汉墓出土的单于天降瓦当

考古工作者从麻池古城西南的召湾汉墓中清理出大量秦汉时期的陶器、铜器、漆器、金银玉器和钱币，最难得的是在墓穴中发现了"单于和亲""单于天降"瓦当。其直径分别为 15.5 厘米和 17.1 厘米，圆形当面为十字阳文篆书，属国家一级文物。这些瓦当在麻池古城周边发现，证实了昭君出塞与包头地区有着密切的关系。

包头召湾汉墓出土的单于和亲瓦当

王昭君只是一个普通女子，正史无传，然而她的事迹在各民族间口口相传，并由此派生出 40 多种传说、民间故事。例如晋人葛洪所写的《西京杂记·画工弃世》、元人马致远所作杂剧《破幽梦孤雁汉宫秋》等就是根据民间故事敷衍铺陈的名篇。历代咏赞王昭君的诗歌至今流传下来的有 710 余首，写过昭君事迹、诗歌的著名文人有 500 多人，其中古代有蔡邕、李白、杜甫、白居易、李商隐、司马光、王安石、苏轼、陆游、耶律楚材等，近现代的有秋瑾、郭沫若、老舍、田汉、曹禺、翦伯赞、费孝通等，足见昭君出塞和亲对后世影响的深远。董必武 1963 年作《王昭君》诗曰：

昭君自有千秋在，胡汉和亲识见高。

词客各摅胸臆懑，舞文弄墨总徒劳。

一扫千百年来在昭君出塞问题上的层层迷雾，对王昭君作出了最公正的评价。

王昭君死于黑水（今内蒙古包头市达茂联合旗艾不盖河）后葬在匈奴，至今内蒙古自治区境内有多处昭君坟墓，其中最为后人认同的是位于呼和浩特市郊大黑河南岸的昭君墓。该墓高 30 多米，人工土筑而成，遥望墓表黛色空蒙若泼浓墨，故有"青冢"之称。杜甫诗句"一去紫台连朔漠，独留青冢向黄昏"即写此。在湖北省宜昌市兴山县的昭君故里则有昭君井、妃台山、昭君台等遗迹存留，供人凭吊。

当年昭君出塞路过的昭君岛，是位于包头市九原区哈林格尔镇一处颇具

王昭君雕像

水乡风光的旅游景区，岛南是宽广浩渺的黄河，其余三面被黄河支流所环绕，其间绵密起伏的芦苇、纵横交错的河道构成了一个辽阔、幽深、曲折、迂回的迷宫。在东西长4公里，南北宽2.5公里的岛上，建有怀抱琵琶的昭君雕像，长有奇特的三叶树（一种长有三种不同树叶的树），还有月牙湾、龙门湾和无源溪等自然水道和面积为8平方公里的天然草原，生长着旱生植物和沙漠植物等各种植物25种，鸟类约25种。登上观景楼极目远眺，黄河对岸鄂尔多斯市另一座民间传说的昭君墓依稀可辨。

五原太守勤民事
绩麻纺布情义深 | ——崔寔小传

崔寔（约103年—约170年），字子真，一名台，小字元始，冀州安平县（今河北省衡水市安平县）人。东汉文学家崔骃的孙子、书法家崔瑗的儿子。曾任五原郡太守。

《后汉书》记载，崔寔少时沉静，爱好典籍。父亲崔瑗去世，减卖田产，修起冢茔，建立碑颂。葬后，隐居在墓旁，资产用尽，因而穷困，以贩酒为业。当时人多因此嘲笑他，但崔寔始终不改。营业仅够家用，不致力于盈余。服丧完毕后，三公都来征召，他都没有应召。

元嘉元年（151年）十一月，崔寔被涿郡举为"至孝独行之士"。撰写"指切时要，言辨而确，当世称之"的《政论》。具体内容是提倡节俭，禁止奢僭，反对贪污压榨，主张地方官要久任，提高官吏待遇以养廉，以及建议将地广人稀的边疆地区作为移民开发的理想场所，用以调整人口与耕地的比例，缓解当时突出的人地矛盾等。

为了指导广大农民科学高效地进行农事活动，收获更多的粮食，崔寔专门撰写了综合性农书《四民月令》。

《四民月令》实为庄园地主的经营手册，但其中每月的农业生产安排，如耕地、催芽、播种、分栽、耘锄、收获、储藏以及果树林木的经营等，则确属农业生产知识。全书按月安排计划，其中起决定作用的仍是农业措施与农业操作，一切都是按耕、桑等事项需要来筹划的，与一般月令书专言时令者不同，因而历来被视为农书，而且是中国古农书中"农家月令书"这一系统最早的代表作，也代表了西汉《氾胜之书》以后农学和农业技术的最新发展水平。

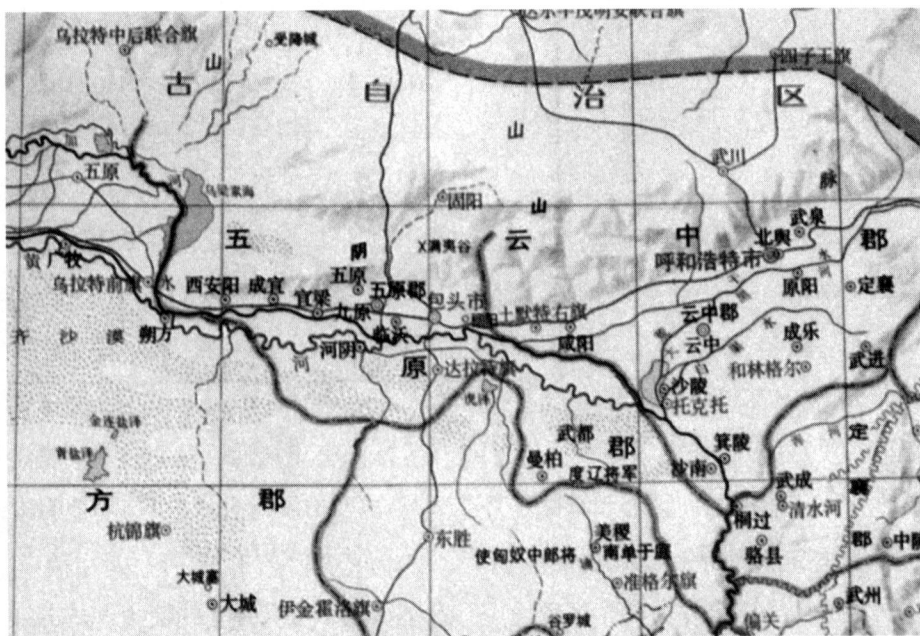

东汉时期五原郡图（中国历史地图集，中华地图出版社，1974 年版）

此外崔寔还有碑、箴、铭、答、七言、祠、文、表、记、书各类著作 10 类 15 篇，记述了他的治国思想。

由于崔寔人品出众，满腹经纶，"才美能高，宜在朝廷"，经大司农羊傅、少府何豹上书推荐，"召拜义郎，升迁为大将军梁冀司马，与边韶、延笃等在东观著文作书"。不久又出任五原郡太守。

查阅谭其骧主编的《中国历史地图集》，东汉时五原郡属并州刺史部管辖，东与云中郡、定襄郡、雁门郡相邻，南与西河郡、朔方郡接壤，西、北边外为鲜卑族驻牧地。其辖境包括现在包头市的东河区、青山区、昆都仑区、九原区和巴彦淖尔市的乌拉特前旗南部、鄂尔多斯市的达拉特旗北部；郡治在今九原区的麻池镇一带。

东汉后期国力衰弱，豪强地主肆无忌惮地兼并掠夺土地，残酷剥削压迫穷苦百姓，阶级矛盾日益尖锐；与此同时，北方游牧民族日渐强盛，不断侵扰边郡，民族矛盾日益突出。是时，地处北方边陲前沿的五原郡尤为内外交困，民生凋敝，风雨飘摇。就在此时，崔寔临危受命，赴任五原郡太守。

崔寔赴任伊始，没有赴宴把酒，而是深入调查研究。他发现五原郡地域平坦辽阔，土质肥沃，阴山横亘北部，黄河流经全境，是种麻、沤麻的绝好地区。但当地人民却"俗不知织绩，民冬月无衣，积细草而卧其中，见吏则衣草而出"。

崔寔于是变卖官府积存的财物，购置回先进的纺织机具，引进熟练的技术人员，教化当地民众种植、沤制麻枲，纺织麻绳、麻布，缝制衣服被褥，使当地人民"得以免寒苦"，从而大大促进了五原郡的经济发展和社会安定，也使现包头市九原区的麻池村、麻池镇地名溯源有据。

崔寔此举，通过扎扎实实的调查研究，从当时当地的实际出发，采用有针对性的切实可行的得力措施，从根本上提高贫穷落后地区的造血机能，从而改变贫穷落后面貌，走的是彻底的治本途径，在五原郡的历史上书写了光辉的一页。

当时的五原郡地处边陲，面对日渐强大的北方游牧民族的侵扰，崔寔临危不乱，指挥若定，及时采取得力有效的措施，整顿军旅，鼓舞士气，对烽燧城候严加管理，着力完善防御体系，对侵扰者成功进行了积极有力的抵御，"寔整厉士马，严烽候，虏不敢犯，常为边最"（《后汉书·崔寔传》），维护了所辖地区的稳固安全，保证了当地人民的正常生产、生活秩序。

由于崔寔治理得法，五原郡经济发展，社会安定，在东汉王朝的多次边郡考核中名列前茅，"常为边最"。

建宁三年（170年），崔寔病故，家徒四壁，没有殡殓费用，光禄勋杨赐、太仆袁逢、少府段颎为他准备棺椁葬具，大鸿胪袁隗树碑颂德，葬于河北省安平县东黄城村，现为河北省重点文物保护单位安平崔氏墓群的一部分。

虓虎之勇无大略
轻狡反复小人心 ── 吕布小传

吕布（161—199 年），字奉先，东汉末五原郡九原（今内蒙古包头一带）人。

相传东汉章帝年间，北匈奴进犯南匈奴及汉朝领地时，吕布祖父吕浩（时任越骑校尉）奉命留守边塞。吕浩携妻儿率部驻扎在五原郡地，固守边关。

吕布祖父去世后，其父吕良继任其职位，娶妻黄氏，系五原郡补红湾（今巴彦淖尔市五原县城西补红村）富户之女。

黄氏聪明贤惠，知书达礼，善染织（后成为染织作坊主事）。延熹四年（161 年）七月二十三日，黄氏在染织作坊的布匹上产一男婴，故起名吕布。

吕布从小随母习文作画，聪慧好学，一点就通，过目不忘。他生性好斗，力大过人，喜欢舞枪弄棒，身高体重超出常人，同龄孩童都不敢和他玩耍，敬而远之，唯有同女孩一起时温顺体贴，判若两人。

汉灵帝熹平五年（176 年），鲜卑部落军事联盟武力扩张，对东汉进行掠夺战争。东汉边将大举南迁，是年，吕布随父南撤到今山西境内。

《后汉书》和《三国志》载："吕布，字奉先，五原郡九原人也。"汉代的五原郡九原县，其故址在今内蒙古包头境内——包头市九原区麻池镇西北（今包头钢铁集团公司附近），东汉时隶属并州。裴松之注解批改的《三国志》中记载了当时一句民谣："人中有吕布，马中有赤兔。"言其武艺超群。吕布在东汉末年的军阀混战中风流一时，被史学家指为"轻于去就"的"汉末一绝"。

吕布家境贫寒，但他从小体力过人，《英雄记》载：吕布"原字建阳，本出自寒家，为人粗略，有勇武，善骑射"，膂力过人。民间在评说三国人物武功时有这样的说法：一吕布，二赵云，三典韦，四关羽，五马超，六张飞。就连桃园结义中的刘关张都位居其后，可见吕布的勇武是有目共睹的。但至今还有许多人并不知道这样一位勇武良将就出生在包头境内。吕布为人"受使不辞难"，有警追寇必在前，以勇闻名，替县吏效力捕盗。

父亲吕良去世后，吕布经人介绍投奔并州（今山西太原）刺史、武猛都尉丁原，"刺史丁原为骑都尉，屯河内（泛指今黄河中游北面的地区，约相当于今豫北西部地区），以布为主簿（古代官名，始于汉朝，是各级主官属下掌管文书的佐吏），甚见亲待"。吕布从丁原处又学到许多弓马之技，一时号称"飞将"。吕布的少年时代是在马背上度过的，据说他儿时牧马，专挑烈性马骑乘，能把野马驹驯服，舞枪弄棒样样精通，平生喜好良骏和女色。

东汉末年，宦官、外戚交替专权。汉灵帝中平六年（189年），汉灵帝刘宏死后，外戚何进（大将军、灵思皇后之兄）为增强实力，召董卓、丁原等领兵入京都洛阳诛杀宦官，但事情被灵思皇后制止，转拜丁原为执金吾（秦汉时率禁兵保卫京城和宫城的官员）。没想到何进谋划不周反而被宦官张让等谋杀，袁绍等人借此机会带兵入宫，消灭了宦官集团。

当时，并州牧董卓率凉州兵进驻洛阳欲篡权，而丁原是其深为忌惮的力量，于是暗中派人以高官厚禄引诱收买吕布，刺杀丁原。吕布立即"斩原首诣卓"，丁原所部被董卓吞并。

吕布以待其如子的上司的头颅，换取了骑都尉（秦末汉初为统领骑兵之武职）的官职，又拜董卓为义父，整天鞍前马后做董卓的保镖。董对其"甚爱信"，很快将他提拔为中郎将，封都亭侯。

然而好景不长，董卓为人"性刚而褊，忿不思难"。一次，吕布不知怎么惹恼了董卓，使董不痛快，竟操起铁戟向吕布刺去，若不是吕布躲得快，差点死于非命。吕布由此对董怀恨在心。

吕布利用值事中阁之便，和董卓宠爱的一个侍婢勾搭成奸。恰好此时司徒王允正密谋刺杀董卓，便利用吕布"忧死不暇"的心理，拉他为同党。汉献帝初平三年（192年）四月二十三日，吕布乘董卓上朝时将其杀死。

王允以吕布为奋武将军，封温侯。《三国志》称："允以布为奋武将军，假节，仪比三司，进封温侯，共秉朝政。"

《三国演义》中说，董卓乱政后，司徒王允图谋除之，于是设下美人计，离间董卓与吕布，后王允与吕布合谋杀死董卓。

元代杂剧《锦云堂美女连环记》说，貂蝉乃三国时美女，聪明而有心计。初为司徒王允府中的一位歌妓，年16岁，色艺俱佳，王允以亲女待之。貂蝉为报恩养，宁愿身许二夫以实现王允除掉国奸董卓的目的，随即设下连环套，王允先把貂蝉许给吕布，再献给董卓，此事激怒了吕布，貂蝉终不负养父之托，美色戏二主达到目的，离间了吕布和董卓。董卓最终难逃厄运，死于吕布利刃之下。

董卓死后，其部将李傕、郭汜攻入长安。吕布战败后，先依袁术，复投袁绍，后又获得陈留太守张邈信任，迎吕布为兖州牧，据濮阳（位于河南）。汉献帝建安元年（196年）吕布从刘备手中夺取了徐州，自任徐州牧，将刘备赶至小沛。后袁术派其部将纪灵率步骑三万攻刘备时，吕布怕袁术破刘备后自己亦被包围，"辕门射戟"，以精湛的箭法平息了一场战争，让纪灵和刘备各自收兵。

汉献帝建安三年（198年）秋，吕布遣将击败刘备与夏侯惇后，曹操征讨吕布。吕布未采纳陈宫内外夹攻的战术，被曹操围困在下邳（今江苏徐州东）三个月，吕布军中人心惶惶。此时部将侯成找到丢失的名马后，诸将合礼来祝贺。侯成用美酒佳肴款待大家并献给吕布。少谋略而多猜忌的吕布怒道："我吕布禁酒而卿等酝酿，为欲因酒共谋我吕布吗？"

侯成心生恐惧，于是联合部将宋宪、魏续反叛，绑缚了陈宫投降曹操。吕布在白门楼见曹军攻势勇猛，大势已去，于是令左右将他的首级交给曹操，左右不忍。吕布无奈便走下城去投降，并让与曹操在一起的刘备替自己说情。

吕布被捆到曹操面前，对曹操说："我对手下部将很厚道，是他们临时一起背叛我罢了。"

曹操说："你背着妻子，与你几个部下的妻子私通，怎么能称为厚道呢？"

吕布沉默不语。吕布要求松绑。

曹操笑着说："捆绑老虎不得不紧。"

吕布又说："曹公得到我，由我率领骑兵，曹公率领步兵，可以统一天下了。"

曹操颇为心动。

一向以善于识人著称的刘备，自然非常了解吕布——以吕布的个性，不可能把他拉拢过来，但吕布强悍的实力不容小觑。如果被曹操所用，将来无疑会给自己带来极大的威胁。所以，在曹操犹豫不决之时，刘备说了一句："不可，明公不见吕布是如何侍奉丁建阳和董太师的吗？"

这句话直击曹操内心，他可以容忍臣属的各种缺点。但一而再，再而三地背叛并且亲手杀害主公的事情，曹操是无论如何也无法容忍的。汉献帝建安三年十二月癸酉日（199 年 2 月 7 日），一代枭雄吕布被缢死后枭首示众。吕布手下部将陈宫、高顺等拒不投降，亦被处死。

综观吕布短促的一生，至少投

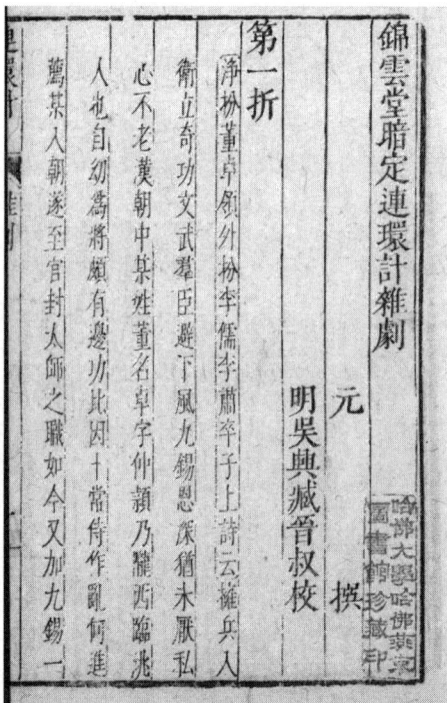

吕布戏貂蝉剧照

靠过丁原、董卓、王允、袁术、袁绍、张杨、刘备七位主人，其间大体上都经过"起初是一见倾心、如胶似漆；不久便嫌隙丛生、各怀鬼胎；最终反目成仇甚至相互火拼"三个阶段。《三国演义》称吕布为"三姓家奴"，指其先后认丁原、董卓、王允为干爹，意在讽刺其反复无常，不忠不义。可以说吕布事主，今天投一个，搞不好关系；明天投一个，还是关系不好搞。虽有"驰城飞堑"之赤兔马，也只是飘移不定无居所，最终为曹操所杀。

《三国志》评曰："吕布有虓虎之勇，而无英雄之略，轻狡反覆，唯利是视。自古及今，未有若此不夷灭也。"

吕布作为一个历史人物，已成为历史长河中的一个掠影，但作为千秋佳谈，"吕布戏貂蝉""辕门射戟""锦云堂美女连环记"等故事至今却依然为人们所津津乐道。

无限离愁回头望
一步一泣胡笳声 ｜ ——蔡文姬小传

蔡文姬（约173年—？，一说生于177年，但按照相关史实推断，有多处矛盾），名琰，字文姬（一说字昭姬），陈留郡圉县（古县名。西汉置，治所为今河南省杞县西南圉镇）人。

蔡文姬的父亲是东汉大名鼎鼎的大儒蔡邕（字伯喈，生于133年，卒于192年），是当时的文坛领袖。

史载，蔡邕好辞章、数术、天文，妙操音律，尤善鼓琴，制作了焦尾琴和柯亭笛。此外，他还是大书法家，尤以隶书造诣最深，所创"飞白"书体对后世影响甚大，被《书断》（唐代品鉴、评论书法家和书法的著作）评为"妙有绝伦，动合神功"。梁武帝称："蔡邕书，骨气洞达，爽爽如有神力。"当代史学家范文澜认为："两汉写字艺术，到蔡邕写石经达到最高境界。"文武兼备，终成一代霸业的曹操经常出入蔡府，向蔡邕请教，从某种程度上说蔡邕是曹操的挚友和老师。

蔡文姬生活在这样的家庭，自小耳濡目染，成长为中国历史上著名的才女和文学家，她精于天文数理，既博学能文，又善诗赋，兼长辩才与音律。

据南梁刘昭《幼童传》记载，蔡邕晚上鼓琴时突然琴弦断了一根，蔡文姬听到后说："第二根弦断了。"

蔡邕觉得不可思议，认为女儿只是偶然蒙对了，于是他继续弹奏，又故意弄断一根弦，让她猜这次断的是第几根。蔡文姬脱口而出："第四弦。"

完全答对，蔡邕彻底服气。广为流传的《三字经》也收录了这个故事："蔡文姬，能辨琴。"蔡文姬代表作有《胡笳十八拍》《悲愤诗》等。

据史料记载，发生在蔡文姬身上最为有名的典故轶

文姬辨琴图

事当属"文姬归汉"，亦与包头故地有关，事情还得从五单于争立说起。

西汉前期，匈奴奴隶主贵族凭借强大的军事实力，实行残暴的掠夺政策，经汉武帝发动连续二十多年的反击战后，他们的政治、经济实力大大削弱，统治集团内部矛盾不断加剧，到呼韩邪单于时，这一矛盾达到白热化，出现了匈奴历史上有名的五单于争立事件。

呼韩邪单于名稽侯珊，是匈奴冒顿单于第六代孙虚闾权渠单于的儿子，虚闾权渠单于于公元前60年（宣帝神爵二年）去世，本应由稽侯珊继位，结

果却被右贤王抢去单于宝座。稽侯珊逃到左部，依靠左地贵人的兵力，击败右贤王，自立为呼韩邪单于。

随后，匈奴各部自立为单于的有：日逐王薄胥堂自立为屠耆单于，西方的呼偈王自立为呼偈单于，东部的一个王也自立为车黎单于，乌藉都尉自立为乌藉单于。

公元前57年（汉宣帝刘询五凤元年），五单于争立，匈奴大乱，他们互相攻杀，混乱不已，有的自杀，有的投降，最后胜利属于呼韩邪单于，成为唯一的单于。经过这场战乱，待到呼韩邪单于重新回到单于庭时，匈奴人口大减，部众只剩下几万。在这极端困难的情况下，不意休旬王又在右地自立为闰振单于，呼韩邪之兄左贤王呼屠吾斯亦在东面自立为郅支骨都侯单于。郅支单于出兵杀死闰振单于，又进攻呼韩邪单于。呼韩邪猝不及防，军队战败，出走单于庭。

坐待被郅支单于消灭，还是归顺汉朝，是摆在呼韩邪单于面前的两条路，在他的部落内部贵族之间，围绕这个问题展开了激烈争论。一方坚决不同意归顺，认为这是乱了先王之制，会遭到臣属与族人耻笑，匈奴也再不能雄长北方了。另一方认为应该具体分析强弱变化形势，现在汉朝强盛，匈奴一天天衰弱，若不归顺汉朝，必然遭到汉朝和郅支单于的南北夹攻，走向灭亡。所以，归顺汉朝是唯一的出路。呼韩邪单于采纳了后一派的意见，率领部众南下来到五原（今包头孟家梁故城西郊哈德门故城）、朔方（今鄂尔多斯市杭锦旗）一带的汉庭边塞。

公元前53年（汉宣帝甘露元年），呼韩邪单于先后派他的儿子右贤王铢娄渠堂、弟弟左贤王作为先遣人员，到达长安。

第二年，呼韩邪单于又亲到五原塞，与五原郡（郡治九原县）的官吏商议亲自入朝觐见皇帝事宜。

公元前51年（汉宣帝甘露三年）春正月，呼韩邪单于途经昆都仑河谷到五原郡再到长安，汉朝派车骑将军韩昌迎接他。在他所经过的7个郡（五原、朔方、西河、上郡、北地、左冯翊、长安，大约是沿秦直道南下），每郡发兵两千，陈列在道边，表示欢迎。在滑桥上，上万人夹道欢迎呼韩邪单于，高呼万岁。

呼韩邪单于到了长安，汉中宗孝宣帝以特殊的礼遇来接待他，位置在诸侯王之上，颁给黄金质的"匈奴单于玺"，承认他是匈奴最高首领，又赠给他大量珍贵礼物，如冠带、衣裳、刀剑、弓矢、车马、黄金、锦绣、杂帛、絮等等。

呼韩邪单于在长安住了一个多月，请求留居光禄塞（约为今包头市达尔罕茂明安联合旗百灵庙镇西南古城处。一说在今昆都仑沟北口乌拉特前旗明安乡的小召门梁古城），保卫汉朝边疆。

汉朝允准了呼韩邪单于的请求，派长乐卫尉高昌侯董忠，车骑都尉韩昌带一万五千骑兵，又征发边郡士马，护送单于出朔方鸡鹿塞（位于今巴彦淖尔市磴口县西北，阴山山脉狼山西南段哈隆格乃峡谷南口），并命董忠等驻扎在朔方、五原以北的边塞上，"留卫单于，助诛不服"。

第二年，呼韩邪单于又入朝朝觐了一次，汉朝仍然给予他很丰厚的赏赐。这时匈奴境内遭了大灾荒，生产残破，人民困苦。为了照顾呼韩邪单于，汉朝先后从边郡调拨给他谷米干粮三万四千斛（1斛合今60斤）。

公元前48年，汉元帝刘奭继位后，呼韩邪继续请求救济，前后共调拨给他320多万斤粮食。呼韩邪单于得到汉朝的支援，战胜了天灾，避免了郅支单于的袭击，数年间，生产发展，人口大增，他所统辖的地区，出现了一派兴旺景象。

因为塞下当时禽兽尽，狩猎困难，加之郅支单于西迁到坚昆（今新疆伊犁河流域）去居住，呼韩邪单于便请求北返单于庭。公元前43年（永光元年），汉朝允准了他的请求，让他北归。北归前在诺真水东山上，呼韩邪单于与汉朝大臣车骑都尉韩昌、光禄大夫张猛等杀白马血盟，盟约说："自今以来，汉与匈奴合为一家，世世毋得相诈相攻。"呼韩邪单于北归后，严守盟约，始终和汉朝保持友好关系，匈奴各部部众逐渐都归附于他。匈奴复归统一后，内部平稳安定，人口、牲畜飞快增长。

蔡文姬抚琴图

郅支单于原先是准备吞并呼韩邪单于的，后来发现汉朝很宠信呼韩邪，便率队往西走，击破了乌孙、乌揭、坚昆、丁零等族，杀死汉朝使者，又与康居王勾结，打算共同出兵消灭乌孙。但在行军途中，天气大寒，一路上人畜死亡很多，最后只剩下三千来人，实力损失很大。公元前36年（建昭三年），郅支单于被汉朝使护西域都护、骑都尉甘延寿（字君况，北地郡郁郅县、今甘肃省庆城县人）及西域副校尉陈汤共同诛灭。

郅支单于既诛，呼韩邪又喜又惧，形势促使他进一步倒向汉朝，他上书说："常愿谒见天子。"（《汉书·匈奴传》下）

公元前33年（竟宁元年）春正月，呼韩邪单于入朝朝觐。汉朝对他的礼遇和赏赐还是和原先一样，加赐的衣服、锦、帛、絮比他第二次朝觐时又多了一倍。呼韩邪单于表示愿当汉家女婿，与汉朝进一步亲近，汉元帝刘奭遂将后宫女子王嫱（字昭君）许配他为妻。汉元帝认为这次政治联姻可使"边陲长无兵革之事"，特意把年号"建昭"改为"竟宁"，意即边境安宁之意。呼韩邪很高兴，封昭君为"宁胡阏氏"（阏氏，音焉支，意为"王后"，意思是昭君做王后，匈奴部族安宁）。

昭君随呼韩邪单于出塞，是由今西安出发，经陕北榆林、内蒙古东胜、包头，再出五原塞。五原塞在今包头哈业胡同附近，其塞人称"夫人城"，北周人庾信写《明妃词》说："敛眉光禄塞，还望夫人城。"昭君一行至五原塞后，再经石门障出阴山。所谓："汉国明妃去不还，马驮弦管向阴山。"（唐杨凌《明妃曲》）

石门障为今昆都仑沟的一个障城，从稒阳向西北出今昆都仑沟，汉代谓昆都仑沟为稒阳道。北出石门障，可以到达匈奴的单于南庭或单于北庭。

单于南庭，其地大约在今包兴市达茂旗艾不盖河流域。匈奴单于北庭，前期在土拉河畔，去单于北庭，也是出昆都仑沟，向北再西行，过碛口，入大漠，至今蒙古中戈壁省后，北行便可到达。

昭君到单于庭，可能就是单于南庭，即今包头市达茂旗艾不盖河流域。因呼韩邪单于曾请求汉帝留居光禄塞，朝廷同意了他的请求。由于匈奴逐水草而居，所以他们还在西河美稷（今鄂尔多斯市准格尔旗境内）设立王庭，他们实际上是往来于黄河两岸的。

昭君出塞后，南匈奴和汉朝之间的关系十分友好，汉朝和南匈奴之间60余年无边警。

话说蔡文姬博学多才，擅长文学、音乐、书法。16岁时嫁给河东（山西夏县）世家大

东汉名臣蔡邕

蔡邕《熹平石经》

族子弟卫仲道，不料两年后卫仲道去世，蔡文姬"夫亡无子"，孤身回到娘家。

蔡文姬的父亲蔡邕是东汉著名的学者，他写的六经刻石勒刻碑立于太学讲堂前，学生都以此石经来校正经书，他还参与《前汉书》的撰补。熹平七年、光和元年（178年），包头故地五原发生地震，阴山剧裂，汉灵帝刘宏认为是不祥之兆，便问群臣为何有此征兆。群臣避而不答，汉灵帝特诏蔡邕："披露失得，指陈政要，勿有依违。"并让他密封上奏。

蔡邕在上奏中认为当时朝廷近臣（主要是宦官）弄权是怪异发生的原因之一，并弹劾太尉张颢、光禄勋玮璋、长水校尉赵玹、屯骑校尉盖升等人贪赃枉法，又举荐廷尉郭禧、光禄大夫桥玄、前任太尉刘宠，认为可以向他们咨议朝政。灵帝在看了奏章后很是叹息，在起身如厕时，奏章被宦官（中常侍）曹节偷窥，就向左右的人泄露了全部内容，致使事情泄露。

蔡邕奏章上认为应该废黜的人都非常恨他，蔡邕遭到打击报复，被流放到发生地震的五原郡西安阳（旧属包头市第三区，在今内蒙古乌拉特前旗东南），年仅 5 岁的蔡文姬随父流放，"与家属髡钳徙朔方，不得以赦"。(《后汉书·蔡邕传》) 髡钳即剃去头发，用铁圈束颈。流放沿途还被将作大匠（职掌宫室、宗庙、陵寝等土木营建的官员）阳球派刺客追杀，刺客深感蔡邕正义未下手，阳球又派人贿赂郡主管设计毒害蔡邕，所赂者又反以情告诉蔡邕，蔡邕一家才到了西安阳。

光和二年（179 年），蔡邕在西安阳待了九个月，汉灵帝借大赦之年，下诏宽宥蔡邕归返本郡（陈留郡），不料临行前五原郡（治所在今包头市九原区麻池古城）太守王智因蔡邕不给他桌前献歌，诬称蔡邕反叛。年幼的蔡文姬又一次随父改名换姓远走吴会（今绍兴的别称）之地，往来依靠泰山羊氏（亦称太山羊氏，是中国古代泰山郡的一个羊姓士族），在吴地辗转十二年。

初平三年（192 年）四月，董卓被官居一品的司徒王允、尚书仆射（尚书省的副官）孙瑞指使的吕布、李肃等人刺杀。当听到董卓被杀的消息时，时任左中郎将的蔡邕正好和王允在一起，因事发突然，不禁脸色一变，不由自主地发出一声叹息，遂为王允所不容，将他押至廷尉处问罪，很快便冤死在狱中。

董卓死后，王允在安排和处理他的旧部时反复无常，导致王允最后走向灭亡。

凉州兵是董卓的嫡系部队，战斗力强，而且对董卓忠心。王允企图削夺凉州兵将领的兵权，取缔全部凉州兵。

凉州百姓听到王允想解散凉州兵的风声后，便到处传言，说王允要杀掉所有凉州人。凉州将领本来已是惊弓之鸟，对自己的前途深感忧虑，当他们得知王允要削夺他们的军权、解散凉州兵的传闻后更是惊慌，准备见机起事，并且互相传告：蔡邕只不过受了董卓的一点厚遇而已，王允便不分青红皂白地把他杀了。对于我们，不仅没有赦免的意思，反而想剥夺我们的兵权，置我们于死地，我们除了联合起来，别无选择。

当时，凉州军中最有影响和实力的将领是李傕和郭汜。他们将所有凉州兵集合起来，誓师进发都城长安，不久便攻陷长安，初平三年（192 年）七月

明代仇英《文姬归汉图》局部

将王允宗族十余人处以极刑。王允时年 56 岁。

　　混战中，长安一带百姓到处逃难，蔡邕一死，蔡文姬也无所依靠，只能跟着难民到处流亡。而北方的南匈奴便趁机侵犯汉朝边界，蔡文姬也在匈奴的侵袭中被左贤王俘虏，开始了长达十二年的北方游牧生活。左贤王很爱她，蔡文姬给左贤王生下两个儿子，分别是阿眉拐和阿迪拐。她在南匈奴（现在的包头地区曾是南匈奴呼韩邪单于为汉守边之地）一住就是十二年，十分想念故土。

　　曹操向来喜爱文学、书法，常与蔡文姬的父亲蔡邕有文学、书法上的交流。曹操知蔡邕没有子嗣，就于建安十一年（206 年），派出使者，携带黄金千两，白璧一双，从匈奴那里将蔡文姬赎了回来，嫁给陈留人董祀（管理六百农夫屯田的小官"屯田都尉"）。因蔡文姬的年龄比董祀大，所以董祀对这门亲事并不满意，蔡文姬也不去计较。（《后汉书·列女传》：曹操素与邕善，痛其无嗣，乃遣使者以金璧赎之，而重嫁于祀）

　　后来董祀因故犯了死罪，蔡文姬去找曹操给董祀求情。当时曹操正在宴请公卿名士，对满堂宾客说："蔡邕的女儿在外面，今天让大家见一见。"

只见蔡文姬披散着头发，光着脚，叩头请罪，说话条理清晰，情感酸楚哀痛，满堂宾客都为之动容。

曹操也生了恻隐之心，对蔡文姬说道："据你所说，确实值得怜悯，但是判状已经传达下去了，你让我如何办？"

蔡文姬答道："明公的马厩里良马万匹，帐下勇猛的士卒不可胜数，还吝惜一匹快马来拯救一条垂死的生命吗？"

曹操终于被蔡文姬陈情的言辞感动，赦免了董祀的罪，又赐给她头巾鞋袜。董祀知道蔡文姬为自己求情才免了死罪，对蔡文姬十分感谢。

就在这时，蔡文姬写下了著名的古乐府歌辞《胡笳十八拍》，叙述蔡文姬不幸处于乱世，为匈奴人俘获，深沉地眷恋乡土，而一旦要离开居住十二年的塞外，抛别儿子阿眉拐和阿迪拐，又痛彻心扉，抒发出撕心裂肺的悲怨之气。"夜闻陇水兮声呜咽，朝见长城兮路杳漫。""故乡隔兮音尘绝，哭无声兮气将咽。一生辛苦兮缘别离，十拍悲深兮泪成血。""十六拍兮思茫茫，我与儿兮各一方。日东月西兮徒相望，不得相随兮空断肠。""为天有眼兮何不见

文姬归汉《烈女传》

我独漂流，为神有灵兮何事处我天南海北头。我不负天兮天何配我殊匹，我不负神兮神何殛我越荒州。制兹八拍兮拟排忧，何知曲成兮转悲愁。"

《胡笳十八拍》鲜明地反映了当时战争动乱的社会特征和民族之间难以分割的骨肉之情。

"文姬归汉"后曹操在王都邺城（今河北省邯郸市临漳县境内）问蔡文姬："你父亲收藏有很多古籍，你还记得不？"

蔡文姬回答："亡父曾经给我留下四千多卷书，但颠沛流离，能保存下来的很少，我现在能诵记下来的只有四百多篇。"于是蔡文姬将自己记诵的古籍默写下来送给曹操，所记的内容没有一点遗漏和错误。曹操看了十分满意。曹操把蔡文姬接回来，为保存古代文化做了一件好事。唐代文豪韩愈称赞蔡文姬："中郎有女能传业。"

蔡文姬在伤感悲愤之余作《悲愤诗》二首。此后正史中再无她的相关记载，故卒年不详。按照汉末三国文学家丁廙《蔡伯喈女赋》（以蔡文姬的生平为素材，着力刻画了其坎坷遭遇以及流落胡地时的痛苦心情）推断，该赋应在蔡文姬死后所写，而丁廙死于 219 年（建安二十四年，曹丕自立为帝后，被满门抄斩），故蔡文姬死于 219 年之前。

悲愤诗（其一）

汉季失权柄，董卓乱天常。

志欲图篡弑，先害诸贤良。

逼迫迁旧邦，拥主以自强。

海内兴义师，欲共讨不祥。

卓众来东下，金甲耀日光。

平土人脆弱，来兵皆胡羌。

猎野围城邑，所向悉破亡。

斩截无孑遗，尸骸相撑拒。

马边悬男头，马后载妇女。

长驱西入关，迥路险且阻。

还顾邈冥冥，肝脾为烂腐。

所略有万计，不得令屯聚。

或有骨肉俱，欲言不敢语。

失意几微间，辄言毙降虏。

要当以亭刃，我曹不活汝。

岂敢惜性命，不堪其詈骂。

或便加棰杖，毒痛参并下。

旦则号泣行，夜则悲吟坐。

欲死不能得，欲生无一可。

彼苍者何辜，乃遭此厄祸。

边荒与华异，人俗少义理。

处所多霜雪，胡风春夏起。

翩翩吹我衣，肃肃入我耳。

感时念父母，哀叹无穷已。

有客从外来，闻之常欢喜。

迎问其消息，辄复非乡里。

邂逅徼时愿，骨肉来迎己。

己得自解免，当复弃儿子。

天属缀人心，念别无会期。

存亡永乖隔，不忍与之辞。

儿前抱我颈，问母欲何之。

人言母当去，岂复有还时。

阿母常仁恻，今何更不慈。

我尚未成人，奈何不顾思。

见此崩五内，恍惚生狂痴。

号泣手抚摩，当发复回疑。

兼有同时辈，相送告离别。

慕我独得归，哀叫声摧裂。

马为立踟蹰，车为不转辙。

观者皆嘘唏，行路亦呜咽。

去去割情恋，遄征日遐迈。

悠悠三千里，何时复交会。

念我出腹子，胸臆为摧败。

既至家人尽，又复无中外。

城郭为山林，庭宇生荆艾。

白骨不知谁，纵横莫覆盖。

出门无人声，豺狼号且吠。

茕茕对孤景，怛咤糜肝肺。

登高远眺望，魂神忽飞逝。

奄若寿命尽，旁人相宽大。

为复强视息，虽生何聊赖。

托命于新人，竭心自勖励。

流离成鄙贱，常恐复捐废。

人生几何时，怀忧终年岁。

悲愤诗（其二）

嗟薄祜兮遭世患，宗族殄兮门户单。

身执略兮入西关，历险阻兮之羌蛮。

山谷眇兮路漫漫，眷东愿兮但悲欢。

冥当寝兮不能安，饥当食兮不能餐。

常流涕兮眦不干，薄志节兮念死难。

虽苟活兮无形颜，惟彼方兮远阳精。

阴气凝兮雪夏零，沙漠壅兮尘冥冥。

有草木兮春不荣，人似兽兮食臭腥。

言兜离兮状窈停，岁聿暮兮时迈征。

夜悠长兮禁门扃，不能寝兮起屏营。

登胡殿兮临广庭，玄云合兮翳月星。

北风厉兮肃泠泠，胡笳动兮边马鸣。

孤雁归兮声嘤嘤，乐人兴兮弹琴筝。

音相和兮悲且清，心吐思兮胸愤盈。

欲舒气兮恐彼惊，含哀咽兮涕沾颈。

家既迎兮当归宁，临长路兮捐所生。

儿呼母兮啼失声，我掩耳兮不忍听。

追持我兮走茕茕，顿复起兮毁颜形。

还顾之兮破人情，心怛绝兮死复生。

    蔡文姬的《悲愤诗》旨在抒情，首尾两节被俘入胡和别子归汉的经历比较简略，中间大篇幅的自然风景渲染她背井离乡的悲痛心情。

怀朔城头堪走马
邺城悲唱敕勒歌　│ ——高欢小传

　　《敕勒歌》为北魏时高车部族人所作，最早出自《乐府诗集》。北魏时期，包头地区一直是北魏和柔然、高车等北方游牧民族的必争之地。北魏太武帝拓跋焘征伐柔然、高车胜利后，"徙柔然、高车降附民于漠南，东至濡源，西暨五原阴山（今包头地区）"。当时这一带还居住着汉、鲜卑等其他民族，是多民族共同生活繁衍的地区。各族人民共同劳动、相互学习，在生产和生活中结下了深厚友谊。高车人居于今内蒙古土默川，善引吭高歌。《北史·高车传》记载："其人好引声民歌""男女无大小，皆集会，平吉之人，则歌舞作乐。"其时其地，水草肥美，牛羊成群，北魏时作《敕勒歌》唱道：

　　　　敕勒川，阴山下，天似穹庐，笼盖四野。

　　　　天苍苍，野茫茫，风吹草低见牛羊。

　　北魏末，北魏丞相高欢总揽朝政。

　　高欢（495—547年），包头人，鲜卑名贺六浑，祖籍渤海调蓨（今河北景县南），其先祖高谧官至北魏侍御史时，因犯罪徙居怀朔镇（今包头固阳城圐圙古城）充军，此后三代遂世居于此。

　　高欢于北魏孝文帝太和十九年（495年）出生于怀朔镇。高欢的母亲生下他不久就去世了，他一直寄居在姐夫鲜卑人尉迟景家长大，史称他"累世

北边，故习其俗，遂同鲜卑"。

高欢成年后娶娄氏昭君为妻。说起来还有一段鲜为人知的故事：

娄昭君出生在北魏末年，父亲娄内干是有名的北地马王。

娄昭君出身豪门，又聪慧美丽，当时的富家子弟大都想娶她为妻，往娄家送聘礼的人踏破门槛，而娄昭君却对这些纨绔子弟不屑一顾。有一次，娄昭君从平城（今山西大同市）到怀朔，看见在城头执役的高欢相貌奇伟，面带忠厚，虽然目前贫穷，但料定他是个英雄，日后必然发迹，就产生了爱慕之心，对随身使女说："这个人才配做我的夫君！"于是便派使女去见高欢，向他转达了自己的爱慕之情。

高欢自然求之不得，娄昭君私下里把一些金银财物送给高欢，让他到娘家求婚，父母迫于女儿的压力，最终答应了他们的婚事。

娄昭君一生共生了八个孩子，六子二女。长子高澄，谥号北齐的文襄皇帝；次子高洋，是北齐的显祖文宣皇帝；三子高演，是北齐的孝昭皇帝；四子高湛，是北齐的世祖皇帝。两个女儿，长女是东魏的孝武皇后，次女是孝静皇后。

娄昭君平日里柔顺勤俭，谦卑自守。亲自纺织针补，对姬妾所生诸子均十分慈爱，视为己出。时常向高欢进言，有才必用，不能以私废公。处事能够顾全大局，委曲求全。

高欢后来做了东魏的大丞相，为了与少数民族"柔然国"（被北魏皇帝蔑称为"茹茹国"）建立外交关系，打算纳娶柔然公主，因顾虑娄昭君而犹豫不决。

娄昭君以国家利益为重，劝高欢说："国家大计，不要迟疑。"

高欢娶回柔然公主后，娄昭君主动腾出正室，让高欢合婚。此举受到举国上下称赞。

天保初年，高洋即位北齐皇帝，尊娄昭君为皇太后。天保十年，高殷即位，封她为太皇太后，太宁二年（562年）病逝。此是后话。

成家后的高欢，得到岳父支持才有了一匹自己的马，参加了怀朔镇镇军，并担任镇军的队主，负责保卫边境和当地治安。后转任函使，往返于怀朔镇与北魏都城洛阳，负责投递中央与地方间的信函，生活才开始有了转机。

北魏末年，阶级矛盾和民族矛盾交织，最终酿成北方各族起义，其导火线就是北方边镇（镇是指用武装守护的地方）起义。

北方边镇是指沃野、怀朔、武川、抚冥、柔玄、怀荒、御夷、薄骨律和高平等军事重镇，是北魏防御北方游牧民族的军事要地，其中在现包头境内的有沃野和怀朔二镇。据历史学家估计，怀朔镇当时可居住40万人。这些边镇的镇兵人身受到很大限制，又受到镇将残酷的经济剥削，因此阶级矛盾异常尖锐。

北魏正光四年（523年），沃野高阙主虐待部下，匈奴人破六韩拔陵在愤怒之下率众杀死阙主，酝酿已久的边民起义终于爆发了。

起义军不久便占领了沃野、怀朔、武川三镇，"诸镇华夷之民往往响应"，其他各镇纷纷起义。起义军在五原（包头）、白道（呼和浩特东北）几次大败北魏军。

北魏正光六年（525年）三月，柔然可汗阿那瑰应北魏王朝之邀，率众十万自武川西向沃野，助魏镇压六镇起义，对起义军两面夹击才镇压了这次起义。

北魏边镇起义虽然失败了，但它却播下了火种，几年后，更大规模的河北、山东、关陇起义爆发，沉重打击了北魏腐朽统治。到北魏末年，北魏统治集团内部纷争激烈，各地的地方势力乘机纷纷割据，高欢及其怀朔集团应时而生。

边民起义爆发后，高欢先后参加过杜洛周、葛荣等起义队伍，但不久他就投靠了镇压起义的荣秀川契胡酋长尔朱荣，任亲信都督（队长）。

北魏永安元年（528年），尔朱荣借故发动了"河阴之变"，将北魏胡太后和由她所立的三岁小皇帝元钊捆绑在石头上沉入黄河溺死，并杀掉朝臣两千多人，把迁到洛阳的汉化鲜卑贵族和出仕北魏政权中的汉族大族消灭殆尽，拥立一位"长而贤"的皇帝——孝庄帝。

尔朱荣的这一举动，使其势力更加强大，完全控制了北魏朝政。

在此事件中，高欢因参谋有功被尔朱荣赐爵位为伯，不久又提升为第三镇人酋长，常常参与制定重大决策，实际已成为尔朱荣的副手。

高欢的雄才大略和权力日重，又使尔朱荣忧心忡忡，深恐死后高欢篡权。

为此，他一面告诫其弟尔朱兆不可轻视高欢，否则"尔非其匹，终当为其穿鼻"。为防止高欢篡权，他削弱了高欢的权力，将其调往晋州任刺史（今山西临汾市），远离政治中心洛阳。高欢与尔朱荣遂产生矛盾。

尔朱荣穷兵黩武，任人唯亲，"广布亲戚，列为左右"，专横跋扈，孝庄帝被迫授他为"柱国大将军"。不久，尔朱荣的女儿做了皇后，就更不把皇帝放在眼里。尔朱皇后性情善妒，屡屡与皇帝胡搅蛮缠。孝庄帝鉴于尔朱荣取北魏而代立之心不死，加之"河阴之变"血的教训，"于是密有图荣之意"。皇权与权臣之间的尖锐矛盾，终于在永安三年（530年）九月激化，孝庄帝诛杀了尔朱荣及其子菩提、天穆等人。

尔朱荣被杀后，更加激化了统治集团内部的矛盾。尔朱兆一方面起兵攻洛阳，另一方面命高欢出兵。

高欢认为尔朱兆的行为系"举兵犯上，此大贼也，吾不能久事之"，借口晋州绛蜀、汾胡人要谋反拒不出兵，从此起了杀尔朱氏之念。

尔朱兆率千名胡骑，杀进洛阳城。孝庄皇帝元子攸被活捉，并缢死在三级佛寺内。

从此，北魏朝廷已经名存实亡，整个局势都在尔朱氏集团的掌握之中。

北魏建明二年（531年），高欢起兵反抗尔朱氏，成为拯救北魏颓政的重要人物。他的兵都是北魏六镇的流民，六镇之民无所依附，又不堪忍受尔朱氏集团的欺凌，因此都愿意随高欢起事。

是年，高欢另立渤海太守元朗为帝，改年号中兴，将举朝要职揽于一身。元朗于中兴二年（532年）四月十八日在河阳禅位，四月二十五日，高欢另立北魏孝文帝之孙元修为帝，即孝武帝（即位后与高欢长女结婚），年号永熙。北魏永熙二年（533年）正月，征讨尔朱氏集团，尔朱兆军队全部降散。

北魏永熙三年（534年）七月，北魏孝武帝元修不甘为傀儡，欲与高欢兵戎相见，被发觉后，只得逃向关中长安投奔"进太祖侍中、骠骑大将军、开府仪同三司、关西大都督、略阳县公，承制封拜，使持节如故"的宇文泰（系元修妹妹的未婚夫）。

宇文泰（507—556 年），字黑獭，为鲜卑宇文部后裔。魏孝武帝授宇文泰为大将军尚书令总揽朝政。而宇文泰对孝武帝元修心存忌惮，使人将其毒死，改立无能的元宝炬为帝，便是西魏开国皇帝文帝，年号大统。

新皇帝当然受制于宇文泰，宇文泰便实现了自己独掌朝政的野心。与此同时，高欢立 11 岁的元善见为帝，就是东魏开国皇帝孝静帝，高欢将次女嫁与其为皇后，国号武定。

至此，北魏政权的主要权力都落入了权臣高欢手中。北魏分裂为东魏和西魏。

高欢的政权中十之六七为怀朔镇人。

高欢当政期间，注重缓和民族矛盾，整顿吏治，并力求实现东西魏的重新统一。

作为控制东西两个政权的权臣高欢和宇文泰，属并世双雄，都有司马氏之心，意欲统一天下取而代之。因此，东西魏之间爆发了激烈而长期的战争。

宇文泰与高欢经过小关、沙苑、洛下、邙山之役，双方势均力敌。东西魏玉壁战斗中，高欢病倒，回到晋阳不久于东魏武定五年（547 年）正月病逝，葬于邺西北漳水之西，终年 52 岁，东魏孝静帝赐谥号献武王。他的长子高澄成了大丞相，把持了东魏朝政。

高澄（521—549 年，谥文襄皇帝）是一位神情俊朗、"美姿容，善言笑"的帅公子，高欢在世时，尚对他亲手所立的孝静帝礼敬有加，但年轻气盛的高澄却不把这位皇帝放在眼里，让他受尽了窝囊气，成了一个傀儡。

一次，孝静帝同高澄一起到邺东郊外打猎，皇帝玩得兴高采烈，放马疾驰，他的卫兵就跑上来大叫："皇上你别跑那么快，小心大将军不高兴。"

又一次朝廷宴会，高澄端了杯酒醉醺醺地上前给皇帝敬酒，却不行跪拜礼。孝静帝十分恼火，发牢骚说："天下没有不亡之国，朕又何必眷恋此生。"

高澄听后大怒："朕？去你个狗脚朕。"还让中书侍郎劈头盖脸地向皇帝甩出三拳。

高澄之死颇具戏剧性。

高澄一直想做真正的皇帝，东魏武定七年（549年）的一天，他同心腹密谋禅位，厨师兰京未经禀报，突然闯进密室送饭。

高澄信手拈了块肉放进嘴里，边嚼边说："我昨晚做梦，梦见这小子用刀砍我，过些日子我一定要杀了他。"

飞扬跋扈惯了的高澄，其实根本没把这件事放在心上，但兰京听后惊恐万状，急同好友密谋行刺高澄。随即又端了一盘菜走进高澄的房间，盘子下藏了一把尖刀。高澄见他又来了，便骂道："叫你滚出去，怎么又回来了？"

兰京答："我回来杀你。"

高澄惊得从坐床上滚落下来，钻进床底，但最终也难逃噩运。

高洋（526—559年），字子进，鲜卑名侯尼于（一作侯尼干），因生于晋阳，一名晋阳乐。

高洋是高欢的二儿子，高澄的亲兄弟，长得黑不溜秋，两腮肥肉下坠，患有牛皮癣，且两足畸形。据史书记载，高洋"及长，黑色，大颊兑下，鳞身重踝"。

高洋外貌丑陋却很有才能。高澄被刺后，21岁的高洋面临着"内外震骇"的混乱局面，神色镇定，果断指挥禁卫军围捕了兰京等人，"斩群贼而漆其头"，把兄长被杀之事处理得有条不紊，人心遂定。

高澄一死，最高兴的当属东魏的孝静帝，他对左右说："这是天意啊，权威当重归于我了。"但他高兴得太早了，东魏武定七年（549年）的一天，高洋带着二百余名全副武装的卫士上到大殿，对孝静帝说："我有家事要回晋阳。"这些武士"皆攘袂扣刀，如对严敌"，把孝静帝吓傻了，叹道："这位恐怕更难相容，我的命好苦啊！"

果然，第二年，即孝静帝东魏武定八年（550年）五月，高洋带兵回到邺城（属今河北），逼孝静帝让了位，自己坐上了皇帝的宝座，国号齐（史称北齐）。

高洋上台伊始，尊父亲高欢为献武帝，庙号太祖，陵曰义平（高欢孙北齐后主高纬于天统元年即565年，改谥高欢为神武皇帝，庙号高祖）。谥高澄为文襄皇帝，高洋自号齐文宣皇帝。

高洋称帝后，励精图治，兴利除害，颇有作为。史书称："终践大位，留心政务，理刑处繁，终日不倦。以法政下，公道为先。"尤其在军事上取得了一系列的成功。当时，北方的游牧民族经常南下掠境，北齐天保三年（552年）高洋亲率大军北上讨伐库莫奚，缴获杂畜十余万；次年又北巡北方四州，讨伐契丹，掳获战俘十余万，杀牲畜数十万头。这次出征，高洋率部将风餐露宿，昼夜不息，骑行万里。是年底"亲追突厥于朔州，突厥请降"。其时，突厥刚刚灭掉了雄霸北方的柔然帝国，士气正旺，却在高洋亲征的大军面前迅速崩溃。一代豪杰宇文泰叹息："高欢不死矣！"

由于北齐政权的高官大多为怀朔镇人，所以，身处今河北一带的他们思乡的情绪是一致的。在一次宴会时，北齐帝高洋令汾州刺史斛律金唱歌，斛律金就用河北当地话把今天土默川（即古敕勒川）的《敕勒歌》翻译后唱出来（故其句长短不一），其声婉约，举座泣下。

高洋晚年嗜酒如命，导致身体虚亏，天保十年（559年）十月甲午日（公历11月25日）暴亡，时年34岁。

同年十一月，文宣帝梓宫回到京师邺城。十二月，殡于太极前殿。乾明元年（560年）二月，葬于武宁陵，谥曰文宣皇帝，庙号威宗。武平初年，又改庙号显祖。

附：

关陇集团里的武川军人

　　北魏初年，柔然集合草原各部不断南下侵扰北魏边境，对北魏平城（今山西大同东北）京畿地区的安全构成了极大威胁。为了稳固边防，阻止柔然骑兵深入袭扰，也为魏军反击提供可靠的前沿基地，以方便集结军队和囤积军备物资，同时也为安置和控制新附的北方少数民族部落，北魏在明元帝泰常八年（423年）筑长城，又沿长城设置军镇，其中以北方六镇最为有名。《魏书》：泰常八年"正月丙辰……蠕蠕（即'柔然'，亦作'茹茹''蝚蠕'等。是北魏太武帝拓跋焘对柔然部落的侮辱性称呼，意为智力低下、身体软弱，是不会思考的虫子——樊尚仁注）犯塞。二月戊辰，筑长城于长川之南，起自赤城，西至五原，延袤二千余（里），备置戍卫"。作为单一的防线，无法长久地阻挡柔然，必须依托于军镇，构成统一的防御体系。于是，作为长城防线的支撑点和战略依托，形成一条点面结合的坚固防线，六镇自西向东依次为：沃野镇（今内蒙古自治区巴彦淖尔市乌拉特前旗）、怀朔镇（今内蒙古自治区包头市固阳县白灵淖城圐圙古城）、武川镇（今内蒙古自治区呼和浩特市武川县土城梁古城境内）、抚冥镇（在今内蒙古自治区乌兰察布市四子王旗）、柔玄镇（在今内蒙古自治区乌兰察布市兴和县台基庙）、怀荒镇（在今河北省张家口市张北县）。以此构建一道坚固的防御体系，以拱卫今山西大同东北的都城平城。

　　武川镇的豪强包括宇文肱（宇文泰之父）、赵贵、独孤信、王德、李虎等，武川军人集团成为后来关陇集团（北魏时期主要活动于陕西关中和甘肃陇山周围的门阀军事势力）的核心，孕育出西魏、北周、隋、唐等朝代。

西魏时期当权者都是关陇集团的贵族代表，关陇集团是历史上影响极为深远的一个门阀集团。要说关陇集团就不得不提与之相联系的八柱国。八位柱国为宇文泰、元欣、李虎、李弼、赵贵、于谨、独孤信、侯莫陈崇。

宇文泰首创府兵制，虽说是柱国之首，但地位早已超然。元欣则因地位尊崇而挂名，所以实际是六柱国，正合周礼治六军之意。六柱国各督两个大将军，所以也就有了十二大将军。隋文帝杨坚之父杨忠即为十二大将军之一，杨忠高祖元寿曾为武川镇司马。每个大将军督两个开府，每个开府各领一军，共二十四军，这就是府兵的系统（府兵泛指军府之兵。府兵制最重要的特点是兵农合一，府兵平时为耕种土地的农民，农隙训练，战时从军打仗，其武器和马匹自备——樊尚仁注），八柱国实际上就是八个柱国十二大将军。

本文仅介绍与武川镇相关的三位柱国大将军。

宇文泰

宇文泰画像

宇文泰（507—556 年），字黑獭，代郡武川县人，鲜卑族。南北朝时期杰出的军事家、改革家、政治家，西魏的实际掌权者，北周政权的奠基者。

宇文泰的父亲宇文肱，北魏鲜卑宇文部首领。宇文肱的妻子王氏怀孕五个月时，夜里梦到抱着儿子升天，刚要到达天上时便停止了。

妻子王氏醒后告诉宇文肱，宇文肱高兴地说："虽然没有到达天上，尊贵也到极点了。"不久王氏生下儿子宇文泰。后来，宇文泰成为西魏权臣，他的儿子宇文觉建立了北周。

北魏末年，宇文泰的父兄皆死于战乱。宇文泰经过多方辗转，成为贺拔岳的麾下，随贺拔岳迎魏孝庄帝元子攸（507—531年）回洛阳。

永安三年（530年）贺拔岳入关中镇压万俟丑奴起义，宇文泰从尔朱天光、贺拔岳平定关陇，行原州事。

尔朱氏失败后，高欢命贺拔岳为关西大行台，宇文泰是他的有力辅佐。

太昌元年（532年），贺拔岳任命宇文泰为左丞，领台府司马，事无巨细皆参与议决，后出任夏州刺史。宇文泰遣李虎、李弼等讨伐曹泥。次年，曹泥降，灵州遂平，宇文泰徙其豪强置于咸阳（今陕西省咸阳市），以加强控制。

宇文泰平定秦、陇后，实力增强，担任过很多官职，比如太师、柱国大将军、大冢宰、使持节、都督中外诸军事等。孝武帝以宇文泰为侍中、骠骑大将军、开府仪同三司、关西大都督、略阳县公，成为仅次于高欢的有力人物。

根据《周书·卷十六·列传第八》等史料的记载，永熙三年（534年），贺拔岳被侯莫陈悦杀害，侯莫陈崇与诸将商议迎立宇文泰。宇文泰遂被众人所推，率军攻杀侯莫陈悦，威震秦陇。

永熙三年（534年）七月，孝武帝与权臣高欢决裂，率众入关中投奔宇文泰。十月，高欢立孝文帝元宏曾孙、时年11岁的元善见为帝，年号天平，从洛阳迁都邺城，史称东魏。十二月，宇文泰在酒中下毒谋杀了孝武帝，拥立孝文帝元宏孙元宝炬为帝，次年正月，元宝炬于长安城西正式即位，改元大统，史称西魏文帝。至此北魏一分为二（西魏和东魏）。

西魏大统元年（535年），宇文泰为都督中外诸军事、大行台，改封安定公，后为太师、大冢宰。在此期间，他立足关陇，对战东魏，蚕食南梁，先后夺取了东魏的河东等地和南梁的巴蜀等地。其亲自指挥的小关之战、沙苑之战，皆是以寡胜众的军史典范。

小关之战

535年（东魏天平二年，西魏大统元年）至537年（东魏天平四年，西魏大统三年），东、西魏军在潼关（今陕西潼关东北）地区开战。

东魏三路大军来势汹汹，成立不久的西魏面临严峻的生存考验。就在高欢大兵压境之时，宇文泰正驻军于广阳，他马上召开作战会议，研究应对之策。关键时刻，宇文泰率6000骑自广阳回长安，征询直事郎中宇文深意见。

宇文深认为，若先攻高欢，窦泰必救，我将腹背受敌。若以轻锐潜出小关，先击窦泰，高欢生性多疑，必难以及时出救。

于是宇文泰先是大造舆论，说准备跑路，然后率西魏军主力悄悄向东进发。很快，宇文泰就在潼关北侧的小关与窦泰部队相遇。窦泰这一路上来的顺风顺水，几乎没遇到像样的抵抗，他以为西魏军主力已经成功被高欢的北路军牢牢吸引住，自己正好乘虚而入，直捣长安，做梦也想不到宇文泰和西魏军主力竟然会出现在这里。

西魏军主力如猛虎下山般猛打猛冲，且战且走，引东魏重装骑兵进入预先设伏的沼泽地带，然后万箭齐发，东魏军数万鲜卑精锐全军覆灭。眼见突围无望，性情刚烈的窦泰仰天长啸，拔剑自刎。随后，宇文泰立刻率军北上迎击高欢。

窦泰在东魏勇冠三军，威望极高，是高欢麾下与侯景、高敖曹齐名的大神级人物。窦泰身亡的噩耗令高欢心肝俱裂，心痛不已。主帅伤心欲绝，东魏军顿时军心大乱，谨慎的高欢最后决定撤军，率领部队撤回晋阳，让薛孤延领兵断后。面对宇文泰的乘胜追击，薛孤延十分勇猛，连续砍坏15把战刀，东魏军主力才得以全身而退。而宇文泰也不敢穷追猛打，随即率军返回长安。节节胜利的高敖曹部队无法孤军深入，只能撤军。

小关之战，堪称古代运动战的经典。

沙苑之战

西魏大统三年（东魏天平四年，公元537年），西魏军在沙苑（今陕西大荔南）地区大败东魏军。

是年十月，东魏丞相高欢亲率20万军队至蒲津（今山西永济市一带）攻讨西魏，为窦泰复仇。西魏宇文泰仅带领不足万人的轻骑部队，双方在沙苑一带展开激战。当时的西魏刚刚经历大饥荒，国力极度匮乏，军队只备有三日粮食。

高欢临阵常有奇计，此刻见芦苇草深，突发奇想：如果我用火攻，会不会效果更好呢？

这个时候，决定此后三百年命运的两个人站了出来，"各怀心腹事"都反对放火，坚持交兵。这两个人一个是侯景（本姓侯骨，字万景，北魏怀朔镇鲜卑化羯人，503年生，552年二月卒），一个是彭乐（字子兴，今宁夏固原市人，生年不详，卒于551年三月），决定正面突击。

宇文泰以寡敌众，本来极为被动。无奈高欢一错再错，在宇文泰非常有利的地理环境下发生交战。沙苑之战中，西魏军以一敌十，凭借这场以弱胜强的伏击战，歼灭和收编东魏军8万以上，所获粮草、辎重、盔甲、器械不计其数。弱小的西魏政权得以巩固，同时也巩固了宇文泰在西魏政权的主宰地位，受封柱国大将军，12员大将加官晋爵。

高欢在小他11岁的宇文泰面前栽了跟头，此后再也没能踏足关中，东西魏的主战场转为河东（山西）和河南，东西魏割据的局面就此确立。

宇文泰军纪严明，知人善任，提拔李弼、独孤信等于戎伍之中，又擢用苏绰、卢辩于儒士之间。

宇文泰锐意改革，在官制改革中作九命之典，以叙内外官爵，即将官吏的等级分为十八命、正九命和九命。命数多者官高，如柱国大将军为正九命，骠骑、车骑大将军为九命。命实际上就是品，不过，品以正一品为最高官，命以正九命为最高官。宇文泰上三十六条新制，禁止贪污、裁减官员、实行屯田等，以为"中兴永式"。颁行均田制，又广募关陇豪右，以增军旅，编为十二军，扩大了兵源，由"八柱国"统率，创立府兵制度。同时，宇文泰在改革官制之际，将地方官吏任免权收归中央，加强了中央集权。还制定了公文格式，以朱色、黑色区别财政支出与收入，定出户籍册和胪列次年课役大数的计账制度。在行台设学，命所属官员日间办公，夜晚学习。

宇文泰执政二十余年，奠定了北周的基础。

大定二年（556年），宇文泰去世，谥号文公。557年，宇文泰第三子宇文觉建立北周，周孝闵帝受禅后，追尊宇文泰为文王，庙号太祖，武成元年（559年）追尊为文皇帝，号其墓为成陵。

宇文泰一生，多次经历了由乱到治的历史转折点，他能够在繁复的历史条件下，由弱到强，成为霸主。他在位时所颁行的兵制、选官法、计账制度等先进制度，奠定了北周的基础，宇文泰的功业可谓盛矣，是中国历史上一位少数民族的杰出人物。

李　虎

李虎画像

李虎（生年不详，约卒于551年），字文斌，别名大野虎，西魏"八柱国"之一。其祖李熙为金门镇将，率豪杰镇守武川，因而在武川定居安家。李虎最先追随贺拔岳，后来又跟随宇文泰，其子李昞娶了独孤信的第四女，生下李渊，李渊后来建立了唐朝。

李虎年少时有雄心壮志，好读书而不存章句，特别善于射箭，喜交朋友，友善待人，雅尚名节。

北魏后期，李虎是太保贺拔岳的部下，深得贺拔岳的器重。

永安二年（529年），元颢进入洛阳，李虎跟随贺拔岳将其平定。李虎因功受封晋寿县开国子，食邑300户，官拜宁朔将军、屯骑校尉。后随贺拔岳击败万俟丑奴，留镇陇西，累迁东雍州刺史，不久改任卫将军。贺拔岳镇守陇右，任命李虎为左厢大都督（一作左军大都督），并将内外军事委托给他。

永熙三年（534年），贺拔岳在高平县召请侯莫陈悦会面，准备讨伐曹泥，却遭侯莫陈悦杀害。此时李虎听说宇文泰已经代替贺拔岳统率全体将士，便从荆州往回赶，路过阌乡（阌乡南依秦岭，东靠函谷关，西连潼关，是古时兵家必争之地。现隶属于河南省灵宝市阳平镇）的时候，被高欢手下的将领俘虏，然后送到洛阳。北魏孝武帝元修正准备谋取关中地区，得到李虎欣喜万分，当即任命他为卫将军，并赐给他一大笔财物，派他到宇文泰那里辅佐镇守关中，于是他跟随了宇文泰。在灵州战役中，李虎用江水灌敌，打败了曹泥。李虎多次参加远征，成为西魏"八柱国"之一，拜太尉，封为陇西县长。

水攻曹泥

在消灭侯莫陈悦后，恰逢高欢进入洛阳，李虎率军迎接北魏孝武帝元修到潼关，因功任骁骑将军，加任仪同三司。

大统元年（535年）正月，灵州（今宁夏灵武县北）刺史曹泥继续与贺拔岳旧部为敌。同年十二月，宇文泰派李虎与李弼、赵贵前往灵州攻打曹泥。当时的灵州城固若金汤，且兵强马壮，粮草充足，此时倘若强攻，军队伤亡一定会很惨重。经过权衡后，李虎提出引河水灌城的办法。史书记载，在攻城前，李虎等人还收复了另一位猛将的兵马。他们一同攻打灵州，曹泥的部队坚持守城长达四十天，最终还是抵挡不住，曹泥不得不开城投降。李虎等人斩杀曹泥，将灵州地区的地方首领迁移到咸阳。

李虎采用水攻策略彻底击溃了实力强大的曹泥，这次胜利也使得李虎备受皇帝信任，后来他一度做到左仆射、太尉，并被西魏皇帝赐姓大野氏。大统三年（537年），李虎受封陇西郡公，并被加封"柱国"头衔。

交战东魏

大统四年（538年），西魏与东魏交战，两国布置的军阵非常庞大，头尾相距很远，从早晨到晚上，双方共交战几十次，直打得烟雾尘土四处弥漫，相互都看不清对方。西魏的独孤信与李远在右面，赵贵与怡峰在左面，交战中都已失利，而且他们还不知道西魏文帝与丞相宇文泰身在何处，于是都扔下自己率领的士兵先跑回来。李虎与念贤等人属于后续部队，看到独孤信等人退却，就和他们一道离开战场。宇文泰因此只好烧掉营帐返回，留下仪同三司长孙子彦镇守金墉。

西魏此次攻打东魏，在关中地区留守的兵员很少，前前后后俘虏的东魏士兵都被分散在民间，他们一听说西魏的部队遭到失败，纷纷图谋作乱。李虎等人来到长安，想不出好的对策，便和太尉王盟、仆射周惠达等人奉太子元钦出城，到渭北地区驻防。

西魏大统十七年（551年）五月，李虎因病去世。北周建立后，追封李虎为唐国公，谥号襄。"襄"字在谥号里的意思是：辟土有德、甲胄有劳、因事有功。正是因为李虎打下基础，使李渊等人拥有较高的平台，乃至于后来能够迅速起兵反隋。到了武德元年（618年），李虎的孙子李渊建立唐朝，追谥李虎为景皇帝，庙号太祖，陵墓称作永康。

李虎的一生都在战场上打打杀杀，他的功绩除了有效抵御了外敌入侵外，还为西魏的休养生息提供了条件。作为一个将军，李虎的军事才能也是有目共睹的，他为西魏的领土扩张和扩大势力做出了不可磨灭的贡献。

侯莫陈崇

侯莫陈崇画像

侯莫陈崇（514—563年），字尚乐，代郡武川人，鲜卑族。西魏到北周时期将领，西魏"八柱国"之一。

侯莫陈崇的先祖为北魏拓跋氏别支，居住在库斛真水。侯莫陈崇的五世祖名叫太骨都侯。从太骨都侯起，侯莫陈崇的家族世代都担任部落首领。祖父侯莫陈允（《北史》作侯莫陈云），以良家子弟的身份镇守武川，并在武川安家。父亲侯莫陈兴，官至殿中将军、羽林监，后因侯莫陈崇的功勋，追赠为柱国、太保，追封清河郡公。

西魏建立后，侯莫陈崇随宇文泰擒窦泰、复弘农、克沙苑、战河桥、破稽胡，屡立战功，拜柱国大将军、雍州牧、太子少师。

侯莫陈崇少时勇猛果敢，善于骑马射箭。15 岁时随贺拔岳、尔朱荣征讨葛荣。

永安二年（529 年），侯莫陈崇随元天穆平定青州流民起义首领邢杲，以战功授任建威将军。同年六月，又随贺拔岳在洛阳击败元颢，官升直寝。后来跟随贺拔岳在渭水活捉贼帅尉迟菩萨，在百里细川击败侯伏侯元进，在长坑活捉割据关陇地区、自称天子的万俟丑奴。

侯莫陈崇随贺拔岳入函谷关，打败赤水蜀。

当时，万俟丑奴围攻岐州，派将领尉迟菩萨率兵向武功推进。侯莫陈崇随从贺拔岳奋力作战，打败敌人，又乘胜追击，解了岐州之围。又进军百里细川，攻破贼帅侯伏侯元进的营地。万俟丑奴率领残军逃奔高平，侯莫陈崇率轻装骑兵追击，到泾州长坑赶上敌人。贼军尚未布成阵势，侯莫陈崇单骑冲入贼中，在马上将万俟丑奴活捉，乘机大呼，贼众惊慌溃散，没人敢抵挡。后续骑兵纷纷赶到，贼众全部逃散，大获全胜。贺拔岳把万俟丑奴所乘的马匹和他的宝剑、金带赏给侯莫陈崇，任其为安北将军、太中大夫、都督，封临泾县侯，食邑 800 户。

永熙三年（534 年），贺拔岳被侯莫陈悦杀害，侯莫陈崇与诸将商议迎接宇文泰。宇文泰来到军营后，原州刺史史归还在为侯莫陈悦守城。宇文泰派侯莫陈崇袭击史归。

侯莫陈崇夜里悄悄出兵，率领 7 名骑兵，直抵城下，其余兵马都埋伏在附近路边。史归见他的人数很少，就不再防备，侯莫陈崇立即闯入，占据了城门。当时城内的李远兄弟预先知道侯莫陈崇要来，于是城内城外一片呐喊，伏兵冲出，活捉了史归，把他杀死。以侯莫陈崇代理原州政事。

侯莫陈崇又随从宇文泰平定侯莫陈悦，转任征西将军。宇文泰派侯莫陈崇安抚秦州，另封广武县伯，食邑 700 户。

大统元年（535 年）以后，侯莫陈崇历任要职。

西魏大统元年（535 年），侯莫陈崇任泾州刺史，加散骑常侍、大都督衔，晋封公爵，后多次升迁至车骑大将军、仪同三司、骠骑大将军、开府仪同三司，改封彭城郡公，食邑3000户。

大统三年（537年），侯莫陈崇跟随宇文泰活捉窦泰、收复弘农、攻克沙苑，食邑增加2000户。

大统四年（538年），侯莫陈崇跟随宇文泰征战河桥，他在此次战役中战功最多。

大统七年（541年），稽胡反叛，侯莫陈崇率军将其荡平。不久，被任命为雍州刺史，兼太子詹事。

大统十五年（549年），侯莫陈崇被升任为柱国大将军，转官少傅。

西魏恭帝元年（554年），侯莫陈崇出任宁州刺史，升尚书令。六官建立后，被任命为大司空。

西魏恭帝三年（556年），恭帝拓跋廓被迫禅位于宇文泰之子宇文觉。次年，宇文觉正式即位，建立北周，是为孝闵帝。晋封侯莫陈崇为梁国公，食邑1万户，加太保衔，历任大宗伯、大司徒。

据《周书·卷十六·列传第八》等史料记载，保定三年（563年），侯莫陈崇跟随北周武帝宇文邕巡视原州，宇文邕夜里返回京师，人们私下感到奇怪。对此，侯莫陈崇对他的亲信常升说："我听说晋公宇文护今年不吉利。皇帝今天忽然连夜赶回京师，不外乎是晋公宇文护死了。"于是众人把这话传开。

有人就向北周权臣宇文护告发了这件事。宇文邕在大德殿召集公卿，责备侯莫陈崇。侯莫陈崇心中恐惧，请求治罪。当夜，宇文护派人率兵包围了侯莫陈崇的住宅，逼他自杀了。依照常规礼仪为他举行葬礼，谥号为"躁"。宇文护被诛杀后，改谥号为"庄闵"。

侯莫陈崇一生勇悍，佐命开国，功高名重，竟因失言而至凶终。

近年有学者（主要为内蒙古自治区文物局、考古研究所的专家2010年重新勘测后得出的结论——樊尚仁注）提出：今达茂联合旗希拉穆仁城圐圙古城为武川镇城。该城坐落在希拉穆仁镇召河与哈拉乌素干河（不连河）交汇处的河洲地带，城址由大城和小城组成，大城南北墙各向东北延伸相合将东部

达茂旗希拉穆仁城圐圙城址航拍图

小城包围，西墙在城外向南延伸到河边。大城边长400多米，数城相套，城址面积不少。大城四墙各开门，设瓮城，有角楼、马面，城内西南隅设内城。关于武川镇的地望，说法较多。有武川县土城梁古城说，但土城梁古城规模较小，地理位置稍偏，且位于山巅之上，城内又有代表一定等级的柱础、瓦当出土，其军事性质稍差，可能为魏帝行宫之一，而非武川镇。有武川县下南滩古城说，但下南滩古城未发现城墙。《魏书·列传·九十一·蠕蠕传》记载："皇兴四年（470年），予成犯塞，车驾北讨，……诸将会车驾于女水之滨，……乃选精兵五千人挑战，多设奇兵以惑之，虏众奔溃，逐北三十余里，斩首五万级，降者万余人，戎马器械，不可称计。旬有九日，往返六千余里。改女水曰武川，遂作《北征颂》，刊石纪功。"从此条记载看，敌人来到北魏边塞，各路人马汇集地女水，一定是接近边塞的地方，这与希拉穆仁城圐圙城

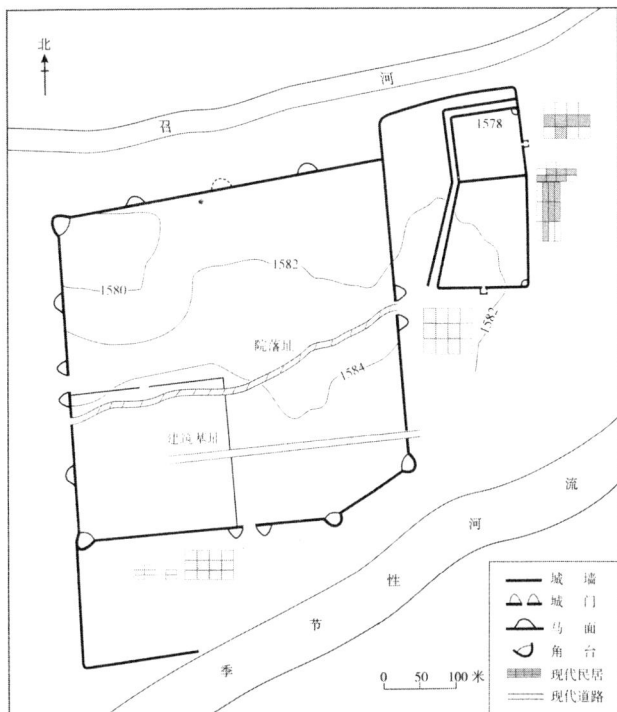

希拉穆仁城圈圙城址平面图

址的地理位置接近，其北不远即为筑于皇兴年间（467—471年）的北魏长城南线，控扼此地可迎击南下白道[今呼和浩特市西北通武川大道，是古代沟通阴山南北的主要通道。北魏时曾在这条咽喉要道附近修建白道城（位于今呼和浩特市北郊坝口子村）和行宫（位于大青山乌素图沟以东的蜈蚣坝山后坡）——樊尚仁注]之敌及向东进发之敌。这一带也是从平城去往西北边塞最近的地方，北魏在此汇集军队也最为方便，而对于西北来犯之敌接近这一带也最能对北魏都城平城造成威慑。希拉穆仁河（俗称"召河"）应是女水，希拉穆仁城圈圙城址即武川镇。

侯景作乱天下动
江南半壁少人烟
——侯景小传

侯景（503—552年），本姓侯骨，字万景。北魏怀朔镇（北魏王朝在北方边境兴筑的六镇之一，城址在今固阳县百灵淖乡城圐圙圙村）鲜卑化羯人（一般指"羯族"，从某种意义上说还不能称为一个真正的民族，只是当时匈奴族的一个分支或部落——樊尚仁注）。南北朝时期历史人物。少年时深受边境尚武风习影响，行为不端，性剽悍，善骑射，骁勇好斗，膂力过人，深为乡里所惮。初为怀朔镇兵，后任功曹史、外兵史等低级官职。

侯景与怀朔镇队主高欢甚相友好，同图建功立业。北魏孝明帝武泰元年（528年），秀容川契胡酋帅尔朱荣发动河阴之变，攫取北魏军政大权，侯景投靠尔朱荣，由于其机警敏捷，甚得尔朱荣器重。

是年八月，侯景因大败义军，擢升为定州刺史、大行台，封濮阳郡公。

北魏孝武帝永熙二年（533年），侯景见高欢势盛，遂依附高欢，再图发展。

侯景悍勇能战，驭军有法，特别注意以厚利抚纳笼络士卒。每战胜后，辄将所掠财宝分与手下将士，故得部众拥戴，"咸为之用"。他精于韬略，机诈权变，"颇习作阵""多诡诈"。由于善挟巧诈，作战多捷，在高欢重用下跃马横枪，驰骋疆场，成为东魏重要将领。

东魏迁都邺（今河南安阳北）后，高欢乃命侯景经略河南，屡屡获胜。东魏孝静帝兴和三年（541年），东魏任侯景为吏部尚书兼尚书仆射、河南道大行台，专制河南，成为独当一面的封疆大吏。

侯景官运亨通，权柄在握，土广人众，实力雄厚，因而飞扬跋扈，连高欢之子高澄也瞧不在眼里，口出狂言："王（高欢）在，吾不敢有异，王无，吾不能与鲜卑小儿（高澄）共事。"

《梁书·侯景传》记载：及神武（高欢）疾笃，谓子澄（高澄）曰："侯景狡猾多计，反复难知，我死后，必不为汝用。"孝静帝武定五年（547年）正月，高欢死。高澄先发制人，敕命侯景入觐。侯景自知一旦入朝，性命难保，于是公开据兵反叛。高澄派重兵包围侯景。

侯景一开始想获得宇文泰的支持，但宇文泰对他心怀戒备。不得已，侯景率部倾河南全境和齐中三州投靠南朝。由于梁武帝萧衍希望借侯景的力量北伐成功，所以接受了他的投降，给他很高待遇（《梁书》记载：高祖乃下诏封景河南王、大将军、使持节、都督河南南北诸军事、大行台）。高澄派大将慕容绍宗进攻侯景，梁武帝派贞阳侯萧渊明支援，结果大败，萧渊明被俘。

正在此时，东魏高澄提出和解。侯景感到恐慌。梁武帝却没有意识到这一点，他继续与东魏进行谈判。侯景假冒高澄的名义写了一封信，提出"以萧渊明交换侯景"，梁武帝不明真相，欣然接受。侯景大怒，暗地里预谋发动叛乱。

侯景充分利用了梁朝的各种矛盾。他以南豫州牧的身份镇守寿阳（今安徽寿县），废除了梁朝盘剥百姓的市场税和田租，使百姓都来参与叛军，又将百姓子女分配给叛军，使寿阳成为一个大军营。被梁武帝收为养子的侄儿临贺王萧正德久蓄异志，侯景也与之联结。侯景屡屡向梁廷索求钱财武器，言辞也愈发傲慢，但梁武帝从未拒绝，一味姑息，给侯景运输物资的"信使相

南朝梁武帝萧衍（464—549年）清人绘

望"。《资治通鉴》记述，萧范、羊鸦仁、元贞、裴之悌等人相继向朝廷报告侯景欲谋反的消息，梁武帝及朱异等人却不以为意。侯景便利用梁武帝昏庸的绥靖政策迅速壮大起来。

经过数月的准备，到梁太清元年（548年）八月初十，侯景动用八千余兵力，以诛杀中领军朱异、少府卿徐驎、太子右卫率陆验、制局监周石珍为借口（"清君侧"）起兵于寿阳，正式揭开侯景之乱的帷幕。

梁武帝乃派邵陵王萧纶统率诸军，征讨侯景。

侯景知梁军来攻，决心争取主动，主动放弃淮南，率轻骑突袭建康城。

九月，侯景留部将王显贵守寿阳，自己诈称游猎，出寿阳城。

十月，侯景扬言进攻合肥，实际上却袭占谯州（今安徽滁州）、历阳（今安徽和县），进而引兵临江。

梁武帝征询都官尚书羊侃征讨侯景的计谋，羊侃建议速派两千人即刻占据采石（今安徽马鞍山），另派一军袭击寿阳，从而使侯景进退失据。可惜的是羊侃的建议未被采纳。

梁武帝命萧正德为平北将军、都督京师诸军事，屯守丹阳（今江苏丹阳）。

哪知道萧正德早已与侯景约为内应，派大船数十艘，以运芦苇为名，暗中接济侯景军辎重。

当时梁宁远将军王质率水军三千余人巡弋江上，侯景将要渡江，担心被其阻击，便派间谍查看。

此时，梁临川太守陈昕向梁武帝建议，采石（今安徽马鞍山）急需重兵镇守，而王质水军力量较弱，要求增加守军。

梁武帝遂命王质与陈昕换防。萧正德将此消息密告侯景，侯景遂乘王质

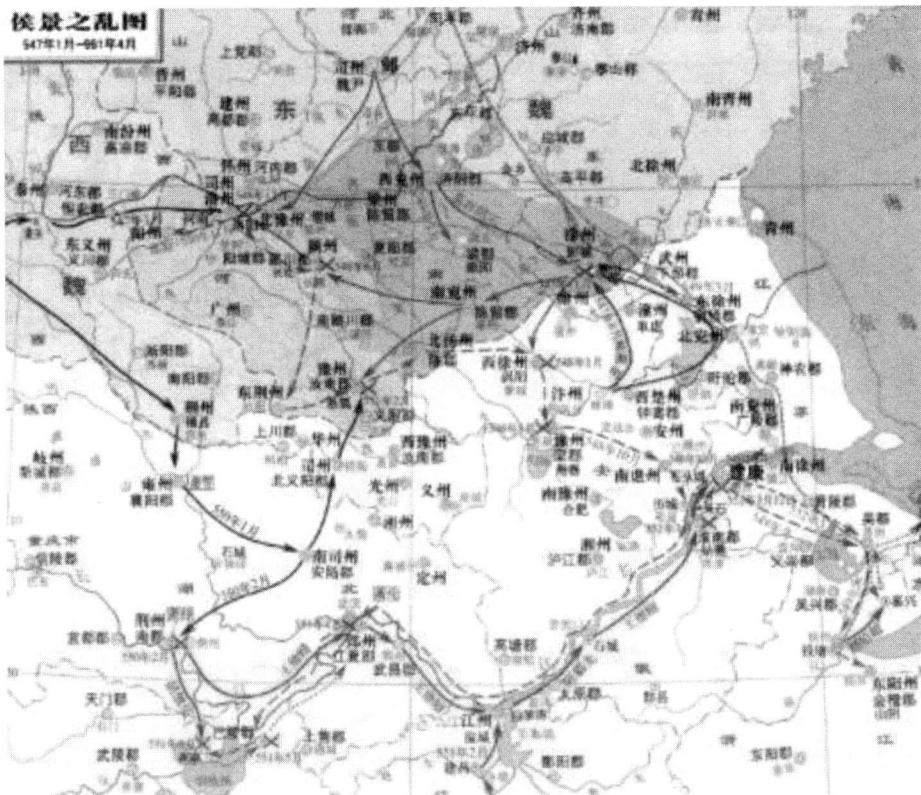

侯景之乱图

与陈昕换防之机，率军自横江（今安徽和县西南）渡江，抢占采石，俘获陈昕。继又分兵袭取姑孰城（今安徽当涂），俘淮南太守萧宁，主力进到慈湖（今安徽当涂西北），建康（今江苏南京）震动。

梁武帝将军务托付给皇太子萧纲，太子部署建康防务，命其子宣城王萧大器总督城内诸军，并赦免囚徒以充军。

百姓听说侯景的军队到了，争相逃入城中，士大夫几十年不见兵器，柔弱不堪，闻变后惶惶不可终日。

羊侃布置防守，整顿秩序，深得皇太子萧纲的赏识，凡事对他很是倚赖。

侯景军于十月二十日渡江，十月二十四日至朱雀航（今江苏南京南）。由于有萧正德的内应，侯景很快攻破朱雀门，守门的东宫学士庾信逃走。接着，萧正德开宣阳门，迎接侯景军入城。

自十月二十五日开始，侯景军就围攻台城（宫城），由于有羊侃的坚守，久攻不下，乃筑长围以断台城内外联络。

梁武帝太清元年（548年）十一月初一，萧正德登基为皇帝，改元"正平"，封侯景为丞相，并加紧对台城的攻势。

台城在久围之下，粮食断绝，疫疾大起，死者十之八九。

梁武帝太清三年（549年）三月，侯景攻破台城，梁武帝萧衍沦为阶下囚，五月饿死。侯景立太子萧纲为简文帝，自封为大都督，迫使美貌的溧阳公主嫁给他为妻；后又自封（逼皇帝封其）为"宇宙大将军"。

城破后，侯景悉数驱赶满朝文武，让他们净身而出，命士兵将他们杀死，被杀的有3000人，尸骸填满道路。将病人与死尸聚而焚之，惨不忍睹。侯景其后陆续派军在三吴地区大肆烧杀抢掠。

侯景入城后，自为大都督、大丞相录尚书事，使持节，掌握梁朝大权。梁简文帝萧纲成其俎上肉，萧梁有名无实。

侯景出身行伍，志大识短。在长年的割据战乱中，养成了"反复猜忍"、酷虐凶狡的性格，暴戾嗜杀。攻建康时，纵兵掠民，无论金帛菽粟，恣意劫夺。他令民筑土山攻城，不论贵贱，昼夜不息，乱加棰楚，疲羸者杀以填山，号哭之声惊天动地。史称"侯景之乱"。

侯景之乱不仅使广大劳动人民备遭苦难，还极大地破坏了社会生产，江南经济文化遭巨大损失，相对富庶的梁都建康焚掠后满目疮痍，有如芜城。"户口百遗一二，大江南岸极目无烟"，许多精美雄壮的建筑及各种文物图书也不复存在。

南朝梁简文帝大宝二年（551年）八月，侯景幽禁简文帝萧纲，立豫章王萧栋（梁武帝萧衍曾孙）为帝，改元天正。

九月，侯景杀简文帝及其诸子。

十一月，侯景再命萧栋禅让，自己登基为帝，国号汉，改元太始。追尊汉司徒侯霸为始祖、晋朝征士侯瑾为七世祖，追尊其祖侯周为大丞相、父侯标为元皇帝。

侯景虽然占据了建康，却未能征服整个江南。在向各地扩张过程中，遇到了梁军和各地地主武装的强烈抵抗。当侯景攻陷江州、郢州之后，乘胜西进，水军号称二十万，旌旗千里，声势之盛为南朝所未见。可是进至巴陵，便被梁武帝萧衍第七子萧绎（梁元帝）手下大将、江州刺史王僧辩击败，侯景得力猛将宋子仙等被杀，任约等被俘。侯景从此一蹶不振。

梁元帝承圣元年（552年）二月，江州刺史王僧辩和东扬州刺史陈霸先在白茅湾会盟，誓师东下。三月，在姑孰的江中水战，侯景大将侯子鉴部被歼，梁军进抵建康。侯景亲率万余人拼死抵抗，亦被击败。

侯景在晋陵收得部分残兵后，前往吴郡，在松江被梁将侯瑱追上，将其尚有的战船二百艘、兵卒数千人全部消灭，平定了侯景之乱。

侯景逃跑途中，被部下羊鹍刺杀。此时距其篡位自称皇帝仅120天。侯景死后，头颅传送江陵，双手砍下来送往北齐交给高洋，身体则送往建康，当地百姓将他的尸体分食殆尽，连其妻溧阳公主也吃他的肉，还有人将其骨灰掺酒喝下。梁元帝萧绎将他的头悬挂在江陵闹市示众，然后又把头颅煮了，涂上漆，交付武库收藏，与篡夺西汉政权的王莽有着相同的待遇。

千军万马常出没
原来他是射雕人 ｜ ——哈萨尔小传

哈布图·哈萨尔（1164—1226 年），原名拙赤，乞颜部孛儿只斤氏也速该次子，一代天骄成吉思汗的同母仲弟，比成吉思汗小两岁。"哈布图"有百发百中之意，哈萨尔（又写作"合撒儿"）是称号，为凶猛、烈性猛兽之意。南宋隆兴二年（1164 年）生于蒙古高原。

哈萨尔自幼善射，箭法超群，被称为"一代神弓"，被其兄称为"左膀"。成吉思汗曾说："有别里古台之力，哈萨尔之射，此朕之所以取天下也。"

哈布图·哈萨尔画像

哈萨尔少年时代就帮助母亲及兄长铁木真操持家务、狩猎，赡养母亲和照顾弟弟、妹妹。

哈萨尔青年时代随同铁木真出征四方，协助参与统一部族、统一蒙古民族及建立大蒙古国，立下了不朽的功勋。在其为蒙古帝国征战的辉煌一生中，开拓疆土及辅佐其兄登基汗位，立下了卓越功劳，是大蒙古国的缔造者之一，是蒙古民族历史上值得纪念的伟大政治家和军事家之一。

南宋淳熙十六年（1189 年），为加强大汗的权力和防御外敌的袭击，铁木真组成一支宿卫队，哈萨尔被任命为列兀勒都赤，负责大汗营帐的警戒和监督重任，成为铁木真的佩刀护卫和得力助手。

南宋嘉泰三年（1203年），正当铁木真部势力日渐强大时，与原为盟友的王罕反目成仇。在哈兰真沙陀（东乌珠穆沁旗）一战，铁木真与王罕两败俱伤，哈萨尔的妻子被俘，哈萨尔携幼子脱忽逃跑，后与铁木真相会。

次年，哈萨尔令亲信假降王罕，王罕信以为真，遣部将亦秃儿干盛血于牛角饮而为盟。当亦秃儿干来到克鲁伦河畔与哈萨尔相会时，伏兵四起，亦秃儿干被俘后被诛杀，哈萨尔进而袭击王罕部取胜。

哈布图·哈萨尔画像

南宋嘉泰四年（1204年），铁木真出征乃蛮部，令哈萨尔为中军。成吉思汗摆下"如海子样阵"，即协调作战，仿佛波浪起伏，次第而进。然后成吉思汗令哈萨尔冲敌之中枢。

乃蛮部首领太阳罕闻风而逃，哈萨尔追至纳忽山（鄂尔浑河东）。

乃蛮部由于夜晚看不清路，军士多滚落堑壕，太阳罕被擒。

战后，成吉思汗称："纳忽山一战，论功，以哈萨尔为第一，予以恩赏，凡哈萨尔子孙位次在宗室之上。"

南宋开禧二年、元太祖元年（1206年），铁木真建立大蒙古国，被推为蒙古大汗，尊称成吉思汗（据《史集·部族志》解释：蒙古语"成"意为"坚强"，"成吉思"是其复数。《通史简编》认为"成"是"刚强"，"吉思"是"多数"。因此成吉思汗是坚强之大汗的意思——樊尚仁注）。

成吉思汗打乱过去蒙古旧有的部落体系，将蒙古属民组编成千户，分别授予其家族成员。哈萨尔被授予四千户属民，将贝加尔湖以东、石勒喀河流域、额尔古纳河左右岸、海拉尔河以北的蒙古东部草原赐为哈萨尔封国，夏都为根河河口的苦烈尔温都尔（今额尔古纳市黑山头）。这四千户逐渐繁衍生息，发展壮大成阿鲁科尔沁、乌拉特、四子、巴尔虎、茂明安等八个部落，统称阿鲁蒙古。

元太祖九年（1214 年），成吉思汗伐金，分兵三路，哈萨尔为左路。取下中都（北京）后，哈萨尔成为受降者的将领，占据今河北、辽宁一带。

嘎啦宝石印章，其印面为八思巴文。据传该宝物在哈布图·哈萨尔后裔家族中流传，今未现

哈萨尔于 1226 年在随成吉思汗出征西夏国途中，因病返回，病逝于苦烈尔温都尔（今额尔古纳市黑山头古城宫）中。据清代蒙古文史籍《水晶鉴》和呼伦贝尔牧民世代相传，哈萨尔下葬于"伊贺乌拉"。

哈萨尔妻妾甚多，相传有 40 个儿子，但知名者不多，其中著名的三个分别是：长子淄川王也苦，次子移相哥大王，三子脱忽大王。14 世纪初波斯文世界通史《史集》记载："哈萨尔死后，长子也苦继承其位。也苦死后，其子合儿舍孙继位。合儿舍孙死后，移相哥继位。"

移相哥继承了父亲的善射，以高超的箭术著称。成吉思汗在位时期，颇得大汗信赖，一直跟随在身边。

元太祖二十年（1225 年），成吉思汗征服花剌子模国后，在归国途中，于阿尔泰山脉、额尔齐斯河上游的不哈速赤忽，曾举行全体蒙古诺颜参加的盛大那达慕大会。移相哥射中距离 335 阿拉塔（约 536 米）远的目标（亦有史料记载"在

移相哥石碑

335 庹远的地方射中了靶心"。一庹，成人两臂左右平伸时两手之间的距离，约合 5 尺），获全帝国射箭第一的荣耀，轰动了整个蒙古草原。为此成吉思汗专门为他树立了举世闻名的"移相哥石碑"（亦称"成吉思汗碑"），纪念其荣耀——此碑现藏于俄罗斯圣彼得堡亚洲博物馆。

哈萨尔子孙繁衍旺盛，载于史册者数百人。北元帝国第十一位皇帝阿岱可汗（1390—1438 年），在位十三年，是其八世孙；统一青藏高原的和硕特蒙古首领、和硕特汗国（清朝属国）的创建者固始汗图·鲁拜琥（1582—1655年）是其十八世孙；清朝一代国母孝庄文皇后（1613—1688 年）是其第十九世孙女；一代忠勇僧格林沁（1811—1865 年）为其第二十六世孙。

哈萨尔及其属民后裔主要分布在内蒙古、青海、辽宁、黑龙江、吉林、新疆等省区，今天的科尔沁、阿鲁科尔沁、扎赉特、乌拉特、杜尔伯特、茂明安、四子王、和硕特均有其后裔。

哈布图·哈萨尔祭奠活动开始于元朝的忽必烈时代。最初，祭奠活动与

哈布图·哈萨尔祭奠堂全景

哈布图·哈萨尔祭奠坛

成吉思汗祭奠活动一并在元大都举行。此后，除茂明安、四子王、乌拉特部一直延续着祭祀活动外，其余各部也有祭祀活动。

如同圣主成吉思汗陵的八白帐祭祀由元朝的创建者忽必烈的长孙甘麻喇一系来主持一样，哈布图·哈萨尔祭奠堂由鄂尔多固海王长支——茂明安部主持祭奠和保管祭奠的"欧日嘎"（也称"乌日嘎"，白毡做成的五个白色小蒙古包）。

哈布图·哈萨尔祭奠欧日嘎也随部落迁移，由于清朝政府放地垦荒，迫使部落一迁再迁，共迁移四次，其中一次在位于包头市的昆都仑召。

茂明安部落祭奠祖先哈布图·哈萨尔已有 300 多年的历史。1633 年，科尔沁茂明安部在首领车根（哈布图·哈萨尔的后代布颜图汗多尔济长子）的率领下从呼伦贝尔草原远征来到大青山北麓，乌拉特（哈布图·哈萨尔的十五世孙布尔海的嫡系后裔，于顺治九年由呼伦贝尔抵达所赐牧地河套北、阴山、狼山、乌拉山之间）、四子部［*形成于哈布图·哈萨尔第十五世孙诺颜*

泰奥特根时期。诺颜泰奥特根生有四子，执政后各有领地和属民，并随着领地的扩大和部众的增多，发展为部落，被称为"四子部"。清崇德元年（1636年）建旗，顺治六年（1649年）晋封多罗郡王并迁徙到今乌兰察布市四子王旗境内——樊尚仁注〕相继告别呼伦贝尔草原，西迁至大青山北麓传统意义上的乌兰察布草原后，以上各部都相聚于茂明安领地（今包头达尔罕茂明安联合旗）进行集体祭奠。传统祭奠活动每年举行五次，分别是农历二月二十七日、五月二十七日、七月二十七日、十月二十七日和除夕之夜。其中，五月和十月为大型祭奠活动。

"文化大革命"中，公开祭奠活动被禁止。20世纪80年代，党和政府落实民族政策，祭奠活动开始恢复。1988年，重建了哈布图·哈萨尔祭奠堂（6月8日破土动工，10月底竣工）。祭奠堂坐落于达茂联合旗新宝力格苏木人民政府所在地查干敖包往西五公里处的查干少荣山。2007年，包头市达尔罕茂明安联合旗和九原区将哈布图·哈萨尔祭奠活动共同申报为第一批自治区级非物质文化遗产名录民俗类项目。

一代天骄结相与
阿剌兀思上高台　——阿剌兀思小传

阿剌兀思·剔吉·忽里，汪古部首领，生年不详，卒于泰和七年（1207年）。《元史》称："汪古部人，系出沙陀雁门之后。远祖卜国，世为部长。"率部驻牧于今内蒙古大青山以北一带。原附属金朝，隶西北路招讨司，为金守卫边壕。蒙古国开国功臣、汪古部首领。"阿剌兀思"为名，"剔吉""忽里"均为官号，一说"剔吉"为突厥语"特勤"之音变；"忽里"为金官职"忽鲁"之音变，为"统数部之长"。世为部长，率部驻牧阴山北。

阿剌兀思·剔吉·忽里原为金朝守护金界壕（金堑壕），并于元大德九年（1305年）被追封为"高唐忠武王"。

阎复的《驸马高唐忠献王碑》称："亡金堑山为界，以限南北。忠武王一军厄其冲。""堑山为界"就是指金界壕。

《金史·地理志》载："金之壤地封疆，……北自蒲与路之北三千余里，火鲁火疃谋克地为边，右旋入泰州婆卢火所浚界壕而西，经临潢、全山，跨庆、桓、抚、昌、净州之北，出天山（金元时期今大青山称天山）外，包东胜，接西夏。"这里说的"净州之北，出天山外"的界壕就是汪古部扼守的地方，也就是现在的四子王旗、达尔罕茂明安联合旗、武川县境内的金界壕一线。就在他驻守金界壕时，界壕之北的蒙古族在成吉思汗率领下日渐强大，蒙古战胜乃蛮是成吉思汗实现漠北统一的最后决战，而汪古部的阿剌兀思·剔吉·忽里又在其中起了重要作用。

位于达尔罕茂明安联合旗境内的金堑壕遗址

当时乃蛮的首领太阳可汗遣使来汪古部，欲结联盟，"同据朔方"，共同对付新兴的成吉思汗。关于这件事，在阎复的《驸马高唐忠献王碑》中说得很清楚，指出汪古部阿剌兀思·剔吉·忽里不但拒绝了与乃蛮结盟，还反戈一击，与成吉思汗结盟，共同出征乃蛮："太祖圣武皇帝起朔方，并吞诸部。有国西北曰带（太）阳罕者，遣使卓忽难来，谓忠武曰：'天无二日，士无二王，汝能为吾右臂，朔方不难定也。'忠武素料太祖智勇，终成大事，决意归之，部众或有异议，忠武不从，即遣麾下将秃里必答思赍酒六榼，送旧卓忽难于太祖，告以带阳之谋。时朔方未有酒醴，太祖祭而后饮，举爵者三，曰：'是物少则发性，多则乱性'。使还。酬以马二千蹄，羊二千角，上诏忠武：'异日吾有天下，奚汝之报，天实监（鉴）之'，且约同征带阳，会于某地。忠武先期而至。"

由于汪古部阿剌兀思·剔吉·忽里举部来归，并助蒙古战胜乃蛮，这无疑

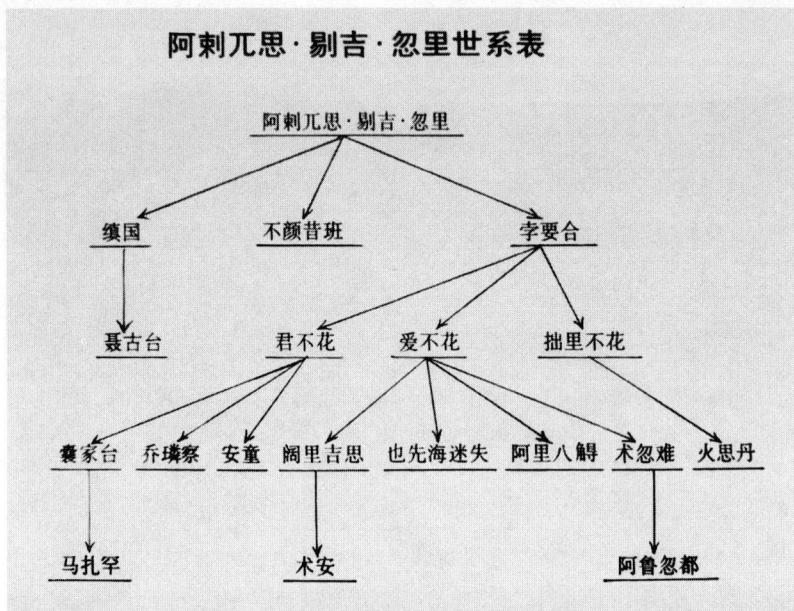

阿剌兀思·剔吉·忽里世系表

对成吉思汗统一漠北有重要意义，因此，在南宋开禧二年（1206年），成吉思汗建国于斡难河时，授开国有功者95个千户，其中阿剌兀思·剔吉·忽里位列第88位功臣，掌管5个千户。

阿剌兀思·剔吉·忽里在成吉思汗攻金时，还"忠诚为向导，南出界垣"。他不仅将守护的界壕交给蒙古大军，并助成吉思汗的军队一举攻下净州一带的要塞乌沙堡。接着南进武川，跨越大青山，南出丰州，先占领云内、东胜，继而东攻占武州等地。《元史·太祖纪》载："皇子术赤、察合台、窝阔台分徇云内、东胜、武、朔等州下之。"就是说，由于阿剌兀思·剔吉·忽里将界壕和沿线的边堡交给了蒙古军，并充当了南下的向导，使蒙古军迅速攻下今呼和浩特平原及东部大同地区，为成吉思汗推翻金朝建立大蒙古国立下了汗马功劳。

遏云舒霞意气高
运筹帷幄女英豪

—— 阿剌海别吉小传

阿剌海别吉，是一代天骄成吉思汗的三女儿，约生于南宋淳熙十三年、金大定二十六年（1186 年）。

《元史》记载她"明睿有智略""师出无内顾之忧，公主之力居多"。就是说，她聪明有智慧，成吉思汗出征时令其监国，人称"监国公主"。1204 年，成吉思汗将其下嫁汪古部。《蒙古秘史》二三九节说："将阿剌合〔别乞〕（即阿剌海别吉不同的译音）名的女子与了汪古种。"有关监国公主的事迹，在正史、别史和传世文中都有过记述。

最早出现"监国公主"记载的是《繁峙王氏世德碑》。碑文称："丁丑，大兵围雁门，游骑及县境金人弃城奔溃，城中遗民共推公（即王兆）与县人刘会通领县事。谋走南山栅险自保，公度不可，乃与会等十数人持牛酒经至主帅下，通史名款，且献攻取之策。主帅伟公言貌，以便宜擢授左监军……续受监国公主教迁昭武将军，坚州左副元帅。"是年为1217 年。王兆、刘会等归顺统兵主帅，授王兆为左监军职，最后还得有监国公主正式除授升迁。

这支围雁门的大兵，可能就是领白鞑靼国事的阿剌海别吉的汪古部的军队。

与王兆同领县事的"县人刘会"也有碑文传世，碑文说："……懿旨超加骑将军，坚州都元帅兼节度使，悬带虎符金牌，便宜行事……子男二人……长曰泽……泽娶铁氏女一人，弱冠质于公主位下积有年。"

碑文中只称公主，这位公主不会是别人，此时只能是监国公主。因刘会与王兆同领县事，一起归顺，他的官职是监国公主"懿旨超加"的，其子承袭，也必须"特蒙懿旨"，就连泽的家室，也是监国公主懿旨赐予的。

在官修的《元史》中，也有关于监国公主的记载。

《木华黎传》载："（辛巳）秋八月，从驻青，监国公主遣使来劳，大飨将士。"

《元朝名臣事略》也有同样的记载："王（木华黎）至天德，监国公主遣其臣习里恩劳王，且飨将士。""天德"就是丰州，故城在今呼和浩特东白塔附近。从这段记载来看，土默川平原是汪古部管辖之地。

监国公主就是阿剌海别吉，《山西通志·仕实录》中的《李佺传》里说得更清楚，"李佺，汾州西河人，金末寇乱，佺集乡保人御，己卯（1219年），太祖之妹曰剌海，号监国公主，遣行省不华收河东，公主承制，授佺汾州左监军"。这段记载没讳其名，说监国公主名叫剌海。"太祖之妹"之说显然有误，应为太祖之女，此误系民间传讹。

阿剌海别吉何时称为监国公主，不见于史籍。最早的史料见于上面提到的《繁峙王氏世德碑》中的记载，在《刘会碑》《李佺传》以及《元史》等文献中都有监国公主的称谓。丁丑系1217年，是成吉思汗西征的前两年，也就是说，成吉思汗未征前，阿剌海别吉就已经称监国公主了。1221年赵珙的记述也是可信的，阿剌海别吉"今领白鞑靼国事……凡征伐斩杀，皆自己出"。直至1236年秋七月，窝阔台"以真定民户奉太后温沐，中原诸州民户分赐诸王、贵戚、斡鲁朵"的诏书中，"皇子阔端、驸马赤苦、公主阿剌海……于东平府内拨赐"。可见直到这个时候，阿剌海别吉依然是汪古部的代表人物。监国之称，早已有之。君主不在，太子留守掌政，谓之监国。自成吉思汗始，

监国公主行宣差河北都总管之印

据载监国者有：成吉思汗西征时，斡赤斤留守本土，谓监国；成吉思汗死后，皇子拖雷监国；及至元朝将亡，顺帝北奔，还"诏淮王帖木儿不花监国"，留守京师。

阿剌海别吉领汪古部事时显示出她的非凡才能，从史料记载中我们可以看出很多线索。

阎复的《驸马高唐忠献王碑》说："公主明惠有智略，祖宗征伐四出。尝摄留务，军国大政，率谘禀而后行，师出无后顾之忧，公主之力居多。"

《蒙鞑备录》记述："所谓白鞑靼者……今部族之后，其国乃鞑主成吉思汗公主必姬权管国事。"又载："今领鞑靼国事，日逐看经，有妇士数千人事之，凡征伐斩杀，皆自己出。"

虽然阿剌海别吉主领汪古部政事，但是当时蒙古王、驸马等都有权任命地方官吏，根据史书上的片段记述，可以看出她的权限是很大的。她不仅掌管汪古部事，还降"懿旨"任命今山西、河北等地的官员。如命王世德为"昭武将军，坚州左副元帅""刘会为骁骑将军，坚州都元帅兼节度使"，令刘会之子承袭父职，"充坚州管民长官"，命李佺为汾州左监军。1228年，拖雷监国时，阿剌海别吉仍任命王行省事于中都。

据《元史·王传》："子，奉监国公主命，领省中都。"可见阿剌海别吉的权限已远及今河北地区。

从以上分析，"河北"范围就是现在的整个华北地区，泛指黄河以北的地方。因此，监国公主所管的范围已超出了汪古部本部，与后来蒙哥时期任命忽必烈为"总理漠南汉地民事"大体相当。

《蒙古秘史》仅仅说将阿剌海别吉嫁给汪古部了，到底嫁给谁为妻，没有说明。关于这个问题，有关史料记载得很混乱，研究者们的意见也很不一致。汪古部首领在协助铁木真征服乃蛮部统一蒙古各部中建立了卓绝的功勋，铁木真为了酬谢阿剌兀思·剔吉·忽里对他的支持，一方面仍令他管原汪古部领地及其臣民，另一方面与他约为婚姻。1206 年，成吉思汗建国，大封贵族、功臣及各部首领。据《蒙古秘史》（现代汉语版）卷八记载："阿剌兀思·剔吉·忽里为古列坚（意为女婿）。"由此看来，阿剌海别吉曾嫁给阿剌兀思·剔吉·忽里是没有疑问的。从史料看阿剌兀思死于泰和七年（1207 年），而他协助征讨乃蛮部是在 1204 年。阿剌海别吉是在此事后嫁给他的，因此，他俩结婚时间不长。

有的史料说，阿剌海别吉嫁给了不颜昔班。《蒙鞑备录》云："二公主曰阿里海百因，俗曰必姬夫人，曾嫁金国亡臣白四部，死，寡居。"《黑鞑事略》也有同样的记载："白厮马，一名白厮卜，即白鞑伪太子忒没真婿，伪公主阿剌罕之前夫。"《蒙兀儿史记》中认为白四部、白厮卜都是不颜昔班之异文。不颜昔班是阿剌兀思·剔吉·忽里之长子。官修的《元史》则只记载阿剌海别吉嫁给了孛要和。《公主表》称："赵国大长公主阿剌海别吉，太祖女，适武毅王孛要和。"此说本于《驸马高唐忠献王碑》。

波斯史料则认为曾嫁给镇国。镇国曾娶阿剌海别吉，也可以从镇国袭封北平王得到旁证。《驸马高唐忠献王碑》中载："镇国至，封北平王，握金印。"《元史》也称：阿剌兀思子"孛要和尚幼，先封其侄镇国为北平王"。由此得知镇国曾掌汪古部政事。镇国子聂古得亦封北平王，并纳睿宗皇帝之女独木干为妻。但是碑中将镇国和阿剌海别吉的关系隐去了。从这些片段的记载中，亦可看到阿剌海别吉确实嫁给过镇国。

显而易见，各种史料的记载相互抵牾，而且出入颇大。所以出现不同的记载，大致可以从两方面分析。第一，这些史料各自撰写的时间不同，所以只反映了当时一时的情况。如《蒙鞑备录》和《黑鞑事略》是出使蒙古地区的宋朝使臣记述的，他们在蒙古地区逗留的时间较短，未能究其详史，只是叙述他们的所见所闻，所以出现了阿剌海别吉"曾嫁金国亡臣白四部，死，寡居"等语。而当时的不颜昔班和镇国确实已死，而孛要和又随成吉思汗远在西域未还，因此这样的记载虽然不尽翔实，但确实反映了当时的真实情况。《蒙古秘史》称阿剌海兀思·剔吉·忽里为驸马的记述也是真实的。第二，有意避实，掩其真相。最典型的要算阎复撰写的《驸马高唐忠献王碑》了，碑文中只言阿剌海别吉嫁孛要和。该碑成于大德九年（1305 年），撰写人虽然详知阿剌海别吉一嫁再嫁，但却不顾历史的真实，在阿剌海别吉的名字上做了些文章，称"祖驸马孛要和"的妻子"祖妣皇曾祖姑"是阿剌海别吉，称阔里吉思是"曾祖阿剌兀思的王妃曾祖妣是阿里黑"。实际上阿里黑和阿剌海别吉为一人，其目的显然是有意避讳阿剌海别吉多次改嫁这一历史事实。古代北方民族流行"夫死自妻其后母，兄死弟妻其嫂"的习俗。匈奴民族就是以此为俗，史籍有明确的记载。古代蒙古民族亦流行此俗。阎复撰碑文之所以曲意避实是与当时的风俗习惯变化有关。有关汪古部的历史文物发现还不多，而监国公主的文物，还是首次发现。目前发现了阿剌海别吉的铜官印，证实她不仅仅领汪古部政事，在某种意义上，她还可以管辖黄河以北的广大地区。铜印的发现地及其附近的城址、墓葬，都应是有关汪古部的遗存，这些为我们探索早期蒙古和汪古部的历史及当时的民族关系提供了新的资料。

天遣豪杰乘风起
蒙古中兴赖女流
——满都海小传

满都海画像

满都海（1448—1510 年），即满都海哈屯，亦称满都海切辰夫人，原名满都海斯琴，汪古部人。明正统十三年（1448 年）出生于土默特平原（一说生于新疆南部哈密附近）。父亲绰罗斯巴西特穆尔，曾任绰罗斯·也先（瓦剌部首领）的丞相。她是蒙古汗国复兴的核心人物，盟旗制度的建立者，蒙古大汗满都鲁的妻子，后又嫁给必里克图汗即元昭宗孛儿只斤·爱猷识理达腊（北元第二位皇帝，蒙古帝国第 16 代大汗）的直系后人孛儿只斤·巴图孟克—— 成吉思汗第十五世孙，明代蒙古可汗，蒙古帝国第 32 代大汗，察哈尔蒙古鼻祖达延汗。

满都海的父亲绰罗克特穆尔，对满都海斯琴十分疼爱，在满都海年龄稍长之后，便教她习文练武，给她讲述蒙古各部的兴衰史，还专门请来一位熟悉汉文化的家庭教师，给满都海讲述中原王朝兴衰成败的经验得失。

自成吉思汗时代开始，汪古部就与黄金家族建立了姻亲关系，这一习俗被长期保留下来。满都海成年后，嫁给了蒙古大汗孛儿只斤·满都鲁（又译满都古勒汗，1426 年出生），为小哈屯（第二夫人），与满都鲁生育二女——

长女博罗克沁公主，嫁给乩加思兰太师；次女伊克锡公主，嫁给火筛。明成化十五年（1479 年）夏，满都鲁去世。

满都鲁汗身后，由于没有继承人（满都鲁无子嗣，受太师乩加思兰的挑唆，与曾是盟友的亲弟弟孛罗忽济农巴彦蒙克兵戎相见，被满都鲁汗杀死），满都海果断挑起重担，宣布暂时由自己监国，管辖蒙古，直到选出新的大汗为止。

依照旧时习俗，汗位继承人收取逝者妻室。由于满都鲁无子嗣，不论谁做了大汗都可以娶前任大汗的妻妾。按照正常程序，应当是先推举出新的大汗，然后大汗接收前任大汗的妻子部众及财物。可由于满都海聪明能干，已经掌握了相当大的权力，于是形成了这样一种局面：她嫁给谁，谁就将是蒙古大汗。于是，蒙古各部落首领争先恐后地向满都海求婚。

在向满都海求婚的诸部落首领中，条件最优越的是科尔沁乌讷博罗特王（一称那颜博罗特）。此人曾经发兵帮助蒙古本部平定卫瓦剌部（元明时期称瓦剌，清朝时期称卫拉特或厄鲁特蒙古）的叛乱，并且他掌握着科尔沁部强大的军事力量，因此有人劝满都海嫁给乌讷博罗特，以振兴蒙古。但是乌讷博罗特是成吉思汗的同母仲弟哈布图·哈萨尔的后代，按照非黄金家族不得继承汗位的不成文规定，他没有机会继承大汗宝座。满都海经过深思熟虑后，为了维护黄金家族的正统地位，断然拒绝了乌讷博罗特的请求，嫁给了黄金家族嫡系子孙巴彦蒙克（又译巴颜蒙克、巴延蒙克）年仅 7 岁的遗孤巴图孟克（《明史》称其为"小王子"）。两人年龄相差悬殊，并且从辈分上来讲，满

满都海画像

都海是巴图孟克的曾叔祖母辈。看似荒唐，却是无可奈何之举。当时，经过绰罗斯·也先的屠杀，黄金家族的后裔人丁单薄，而下嫁遗孤巴图孟克，既符合汗位继承的不成文规定，又不至于过早开罪任何一方势力，并且嫁给一个无权无势的孩子还能让窥伺权位的权臣们放松警惕，满都海的这一抉择可谓明智之举。

明成化十六年（1480 年），32 岁的满都海拥立 7 岁的巴图孟克继承蒙古汗位，号达延汗（10 年后，在达延汗巴图孟克 17 岁时，两人正式结为夫妻）。"达延汗"也就是全体之汗、天下共主之意。在达延汗继承汗位这一天，满都海夫人为新人可汗的登基以及二人建立婚姻关系举行了盛大的"双庆"庆典，宣布达延汗正式登基，同时宣布自己为新人可汗哈屯，由此开始了自己的摄政生涯。此是后话。

满都海在辅佐达延汗登上汗位后就开始致力于统一蒙古各部的征服战争。蒙古史书记载，在满都海的指挥下，携同达延汗征伐瓦剌，至塔斯博尔图（今蒙古国特斯河、博尔河）一带，取得了胜利，明令瓦剌：自后房舍不得称殿宇，冠缨不得过四指，常居许跪不许坐。明成化十九年至二十二年间（1483—1486 年），她辅佐达延汗击败庞大的割据势力应绍不部（乱加思兰、亦思马因两位族兄弟先后任部主，均为蒙古异姓贵族权臣之首），夺回达延汗生母锡吉尔太后，为前夫满都鲁汗报了血海深仇，同时也为自己年幼的丈夫达延统一蒙古各部族扫清了障碍。

明成化二十三年（1487 年），达延汗 14 岁，开始亲政。在满都海辅佐

舞台剧《满都海》剧照

下，首先废除了元朝留下的太师、太尉、太傅、太保、少师等职位，重新以成吉思汗时代的济农（相当于副汗，是大汗的助手，由大汗的嫡长子担任。其职责是秉承大汗旨意管辖蒙古右翼政务，确保济农同大汗之间政治上的一致和协同统治——樊尚仁注）、诺颜（蒙古语音译，意为君主、领主）代替。达到了简化蒙古汗廷机构和精简大臣的目的，提高和巩固了黄金家族的传统地位。

明正德元年（1506 年），又开始征讨鄂尔多斯、土默特等部，将其余蒙古诸部和朵颜三卫（又称兀良哈三卫，是明朝设置的三个羁縻卫所，以兀良哈部、翁牛特部和乌齐叶特三部为主组成——樊尚仁注）牢牢地控制在手中，统一了蒙古本部。达延汗凭借着"黄金家族"的号召力，更依靠满都海亲临前线的南征北战，终于重新统一了蒙古各部，消除了汗廷的内忧外患。

在稳固统治权后，开始分封诸子（达延汗有 11 个儿子，其中从长子到七子都是满都海所生，另外 4 个儿子是苏密尔哈屯、古实哈屯所生——樊尚

满都海画像

仁注），建左右两翼六个万户——左翼三万户为察哈尔部万户、兀良哈部万户和喀尔喀部万户；右翼三万户为鄂尔多斯部万户、土默特部万户和永谢布部（哈喇慎、阿苏特）万户。左翼三万户由达延汗自己直接统辖，大汗驻帐于察哈尔部万户；右翼三个万户由济农代表大汗行使管辖权，济农驻帐于鄂尔多斯部万户。

各个万户和各个鄂托克（意为部落、疆城、屯营地。是明代蒙古中后期军政合一的社会基本单位。战时，每个鄂托克须提供千人左右的士兵。若干鄂托克联合在一起，构成万户——樊尚仁注）的领主大多由满都海与达延汗的子孙（满都海与达延汗巴图孟克育有七子一女。七子俱以博罗特——意为"钢铁"命名，寓意刚强。据《蒙古源流》记载为：五胎七子一女，其中三胎为双胞胎；《黄金史纲》记载为四胎均双胞胎——樊尚仁注）充任，剥夺了异姓封建主对领地的绝对统治，确定了黄金家族的绝对地位。达延汗的这些举措，为后世蒙古各部落形成、重新划定蒙古各部的行政版图等均影响极为深远。后人称达延汗为明代中兴蒙古的"中兴之主"，满都海哈屯是"中兴之母"。

雄踞北方作狮啸
板升金鼓向天敲

—— 阿勒坦汗小传

成吉思汗坐像

成吉思汗于1206年统一蒙古各部，建立了"蒙古国"，随即消灭了西夏和金。到忽必烈时，统一了中国，建立了规模空前统一的元朝。

元朝的版图遍及欧亚大陆，都城设在大都（今北京市），于漠南开平（今锡林郭勒盟正蓝旗闪电河北岸）置上都。

明朝初年，元朝残余势力从大都退往上都，后来分裂为三部：分布于大漠南北的鞑靼部；游牧于漠西的瓦剌部；住牧于辽东边外的兀良哈人（即后来南移的朵颜、福余、泰宁三卫）。

蒙古三部在长期的相互斗争中，时起时落，时兴时衰，直至明朝中叶，鞑靼、瓦剌各部封建主都挟持幼主擅权，深入河套内外活动，史称"套虏"。巴图蒙克登上蒙古汗位后，称达延汗，击溃蒙古各部封建主，统一了蒙古。

阿勒坦汗（1508—1582年），成吉思汗十七世孙，蒙古语意为"金汗"，

位于呼和浩特大召的阿勒坦汗坐像

亦称索多汗，明史称俺答，生于明正德二年十二月二十日（1508 年 1 月 22 日），卒于明万历九年十二月十九日（1582 年 1 月 13 日）。是明朝中晚期蒙古土默特部首领，达延汗第三子右翼济农巴尔斯博罗特的次子，为十二土默特万户领主。

阿勒坦汗的祖父是实现蒙古大一统的"中兴烈主"达延汗，父亲巴尔斯博罗特是右翼三万户（鄂尔多斯、土默特、永谢布）济农（副王）。阿勒坦汗 3 岁时，就养于蒙郭勒津之"领伯凯阿噶、锡尼凯乌尔鲁克之手"。17 岁时他即带兵打仗，早期的生活主要是辅助衮必里克墨尔根济农（明史称吉囊）征讨兀良哈（明史称"黄毛达子"，住大漠南北）、卫拉特、撒拉卫郭尔（住青海、甘肃一带）和侵扰明朝边境。明嘉靖二十一年（1542 年），衮必里克墨尔根去世，阿勒坦汗独肩重任，主持右翼。他立志继承其祖父达延汗的事业，以"长北主诸部"为己任。

阿勒坦汗育有九子：辛爱黄台吉都隆僧格（又写作僧格·杜固棱）、不彦台吉、铁背台吉、丙兔台吉、把林台吉、哥力各台吉、不他失礼黄台吉、沙赤星台吉、依儿将孙台吉。

一

阿勒坦汗骁勇善战，"冠绝诸虏"，他率领军队先后六次征讨兀良哈，消灭了他们；四次进军青海，征服卫郭特和撒拉卫郭尔，留下他的儿子丙兔守青海、侄孙宾兔据松山；又攻入喀木（西康）和西图伯特（西藏）；多次征讨瓦剌四部（新疆），终于称雄北疆。

阿勒坦汗一生"对外进行了四十五次大的战役"，小的战斗更不计其数，基本上战无不胜，攻无不取，蒙古部众尊称他为"圣狮"。

阿勒坦汗深明大义，他认为：一时率兵南下易，长期入主中原却是困难重重。统一蒙古各部，长掌北方，与明朝建立通贡互市关系，对草原民族才是最为有利的。因此，他长期执着以求，"无岁不求贡市"。

二

明嘉靖二十九年（1550年），阿勒坦汗为争取互市，包围了北京城，朝廷震惊。阿勒坦汗纵所虏马房内官杨坤，持书入城求贡。明世宗迫不得已，勉强允准互市。后借口有蒙古部众犯边，"诏罢马市"。自此后，阿勒坦汗求贡无望，便再一次发起了长达20年之久的扰边活动，企图以武力要挟来达到互市的目的。

明隆庆五年（1571年），和议达成，明朝封阿勒坦汗为顺义王，任昆都力哈（阿勒坦汗弟）、黄台吉（阿勒坦汗子）为都督同知，其余各部首领63人也都分任指挥等职。战争结束后，整个北方出现了历史上很少有的和平繁荣景象。

三

阿勒坦汗礼贤下士，爱才若渴，善于从汉人中选拔各种人才，于是，许多有一技之长的诸色手工业工匠，或自愿、或被俘，纷纷来到土默特部，他们成为走西口的最早工匠。

随着人口的增加，各种人才的大量流入，使丰州滩的经济有了飞速发展，政治管理也有了较大改善，文化水平有了普遍提高，极大地丰富了人民的物质生活。

四

丰州滩经济的发展，最突出的是农业。

农业的发展，主要依靠流入的汉人。阿勒坦汗分给他们土地，"令事锄耨""筑城架屋，东西相望，咸称板升""割板升地家焉。自此以后，亡命者窟板升，开云田，丰州地万顷，连村数百，驱华人耕田输粟，反资房用"。

随着农业的发展，手工业也得到了持续的发展。明嘉靖二十五年（1546年），阿勒坦汗即派人到明边境招收木工、画工、铁工，"往丰州盖城"。随着各种手工艺人的大量流入，手工业产品也不断增多。

五

明隆庆六年（1572年），阿勒坦汗做出一个重大决策，即在土默川上仿照元大都的风格修建一座城，于是开始召集内地的能工巧匠筹备建城，明朝政府为了表示友好，在技术人才和建筑材料上也给予很大援助。明万历三年（1575年）建起"库库和屯"（蒙古语意为"青色的城"，位于今呼和浩特玉泉区一带），呈四方形，城墙高2.4丈，每边长200米，南北各有一座城门。明朝政府赐名"归化"，意为蒙古归顺，化一，服从明廷。这就是归化城（即今呼和浩特过去的旧城）名字的由来。

明万历九年（1581年）春，阿勒坦汗和妻子三娘子对库库和屯进行大规模扩建，三娘子亲自参与筹划设计和指挥施工，并于当年完工。时人称之为

"三娘子城"。城内有"八大楼阁"和豪华气派的琉璃金银殿。归化城逐步成了内蒙古中西部的政治、经济、文化中心。

清乾隆初年（1736年）在归化城东新建"绥远城"（即今呼和浩特过去的新城）。清末"归化"和"绥远"两城合并为归化县。1913年，改称归绥县。1928年，绥远省成立后，归绥县城区成为绥远省会归绥市。日伪占领时期更名为"厚和豪特特别市"。日本战败后复称归绥市。新中国成立后废除了带有歧视蒙古民族的"归绥"称谓，于1954年由国务院正式确定为"呼和浩特"。

六

阿勒坦汗辛勤创业，威震蒙古各部，明嘉靖四十四年（1565年）称帝，封贡后改称"大明金国"。阿勒坦汗即蒙古语"金"，政权又称"金国"，具有双重含义。

在政治观点上，阿勒坦汗兼收并蓄，不拘泥一端，他仰慕汉法，"以大明律绳其下"，后期又在三娘子协助下制定了《阿勒坦汗法典》，或称《金汗法典》。法典中包括人命案法、惩治传播疾病法、畜群救灾法、保护野生动物法（禁猎法）、惩治违犯法等12部共114款。法典中明确记载阿勒坦汗是佛陀的化身。

阿勒坦汗仰慕汉文化，封贡后不久，明总督王崇古派遣从文光，"携字谱忠孝经"，给阿勒坦汗讲"忠孝大全"，并传授其子侄。

阿勒坦汗还重建了蒙藏关系。在元朝，西藏萨迦派佛教首领八思巴担任帝师，代表元朝管理西藏。元亡后，蒙藏联系基本中断。

阿勒坦汗为提高自己的政治地位，谋求与西藏宗教领袖建立密切联系。

万历六年（1578年），阿勒坦汗与格鲁派藏传佛教领袖索南嘉措在青海湖畔的仰华寺会谈，蒙古正式接受了格鲁派藏传佛教，阿勒坦汗赠给索南嘉措"圣识一切瓦齐尔达喇达赖喇嘛"称号（"圣"即超凡之人；"识一切"是藏传佛教对在显宗方面取得最高成就的僧人的尊称；"瓦齐尔达喇"是梵文，意

美岱召壁画阿勒坦汗

为"执金刚",也是藏传佛教对在密宗方面取得最高成就的僧人的尊称;"达赖"是"嘉措"这一名字的对译,在蒙古语中又有"大海"的意思;"喇嘛"则是藏语"大师""上师"的意思。所以,达赖喇嘛既有"嘉措大师"之本意,又有学问渊博如海的大法师之喻义——樊尚仁注)。

索南嘉措得到达赖喇嘛的称号,又向上追认了两世,自称三世达赖。这也意味着索南嘉措接受阿勒坦汗作为其世间护法,尊其以"大梵天法王",回赠其为"咱克喇瓦尔第彻辰汗"称号("咱克喇瓦尔第"是梵文,意为"转轮王";"彻辰汗"是蒙古语,意为"聪明睿智之汗王"——樊尚仁注);称阿勒坦汗之妻三娘子为"多罗菩萨之化身阿利雅达喇";并赠予其他一些蒙古部落首领以不同的尊号。

自此蒙藏关系在新的历史条件下重新建立起来。

索南嘉措与阿勒坦汗分手之际的万历七年（1579年），派洞阔尔·满珠锡里胡图克图作为自己的代表前往蒙古地区，随阿勒坦汗来到蒙古草原掌教。从此，蒙古族放弃萨满教，格鲁派藏传佛教在蒙古地区广泛传播。

阿勒坦汗从西藏请来许多喇嘛翻译佛经，库库和屯成为喇嘛教活动和翻译佛经的中心。格鲁派藏传佛教给蒙古社会带来了宗教文化知识。如天文、历法、藏医、建筑、艺术、宗教哲理等知识，对于丰富和发展蒙古族文化起到了显著作用。

万历九年十二月十九日（1582年2月19日），阿勒坦汗逝世，终年76岁。

万历十四年（1586年）受辛爱黄台吉都隆僧格·杜固棱迎请，三世达赖抵归化城，为阿勒坦汗生前以白银所建释迦佛像开光。旋又命把阿勒坦汗遗骨起出，重新隆重火葬，得舍利无算，并以千两精银铸塔供养，以为灵场。

此后，索南嘉措一直活动于甘、青、蒙、藏等地，并与明廷展开直接联系。他曾致函明朝权臣张居正并代问皇帝安好，之后被明廷赐予"多尔只昌"（又写作"朵尔只唱"，藏语意为"执金刚"）的封号，赐敕印。

阿勒坦汗及其长子辛爱黄台吉（第二代顺义王）相继病亡后，索南嘉措亲赴归化城念经超度，并根据朝廷旨意赴北京朝觐。可惜中途圆寂于喀喇沁部之章古台地方（今内蒙古正蓝旗境内），时年46岁。临终前预言其"转世灵童在阿勒坦汗家族中"。由此，一位蒙古族的灵童成了第四世达赖喇嘛云丹嘉措（阿勒坦汗的曾孙）。

阿勒坦汗超越他人的地方很多，对丰州滩，对漠南中西部地区的建树是空前的。他一生中唯一感到遗憾的恐怕就是因他不是达延汗的嫡亲长孙而不能继承蒙古大汗宝位，始终只能统驭蒙古右翼。对小王子达赉逊库登汗（达延汗嫡孙），只能逼其东迁，而不敢贸然消灭之；对左翼蒙古亦无能为力。由于他率先崇佛，喇嘛教得以在蒙古地区流传。

互市促成民心顺
从此人间四月天 　——三娘子小传

三娘子（1550—1613年），本姓奇喇古特，名钟金，原名君根。明嘉靖二十九年（1550年）生于卫拉特蒙古奇喇古特部落，父亲是部落首领哲恒·阿噶。

嘉靖三十八年（1559年），漠南蒙古右翼土默特部的首领俺答汗率部西征，又行兵济勒满山的卫拉特奇喇古特部，遣使至首领哲恒·阿噶、扎勒满图类二处，告以俺答欲与和亲之意。哲恒·阿噶许婚9岁的三娘子于俺答（明嘉靖四十五年、公元1566年，时年16岁的三娘子与时年59岁的阿勒坦汗成亲）。阿勒坦汗把自己的女儿赐予哲恒·阿噶之子库鲁格齐。从此，两部通婚和好。三娘子的封号为"钟金哈屯"，又称"克兔哈屯、也儿克兔哈屯"。"哈屯"在蒙古语中为夫人之意，故人称"三娘子"。

三娘子骨貌清丽，资性颖异，能歌舞，善骑射，通晓兵略，会书番文，备受阿勒坦汗宠爱和信任。

16世纪70年代初期，阿勒坦汗统率的土默特部已相当强大，但蒙汉人民苦于连年战争，渴望实现和平互市。

明隆庆二年（1568年），俺答携19岁的三娘子往征卫拉特属民，屯扎阿尔泰山巴克地时，三娘子生一子，名不他失礼。俺答汗等举众欢腾，大设"米喇兀"喜筵。尔后，三娘子深受俺答的宠爱和器重，"事无巨细，咸听取裁"。这时，她"已籍籍有声"了。

明隆庆四年（1570年）十月间，阿勒坦汗的爱孙把汉那吉等投明，在三娘子力劝下，阿勒坦汗放弃武力攻掠，与明廷达成通贡互市协议。

协议达成后，阿勒坦汗命三娘子主持贡事，经管互市市场。三娘子不负重托，竭诚尽力，严守协约，使得通贡互市活跃，蒙汉边境安宁，人民安居乐业。

明隆庆五年（1571年）三月，明廷敕封俺答为顺义王，发给镀金银印；封其弟老把都为都督，阿勒坦汗之孙、三子铁背台吉的儿子把汉那吉为都指挥使，其余首领为指挥、千百户等，赏赐蟒衣、彩币等物有差。史称"始封事成，实出三娘子意"，明廷深悉"夷情向背半系三娘子"，特封她为忠顺夫人。

此后，明廷相继开放宣化府、大同、延绥、宁夏、甘肃等11处马市。除每年官市外，又"得塞下民互市"。月市或小市，蒙汉人民可以自由贸易。每当互市时，常常出现两族民人"醉饱讴歌，婆娑忘返"的情景。史籍中对此评价道："朝廷无此后顾之忧，戎马无南牧之儆，边氓无杀戮之残，师旅无调遣之劳。"

互市每年一次，每逢二月至四月的数十天，蒙汉人民纷纷涌向张家口、新平堡、得胜堡、水泉营、红山墩和清水营等互市市场，蒙古族人用马、牛、羊、骡及皮张、毛绒等与内地汉人交换布匹、绸缎、茶叶等生产、生活用品。

每当互市时，三娘子身着彩衣，腰佩刀箭，奔走其间，或调解纷争，或选购心爱物品，或参与骑射比赛，异常活跃。有人曾赋诗赞道："少小胡姬学汉妆，满身貂锦压明珰。金鞭娇踏桃花马，共逐单于入市场。"（查继佐《罪惟录》卷五十四·三娘子）

在三娘子主持下，通贡互市、和平安定的局面一直维持了四十年之久。

阿勒坦汗与三娘子雕塑

万历十年（1582年）初，阿勒坦汗病逝，其长子辛爱黄台吉都隆僧格继承汗位。黄台吉清楚地知道，当时三娘子在土默特集团中已经是核心人物，掌握着相当大的权力，如果没有三娘子的帮助，他很难统御各个部落。于是按照"收继婚"［收继婚又称为转房婚。狭义的收继婚，是指女性在丈夫死后嫁给其兄弟的行为、习俗或法律；广义的收继婚包括改嫁给夫家其他男性，如亡夫的叔、伯、儿子（女方的继子，亲生子除外）、侄、甥等情况，称为夫兄弟婚；也包括男子续娶姐妹的婚俗，称为妻姐妹婚——樊尚仁注］之习俗，辛爱黄台吉欲纳三娘子为妻。

三娘子嫌辛爱黄台吉对互市认识偏颇，且老而有病，率领人马出走西部远方。辛爱黄台吉尾随而去。互市无人主持，处于关闭状态。

明朝当时从边境安全考虑，由明宣大总督郑洛出面规劝三娘子道："夫人能归王，不失恩宠，否则塞上一妇人耳。"

三娘子听命。十月，与辛爱黄台吉合婚，辛爱更名"乞庆哈"。（明史·列传·卷一百一十）

次年（明万历十一年、公元1583年）二月，辛爱黄台吉嗣顺义王（第二代顺义王）。

三娘子与辛爱黄台吉合婚后，黄台吉把妻妾全部赶走，专宠三娘子。由于辛爱黄台吉年老多病，权力完全掌握在三娘子手中，部落里有违背贡市协议者，一概严惩不贷。严法之下，明蒙边界始终没有发生过过激的冲突，互市贸易得以顺利进行（史书记载"贡市惟谨"）。

万历十一年（1583年）四月，阿勒坦汗生前最为宠溺之孙、三子铁背台吉的儿子把汉那吉坠马而亡，所遗部落及板申由其妻五兰姑吉统领，实力雄厚。

三娘子为扩大势力，主张不他失礼（三娘子与阿勒坦汗之长子）与大成比吉合婚，但遭到阿勒坦汗义子恰台吉等人反对，双方大战于大板一带，死

蒙明互市图（水粉画）

美岱召壁画中的老年三娘子

伤累累。次年，辛爱黄台吉之长子扯力克与大成比吉合婚，三娘子更加愤怒，又连续向恰台吉等发动进攻。

万历十三年（1585年）腊月二十九日，袭封顺义王仅三年的辛爱黄台吉病亡，其长子扯力克继承汗位。三娘子欲立爱子不他失礼，不愿意嫁给扯力克，自统兵万人，筑城别居。

明廷担心土默特内部发生冲突，贡市无主，不利于边界和平。于是，郑洛又使人规劝扯力克："如果你能与三娘子结婚就能受封顺义王，否则顺义王的头衔要封给其他人了。"扯力克也仿效父亲，把自己的妻妾全部驱逐，于第二年十月与三娘子合帐成婚，三娘子成为第三代顺义王夫人。

明万历十五年（1587年）三月，辛爱黄台吉长子扯力克袭封第三代顺义王，仍由三娘子控制顺义王镀金银印。明廷为嘉奖三娘子顾全大局的精神，万历皇帝册封她为一品忠顺夫人。三娘子由衷感激，表示："我子子孙孙各部族，永世为天子守边，不敢背德。"（《北虏三娘子列传》）

万历十七年（1589 年），扯力克率部护送三世达赖喇嘛的骨灰返回西藏，路经青海等地时，在卜石兔、庄秃赖、真相（丙兔之子）、火落赤等挑唆下，合兵十万余骑，攻掠青海西宁、甘肃酒泉、甘州、凉州、洮州、泯州等地。

三娘子闻讯，即与郑洛向扯力克晓以利弊，规劝其率部东归，平息了战乱。也导致郑洛等认定仰华寺为造成西海蒙古惹是生非的根源，于 1591 年派兵焚毁了仰华寺，使见证蒙藏历史上具有深远影响的寺院毁于一旦。

万历三十五年（1607 年）四月，扯力克病逝。因其长子晁兔台吉（阿勒坦汗第五代孙、明神宗封其为龙虎将军）先已去世，应由长孙卜石兔继承汗位。

遵旧例，卜石兔只有与三娘子结婚才能袭封明朝顺义王的爵位，而此时的三娘子已是"头白齿落"，老态龙钟了，所以她一方面坚持不与自己玄孙辈（孙子的孙子）的卜石兔合婚，另一方面藏匿王印，修缮战具，与大成比吉合

美岱召三娘子庙（亦称太后庙）

谋支持自己的亲孙子素囊台吉（阿勒坦汗与三娘子之孙、不他失礼与大成比吉之子）同卜石兔争夺土默特及顺义王承袭权。从而引起纷乱，最终使卜石兔得不到王位达六年。这期间明朝也停止了通贡互市。

卜石兔台吉在叔祖五路把都儿台吉（阿勒坦汗孙，辛爱黄台吉次子。亦称五路黄台吉、那木儿台吉）等人支持下，迫使素囊台吉做出让步。

当宣大总督涂宗容奉旨出面力劝三娘子与卜石兔台吉合婚时，她终于迫于形势，顾念一方之安宁，于万历三十九年（1611年）五月十一日，62岁的她与卜石兔合婚（翌年明廷准其袭封顺义王，万历四十一年六月初八正式袭封，成为第四代顺义王），并向明廷表示："只要有老俺答（阿勒坦汗）欧刀之誓在，只要有我老妇在，就决不会让你们担心贡市不成。"（《明经世文编》卷六·涂宗睿疏）这完全是一种政治需要的婚姻。然而，婚姻换来了贡市与和平，这是三娘子最感欣慰的。

万历四十年（1612年）六月二十五日，三娘子病逝，时年63岁。明廷敕使悼念，以赐"祭七坛"的高规格祭礼进行祭祀。

三娘子的生前及死后，与美岱召感情甚深。生前她曾与阿勒坦汗等在此长期居住，建功立业；死后，其后人在召内大雄宝殿的东侧专门为她修建太后庙，庙内供奉着她的发辫、梳子、腰刀、骨灰、靴帽、盔甲等物和一座三米高的复钵式檀香木塔。

力主通边识见高
消弭烽火女英豪　——五兰姒吉小传

五兰姒吉（约 1560 年前生，1626 年卒），亦称乌兰姒吉、把汉姒吉、大成姒吉、七庆大成姒吉、托克堆·玛沁夫人等，是阿勒坦汗爱孙把汉那吉的妻子。

把汉那吉，即额哲，号大成台吉，阿勒坦汗三子铁背台吉的儿子，幼年丧父，由祖父阿勒坦汗和祖母伊克哈屯抚养。

在 1570—1626 年这 50 多年的土默特部蒙古族历史上，五兰姒吉堪称一代女杰。她在实现民族友好、开展互市贸易、建设板升、发展土默川经济、制止内讧分裂、续建美岱召、推行藏传佛教等一系列重大事件中，均发挥了关键性的重大作用。

把汉那吉 4 岁时，父亲铁背台吉去世，祖父阿勒坦汗和祖母伊克哈屯对其钟爱有加，将其抚养成人，并为其娶妻五兰姒吉。明隆庆四年（1570 年）十月，阿勒坦汗将把汉那吉已下聘礼未迎娶之妻转聘于鄂尔多斯，把汉那吉因此对其祖父产生了怨恨之心，在其乳母之夫阿力哥怂恿下，与妻子五兰姒吉议定，带亲随十多人秘密出走，赶赴平虏城（明朝大同镇七十二城堡之一，位于今山西省朔州市平鲁区凤凰城镇）投降明朝。

其时，明朝政府亦欲借此机会改善蒙汉关系，采纳了宣大总督王崇古、大同巡抚方逢时的建议，像当年汉廷对待匈奴呼韩邪单于那样，以优厚的贵宾礼仪热情款待把汉那吉一行，并授把汉那吉为指挥使、阿力哥正千户。把汉那吉、五兰妣吉等对此非常感激，发誓要为改善蒙汉关系尽心竭力，永无二意。

把汉那吉、五兰妣吉出走投明后，祖父阿勒坦汗和祖母伊克哈屯日夜思念。他们听从反明投蒙的白莲教头领赵全等人的建议，发兵围攻明廷的大同、上谷，意欲俘获明将，以其交换把汉那吉、五兰妣吉等人，但因天寒地冻，部众不愿征战，而明廷又以互开马市为由，多次派使者说服阿勒坦汗缉缚赵全等人，将这些人作为交换条件。

阿勒坦汗在三娘子的辅佐下，审时度势，权衡利弊，于这年十月械系赵全等人至云石堡（明长城大同镇关堡，位于山西省右玉县境内），将把汉那吉、五兰妣吉换回。

把汉那吉夫妇临行时发誓：对明朝绝无二心。

明隆庆五年（1571年），明廷与土默特蒙古部落签订盟约，封阿勒坦汗为顺义王，封土默特各部首领60多人为都督同知、指挥使同知等官职，并且达成互市贸易协议，自五月底到十一月，右翼三大部先后在得胜堡、新平堡、

走西口雕塑

张家口、万全、水泉营、延绥等 13 处开设互市，进行贸易往来，大大促进了双方的经济发展。

实现蒙汉友好后，阿勒坦汗将驻牧大板升一带的满官嗔（又名蒙古勒津）部交于把汉那吉、五兰姑吉夫妇统领。据内蒙古社科院蒙古史学者晓克考证："满官嗔驻地的大致范围是：大青山以南、呼和浩特以西、黄河以北，向西则接于多罗土蛮部所驻牧牟纳山（今乌拉山）一带。"

把汉那吉、五兰姑吉统领的满官嗔部不仅兵力雄强于其他部落，而且在互市贸易中，其他各部落首领市口固定一处，而把汉那吉、五兰姑吉却可随阿勒坦汗在得胜堡、水泉营两处互市。

互市的开设，贸易的进行，实现了蒙汉人民多年梦寐以求的互通有无、经济往来的愿望，促进了蒙汉地区社会经济的共同发展。据《古今图书集成·职方典》记述，在得胜堡、万全等地，开市之日，市集上"贾店鳞比，各有名称""南京罗缎铺，苏杭绸缎铺，路州绸铺，临清布帛铺，绒线铺，杂货铺，各行交易铺长四五里许"，一派繁荣昌盛景象。

把汉那吉、五兰姑吉主管板升一带后践行诺言，依时向明廷进贡，努力促进互市贸易的开展，积极维护边境安定和民族团结。

明万历元年（1573 年），把汉那吉、五兰姑吉向明廷捕交了李四、刘洪四等"叛首"，并向明廷所派译者丛文光用心学习汉语文字和《孝经》等书籍，明廷对他们也十分优待。

明万历三年（1575 年），因进贡和互市有功，明廷加升把汉那吉为昭勇将军。

明万历十一年（1583 年）四月，把汉那吉在行猎中不慎坠马而死，明廷予以谕祭。

把汉那吉去世后，所辖板升之众及阿勒坦汗所遗部众均由五兰姑吉统领，实力强盛。

此时，三娘子想让其爱子不他失礼娶五兰姑吉为妻，但遭到阿勒坦汗义子恰台吉等的极力反对，双方诉诸武力，大战于板升一带。《万历武功录》

载："三娘子遣人往钞诸板升富产；而大成台吉（五兰妣吉）娘子率众援板升，不使板升得卤。"从此不难看出，五兰妣吉是颇有主见、权威和指挥才能的巾帼英雄，绝非任人摆布的等闲之辈。

明万历十二年（1584年）一月十一日，在恰台吉等支持下，五兰妣吉与黄台吉之子扯力克在后山帐中合婚（育两子：朝木台吉、冷克木台吉）。扯力克与三娘子的矛盾加深，双方攻伐更甚。

明万历十三年（1585年），都隆森格汗（黄台吉）病逝，其长子扯力克继承汗位。三娘子将同明朝互市的印信交给自己和阿勒坦汗的儿子不他失礼。扯力克大怒，发兵讨伐。

在明朝兵部左侍郎郑洛调停下，扯力克于第二年尽逐诸妾，与三娘子合婚，并把库库和屯城（即归化城，今呼和浩特旧城）让给不他失礼掌管。随后明廷正式册封扯力克为（第三代）"顺义王"，三娘子为"忠顺夫人"。双方矛盾始告平息。

明廷封扯力克为顺义王、三娘子为忠顺夫人，夫妻二人移居归化城（现呼和浩特）。而五兰妣吉则转嫁于不他失礼为妻（二人生子苏都那木，即素囊台吉），明廷封不他失礼为昭勇将军，入住大板升（美岱召）。

明万历十六年至十九年（1588—1591年），扯力克率部西行青海，与火落赤等会合，不顾明廷边臣要员郑洛的劝阻，弄兵洮河（位于中国甘肃省南部，是黄河上游第一大一级支流，发源于青海省蒙古族自治县境内的西倾山东麓勒尔当，藏语称为碌曲，意思为神水——樊尚仁注），攻掠明边境城镇。

五兰妣吉得知后，与三娘子一道千方百计劝导扯力克息兵停战，及时制止了西海战事，并提前返回土默川，维护了蒙汉友好关系。

遗憾的是西海战事虽平，却导致宣大总督郑洛等认定仰华寺为造成西海蒙古惹是生非的根源，于明万历十九年（1591年）派兵焚毁了位于今青海省共和县恰卜恰镇北8公里处加拉村的仰华寺，使见证蒙藏历史具有深远影响的寺院毁于一旦。

明万历二十五年（1597年），不他失礼去世。五兰妣吉与其爱子苏都那

美岱召泰和门

木（亦称素囊，为五兰姚吉与不他失礼所生）掌握东哨、西哨两支兵马，领有整个土默川地域，内守得胜、水泉两处边防，实力更加雄厚。

明万历三十四年（1606 年），五兰姚吉主持修建了美岱召的大雄宝殿前殿和泰和门，用诸色珍宝塑成弥勒佛像，并以她个人的名义邀请迈达哩·胡图克图（亦写作"迈达哩·胡土克图"）圣喇嘛来美岱召坐床传教，为所塑弥勒佛像开光。这是美岱召历史上又一个光辉的里程碑。从此，美岱召由原金国都城大板升城，变为寺城结合，人佛同居，兼有蒙古、藏、汉特色的塞上草原藏传佛教的寺庙之源和弘法中心，明廷赐名灵觉寺。更为可贵的是，在泰和门镶嵌的石匾额铭文中，不仅记述了五兰姚吉修建泰和门的缘由、地点、时间，而且还留下了"木作温伸、石作郭江"两位汉族工匠的姓名。从此不难看出，五兰姚吉对兄弟民族——汉族及其人才的尊重，也说明泰和门乃至整个美岱召的建筑是蒙汉人民共同智慧和血汗的结晶。

明万历三十五年（1607 年）四月，扯力克病逝，按照阿勒坦汗"立嗣以

美岱召泰和门匾额

长"的遗命，本该让其长孙博硕克图继承王位，但是苏都那木凭借雄厚的实力及祖母三娘子、母亲五兰姑吉的支持，图谋篡夺王位，桀骜爽约，集结兵力。

明万历三十九年（1611 年），那木尔台吉率 73 个台吉为博硕克图伸张正义，也集结兵力，双方成对峙状态，战事一触即发。

这时，宣大总督涂宗浚等出面调停，说服三娘子与博硕克图合婚，五兰姑吉也顾全大局，极力戒饬苏都那木，不让他胡作非为、侵扰明边，使他坚守贡市，从而消弭了一场内讧，维护了蒙汉友好关系。

明万历四十年（1612 年）六月，三娘子去世，苏都那木将三娘子所遗博硕克图的金银什物抢掠殆尽，并派人与明边臣交涉，企图再次袭封（继承王位），五兰姑吉与明边臣及时劝阻苏都那木。这年九月，五兰姑吉说服并且带领苏都那木与土默特 3 支 12 部首领，向明边臣投递保结，为博硕克图请封；并且具名为自己及苏都那木讨封，升转职衔。她说："我系先年同夫把汉那吉投降中国首款之人，素囊（即苏都那木）台吉是我与后夫不他失礼所生之子，即先王俺答（即阿勒坦汗）嫡孙。今忠顺夫人虽故，我同素囊母子俩，外领东西两哨部落，内守得胜、水泉两处边疆，一遵先王盟约，一报天朝厚恩，

美岱召壁画，五兰妣吉迎请麦达里活佛（局部）

不敢变心，恳乞军门转奏万岁爷，怜我母子效劳年久，授我忠义夫人，升素囊都督同知，加赏表里。"（涂宗浚《请嗣封爵以顺夷情疏》）

十月，礼部复宣大总督涂宗浚："东西各部酋长吉能、白洪大哈、素囊黄台吉等三支十二路援俺答、黄台吉、扯力克袭封事例，为卜石兔款关乞封……有旨：卜石兔准袭封顺义王（即第四代顺义王），赏大红五彩蟒衣一袭，彩缎八表里。把汉妣妓（即五兰妣吉）既素效恭顺，特准封忠义夫人。"（《明神宗实录》），并升苏都那木为都督同知。

十二月，五兰妣吉亲自率部赴杀虎口外驻牧，以安众心，保障互市顺利进行，维护蒙汉友好。

五兰妣吉晚年居住美岱召主政东西两哨期间，颇有权势，凡出入境者均须持她签发的文书。俄国使臣佩特林于明万历四十三年（1615年）奉命出使中国，途经土默特万户，称五兰妣吉王妃权势煊赫，受人崇敬。

明天启六年（1626年）夏天，五兰妣吉去世，明廷予以谕祭和优厚抚恤。

急公好义显身手
青藏高原奋虎威

— 固始汗小传

固始汗（1582—1654 年），姓孛儿只斤，本名图鲁拜琥，成吉思汗之弟哈布图·哈萨尔十九世孙。世代为卫拉特（厄鲁特蒙古）盟主。大哥拜巴嘎斯遇害后，他因骁勇善战而继任卫拉特（厄鲁特蒙古）盟主。

据藏传佛教格鲁派名僧松巴·益西班觉用藏文写成的名著《青海史》记载，明万历二十二年（1594 年），图鲁拜琥年仅 13 岁，率军击溃俄伽浩特部 1 万（一说 4 万）士兵，占据今巴里坤、乌鲁木齐一带。

明万历三十四年（1606 年），喀尔喀蒙古与厄鲁特部发生战乱，图鲁拜琥巧妙地调解了两部之争。因此，代表西藏佛教中格鲁派与蒙古诸部联系的东科尔呼图克图三世甲哇嘉错和喀尔喀蒙古部领袖，共同赠他以"大国师"的称号。

自 15 世纪初藏传佛教杰出人物宗喀巴大师改革佛教并创立格鲁派（俗称黄教）后，藏区迅速发展寺院集团，势力遍及整个青藏高原。

建立政权

明万历四十六年（1618 年），信奉噶玛噶举派的封建主辛夏巴家族在后藏建立第悉藏巴政权（掌握地方政权者），对格鲁派极端仇恨。第悉藏巴首领噶玛·丹迥旺波（时称藏巴汗）、却图汗和顿月多吉为了反对黄教，结成同盟，立誓要消灭格鲁派。

在格鲁派生死存亡的紧要关头，四世班禅罗桑曲吉（1570—1662 年）等上层僧侣进行周密计划后，先派心腹从青海绕道去厄鲁特蒙古部住牧地，请求敬奉格鲁派的固始汗出兵援救。

于是，固始汗便以黄教护法者的姿态，挥众进入青海，走向了统一青藏高原的政治舞台。

固始汗颇有谋略，为了搞清楚对方的主要情况，他于明崇祯八年（1635 年）乔装改扮成朝佛的香客，从新疆途经青海进藏做实地调查。

明崇祯九年（1636 年），固始汗一行平安抵拉萨。达赖赠给固始汗"丹增却杰"（意为持教法王）称号。

固始汗与五世达赖、四世班禅密议，决定由固始汗率大军从新疆前来青海，消灭却图汗，再消灭白利土司顿月多吉，继而进军西藏消灭第悉藏巴。

第二年，固始汗率领本

布达拉宫壁画中的固始汗像

部人马，加上巴图尔珲台吉的部分准噶尔军队，进入青海境内，大败却图汗（史称"血山之战"）。

随后进攻甘孜一带，消灭白利土司，并处死了顿月多吉。

战争持续一年后，占领了白利土司统治的全部地区，今四川北部的德格、甘孜、邓柯、白玉、石渠、玛尔康等部落都成为和硕特蒙古的统治区，释放了被白利土司关在监狱里的格鲁派、萨迦派等所有喇嘛。由此，固始汗得到了西藏各教派（除苯教）全体喇嘛的钦佩和感激。

崇祯十四年（1641年），固始汗出其不意，奇兵入藏，先占领前藏大部分地区，生擒噶玛·丹迥旺波，结束了统治西藏地方约二十四年（1618—1642年）的噶举噶玛政权，使格鲁派摆脱了危局，在宗教势力上、经济实力上占据绝对优势。固始汗也因此统治了整个青藏高原。

清顺治二年（1645年），固始汗给自己的老师罗桑曲吉赠"班禅博克多"称号。"班"是梵文班智达（学者）的简称，"禅"是藏语"大"的意思，"博克多"是蒙古语中对智勇兼备杰出人物的尊称。从此后确立了班禅活佛转世系统。罗桑曲吉去世后被认定为班禅四世。又向前追认了三世：第一世班禅克主杰是宗喀巴大师上首弟子，第二世班禅索南确朗，第三世班禅罗桑丹珠。这是西藏地方政治、宗教历史上一件具有深远影响的大事。

固始汗以黄教施主的保护者身份，成为整个藏族地区的最高统治者——汗王，形成了由蒙古汗王和格鲁派领袖联合统治藏区的局面。

固始汗牢牢控制军队指挥权，其亲信部队，驻扎在拉萨北面的当雄一带，由大汗直接统辖，后称为"当雄八旗"。这支军队为屡次应付突如其来的兵变立下了战功。

固始汗建立西藏地方政权后，对过去第悉藏巴的法律做了改革，制定十三法，进一步从法律上巩固和硕特蒙古贵族与格鲁派僧侣集团上层势力的既得利益。又新增设了噶（行政官员）、化本（武职官员）等职官，健全西藏地方政权的行政机构。

为了巩固后方，固始汗把青海辖境分为左、右两翼，自西宁西边的东科尔寺（今青海省湟源县内）起，沿今湟水上游、青海湖、布哈河、布隆吉河迄额济纳河为界的东部和北部为左翼，西部和南部为右翼。左翼包括今海北、柴达木西北部、甘肃西部及额济纳河流域，右翼包括今黄河南部，海南、玉树果洛及柴达木盆地东南部。分别由他的十个儿子率部驻牧，成为和硕特的根据地。规定青海当地和川西部的赋税，全部归青海和硕特部支用。

归顺清朝

固始汗以他的远见卓识和敏锐的政治眼光，于清崇德元年（1636年）果断派遣使团，与清朝政权建立联系，受到皇太极的隆重接待。

清顺治二年（1645年），固始汗派出他的第六个儿子多尔济达赖巴图尔台吉到北京，表达了和硕特蒙古对顺治帝的归顺意愿。此后，固始汗和五世达赖几乎每年遣使北京，贡使不绝。

描述固始汗治下蒙古族日常生活的画作（局部）

顺治八年（1651年），顺治帝派专使进藏，敦请五世达赖前往北京。在固始汗的努力下，达赖本人与班禅派出的代表赴京，受到顺治帝的格外优待。五世达赖因水土不服，住了两个月后请求返回。清政府派出八旗官兵送达赖一行到内蒙古代噶地方［今内蒙古凉城县厂汉营的彙（汇）祥寺］，送赐金册、金印，封五世达赖为"西天大善自在佛所领天下释教普通瓦赤喇坦达赖喇嘛"。由此，清朝政府正式确认了达赖喇嘛在蒙藏地区的宗教领袖地位。

顺治十年（1653年），清政府派使臣赴藏给固始汗送去金册、金印，封他为"遵行文义敏慧固始汗"。金册、金印用汉、蒙、满三种文字写成，并由他的子孙世袭。

清政府册封固始汗，实际上是对和硕特蒙古贵族在西藏建立政权的正式册封。从此，固始汗作为清政府的"屏辅"，统治着整个青藏高原，实现了他通好中央王朝以自重的夙愿。

顺治十一年（1654年），固始汗病故于拉萨，时年73岁。

描述固始汗治下蒙古族日常生活的画作

影响西藏

固始汗是西藏历史大转折性人物：他应西藏黄教摄政者索南群培和五世达赖及其师傅四世班禅邀请入藏，推翻噶玛噶举派的藏巴汗王国，建立和硕特汗国及其甘丹颇章（行政型）政权，"西藏军政大权掌握在固始汗手中"，确立新兴教派格鲁派诸领袖在西藏的政治地位，重建布达拉宫及扩建大昭寺（他是首要决定者，而且把日喀则藏巴汗王宫的建材运往拉萨只能是他决定），使达赖驻锡重建的布达拉宫，使班禅驻锡扎什伦布寺，使主权归属于清朝，对巩固西藏地方与清朝中央政权的关系起过重大作用，影响了西藏数百年历史。

主要贡献

固始汗作为统一青藏高原的和硕特蒙古首领、和硕特汗国（清朝属国）创建者，他一生至少有三件大事值得肯定。第一，早年坚决抗击和抵制沙俄的侵略，充分反映出中华民族不畏强暴、敢于抵御外辱的英雄气概。第二，在统一青藏的同时，加强西北各民族之间关系，促进了藏区社会经济的发展。第三，结束了动荡的青藏地区，使整个高原藏区逐渐走向安定统一的局面，加强了与清中央政府的政治联系，为清政府进一步统一青藏地区奠定了良好基础。为祖国统一的多民族国家的巩固和发展作出了历史性贡献。

虹飞五色天气新
普降花雨渡航程

——云丹嘉措小传

位于布达拉宫的四世达赖喇嘛云丹嘉措
（1589—1616 年）塑像

达赖喇嘛是藏传佛教格鲁派（亦称黄帽派喇嘛教）的两大活佛之一。四世达赖云丹（蕴丹）嘉措·巴布藏（1589—1616 年）是迄今为止达赖喇嘛中唯一的蒙古族人。明万历十七年（1589 年）出生于蒙古族土默特部现土默特右旗美岱召南郊的苏波盖乡苏波盖村，原名虎督度，是成吉思汗的二十世孙；蒙古族土默特部的杰出领袖、第一代顺义王阿勒坦汗的曾孙、第二代顺义王僧格·杜固棱（亦称黄台吉，阿勒坦汗的长子）的孙子，苏木尔·岱青·洪·台吉与达赖夫人（亦称巴罕朝拉）的儿子。

为了纪念这个特殊人物，土默特部早年在苏波盖村掩埋其胎盘的地方建造了一座塔基每边 10 米、高数十米、内供四世达赖像的白塔。1966 年前，此塔与其东北城寺结合的弘法中心美岱召南北相望，气势雄伟，蔚为壮观，是土默川著名的胜景之一。可惜此塔在"文化大革命"中被破坏，今已荡然无存。

蒙古族信仰藏传佛教，是从云丹嘉措的曾祖父阿勒坦汗执政时期开始的。明隆庆五年（1571年），藏传佛教格鲁派高僧阿兴喇嘛（藏传佛教格鲁派领袖、三世达赖索南嘉措的舅父）来到土默川传教布道，土默特部落首领阿勒坦汗带头皈依喇嘛教，并派恰台吉等使者前往西藏甘丹寺礼请喇嘛教最高活佛索南嘉措。双方约定在青海三角地带（青海湖南岸）会晤。

明万历五年（1577年）五月，阿勒坦汗勒令在青海湖南岸建造察卜齐雅勒（位于今青海省共和县恰卜恰镇北8公里的加拉村。蒙古语意为"切开的断崖"，藏语称为特钦曲科林，意为大乘法轮洲——樊尚仁注）庙竣工，明廷赐名"仰华寺"。

八月，阿勒坦汗率领土默特贵族及部众八万余人动身西行迎佛，于次年四月抵达青海。

五月十五日，阿勒坦汗亲自陪同索南嘉措前往仰华寺，举行盛大法会。

二人公开会面的时候，阿勒坦汗一身白衣，由包括顺义王王妃三娘子等随从万余人簇拥而出，奉献由五百银铜所制成的曼陀罗、金钵等供养索南嘉措。

阿勒坦汗与索南嘉措两人一同前往十万人聚集的会场中央，由彻辰鸿台吉（即"切尽黄台吉"）当众宣读欢迎词。阿勒坦汗当众赠予索南嘉措一颗金印，刻文为蒙古文"圣识一切瓦齐尔达喇达赖喇嘛"（"圣识一切"是通晓万物的意思，"瓦齐尔达喇"是梵文金刚持的意思，"达赖"是蒙古语大海的意思），作为索南嘉措的封号。索南嘉措往前追认了两世，自身就成了三世达赖。自此开始，格鲁派领袖被称为"达赖喇嘛"，得到了来自蒙古的保护和支持，逐渐成为藏传佛教的大宗。因而仰华寺在蒙藏历史上具有深远的历史意义（非常可惜的是后来由于阿勒坦汗的从侄火落赤及阿勒坦汗四子丙兔台吉之子真相等以仰华寺为据点，屡次犯边，宣大总督郑洛于1591年派兵焚毁了仰华寺——樊尚仁注）。

索南嘉措接受阿勒坦汗作为其世间护法，尊以"大梵天法王"，回赠其为

"转千金法轮咱克瓦尔第彻辰汗"（"转千金法轮"是尊阿勒坦汗为佛教的转化轮王，"咱克瓦尔第"是梵文转轮王的意思，"彻辰汗"是蒙古语睿智之王的意思）的尊号，称阿勒坦汗之妻三娘子为"多罗菩萨之化身阿利雅达喇"，并赠予其他参与的蒙古部落首领各以不同的尊号。

在阿勒坦汗的带动、倡导、感召下，土默特部上层及部众纷纷信奉喇嘛教，藏传佛教从此在蒙古地区广为流传，成为蒙古民族的信仰，并相继建起不少喇嘛寺庙。

万历九年（1581年），阿勒坦汗逝世，被土葬。

万历十四年（1586年），受僧格·杜固棱迎请，三世达赖抵库库和屯（今呼和浩特旧城，明朝赐名为"归化"。三世达赖途中经过宗喀巴大师的诞生地，指示修建一座寺院，即今塔尔寺——樊尚仁注），为阿勒坦汗生前以白银所建释迦佛像开光。旋又命把阿勒坦汗遗骨起出，重新按宗教仪轨火葬，得舍利无算，并以千两精银铸塔供养，以为灵场。

明万历十六年（1588年），三世达赖索南嘉措又来蒙古地区传法，圆寂于正蓝旗。临终时称他的"转世灵童在阿勒坦汗家族中"。

西藏僧界得到灵童转世的消息后，立即派哲蚌寺庶务长帕勒丹嘉措（三世达赖的大管家），率由哲蚌、甘丹、色拉三大寺高僧和支持格鲁派的贵族为成员组成的使团前往蒙古，会同库库和屯的代表，联合对三世达赖的转世灵童身份予以确认，并为其取法名"云丹（蕴丹）·扎木苏·巴布藏"。此后，便将灵童供养于灵觉寺（美岱召）。灵童4岁时，在其亲眷和高僧的陪护下来到库库和屯，坐于三世达赖尊者生前之法床，随席勒图一世活佛希迪图·噶布楚学习藏语和佛经。

据《胜教宝灯》记载：

四世达赖依前世胜自在者（即三世达赖）之遗谕……生于成吉思汗之族，投胎于僧格·杜固棱（即黄台吉）之长子（应为五子）苏密尔·岱青·洪·台吉之达赖夫人又称巴罕朝拉之腹中，戊子年（1588年）仲春新月之三日，化白色婴儿，如手持数珠状诞生……（灵童降生时）虹飞五色，天降花雨，大显祥瑞。

壬辰年（1592年），命驾前来青城（归化城），乃于（与）大喇嘛、高官等环列，并由圣父、长亲、护卫千人护送而来，在前世尊者加持之殊胜场所……就座于前世尊者之法床，并于集合该所僧俗众人之前，略述前辈尊者之行迹，并预言未来之事……时（哲蚌寺）庶务长帕勒丹·嘉措，闻最胜者转生已现于蒙古，遂由乌斯藏（前藏）启程，并邀请同诸长官及

绘制在唐卡上的云丹嘉措（收藏于故宫博物院）

哲蚌、色拉、甘丹三大寺之高僧等同来青城……以蕴丹·札木苏·巴藏布之法名奉之……

上述记述虽有不少宗教的神秘色彩，但也反映了四世达赖云丹嘉措投胎、降生、幼年生活便富有黄教天赋的突出表现，和西藏黄教有关寺庙派出高僧前来土默特认真考察的情况。从中不难看出，土默特部与西藏黄教方面对这个幼年法主的重视及严格审慎的态度。

绘制于清代的云丹嘉措（唐卡）

万历三十年（1602年），西藏的甘丹、哲蚌、色拉三大寺，正式派出使者千里迢迢前来土默特部迎请14岁的四世达赖进藏。土默特部为此专门派百峰白骆驼驮了很多财物及5000骑兵随行保护。他们徒步跋涉，风餐露宿，十分辛劳，沿铁山外侧行至青海，在火落赤诺颜住牧地（青海地区）停留两三月，四世达赖广传佛法教义。

次抵喇旬，四世达赖在法座讲法，出现花雨彩虹祥瑞征兆。当四世达赖抵达西藏黄教第一大寺——甘丹寺时，天降花雨，受到策苏木·灵宝奇大喇嘛等举行的规模宏大、隆重的法仪奉迎，由披有色袈裟的僧伽为前导，前往前尊者舍利塔，见文殊主喇嘛（宗喀巴）之面，与大众善结法缘。

当四世达赖抵达拉萨布达拉宫时，将众多佛像一一精确指认，使广大僧人佩服得五体投地，广大信徒、百姓激动得以泪洗面，大声祈愿。

十五日，色拉、哲蚌、甘丹、却尔等寺庙数不胜数的众多喇嘛身穿有色袈裟，手持香火，排列成金色的队列，奉伞、幢、幡、法乐、香花等大供奉，直至甘丹宫殿的狮子座。在这里四世达赖为奉迎和护送僧众修大法要。

稍后，四世达赖拜四世班禅罗卜藏·绰尔济·嘉勒参·巴藏布为师，聆听多种灌顶预言等正法，受法戒。

达赖与班禅互为师徒，这是藏传佛教的常规定制。

万历三十一年（1603 年），四世达赖在热振寺举行隆重的坐床典礼，拜甘丹寺池巴（藏语，意为寺庙首席主持人）根敦坚赞为师，受沙弥戒。

达赖的坐床典礼是喇嘛教的重大佛事活动。当时西藏三大寺的高僧齐集热振寺，神棒林立，幢幡飘扬，法器鸣奏，僧众跪拜，场面极其庄严肃穆。

第二年，云丹嘉措以达赖的身份派遣 12 岁的麦达力呼图克图（呼图克图，蒙、藏地区喇嘛教上层大活佛的封号，其地位低于达赖和班禅）赴蒙古主持教务，住锡美岱召。坐于三世、四世达赖的尊者法床之上，把黄教传播到整个蒙古草原，完成三世达赖未竟之业。

麦达力活佛在美岱召、归化城大召等寺庙主持教务，举办各种佛法事务及其活动，外出传教布法。

万历三十四年（1606 年），麦达力活佛主持举行了美岱召弥勒佛开光大典。晚年还到内蒙古东部和外蒙古传教，将黄教成功扩展到整个蒙古高原。

美岱召乃琼庙

美岱召壁画上的云丹嘉措

麦达力活佛在美岱召坐床数十年，教绩卓著，影响深远，受到广大信徒的欢迎和尊重，人们就用他的名字为美岱召命了名，一直沿用至今。

现美岱召大雄宝殿西侧的墙体雪白，屋顶正中及四角装饰着法轮、宝幢的二层藏式小楼——乃琼庙，就是麦达力活佛当年住宿的地方。乃琼庙二楼陈设着麦达力活佛当年使用的法器、家什、经卷以及睡卧的床、被等物。

万历三十二年（1604年），四世达赖于大神变祈祷法会上，在众供奉者之前，以清澄之音诵34本经。众民听后齐声称赞："诚如藏语之纯语，真不可思议也！"由是信仰益坚，恭敬愈笃。

不久，四世达赖应里梅大小诸寺喇嘛邀请，前去施法舍财。在由哲蚌寺至后藏途中，不分贵贱，广施法财。

四世达赖抵达扎什伦布寺，受到隆重奉迎，为上千僧伽大施赐予，又以百般供养敬奉班禅灵宝奇，而受宝灌顶，聆听宝法，他巡视该寺院灵场，使僧俗皆获解脱的种子。

万历三十五年（1607年），四世达赖前往后藏扎什伦布寺，向该寺住持洛桑却吉坚赞（又写作"罗桑曲吉"，即四世班禅，其时尚未受封）修习显密教法，受比丘戒。

同年，四世达赖任哲蚌寺第十三任池巴兼色拉寺第十五任池巴。

万历三十九年（1611年），班禅·额尔德尼到哲蚌寺，拜访四世达赖，主修曼荼罗海，敬奉四世达赖金刚鬘灌顶。

万历四十二年（1614年），四世达赖敬奉班禅·额尔德尼·罗卜藏·绰尔济·嘉勒参诸大师为师，聆听其讲述一切真言法流。

万历四十三年（1615年）夏天，当蒙古族右翼三万户的火落赤部得知，执掌西藏政权的藏巴汗极力支持西藏的红教打压四世达赖主持的黄教时，即从青海派出强大的军队向西藏进发，要讨个公道。

藏巴汗和红教僧侣对此十分恐惧，而黄教僧侣却欢欣鼓舞，但四世达赖却以慈悲为怀，用十分诚恳而坚定的态度劝退了蒙古族军队，消除了一场一触即发的战争，维护了蒙藏团结。

万历四十四年（1616年），明万历皇帝派遣喇嘛锁南罗堆与汉官多人进入西藏，为四世达赖云丹嘉措颁发了法印，授予了僧职衣帽，并赐予"持金刚佛陀"之法号。同时还转达了万历皇帝邀请其莅京的旨意。

四世达赖欣然答应，并将来宾妥善安排住宿在哲蚌寺汉人房舍，回赠其礼品多件。

当时正值西藏红教、黄教两派斗争激烈之时，作为黄教的最高活佛，四世达赖不仅专心进修佛经教义，而且不辞辛劳亲自赴西藏各地巡场、讲经、说法、施财、舍物。频繁从事教务活动，无疑扩大了黄教的势力和影响，为其后的黄教发展壮大立下了不朽功勋。

万历四十四年（1616年）十二月，27岁的四世达赖圆寂于甘丹寺。

次年秋，班禅·额尔德尼为其举办隆重法会。蒙古族土默特部派罗卜桑丹津札木苏前去吊唁，并将四世达赖的心脏舍利子带回土默川，安置于福田。

青山依翠新建庙
白壁画墙处处同

——阿格旺曲日莫小传

第一世洞阔尔活佛——阿旺却日莫
（五当召综合保障中心提供）

阿格旺曲日莫（1696—1763 年），五当召第一世活佛，俗名索达那木扎木苏，法名阿格旺曲日莫，清康熙三十五年（1696 年）出生于土默特属地大青山以北的巴音珠日和·阿尤希·呼都格嘎查（现位于蒙古人民共和国境内），原籍是喀尔喀人，其祖父喇嘛扎布，以放牧为生。

索达那木扎木苏 5 岁时，在伊克昭盟（今鄂尔多斯市）境内的喇嘛洞召拜却扎布为师，赐法名阿格旺曲日莫。他天资聪颖，博闻强记，8 岁就能在嘛呢经会上出任领诵喇嘛。9 岁时，在多伦淖尔汇宗寺（位于内蒙古自治区锡林郭勒大草原东南部的多伦县旧城北两公里处）甘珠尔活佛座前受沙弥戒，向他学习佛经。几年后，赴西藏深造。他在西藏学习期间，不负恩师重望，刻苦学习，最终以优异成绩获得哲蚌寺拉然巴学位（拉然巴，藏语意为拉萨的博学高明之士，仅拉萨三大寺可以授给拉然巴学位）。学习期间拜见了七世达赖喇嘛和五世班禅额尔德尼，当他向五世班禅罗桑益西叙说其祖父请赐男丁以传佛法的往事后，五世班禅尤为感动，赐其法名"罗桑坚赞·桑布"。阿格旺曲日莫从西藏返回蒙古后，他的经师甘珠尔活佛将他升为多伦淖尔汇宗寺大喇嘛。二世章嘉·阿旺罗藏却丹活佛授予他"额尔德尼·莫日根·洞科尔·班第达"称号。后参加蒙古文《甘珠尔经》的编译工作，分得《时轮解说》部分，译作质量之高受到大家的称赞，被乾隆皇帝赐予"洞阔尔·班第达"（蒙古语，意为宝贝神明时轮大学者）

苏卜盖陵

称号，在藏传佛教界仅此一人。阿格旺曲日莫尽管没有通过坐床仪式被迎请，但他是五当召的开山活佛，为五当召的创建做出了不朽的贡献。

乾隆二十八年（1763年），阿格旺曲日莫在五当召圆寂，终年68岁。为纪念阿格旺曲日莫，在色木沁建苏波盖陵（蒙古语意为"塔"），将其骨灰安置在铜制镏金的舍利塔里。

阿格旺曲日莫是18世纪为蒙古地区弘扬藏传佛教和为蒙藏文化的交流做出杰出贡献的高僧，其一生业绩可以概括为以下几个方面：

第一，先后两次赴青藏地区学习佛教经论，学成云游土默特等地，讲经弘法，为五当召建寺凝聚了人心。

五当召洞阔尔大殿

第二，在建寺弘法过程中，对藏传佛教本土教义没有照搬照抄，而是结合蒙地信仰的实际情况进行了改革和创新。

第三，建寺是阿格旺曲日莫一生中主要业绩之一。乾隆十四年（1749年），在准格尔旗王爷的资助下，于吉忽伦图南麓动工扩建寺庙。首先建立了自己念经修禅并化缘筹备建召事宜的色木沁（"色木沁"为藏语，汉语意为休息小府。位于现苏卜盖陵后院内）和庚毗庙。乾隆十五年（1750年），建成仿照后藏日喀则扎什伦布寺的洞阔尔大殿（五当召最早的大型建筑，其面阔19.5米，进深21.5米，并在该殿内设立了时轮学部，以研究天文、历法、数学和占卜为主）；乾隆二十二年（1757年）建苏古沁殿（上千喇嘛聚会的场所）。乾隆十九年（1754年），七世达赖赐寺名"巴达格尔禅林"，并赐一尊弥勒佛塑像。乾隆二十一年（1756年），乾隆皇帝赐满、蒙古、汉、藏四体文字的"广觉寺"。

第四，确立了五当召重要诵经会和大型法会的基本仪轨。

第五，确定了本寺僧团制度，确保佛事活动按仪轨进行。

承前启后弘佛法
灵光闪现五当召

—— 热西尼玛小传

第二世洞阔尔活佛——热西尼玛

热西尼玛（1764—1836年），为五当召［位于包头市石拐区吉忽伦图苏木五当沟内的大青山深处。原名巴达嘎尔召，藏语"巴达嘎尔"意为"白莲花"，"召"为"庙宇"之意。乾隆二十一年（1756年）赐汉名"广觉寺"——樊尚仁注］二世活佛。俗名与法名同为热西尼玛。清乾隆二十九年（1764年）出生于土默特旗。12岁时，热西尼玛入寺。

乾隆二十八年（1763年），五当召一世活佛阿旺曲日莫（本名罗桑坚赞）圆寂后，以本寺铁锦喇嘛（负责维持僧团清规戒律的寺院执事，因常随身携带铁杖，故有"铁棒喇嘛"之俗称）阿格旺鹏斯克为首的徒众，奔往拉萨叩头修福，请班禅指点转世活佛。六世班禅巴丹益希（1738—1780年）在指定寺内转世活佛时写预言："归化城土默特旗孟克章格亚的三子热西尼玛是对音库尔·班第达的转生。"

铁锦喇嘛阿格旺鹏斯克等回来后，按照班禅的指点，于乾隆三十九年

热西尼玛圆寂 105 年后（1941 年）拍摄的五当召

（1774 年）访见热西尼玛，并将访查情况和本召的请求，连同班禅所写的预言书，一起呈报章嘉呼图克图转呈清廷理藩院（清朝政府统治蒙古、回部及西藏等少数民族的最高权力机构）审定。在审定过程中，因有班禅指点的预言书而免去了掣签仪式，就直接在理藩院备案。第二年农历十月，广觉寺将转世活佛热西尼玛迎请回寺内，举行了隆重的坐床典礼。成为本寺第二世活佛。在经师指导下学习经典七年，经章嘉活佛推荐，于乾隆四十七年（1782 年）提出申请，经理藩院批准赴拉萨修学。他在拉萨修学十年，主要学习了五部大论和密宗典籍。学习期满返寺时，第八世达赖喇嘛·强白嘉措（又译作降贝嘉措，1758—1804 年）赐名"额尔德尼·莫日根·洞阔尔·班第达"。

二世活佛把主要精力放在弘扬佛法、扩建寺庙的工作上，曾七次朝觐清朝皇帝，进一步密切了与清廷的关系。在朝贡时给皇帝奉献哈达、马匹等礼物。嘉庆帝赐给他貂皮暖袄、帡幪（本指古代帐幕之类的物品，后亦引申为覆盖）。

清道光十六年（1836 年），热西尼玛圆寂，享年 72 岁。

热西尼玛在五当召发展史上起了重要作用，所以苏古沁殿里供奉着他的坐像。

二世活佛继承了一世活佛的事业，为五当召宗教文化的形成和发展做出了重要贡献。

二世活佛创建了密宗和却伊拉两个独立的札仓，并先后主持建造了阿会殿和却伊拉殿。

黑旗首领宋景诗
阴把缠枪赵老同

—— 宋景诗小传

宋景诗（1824—1903 年），清道光四年（1824 年）出生，山东堂邑（今聊城西）小刘贯庄人。自幼家贫，给人扛活，爱习拳棒，练就一身硬功夫。稍长，闯荡江湖，打拳卖艺，并在多处任武术教练，其徒弟不下数千人。他身材高大壮实，额上有颗黑痣，外表温文尔雅，有"宋大妮"之称，但他生性刚强，遇事爱打抱不平。

宋景诗从小酷爱武术，先后师从武林高手刘厚义、孙汝敬等，学得一身好武艺，刀、矛、锤、镖……样样精通。《曲周县志》说他"有绝技，力大过人。屈其臂数十人不能伸；伸其臂数十人不能屈。所用飞锤、飞镖无虚发。"《冠县县志》说他："精技击，娴刀法，有勇惯战，百人难敌。"他的性格内向，有胆有略，正直豪爽，宁折不弯。成年后当过兵勇、小贩、拳师，结交了不少英雄好汉。

咸丰十年（1860 年），鲁西各县闹灾荒，宋景诗带领当地万余农民，扛着铁锨锄头，冲进县衙，迫使县官答应免粮。当抗粮农民散去后，宋景诗被官兵逮捕，后经乡亲群起抗争获释。

咸丰十一年（1861 年），捻军进入山东，宋景诗即参加了白莲教起义。二月十九日夜，率领七十余人，潜入冠县县城，劫牢反狱，焚烧县署。接着在聊城沙镇刘家河一带集结义军，数日间竟达万余人，以黑旗做标志，号称黑旗军。

黑旗千里纵横 雷霆万钧
滚过银瞭兜突 风雨飘摇

宋景诗
艺术片

1955年由上海电影制片厂拍摄的历史故事片《宋景诗》海报

宋景诗率部先克沙镇，继而攻东昌府，未克。

三月，宋景诗联合红旗军，二次攻打东昌府，由于清援军突然而至，义军退至沙镇。清军追击，义军奋力反击，将清军全部歼俘。

四月初，宋景诗又会合黄旗军，第三次攻打东昌府，三日未克。

宋景诗不得不放弃攻打东昌府的计划，将主力转移到临清、邱县一带，联合其他各旗农民起义军，连续攻占邱县、冠县、莘县、馆陶、阳谷、观城、朝城、濮县等13座县城。

清政府大为震惊，五月末，派兵部右侍郎胜保等率部前来镇压，起义军首领杨泰、张继善先后战死，义军元气大伤。

鉴于清军重兵压境，起义军屡战失利，宋景诗率部暂降胜保，被编为靖东营，并被胜保举为五品顶戴蓝翎、都司衔花翎、参将等职。

同治元年（1862年）初，宋景诗随胜保南下安徽围剿捻军，屡次有意败北。后哗变拔营未成，被清政府革去参将职务。同年八月，随胜保赴陕西镇压回民起义军。清政府为笼络宋景诗，又恢复其参将职务，而宋景诗对回民起义军只是进行联络和避让。

同治二年（1863年）初，宋景诗率部辗转至临清，脱离清军，以甘官屯、小刘贯庄为大本营，招募兵勇千余名，再次举行起义，攻打柳林、范寨一带地主武装民团，杀死民团首领。

清政府急调各路大军围剿黑旗军。

宋景诗率部于堂邑、莘县、临清一带奋力反击，大败清军。

清政府派僧格林沁部参与镇压，结果又遭失败。最后，清军动用"洋枪队"，迫使黑旗军退至小刘贯庄。僧格林沁部在庄外挖壕放水，妄图水淹义军。黑旗军乘夜悄悄撤走，南经莘县，西入清丰，北走临漳，东进德州，回到夏津、高唐。半月之间，冲出清军重重包围，昼夜行军三百里，足迹遍及直、鲁、豫三省交界地区的30余县。后再度南下湖北，与捻军张宗禹部会合。

同治四年（1865年）初，黑旗军绕道江苏，再入山东，配合捻军，诱使尾追的僧格林沁部陷入重围。同年四月二十四日，于曹州（今菏泽）设伏，大败清军，击毙僧格林沁。

捻军失败后，宋景诗独自流落徐州、亳州一带，浪迹天涯，卖艺授徒，辗转来到塞上土默特地区，更名为赵老同（坊间也有传说于同治十年四月在亳州界沟集被安徽巡抚英翰俘杀），潜居于大青山下的萨拉齐水涧沟一带。

赵老同（宋景诗）在萨拉齐一带落脚后，想到自己年事已高，虽然反清失败，还应该将自己的一身武艺，特别是高超绝技阴把缠枪传授给可靠后人，使民族精华一代代传承下去。他看到当地蒙汉杂居，民风彪悍，便注意物色中意者为徒，教授武术。他在水涧沟门村的大庙里隐居时，见该村年轻力壮的汉族青年游四喇嘛为人正直厚道，便主动收其为徒。之后又经过认真考察，吸收了吴坝村的蒙古族青年关兴保、南园子村回族青年霍茂等人为徒，并根据他们不同性格、身体条件、个人爱好，因材施教，分别传授各自适合的武术技艺。

据《绥远通志稿》记载，赵老同"精武术，尤擅阴手枪法，一名

《宋景诗》电影海报

缠枪法。彼时国内称为单传。绥人（绥远人）得此枪法，实自老同始"。

赵老同的阴手枪法，内容有36路进攻之法，72招守备之方，上护其身，下护其马；另有五门精妙功法，五门奇特破法，绝命三枪，救命三枪，五门进法；以拖枪为绝招，能败中取胜，使对方防不胜防，非一般枪法可匹敌。

游四喇嘛被赵老同收为徒弟后非常高兴，便把赵老同请到家中，待为贵宾，每日好吃好喝款待，服侍得无微不至。

赵老同见游四喇嘛心诚意笃，就想把自己最拿手、最厉害的阴手枪法传授于他。

赵老同让游四喇嘛先练功架，每天托杆蹲身，屏息静气，寂无少动。练了几个月后，游四喇嘛以为自己练得差不多了，就急着向赵老同请教枪法。赵老同语重心长地对他说："你的功架基础还没有练好，学枪法还不到时候。"

游四喇嘛又练了一年，以为这时练得差不多了，又向赵老同请教枪法。"让我来试试你的基本功力。"说着赵老同并拢二指去击游四喇嘛手中紧握着的竿身，竿立即从游手中跌落，游红着脸退下。自此狠下决心，更加奋发，早晚苦练，毫不懈怠，足足练了两年。

赵见游的基本功架练得差不多了，便高兴地对游说："你的功架练好了，基本功打扎实了，现在我就教你枪法！"

正要动手教时，赵老同忽然得了重病，卧床不起。

游给赵请医熬药，洁身倒便，服侍得更加周到。

赵不能实地操作教练，就挣扎着躺在床上，给游边画图边讲解，一直坚持将阴把枪法的所有招式教给了游，才闭上眼睛。

游四喇嘛得此真传，潜心体会，刻苦练习，终于将此枪法掌握得十分娴熟。

清光绪二十九年（1903 年），赵老同去世，享年 80 岁。临终前，他把徒弟们叫在一起，再次叮嘱他们牢记自己立下的三条师规：不准把武艺传授给官家子弟；不准充当官兵营伍的教官；不准为官吏富家做看家护院的保镖。

从这三条中，不难看出赵老同（宋景诗）鲜明的阶级立场和爱憎感情。对此，赵老同在世时严格把关，不允许徒弟们丝毫违犯；就是赵过世后，他的徒弟们仍然互相监督，认真执行。

清同治六年（1867 年），为防陕、甘回民起义军东进，萨拉齐厅设置团防局训练民团，三番五次高薪邀请赵的大徒弟游四喇嘛教练武术。游四喇嘛均托词拒绝。赵老同过世后，其三徒弟霍茂推辞不过，担任当地驻军顾问性质的武术师。大师兄游四喇嘛、二师兄关兴保发现后，当即予以制止。

游四喇嘛是赵老同（宋景诗）的得意门生之一，他不仅将阴把缠枪练得炉火纯青，而且对大竿也掌握得熟练到位。据《绥远通志稿·人物·方技》中记载，游"用大竿独步一时，刺人皮肉筋骨，深浅轻重惟意所向，不差毫发。曾钉纸百张于壁上，运竿点之，口呼几张，皆应声如数着竿而下。"

关兴保与游四喇嘛年岁相仿，他向赵老同学得一手好花枪。年近八旬时仍体魄健壮，精力充沛。据《绥远通志稿·人物·方技》中记载，"一次年轻气盛的满泰与其比武，一交手，满泰手中的枪已被缠，力抽不能出，急撒手跌避而手口已点伤，血涔涔矣！"

霍茂较游四喇嘛和关兴保年纪略轻，擅长刀法。据《绥远通志稿·人物·方技》中记载："霍茂尝与人约，数十人分列道旁，霍茂抢刀跃马从中而过，众皆持枪攒刺，而人马不受点污。"

赵老同（宋景诗）去世后，游四喇嘛又将阴手缠枪传于弟子郭誉宏（又名郭三），郭又传于弟子云连生、程全中；云、程又传于他们的弟子……就这样一代传一代，阴手缠枪成了萨拉齐、包头、呼和浩特一带武术界特有的绝招。

警报初起金积堡
马升赶筑包头城　　——马升小传

马升（1827—1889年），字级之，生于清道光七年（1827年），四川太平县官渡玛瑙溪（今万源市官渡镇玛瑙溪村）人。马升"由太平营兵丁从征粤匪，转战两湖大江南北、陕、甘各地，积功至记名提督、山西太原镇总兵、大同镇总兵"（民国《万源县志》），官阶振威将军。

马升幼年时家贫，在家放牛，砍柴卖。少年时沉毅有志略，好技击。十五六岁时，力气过人。20岁时，箭法超群。其母要送他入学习"八股"求"功名"，亲戚都愿资助他深造，但马升说："男儿志在四方，今天下方乱，习文不如从武，我将手握大刀纵横九州，怎能效仿书生寻章摘句？"马升冬练三九，夏练三伏，并在师傅指导下，熟读《武经七书》，后入太平营。

清咸丰元年（1851年）初，太平天国农民起义爆发，朝廷派赛尚阿前往广西督办军务，令从各省征调大军，驰赴广西"会剿"。

马升早已听说"长毛"举事，今见"助剿"广西指令，认为报效国家的时机到了，即率家兵随官军开往前线。

咸丰二年（1852年）春，马升随清将刘长清、李能臣参加围攻永安，随广西提督向荣尾追太平军，因战功由蓝翎把总升为领哨千总。

咸丰六年（1856年），马升任都司，率部从汉口"追剿"太平军至随州。咸丰七年（1857年），马升率部克荆门。咸丰十年（1859年）率部攻克霍山。咸丰十年（1860年），率军解荆州之围。次年，率部解颍州之围。之后，任抚标中军参将。因战功显赫由蓝翎把总升为山西太原总兵。同治皇帝钦赐花翎，赏"冠勇巴图鲁"（巴图鲁为满语中"英雄""勇士"一词音译）称号。

清同治元年（1862年），马升奉命堵剿咸阳、兴平、酒泉一带回民上层军营。陕、甘、宁等西北地区的回民起事，其中，以马化龙为首的宁夏金积堡回民起事队伍向东进击，波及鄂尔多斯、包头、萨拉齐、托克托、清水河等地。

同治三年（1864年），大同总兵马升驻守包头镇，至清光绪六年（1880年）离包。马升在包头16年之久，他的故事在老包头百姓中广为流传。

西营盘梁修义马冢

陕甘回民起事，始于陕西华州、同州，绵延波及甘肃各地，以宁夏金积堡为根据地，其首领为马化龙。

金积堡以金积山得名，为灵州（灵武）之一镇。其地东达花马池，西达固原，襟带黄河，雄踞边塞。

回民马化龙为西北宗教首领，长于用人，多谋善断，多隆阿旧部围剿于前，杨岳斌经营于后，集一时之精兵猛将，终不能拔其根本。又兼陕西回民白彦虎据甘陕边区，河州回民马占鳌据甘南，与马化龙势成鼎足，互为声援，再加上马文禄等又据肃州（今酒泉），于是陕甘千里之地已成烈火燎原之势。

同治三年（1864年），马升驰赴宁夏，"围剿"马化龙部。

同治四年（1865年）冬，马化龙率回民军迫近包头，袭击包头西20里的韩庆坝村，把总卢某被杀。

同治五年（1866年），马升任太原总兵。

马升初至包头地域不知起义军虚实，他带少数几人过黄河南（当地老百姓称之为"河西"）探听军情，结果被起义军包围。说时迟，那时快，马升的坐骑怒吼长鸣，掉尾冲破包围。马升手持长戟奋做梨花舞，烈马行一整夜抵达黄河边，后面的追兵风驰电掣而来。

马升说："此真不济矣！"踏波横跨黄河。

民间传说，马升在率部迎击回民军时被包围，单骑突围，一昼夜行八百里而抵黄河，正渡河之际，回民军风驰电掣追至。马升自以为必死，乃仰天长叹："马被马追，马同马死！"（一说"两马同为鱼呼！"意思说我这姓马的与你这匹马都得葬身黄河喂鱼）其马闻言，自水中腾骧而起，凌空飞渡黄河直抵军营。马升见到留守诸将说："今日能见到各位，全赖坐骑之力也。"这时，战马在营外长鸣数声，口中吐血倒毙在地。马升哭曰："此马随我三十余年，今舍我而去，我何所恃乎？"于是给战马穿衣戴冠葬在后称西营盘梁的地方，留下义马冢并立碑纪念。

修城垣立戟西阁上

同治五年（1866年），张宗禹西捻军由豫入陕，从宜川翻山至壶口，踏冰渡河。

太原总兵马升突袭渡河捻军，斩杀一万余人，西捻余部进入河北保定，从此一蹶不振。

不久，马升改调大同总兵，镇守北疆。

二月，马升回镇（大同）练兵。同治皇帝念马升劳苦功高，特颁诏诰授其"振威将军""记名提督"。

十一月，回民军迂回出击，由草地向包头、归化进发。

乌里雅苏台将军德勒克多尔济见军情紧急，赶赴归绥，会同归化城将军裕瑞，筹划包头等处的防务事宜，除将防河的官兵撤回包头外，又调驻扎大同一间房的官兵到包头交由马升指挥，分布防守。

德勒克多尔济还觉得不够稳妥，又调伊克昭盟、乌兰察布盟蒙古兵300名留守包头，调察哈尔步兵400名，马队蒙古兵700名到包协同防守。包头于是成为抵御回民起义军的前沿阵地。

同治六年（1867年）三月，陕甘总督左宗棠在黄河沿岸布防，以阻击回民军进击蒙古、陕西，在包头镇内修筑粮台、炮位、兵站，驻扎清兵。但回民军仍由水陆两路经包头到绥远购马匹、武器等军需物资。

清廷侦知后，急命甘、宁、绥将军严加防守。马升于是派兵在黄河各渡口分段设防，并在包头的北梁上修建东西两座营盘，东营盘驻扎步卒，西营盘驻扎骑兵。

十月，为防止回民军利用黄河结冰期袭击包头，马升督率兵勇，严加防范，同时发动包头镇商民协助驻军浚壕筑墙，使包头镇有了初具规模的防御土墙。

十二月，马政和等回民军首领率部袭击包头镇和昭君坟，大部回民军则结集在十里长滩等处。

马升率包头、托克托两路官军分路迎击，回民军向西退去。马升随即驻防包头，并派兵把守中滩、昭君坟等地。到同治八年（1869 年）四月，包头镇以西至磴口黄河北岸的回民军踪迹渐无，包头镇的防务压力才得以缓解。

同治六年（1867 年），包头镇巡检崔阶平任职至包，面临战火，想修城垣防守，一无财力，二无人力。

同治七年（1868 年）十月，马升受命修建包头城垣。先于东西营盘外筑墙掘堑，是为北城墙。

包头为兵家必争的战略要地，在镇压回民起义军的过程中，清朝政府认识到包头镇战略地位的重要，"山西边界之归化、绥远、包头镇，控扼草地，毗连大青山，南抵杀虎口，西逾缠金，东接得胜口，与蒙古、回部错壤。咸丰军兴以后，官兵四出征讨，边备空虚，寇盗乘机窃发。"（《清史稿·兵志》）

为了加强防御，同治九年（1870 年）马升亲自策马相度地形，协同包头巡检崔际平督修包头城垣，"阖镇商民，率皆踊跃从事……累年积月，费资至逾巨万"（民国《包头市志》）。又将北城墙向东西延伸，并依地势南折，同时辟东北、西北、东、西、南五个城门。至同治十二年（1873 年），包头城垣初具规模，状似龟临黄河饮水。

当时所筑包头城垣，城墙全为土筑，高 1 丈 5 尺，底基宽 2 丈，墙顶宽 1 丈，雉墙高 6 尺，厚 1.5 尺。城垣周长 14 里，城内面积不足 3 平方公里，城外还挖了深三尺的护城壕，城墙四角筑有台墩，墩"高与城齐，顶上纵横各三尺，面积九方尺"。

历时三年，工程结束。城墙修成后的包头镇军事防御能力显著增强，即使在后来匪患猖獗的时候，城中商户和居民的安全也赖以保障，未曾遭受太大的损失。"当斯时也，逆风已静于邻疆，商贾皆安于市肆，鹅鹤无惊，鸡豚皆息。"（《包头建筑城堡碑迹考》）

同治十三年（1874年）四月，马升因战功显赫，两次蒙皇帝召见，连赐"御食"，褒奖有加，授"巴图鲁"称号，并赏穿四团黄龙马褂，极尽武臣之荣耀。

马升在修筑城垣的同时，利用筑城剩余材料，在城内西街兴建西阁（观音阁）。东西穿开门洞，阁顶垂檐斗拱，每面4根明柱，内塑观音菩萨和韦驮神像，取护佑黎民之意。西阁之上，还悬挂一把铁戟，长约丈二，重百余斤，戟上刻有"记名简放提督军门镇守山西大同等处地方统辖雁门三关总镇都督府冠勇巴图鲁马"等字样，民间传说是杨家将的兵器，实际上是为表彰马升战功而铸造的纪念物，戟尖对西，以示镇西之意。由孟春造。以铁链悬梁上，柱倚地上。包头成为真正意义上的城市与马升有着非常密切的关系。

老包头之西阁

设巧计智除两地户

包头镇西为蒙古族乌拉特部，分乌拉特东、西、中三旗，早在乾隆年间就有"走西口"人定居乌拉特三旗，武治社、康永太、张海、张柱等用一万两白银租种旗地。在包头镇西 5.5 公里靠河畔村有两地户，一户叫萧明，一户叫韩刚，均为原镇守官员，而且与土匪勾结，残害百姓，阖镇商民叫苦不迭。

萧、韩两户素来不和，各养家兵称雄一方。他们还与乌拉特西公旗旗兵常发生摩擦，每当交战，旗兵都抵不过萧、韩两户家兵，有时竟把旗兵杀戮投入黄河。因此，西公旗王爷怀恨在心。

包头地处塞外，匪患频繁。为保地方安宁，马升不遗余力剿匪。

同治十一年（1872 年），西公旗王爷见大同总兵马升兵强马壮，于是想"借刀杀人"，他密报萧明、韩刚通匪。

马升授意参将施绍恒见机行事，除掉萧明、韩纲。

某日，马升假意宴请萧明，席间伏兵四起，萧明束手就擒。又一日，马升召韩纲议事，出其不意将其捕捉。后将二人斩首示众，匪盗一时敛迹。

马升常常夜间外出巡访，一日夜间行至河畔，听百姓讲，有一伙匪盗行劫后正在附近村庄饮酒作乐。马升听后大怒，遂召集村民数十人，手持锹棍锄耙前往征剿。众人到达匪盗歇脚之处，只见众匪已酒醉酣然入睡。马升见状大喜，急令村民捕杀，众匪由梦中惊醒，仓皇逃走。

行善事重修吕祖庙

咸丰三年（1853 年），包头镇王纯德献出自家宅地想建供奉吕祖的小庙。咸丰十一年（1861 年），儒善、巨川等人集资盖起吕祖小庙。

同治五年（1866 年），五台山比丘续州和徒弟本立来包，在朱公等人资助下，吕祖庙被修建成巍峨洞府，禅堂清静，山门完固。

马升在包看到各处寺院冷冷清清，唯有吕祖庙前红布到处垂挂，香火缭

妙法禅寺（吕祖庙）

绕，人人都说吕祖庙"有求必应，有感则灵"。于是马升为迎合百姓心愿，决定带头募化重建吕祖大殿，兴建大雄宝殿。同治十二年（1873 年），二殿建成。

马升亲书山门横幅"吕祖庙"、山门内"大圆满觉"、吕祖殿"孚祐帝君"。马升写在黄表纸上，由包头镇侯石局、侯俊伟精心镌刻在方砖上。

马升看后高兴地说："你雕刻的字比我写得还有劲，且好看！"

光绪二十年（1894 年），吕祖庙主持昌久，将"吕祖庙"改为"妙法禅寺"至今。

民间传说，马升在包患了塔背疮（民间对后背痈疽疮的俗称，意为患者本人反手后背能够着的地方出现的疮疖）久治不好，后求吕祖显灵病愈，为还愿吕祖而重建吕祖庙，难有实证。

史料记载，马升、张树屏等几任驻军官员，一直是妙法禅寺最大的施主。

光绪四年（1878 年），马升离任，奉旨"丁母忧"（民国《万源县志》）。于1889 年在家中病逝。有安徽人张树屏继任大同镇总兵，继续驻防在包头一带。

官声斐然传塞外
急难前头有一人 ── 文山小传

萨拉齐厅同知文山

文山，满族，镶白旗人。生卒年不详。史料记载："红脸白须。常年穿布衣，体健身壮，气宇轩昂。"

清咸丰元年（1851年）文山曾任萨拉齐厅理事通判，同治五年（1866年）和同治十年（1871年）又两任萨拉齐同知，三次主政萨拉齐十几年，宽简廉勤，政绩卓著。在从嘉庆四年（1779年）到宣统三年（1911年）的73位通判同知中，唯有文山被人们传颂至今。乡间为其立有《萨前同知文山公创建书院碑记》《创筑围堡训练民团碑记》《创建节孝祠记》《重修萨县保安石坝碑记》等功德碑。民国《萨拉齐县志》称："去之日邑民攀辕请留，去之后设型祠塑像祀之。"

萨拉齐城北15里是阴山大青山段，山势巍然，蜿蜒数百里，其中穿谷幽壑，山沟里泉水成溪，曰水涧沟（苏尔哲河）。沟水南流，村人引水种植，穿田绕屋，昼夜潺湲，桃、李、杏、杨、柳、榆等树成林。春天桃李花开，灿烂如画。夏天则杨柳迎风，葱翠欲滴。然而，每当雨季沟水泛滥，毁坏堤防，近沟田园受损。沟水向西南流，无灌溉之利，且滔滔沟水飞腾直下淹没萨拉齐大片农田村舍。

咸丰五年（1855年），文山急村人之急，集资募捐，组织民众，增高加厚堤坝，种植树木，兴修闸门引水灌溉，并在水涧沟口东侧，用火烤后锤凿的办法，依山开凿石门，控制洪水，最终开凿出长20米、宽1.7米的石门，常年引水灌溉水涧沟门一带农田300余亩，使之变得肥腴丰饶，成为塞外闻名遐迩的果蔬之乡。水涧沟门每年农历六月二十四还举办庙会，车马喧闹，民人游赏避暑。

文山最显著的政绩始于同治年间，曾任归绥道台的钟秀（字石帆，满洲正红旗人），曾上书陈述口外五厅（归绥、萨拉齐、托克托、和林格尔、清水河）在管理上的难度，一是"广于分壤，实有鞭长莫及之虞，则难于控制"；二是"劳于耕作而薄于收成"；三是"口外为盗贼渊薮，而缉捕甚难"；四是"事权不一，办理诸形掣肘"。为此他提出，选拔得力官吏，提高政区分级，扭转这种混乱局面。

在当时的口外五厅中，矛盾最为突出的是萨拉齐厅，幅员最为辽阔，政务最为繁难，因此，他要求将萨拉齐厅由通判厅升为同知厅。他的这一奏本得到批准和实施，于是文山二次被选拔任用为萨拉齐厅同知，官至正五品。

据史料记载，文山受儒家文化熏陶，具有儒家"治世"的政治理想。

自清乾隆以来，黄河在土默特旗境南分作三流，上流直至榆树营（在萨拉齐城东约4公里）达毛岱；中流经白庙子（在萨拉齐城南约19公里）达毛岱；下则今道。旗境南部因黄河泛滥不能耕种。

清同治六年（1867年），黄河由今东河区东兴磴口村附近决口，水势自西向东长流75公里。除沿山高地外，萨拉齐境内皆汪洋一片，房倒屋塌，村落废弃，人无栖所，畜无停厩，人民生命财产付诸流水。

面对"三年两决口，百年一改道"的黄河水患，文山忧民之苦，奔走疾呼。一面陈请上司拨款，一面调集民工，于同治九年（1870年），在东兴对岸的河西拐上筑坝，在决堤处堵口，逼河并入西南一道。于是合三流为一河，得腴田4万余顷。第二年迁民屯垦，成立新村80余处。使黄河萨拉齐段得到卓有成效的治理。

咸丰年间，五当沟河槽两侧有东园和沙尔沁两村，常因争水浇地而发生纠纷，打架斗殴，闹出人命，演成村仇，双方常到萨拉齐衙门对簿公堂。但前几任主政官敷衍塞责，不仅问题长期得不到解决，反而使纠纷愈演愈烈，致使萨拉齐厅积案累累。

文山上任后，亲自深入实地勘测，向群众调查了解，找到了双方都认为公平合理的解决办法：在五当沟口筑起蓄水池和分水槽，将沟水平均分成两股，一股流入东渠，解决了东园村的灌溉问题；一股流入西渠，沙尔沁的农田得到灌溉；其余各村都按股份浇灌，从此再无纠纷。后来两村人在沙尔沁东门里奶奶庙正殿内为文山塑像，并刻石立碑。

文山勤于调查研究，秉公决断，解决了不少积案、难案。他不仅善于观大势，谋大局，而且对百姓的事更是事无巨细都要过问处理，对于因家庭琐事引起的纠纷，文山总是和颜悦色地劝告，得到当地群众的敬佩和景仰。

萨拉齐县衙署正门

据传，萨拉齐城内有一富户肖懋，原娶板升气村一女子为妻，人称肖懋老婆。其人性格倔强好胜，从不容忍让人。后肖懋另纳一年轻美貌女子为妾，肖懋老婆起而反抗，接连不断地上告萨拉齐官府。

俗话说"清官难断家务事"，几任主政官都没有解决此案。文山到任不久，肖懋老婆又来告状，文山查明双方结怨原委，进行循循善诱的劝导和公平合理的解决，双方都很满意。

文山离任时，肖懋老婆端清水一盆，拿明镜一面，和大家一起等候在东门外大路旁，见文山坐着轿子来了，她跪在地上，手捧水盆，高举明镜，大声称赞："大老爷清如水，明如镜，如同宋朝包文正！"

萨拉齐厅城区管界图

全面积横十五平方华里

注：本图为1921年版。清同治六年（1867年）陕甘宁回作乱，势盛，将逼境。萨拉齐厅同知文山筹设团防局，倡议筑城练丁。同治九年城工竣，设门四，东曰泰来，西曰定远，南曰永清，北曰磐安。

文山闻声连忙下轿，不无幽默地回答："自古官清吏不清，久打官司家业损！"

肖懋老婆悟出文山话中含义，以后再没有和肖懋闹纠纷、打官司。

同治六年（1867年），陕、甘回民起义军受西捻军在陕西灞桥十里坡大败清军的鼓舞而挥戈东进，逼近萨厅。同知文山"筹设团防局，倡议筑城"，在萨拉齐关帝庙设团防局，创筑萨拉齐围堡。文山日夜训练民团，监筑围堡，侦探防守，不遗余力。回民军知其有备，绕道而行。

此事动议于同治六年，七年动工，九年建成。据史料记载："城垣厚实古朴、坚固，高需仰望，宽能跑马。外可目测数里异动，内可统览市井人烟。"城垣周长约4520米（九里十三步），高约6.7米（二丈），基宽约4米（丈二），顶宽约2.7米（八尺）；女儿墙高约1.8米（五尺五寸），垛口3600，28个炮台，如天空中星座的二十八宿（位次）。城门有四个：东门为泰来，取否极泰来之意；南门为永清，期盼黄河永远清澈宁静；西门定远，有平定远疆之意；北门磐安，意寓萨拉齐稳如磐石。门各筑楼，还辟水闸两个，以泄雨水。

从此，商贾皆安于市，鹅鹤无惊，鸡豚皆息。同治七年（1868年），包头镇亦效仿萨拉齐始筑城垣。

在建设城垣的同时，文山还重新维修了衙门，完善了皂隶捕快三班衙役，规范了吏户礼兵刑工六房。萨拉齐逐渐形成城防坚固，街巷众多，市场分明的绥西重镇。

同治八年（1868年）前，旗境无公办学校。同治八年，为使当地民间子弟就近上学，学习章句，陶淑性情，修养道德，多出人才，文山从筹办团防、建筑围堡经费中撙节（节省）出制钱6000串，发商生息后以720串作为书院长年需用经费。建成育才书院，文山自任育才书院总监，要求学生"学问优良而品行端方"，教师要循循善诱。院址在关帝庙东，就是今萨拉齐大东街小学的前身。自此，萨拉齐地方始有正式公办学堂。书院首届招生80余名，修学期限为4年，是萨拉齐历史上第一个官办学堂，也奠定了萨拉齐在归绥教育中的地位。此后不断扩大规模，增加师生，提高办学质量，培养出众多人才，使萨拉齐很快跻身于塞外文化名城的行列。为此百姓立了《萨前同知文山公创建书院碑记》。

清同治时，萨拉齐一带地方兴盛，邑民繁滋，但因义地阙如，客籍羁亡每多露野。文山关心民瘼，于同治九年（1869年），在小场圐圙村"置义园名恤阴会"，修建大坟专葬族槟及无所归者。此义园面积约1顷，遍栽杨柳，筑屋数间，常年有人看守，"归绥凡此善举发轫于文山者居多"。对于孤寡贫困者，文山也常常慷慨解囊。同治十二年（1873年），文山建节孝祠，为张、马等16氏立牌坊。

史料记载，文山一次性捐银600两，利用发商生息维持当地慈善机构的运转。为此，在他离任时手无分文，萨拉齐"大行"（商会）集资送给他路费。

"政声人去后，闲谈民意时。"文山为官一任、造福一方的故事，没有随着时间的流逝而被人忘却，他的简朴本分、为民奉献的官风一直被人们传颂。

九曲黄河万里沙
浪淘风簸自天涯

—— 王同春小传

王同春（1851—1925 年），乳名进财，祖父王元，父亲王鑑，河北邢台县石门村人，生于清咸丰元年（1851 年），卒于1925 年，享年74 岁。因王同春修渠有功，人称浚川；因争夺渠道，被仇家挖去一眼，又称瞎进财。

王同春祖上为富商，从事运输业，家中养有一百余匹（头）骡、马、驴载运货物，往来于彰德、汉口、浦口、周村、北京等地。时值义和团事起，遍地烽烟，商旅裹足，载运来往各地货物多数损失，生意暴落，王家遂告衰败。加以其叔父嗜酒纵欲，不事生产，家道中落，故到王同春幼年时已陷入贫困之境。王同春7 岁入私塾，仅读半载，便因贫辍学。

刘澍主修的《包头市志》记载："公（王同春）年九岁随族祖外出，至西山嘴之姚家寨，为人牧畜，因习蒙语。年十一，从赵四头学开渠灌田术，领悟有得。年十三，自租田亩，习耕耘。二年，积谷百余石，售银千两。乃旋里省亲焉。年十六复莅包，结识郭有元，助理农事，收获益丰。"

西山嘴隶属乌拉特前旗，位于河套平原东端，地球上同纬度最大的湿地乌梁素海就在其辖境内，旧时属包头管辖，地频黄河，亦有渠道灌溉设施。

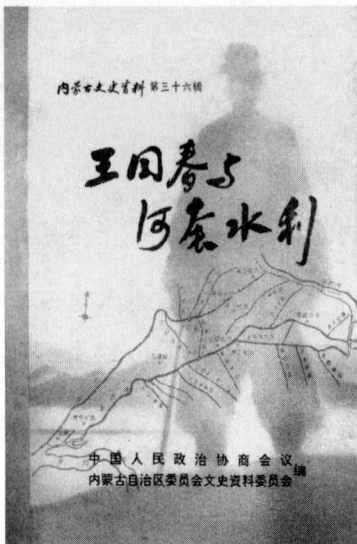

王同春闲暇之时，喜欢随乡人凿沟修渠，对从事水利工作特别有兴趣。

黄河百害，唯富一套。套者，系指地形之曲折、河流之弯曲处，人称"河套"。

宁夏东北境之贺兰山，绥远（今内蒙古中部、南部地区）北境之阴山（包括狼山、乌拉山、大青山）山地一带，有宁夏东境之西套，绥西之中套（亦称后套或河套），绥中（包括包头、萨拉齐、归绥、托克托）之东套（亦称套东）之盆地平原地区，以及由黄河三面环绕之鄂尔多斯（伊克昭盟）之新台地，为构成河套地形之主要地区。东西长500多公里，南北宽30～80公里。

由前所述，宁夏境内中卫以上之黄河，本自西向东流，自中卫至青铜峡后，东面受阻于鄂尔多斯台地，西面受阻于贺兰山，遂折而转向东北流。至宁、绥交界处，又受阻于阴山山脉之狼山、乌拉山、大青山，故折而东流。至托克托县之河口，又为山西高原管涔山之余脉所阻，复自北向南流。黄河在这一地区形成大弯曲（黄河"几"字湾），故有"河套"之称。

黄河流经河套，自古即歧分为南北两支（水经注有南北河之文），北河所经，约相当于今之五加河河道；南河所经，与今之黄河正流相近。河道虽分两支，然终以北河为正，古人所称黄河，即指北河。

迄清初，北河即今之五加河上游淤塞，旧道遂废，南河遂成为正流。自此后，河套地区划为二：在黄河以南者称为前套，在黄河以北者称为后套。河套平原，可分西套、后套及东套（套东）三部分，包头处于套东，现称前套。

后套地势西南高，东北低，地表完全为黄河及其支流五加河所冲积而成沃壤。其土壤多为干旱的半沙漠地带，年雨量常在200毫米以下，故必须依赖凿渠灌溉，农业始能发展。因而后套之农田所恃者，即是水利。

拓垦后套之王同春

在内蒙古河套地区，许多上了年纪的人都知道有一位赤手空拳、凭借自己的毅力、创造出辉煌不朽水利事业的王同春。在后套之十大干渠中，有五道经其策划、开辟、经营。这五道干渠，共有支、子渠100余条，灌域面积达300余万亩。

同治六年（1867年），四川人老郭（名大义，出身行伍）与地商万泰公（德园），欲利用天然河道短鞭子河开渠道，因需要修筑渠坝而未果。事隔多年，迄光绪年间，郭敏修（郭大义之子）会同河套万泰公、李大元、史老虎四家共同承包，名四大股渠，请王同春担任渠头。

此渠因短鞭子河淤塞，需大加修浚，耗资过巨，乃采分股合修办法，由四家集资。王同春无资本，以其工资与技术作为一份股份。

王同春对四大股渠提出修浚意见，认为短鞭子河上游已告淤塞，不宜再用，应于黄河另凿渠口，接通短鞭子河下游，以期水势畅旺，利于灌溉。

四大股渠之开凿，即照王同春的意见进行，渠门之位置、渠道所经路线，

王同春和开浚老郭渠之工程师、渠工合影

以及渠道之深度与宽度，均经王同春一手策划拟定。渠成之日，不仅能够使已经开垦的田地重新获得浇灌，而且可以使未开垦的荒地因此渠修通之后，再另凿支渠，得以引水灌溉，使荒地变为良田。此渠修通后因一再拓修，其灌溉面积达 200 余顷。渠名原名为老郭渠，后改名为通济渠。此渠之所以能修筑成功，一方面是由于参加股份的四家财力雄厚，另一方面是因为在黄河主渠道上开凿渠口，导水入渠的办法正确。这一创新的开渠法一经成功，王同春的修渠技术和他的大名便迅速传遍河套地区。其个人此后的事业，亦从此奠定了基础。

王同春参与此渠工程时，年仅 17 岁，到此渠成，总共费十余年时间。漫长岁月中，王躬身督导渠工，励精图治，终成大业。

王同春没有受过高等教育，亦不懂测量、水利工程等科学技术，而他竟能凿通几道大干渠，究竟用何种方法为之？当地乡老们异口同声言："就我等所见所知，王秉性聪明，做事踏实，勤苦耐劳，尤为其长处。他选定渠口位置之先，必亲自沿黄河北岸反复观察，并在数尺高之红柳、枳芨、芦草茫茫一片荒原里，徒步或骑马寻找可能开凿的渠道。他边走边望，有十数渠工跟在他后面，牵着半寸粗的麻绳，拿着铁锹、木桩，王走到哪里，他们跟到哪里，走过一段，王如果回首叫停，他们就在叫停处用锹挖土，将木桩钉下，作为渠道之定线。此后，即照此定线开凿渠道。结果，渠道凿通之后，河水入渠，灌溉无不顺利。"

据一些老农讲，王同春开渠确实有一些独特的办法，"他勘测渠路时，不像别人趴在地上，两眼向前平视测量，而是将身体仰卧在平地上，头朝顺水方向，脚向引水方向挺直身体，头部向后观察"来确定渠路；"施工时，于晚间在准备开渠的线路上插上一排香火，从远处察看香火的高低，来决定所挖渠道的坡度。在由低处向高处引水时，加大渠道弯道，利用水流三弯自急的原理，使水产生拥推力量向高处流去。"通过这些方法，王同春开挖之渠十有九成。

王同春还沿乌拉山南麓开了一条长达 400 余里的退水渠，能够将灌溉剩余之水直接退入乌梁素海复归黄河，堪称百利而无一害。

曾追随王同春工作多年的一位谢姓老人说："王同春为选择渠道，常于夜半月明时巡行各地。他观察地形的高低，检视土壤的肥瘠，以确定何处易施工，何处应当避开。如此，辛勤工作十数年，终于修浚旧渠，开凿新渠，水势畅旺无阻，新旧渠所灌溉之荒地，均变为绿色农田。"

郭氏父子言行粗暴，重利轻义，四大股间相处不睦。至光绪八年（1882年），王同春与郭家脱离关系，在老郭渠之北，独自开凿新渠。

王同春先向达拉特旗沙化庙的喇嘛租得荒地，然后择定地点开凿渠道，渠口位于土城子黄河北岸，向北经杭锦旗之马场地与五顶帐房，新开渠道30余里。初名王同春渠，后因与郭家和解，改名为义和渠。光绪十年（1884年）间，此渠续向东北开挖至今五原县北，计长20里。到光绪十二年（1886年），又向正北挖退水渠一道至五加河，即使黄河伏水暴涨，渠水也可由此泄入五加河，不至为害。此退水渠长23里。光绪十七八年间，再向东北挖退水渠一道，长30里，亦供泄水于五加河之用。至光绪二十八年（1902年），全渠工程始告完成，总计长115里，支、子渠45道，计费银8600余两。

此渠完成后，王同春因拥有大片可耕土地而成为后套大地主之一。同时沿此渠之土地均赖此渠灌溉，每年所收之水租亦非少数。王同春因此骤成巨富，王亦赖此财力为后盾，继续从事新渠道之开凿工作。

王同春的一生，除协助他人所开渠道不计外，由他自己独自或策划，或接办开凿成功者，计有义和、沙河、丰济、刚济、灶火五大渠，以及支、子渠270余道。合计工程费1350余万两。开拓荒地270余万亩，年收粮23万余石，收地租与水租银17万余两。当地人称之为"王老财"。

王同春在后套之拓殖事业，其价值不能以金钱来评估，因经其领导之水利工程，需要庞大人力，于是招来许多移民。当一新渠完成，凡能灌溉所及之地，皆变为可耕之田园，而这部分移民亦得到适当的安置。如此一渠复一渠地开凿，遂使荒草遍地之后套，在十数年内，竟变为我国西北粮食生产的主要地区。

光绪十五六年间，晋、陕二省大旱，饥民逃离家乡涌入绥西，王同春运

民国时期河套地区修建的十大干渠

用以工代赈方式，既解决所需之人力，亦为难民解决了生活问题。此后，陆续自晋西北及陕北及冀、鲁、湘各省纷纷来套之难民，王同春亦采取同样方式处理。

贻谷督办绥远垦务肥己害民

光绪八年（1882年），张之洞任山西巡抚，倡议开垦，于归化设丰宁押荒局。光绪二十八年（1902年），清政府正式任命兵部侍郎贻谷，以绥远将军兼理藩院尚书职衔，督办内蒙古（即察哈尔与绥远）之垦务。

贻谷到任后，见当地水利事业如此发达，拥有渠道之地商将土地租予农民耕种，年收利益至为优厚，顿起与民争利之念。贻谷一面上奏清廷，由官商合股组设垦务公司专管其事，一面假借官股名义，指派垦务督办公署高级职员兼任公司之要职。垦务公司之经营办法，照规定应由公司按地亩多寡，向督办公署缴纳押荒银（亦称"押荒租银"。"押荒"，又称"荒价银"。清末在内蒙古等地实行放垦政策以后，历代垦务机构向承垦佃户征收的垦荒押金，始以库平银做单位，故称）后，再向公署领出整批土地，然后出售予需要土地之农户，如此，转年即可获得巨利。然所谓垦务公司，实则并无资本，系由清廷拨予贻谷之事业费中提出所需之款，以充作该公同押荒款项。该公司不费分文便取得大批土地，从而由贻谷及其亲信人等分其所得之利益。贻谷为笼络蒙旗王公，以升官加衔及贷款方式，引诱其乐意自动提供所辖旗内的土地。然而不久，即引起当地蒙古人一连串的抗垦风潮。贻谷设法借公有名义，占夺地商私人所开之大小渠道。在贻谷威胁利诱政策下，受害的蒙汉人民不知有多少，而蒙受损失最大的便是王同春。

贻谷运用多种方式，企图胁迫王同春自愿捐献出所有土地与渠道，谢协成凶杀案就是其方法之一。

早先，王同春因争夺渠道，与当地另一颇有势力的地商谢协成结有仇恨，双方屡次纠合所养之"把式匠"械斗，但彼此都未得到胜算。据乡老言，沙河渠原初并未通至黄河，因黄河岸边土地属于杭锦旗，马化龙起义曾波及绥西后套，谢协成、刘天有等以平定马乱有功，遂将靠黄河岸之土地，拨给他们屯垦，因而将张姓沙河渠口堵塞，无法进水。王同春接办此渠后，与谢协成一再洽商，未得解决，双方械斗多次亦无结果。最后王、谢二人约妥，于某日晚间，在谢协成的一个"牛犋"（以牛耕地，众多农人共同食宿之地方）面商。王同春于约定时间独自一人至谢处，谢协成于笑声中迎王同春入室，落座献茶后，谢对王说："请稍候，我去取拟就解决之条款，拿来共同协商。"

谢刚一出去，即有二壮汉头罩黑布抢入室内，一人勒紧王的双臂，一人以二指挖出王一眼球，迅即逃走。适时谢返回，见王以手掌捂目，血流如注，问王："痛吗？"

王答："不痛。"

谢一面向王说："属下太胡闹了，我一定要查明严办。"一面嘱人送王返回。

王说："不必送，我有两眼自己来，尚有一眼自己能回去。"

此为王同春因争水一眼失明的经过，也是王同春的绰号"瞎进财"的来由。

光绪二十九年（1903 年）冬，贻谷到绥西视察垦务，后套本来无官府管辖，现在政府高级官员前来，于是谢协成乘机准备向贻谷所委派之"西盟总办"姚仁山控告王同春的种种非法行为。

王同春知道后认为谢协成的做法太可恶，就派人与其洽商，"自家的事应自家解决"，希望双方和解，并各将所养之"把式匠"解散，以免给官府口实，两败俱伤。

谢协成当即表示同意。

从表面上看，此事似乎已经了结。但孰料是年除夕，谢协成忽然被人杀害。传言说，此为王同春指使其拳师杜春元所为。但当官方捕获杜春元审讯时，杜提供若干人证，证明其在大年初一天明时，还在包头城内向各亲友拜年。由谢协成住地五原到包头，大约300里，如谢果为杜所杀害，又怎么可以在深夜杀人，于翌日天明以前即行走300余里路程。

亦有人说，王同春养一黑驴子，脚力很好，杜杀谢后，即乘此驴赶到包头。但包头城内外的人，只见杜春元其人而未见其所骑的驴。

这一案件，虽不能判定就是王同春唆使杜春元杀死谢协成，亦不能脱离关系，姚仁山便以督办西盟垦务兼理司法之权，施以请君入瓮之法，将王同春请到其官署，在预先就写好的申请书上，要求王同春签名画押，让其自愿将私产土地、房屋及五条渠道悉数献于官府，以后官方便再不追究谢协成一案。

王同春在姚仁山的威胁之下，不得已只好同意画押。至此，王同春数十年心血所凿之大渠5道及支、子渠200余条，以及已垦水田80余万亩，熟田270余万亩，房产18所，悉数献于公家，一生血汗付之东流。事后，贻谷虽曾拨付王32000两白银作为补偿，但较之失去的财产价值，实在是微不足道。

贻谷与姚仁山，以威势从王同春手中取得5大渠道及垦地350余万亩外，还从蒙旗王公手中取得更多未垦荒地。开发这些土地又需引水灌溉，为引水，又必须在已有之渠道外，增辟支渠或加长原有渠道。因而其他私有渠道，亦被胁迫献归公家，大小渠道均被收为公有。从此，后套的灌溉渠道皆属于政府，农民引水灌田，反而需向政府缴纳水费。

贻谷与姚仁山所经营的垦务公司，既拥有大批未垦地，必先扩增渠道以便灌溉。然而当时的官员，有巧取人民辛劳之所得的能力，但是对水利工程则根本不懂，因此又不得不延聘王同春为其效力。王无法推脱，遂充任垦务局之总工程师。在这一段时间内，王同春曾为垦务局重新疏浚永济渠，使其灌溉面积由原先的 20 万亩增至 30 万亩。

当时百姓有民谣曰："姚仁山，乱拾翻，一心丈量三湖湾，不管人民死与活，只图自己做高官。三湖湾，地板宽，可惜到处是碱滩，一年收获一点点，娃娃老婆缺吃穿。三湖湾，根子硬，无论何人也拱不动。"这段话说的便是清光绪三十三年（1907 年）绥远将军、垦务大臣贻谷和五原厅通判姚仁山，到今乌拉特前旗的三湖湾丈放垦地，激起当地农民的强烈反抗。当地农民编创了这段话来倾诉他们的苦难生活和抗垦决心，并揭露了姚仁山等人勒索、坑害人民的罪行。

姚仁山鉴于王同春在后套潜在之势力，始终心存疑惧，故外表愈表示合作，而亦愈难测知王之真正意向，因为王同春的财产虽然被充公，但王同春养活的"把式匠"并未遣散，所拥有的私人武力依然相当可惧。王同春在长期的治水过程中（河套地区是蒙汉民族聚居区，王同春精通蒙古语）同后套地区的蒙旗王公交往密切，当部分蒙旗王公得悉王同春之田产被迫献出时，达拉特旗、东公、西公旗之王公主动将西山咀附近王府土地千余万亩租与王同春开垦。

王同春获得土地后，固可继续其事业，并能富养"把式匠"，但同时亦促使贻谷等官方人士，了解后套蒙汉人民对王同春的信赖很深，令其更加有所顾忌。加以光绪三十二年（1907 年），王挺身而出平息了官府拟举办盐场引起蒙民反抗纠纷一事，王同春在贻谷等人心目中，更认为确是一位深不可测的人物。因猜忌与防范，遂将王同春诱至绥远城，仍以谢协成家族控诉王杀人为借口将王下狱。并称：王虽献纳巨额财产，但不能以此赎其应得之罪行。王同春因此被囚于绥远狱中。民国元年（1912 年），王同春获释。

光绪三十三年秋天（1908 年），时任归化城副都统文哲珲，奏告贻谷"败坏边局，欺蒙巧取，蒙民怨恨，后患堪忧"。清廷于第二年四月，派协办大学士鹿传霖为首、户部侍郎绍英为副到绥远实地调查，查出贻谷伙同部属姚仁山等人，假借垦务公司名义，侵吞国家所拨之巨额经费，所得垦殖利益，亦大部入其私囊。

清廷严厉斥责贻谷"贪残相济、扰害蒙民、贻坏垦局，实属辜恩负国""交法部，监追治罪"。宣统三年（1911年）贻谷被判处"遣戍川边"，姚仁山亦被革职定罪。

清政府虽判贻谷等罪行，但王同春被强夺的财产及渠道，因系王"自动献纳"之故，从此永归垦务公司公有。

王同春受任农商部顾问

1913年，地理学家张相文旅游至西北，到后套见有如此完善的水利系统及王同春的非凡事迹，仰慕备至，遂与王同春面晤畅谈，听王同春介绍他50余年来开发水利事业的经过，内心佩服不已，认为他是当时中国难得的水利人才。张返北京后遂将王同春在绥西水利工程方面的成就告知当时的农商总长张謇（字季直），计划请王同春来京，共商开发河套及治理淮河等事宜。

1914年，王同春到北京后，农商部聘他为顾问，并蒙袁世凯召见。

1915年，张謇辞职南归，王同春随同视察了治淮工程，建议治淮应当以导水入海为是。但治淮经费系洽借比利时之款，比利时和美国的工程师力主引水入江，王同春的意见未被采纳。后借款协议搁置，工程停顿。

王同春返回后套后，曾与张謇、张相文合组西通垦牧公司，由王提供乌兰脑包附近百余顷土地实施垦牧，二张各投资两千银圆，作为开办资金。可惜当时盗匪成灾，苛捐杂税过重，垦牧计划无果而终。

1917年，王同春返回河套，应杨茂林之请，代其勘测设计杨家河渠。渠长200余里，四季可引水，年浇地7次，即开河水、桃花水、热水、伏水、秋水、冻水、冬水，可灌溉良田1000余顷。

1918年，王同春受山西朔县广裕公司聘请开凿广裕渠两条。同年，受邀为应县应济公司设计新坝开浑河水浇地，又接受山阴富山公司聘请开渠引桑干河水浇地。1919年，西公旗开挖三公渠，引三湖河（又写作"珊瑚河"）水浇地。三湖河系黄河一支流，欲引水入渠，须跨河筑坝，因水流湍急，施工困难，筑坝时常有渠工落水之虞，王同春被聘督导合龙工程，顺利完成了筑坝任务。同年，包头齾丰社李瑞符聘王同春引昆都仑河水浇地，该河的常年自流水很小，主要靠季节性洪水浇地。王同春为之设计了能引清、洪水的分堤坝，配置了渠道，获得成功。

1920年，王同春应聘在萨拉齐设计引黄渠。因萨县的地形与河套的不同，地高河低，引水困难，王同春几次深入实地勘测，选择合理地形，精心设计渠道，并在准备施工的地方立下木桩标志，后因当地经费困难而没有动工。

1928年，华洋义赈会在萨县开挖民生渠，没有采用王同春原设计的渠道线路，另辟新道，结果因渠高黄河水低，不能引水入渠而宣告失败。

同年，绥远都统蔡成勋（字虎臣，直隶天津县人）组织灌田水利社，将河套八大干渠全部归水利社经营。1922年，马福祥任绥远都统，因感灌田水利社经营不善，渠道失修，乃与王同春协商，将永济、刚济、丰济、沙河、议和五大干渠，交由地方邑绅组织的五原水利公司经营。

1924年，冯玉祥所部开驻绥远，令石友三为包西水利局督办，王同春为

王同春与冯玉祥讲述开发西部计划（蜡像）

水利督察。此时王已年逾古稀，但仍精神矍铄，终日忙碌于水利工地上。

1925 年夏，王同春在督修黄河水口时中暑（一说"亲自下水探沙时染病"），因年迈身弱，抢救未愈，于农历六月二十八日去世，终年 74 岁，安葬于五原城东门外。地方邑绅为纪念其治理河套之功，集资于墓地上建一祠堂，奉其为河神，每年六月二十八日，演戏三天，以示纪念；地理学家张相文亦撰《王同春小传》一文，以为纪念（刊登在《南园丛稿》卷七）；冯玉祥在包头为王同春举行追悼会，表彰他一生勤奋修建河套水利的功劳。

纵观王同春于髫龄之年，随其先辈抵河套，追随他人做渠工，学习凿渠的技能，数十年勤劳不息，终年奔波于野外。于同治十二年首先创开老郭渠；光绪六年，开哈拉格尔河及渠口，通至梅令庙五加河；同治七年，由和合源创开永和渠至补红村；同治十五年，创开中和渠至五分子；同治二十八年，随垦务局督办赀谷，周测永丰、刚济、黄土老亥、沙河、义和、通济、长济各大干渠，凡经其指导，无不切合机要。各渠每有重要工程，他人哑舌束手，避之不遑，而王同春却从容措置。凡渠道高低之宜，向背之势，得失顺逆之局，均能测于机先，定于临事之一时。凡登门拜访请教者，若得其片言一语，大用得大效，小用得小效，此系其日积月累积淀下的丰富经验及对黄河内蒙古流域的地形、坡度、土质的熟悉使然。

王同春每遇疑难工程，俯察仰思，面壁终夜，精心考虑，必能豁然开朗，常情不自禁，狂呼于室内外。每值黄河之水上涨季节，即乘马巡视于田野，以观察河水的流向，渠道的深浅，因而后套的地形与水势，尽藏于心中。王同春一生在后套兴修水利，开拓荒地，对于繁衍人口，屯垦实边事业均有很大贡献。作为水利专家，王同春当之无愧。但是，很长一个时期，王同春受其子女（其子王英，曾是日伪绥西联军司令、国民党地方部队师长、军长等，1950 年在北京被逮捕，1951 年 1 月死于镇反；其女王友琴，又写作"王友卿"，绰号二老财，家住老包头城大文明巷。日寇侵华期间，充任日本宪兵队特务，王英帮凶，1951 年 8 月死于镇反）的影响（教子无方），以及他在发家的过程中亦盘剥过百姓，是其一生事业中出现的一些瑕疵。

我自举杯仰天笑
宁甘斧钺不降曹 —— 郭誉宏小传

郭誉宏（1855—1924 年），又名郭三，咸丰五年（1855 年）出生于萨拉齐厅（今内蒙古自治区包头市土右旗一带）一个武术世家。他身高体壮，膀阔腰圆，浓眉大眼，说话声若洪钟，性格刚烈耿直，忠厚仗义，英迈敢为。他除跟随父兄习武外，又拜赵老同高徒游四喇嘛为师，学得阴手枪法，身手更为不凡。

清同治、光绪年间，萨拉齐富商刘定邦、武术家邸五与郭誉宏过从甚密，花钱不分你我。

光绪三年（1877 年），刘定邦以操纵金融获罪，被清廷流放甘肃山丹县。邸五背信弃义，置之不理。郭誉宏却毅然陪刘同往，服侍周到，不离身边。到山丹县后，郭誉宏又代替刘定邦入狱，未满三年，越狱逃回萨拉齐，隐蔽不出，后遇赦免罪。

此后，郭誉宏与二哥郭誉盛一边在小巴拉盖务农种地，一边教授云连升、程全中等徒弟习武。

光绪十九年（1883 年），担任比利时圣母圣心会联络员的闵玉清（比利时人）选定小巴拉盖为传教点，要在这里建立一个仅次于二十四顷地天主堂的中型堂口。

闵玉清为人阴险狡诈，诡计多端，特别善于官场应酬，绰号"骗子手"。他考虑到天主教要在小巴拉盖站稳脚跟，必须把郭家弟兄争取过来。于是先派人引诱郭家弟兄信奉天主教，答应给以显要的地位和优厚的待遇。但郭家世代信奉佛教，具有强烈的民族正义感，对外国传教士在中国的土地上胡作非为深恶痛绝，明确答复来人："我们是中国人，对洋人办的天主教不感兴趣！"

闵玉清见拉拢利诱的一招不行，又依照"有钱能使鬼推磨"的信条，提出购买郭家土地的要求。郭家兄弟严词拒绝："我们已经在这里耕种好多年了，怎能把先辈的产业卖给外国人开办的天主堂呢？天主堂就是把银子堆成山也别想买走我们的一寸土地！"

闵玉清接连碰壁后，凶相毕露，经过周密策划，首先编造谎言说："郭家耕种的土地并不是买来的，而是一个返回内地的地主的撂荒地，现在天主堂已把这些地买下了，并拿到了地契。"然后便宣布这片土地的所有权归天主堂，要强行耕种。开春的一天，天主堂组织一帮人马强行耕种郭家的土地。

郭誉宏等人也早有准备，见教会动了手，便立即召集徒弟和附近有正义感的村民手拿武器涌向现场，据理力争。教会方面理屈词穷，狗急跳墙，首先动起手来。郭家弟兄一声召唤，众弟兄和乡亲一齐动手，打得洋教士和教

民国时期的小巴拉盖教堂

民国时期的小巴拉盖教堂

徒们狼狈逃窜。

光绪二十年（1894 年），霸地失败的闵玉清一面贼喊捉贼，到萨拉齐衙门控告郭家"侵占"了教会的土地；一面让一个身材魁梧的神甫带着众多教徒强行耕种郭家土地。

郭家兄弟毫不妥协，又组织了第二次反抗，带领他们的徒弟和乡亲，向一手拿着枪、一手拿着镐的强盗发动进攻，双方各有胜负。但由于对外屈节让步的萨拉齐衙门口头认可了教会的土地所有权，从而助长了闵玉清的霸地气焰，他命令教徒把庄稼种到郭家住房的周围。

对此，郭家兄弟也不示弱，庄稼成熟时，他们带领一支精干的突击队，趁比国神甫和教徒们熟睡时发起攻击，打得教会人马措手不及，纷纷逃窜。郭家弟兄及时指挥附近农民，人背、车拉、牲畜驮，抢收了成熟的庄稼。

经过几个回合的较量，闵玉清深知斗不过郭家兄弟及附近群众，但他却了解官府是怕洋人的，因此又到衙门告状。衙门屈从帝国主义侵略势力，命令郭家弟兄交还"抢夺"的庄稼，不准再发生类似事件。

小巴拉盖天主堂

　　郭家弟兄不屈不挠的反洋教斗争得到社会各界人士的支持。萨拉齐衙门怕出教案，只好用调和的办法解决：撤办前任官吏；交还郭家的土地；给教会白银3000两，到别处建堂。

　　闵玉清对官府的处理很不满意，赴北京找法国驻华公使馆。光绪二十四年（1898年），法国领事经过与清廷交涉，得到总理衙门的批准：不许郭家弟兄扩张，认定教会是小巴拉盖土地的合法主权者。

　　光绪二十六年（1900年）义和团运动兴起后，郭誉宏、郭誉盛积极响应，在萨拉齐镇内设坛练拳，当地不少青壮年农民和手工业工人踊跃入团练拳，人数达三四百。经过一段时间的准备，他们于农历六月十一日去攻打小巴拉盖教堂。

这天早晨，红旗前导，郭誉宏、郭誉盛身背弓箭，手执长矛，骑着高头大马，带领身穿红色号衣、头裹红巾、手执武器的大队人马，雄赳赳、气昂昂地向小巴拉盖进发。

当他们到达目的地后，鄂尔格逊的义和团首领许文会也率众赶来。两家合兵一处，向教堂发起猛攻。

郭家弟兄的徒弟云连生、程全中等首当其冲，其余人马五人一列，十人一行，有的挥舞大刀，有的手执长矛，有的抡起大棒，奋勇向前。

这时，教徒用双筒猎枪、牛腿炮和土制手榴弹顽抗。

战斗连续数日，双方相持不下，各有伤亡。

六月二十三日，郭誉宏、郭誉盛带头冲锋，利用飞爪和百练锁上了围墙，杀进教堂，将圣像砸碎，将教堂的粮食、财物分给群众，把教堂烧成灰烬。稍事休息后，又赴二十四顷地，与托克托城等地的义和团合兵一处，于二十四日攻克主教府，活捉了老洋魔韩默理等人。不久，郭家弟兄又带领萨拉齐义和团攻打了黄河南岸的小淖儿教堂。

义和团运动失败后，闵玉清急速返回萨拉齐进行疯狂报复。

郭誉宏、郭誉盛看到形势不对，骑了两匹走马，日夜兼程出走草原，隐姓埋名，浪迹天涯，辛亥革命后返回萨拉齐。

郭誉宏于 1924 年去世。新中国成立后实行二五减租，人民政府通知郭家的后代到小巴拉盖认领土地，此事才得以公正了结。

光荣初起老一团
扶危济困小旋风
—— 都格尔扎布小传

都格尔扎布（1856—1927年），咸丰六年（1856年）出生于土默特旗美岱召村（今属土默特右旗）一个蒙古族家庭，属云硕布氏。

都格尔扎布的先辈世代采樵、务农、施药，由于家境贫寒，他从小就参加了农业劳动，成年后，因其性格要强，吃苦耐劳，农活干得好，得到乡人称赞。

青少年时代的都格尔扎布聪颖好学，在劳动之暇常到美岱召向喇嘛师傅学习蒙古族历史、语文、医药等知识。经过几年的勤学苦练，掌握了蒙古文的构字与文法。他读了有关蒙古文书籍后，思想认识上受到启迪，立志进一步深造，掌握更多的知识和技能，以拯救旗民贫困，谋取民族复兴。

都格尔扎布18岁时，瞒着家人，偷偷乘坐本家族叔的煤车到归绥（今呼和浩特），托亲友推荐，进入土默特启运书院（雍正元年设立，清代归化城早期的官学。地址在今内蒙古呼和浩特南柴火市街）学习，因当时书院没有学生宿舍，他就寄宿于西茶坊的朋顺召（蒙古语称"彭苏克召"，汉语称"通顺召"或"朋顺召"。又因其在大召的西面，俗称"西召"）内，一面上学读书，一面给召内担水、扫院，有时下学晚归，遇到厨房封了火，便以凉水拌炒面充饥。

在朋顺召寄宿期间，为了不打扰别人，都格尔扎布每天早晨天未亮就轻轻起床，把全院的垃圾打扫干净后，便以粗杆香火的光亮照明默诵课文，从不懈怠。经过几年的努力，在启运书院把应学的蒙、汉、满文各门课程熟练掌握，毕业时被评为优等生。土默特衙署录用他为笔帖式，一直工作了16年。由于都格尔扎布精明干练，忠于职守，40岁时被提升为骁骑校；未隔多久，又提升为公中佐领；光绪二十六年（1900年）提升为土默特右翼六甲参领，从此有了参与旗政的议事职权。

都格尔扎布参与旗政后，以为广设学堂、造就蒙古族人才是当务之急。清末，在改良运动的推动下，将启运书院改为土默特旗高等小学堂。都格尔扎布兼任该学堂堂长，亲自领导整顿教务，广招学生，到民国初年，这所学堂已成为归绥成效显著的正规高等小学堂了。1916年冬，国民政府教育部派视学来绥考察，该学堂成绩名列全区之冠。由该学堂培养出来的蒙汉族青年学生遍布京、津、沪、晋等地，有的还留学日本、法国。其中不少人在新、旧民主革命运动中成为骨干。他还建议在包头镇设立土默特第三小学，采取半日制教学方式，解决了包头镇蒙古族儿童的上学难题。

清光绪末年（1908年）改编陆军，都格尔扎布被委以总办全旗军务，督练数年，终成劲旅。民国元年（1912年）秋天，又添练一营，以固防守。后来绥远境内土匪蜂起，各县均遭匪患，但凡驻有都格尔扎布督练过部队的地方，均安然无恙。这支部队后来改编为骑兵，俗称"老一团"，在剿灭土匪和维护地方治安方面起了重要作用。

都格尔扎布由堂长调任土默特旗的户司翼长后，适值"中华民国"把热、察、绥改为三个特别行政区。1914年，绥远特别区拟把土默特旗左、右两翼原建制撤销，其原行政机构与全旗蒙民分别由所在道、厅统一管辖。土默特旗上下得知这个消息，无不气愤，全体参领在议事厅商讨对策，胆小怕事者恐招惹祸端，便想委屈接受。都格尔扎布则挺身而出，对大家宣告：消灭土旗，绝不接受！他自告奋勇向中华民国告状，表示得不到合理裁决绝不罢休！当即筹措经费，派遣有一定活动能力和善辩的武尔贡与善写诉状的郭像伋两人到北京，经一年多据理力争，第二年得到北京政府批准：保留土默特旗的原有权利，改土默特旗为总管制，易机关名称为"土默特总管公署"。

1915 年，土默特旗兵、户两司机构撤销，改为财政、总务、教育等科股编制。都格尔扎布也由户司翼长改任财政科长。当时绥远都统潘榘楹正以"整顿土地"为名，清丈土地，滥收契税费，核发"乙卯大照"，侵夺蒙民租典"户口地"的权利。土默特旗各参领便联名申述，加以制止。都格尔扎布以垦务会办的身份，亲自到萨拉齐垦务局说明"户口地"典、租的区别，争回了萨拉齐、包头地区蒙民"户口地"的永租自主权及收使过约、岁租等费的权利。

都格尔扎布由财政科长调任煤炭租税局长时，莅职驻萨。通过调查，对土默特旗五六甲蒙民疾苦深有了解，建议旗署成立蒙民生计处，开办实业，种植树木，牧养牲畜，发展生产，活跃经济，改善人民生活。

1920 年，绥远实业筹备以振兴实业开发矿产为名，拟将土默特旗大青山的开矿权利收管。土默特旗署参领会议决定，推选都格尔扎布和贺色奋两位参领赴京诉愿。经过努力得到圆满结果，保证了土默特旗原有的大青山矿产自主权。

1922 年，平绥铁路修至包头二里半村时，发生土地纠纷，土默特旗署又派都格尔扎布会同包头设置局进行调解处理。问题妥善解决后，都格尔扎布建议成立包头蒙民生计会，发挥蒙租过约、岁租的手续及监督作用。经绥远都统马福祥批准，包头蒙民生计会 1923 年 3 月成立，都格尔扎布兼任第一任会长。

在包头蒙民生计会成立的同时，都格尔扎布建议利用土默特旗南海子渡口的税收和生计会的手续费收入结余款项作为办学经费，在包头召院成立土默特旗第五小学。

都格尔扎布不仅政绩卓著，而且精通蒙、汉、满文，著作颇丰，他曾纂修上起元明、下迄清光绪年间的《土默特志略》，虽然没有付梓刊行，但其中不少资料后来被高赓恩总纂的《土默特志》和《归绥道志》选用。他还以采编和翻译者的身份参与了《绥远旗志》的纂修工作。晚年，他著述《蒙文汇通》36卷，详析蒙古文的文法及其运用。此外，还用蒙古文翻译了《四书集注》的小注，名为《蒙文四书集注残本》。当他翻译完《论语集注》《大学集注》后正在翻译《中庸集注》时，竟患病不起，与世长辞。

都格尔扎布勤俭朴素，食不加味，衣不重彩，平易近人，乐于助人，每当回美岱召村时，坐车到协力气村后便徒步自行，见了父老施礼，见了同辈嘘寒问暖，见了讨吃要饭的则博施银两。春节前夕，他天天上房观望，看到没有换上新窗花之家，便派人赠予银两和米面，让其欢度佳节。有一年，村里贫苦农民安来旺过不了年，要卖妻子。此事被都格尔扎布知道后，亲自把安来旺叫到家里，劝安来旺不要卖老婆，没钱他给拿，没粮他给装，并一再嘱咐，生活遇到困难就来找他，使安来旺免遭一场妻离子散的厄运，至今安来旺的后代也不忘都格尔扎布的恩情。

1927年7月19日（农历六月二十一日），都格尔扎布病逝于归绥。当其灵柩返回美岱召村时，沿途所经村庄的父老乡亲，无不挥泪迎送。

乡下奇葩二人台
民间草根老艺人　——云双羊小传

云双羊（1857—1928年），清末民初蒙古族著名民间艺人，被誉为"二人台的开山鼻祖"。清咸丰七年（1857年）出生在土默特旗古雁圪力更村今美岱召附近，后全家移居土默特旗右翼六甲协盛永窑子村（现包头市东河区沙尔沁镇永富村）。

云双羊为土默特蒙古部族云姓人氏，双羊是他的乳名。其性格幽默诙谐，嗓音嘹亮圆润，各种蒙汉小调经他一唱，别具风味，令人百听不厌。逢年过节及喜庆之日，当地农牧民大都邀请他赴席演唱，宴席顿时热闹。时人尊称其为"老双羊"。他一生爱好文艺演唱，为二人台的形成和发展，以及内蒙古西部地区人民文化娱乐活动的开拓作出了巨大的贡献。

云双羊自幼家境贫寒，常年过着艰苦的放牧生活，所接触的大多是牧场上的放羊娃、牧马人等。粗犷豪放的生活，历练出他旷达、洒脱、幽默的性格。边放羊边放歌，边干活边吹口哨，逢人插科打诨开玩笑，他走到哪里就将歌声和欢乐带到哪里，因此人们都愿意与他接近，云双羊打小就满满赚了一大把子人气，早早就将名声远播到十里八乡。

云双羊从小就成了家乡公认的歌手。他唱起歌来，能随心所欲地转变音调。一些蒙汉歌曲，经他一调和，夹带着滑稽的演唱，立刻就与众不同，别有一番风味。

蒙古族的传统习惯，凡逢年过节或喜庆宴会，都要敬酒娱乐。而敬酒时，还须唱歌劝酒助兴。会唱歌的可以自唱，不会唱歌的就得邀请一些男女歌手，为他敬酒代歌。当时包头、萨拉齐一带，因为老双羊幽默善唱出了名，所以蒙民的喜庆聚会场合都少不了请他参加演唱。这样东邻请，西家叫，他在蒙民的宴会中就成了红人。由于宴会的频繁广泛，老双羊对放牧营生也就无暇顾及，渐渐地完全放弃而成为土默川上闻名的职业歌手了。

在蒙古族的各种宴会上，劝酒歌唱的礼节，不外乎是单腿跪唱，双手献酒。唱的方式也不外是单唱、双唱，或大家齐唱。这样的演唱形式，云双羊总感觉呆板乏味，于是他煞费苦心，细思琢磨，想把传统歌唱方式改变一下，以充实敬酒的歌唱内容，调节气氛。

最初，云双羊采用一把胡琴、一支枚（"枚"又写作"梅"。民族乐器，是中国北方笛属类乐器的一种。在内蒙古中西部地区，二人台笛子一般被称为"枚"，吹奏二人台笛子被称为"哨枚"——樊尚仁注）的简便丝弦伴奏，利用蒙古族歌曲的格调，掺入汉语歌词歌唱。有时也用蒙、汉两种语言混合唱，人们听了觉得很新鲜。为了引起人们更大的兴趣，云双羊还物色了善唱民歌的男青年，充当他的女配角，自编唱词，演唱男女对唱形式的曲子。1889 年前后，云双羊尝试和他的儿媳计子玉、岳石匠的女儿梅女子以及丁喜才夫妇同台化妆演唱，结果大受欢迎。于是，当地许多打坐腔的艺人纷纷采用这种形式，由此开始，"二人台"由坐腔形式转变为"化妆演唱"。

云双羊之后，经过计子玉、樊六等一大批艺人的创作和发展，至 20 世纪 40 年代，形成以戏曲为主，说唱、歌舞和牌子曲兼备的职业、半职业演出队伍。直至 1946 年，计子玉招收从河北流落到武川的女孩班玉莲为徒，一同在土默川一带演出，才有二人台第一代职业女艺人。

据看过老双羊表演的老年人说，当初老双羊创办的玩艺儿班，形式很简单，演唱时在庄户院的场地上，只摆一张放扬琴的高桌，又是演唱者的茶几道具，后面再放一条长板凳，是奏乐者的座位。一般情况下，演唱者是不备椅凳的，都是走唱表演。他们的服装道具也极简单。旦角也不过穿一身红袄绿裤的彩女装，头上盘一个假发络的圪嘟子（土默川汉族妇女完婚后的发型），面扑白粉，两腮涂红，口点红唇，手拿一块花巾（手帕），或玩一把折扇，这些就是她全部的装束行头了。男丑角更简单，头戴一顶破毡帽，身着一件旧上衣，一般是农民老乡的白、蓝布上衣，腰束一条蓝布腰带，鼻梁凹抹一块白，鼻下假胡朝上撅，嘴巴说话，胡子翘动，憨态丑相很惹人爱，手持霸王鞭，姿势舒展地舞起来。这就是二人台玩意儿班最初的行头打扮。

二人台的表演形式，是从简到繁、由低向高逐步发展的。伴奏的乐器也是由胡琴、枚两件发展到扬琴、四胡、枚、四块瓦等四大件。组织形式也由业余性的临时凑合，逐步成了固定的玩艺儿娱乐班。从前玩票式的演员，也慢慢成了职业演员。这是二人台一般玩艺儿班的发展过程。可是老双羊的二人台玩艺儿班，还有他独具一格的创新发展。

二人台一般演唱的曲子，都是吸收晋、陕地区移民传来的山歌小调，经过整理编纂搬到二人台中演唱的，所以其唱词歌调，仍然是汉语汉曲。老双羊认为这样千篇一律地呆板演唱不尽如人意，便把蒙汉语同韵的语词，掺杂到汉曲的歌唱中，用蒙汉两种语言混合在一起演唱，同样的歌调，用这样的方法演唱，听来风趣新鲜。他试验了多次，证实这种唱法还可以发展推广，便在他经常唱的歌曲《海莲花》《阿拉奔花》《四季花》《牧牛》等曲调中，把蒙古语词句精巧地糅了进去，人们听了更觉妙趣横生。

在歌唱的创新方面，云双羊不仅把蒙古语掺进汉曲的歌调中，有时还把汉语插入蒙古语歌曲中，如《四公主》《森吉德玛》等蒙古语歌曲，巧妙地把汉语糅进去，因而人们都佩服他的高超演唱技艺。这就是后来人所说的"风搅雪"。

此外，在二人台表演的道白中，云双羊有时也把蒙古语编进串话，以合韵的蒙汉语词混合着演说，这种顺口溜、串话，更惹人喜爱，如：

在"亲家翁相会"的叙话表演中，有如下两段串话："玛奈到了塔奈家，黄油酪蛋奶子茶。正赶上塔奈经会巴雅尔啦，玛奈的幸运多好啊！"玛奈就是我们的意思，塔奈是您的意思，酪蛋是奶制品，巴雅尔是喜庆的意思。上边的道白翻译成汉语就是："我们到了您的家，黄油酪蛋奶子茶，正赶上您的喜庆日子，我们多么幸运啊！"

老双羊在演唱《走西口》的唱词中，还以蒙汉语的混合道白串话，如从家出了杀虎口外，到了托克托县又转归化城，沿途所到的蒙古语村名，联成串话说就成了这样："从家出口外，来到托城（托克托县）北阁外，哈拉板升来得快，走五申，过陕盖，祝拉沁、公布，到大岱。口肯板升挨韩盖，勾子板升、兵州亥，一程赶到归化城的北门外。"

又如进了土默川，在大青山与黄河间，所见到的山川景致，以及农牧业发达的繁荣景象，就说："进了土默川，不愁吃和穿。乌拉高（乌拉即乌拉山），岗勒湾（岗勒是河的意思），海海漫漫的米粮川，牛羊肥，庄稼宽，逃难人见了心喜欢。"

再来看一段，说的是从归化城向西走串，经萨拉齐到包头，因路途生疏，迷失方向，一路的艰难和曲折，是这样说的："走圐圙，到纳泰（圐圙和纳泰都是土右旗的地名。圐圙是萨拉齐县的俗称），迷失方向跑得快；赶包头，绕石拐，连夜返回巴拉盖，累得我真苦，没一点阿木尔泰（巴拉盖是老包头城附近蒙古语村名，阿木尔泰是蒙古语，安宁的意思）。晚上住在毛其赖（老包头附近的蒙古语村名），又碰见两个忽拉盖（蒙古语，盗贼的意思），偷了钱，受了害，临走还拿了我一杆旱烟袋。你说我的运气赖不赖？"

老双羊的子孙们因受他的影响，差不多都会二人台的吹、拉、弹、唱等技艺。他的大儿子"拐先生"是打扬琴的高手，演奏到快速欢乐处，闭目演奏音调也丝毫不乱。据说老双羊晚年演唱二人台时，还由他操琴伴奏。

老双羊的孙子萨计和云文齐上学时，都是学校音乐会的奏乐名手。二人台的四大件乐器，他们件件都通，可见老双羊的艺术造诣无形中已传授给了他的后代子孙，堪称艺术世家。

由于云双羊技艺高超，声望日隆，闻名遐迩，民国四年（1915年），准

云双羊故居

格尔旗著名的蒙古族艺人赵明北渡黄河专程向云双羊请教，切磋演技。名艺人张根锁、炳生子、何三旦、洪恩、板达子、云亮等都出其门下。后来蜚声剧坛的二人台演员计子玉、樊六、巴图淖等，亦曾得其教益。老双羊晚年退离"二人台"演出后，他的徒弟继承和发扬他新开创的民间文艺事业，萨拉齐、包头地区遂成为"二人台"的发祥地。

云双羊晚年生活清贫，1928年病逝于协盛永村，长眠于他生活成长的故乡协盛永村东北山坡上，享年71岁。

云双羊之所以钻研艺术能成大器，除了与生俱来的艺术天分外，主要源于他的坚韧不拔、永不放弃的做事风格。而且他的性格特点深深地影响到自己的家庭和子孙们。云双羊有两个儿子，长子叫特孟达赖，幼年断了一条腿，正骨后成了拐子，人称"拐先生"。上过私塾，读过"四书五经"，有粗浅的汉学文化，受家传学会了打扬琴、拉四胡，演奏山歌小调等。特孟达赖中年丧妻，他与独生子萨计相依为命，过着清贫的生活，后来由乡亲们介绍到协盛窑子村私塾当了教书先生。

老双羊的二儿子叫二昭子，育独生子云文齐。二昭子中年去世后，云文齐与母亲就跟随祖父老双羊一起生活。老双羊这两个孙子，学业都好，思想也进步。在国共合作的第一次大革命时期，长孙萨计参加了中共北方区包头工委的工作，1926年随工委书记李裕智撤退到宁夏，后来叛徒白云悌杀害了李裕智等许多同志，出卖了革命，投靠南京政府。事变中萨计脱险，带病潜返家中，没过多久就病逝了。

二人台《花为媒》剧照

在日伪时期，萨计的叔伯兄弟云文齐中学毕业后，曾经赴日留学数年。日寇投降后，云文齐回到祖国，在张家口加入了乌兰夫领导的"内蒙古自治革命运动"。中华人民共和国成立后，他才启用蒙名赛吉雅，在政府部门任职，"文化大革命"中因受到批斗罹难。

改革开放以来，随着经济、文化的迅速发展，二人台又继承和发扬了山曲儿的艺术形式，在老百姓中广泛流行，如《刮野鬼》《长脖颈骆驼》《北京喇嘛》《二狗湾》《讨吃调》《夸河套》等，短小精悍，幽默诙谐，乡土气息浓厚，音乐优美动听，唱词风趣逗笑，这使二人台山曲儿艺术在民间获得了新的生机和活力，绽放出璀璨的光芒。

每当耳畔回响起一曲曲或哀婉、或缠绵、或高亢、或低徊的二人台山曲儿，顿觉一缕浓浓的乡情扑面而来，令人如痴如醉，心绪便随着那悠扬的旋律回到遥远的童年，回到云双羊曾经生活的那个时代。

研经习法德道深
护佛保寺显神通

—— 雅仁丕勒小传

　　雅仁丕勒（1859—1933 年），原名阿玛格，系土默特旗蒙古族。祖籍土默特右翼六甲的鄂尔格逊村（现属包头市东河区沙尔沁镇），1859 年（清咸丰九年）出生于蒙古族兰姓农民家庭。自幼家境贫寒，养成了吃苦耐劳、勤勉上进的优良品德。

沙尔沁召（广化寺）旧照

阿玛格 14 岁时，在沙尔沁召（广化寺）削发为僧，法名雅仁丕勒，自此成为沙尔沁召的沙比纳尔（学徒喇嘛）。他非常敬重师父，不论学习或劳动都很勤奋，深受恩师器重。

雅仁丕勒喇嘛在沙尔沁召期间，曾被送到五当召学习深造，参加五当召"却伊拉学塾"（五当召宗教哲学学院组织的最初一级的学塾，学期 9 年，毕业后才能继续升中级、高级学塾。完成上述全部学业最少需 21 年——樊尚仁注），经过 9 年的努力，他不仅圆满完成了初级班的经文学习，还利用闲暇时间掌握了编织喇嘛"鸡冠帽"（宗教送葬仪式中，参加诵经的喇嘛戴的高帽。此帽用黄色羊毛线编织，形如鸡冠状，故称鸡冠帽——樊尚仁注）的技能，而且收入颇丰，成为当时召内较为富裕的喇嘛。在前后 21 年的艰辛求学生涯中，他先后由初级班升入中级班、高级班，对黄教喇嘛的经典哲学进行系统深入的学习，并达到很高的造诣，最后被活佛授予"阿林经巴"，即最高学位。这是他在五当召（经院）获得的最高荣誉。

五当召的学制规定，初、中、高三个班级的学习成绩合格者才允许毕业升级，否则就取消其继续深造的机会，令其辍学。凡喇嘛学员升级时，须给全寺喇嘛敬献一次"曼架粥"（蒙古语译音，即煮公伙牛肉粥。铁锅直径约 2 米、深有 1.8 米，可煮一至两头牛，数百斤粮食等，每锅粥可供数百人同时食用——樊尚仁注）的餐食礼节，以示谢意和祝贺。据说每献一次"曼架粥"，全部花费约在一千银圆以上。而且这些费用必须由学员喇嘛自己筹集（也有亲朋资助的）。雅仁丕勒喇嘛的三次熬粥费用均是自己筹措。五当召还有一项特殊的制度，即在庙入塾学习的喇嘛，学习期间还要兼负其他职事。所以，雅仁丕勒喇嘛所兼职事亦是如此——由"沙比纳尔"（学徒）的"罔尼尔"（负责日常点灯、念经的专职喇嘛），逐步升到"德木齐"（协助达喇嘛处理召庙事务者，地位仅次于达喇嘛）、"达喇嘛"（喇嘛庙仓之长。札萨克达喇嘛不在庙里时，他就是召寺政教的统辖者和佛仓的管事人）乃至"札萨克达喇嘛"（仅次于活佛的执事喇嘛，协助活佛办理召内教务等事宜）这一高等职务。

无论承担何种职事，雅仁丕勒喇嘛都能够做到以庙为家，认认真真学习，

五当召全景（摄于 21 世纪初）

踏踏实实做人，勤勤恳恳做事，所以备受众喇嘛的推崇。

清末民初，雅仁丕勒喇嘛任五当召的冈尼尔职务时，正值清廷开垦绥远的牧场土地。当时，章嘉活佛为了从中谋利，擅自把五当召膳召地呈报垦务局，企图在当地设局开垦。事情败露后，引起众喇嘛的愤怒。雅仁丕勒喇嘛也极力劝阻，向章嘉活佛阐明利害关系，恳请他下令收回成命，并将相关情况向官厅反映，最终使反抗开垦斗争获得胜利，大片召庙膳召地得以保留。

1920 年北洋政府执政年代，绥远垦务总办元恺又一次预谋开垦五当召附近的膳召地，遭到雅仁丕勒喇嘛及众人的阻止和反对。冯世僟在《垦务见闻》一文中说："在开垦五当召膳召地时，所费周折颇多，雅仁丕勒喇嘛为人机警，垦局人员屡次交涉，均不得要领。雅仁丕勒喇嘛避不多谈，又不讲汉语，总是以蒙古语'米独贵'（意为'不知道'）回答，把问题支吾过去，使得交涉的委员毫无办法。后元恺总办派周晋熙持督办公文前往交涉，与召上各主要执事人多次研商，才促成报垦的部分开发。"由此可以看出，雅仁丕勒喇嘛在维护召产、反对放垦斗争中所表现出的过人聪慧和坚定意志。

五当召的煤矿，在清朝时期由个体窑户向召庙承租开采。1914年，晋系军阀阎锡山的师长孔庚等筹办漠南公司后，即由该公司与召庙签订合同，统一承包，开采煤矿。召庙每年按其红利的十分之一收取矿租和煤厘一成的地租税收。五当召每年从漠南矿业公司收回的矿租是一笔很大的进项。但自民国10年（1921年）以后，由于各种原因，漠南公司经营亏损，面临破产，雅仁丕勒喇嘛便对矿租和煤厘的收取办法进行了调整。特聘漠南公司经理张绍棠之弟张绍周为广觉寺驻包办事处主任（张绍周原是漠南公司建立初期的工程师，此时已离职），让他从中接洽，维系矿租收入。

雅仁丕勒喇嘛不但对膳召地和矿产权益极力维护，而且在召庙的安全问题上也做了不少工作。民国初年，政局不稳，军阀混战，土匪猖獗。为保护召庙喇嘛生命财产的安全，雅仁丕勒喇嘛向召庙"索干代"（召寺内部由各仓、各部的掌事者所组成的最高会议组织机构）提出建立五当召保安武

五当召全景（摄于20世纪80年代初）

装。经大家商议同意，并由活佛报请绥远都统批准后，该事宜由雅仁丕勒喇嘛着手筹办。雅仁丕勒一面聘请专人负责兵员招募；一面赴包头请其侄子满泰（当时任绥西镇守使）协助，获满泰十来支步枪的资助，顺利成立了护召保安队。在随后一段时间里，保安队的兵员由当初的十几名扩展到三四十名，分驻重要部位，担负召庙保卫工作。因而从民国以来，绥省政局虽多次变动，各地土匪猖獗，但五当召均未受到侵扰损害。

五当召喇嘛吃的米、面、炒米等成品食粮，大都由包头的旅蒙商号"德厚义"供应。五当召将收回来的原租粮先卖给"德厚义"，该商号石拐分店加工为成品粮后，再卖给五当召。经过这样一买一卖，召庙无形中受到损失，而"德厚义"却从中获利不少。雅仁丕勒喇嘛担任"大德木其"期间，建议召庙建立自己的碾磨坊。召上采纳了他的建议后，便在召沟南口的西坡上，辟地开工，建了一所碾磨坊，自己加工粮食，节省了一笔很大的费用。直至现在，召上的喇嘛和"黑徒们"（即住召内劳役人员，不是喇嘛却信仰喇嘛

昔日沙尔沁召（广化寺）全景

昔日沙尔沁召

教）谈及此事，都对雅仁丕勒喇嘛赞不绝口。食粮问题虽不再靠"德厚义"商号供应，但其他的生活必需品如茶、布、烟、糖、调料等，仍需由该商号供应，所以召庙和商号的关系仍然难舍难分。雅仁丕勒喇嘛升任札萨克达喇嘛后，索性把"德厚义"商号聘为召庙驻包办事处，让他代购货物，收支款项，这样既减少了雇用人员的开支，又避免了收款方面的许多漏洞。

在环境绿化美化方面，雅仁丕勒也做了不少工作。如召庙前一空场地上的大片树林就是在他执事时期，号召众喇嘛一起动手栽种的。成活的树木虽不太多，但现在都已枝叶茂盛，绿树成荫了。

雅仁丕勒喇嘛的宗教学识和职事能力，虽然都是在五当召获得的，但他对自己出家当喇嘛的母寺——沙尔沁召（广化寺），总是念念不忘，关爱有加。他在五当召任"德木其"等执事期间，同时兼任沙尔沁召"达喇嘛"的职务。1923 年在该召九世活佛"札木苏迪彦齐"的授权下，他对该召的三层楼大殿及二层楼经堂进行了粉刷整修；委托召庙山下的蒙古族乡绅云长命和海力泰负责承办兴建活佛新府，并于 1925 年竣工；将沙尔沁召破烂不堪的旧活佛府拆掉，在大庙左前方另建了一所寺院——砖瓦四合院：正厅房三间，一进两开，起脊出厦厅房，有东西配房和仪门过道。寺院内设备齐全，彩绘一新。此外，雅仁丕勒喇嘛还和该召活佛从金鹏喇嘛庙特请黄金色"风磨铜"法轮一件、跪姿铜羚羊两只、庙顶铜塔一座等，用来装点寺庙。沙尔沁召庙修葺完工后，于1925年举办开光庙会（在庙前演戏）三天，吸引了不少信众，收到不少布施。

雅仁丕勒喇嘛对沙尔沁召的膳召地以及出租煤矿权也进行了维护和治理。在沙尔沁大青山主峰背面的海流素沟内，有一处煤矿，该矿从前清时就属于沙尔沁召所有。民国年间，曾有沙尔沁村的汉民姓邢的大户人家，倚仗其势力，未经召庙同意便擅自在此开窑采煤。雅仁丕勒喇嘛发觉后即出面干预，阻止其开采。但邢家蛮不讲理，以势呈恶，侵夺召庙矿权。雅仁丕勒喇嘛据理力争，将对方控告至土默特旗总管公署，并转请绥远都统署制裁。后经绥方官厅裁判，该煤窑所有权最终归属沙尔沁召执领承守。此后，不论何人开采海流素沟煤矿，都必须向沙尔沁召交纳一定数量的矿租费。

此外，沙尔沁召在沙尔沁、东园村等周边地带都有属于自己的膳召地。雅仁丕勒喇嘛对这些庙产重新丈量，登记造册，并将沙尔沁一带的田地分租给几家农户，每年纳租供粮。东园村附近的膳召地被悉数收回，由召庙自备牛犋进行耕种。同时，他还把沙尔沁所属的苏木庆湾召庙劳工食堂迁往东园村，在沿山一带圈院盖房，建起一处别具田园风格的餐饮休憩场所，被当地百姓称为"召柜"。召柜建成后，雅仁丕勒喇嘛把铁匠沟的山泉引出山沟，将"召柜"附近的旱地改造为水田，并发动蒙古族群众在山前建果园、辟菜地、种树木等，设法美化、绿化周围环境，使东园村变成山环水绕、绿树成荫、风光秀丽的人间天堂。

新中国成立前，沙尔沁召的喇嘛虽较过去有所减少，但寺庙殷实的经济、宏伟的建筑、优美的环境却被延续和保留下来。令人遗憾的是，这一由前人精心打造的文化胜迹却在"文化大革命"期间遭到重创，经过浩劫，召庙及其周围的景点已荡然无存。

揭竿一击不顾身
庚子风波主教府 —— 高占年小传

高占年（1865—1900 年），祖籍山西岢岚县。清同治四年（1865 年）生于土默特旗二十四顷地乡（今属土默特右旗）二道壕村。兄弟 5 人，排行老二。自幼酷爱武术，练就一身硬功夫。成年后，身材魁梧，膀阔腰圆，力大超群。他曾与村人打赌，用一只胳膊抬起一个碾场碌碡。

对迁移至口外地区的农民来说，土地是其生存的最基本条件。传教士以入教为条件，将土地分给从口内迁来的贫民，并给以一定数量的耕牛、农具、籽种等物资，吸引农民入教取得了效果。

同治六年（1867 年），随着不平等条约的签订，比利时圣母圣心会在二十四顷地一带不择手段巧取豪夺周围土地，诱骗和强迫邻村人民信教。数年之间，这一带便成为绥远地区教务野蛮生长的地区。传教士取得土地的途径除了合法购置和贿赂蒙古王公取得一部分土地的耕种权外，就是强买或霸夺，从而产生了一系列由土地而起的争端。

光绪二十四年（1898 年），西南蒙古教区主教府从三盛公迁至二十四顷地（当时教会向蒙古王公租买土地，不实地丈量，仅骑马巡视一周，即指为 24 顷。光绪二十六年，该地被划为六成地。翌年，绥远将军奉命丈放，实丈土地 110 余顷，但二十四顷地村之原名仍相沿不废——樊尚仁注）。尔后，在主教韩默理（荷兰籍）的主持下，更加猖狂地掠夺土地，欺压人民。

对于洋教士的胡作非为，高占年看在眼里，恨在心上。

二十四顷地天主教堂

那时，在距二十四顷地 10 公里的二道壕、兴义楼一带，教会的土地和教外蒙汉人民的土地相互穿插。教外人民常因人畜踩踏了教会的土地或走了教会的道路而遭教会处罚。

光绪二十六年（1900 年）春天，二十四顷地主教府串通准格尔旗王府，准备强行购买与高占年邻村邻地的张贵家的土地。

张贵寡妇不卖，教会便口出狂言："张贵圈子卖给我们，我们要种地养场，不卖给我们，我们也要种地养场。"

高占年挺身而出，打抱不平，义正词严地对教会说："人家张贵寡妇不卖这块土地，你们为什么要硬逼住买？再说，房紧邻，地紧畔，我的地与张贵圈子紧挨着，要卖，轮我买，也轮不到你们。"

教会方面凶相毕露，说："张贵圈子这块地，我们买定了！"事情发展到僵持的地步。

高占年估计教会不会善罢甘休，就和他的弟兄及村民们商量了对策，雇用

二十四顷地天主教堂内景

了十几个精通武术的外地"把式匠"，筹集了一批武器，准备迎击来犯之敌。

教会也料到高占年不会屈服，经常派出侦探侦察高占年的动静，一时没敢轻举妄动。这种局面僵持了两三个月，那些被雇用的"把式匠"每天要吃肉喝酒抽大烟，高占年他们力不从心，渐渐供养不起，不得不把"把式匠"辞退。

教会得知这一情况后，立即用高薪把这些"把式匠"雇用下来，作为对付高占年的打手。

高占年的四爹听说侄儿与教会作对，急忙从住地沙梁赶到二道壕，劝高占年说："咱们一家一户怎能斗得过人家天主堂？别说这些土地不是咱们的，就是咱们的，人家一定要占，就给了人家算了。咱们本来不是人家的对手。"

高占年宁折不弯，斩钉截铁地说："我决不向邪恶的教会低头。我拼上死也要和他们干到底！"说到这里，高占年跳下地给他四爹磕了头，说："四爹，在这件事上我如果死了，这是给您磕的最后一头；如果死不了，年年正月我去给您磕头。说其他的事，我听您的；这事，您说什么我也不听！"说到做到，此后，高占年一面召集他的哥哥高根小、弟弟高五小以及乡亲泼登（蒙古族）、邬义五等人住在张贵寡妇家中，一面继续筹集武器、物资，准备随时对付来犯之敌。

1900年4月下旬的一天，在主教韩默理的策划唆使下，由贾明远、吴兴国两名年轻外国传教士和会长石宗、传教先生任喜才率领教会武装、"把式匠"以及附近和特地从托克托厅赶来的教徒300多人，拿着武器，扛着犁、耧、耙、锹，拉着牲畜，赶着车，气势汹汹地向兴义楼进发，将兴义楼团团包围后发起进攻。

面对猖狂的敌人，高占年等人毫不畏惧，进行了英勇的抵抗。凭着一身好武功，高占年挥舞一根白蜡杆，猛打猛冲，所向披靡。他曾三次杀出重围，又三次杀进重围，去解救被围困的弟兄和村民。当他第三次杀进重围时。手中的白蜡杆被敌人的刀剑削得只剩下一米来长，但他仍奋力拼杀。看到周围没有乡亲，才纵身跃上屋顶，正准备再次往外冲杀时，旁边站着一个人朝他喊道："高占年，你走呀？不管你的弟兄和乡亲啦？"

高占年回身朝那人指的方向望去，只见高根小、高五小、泼登等人被敌人捉拿，立时目射怒光，又纵身从房上跳下，挥舞白蜡杆去解救亲人。

众多的敌人蜂拥而上，将高占年团团围住。

高占年左冲右突，不意被松开的腰带绊倒，跌进窖洞里，敌人用挠钩将他捉获。敌人凌辱高占年，高占年大义凛然，斥骂洋教士："爷爷今年36岁，再过36年又是这么大！爷死活也要到你们的羊（洋）肚子喝你们的羊（洋）杂碎！"

凶残的敌人将高占年舌头割掉，石宗、任喜才等亲手把拉砘绑在他身上，抛进了黄河。同时被抛进黄河的还有高根小、高五小、泼登、邬义五、孙××等8人。

高占年等9人被洋教士杀害的消息很快传遍土默川。被害者家属和广大蒙汉人民纷纷要求清政府惩办杀人凶手。

主教韩默理无视中国人民的正义要求，将凶犯窝藏起来，拒不交出。

官司一直打到清朝最高统治者那里，光绪皇帝感到"剿抚两难"（光绪二十六年六月初十《军机处寄山西巡抚毓贤等上谕》），未作任何处理。《绥远通志稿》说："懦者申诉官厅，辄以袒庇教民，理难得直，驯至积怨日深，群思报复……其祸遂蔓延民蒙各地，而不可扑灭矣。"（《绥远通志稿》）

面对帝国主义传教士的侵略行径和清政府的软弱无能，土默川的广大蒙汉人民与教会、教民积怨爆发。义和团运动兴起后，当地百姓风从响应。1900 年（庚子年）夏天，他们组织了专门打击帝国主义侵略势力的义和团。农历六月二十四日，义和团高呼"为高占年死难者报仇雪恨"等口号，奋勇向前，攻破二十四顷地主教府，活捉韩默理、石宗、任喜才等凶犯，在托克托县城将其处决，为高占年等反帝勇士报仇雪恨。

有胆有识有辛苦
皮毛行里成翘楚 —— 牛邦良小传

牛邦良（1867—1930年），字庚明，包头广恒西皮毛店的创建人之一。清咸丰六年（1867年）生于山西省定襄县侍阳村。

牛邦良出生在一户贫寒的农家，过大年兄弟五人才有一双新鞋，谁出门谁穿。口里土地贫瘠，连年灾荒，牛邦良无奈，13岁时就只身一人走了西口。

从定襄县至包头1200余里，牛邦良得知口外缺菜籽，于是千里迢迢挑着菜籽担，徒步过长城、翻青山、走沙碛，奔口外而来。正如二人台《走西口》唱词中说的："从家出口外，来到妥妥（托克托县）北阁外，面向青山往北迈……走包头，绕石拐，连夜返回巴拉盖（现包头九原区村名），累得我真苦，没一点阿木尔泰（蒙古语安宁）。"

牛邦良来到包头，卖掉菜籽，经老乡介绍进入明远堂皮毛店当学徒。

明远堂是光绪六年（1880年）从包头老字号公义店派生出来的皮毛店，店内有一帮皮毛行老手。因而牛邦良学了一手皮毛行跑合生意（俗名牙记，即掮客）的本事。皮毛店做生意不是买进皮毛再卖出，而是全靠嘴勤腿快往来于买卖客商之间，买卖双方说合成后，皮毛店收买三卖二（3%和2%）的佣金。因此，"跑街的"是皮毛店里关键的岗位。牛邦良勤学好问，只要手拿皮毛一看就知道皮毛的品种、产地、成色，是春季产的还是秋季产的，是病死牲畜还是活宰牲畜的皮毛；用手一掂就能估出牲口皮子的重量，上下不差一斤；还能掂出毛里含沙土多少，湿度大小，对于已打包成捆的绒毛，从垛上往下一推，用双手提起往身上一磕，再往地上一扔，就知道这包毛含沙多少和湿度大小；还有一招，就是善于揣摩买卖双方的心理。这样，他就成为皮毛行跑街人中的佼佼者。

光绪十九年（1893 年）年末，明远堂由于内部失和，正式歇业。牛邦良便约明远堂的伙计邱才山、郭堆玉、李学庆，一同凑起微薄本钱，在包头创办"广恒西"皮毛货店，专做招揽买卖双方的皮毛行牙纪。当时，他们没有资金，全靠腿勤嘴勤揽买卖。四人中牛邦良主谋生意来路，由于他擅长揣摩客商心理，掌握火候，买卖双方经他说合，大都能够成交。牙行中，经他手的收支款项，决不失信、拖欠，颇得客商认可和称赞。借此才干和信誉，第一年年终四人共获利银 830 多两。

光绪年间，包头镇已形成我国西北皮毛集散地，每年集散皮毛达 1000 万至 1800 万斤。光绪十八年（1892 年），天津仁记洋行一次就来包购买羊绒、羊毛达 30 万斤。因此，一些口里富商巨贾看好包头镇的市场，纷纷来包投资。

光绪十九年（1893 年），山西忻州巨商邢保恒（德润荣）、张英士（诚敬堂）、丁锡珍（锦兴恒）愿意出资白银 5850 两，托付四人将广恒西做强。几位财东商议：牛邦良为经理，邱才山为副经理，扩招店伙计，主营牲畜、皮毛业务。

牛邦良力荐比自己年长四岁的邱才山任经理，自己愿当副经理。他们招募店员伙计 30 多人，租赁西前街（现东河区胜利路北）前后大院一处，做起皮毛生意。

牛邦良精于贸易，且有见识、气魄和胆量。他和邱才山每日早晨上街联络客商，店内跑河（黄河渡口）、跑城门的也都早出晚归，争取交易。店内一切开支从简，经理和店员一样吃住在店里。

由于牛邦良经营有道，在众多的皮毛店竞争中招揽回大批客户。与广恒西来往的有宁夏、甘肃、阿拉善、外蒙古等地130余家商号。到光绪二十二年（1896年）盘点结账时，净赚利润白银5万余两。几位股东共同合议，本期（旧时老包头每三年为一个账期——樊尚仁注）不批红利，全作周转资金，以扩大业务。又过三年结账，才批了红利。经牛邦良提议，股东们又以部分红利投资店内。

光绪二十五年（1899年），广恒西资本总额达白银1万两以上。为了适应营业需要，又招聘张连涧等20多人，并买进涌泉巷附近空地40余亩，兴建仓库、房舍，陆续建成15座院落，一跃成为包头皮毛行的首户。

出于扩大影响与抵御风险的考虑，广恒西兼营起了绒毛、牲畜及药材，产业链也在不断延伸。为了接待远道而来的客商，办起了客店；为了方便客商贮存货物，办起了货栈；为了让投宿的客商吃喝舒心惬意，办起了饭馆；为了保障饭馆所用粮油的高质与低价，在东门大街购置两处房舍，建起油房、碾坊、缸房，建成广恒懋加工米面；甚至为了给客商提供制衣与缝补的便利，专门聘请了缝纫工匠。

经营范围扩大，人才也要招募。董五三（董世昌）、白映奎（萨拉齐人）、李茂（包头人）、张辅德（归绥人）等30多名得力助手加入了广恒西，全店从业人员增至130余人。

广恒西的生意越做越大，资金周转也越来越频繁，为了不受乔家复字号的掣肘，牛邦良又拨款1万两白银，开设了广恒源钱庄。

光绪二十六年（1900年）后，很多外商、外资洋行来包设庄交易，大都住在广恒西。广恒西年成交额占包头镇当时成交额的四分之一到三分之一，年固定佣金收入约为白银6万两。

光绪二十六年结账期起首不久，邱才山、郭堆玉相继病殁。牛邦良接任经理，亲自到家安葬优抚家属，每年应支取用一如邱、郭生时。

此后，广恒西的管理业务全凭牛邦良策划。每晚收市后，依例听取各营业部门主任的汇报，做到心中有数；每天到账房查账，对当天买卖双方成交取

广恒西运输皮毛的牛拉二饼子车

付、店内银钱、货物库存及市场行情等都亲自过问。若有不合理的开支，追查到底，不徇私情。每隔三五天晚上，聚众于大厅，对各行成交情况、对应客商的方法及交易中的得失，进行研讨总结。牛邦良常说："买卖十三行，行行可兴旺。要想发财获利，必须严守铺规纪律。"他严禁店伙嫖娼赌博，不准店中买卖鸦片毒品，不准做买空卖空的钱粮虎牌生意。至1918年，牛邦良经营25年的广恒西，全盘铺底价值达白银50多万两。

广恒西生意兴隆之际，股东邢保恒在归化城（今呼和浩特市）开设的三家商号因亏损倒闭，连带在萨拉齐镇开设的一家商号也告歇业。各债权人知道广恒西有邢的股份，便选派代表到包头清理邢的资金、红利诸项，以财抵债。牛邦良一面照常仔细经营店务，督促店伙格外勤劳，使债权人看到广恒西依旧充满生机；一面托人周旋缓债，最后商定由广恒西另一位股东张士英将邢保恒每届合账应批红利代转偿还债务，直到还清为止。邢保恒的债务虽然

老包头的广恒西

到 1920 年才全部还清，但对广恒西店务没有丝毫影响。事后，人们都夸赞牛邦良本领高强。

1916 年 3 月的一个夜晚，广恒西南院失火，延及部分库房，烧毁了本店和客商寄存的大批货物。牛邦良依照簿册逐宗详查，无论客商在包与否，一律照市价赔偿。他说"千里出门靠店家，我们不能让客人受损失，一定得实现'宝店不漏针'的诺言"。

经过此事，各处客商相互传说，广恒西信誉大增，客商往来更多。客商来包营销不仅人住在广恒西，采办之皮毛、药材也愿意尽数卸入，生意益发兴隆，客商赞誉广恒西是不漏针的宝店！广恒西经过这次火灾，名义上损失七八千元，实际获得的利益逾万。

1927 年 7 月，牛邦良因病回原籍休养，由董五三接任广恒西经理。1930 年 6 月，牛邦良病故。

悬壶济世真好汉
手到病除活神仙 —— 白兰文小传

白兰文（1869—1932 年），祖籍广东省，4 岁时随父亲迁入松江府川沙县（已撤销，现隶属上海市浦东新区）。

白兰文的父亲白予春在清廷翰林院供职，精通岐黄之术（指中医医术）。其母为大家闺秀，除精通琴棋书画外，尤长于中医学，并珍藏不少验方，常为乡邻治病。白兰文在其母精心抚育传授下习得高超的医术。后又经叔父白予田的指点，医术更加精湛。20 岁时，被父召入京城应试，考中进士，入翰林院供职，使他有更多的机会博览群书，为其提高医术提供了便利。

供职期间，白兰文听说光绪皇帝的老师翁同龢的太夫人得了"膨病"，虽多次请医医治，终不见愈。白兰文毛遂自荐，愿为翁太夫人治病。他用家传秘方：巴豆三颗、大豆皮一斗，分次煮茶给翁太夫人饮，最终把翁太夫人的病给治好了。从此，白兰文深得翁同龢的器重。

有一次，在翁同龢举办的宴席上，白兰文见年轻的李经芳很别扭地用左手夹菜，问起原因，方知李刚才骑马时不慎将右手扭伤。席间，经白兰文一番按摩推拿，当即李经芳就能用右手自由地夹菜。

当天晚上，李经芳专程拜访致谢白兰文。经过详谈，方知此人是北洋大臣李鸿章的儿子。李经芳虽系权臣之子，却也心地善良，真诚直爽，待人宽厚。经过多次交往，二人情投意合，竟成莫逆之交。

在一次闲谈中，李经芳告诉白兰文他要参加"殿试"，想邀请白为他代考，并说这一打算已经得其父同意，绝不会出什么差错。白开始并不情愿为之代考，但经不住李的再三请求，遂为之代笔。发榜后，"李经芳"竟中三甲之首的"状元"。

李经芳为感谢白兰文的代笔之劳，央请其父李鸿章推荐，并在翁同龢的助力下，白兰文奉诏任太医院医正（即司医，掌宫廷医药之事），并授予四品顶戴，特许其随时出入皇宫各院。不久又获得体弱多病的光绪皇帝和珍妃的信任，成为随驾待诏御医。

白兰文常去翁府做客，与翁同龢翁经常谈论诗文，探讨时事，并结识了维新派人物康有为、梁启超、谭嗣同等朝臣，还参加了康梁组织的"经济学会""知耻会"等组织。经常参加在陶然亭及南海会馆等处的集会，聆听康、梁有关变法维新的演讲，成为变法维新运动传递消息、抄写材料的人员之一，并在公车上书上签名。

戊戌变法失败后，白兰文的父亲白予春被充军新疆伊犁。为躲避慈禧迫害，白兰文、李经芳等潜逃出京，选择了"口外"这一荒僻的地区。一者这条路人烟稀少，关卡查得不紧；二者山西大同总兵唐恩伯是李鸿章的门生，想投到那里探听风声，再作下一步打算。抵达宣化后，为了保证一路不出差错，李经芳和家人扮作经商小贩，白兰文扮作行医看病的"郎中"，买了两头毛驴，驮着简单的行李，一路向西北方向行进。抵达大同附近时，白兰文劝李经芳不可贸然投大同总兵唐恩伯处，并说："事情已到这个地步，唐是否接纳我们尚不知。倘若为了邀功领赏，说不定他还要把我们扣捕起来，解送京城。凭兄弟这点医术，何愁衣食和开销之需。"在白的力劝下，他们晓行夜宿，继续向丰镇、兴和、陶林以西一带走去。经过一年多的奔波，进入武川、百灵庙一带后他们分了手，李经芳辗转南下投奔大同总兵唐恩伯，白兰文流落到固阳境内的小号子村（现隶属怀朔镇）。

小号子村有几十户人家，杂居着蒙汉住户，村民们朴实好客。白兰文寻了个小店住了下来。从此，这位外来的陌生人，白天在村里看病，夜里就在灯下读着那一叠线装的古书。就这样，白兰文隐姓埋名在这一带行起医来。

村里有一家殷实小户，主人叫杜牛。杜牛的老伴得了"大肚子"病，多年来请过不少医生诊治，但始终没有好转。杜牛听说店里来了个外地郎中，怀着碰运气的心理，把白兰文请到家里。

白兰文把脉问诊后，对症开出药方。两剂药服完后，病人的大肚子便小了好多，几天后身体就得以恢复。牛家为感谢救命之恩，便把白兰文的行李搬到他家。从此，白兰文就在杜牛家住了下来。

初冬的一天，白兰文骑着毛驴到十里开外的村子看病，走过一个有十多户人家的村落，看见一些人围着一个"死去"的女人哭泣。他上前看了看已放在门板上准备入殓的人，摸了摸她的手腕，扳了扳她的眼皮说："这个人没有死，你们怎么就要入殓呢？"于是他叫死者的丈夫把她异到炕上，先给扎了一针，又开了个药方，嘱咐主人等病情稍有好转，再挖两三斤黄芪炖上个肥母鸡给病人吃。

按白兰文的药方给"死人"服用后，"死人"竟然活了过来。从此，白兰文一针起死回生的新闻传遍整个固阳，人们还送给他了一个"活神仙"的雅号。

"活神仙"的名声被传扬出去后，杜牛家从此门庭若市。邻村有个60多岁的温老汉，白兰文给别人看病时，发现在人群中观诊的温老汉脸色不对，白就劝他绝对要戒酒，不然明年冬天有瘫痪之疾。

温老汉觉得身板挺硬朗，没有什么不适，也就没把白兰文的劝告当回事。第二年冬至时分温老汉果真病倒导致瘫痪，不久后便病逝了。

村里有一个叫王敏的中年人，因为经常坐在冷地上赌博，阴湿气由肛门侵入五脏，留下了拉肚子的老病，多年吃药求医未能治愈。后经白兰文给他针灸了几次，服了几剂草药，病就好了。但告诉他"以后再不能坐冷地，不然旧病复发就有性命之危"。

过了几年，王敏旧习不改，导致旧病发作，便又找白兰文。

白说："你不听我的劝告，现在后悔也晚了。我能治你的病却不能治你的命，你这病我是无能为力了。"

结果，王敏于当年秋天因病去世。

"活神仙"的名声越传越远，找他看病的人也就越来越多。一些经他治好的病人感恩不尽，不时送些礼物酬谢，可白兰文却一概不受。不仅如此，一些贫困的农牧民来看病，他连诊疗费也不收，甚至还送些草药、单方。因此附近的人们把他当作真正的"神仙"敬仰。

一天，杜牛对白兰文说："三十无儿半辈空。如今你已三十开外，也该娶妻成家了。合和村的王家姑娘，各方面条件都不错，如能成婚，倒是郎才女貌的婚配。"

此时，维新案已追究不严，加上和杜牛已成推心置腹之交，白兰文便把自己如何参与"戊戌变法"及弃家出逃的经过一五一十地向杜牛诉说起来。最后，白兰文眼里转着泪花说："自从我只身逃出京城后，家父与妻子消息全无，我虽偷生，绝不做不孝不义之人停妻再娶，不能连累这王家姑娘。"

杜牛听罢，敬重之情油然升起，"先生身怀绝技，来此穷乡僻壤悬壶济世，必有缘由。当今皇帝无能，慈禧残暴成性，你的家人可能会受到牵连。如能幸存下来，日后全家团圆，王家姑娘可做二房嘛。大丈夫三妻四妾有的是，还望你答应这门亲事为好"。

在杜牛入情入理的劝说下，白兰文总算答应了亲事。但提出个条件"必须把自己身世如实告诉王家，免得日后落抱怨"。

经杜牛说合，白兰文便成了王家的上门女婿。

一天，突然传来光绪皇帝驾崩和宣统帝登基的消息。白兰文知道后，便筹办黄表、蜡烛和香火，面对东方为光绪皇帝跪拜祭奠，大哭一场。过了不长时间，又听闻慈禧太后去世的消息，白兰文便请来杜牛痛快地喝了一次酒。接着辛亥革命宣告成功，他高兴地剪掉长辫子。

袁世凯窃取"大总统"不久，便想起了白兰文。他深知白兰文的医术和才华，特派原大同总兵唐恩伯查访白兰文，召他进京供职。唐来到武川、固阳一带盘查，得知白兰文的消息后，派人拿着他的亲笔信，带着"大总统"的旨意，在固阳县东胜永乡合和村找到了白兰文。

白兰文看了信后，告诉来人，自己已无意仕宦，婉言谢绝。

1916年，骚扰祸害武川、固阳及土默特地区的匪首卢占魁请白兰文当他的军医。白不愿与其为伍，但又怕惹是生非。在一个夜晚携带家口出走，来到包头城定居，仍以行医看病为生。由于其医术早已流传阴山南北，一些富商巨贾都争相延请。

1923年，西滩义盛泉巷财主邹耀臣，靠倒贩大烟土发了财。此人为人贪婪成性，视财如命。后得了伤寒病，打听到"活神仙"给皇帝看过病，就托商会会长请白兰文诊视，并说只要能看好病要钱给钱、要房产给房产。

白兰文听后哈哈大笑："想当年袁大头给我一个部长我还不干呢，让他另请高明吧！"最终也没给他看病。

大财主王英五弟王东的老婆得了伤寒病，遍请名医不见疗效，便托人请白兰文医治。起初白兰文托故不去，后来经不住再三请求，白兰文才不得已勉强答应。来到王公馆，他进门不抽烟、不喝茶，径直给病人诊脉开方。

当时，王英的三姨太在一旁观看，也伸出手腕请白兰文诊脉。

白看了看她的脸色说："你没病。"就起身告辞。

王东的老婆吃了白兰文的两剂药病就好了。王东几次托人送礼无果，后登门拜访，问起为什么不给他嫂子看病。

白兰文微笑着说："病入膏肓，看也无益。实不相瞒，令嫂的病已是不治之症，明年冬至为一大关，望转告令兄及早准备。"

第二年冬天，王英的三姨太果真大病不起，不久病逝。

白兰文在野外采药时认识了贺财、赵金虎等一些贫苦人，白经常跟他们交往，并给他们治愈了不少疑难病症。

贺财得了腹泻病，多年来无钱医治一直未愈。白兰文叫他用大豆皮煎水当茶喝，腹泻竟然慢慢地好起来。

赵金虎早年得了腰痛病，几年好不了。白兰文叫他采一斤鲜益母草，泡三升白酒，每天早晨喝一盅，结果一个月以后腰痛病就好了。

包头"如月号"经理连履恒患有癫痫病，白经常给他诊治。他回老家山西时，把自己名下两处房地产契约交给白兰文，"今后或住或卖均由先生自便"。后来，连掌柜在老家病故。其子来包处理后事时，白兰文又把房地产契约文书全部交给其子，让他自己处理。

1929 年，固阳地区遭受灾荒，不少人外出逃难。其中有好些与白兰文有过交往的人都来向他求助。白兰文总是有求必应。

白兰文除看病行医外，余暇之时教育孩子读书认字，学习经书和岐黄之术。他有三子二女，长子白之炯、次子白之沂从父学医。

1932 年 6 月 16 日（农历五月十三日），白兰文在东营盘梁十四号院内病逝。因家中无积蓄，入殓后花费竟成了问题，白夫人与未成年的儿女们愁得不知如何是好。白兰文生前好友、交通银行包头分行行长王子林，中国银行包头分行行长郑相臣和财务科长吕连升及复盛公的乔晋德共同筹划，由商会发起并印发了十几份"捐启"，分送各界，不几天就收到 1000 多银圆。士农工商及各界名流纷至沓来，前来祭拜和送殡。

国难当头曾担负
不求闻达免殒身

—— 云端旺楚克小传

云端旺楚克（1870—1938 年），蒙古族，清同治九年（1870 年）十一月十五日生于达尔罕贝勒旗。是喀尔喀右翼札萨克达尔罕贝勒贡桑台吉次子。

云端旺楚克自小伶俐好学，8 岁时，由乌兰察布盟（今乌兰察布市）盟长那木海道尔吉赏赐其"思勤济农诺颜"号（意为聪颖善虑者）。9 岁时，入旗衙门学堂，从师读书，攻读蒙古文、藏文、四书五经、法典条例，特别是对藏文密宗经卷的研究，造诣颇深。1915 年开始主持整修百灵庙，历经 14 年。

清光绪十七年（1891 年），云端旺楚克 21 岁时因有喀尔喀右旗札萨克多罗达尔罕贝勒爵位，被称为"云王"。

光绪二十二年（1896 年），26 岁的云端旺楚克，升任乌兰察布盟副盟长，协助管理盟务。民国年间还创办了达尔罕贝勒旗第一所学校，招收部分牧民子弟，免费就读。

1911 年 10 月，辛亥革命爆发，全国各省纷纷宣布独立。12 月，第八世哲卜尊丹巴喇嘛宣布外蒙古独立，传檄文要求内蒙古各盟旗举兵响应。

云王拒绝，他与伊克昭、乌兰察布两盟 13 旗的王公共同签订、发出宣言，向哲卜尊丹巴提出 13 条质疑。

这件事被袁世凯捕捉到了，1912 年 8 月，袁世凯以中华民国总统令形式，颁布了《蒙古待遇条件》，宣布内蒙古王公制度和王公待遇"一仍其旧"，并以"深明大义""翊赞共和"为名，为各旗王公晋爵。

云王由贝勒晋升为郡王，1915 年加亲王衔。后任乌兰察布盟盟长。云王对维护祖国统一的态度就更加坚定了。

民国以来，连年动乱，土匪蜂起，达尔罕旗频遭匪患，广大牧民深受其害。云王想剿匪，可除了王府执班的 20 名兵丁外，再无其他武装。而这些兵丁的装备极差，都已经进入 20 世纪了，他们还用着成吉思汗时期的兵刃，其战斗力可想而知。

云王决心组建一支新式武装，他首先把守护王府的兵丁扩编到 80 人，又动员组织了 200 多名预备役，预备役平时各住自家，一旦有变，即集合参加战斗。云王还向国民政府请求配发武器，国民政府不但给了一些枪支弹药，还给了两门小钢炮。

1920 年，云王联合外援，一举歼灭了流窜于达尔罕、茂明安两旗的一支千余人土匪，得到两旗百姓的一致拥护。1926 年，云王又全歼了一支 300 多人的流匪。从此，达尔罕旗百姓的安全有了保障，社会秩序稳定，云王的威名也就在草原传开了。

1931 年九一八事变后，日军向西蒙地区渗透，并以蒙古独立为诱饵，拉拢蒙蔽内蒙古上层人士。最先响应日军的是锡林郭勒盟苏尼特右旗的德穆楚克栋鲁普亲王，人称德王。

德王为内蒙古自治多方奔走，但是，由于其资历尚浅，威望和功绩远不及云王，而且，此时的云王不仅是乌兰察布盟盟长，还于 1932 年 10 月任绥远省乌兰察布盟保安长官之职。德王想借助云王的影响发起自治运动。但云王有点烦德王。当初因为哲布尊丹巴抱沙俄的大腿，云王才不买他的账，现在德王抱日军的大腿，云王瞅着德王就别扭。云王对德王的行动不表态。

国民政府了解到蒙疆的异动，派蒙藏委员会蒙事处处长巴文峻到草原了

乌兰察布盟盟长云端旺楚克（左三），摄于 20 世纪 30 年代

解情况。巴文峻见了德王又见云王，他把国民政府的底线告诉云王：在没有外部势力插手的情况下，中央是可以考虑内蒙古自治的。

1933 年 7 月 26 日，云王在百灵庙主持召开了锡、乌两盟部分代表参加的第一次自治筹备会议，后来又征得伊盟盟长意见，三盟联署向国民政府提出内蒙古自治方案。然而，德王却利用他负责给国民政府发电的机会，将通电文稿中的"自治"擅自加了"高度"两字，成了"高度自治"。

11 月 10 日，国民政府内政部长黄绍竑、蒙藏委员会副委员长赵丕廉抵达百灵庙。德王以蒙古自治会议主席团名义，将"内蒙古自治政府组织法"呈交黄绍竑、赵丕廉。黄绍竑当即表示，此文与中央方案［改革内蒙（古）地方行政系统方案］相差太远，拒绝接受。双方争执不下，几致决裂，协商陷入僵局，黄绍竑甚至要拂袖而去，云王从中周旋，黄绍竑才留了下来。

1934 年 4 月 23 日，蒙古地方自治政务委员会在百灵庙成立，简称"蒙政会"，国民政府指定云王为委员长，德王为秘书长。山西省主席阎锡山、绥远省主席傅作义、察哈尔省主席宋哲元等均派人致贺。

1934年10月6日，蒋介石偕夫人宋美龄，在察哈尔省主席、二十九军军长宋哲元陪同下，从张家口乘火车来到绥远省归绥（今呼和浩特）视察，尽管云王体弱多病，他还是在德王的陪同下，到车站迎接了蒋介石。蒋询问"蒙政会"情况，云王说："我年老多病，诸事都是德秘书长办理。"

云王这句话有三层含义：一是大实话，二是怨言，三是无奈。因为家务事云王心力交瘁，致使他的身体一天不如一天。另一方面他向来排斥外国势力，不愿与日本人勾搭连环，而德王抢抓机遇，独揽蒙政会大权。

1934年，日军在百灵庙建立特务机关。德王与日本人的联系日益频繁，成立了"蒙古军总司令部"，并于1936年4月24日在锡林郭勒盟西乌珠穆沁旗召开了第一次"蒙古大会"，讨论成立"蒙古军政府"。云王没有参加这次会议，却被推选为大会主席和"蒙古军政府"主席。同年，中华民国政府邀他为民国政府成员时，未到任。

1937年七七事变后，日军侵入绥远，10月2日占领百灵庙，11月在归绥召开了第二次"蒙古大会"，成立了"蒙古联盟自治政府"。云王再次托病没有参会，但日本关东军仍把他推选为"主席"。

云王的一生，最苦恼的是他的家庭生活。首先，云王没儿子。如果娶一位夫人没儿子也就算了，可云王连娶了4位夫人，仅育一个公主。女儿长大后，招了一个上门女婿。婚后小两口恩恩爱爱，日子过得很美满。然而女儿难产，大人孩子都没留住。云王在极端痛苦中脱袍让位，把达尔罕亲王的爵位让给了弟弟。

让云王感到一丝安慰的是这个女婿一直陪伴他、安慰他。云王逐渐从悲痛中走出来，他给女婿再娶一房媳妇，把生儿子的希望寄托在这对夫妻身上。他们要是能生儿子，算自己的孙子也行、外孙也行，也算接续了自己的香火。可是，女婿再娶的这个姑娘一直怀不上孩子。

1938年春，云王病情恶化，于二月二十三日（3月24日）与世长辞，享年68岁。

辛亥首义天下动
经略包头一片心
—— 孔庚小传

孔庚（1871—1950 年），字文轩，号雯掀，清同治十年（1871 年）五月生于湖北浠水县朱店王祠，自幼从父读书，聪慧过人，弱冠中秀才，文名动乡邑。

1903 年孔庚与吴禄贞等人暗组革命机关，后赴日本，入日本陆军士官学校第六期。1905 年加入中国同盟会，与阎锡山、唐继尧等组织"铁血丈夫团"。1907 年毕业回国，先后在广西、北京任广西督练公所参事官兼经理科长、教育科长，创办广西陆军小学堂，任北京政府陆军部军学司一等科员，北洋陆军第六镇统制吴禄贞的高级参谋。后入山西任阎锡山部大同镇守使、旅长，晋北军总司令，晋军总司令，是中国近代民主革命家，中华民国政治人物。1913 年任晋西镇守使，坐镇包头，是包头近现代史上重要的历史人物。

辛亥革命率军进包头

1910 年，孔庚参加北京各省留日士官毕业生复试，各省同盟会员借此机会互相通告各省革命状况。1911 年，孔庚任广西陆军学堂教官，因组织刺杀广西巡抚张鸣岐事泄，转至清军第六镇统制同盟会会员吴禄贞手下当参谋。

1911年10月29日，山西革命军处死山西巡抚陆钟琦。次日，组成山西军政分府，推八十六标统带阎锡山为都督，派革命军驻防娘子关战略要地。

在石家庄，阎锡山会见吴禄贞，吴禄贞自称"我是老革命党"。

11月6日，吴禄贞被密探所杀。

孔庚收抚第六镇流散官兵千人，赴太原投留日同学阎锡山，被委为朔方招讨使，与清军战于雁门关一带，因功晋任晋军总司令。

12月4日，归绥后路巡防统领周维藩率革命军进占大同。

正当革命形势大好之时，12月12日，革命军所占娘子关失守。不久，北洋第三镇协统卢永祥占据山西省垣。

阎锡山骑着毛驴，只有一随从抵达大同，灰心地说："我不干了，吾将去五台，削发入山，惟诸君谅我，感且不朽。"

周维藩和孔庚劝其说："大势所趋，革命必成，省垣虽失，无损全局。"仍拥阎锡山为都督，孔庚为前敌总司令兼第一师师长，王家驹为统带，周维藩为参谋长兼第二师师长，刘少谕为统带。

革命军在雁门、大同腹背受敌，粮秣不继，决定西行取包头、五原，与陕西革命军会合。

1911年12月15日，阎锡山、孔庚、周维藩率军向偏关行进。西行数日，见骡17头，背负双篓，官印严封，是贡北京皇帝的黄河鲤鱼，正好犒军，"白水煮食之"。过黄河向包头进军途中，遇包头"马号巷辛亥义举"失败而逃亡的新军吴金山，得知包头近况。

1912年1月11日，萨拉齐同知呼延庚报称："二十三日四更时，包镇失守。探悉系前溃兵胁去查无下落之后路巡防统领候补周维藩，勾结击散革党为乱，专与归绥反对，势甚汹涌。"

孔庚部进至包头，南京共和政府已成立，"一日之间，旌旗变色，全市庆祝，欢声雷动。"（方仲纯《辛亥塞北革命纪略》）

阎锡山在包头置"包东州"。

1月26日，清军前八旗统领谭涌发（曾是副将衔，两江补用游击，被革职）率军从归绥（今呼和浩特）至萨拉齐，潜伏在刀尔计村。

革命军仓促应战，统带王家驹阵亡，革命军军心大散。孔庚奋然号召："革命以民心向背为成败，不恃坚城，不恃利器，吾侪为人民幸福而革命，不可以伯轩（王家驹）一人之死而自衄，必前进。"

革命军改路东进，经托克托、宁武至忻州。

南北议和后，驻太原第三镇调离山西，阎锡山返回太原。

1912年3月10日，袁世凯就任中华民国临时大总统，孙中山被委以全国铁路督办之虚衔。

孙中山离京赴太原，离太原时召见孔庚和周维藩，说："吾行南北，见起义将领，无如阎之庸暗鄙塞者，连日细察之，非将庸鄙也，其人实诡随，居心不可问，曷足以误革命。"

不久，周维藩、孔庚受阎锡山排挤。

率军抗击库伦蒙古军

辛亥革命胜利之际，沙俄加紧对中国北部边疆地区的侵略，并乘中国内部革命之机，在蒙古制造分裂，企图占据东三省北部。

1911年11月3日，沙俄内阁会议上作出"与日本在中国共同行动的决定"。

1911年12月1日清晨，库伦的大街上一下子出现了1000多名俄国沙皇的士兵，他们迅速占领了清朝派驻库伦的各个衙门和兵营。

1912年1月3日，外蒙古库伦第八世哲布尊丹巴活佛在沙俄支持下正式宣布外蒙古独立，自称"大蒙古帝国日光皇帝"（额真汗）。不久，与沙俄签订殖民地约"俄蒙协议"。沙俄一手导演的外蒙古封建主义及叛乱行为引起中国人民的普遍反对。

1912年冬，哲布尊丹巴组织库伦蒙古军向内蒙古进犯，妄图内外蒙古形成"独立"实体。国民政府临时大总统袁世凯令北洋新式陆军、东三省"奉军"、热河"毅军"、山西"晋军"加以防卫。

1913年（民国2年，癸丑年）夏季，袁世凯政府打着辛亥革命军的旗号，派军队到外蒙古地区驻防，其目的是防范哈拉罕蒙古受沙俄的诱骗煽动搞独立运动。

革命军抵达外蒙古地区后，对当地的喇嘛僧众和蒙古族百姓奸淫掳掠，无恶不作，引起当地群众的反抗。革命军在外蒙古的所作所为正好给沙俄和外蒙古政权以口实，外蒙古将军马格切尔札布分兵五路攻击革命军，一直追到前梅力更、昆都仑河、前口子，直至革命军直奔包头方向才停止追击。

1913年，阎锡山派孔庚所部山西陆军第一师参加袁世凯的"征蒙"行动。

是年6月，孔庚率军二次来包，下辖张培梅旅，有王光吉团、傅存怀团、赵守钰团，2000余人。

在昆都仑河谷，赵守钰团与库伦蒙古军发生激战。赵守钰身先士卒，一手拿刀，一手提枪，率敢死队与敌拼杀，迫使库伦蒙古军向北逃窜。

出于对外蒙古哲布尊丹巴活佛叛乱行为的极大愤慨，孔庚所部的革命军将外蒙古军打退后，借机大肆烧毁召庙，滥杀无辜喇嘛，侥幸脱身的喇嘛四散逃跑，大批牲畜被抢掠赶走。属于蒙汉杂居的乌拉特旗希伯日图、毛盖图以及哈林格尔（今属包头市九原区）等地的蒙古族，害怕殃及池鱼，纷纷逃往乌拉山深处躲藏。

据乌拉特旗的群众传说，仅乌拉特旗被革命军烧毁的召庙，包括梅力更召就有二十八座，昆都仑召被烧了一座大殿，因耕种昆都仑召膳召地（排地）的汉族老乡们联名上书孔庚，才得以保全昆都仑召的其他殿堂。

外蒙古哲布尊丹巴在内蒙古各盟旗反对"独立"的呼声中，军事进攻节节败退，1916年最终放弃"独立"，中央政府册封他为呼图克图汗。

昆都仑战后孔庚部驻守包头，孔庚兼任包头城防司令。

遭兵变孔庚死里逃生

由于孔庚原为吴禄贞的部下，且在部队中不断安插自己的亲信，所以为阎锡山所不容，乃暗中操纵孔庚部下张培梅等发动兵变。

张培梅是辛亥革命元老，早对师长宝座垂涎三尺。当时阎锡山以孔庚部驻防绥远，应由绥远都统潘矩楹发给军饷，而潘矩楹认为孔庚是晋军编制，军饷应由阎锡山发给。孔庚师军饷无着，引发军士不满，张培梅则暗中策动以向孔庚要饷为由引发兵变。

1914年5月29日（端午节），张培梅手下王光吉团一营一连士兵冲进孔庚师部（今包头市第四十中学校址，位于东河区通顺街北端与西门大街交汇处）。

孔庚听到枪声，从后窗跳进一菜窖，兵变士兵冲进孔庚住所打死值班参谋和一副官，然后抢走师部现金，开始在城里商号复盛公等处抢劫。

孔庚师部附近的义同厚（皮毛店）是赵守钰团部，赵守钰得知此事后，一面下令将孔庚师部保卫起来，一面去见张培梅。

张培梅不知孔庚死活，只令各团将士兵召回待命。后赵守钰秘密将孔庚从菜窖接到他的团部，然后宣布孔庚已死，并设灵堂公祭，命各连前来祭奠。

张培梅借故没参加。当发动兵变的王光吉团一营一连来时，被伏兵将全连官兵40余人捕获。

孔庚对此兵变不谙内情，把捕获者全部在后院用铡草刀处死，拉到城外（今东河区体育广场）浇汽油火化。

包头兵变时，张培梅立电阎锡山说孔庚因克扣军饷被士兵打死，阎锡山复电让张培梅代理师长。当得知孔庚未死，无奈任张培梅为雁北镇守使，令孔庚、赵守钰返晋。

孔庚、赵守钰知返晋必遭阎锡山报复，只好求救于潘矩楹。潘矩楹怕节外生枝，只好将赵守钰部遣散。

嗣后，阎锡山以此兵变为口实，将孔庚师缩编为第十三混成旅，孔庚降为旅长。阎锡山将编余士兵另组成第十二混成旅。孔庚至此与阎锡山积怨甚深。

1915 年，孔庚为晋北镇守使，坐镇大同。1916 年孔庚回到湖北武昌。

包头创漠南矿业公司

孔庚部驻守包头，遵孙中山"实业救国"主张，联络河套大地主王同春、萨拉齐县知事王建屏和地方商绅李焕章、元锦荣拟议开采包头石拐沟煤矿，成立漠南矿业有限公司。1914 年 10 月 19 日绥远政府正式注册备案，漠南矿业有限公司与五当召活佛的租山合同规定："喇嘛坝一山南北共长三十里，其间产煤之处长七八里，宽一里左右，此长宽线内煤矿既经承认本公司有探采之权，不得再许他人。""日后本召及本公司遇有危险除呈请地方官厅保护外，仍请孔师长派兵保护。""本召对所有煤矿有永远收租之权。"

漠南矿业公司为集资发行股票，主要是孔庚师部军官和城乡商贾豪绅。共集资 5000 银圆，孔庚出资 1000 银圆。原想购置发电设备，机械采煤，因资金不足无果，仍采用镐刨肩背土法生产。先后开采大小煤窑 7 座，面积 4825 亩，员工 1200 人，日产煤 30 吨，每吨成本 3 元 5 角，售价 8 元。

孔庚回至武昌，漠南矿业有限公司董事会犹如虚设，由经理全权负责。

1931 年，孔庚曾来包头一次，提出振兴漠南公司计划，但

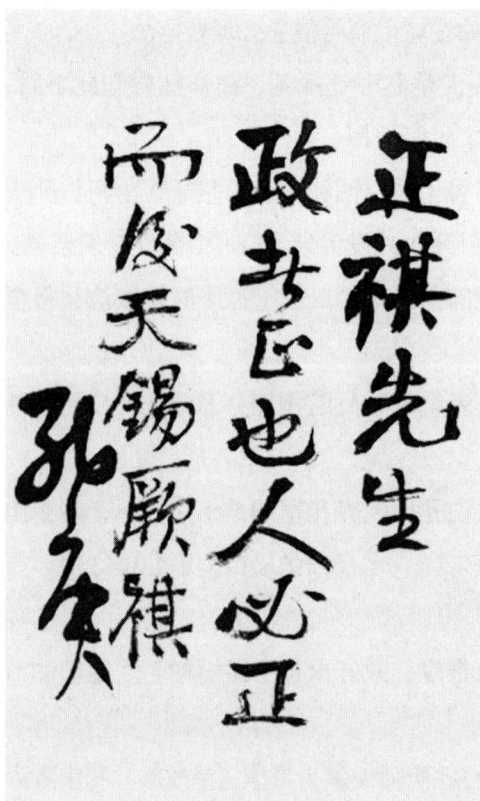

孔庚墨迹

未能实现。

漠南矿业有限公司在日军占领包头期间，改成"大青山煤炭株式会社"，日军用机械化生产，从石拐掠夺约 200 万吨煤运至日本。战后孔庚申明将漠南矿业有限公司交归国有，漠南矿业有限公司始由绥远省政府实业厅管理。

孔庚回武昌后，1923 年，响应孙中山号召北伐，担任唐继尧"建国联军"总参谋长，后为大元帅府讨贼军鄂军总司令。北伐胜利后任湖北建设厅厅长、民政厅厅长，后因反对蒋介石被囚禁。

1932 年，孔庚闲居武昌，潜心研究中医，任湖北国医馆馆长。

1937 年抗战军兴，孔庚任湖北抗敌后援会执委会常委。10 月，与邓初民、孟宪章等创办《民族战线》周刊，成立湖北战时乡村工作促进会。

1938 年起，孔庚历任国民参政会第一、二、三、四届参政员，利用这一背景，向国民参政会提出发扬中医的系列提案。值得一提的是，深受西式教育的傅斯年要与年逾古稀的孔庚互相谩骂而且要以决斗来做中西医理的论辩。

1946 年，孔庚在重庆创刊《民主日报》，并任立法委员。1947 年 11 月 21 日晋升陆军二级上将，为湖北省省府委员兼民政厅厅长。1949 年初，湖北各界人士倡导和平运动，在省参议会举行大会，孔庚仍然作保存蒋家法统的发言，被轰下台。武汉解放前夕，有人劝孔庚南撤，孔庚称"自幼爱国爱乡，不愿做他乡之鬼"。1950 年 2 月，在武昌粮道街寓所病逝。

黄河两岸罹匪患
扶危济困老一团

── 玉禄小传

玉禄（1872—1924 年），字鼎臣，蒙古族，土默特右翼旗二甲首佐（今土默特左旗毕克齐镇）人。

玉禄是民国初年土默特旗"老一团"首任团长，史载他"为人忠诚朴厚，治军宽而有方"。1925 年 2 月，在鄂尔多斯追剿苏雨生等土匪时，负伤被俘后杀身成仁。

玉禄在清光绪二十九年（1903 年）被抽丁在土默特陆军第二营当兵。清光绪末年（1904 年），绥远将军贻谷拨给 320 支德国造毛瑟步枪和 220 支汉阳造步枪装备第二营。该营的军费等开支除械弹由将军衙门予以装备外，士兵以征募结合的办法来充实，粮饷则仍由土默特旗的大青山煤厘局"六成粮地"收入项下筹措支付。营长发义（字仁山，土默特旗人），营附（相当于副官或助理营长）福坦（字兰亭）。全营编制 520 人，装备优良，战斗力较强。

土默特陆军第二营和土默特陆军第一营共同负责归绥（今呼和浩特）新、旧城及周边一带的巡防、捕盗等治安任务。

不久，玉禄升任少尉排长。

1911 年 10 月武昌起义后，山西阎锡山的革命军由太原出发，经伊克昭盟（简称"伊盟"，今鄂尔多斯市）准格尔旗、达拉特旗进占包头城，接着挥军向东挺进，击溃了萨拉齐县城的第一营满族兵。

绥远将军坤岫急令土默特陆军第二营营长发义率军由归化城（呼市旧城）

出发，在陶思浩附近的刀什尔村阻击革命军，激战一天，把革命军前敌总指挥王家驹打死，革命军伤亡惨重而败退。

此后，玉禄晋升为二营三连连长。

后直系绥远将军张绍曾（字敬舆，河北大城县人，陆军中将加上将衔）见土默特陆军第二营势力日益壮大，经常与他的混成营（1912年9月入绥）官兵发生摩擦，并反对他提取土默特税款，便设计诱骗解散了驻防在归化城（今呼和浩特）的土默特陆军二营的一、二两个连，同时声言将裁撤土默特旗各衙署和建制。

当时，该营三连连长玉禄驻防武川。被遣散后的一、二连士兵们衣食无着，纷纷上后山投奔玉禄。于是玉禄实际就掌握了三营的全部兵马，率部举兵反抗。

张绍曾遂多次派兵历时一年多进行追剿，软禁土默特旗十二参领作为人质，以迫使玉禄息兵，均以失败告终。

此时袁世凯出于羁縻蒙古人的需要，准予保留土默特旗制，并令张绍曾仍将煤厘税收之权归还旗署所有。

张绍曾眼见用武力镇压的手段不能奏效，无奈之下，解除了对土默特旗十二参领的软禁，邀请玉禄族兄武尔功、大盛魁经理段履庄、参领森额和伊精额四人，到后山安抚玉禄。

1914年春，玉禄部被编为绥远骑兵游击队，任司令。1916年5月，部队改编为第三路警备队，耿子荣为副官长，参谋长荣祥，瑞辑五为军需官，下辖四个队，以多才、李根车、荣松亭、松友山为队长，玉禄仍为司令。1921年10月，又改为绥远骑兵补充团，不久改称绥远骑兵第一团，下设四个连：一连长松秀（排长为松寿、景春、富华亭）；二连长李根车（排长为云龙、云来福、李得胜）；三连长荣松亭（排长为丁志成、吉恒、卜春祥）；四连长李春恒（排长为晋福、云岗等）。玉禄任团长。1921年，玉禄升为清乡司令。

这支部队虽屡变番号，但官兵始终是一个团的编制，且为原班人马，因此，人们习惯地称其为"老一团"。

"老一团"包头驻地

在此期间，玉禄率部在武川、陶林（今乌兰察布市察右中旗）、伊克昭盟等地追剿卢占魁部土匪。后又为了保护旅蒙商路，在武川、百灵庙等地驻防。驻防期间，秋季率部帮助农民收割庄稼，深受各地民众和商户好评。

自从军伊始，玉禄素以勇敢善战著称，而且秉性忠厚，待人谦和，能与士兵共甘苦，临阵则身先士卒，深受士兵爱戴。萨县地区及与邻县交界地段所有盘踞、窝藏的土匪及隐匿的枪械，悉由群众举发，率部进行清剿搜捕，不留后患。因其恪尽职守，剿匪有功，得到绥远都统马福祥通令嘉奖。

1923年，"老一团"移防包头，团部驻西前街通和店院内，改编为骑兵一团。其警备区域北至武川、固阳、大佘太，西至临河、三盛公，南至东胜、杭锦旗，东到归绥、和林。东西1000多里、南北八九百里的广大地区的治安，全靠这支300多人的蒙古骑兵部队维持。

其时，蒙古族有志青年满泰前来投奔，玉禄慧眼识才，委任满泰（字子舒，土默特旗鄂尔格逊人，系同盟会会员）为中校团附（相当于副官或助理团长）。

玉禄不顾鞍马劳顿，率部连年东征西讨，剿灭匪患，为民除害，威震匪胆。

1924 年，巨匪刘喇嘛、赵有禄及苏雨生等盘踞伊克昭盟一带，杀人越货，为非作歹。民国十四年农历正月二十九（1925 年 2 月 21 日），玉禄率领全部人马从包头孤军越过黄河追剿。

据 1925 年 2 月 15 日《西北周刊》"外人被掳案近闻"报道，比利时神父戴礼伯被土匪绑票后，比利时公使多次向当时的外交部质问解救办法，后来又直接和绥远都统李鸣钟交涉。

李鸣钟以为土匪绑架外国人，一定会认为奇货可居，如当

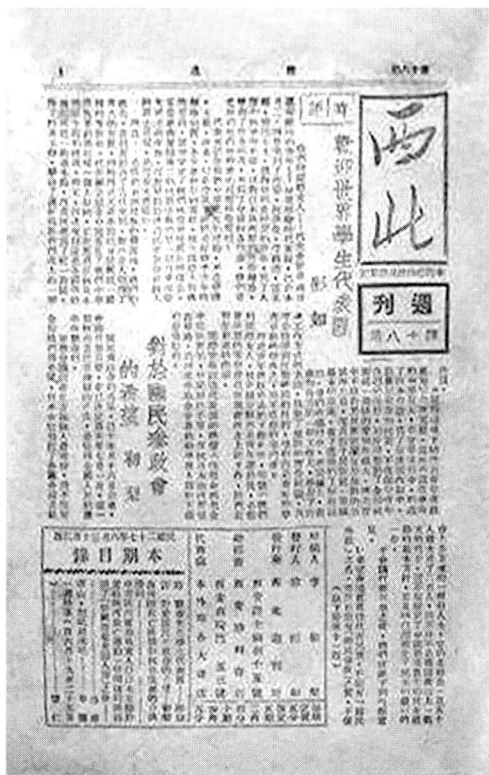

《西北周刊》

局采取妥协方式交纳赎金营救，会进一步助长土匪的嚣张气焰，在绥远的外国人的生命财产就更加无法保障。于是他决心对土匪实施剿捕。他先是设计把与土匪存在密切联系的哥老会（即洪门）总龙头杨万桢（陕西人，绰号小五杨）从包头诱骗至归绥，以通匪罪名处死于新城东门外。又密令部将石友三在五原杀死大龙头李三河。在萨拉齐杀死大龙头张洪。在包头西脑包大照壁后面砍掉大龙头萧吉厚的脑袋，挂在草市街荣德厚门前电线杆上示众七天。随后派遣部队对苏雨生、赵有禄、刘喇嘛等部土匪进行跟踪追剿。

玉禄率部追歼匪部，从哈拉川南下，在神地湾和匪徒展开激战，捣毁了匪窟，乘胜追击。由于孤军深入，不谙地形，在伊克昭盟东胜县附近的杨三虎圪卜（一说黑土崖地区）陷入土匪苏雨生部的重围。

绥西剿匪

玉禄率部奋勇突围，肩部受伤，力尽被俘，后不屈自杀。

关于玉禄被俘和自杀的情况，1925年2月26日李鸣钟给国民政府发的电文比较详细地进行了记述："玉团长禄因奉命营救戴神父，奋勇杀贼，身先士卒，一往直前，疏于侧顾，致为匪徒诱入深庙，以身陷贼。"

李鸣钟在电文中说，根据石友山的绥远第八混成旅参谋长王宥2月26日转东胜县知事武尔功电报，玉禄在被俘之后，就抱定了要自杀成仁的决心。土匪久闻玉禄是个忠义之人，怕他自杀，派人轮流严密看守。玉禄日夜咒骂土匪，宁死不辱。2月22日，一同参与剿匪的郑金生团跟踪到土匪，准备包围歼灭。土匪得知消息惊慌失措，要带着玉禄逃跑。

玉禄趁土匪混乱防备松懈的时候，夺取了土匪的一支手枪，打死了几名土匪，随后开枪自杀（坊间传说"吞金戒指自尽"）。

又，于效仁著《绥远二十年匪患记》载："苏雨生等视（禄）为奇货，待遇甚优，跪下请统率其众。禄怒目发指，骂贼不绝口，旋引枪自毙。"

玉禄死后，土匪把他的头和双手砍下带走。

西北边防督办冯玉祥给了玉禄家属抚恤金3000元，李鸣钟给了2000元；

李鸣钟呈请北洋政府追晋玉禄中将军衔，厚抚其家属，后代由公家负责培养，并在归绥城内建烈士祠堂；同时增兵剿匪，"老一团"团附满泰（后任土默特旗总管）率众穷追不舍，土匪被迫归还了玉禄的遗体。

包、萨军民惊悉玉禄阵亡噩耗，莫不痛惜哀悼。1925 年 4 月 7—8 日，在包头永合成（今新兴大街）举行了隆重的追悼会。包头众多市民、商人前往悼念。

由于绥远都统李鸣钟去张家口公干，都统署参谋长与政务厅长贾德润、绥远道尹邓长耀、财政厅长邓哲熙等官员参加追悼会并抬杠扶棺。绥远的大小机关，都赠送了挽联等祭奠物品。绥远通俗教育讲演所所长马延铸赋诗《题战将玉团长禄遗像》悼念：

> 骁健平边负盛名，屹然西北倚长城。
> 冲锋如入无人境，绝命犹闻骂贼声。
> 士气不衰余勇贯，将星遽落一军惊。
> 虫沙猿鹤谁非死，为国捐躯最有荣。

玉禄为人忠厚正直，能和士兵同甘共苦，临阵身先士卒，不欺害百姓，短暂的一生大部分时间都是为了保绥远的平安而不懈剿匪，最后英勇而死，可以说是"死得其所"。

天道酬勤苦练功
西门铁臂程全中 | ——程全中小传

　　程全中（1875—1946年），字肖贤，小名程老二，清光绪初年（1875年）生于萨拉齐厅（清乾隆二十五年置，直属山西省归绥道，治所即今内蒙古包头市土默特右旗）水涧沟门庙湾村。

　　程全中14岁时，跟随赵老同的得意门生关兴保在萨拉齐商会练习武功。后又拜山西平阳江湖艺人姚锦白学弹腿、练老拳、飞虎拳、埋伏拳、关东拳、短拳、七支梅花、十八跪、九龙摆尾连环拳、十腿拳等。后又拜从山西迁居萨拉齐的理发匠李亮白为师，学得绵连掌。又随河北保定杨一善走江湖卖艺，学得形意拳、朝阳拳、罗汉拳、长锤拳、梅花拳、七星拳、连手短打、春秋大刀、梅花刀、齐眉棍、陆合枪以及白手夺刀、单刀破枪、梢子棍合枪、刀对刀等。继之返回萨拉齐向本籍高手郭誉宏进一步学习阴把缠枪，向张德厚学徒手格斗。终于集众长于一身，练得超群技艺。

　　青年时期，程全中喜功好胜，

爱打抱不平。光绪二十六年（1900年），他在萨拉齐参加义和团，随郭誉宏攻打小巴拉盖、二十四顷地、小淖尔等地教堂时奋勇向前，冲锋陷阵。

清朝末年，程全中只身到归绥大召前比武打擂，用雕翎手击败对手，得了个"西门外铁胳膊"的称号。此后，不少青年接踵而来，争相与之结识。胖挠子、长毛子、亮大记等草莽英雄与之结为金兰之好。民国初年（1912年），胖挠子升任山西陆军第五师师长后，把程全中请到太原，任该师武术教官，教练大刀队。

1930年5月，中原大战爆发后，该大刀队用程全中教授的劈四门、拖刀法等绝招英勇杀敌，立下了汗马功劳。是年10月，中原大战结束后，胖挠子病故，晋军改编。

1934年，程全中由山西回到归绥，任绥远省国术馆（成立于1929年，馆址在绥远归化城北茶坊关帝庙。馆长先后由李培基、傅作义担任）教员。

不久，山东省主席韩复榘在青岛立擂，邀请各地武林高手参加比赛。程全中以绥远省代表身份前去打擂，与山东硬门子好汉交手，往来十几个回合不分胜负，后程全中以托腮掌取胜，获得二等奖。

在绥远省国术馆任教期间，程全中与得意弟子陈沛研究整理出阴把缠枪的技巧理论，曾有手稿传世。

程全中一生笃信佛教，严守教规，忌烟酒，绝荤腥，从未娶妻。他在练习外功的同时刻苦内修，冥坐练功，颇得要领。他常对弟子们说："酒能乱性，色能败身，财能惹祸，气能招灾。你们学武术，不同早年了，现已进入科学文明时代，只能把武术当作强身技能，万不要逞强行凶。"程的徒弟中，南芝荣、韩富、陈沛、潘文等武功突出。

1937年10月，日本侵略军侵占绥远后，程全中弃职返乡。不久，弟子潘文又将其请到萨拉齐家中传授弟子武功。1946年病故。

土默川上多豪俊
习武传艺云连生

——云连生小传

云连生（1877—1940年），又名云连珍，乳名二圪旦，字中海，蒙古族，光绪三年（1877年）生于水涧沟门乡北只图村。

云连生自幼痴迷武术，9岁时随准格尔旗王爷（云的姐夫）进京，师从金山高僧了通和尚，学习金屏剑、六合剑、太极剑；12岁到托克托县跟随吴英学得八卦掌；之后，又跟随萨拉齐赵玉珂学手搏；跟随郭誉宏（又名郭三）学阴把缠枪；跟随保定杨一善学炮拳；还学习了杨家枪法（即阴把枪）。经过数十年刻苦钻研，内外功兼蓄并进，对阴把枪及八卦剑法尤为精通，"剑极短兵长用之妙，枪极长兵短用之妙，不动如山，动如雷电，蜚声于大江南北"。（《绥远通志稿·人物·方技》）

青年时期的云连生血气方刚，颇具正义感，常爱打抱不平。一次，他替父亲赶车往归绥运皮毛，上坡时遇归绥的20多辆马车横挡道路，车倌们正在埋锅造饭。云连生相跟的十来辆车过不去，于是上前好言相求，但那些归绥车

倌依仗车多人多，待理不理地说：“等我们吃完饭再腾路吧！要着急就把我们的车舁到辙外也行！”

云连生听后不露声色地说：“好，我来试试。”于是他手握马车后辕，丹田运气，一下把满载货物的重车借马背之力，舁起放到辙外。那些归绥“车滑子”见此情景无不胆战心惊，赶紧把他们挡路的车赶到辙外，并赔了不是。

光绪二十六年（1900 年），云连生的师傅郭誉宏因不满外国传教士的侵略行径，在萨拉齐组织义和团，云连生是其中的骨干。他先后参加了攻打小巴拉盖、二十四顷地、小淖儿等天主教堂的战斗。在攻打二十四顷地天主教堂时，云连生由平地跃上钟楼，一手抓着一个老洋魔，一手抓着一个华人教棍，提着他们跳下楼来。

1923 年，云连生被聘在苏波盖乡任武教职，出其门下者有尹如川（阴把枪技术超群，名扬欧美）、刘世明等人。

1925 年，云连生回萨拉齐设两馆教授武术，一馆在东门里刘士奇家中，一馆在关帝庙内，当时学有所成者有刘士奇、董吉昌、杜德臣、孙继先、张聚武、李振海、胡文广等人。

1927 年，刘世明介绍云连生到绥远省第一中学任武术教员，每日早晨教几位教员学习弹腿、长拳等，下午则辅导学生练习武术基本功。出其门下的高徒有吴桐、杨植霖、陈培、李作枢、纪希圣等人。其中：

被誉为“青山骄子”的杨植霖（1911 年生，内蒙古土默特旗什报气村人）1925 年参加革命，1938 年组织“抗日团”武装，在大青山地区开展游击战争，同年抗日团改编为绥蒙游击大队，杨植霖任政委；1945 年任中共绥蒙区委委员，绥蒙政府副主席、主席；1948 年，任包头军管会政委；中华人民共和国成立后，历任绥远省人民政府主席，兼绥远军政委员会副主席；绥远省第一届人民代表、协商委员会副主席；内蒙古自治区副主席、内蒙古自治区政协主席；内蒙古自治区党委副书记。青海省委第一书记、西北局书记处书记、中共甘肃省委书记、甘肃省政协主席；全国政协常委、中央顾问委员会委员等职务。

吴桐曾在全国武术比赛中荣获拳术组冠军。

在传达室工作的青年刘恩寿，常随云连生学习阴把枪，仅两年即有所成。1933 年，刘恩寿在南京召开的第五届全运会上，连续战败许多名手，荣获枪术组冠军。

1929 年，绥远省国术馆成立，经吴桐引荐，云连生受聘为副馆长兼总教练。

当时，马正英的拜门徒弟白怀礼、王美、马印等跟云连生学了各种器械及对打套路，吴桐也经常与之切磋武艺，研究枪法。

一日，云连生与吴桐比试枪术，云连生流星似的长矛变幻莫测；吴桐不紧不慢，接得快去得硬，凌厉巧妙，将太极推手的"听劲"和祖传杨家枪法融为一体，意到气到，气到劲随，云连生大加赞赏。他深感吴桐已知阴把缠枪真谛，于是将平生所得和盘托出传予吴桐。吴桐也不负大师苦心，把不易传授的阴把缠枪整理成套，使之大放异彩。

云连生在钻研武术的同时还认真学习了不少医学知识，曾在归绥一中兼任校医，晚年回归故里后经常给人看病，不收分文报酬。据说许多疑难病症，一经他手，无不手到病除。

一次，一个穷人登门请云连生看病。他观了一下脸色就说："你这病好治，回去弄一把韭菜捣烂，连喝三次就可痊愈了。"此人回家连喝了三次韭菜汁，果然病除。

1937 年 10 月，日寇侵占绥远后，云连生隐居于北只图村东北的老雀坝朝阳洞，不为日伪办事，后因病悄悄回到萨拉齐。

1940 年，云连生病故于萨拉齐东门里的玉皇庙，时年 63 岁。

但是书生多薄命
就中沦落不过君 ── 刘澍小传

刘澍（1878—1946年），字泽霖，山西省偏关县人，光绪四年（1878年）生。幼年勤奋好学，聪慧过人，深得师长赏识。

刘澍17岁应童子试，中秀才。22岁在省城太原应试考中举人。

从汉代起就有"孝廉方正"之制，即由各州府县举荐贤良，中选者授予六品服备用。宣统元年（1909年），刘澍被推荐为孝廉方正，赴京参加礼部验看考试，成绩一等，取得候补知县，在直隶（河北）等候候补。次年出仕，补缺直隶容城县知县。容城在河北中部，主产小麦、玉米、棉花等，刘澍在当地"赖有政声远，时闻行路传"。

中华民国成立，做了一年知县的刘澍返乡，被选为山西省众议院议员。1915年12月，袁世凯称帝解散国会，无奈之下刘澍的父亲刘忠旺携全家"走西口"。

刘澍先在萨拉齐城关设馆授徒，1920年全家来到人称"水旱码头"的包头落籍。

清末民初，包头已成为我国西北皮毛集散重镇，"走西口"人来包头都要找"相与"，即同籍贯的人，互相帮扶。刘澍的父亲在"相与"的帮助下开设了"天元楼"银炉，由沙尔沁的财东李恒出资。后来，刘澍全家在老包头召梁买了房，还在刘柱窑子买了地。

刘澍是举人出身，气度雍容，娴于辞令，可谓当时包头最有学识的人，从而被包头镇商务会聘为文牍。由于其笃实憨厚，办事认真，长于应酬周旋，颇受包头商界敬重，所以每逢紧要关头，都举其应事，很快他就成为包头的知名人士。

刘澍擅长书法，尤工楷书，包头不少寺庙碑碣（碑刻的统称）及商号牌匾均为其所书。

民国初年，包头地区匪患横行，几任剿匪司令坐镇包头都束手无策。1914年，晋军派沈广聚（字凝山，安徽亳州人）团驻包，他一改过去追匪和坐镇以待的剿匪战术，采取分剿截堵之法，使得势力最大的卢占魁匪徒腹背受敌。

1918年，沈广聚晋升为旅长。1921年绥远都统蔡成勋（字虎臣，直隶天津县人）在下拨军饷时，远近亲疏区别对待，偏袒驻归绥的第一旅。是年冬，沈广聚以发饷不公，声言不受蔡成勋节制管辖，并宣布包头独立。

是时，蔡成勋升任有名无实的陆军总长，以沈广聚叛乱谋反罪呈报北洋政府，派绥西巡防司令冯绍闵（字宗骞，河北省人）讨伐沈广聚。

闻冯绍闵率部已达萨拉齐，沈广聚在包头挖战壕、固城垣拒之以战。

眼看一场战乱即将降临到包头市民头上，包头商界害怕兵祸，即利用刘澍与总统徐世昌的师生情谊，推举他赴京告急。

徐世昌，河南汲县人，清末和北洋军阀时期的官僚，1918年由段祺瑞的御用国会选为大总统。

刘澍冒着被蔡成勋追杀的危险赴京，在京等候两个月才获准晋谒徐世昌陈述情况。刘澍恳述沈广聚在包头的功绩，徐世昌应准派宁夏护军使马福祥接替蔡成勋，令冯绍闵接替沈广聚旅长之职，令沈广聚为绥西巡防司令。一场兵燹之祸平息下来，人心安定。

1926 年，包头改置为县。

1927 年 11 月 10 日，奉军占领包头，任命雷震远（字鸣远，奉天即今辽宁人）为知事。

1928 年 5 月，奉军撤离包头，包头县长雷鸣远仅到任一个多月，竟弃职跟随奉军东行。县务之事无人过问，社会治安一片混乱。

包头绅士公推刘澍主持包头县政，并报请绥远临时护理都统满泰（字子舒，绥远省萨拉齐县人）加以委任。因此，刘澍可谓包头县首任县长。

是年，奉军张作霖和直系吴佩孚联合进攻冯玉祥国民军部。8 月，南口大战（1926 年 5 月到 8 月，在北平西北郊通往绥远的交通要道南口镇发生的中国内战重大军事战役。该战役在北京附近长时间吸引直奉两系主力，致使南方空虚，有力地支持了南方国民革命军北伐挺进——樊尚仁注），国民军大败，10 多万大军撤至包头。国民军一而再，再而三地搜刮商民钱财，市面损失达 200 余万元。

1927 年，春耕大半停辍，夏复大旱，秋收无望，竟成灾年。

1928 年，春夏大风无雨，包头境内赤地千里，村尽丘墟，包头卖妻鬻子生离死别惨不忍睹，成千上万嗷嗷待哺之民有以田鼠、猫犬为食者，有找苣蓿、蒺藜、树皮、草根为食者。民国《包头市志·卷十杂志》记载："民国十七年，大旱，卖妻鬻子，市上抢劫迭出，状颇不安。"

刘澍受命危难之时，出面创立慈善机构，联络各方筹款 4000 余元，在老包头东门外转龙藏龙泉寺设粥厂赈灾，每天煮几大锅粥救灾民于水火之中，持续三个多月，受到包头各界称赞。

之后，刘澍三次上书辞县长未准。是年农历十二月，绥远省政府始任刘毓洛（字岷源，山东济宁人）为县长。刘澍离职转赴归绥到今呼和浩特任绥远平民院院长。抗战前夕，又回包头继续担任商会文牍。

1937 年七七事变后，日军大举进攻华北。

9 月 25 日，包头县长兼公安局长赵仲容（字海宽，山西崞县即现原平市人）偕同全体职员带印携款逃走，平市官钱局经理岳魁梅携款出走，包头再次陷入混乱恐慌之中。

27日，"乃公推绅耆刘公泽霖（刘澍）主持县政"（民国《包头市志·卷四政治志》），维持包头地方治安。

10月16日晨，包头驻军（中央军门炳岳部、挺进军马占山部共计3万余人）完全退走，日军于午时完全占领萨拉齐。

10月17日晨，日寇联军乘火车抵达包头站（今包头东站），日军飞机在包头城上空盘旋。为全城百姓生命安全计，公推刘澍带领各界绅商首领十几个人以治安维持会名义出城迎接，由翻译王汉明上车与日军接洽担保。日军一枪未放即进入包头城。

此后，公举张绍棠（字传华，安徽人）任治安维持会会长，包头市内天方、召安、新治、官泉、兴旺、太平、圃丰七镇镇长及商会协同办理有关事宜。县政及治安仍由刘澍负责。

10月24日，日寇改县政府为县公署，仍以刘澍为县长，日军军官朝场秀二为顾问，王汉明为庶务科长，王文质为警务科长。

12月1日，伪"蒙疆联合自治政府"设立包头特别市，任刘澍为代市长。刘澍以年老多病为由请辞。

12月17日，伪蒙古军第一师师长刘继广继任市长，刘澍为名誉顾问。包头治安维持会即宣告解散。

1938年，刘澍编纂包头首部《包头市志》（即民国《包头市志》），刘澍聘孙斌（字鸣琴，今河北省衡水市饶阳县人）为主编。他为《包头市志》写下了"汉族旅包开始及进展考"等多篇珍贵历史资料。

1939年，刘澍卖掉刘柱窑子的田地，借故离开包头，携眷到北平居住，行医度日。

1939年12月，傅作义将军发动包头战役，官兵冲进包头城垣内，给日军沉重打击。

日军怀疑有人私通傅作义部队，于1940年2月15日夜关闭城门大搜捕，将包头商会会长董五三等80余人逮捕，刘澍儿子刘定基是广恒西的会计，被日军逮捕后活活折磨致死后填入黄河，四儿子刘治基是清真小学教师，亦被逮捕，被日军打得遍体鳞伤后取保释放。刘澍从京返包欲哭无泪，再度回包头商会供职。

1943年，日伪将包头市内天方、召安、新治、官泉、兴旺、太平、圃丰七镇并为统合镇，又委任刘澍为镇长。

1945年8月抗日战争胜利后，国民党政府以"汉奸罪"将刘澍关押，后取保监外就医。

1946年，刘澍因病在归绥公教医院去世，终年68岁。刘澍四儿子刘治基见父亲去世，悲痛欲绝毙命。

位于老包头召梁二道巷2号院的刘澍住宅大院大门洞

刘澍与儿子刘治基同日出殡，世人见两口棺材同行黄泉路多有几分感慨。刘澍曾自题《感怀》一诗，早为自己定论："凭几握管自书情，富贵浮云眼界清。渐向困时发恨语，耻于乱世取功名。"

附：

刘澍《包头八景诗》

（刘澍与孙斌各有《包头八景诗》，当为唱和之作）

咏龙泉福地

福地清凉小洞天，丰西胜景数龙泉。

通明殿外凝眸望，近指黄河远说边。

"龙泉福地"转龙藏

出老包头城垣东城门外，过河槽即到转龙藏。古树参天，山势峥嵘，泉水淙淙流淌，水似龙鳞闪光，曲折蜿蜒犹如神龙现世。河两岸农田翠绿，蛙声不绝。山中有古刹龙泉寺，建于清雍正四年（1726年）。道光二十九年（1849年）重建山门、钟鼓楼、正殿5间、东西配殿10间。山门外山顶建玉皇阁。寺内青松拂檐，翠柏覆荫，蝉噪林愈静，鸟鸣寺更幽。庙前有望河亭，亭侧三个青石雕龙首喷玉飞珠。驴负牛拉取水车声和村姑的洗衣声交织在一起，美不胜收。

1918年地理学家张相文在《塞北纪游》中写道："其地以清泉著称，泉出山坡龙王庙中，前为方池，以潴之，池侧穿孔，下流如注，居民皆汲饮焉。池之四周，丛柳含青，翠黛如画，东南有小山名玉皇顶，登高而望，南控黄河，东北则峰峦突兀，高耸云天，皆阴山之山脉也。"

咏山村胜景

树林不断路三湾，一道清溪两岸山。

寻至桃源最深处，向阳门外乱峰环。

"山村胜景"刘宝窑子

沿博托河（东河槽）而上，水声潺潺，两岸山峦巍峨，郁郁涧底松，离离山上苗，连林不见人，独树也有奇。途经头、二、三、四道水磨，磨声相融，水渠旁蔬菜茂盛。山坡上点缀着绿叶红果的酸枣树，喜鹊和"姑娘舅"（因其鸣叫声得名，疑为"戴胜鸟"）枝上啭，还似低谷回声。到了刘宝窑子村，水曲山隈四五家，远草坪中见牛背，新秧疏处有人踪，一幅田园美景图。山坡上还有辛亥英烈王定圻的陵园。

1935年《绥农》刊有《包头纪行》一文，文中记述"到刘宝窑子是依着山弯走的，在这山弯之间倒很有些平整肥美可灌溉的土地，种着各种蔬菜。"最引人注目的是瓜地，铺着一层小石子，瓜秧上压着拇指大的石头，称"铺沙瓜"。

咏南海征帆

大河西来折向南，下达豫鲁上青甘。

中经紫塞成商埠，岸口渔村妙景参。

"南海征帆"南海子

清道光三十年（1850年），黄河主流改为南河，南海子成为渡口。同治十三年（1874年），清政府将其设为官渡口。每当河运季节，这里帆樯林立，河水荡漾，正是九曲黄河万里沙，浪淘风簸自天涯。

1936年，纪霭士在《旅程素描》中记述南海子："距县城东南十五里，由

此上溯兰州 2660 里，下航山西河曲 400 余里，水面宽大，帆樯如林，可说是
黄河上游第一个大码头，每年立冬后十余日封河，次年清明节前后数日开河，
夏季水涨，船数最多，平均每天在 250 只以上。"随着现代交通工具的发展，
南海子早已失去帆樯映水影和城南驼铃响的景观了。

咏珍珠纷涌

明珠颗颗散清泉，乱水分流润阡陌。

绿树荫浓田或彧，翠微村外草连天。

"珍珠纷涌"乱水泉

乱水泉现称万水泉，这里原来散落着十余个大小不一的天然水泉，常年
涌吐着晶莹清澈的泉水，泉水则是冬暖夏凉。泉从地出，飞洒珍珠闪闪，一
片片红树林，花团锦簇。村里有一棵古树，一次被雷劈掉一半，然而另一半
却树头着地重新生根发芽，犹如一弯背老翁。旁边有一清泉，常年积有一小
池水，夏日树下乘凉，又有清泉水，可谓塞外仙境。

1933 年出版的《包宁铁路建设与计划》记载："由乱水泉村到包头，沿途
多柳树，风景不殊内地，村内道旁有泉一眼，澄清澈底，泉味甚佳。"

咏石门叠翠

双峰对峙状如门，古迹天然万代存。

沟水润田成沃野，番召林下望农村。

"石门叠翠"昆都仑河谷

自古大青山和乌拉山交汇处，双山相对成一谷口，称石门。山上苍松翠
柏，两山之中石门水顺谷注入黄河，秦汉时期即有稒阳道，北通匈奴，南接

秦直道。石门水（昆都仑河）左岸有一条黄土梁，秦时九原郡治所九原县古城即在其上。雍正七年（1729年），石门水旁建昆都仑召。石门水清澈见底，两岸马莲花盛开。一幢幢藏式庙宇点缀其中，召前"或杨或柳，非常繁茂"。（徐旭生《西游日记》，1927年）《塞北纪游》中亦记载昆都仑河"水清而浅"，故自河岸以西，土脉肥润，马牛遍野。

咏野市清凉

陆轨河运两交通，负郭乡村别有风。

野市小酌春酿熟，酒帘高挂夕阳红。

"野市清凉"二里半

老包头城垣南城门外二里半，南临黄河南移形成的小河套，北靠博托河支流，岸边长满红柳，水中有草鱼和蒲草。散落的几家村舍中有一小寺禹王庙（后改为小学校舍）。过博托河上小桥，一片马莲花和苡芨草，不时有草中野兔和刺猬出没。到小寺一憩，举目可望滚滚黄河，清风拂面，正是"鱼吹细浪摇歌扇，燕踏飞花落无筵"。

20世纪30年代，南城门外博托河支流断流，小桥亦被掩埋。1934年欧亚航空公司新辟兰包航线，二里半修起飞机跑道。1936年建起包头机场飞机库。从此，二里半再没有"野市清凉"的境界了。

咏古刹丛林

塞外沙漠一望平，苍茫大地少人行。
荒凉忽现葱茏境，隐约丛林放晚钟。

"古刹丛林" 树林召

现鄂尔多斯市达拉特旗树林召原为包头县第四区，黄河南岸树林召群体建筑整齐壮观，整个殿宇雕梁画栋，飞檐重拱，色彩缤纷。召寺显露在郁郁葱葱的榆树林中，树木有多少谁也数不清。相传，一个卖针头线脑的小商贩拿出针包，在每一棵树上扎一枚针，结果针用完了，树还有很多，现在一些树上还留着针眼痕迹。

树林召内鼓角声伴随着喇嘛的诵经声，穿出树林旷远而幽深，站在黄河北岸，可看到召院里的白塔直插云霄，在阳光下闪烁着金光，黄河水声伴你领略佛家圣境。

咏三湖印月

黄河支派别三湖，湾转长流状类弧。

润得良田四千顷，秋高月满照蓬壶。

"三湖印月" 三湖湾

老包头县第三区三湖湾（亦写作"珊瑚湾"）现属巴彦淖尔市乌拉特前旗，道光三十年（1850年）黄河改道形成今日黄河正流。改道后，西山嘴至今包头全巴图约200公里，北至乌拉山形成三湖湾。三湖湾渠道纵横，白天碧波耀眼，夜里明月当空，一幅"月下江流静，荒村人语稀"的景象。这里还有占地60平方公里的升恒号大庄园，其城堡式的建筑为塞北奇观。

地理学家张相文在《塞北纪游》中记述："又西渡三呼河（即三湖河），河宽六七丈，深可没马，盖黄河之支流也。南行二里余，复入黄河。自三呼河以西，土质肥沃，繁草茂密如茵，其地北倚乌拉大山，足以遮蔽寒风，故气候特暖。又有湖沼数处，水色清碧如镜，湖畔牛马，千百为群，遥望之俨如乌云在天，随风摇曳者。"

刘澍领衔修史志
孙斌抓刀留青史
—— 孙斌小传

孙斌（1878—1952 年），又名啸庐、效如，字鸣琴，号壶中仙。清光绪四年（1878 年）出生于直隶饶阳县（今河北省衡水市饶阳县）。

孙斌出身书香世家，幼时天资聪颖，才思过人，常能过目成诵，9 岁能文。稍长，熟读经典，博览群书，兼学医道，在家乡颇有名气。

清光绪二十八年（1902 年）省城科试，名列榜首，考中举人。宣统元年（1909 年），乡试，拔贡生（五贡之一，相当于一种保送生或推荐生的身份——樊尚仁注）。翌年参加会试，名列二等，被授六品主事，在京城供职。1914 年袁世凯就任中华民国临时大总统，听说孙斌能文章，善书法，性格刚强，娴于辞令，聘其为幕僚。

1915 年 12 月，袁世凯称帝，孙斌极力反对，盛怒之下，毅然辞官，取号"壶中仙"，在北平过起隐居生活，靠行医度日。以后，在孙殿英部四十一军任文牍。

1934 年夏，孙斌随孙殿英四十一军来到包头，后孙部被解除武装，孙斌滞留包头，过着悬壶自给的生活。初时，在老包头财神庙摆卦摊，出售戒烟药丸，聊以为生。后当郎中行医看病，偶尔也为报纸撰写稿件，文才渐为世人所知。当时妙法寺（俗称吕祖庙）住持体勤，僧能直、能息等经常邀其研习儒经，受益匪浅。于是在寺内设馆，讲授佛教经典与经史文献。门下弟子除寺内佛徒外，尚有俗家子弟多人，本籍名士张立义，中医王治安等均受业于此。彼时，孙斌已年近花甲，高大的身躯稍见佝偻，宽阔的额头布满皱纹，一绺山羊胡子颔下飘拂，虽然脸色微黄，但双目炯炯有神，讲起课来滔滔不绝，干脆利索，从不拖泥带水。门下弟子钦佩至极，都说："壶中仙先生，名不虚传！"此时每月束脩近百元，生活也比较安定。

1937 年 10 月 17 日，日军占领包头。12 月 1 日，伪"蒙疆联合自治政府"设立包头特别市，任刘澍（字泽霖，山西省偏关县人）为市长。刘澍以年老多病为由申请辞职。12 月 17 日改任名誉顾问。1938 年，刘澍组织人员编纂包头首部民国《包头市志》，素知孙斌才华横溢，博学多闻，亲临门下聘为包头志书主编，孙斌应允。在刘澍主持下，孙斌不顾年事已高，广泛收集资料，查史籍，访遗老，博采传闻，孜孜不倦地进行编纂工作，历经六载，编出《包头市志》手稿。1945 年，正待付梓，战局发生重大变化，无人顾及此事。8 月 15 日日本投降，国民党接收包头以后，市长张登鳌亦曾重视修志工作，又委派孙斌重新整理修改原稿。此时孙斌已年逾古稀，对原稿进行修缮，不日告成。但终因时局变化，国民党政府不久倒台，志书未能刊印。

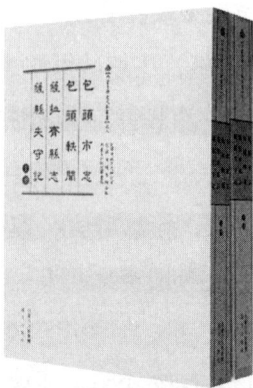

民国《包头市志》稿从清末记到 1940 年，全书十卷（分别为地方志、地理志、农业志、政治志、神教志、人物志、风俗志、艺文志、工商志、杂志——樊尚仁注），卷下设目，共计 97 条目。志书《凡例》称："是编创自丁丑，编于戊寅，毁于己卯，复修于壬午，阅六年而始成。"

孙斌多才多艺，能书画，工诗词。其画宗芥子园，尝作花草小品。行草笔势舒展，体气苍劲。除撰《包头市志》稿外，还著有《新包头市志（痛史）》《鹿野记闻》等。中华人民共和国成立后，上述两书有手抄本藏于包头市档案馆，后经整理，于中华人民共和国成立六十周年之际，收录在内蒙古大学出版社出版的《包头历史文献选编——包头市志·新包头市志·鹿野记闻》一书中出版发行。

1952 年孙斌因病辞世，终年 75 岁。

附：

孙斌《包头八景诗》

（孙斌与刘澍各有包头八景诗，当为唱和之作）

龙泉福地——转龙藏

福地清凉别有天，蒲团净业好参禅。

一尘不染浑忘俗，惟听涓涓响瀑泉。

转龙藏

在包头老城东门外，又名龙泉寺，泽公之所署也，此地风景清幽，佳趣天成，庙祀龙王，前有三泉，修为三螭头以吐水，芳香清冽，终年不涸。庙内有池，池旁植树，夏日游人来此避嚣者，趾相错也，好事者采为包头八景之一焉。

山村胜景——留宝窑子

山村十里麦花香，世外桃源岂杳茫。

闭户不知唐晋事，只听野老话麻桑。

留宝窑子

在包头老城东门外十五里山沟之内，平原一区，别有天地，林木茂密，可谓世外桃源。

南海征帆——南海子

颗颗疏星晓夜阑，征旗掩映傍河干。

车马喧阗随浪滚，但闻珍重报平安。

南海子

在二里半之南，距城十二里，为黄河渡口，行人不绝，帆樯如织，往年夏秋之交，货物云屯，商贾麇聚，盖车驼之渡河者，咸由于此焉。

珍珠纷涌——乱水泉

天池浩淼泻银河，万颗珍珠涌碧波。

夜静只闻声的历，居然棋布似星罗。

乱水泉

在包头老城西二十里，其地有池，池中有泉，棋布星罗，如万颗珍珠纷纷涌上，亦奇观也。

石门叠翠——石门障

雨后山峦似画屏，双峰半赭半含青。

中原自古称天险，丹障何年纪五丁。

石门障

在包头老城西三十五里，即哈达门沟也，双峰对峙，青翠如屏，亦八景之一。

野市闲情——二里半

负郭村居数百家，往来贸易亦繁华。

长亭多少离别恨，载入京包一路车。

二里半

又名和丰镇，在包头老城南门外包头火车站（今包头东站）之南，交通便利，野店茶肆，别有风味，瓜架豆棚，逸趣横生。

古寺丛林——树林召

烟树迷离映落晖，红墙一角掩双扉。

群鸦晚噪斜阳里，林外番僧步月归。

树林召

在老包头第四区达拉特旗地（现属鄂尔多斯市达拉特旗），丛林茂密中露红墙一角，古塔参天，天晚之时，别有佳趣。

三湖印月——三湖湾

长河一曲似悬弧，环抱良田万顷余。

水底天边同一月，乌山胜景说三湖。

三湖湾

三湖湾又写作"珊瑚湾"，旧属包头县第三区，位于今巴彦淖尔市乌拉特前旗，为黄河之支歧，如半环形，水清鱼多，钩艇满河，月下清歌，乐而忘返。

千变万化一张脸
七步八步大舞台 　—— 张玉玺小传

张玉玺（1880—1943年），晋剧表演艺术家，净角，艺名狮子黑。山西定襄县人。

张玉玺幼年家贫，随父亲张铁流落萨拉齐县哈只盖村。初拜陈姓武师习武，余暇读《百家姓》《三字经》等少儿启蒙读物。13岁入本村张明锁戏班学戏。张明锁看他身材魁梧，额高脸阔，眼大有神，有一定武术基础，让他专攻花脸。

张玉玺每天天不亮起床喊嗓练功，风雨无阻，从不间断，长进很快。16岁第一次登台演出，就博得观众好评。

有一年农历正月初二，张玉玺在萨拉齐老爷庙戏台演出，饰演《金沙滩》中的杨七郎，一出场手执长枪，以英迈迅猛的台步扑到台口，"哇呀呀"一声大吼，声荡剧场。在表演追杀韩昌一场戏时，其台步急如风，快如电，猛如雄狮，一派威武英姿。观众大声叫好，都说他演得威武豪放，像狮子一样。从此"狮子黑"的艺名就不胫而走，在群众中流传开来。六年后出科，随班在萨拉齐、包头、归绥一带演戏。经几年演出实践，深感戏路狭窄技艺不足，毅然辞班东赴名伶荟萃的张家口，求师深造。

在张家口，张玉玺拜名净谢天宝（艺名"小昌黑"）为过门师父。学会《八义国》《黄沙岭》《捉放曹》《拿张红》等剧目，艺术上有长足进步。此后又向"渭南黑""月亮黑""梦来黑"等净行（中国戏曲行当的一种）名角请

《匕首剑》中"狮子黑"张玉玺饰演荆轲（左），翁偶虹饰演秦舞阳（右）

教，经诸多名师指点，博采众长，融会贯通，终于自成一派。

张玉玺德艺双馨，成名后，仍谦逊好学，尊重先贤，提携晚辈，从不摆名角架子，也不媚上欺下。

在张家口后期，张玉玺艺术上更趋成熟，成为挂头牌的花脸，先后在小兴园和旧园领班。他不计较牌子和名次，曾扮《翠屏山》中的杨雄，《法门寺》中的刘彪。前者只有六句唱、一套花枪，经他演来，人物形象突出，有气势，为剧目增色；后者只有道白而无唱，经他细致刻画，把个视杀人如儿戏的浑小子演得惟妙惟肖。

1931年，河北保定遭水灾。山西太原举办"水灾救济会"，调六大戏班联合义演。张玉玺正在山西，逢此善举，六班联合，强手如林，一时间山西大戏院集中了大批生旦净末丑的知名艺术家。张玉玺演了《金沙滩》《三击掌》《捉放曹》和《架子山》，表演精湛，在群众中引起强烈反响。义演结束，

"狮子黑"名震遐迩。救灾当局及商会等民众团体，赠其锦旗，上书"花脸泰斗"四个大字。

1933 年冬，张玉玺与刘明山、刘宝山、李子健、常兴业等在山西大戏院公演。太原街上高搭彩棚，买票队伍犹如长龙，又一次引起轰动。临别，商会赠其"文武超群，艺盖中华"之锦旗，嘉其技艺之炉火纯青。

1936 年至 1938 年，张玉玺、李子健两次搭班在北平公演。先后在"广德楼""华北""华乐""新新"等剧场演出《打金枝》《匕首剑》《反徐州》《龙凤剑》《五梅驹》《赠绨袍》等剧目。张以其技艺超群、功力深厚而誉满京华。文人墨客为报刊撰稿竞相评介；京剧界马连良、袁世海等著名艺术家亦同他切磋剧艺，交流经验；京剧名家程砚秋、刘砚亭、谭富英等也观摩他的精彩演出，对他的艺术造诣赞不绝口。在北平演出引起轰动，后赴天津演出同样盛况不衰。在半个世纪的艺术生涯中，张玉玺曾与众多艺术家合作。他表演风格凝重、严谨，致力于挖掘角色的内心世界。嗓音条件欠佳，故注重武功身段，尤其善于通过细节表演刻画人物。《赠绨袍》《匕首剑》《美人图》《五梅驹》《过巴州》《黄沙岭》《回荆州》《凤仪亭》《锁王龙》《取洛阳》《金沙滩》等剧目，均为呕心沥血之作。脸谱勾画十分讲究，色彩鲜明，笔工深厚，线条清晰，演出时配合面部肌肉的控制，脸谱变化极富表现力。人品和艺德有口皆碑。他常对同行说："唱戏的应该自尊，不能叫人看不起。一台戏有价，一个人的为人无价。"

日军侵入中国后，张玉玺为唤起民众的爱国热情，经常演《杨家将》等激发民族精神的剧目。

有一次日本宪兵司令部为迎接上级检查，要求张玉玺演一场比较欢快的戏，张玉玺说："我从不会演喜剧，就善于演悲剧！"一口回绝了日本人的要求。因为拒绝演出，张玉玺无戏可唱，在家整整待了两年后，在同行的劝说下，为了糊口，随班到锡林郭勒盟多伦县六月二十四庙会演出四天，返回萨拉齐时，路过张家口张北县万全坝的狼窝沟时，被日本人无故盘查，遭受毒打，由此罹病，医治无效，于 1943 年含恨去世。

婉转歌喉新唱罢
余音袅袅河套川 ——改勒固小传

改勒固（1880—1965 年），清光绪六年（1880 年）生于准格尔旗布尔淘亥苏木，居住在河套川兵州亥尧村。

黄河自清咸丰十年（1860 年）泛滥后，逐渐南移改道，大约在清光绪十二年（1886 年），大致形成了现今土默特右旗所属的党三尧子、将军尧子、

蒙古族民歌

草原上的民间艺人

四家尧子、程奎海子等东西六七十华里，南北20华里的肥沃土地，被当地人称为"河套川"。

自河套川形成以来，随着走西口大潮，山西、陕西地区汉族移民不断涌入，该地区亦由纯牧区逐步发展为半农半牧区，直至现今的以农为主的农业区。呈现出大杂居小聚居的民族融合形式，为该地区文化和经济的进一步交流提供了足够的空间和便利的条件。流行于该地区独特的准格尔蒙古民歌从音乐特点来讲，属于蒙古短调民歌（短调民歌也有人称为爬山调，山曲儿——樊尚仁注），篇幅短小，曲调紧凑，节奏整齐鲜明，与长调相比，音域相对窄一些。唱词一般是两行，有韵的两句式或四句式，节拍比较固定。歌词内容丰富，有描写爱情和娶亲嫁女的，有赞颂马、草原、山川、河流的，也有歌颂草原英雄人物的，反映了当地的民俗风情。其特点是在音韵上广泛运用叠字。演唱者往往是即兴歌唱，灵活性很强。旧时完全用蒙古语演唱，后来发展为用蒙汉两种语言（"风搅雪"）或单独用汉语演唱。所以，不仅当地的蒙古人喜欢唱，汉族和其他民族的人也喜欢唱这种山曲。

从清末至20世纪60年代初，在河套川有一位蒙古族老额吉，提起她来可谓家喻户晓——有人把她比作河套川上的百灵鸟，也有人说她是准格尔的歌后。她生前曾给王爷、官宦、庶民百姓演唱过准格尔蒙古族民歌，当地许多人都欣赏过她的天籁之声，感受过她用歌声带给大家的快乐。她从一个贫苦牧羊女，成长为河套川传唱蒙古族民歌的领军人物；她用歌喉诠释了当地民歌厚重的历史渊源与丰富的文化内涵，彰显了蒙古族音乐不可替代的文化魅力。她就是居住在河套川兵州亥尧村的改勒固老人。

改勒固出生于歌舞之乡的准格尔旗布尔淘亥苏木。布尔淘亥位于库布齐沙漠南部边缘，这里山峦起伏跌宕，沟壑纵横。其中达尔内壕有清澈见底的溪水从沟底流过，一个人站在山间喊话如同众声共鸣，回音深远悠长。改勒固从小就在这里放牧，她经常独自站在沙坡上，面对坡底溪流和柳荫之下咩咩啃草的羊群放开歌喉。如遇到爱唱蒙古曲儿的人就连羊也不放了，干脆席地而坐蒙郭勒叨喇（蒙郭勒叨喇意为"唱蒙古曲儿"。叨喇也写作"倒喇""捣喇"——樊尚仁注）开来。如此日复一日，改勒固学会许多首准格尔蒙古族民歌。在练就基本功的同时，她还注重演唱技巧，到后来她能整整唱上两天两夜。其间，即便是喝着烧酒唱歌，也不会对她的嗓子有丝毫影响，反而越唱嗓音越清亮。至20世纪30年代，改勒固已经是唱遍准格尔草原的著名歌手了。

1939年春，准格尔旗西协理奇凤鸣因涉嫌亲日，被驻扎在陕蒙边境重镇哈拉寨的东北挺进军马占山部的先遣军总司令白凤翔（军统特务）相逼吞金自杀。驻扎在鄂尔多斯东胜县的国民党中央军门炳岳（时任国民党中央军骑兵第六军军长兼骑兵第七师师长、绥西防守司令。因所部官兵均头戴钢盔，故民间称之为"铁帽军"，也因该团当时驻扎在准格尔旗以南，亦有"南军"之说——樊尚仁注）部骑兵第七师的一个团随即对准格尔旗蒙古人开始了血腥镇压，许多手无寸铁的蒙古族百姓惨遭杀害，其财产亦被"铁帽军"抢夺殆尽，老百姓谓之"铁帽军事变"。

事变发生后，改勒固和独子强九斤（1900年出生，20世纪70年代去世）为了逃避"铁帽军"的追剿，从准格尔旗西北部的高龙渡口过黄河，来到位

牧民艺人在演出

于河套川的兵州亥尧村，躲藏在汉族百姓家里。在邻居们的帮助下，改勒固母子在兵州亥尧村东只有两户居民的胡家圪旦盖起了一个小土房子，一住就是几十年。时至今日，乡亲们为了怀念这位把毕生精力奉献给准格尔民歌的传承人，将其房屋的遗址称为改勒固圪旦。

改勒固平生衣着朴素，一年四季多穿紫红色长袍，且只有冬棉夏单之分。依蒙古族旧俗，从20世纪40年代起，她就如同尼姑一样不再蓄发（以示终身不再嫁人）。

改勒固住到兵州亥尧村后，生活相对稳定，又被东家邀西家请地唱开了民歌。原来和她蒙郭勒叨喇的搭档杨色尔圪令、奇斗林（绰号"跳达斗林"）都是西官府奇子祥警察大队的军警，杨色尔圪令还是河套川东部的河防小队长。在"铁帽军事变"中，他们的部队随西官府一起转移到河套川驻防。杨队长的家眷也辗转到东哈家素定居。歌手依德曼住在哈拉苏博尔（现圪洞堰村北），跳达斗林的家眷仍然留在黄河以南的布尔陶亥，他本人住在党三尧村北城门前边的北营房里，一遇天阴雨湿，"跳达斗林"就不由得要约上老搭档们喝上几盅烧酒，蒙郭勒叨喇起来。改勒固不管是谁请，有约即赴。她和这些老搭档们，不图名利，不计报酬，只有一个目的，蒙郭勒叨喇，传承蒙古民族文化。很快，改勒固的蒙郭勒叨喇就传遍了八十里河套川。

新中国成立后，人民当家做主，改勒固的蒙古曲儿也得到了新的发展。过去田野炕头上的蒙郭勒叨喇走上大雅之堂。1952年，改勒固和她的搭档们代表准格尔旗参加了内蒙古自治区蒙古族民歌文艺汇演并取得圆满成功，会演期间，她的参演曲目《乌林花》成了与会各地歌手传唱的经典歌曲。

大会期间，乌兰夫等自治区领导接见了改勒固等演员。通过这次会演，改勒固成了真正意义上的歌手。

在改勒固生命最后的几年里，尽管已是80多岁的高龄，但她心中始终放不下准格尔民歌，还时常蒙郭勒叨喇几句。1965年，改勒固与世长辞，享年85岁。

天下大势向前走
逆流面前不低头

——经权小传

经权（1883—1918年），字子衡，蒙古族，出生于萨拉齐厅美岱召村一户贫苦农民家庭。

经权幼年入私塾读书10年，熟读《易经》。19岁时，辍学参加农业劳动，后任本村私塾教师。

经权在与进步青年云亨、巴文峒接触中，读了不少康有为、梁启超的著作和同盟会的秘密刊物，萌发了反封建思想。光绪三十年（1904年），经云亨引荐，结识了同盟会骨干王建屏，被吸收为同盟会会员，秘密为革命组织做联络等工作。

辛亥革命爆发，经权被推荐为萨拉齐厅咨议局议员，代表同盟会工作。不久阎锡山率部于民国元年（1912年）11月24日攻占包头。

萨拉齐咨议局选派经权、云亨为代表，星夜赶往包头，迎接阎锡山部东进萨拉齐城。

阎命经权、云亨返萨拉齐做宣传工作，招收人马，配合革命军行动。

29日，革命军攻克萨拉齐城后，经权将所招收的人马，与从监狱放出的囚徒共500多人组成"敢死队"。阎锡山任命经权为管带，张万顺为队长。同盟会中央任命经权为归化城都统。

革命军东进到刀什儿村时，经权、云亨函劝土默特陆军带队官福坦起义，遭拒绝后，双方展开战斗。经权、张万顺率领"敢死队"拼命冲杀，后因革命军统带王家驹阵亡而停止进攻。经权随革命军取道托克托县，返回山西。

民国初年，经权一度在山西忻县为阎锡山训练军队。

阎锡山培植死党，排除异己，对经权的军权与威信很不放心，明升暗降，调经权为太原警察筹备处主任。

经权识破阎的用心，毅然辞职回乡。

回乡后，经权自己出钱修了通往美岱沟的公路，有人劝他："用这么多钱能买多少地，纵然不为自己着想，也该为儿子打算。"经权笑着回答说："儿孙自有儿孙福，给他们留下钱，实际是害他们。"

经权还积极参与反对袁世凯称帝活动。他四处联络，组织武装，去北京、上海向孙中山、黄兴请示工作。

袁世凯称帝后，经权由北京返乡，按照同盟会指示，与满泰、安祥等人发动倒袁起义，被侯宪章向绥远都统潘矩楹告密。潘下令捉拿起义领导人，安祥在万家沟壮烈牺牲，经权也被捕。

潘矩楹在审问经权时，两旁衙役高喊："跪下！"

经权轻蔑地反问："给谁跪？"

潘指着袁的肖像道："给皇帝跪！"

经权冷笑道："我正是反他、倒他，岂能给国贼下跪！我腿可折，跪么，比登天还难！"

潘矩楹大怒，喝令："动刑！"

恰在这时有人进来与潘耳语："袁世凯去世了！"潘便改变态度说："押下去。"

经权被囚禁三个多月后释放，赴北京陆军讲武堂任少校差遣员。职务闲散，郁郁不乐，又因狱中患阴湿病加重，贫病交加，遂告病还乡，于民国七年（1918年）病逝。

塞外包头春潮急
同盟会里第一人

—— 李茂林小传

李茂林（1883—1920年），字松如，祖籍陕西神木。同治年间，祖父李万年已家境殷实。父亲李荣昌迁居包头，在刘柱窑子等地购置田产。清光绪九年（1883年），李茂林生于包头镇大榆树院（东河区财神庙二道巷18号）。

李茂林是包头第一个出国的留学生，也是包头第一个参加中国同盟会（亦为中国革命同盟会，是清朝末年由孙中山领导和组织的一个统一的全国性资产阶级革命政党。1905年8月20日，中国同盟会在东京召开成立大会——樊尚仁注）的资产阶级民主革命者。

清光绪二十八年（1902年），李茂林进入清水河县小学堂，翌年因学习成绩优异被保送到山西师范学堂（现太原学院）。光绪三十年（1904年）升入京师国子监读书，称例贡，并取得五品蓝翎顶戴。同年被清政府派送日本留学，先学医，后入东洋大学警务系学习。

李茂林在日本留学期间，开始接触天赋人权、自由平等一类资产阶级革命学说。他身处异域，耳濡目染，感触良多。对照祖国外受列强侵略欺侮、内受清朝封建黑暗统治的悲惨景象，遂产生变革现实的强烈愿望。

光绪三十一年（1905年），孙中山在东京创立中国同盟会，李茂林是最早加入同盟会的成员之一，经常亲聆孙中山的教诲。同年，随从孙中山由日本赴比利时。

光绪三十二年（1906年），在孙中山的"义师所至，覆彼政府，还我主权"的革命方略指导下，李茂林和许多同盟会员纷纷回国开展革命工作，孙中山亲自送行，并与李茂林合影留念。

李茂林回到包头后，利用各种场合积极宣传先进的变革思想，并且身体力行，动员妻子带头放脚，成为轰动包头的一件新鲜事。

每遇民间社团唱戏，李茂林即利用开戏前的机会，登上戏台演讲，传播革命思想和在日本耳闻目睹的新鲜事物，如火车如何跑得快，取暖用火炉等等，但不为当时闭塞守旧的人所理解，再加看到他头上没有梳辫子，便暗地咒骂他。他还骑着一辆从日本带回来的自行车（包头地区第一辆自行车）满街飞，人们认为他简直是疯了，因此一些守旧的老百姓都叫他"李疯子"。

李茂林任萨拉齐厅委任咨议局议员等职期间，在负责选举、调查烟务、创办教育会、进行劝学等事宜的同时，又以很大的精力秘密发展同盟会员，进行推翻清政府的舆论准备和组织准备。在他及山西派来的同盟会员的宣传鼓动和秘密组织下，包头有了第一批同盟会员，其中有他的同窗好友郭鸿霖、李士元、王定圻等。李茂林家也成了同盟会的秘密联络点，常有北京同盟会的人送密信到他家。

清宣统三年农历八月十九（1911年10月10日），武昌起义爆发，李茂林与山西同盟会派来的王建屏等积极策划响应。王定圻以贩马为掩护，将枪支用柴禾包着运到李茂林家。

是时，驻防归化城的清外八旗边防营管带周维藩率领部分士兵起义，开赴大同支援阎锡山的革命军。途中因内部分歧，其中曹富章、张琳所带的一哨人马，由武川开到包头城北，意欲夺取包头。郭鸿霖、李茂林、李士元、王肯堂等以学董、咨议局议员的身份同驻包头临时主政的五原厅同知樊恩庆（字筱山，山东济南人）协商和平起义及包头独立事宜，劝说其让起义军入城，宣布包头独立。

老奸巨猾的樊恩庆一面佯装"赞同"革命，"欢迎"归绥起义新军入城，一面却密令其部下埋伏于东西两营盘，伺机行动。

12月23日（农历十一月初四），曹富章、张琳率200余名新军，斜背一条白布，经太平桥由东门开进包头，进城后，分驻东街、前街、富三元巷等处。

12月24日（农历十一月初五），阴险毒辣的樊恩庆在包头镇公行（商会）大厅（地址在包头城马号巷）设下"鸿门宴"。

是日晚，樊恩庆以为义军接风洗尘名义，邀请曹富章、张琳等新军首领到包镇大行马号大厅赴宴，同时邀郭鸿霖、李士元、李茂林、王肯堂等地方士绅出席作陪。

同盟会方面对樊恩庆的诡计毫无觉察。

宴会开始，樊恩庆致辞，欢迎起义军进驻包头，赞成包头宣布独立，脱离清廷管辖。

约8时许，随着一声"上菜哇"令下，伏兵四起，枪声大作，毫无戒备的革命军首领曹富章、张琳等七人当场中弹牺牲。李茂林因武功较好，听见枪声后，与李士元、王肯堂机警地躲于桌下，乘隙跳窗越墙跑掉，幸免于难。郭鸿霖受伤被捕，并于次日晨被枭首示众。

在马号大厅枪响的同时，驻在东街、前街的义军也被伏兵围歼，只有驻在富三元巷的义军坚持抵抗直至次日凌晨，从西退出逃遁。

至此，和平光复包头计划宣告失败，史称"马号事件"。

翌年1月，阎锡山率领山西革命军攻占包头后，为郭鸿霖举行了追悼会，李茂林主祭，并写了祭文。阎锡山亲自坐轿到李茂林家（阎与李在东京一同加入同盟会），动员他随自己到山西，李茂林以母亲不同意为由谢绝了阎锡山的邀请。

民国元年（1912年），孙中山在南京就任中华民国临时大总统，李茂林去南京向孙中山汇报北方革命进展情况，协助做南京临时政府的筹建工作。1913年李茂林在北京、石家庄一带活动，做参议员竞选等工作。袁世凯派人秘密监视原同盟会（1912年8月7日，中国同盟会在北京改组为"中国国民党"）。

1913 年，袁世凯就任正式大总统后，于 11 月 4 日下令将国民党强行解散。

李茂林发现服侍跟随他的一名随从窃看他的密信，盛怒之下卡住此人脖子向外猛摔将其摔死。为此，他被袁世凯迫害，在石家庄坐监，袁世凯倒台后才结束了这场官司。

1916 年，李茂林回到包头。在北洋军阀统治下，开展革命工作比较困难，他通过旧交在山西繁峙县、五寨县做过警务长。在此期间与孙中山仍有书信往来。

1920 年末的一天，李茂林长子去石拐拉煤，逾期未归，他不放心，只身骑马去找，从此一去不返。次年 5 月，家里才得知李茂林早已死于石拐煤矿一马院内，尸体黑青，死因不明，后葬于包头刘柱窑子墓地。

勤勉桑梓靖边土
护法军兴砥中流

——满泰小传

满泰（1883—1934 年），字子舒，蒙古族，清光绪九年（1883 年）出生于土默特右翼六甲鄂尔圪逊村（曾属萨拉齐县二区，现属包头市东河区沙尔沁镇）。

满泰早期加入同盟会，参加辛亥革命，开展反清斗争。在 1914 年到 1916 年担任萨拉齐、武川警备队长期间，因反抗绥远都统蒋雁行被缉捕，离开土默特旗。1921 年返回土默特左旗，历任补充团副团长、团长，国民军骑兵第一旅旅长、骑兵第五师师长。1927 年 10 月，骑兵第五师改编为三十军，任军长、绥西镇守使，驻守包头。1928 年任土默特旗总管。1934 年病逝于归绥。

孩童时的满泰，在本村私塾就读十年。因其勤敏好学，出类拔萃，钻研四书五经，深受师长、同学的爱护和拥戴，赞其为"可造之才"。

满泰的青少年时代，正值帝国主义列强瓜分中国，清王朝腐败无能，对外屈膝投降，对内加紧压榨，中华民族濒临亡国灭种的危急时期。此时，以孙中山为首的革命党人，高举反帝反封建的旗帜，奔走呼号，宣传革命。光绪三十一年（1905 年），中国同盟会在日本成立，传播革命火种，号召人们起来推翻帝制，建立共和。1906 年，同盟会总部命令同盟会山西分会会长荣福桐："绥远西部清廷鞭长莫及，应该钻这个空子，招兵买马，预作准备。"举行武装起义。

光绪三十三年（1907年），山西同盟会派遣李德懋、王建屏等前来萨拉齐、包头一带发展同盟会会员。王建屏以教书先生身份在萨拉齐耶稣堂学校立足并秘密开展活动，李德懋则以踢拳卖艺为名，往来于包头、萨拉齐一带秘密开展宣传活动，联络同志。李德懋首先在老包头（今东河区）涂师爷私塾结识了学富五车、思想进步、主张正义的私塾先生富日新，并发展他为同盟会会员。

满泰在私塾房拜李德懋、富日新为师习武，学习各路拳脚功夫。满泰白昼读书，早晚习武，文武兼进。特别是在习武方面，每当雄鸡初唱，顶着满天星斗开练，晚间又披星戴月地认真操练。李德懋见其勤奋好学，以为将来必成大器，于是，更加悉心教练，并着力培育其武德修养，明确要求做到"练筋骨、扶正义、斗邪恶"。经过数年学练，满泰先后学会了少林派的长拳、形意太极、轻重拳、八卦诸门，并对阴把缠枪和刀矛剑戟等兵器颇有心得。

富日新、李德懋在教授满泰武功和文化知识的同时，还相机向其推荐阅读同盟会印行的报刊书籍，灌输革命思想。在认为其思想已经比较成熟时，李德懋及时介绍其加入了同盟会，立志"驱除鞑虏、恢复中华、创立民国、平均地权"。

1909年，清政府下令各省成立咨议局，满泰被选为萨拉齐厅咨议员。1912年1月12日，山西阎锡山率革命军进入包头，"一日之间，旌旗变色、全市庆祝、欢声雷动"。（方仲纯《辛亥塞北革命纪略》）

这时，绥远城前八旗统领谭涌发率200余名营兵从归绥（呼和浩特旧城）赶往萨拉齐。

满泰得知消息，星夜前往包头给阎锡山报信。1月17日，满泰为先导，阎锡山率军占领萨拉齐城。

1914年，满泰任萨拉齐、武川两县警备队长。1915年12月，袁世凯复辟帝制，各省呼吁"自治"，满泰亦提出"绥人治绥"。

1917年7月1日（五月十三日），张勋复辟，解散国会，废除《临时约法》。复辟消息传出后，立即遭到全国人民的反对，孙中山在上海发表《讨逆宣言》，段祺瑞在日本帝国主义的支持下，组成讨逆军，防守的"辫子军"（张勋所统的定武军为了表示对清政府的忠心，在其他部队都已剪去长发的情况下，该部依旧禁止剪发，被称为"辫子军"）一触即溃，张勋在德国人保护下逃入荷兰使馆。复辟丑剧仅仅上演了十二天就在万人唾骂声中收场。

同年9月，孙中山召开非常国会第四次会议，提出恢复《临时约法》，开始"护法运动"。时任萨拉齐县教育科长刘会文等参加此次会议，回来后立即着手开展"护法运动"，山西革命党人还派乔熙来萨拉齐指导护法斗争。由满泰联络萨拉齐县五区（善岱）保卫团安祥、萨拉齐县保卫团团总侯宪章、土默特旗矿巡队云亨、萨拉齐县一区区董（由民众选举，掌管区内庶政。后改称区长）李雨田，决定起兵护法，拟偷袭归化城，逐走绥远都统蔡成勋，实现"以绥治绥"，并在善岱镇高举义旗，声讨段祺瑞破坏《临时约法》的罪行。

1917年11月3日，满泰、安祥、云亨、李雨田、刘会文率领萨武警备队、萨拉齐县五区保卫团、土默特旗矿巡队在善岱起义护法。侯宪章因萨拉齐县城戒备森严，未能率萨拉齐县保卫团起义。萨拉齐其余四个区的保安团见城里平静也不敢举事，原先准备起义的准格尔旗地方武装也坐观以待。因此，起义军无法进军归化城（今呼和浩特旧城），又转战准格尔旗准备长期坚持斗争，没想到在准格尔旗一士兵打死了某仕官的胞弟，立即遭到拦截，无奈只好转战武川，都统蔡成勋派萨拉齐城马德润营追击。最后，起义军被包围在万家沟打窑滩儿（打鹰子），李雨田张口大呼冲杀，不幸中弹倒地阵亡。刘会文坐骑中弹，自身负伤倒地，被部下马骡救走。安祥被围在窝铺大院，由于敌人放火被焚。起义者安侦拼死还击，掩护队伍撤退，最后饮弹自毙。满泰、云亨辗转脱险，起义者乔熙被捕后，被带回察素齐杀害。此次起义史称"五英雄起义"。

满泰护法失败后，投奔其叔父五当召大喇嘛雅仁丕勒。到五当召后他装扮成小喇嘛避难，后到烟台投奔原萨武警备队司令王朝烈当差。

绥远都统下令通缉满泰，并将满泰的家产全部没收，将其妻和兄弟姐妹四人囚禁于庙里，后村民贿赂通看守人员，四人才得以逃脱，过上流浪生活。

1921 年，马福祥接任蔡成勋为绥远都统，撤销对满泰的通缉令，满泰回到绥远，经土默特地方武装绥远骑兵补充团（亦称"老一团"）团长玉禄推荐，满泰出任"老一团"团附。满泰协助剿匪，作战勇敢，深受百姓信赖，因保乡有功，由中校团附升为骑兵第三团上校团长。

1925 年，团长玉禄在伊克昭盟（今鄂尔多斯市）剿匪，被土匪苏雨生、金宝山、刘喇嘛诱入杨三虎圪卜，受伤被俘后夺枪自杀（坊间传说"吞金戒指自尽"），土匪残忍地割头而去。满泰继任"老一团"团长，率部为玉禄报仇，追剿苏雨生、刘喇嘛等股匪，迫使其归还玉禄的遗体后四处逃亡。从此，伊克昭盟和包头遂得以安宁。

1926 年，"老一团"改编为绥远骑兵旅，满泰任旅长兼绥西司令。1927 年满泰晋升为晋绥第三师中将师长，驻防包头。当年绥远都统商震北伐张作霖，满泰被任命为绥远特别区护理都统。三个月后，奉军入绥，满泰改任奉军三十一军军长兼绥西镇守使。1928 年，张作霖奉军退回关外，阎锡山重新占据绥远，免去满泰担任的军职，先后任土默特旗总管及"蒙边司令"和"绥北、绥西护路司令"两个名誉职务。满泰任职后将个人和土默特旗公费削减一半，以充实教育经费。他还奖励蒙古族青少年到外地升学，升大学者奖励 100 元，对鳏寡孤独户按年发给救济，深受百姓欢迎。

1933 年以后，满泰因多年积劳成疾，不能坚持正常工作，旗政事务多由秘书长荣祥代理。1934 年 7 月，满泰病逝于归绥，终年 52 岁。

民国《萨拉齐县志》称：满泰"一生慈善为怀，淡泊权利，无党无派，以爱护桑梓为主旨，诚萨邑（当时萨拉齐管辖鄂尔圪逊）杰出之人物。"然而，满泰永垂千秋的是起兵护法——在资产阶级民主主义革命中，塞外满泰响应孙中山"护法运动"的号召，在包头萨拉齐举行了护法武装起义，实属包头资产阶级民主革命的先驱者，在包头近代革命历史上具有重要意义。

遇人不淑关生死
常使英雄泪满襟　| ——郭鸿霖小传

　　郭鸿霖（1884—1911年），字润生，号喜亭，祖籍安徽省。郭鸿霖父亲郭向荣是前清武举人，清同治元年（1862年）在安徽总兵所辖寿春标任职，后随陕甘军务钦差大臣左宗棠入陕转运粮饷；同治十二年（1873年）因转运粮饷有功，负伤百处而升为副将。光绪七年（1881年），郭向荣随伊黎将军金顺屯戍包头，退伍后定居包头，在土黑麻淖（蒙古语，意为有沼泽的地方，位于今包头市九原区）购置大量土地，并在包头镇购地建房，逐渐形成街巷，人称"郭老太爷巷"，即包头市东河区牛桥街郭家巷（1996年"5·3"6.4级地震之后，包头市进行重建家园与旧城改造时，在包头市政协多方协调与呼吁下，郭家巷整体得以保留。2002年底，东河区北梁实施棚户区改造，郭家巷二号院、三号院、四号院、五号院均被拆，仅一号院和六号院保存相对完整——樊尚仁注）。清光绪十年（1884年），郭鸿霖生于包头镇牛桥街郭家巷。郭鸿霖兄弟9人，两个妹妹，

郭家巷民居"泰山石敢当"

他排行老四，人称"郭四少爷"。

幼年时，郭鸿霖受教于山西保德州优贡生尹斯文在包头创办的塾馆。光绪三十一年（1905年），郭鸿霖考取秀才（明清两代院试录取后称生员，通称秀才）。成年后，因出自宦门，家境富裕，且交游甚广，有一定社会影响，任马王庙两等学堂堂长。辛亥革命前，山西同盟会派遣王建屏、弓富魁、李德懋等赴萨拉齐县、包头镇发展同盟会员，进行革命活动。此时，早在日本就加入同盟会的同窗好友李茂林归国，回到家乡包头开展革命工作，在他们的影响下郭鸿霖等一批有志青年在包头秘密加入同盟会，并同萨拉齐的经权、云亨、满泰、安祥等蒙古族同盟会员结成一支进步力量。

1909年10月，清政府下令各省成立咨议局，郭鸿霖当选为咨议员。马王庙两等学堂成为包头同盟会会员活动中心，经常在学生中宣传孙中山主张，郭鸿霖还经常奔走于包头与五原之间，进行革命活动。他多次去外八旗（清代在绥远的一种建制）巡防队宣传革命思想，动员管带（清代军事职官名称）王紫绶、李德功等举行起义，还劝说寄治在包头的清政府五原厅同知（明清时期官名，为知府的副职）樊恩庆（字筱山，山东济南人）"立功自赎"。

1911年10月10日，湖北武昌起义爆发，10月29日，山西新军八十六标标统阎锡山杀死上任仅23天的山西巡抚陆钟琦（字申甫，1848年生，顺天府宛平人，原江苏布政使，10月6日抵太原就任山西巡抚——樊尚仁注）起义，并派毛智和骑快马将密信藏于蜡丸中，赶赴包头交郭鸿霖，敦促包头同盟会会员响应。此时同盟会会员杨云阶、云亨、王定圻等人从北京赶回包头密谋起义。郭鸿霖等人把起义的希望寄托在五原厅同知樊恩庆和管带王紫绶、谢若霖身上，约定11月1日举行起义。正值此时，阎锡山在娘子关战败，樊恩庆、王紫绶等动摇，李德功部又驻守东胜不能赶回包头，致使起义告吹。

此时，驻防归化城（呼和浩特旧城）的清外八旗边防营管带周维藩率领部分士兵发动起义，开赴大同支援阎锡山的革命军。途中因内部分歧，外八旗巡防队哨官曹富章、张琳率众返归化城，遭清军袭击，迫使曹富章等率部奔武川辗转石拐开到包头城北，意欲夺取包头。

马号事件旧址——包镇公行（包头市第三批文物保护单位）

　　郭鸿霖、李茂林、李士元、王肯堂等以学董、咨议局议员的身份同假装同情革命的樊恩庆协商和平起义及包头独立事宜，劝说其让起义军入城，宣布包头独立。

　　老奸巨猾的樊恩庆一面佯装"赞同"革命，"欢迎"归绥暴动义军入城，一面却密令其部下埋伏于东西两营盘，伺机行动。

　　12月23日（农历十一月初四），曹富章、张琳率200余名新军，斜背一条白布，经太平桥由东门开进包头，进城后，按照樊恩庆的谋划，将起义军分别安置（驻）在东街、前街、富三元巷等处。

　　12月24日（农历十一月初五），阴险毒辣的樊恩庆在包头镇公行（商会）大厅（地址在马号巷）设下"鸿门宴"。是日晚，樊恩庆以为义军接风洗尘的名义，邀请曹富章、张琳等新军首领赴宴，并邀请地方士绅、同盟会会员和咨议员巴文峒、云亨、王肯堂、李士元、李士修、李茂林等地方士绅出席作陪，由郭鸿霖负责接待。而同盟会方面对樊恩庆的诡计毫无觉察。

宴会开始，樊恩庆致辞，欢迎起义军进驻包头，赞成包头宣布独立，宣布脱离清廷管辖。

晚8时许，随着一声"上菜哇"令下，伏兵四起，枪声大作，毫无戒备的革命军首领曹富章、张琳等七人当场中弹牺牲。李茂林因武功较好，听见枪声后，与李士元、王肯堂机警地躲于桌下，乘隙跳窗越墙跑掉，幸免于难。郭鸿霖当场受伤被捕（一说"郭鸿霖负伤后乘夜色逃至妙法禅寺灵枢宝地躲避，不幸第二天被捕"），次日被砍杀在草市街，并将其头颅悬挂在牛桥街，枭首示众七天。

在马号大厅枪响的同时，驻在东街、前街的义军也被伏兵围歼，只有驻在富三元巷的义军坚持抵抗至次日凌晨，从西退出逃遁。至此，和平光复包头计划即告失败，绥远城将军堃岫立即向总理大臣袁世凯报告称："将祸首郭鸿霖……擒拿正法。"这就是郭鸿霖等革命志士兴义失败、惨遭暗算的包头"马号事件"。

翌年1月，阎锡山率领山西革命军进攻包头，王肯堂迎接起义军都督阎锡山进入包头，为郭鸿霖等殉难烈士召开了隆重的追悼会。李茂林撰写祭文并主祭。

云横塞上家何在
雪拥太原马不前 —— 云亨小传

云亨（1884—1925年），字嘉惠，蒙古族，光绪十年（1884年）生，土默特右旗沟门乡后湾村人，家境贫寒。少儿时期，先在本村就读私塾，后得友人援引，去包头城读书8年。光绪二十八年（1902年）入古丰书院（1903年改为归绥中学堂，后改称归绥中学校，今呼和浩特第一中学——樊尚仁注）第一班，光绪三十一年（1905年）毕业。在归绥中学读书期间，常与巴文峒等人阅览宣传旧民主主义革命的报纸、书刊，接受了革命的启蒙教育。毕业前夕，经王建屏介绍加入同盟会，投入革命宣传活动，学习、教唱"十二糊涂歌"，反对缠脚，带头剪剃发辫，介绍经权等蒙古族青年加入同盟会，与清朝政府为代表的封建专制统治实行决裂。这些革命活动，虽引起当地满、蒙上层封建势力的诘难，却受到广大群众的拥护。

归绥中学毕业后，云亨得到地方津贴补助，于宣统二年（1910年）5月考入北京殖边学堂（清朝蒙古王公在北京设立的民族学校，专门培养蒙藏专门人才——樊尚仁注）。这时正值辛亥革命前夜，以孙中山为首的资产阶级民主派领导的反清革命起义前仆后继，此起彼伏。宣统三年（1911年）4月27日的黄花岗起义失败后，同年9月，云亨辍学，受同盟会派遣，回土默特地区策划起义。他先在土默特"启运书院"（土默特高等小学堂）组织会议，发表演说。继而奔走归、萨、包之间宣传联络，暗做准备工作，崭露头角，被荐举为萨拉齐抚民同知厅咨议局议员。

1911年10月10日（辛亥年八月十九日），武昌起义，全国响应。10月29日山西新军［暂编陆军第四十三协（旅）］中的革命党人发动起义，在太原山西巡抚衙门杀死到任23天的山西巡抚陆钟琦，成立山西军政府，举荐阎锡山为都督。阎锡山率部分起义新军北上，于11月25日攻占包头。云亨受萨拉齐厅咨议局委派赴包，欢迎阎锡山率部东进萨拉齐厅。阎锡山派云亨速返萨拉齐策动响应。东进军占领萨拉齐城，派王家驹到水涧沟门把云亨请到萨拉齐，共商进兵归绥等大事。12月8日，云亨等随锡山率部离萨，向归绥进发，是日晚东进至陶思浩。同日，同盟会中央任命云亨为绥远城将军。9日，革命军在道什尔村口与福坦带领的土默特蒙古军遭遇，云亨与经权函劝福坦起义遭到拒绝，于是双方展开激烈战斗。阎锡山的前线总指挥王家驹中弹阵亡后，革命军取道托克托县河口镇，折返山西，云亨随军赴晋抵忻州。

当时，南北议和尚未告成，早已继任山西巡抚的张锡銮和北洋三镇协统卢永祥控制着山西政局。阎锡山的军队被困在忻州，回不了太原，委派云亨前往北京找袁世凯交涉，袁世凯挟嫌推诿，以自己无权任命督军为由，把事情推到南京政府身上。

云亨南下上海、南京，分别晋见孙中山和黄兴，为在南北议和中确认太原新军起义的历史地位和南京政府承认阎锡山的督军地位起了重要作用。返晋后，南北和议告成（1912年2月12日，清帝溥仪下诏退位。次日，孙中山辞去中华民国临时大总统职务。15日，临时参议院选举袁世凯为临时大总统。南北议和结束——樊尚仁注），阎锡山成了山西省都督，在副官处给云亨安排了一个闲散职务。

1915年，阎锡山派云亨协助孔庚镇守包头。云亨8月到任，10月孔庚就被调任大同镇守使，结果孔庚被迫交出军队，就此下台。云亨跟着失去着落，无处就附。时值袁世凯操纵国民代表大会，就国体进行投票，阴谋取消共和体制，实行君主立宪，推戴袁世凯为洪宪皇帝。资产阶级民主派发动的反袁世凯武装起义正在酝酿，云亨和孔庚旧部的一些革命党人离晋赴陕，投入了胡景翼、弓富魁领导的倒袁运动。时隔不久，云亨又被阎锡山用甜言蜜语骗回太原，一下火车，就被扣捕起来，押送北京，向袁世凯邀功请赏。到了北京，袁氏已经一病不起，不日便命归黄泉，于是云亨得以解脱。

几番折腾，云亨终于识破了阎锡山的本来面目，他带着屈辱和愤怒由北京返太原，阎锡山不知羞耻，竟假惺惺地到车站迎接，把扣捕、押解云亨的罪责一股脑儿推到袁世凯身上，说他自己"完全不能自主"。并送了百元旅费表示歉意。对阎氏的拙劣表演，云亨嗤之以鼻，激愤不已，掷还"旅费"，拂袖还乡，继续投身于反对北洋军阀的斗争。

1919 年，云亨和国民党派来的乔之和等人，发动地方武装，同军阀都统蔡成勋的部队作战，不幸在今土默特左旗察素齐镇的万家沟被包围，吃了败仗，乔之和牺牲，满泰化装成喇嘛，躲在五当召避难，云亨潜伏在石拐煤窑躲避风头。风声渐息，云由石拐回到水涧沟门，在村里做私塾先生。

1925 年初，云亨应冯玉祥之邀赴京，冯让其随胡景翼的国民第二军前往河南，收编吴佩孚的残余部队，同时联络自粤返豫的建国豫军，筹建国民第五军。

2 月下旬，胡景翼与憨玉琨（原属镇嵩军第三师师长，后被直系军阀吴佩孚编为中央陆军第三十五师，奉吴佩孚电令东出潼关，陈兵洛阳西郊，广为招兵，收编土匪，队伍迅速扩至六个混成旅，兵员达 4 万多人——樊尚仁注）战争爆发，在以洛阳为中心，东迄郑州、西至灵宝的八百里铁道线两侧展开，陕西省省长刘镇华率陕西境内的镇嵩军入豫援憨玉琨，双方投入兵力达 20 余万。国民二军利用铁路运输之便，迅猛向西推进。憨玉琨竭力反击，终因内部不团结而遭惨败。3 月 8 日，国民二军占领洛阳。陕西省省长刘镇华率镇嵩军主力西退陕灵，憨玉琨仅带残部 60 余人南逃嵩县。及至大章，众叛亲离，便吞金自尽。3 月 21 日，陕军败北。胡景翼班师洛阳，占领河南。战火刚息，时局动荡，一天，云亨去洛阳西关外的一个黄土坡上观察地形，不幸中弹身亡，终年 42 岁。

毁家纾难图救亡
烽火硝烟大青山

—— 乔培玲小传

抗日战争时期，在大青山、土默川和晋西北传颂着一位深明大义、毁家纾难的巾帼英雄乔培玲，人们亲切地称她王老太太。1943 年，延安的报纸以《革命母亲》为题，报道了她的英雄事迹。

土默川的女强人

乔培玲（1884—1966 年），清光绪十年（1884年）出生在归化城土默特陶思浩村（今属土默特左旗）名门望族家庭，19 岁嫁到美岱召镇河子村（今属土默特右旗）家大业大的王家。

1915 年秋的一个雨天，得知土匪进村的消息，乔培玲带着年近古稀的婆母和四个年幼的子女，躲藏在高粱地里。绥西大土匪卢占魁率众匪闯入王家，丈夫王建业在家用火枪抵抗，被土匪打死，家中的金银财宝、贵重物品被洗劫一空，临走还把房屋付之一炬。年仅 31 岁的她含泪操办完丈夫的丧事后，挑起重振家业的重担。

当年，大儿子王培玉 10 岁，女儿 8 岁，二儿子王经雨 4 岁，三儿子王如玉仅 2 岁。为避微词，她只雇十五六岁的少年当长短工，亲自领这些"娃娃兵"下地劳动，尤其是浇地时，更是不避晴雨，不分昼夜。经过数年之艰辛创业，家业又逐渐发展起来，拥有豪华院落 3 处，水浇地 500 多亩，骡、马、牛、驴 10 余头（匹），羊数十只，大车 3 辆，树木 3000 多棵。但是好景不长，1937 年 10 月，日寇的铁蹄踏进绥远的土地，制造了灭绝人性的萨拉齐镇惨案，萨拉齐蒙汉各族人民惨遭杀戮。

天下兴亡　匹夫有责

面对日寇的罪恶行径，王老太太经常以"天下兴亡，匹夫有责"培养儿女们的爱国主义思想。王老太太虽没有文化，但从小就给孩子们讲她出嫁前听戏记住的《三国演义》《岳飞传》《水浒》等书中英雄人物的故事。全民抗战后她又对全家人说："要不怕苦、不怕难，抗战要抗到底。没有国，怎能有家？抗战，儿子完不成，孙子接着干！"子女们正是在她的教育下，在国难当头时挺身而出，参加了革命。王培玉担任萨县抗日民主政府的保管员，悉心照顾八路军伤病员和干部家属。一天他出沟为伤病员搞药材，遭日本鬼子伏击，不幸中弹牺牲。王经雨组织萨县游击队，任队长，并担任萨县抗日民主政府县长。王如玉参加了八路军，后在中共萨县县委任职。孙女王友梅是萨县抗日武装唯一的女干部。就连她收留的大阳洼行乞的张同也加入了中国共产党，他以王家长工为掩护，从事抗日秘密活动。张同的长子、王老太太的义孙张占元也参加了八路军，新中国成立后曾任土默特右旗政协副主席。

那时，王家成了开展抗日斗争的一个秘密联络站。八路军大青山支队和动委会派中共党员于源、刘启焕、王弼臣到土默川开展地下工作，以走亲戚、当长工为掩护，经常吃住在王家。王弼臣名义是王家的长工，但一天也没下地劳动，而是以长工身份为掩护从事革命活动。刘启焕以货郎为掩护，走村串户宣传抗日，被刘启焕称作"干妈"的王老太太为他置办货郎担。刘启焕有好几次被敌人盯梢，他只好扔掉货郎担躲避。丢了货郎担，干妈再给他置办，前前后后置办了好几副。

王老太太还是一个合格的"警卫员"。一天晚上，于源、刘启焕、王弼臣和王经雨正在前院研究组织抗救会事宜，突然响起了咚咚的敲门声，院子里的狗叫个不停。王老太太机智地把同志们藏到后院的地窖里，上面盖上柴草。然后，她从容地去开门，闯进了查户口的伪警察。敌人边查户口边鬼头鬼脑地东张西望，还问这问那，王老太太都镇定地应付过去。这个地窖也是王老太太替党藏油印宣传材料和革命刊物的秘密地方，从未被敌人发现。1939年初，王老太太每天晚上叫家人都到后院睡觉，把前院腾出来，让给大青山下来的军政干部和地下工作者住，她和大儿子负责招待和放哨。

王经雨刚组织起游击小组，没钱买武器，王老太太就慷慨资助，一次就拿出大烟土200两，卖掉换来枪支。

活着不做亡国奴

1939年9月，王经雨因除掉双手沾满人民鲜血的美岱召镇警察署汉奸达挠暴露了身份，上了大青山。他带领游击队活动在萨县一带，给日伪军以有力打击。敌人恨之入骨，并丧心病狂地迫害王经雨的家人。具有民族气节的王老太太面对日伪军的迫害，掷地有声地说："活着不做亡国奴，死了不做亡国奴的鬼"。为了躲避敌人，她一面变卖家产，继续资助八路军和游击队，一面带着家人东躲西藏，居无定所，吃了不少苦。从1940年到全国解放，她走遍晋西北的偏关、平鲁、朔县、神池、五寨、左云、右玉、岚县、兴县等县，又来往于内蒙古的凉城、清水河、丰镇、察右前旗、集宁、卓资山之间，行程难以计算。

1940年2月，八路军大青山骑兵支队司令员姚喆派萨县游击队指导员杨思华带着张永兴、杨春、张志成三位班长，把王老太太和她的大儿子及两个孙子、一个孙女接上山。从此，王老太太在大青山和八路军一起抗日。上山后，王老太太和战士们同生死、共患难，住窑洞，吃野菜，"转山头"，挨饿受冻，受尽磨难，但是她从不叫苦，总是说："这点苦算个甚！"

王老太太（右）与儿子王经雨的岳母在颐和园合影，拍摄于1958年前后

1942 年，日寇对大青山游击根据地实行大"扫荡"和经济大封锁，根据地军民生活极端困难，断炊的事经常发生。干粮多为炒扁豆、蚕豆、莜麦。王老太太已是牙齿脱落的老人了，吃这些东西往往牙床磨出血。她吃一粒蚕豆，要在嘴里含很久，直至用口水泡软，才能嚼烂咽下。敌人疯狂"扫荡"绥西，绥西专署、萨县政府机关和部队暂时撤到外线。为了给部队减轻负担，王老太太坚决要求和两个孙儿、几个伤员留下来，隐藏在深山野岭的石崖下、山洞中，冷得不行就在地上挖个坑，坑里点上火，上面盖上石板。她和孙儿们以野菜充饥，把节省下的粮食给伤病员吃。绥西专署副专员靳崇智返回这一带活动，给王老太太留下 20 斤蚕豆圪糁，就这点粮食，他们维持了 40 多天，一直坚持到敌人撤退。

1943 年春的一天，日寇"扫荡"井儿沟，王老太太和战士们一样爬十多里的陡山，靳崇智在回忆录中忆述："这天，老人家正患病，一边走一边呕吐不止，但她仍然坚持和同志们行进在崎岖的山间小路上。同志们看到这位年近花甲的老母亲挪着一双小脚，艰难地走在布满乱石荆棘陡峭的山路上，心里非常不安，都想过来搀扶她走。但她怕影响部队的行军速度，不忍心拖累大家，坚决不用搀扶。脚疼得实在不行了，就跪着走，遇有陡坡就爬着上。

同志们被感动得流下了眼泪……后来组织上为了照顾她，给弄了一匹马让她行军时骑，但她经常让伤员骑着，自己跟在后面走。"

有一次，在武川红军坝"转山头"，她的鞋底磨破了，仍在艰难地行走。究竟转了多少个山头，难计其数。据其孙儿、包头市人大常委会原副主任王友众回忆："我跟着祖母转过的山头有东沟、石湖、小北沟、猴山、八峰山、井儿沟、大阳洼、德胜沟、后窑子、彭叔营、红军坝、毛不浪梁、马化龙坝、泉子坝等。"王老太太为抗日吃大苦、耐大劳的精神极大地鼓舞着战士们的斗志。大家表示，我们这些年轻人要豁出性命打鬼子。在 1979 年一次座谈会上，抗战时任武归县长的王威回忆起王老太太"转山头"的情景仍老泪横流。

王老太太还是位"好后勤"，她像慈母一样关心爱护着战士们，经常给战士们洗补衣被，钉纽扣。她还是一位"好护士"，好多伤病员在她的精心护理下，伤痊愈后重返前线杀敌。小战士高志的腿负了伤，因当时没有药，伤口严重化脓，不能行动。王老太太不仅为他端屎倒尿，还翻山越岭寻找草药，

王老太太故居

煎好后每天多次给他洗伤口。在王老太太的精心护理下，小高的伤好了，高兴地归了队。令人惋惜的是，1942年冬天高志为掩护八路军绥西三团邓舜兰副团长突围时不幸牺牲，年仅20岁。此为后话。

在纪念中国人民抗战胜利60周年之际，王老太太的二孙子王友众接受采访时，对祖母的教育仍然记忆犹新，"我祖母当年对二叔王经雨说，你从小衣来伸手，饭来张口。当八路军再苦，也要走到头。1946年冬，祖母教育我二姑，我们家的人都是八路军。跟了共产党、八路军，就不能说他们不好。儿不嫌母丑，狗不嫌家贫嘛。"

1966年5月，王老太太在家乡病逝。她毁家纾难，带领全家参加抗日斗争的感人事迹，至今还在内蒙古西部地区人民群众中广泛传颂。这位抗日巾帼英雄为了民族大义，慷慨奉献的精神、不怕困难的顽强意志，仍在激励着今天的人们。

悬壶济世存机变
治病救人有妙方 | —— 陈清濂小传

  陈清濂（1884—1966年），山西省大同市天镇县人。少读私塾八年，15岁时学缝纫，后随本县名医王彩学习八年，满师后在家乡独立悬壶行医。

  清光绪三十三年（1907年），陈清濂应友人之邀请至大库伦（今蒙古人民共和国首都乌兰巴托）行医十四年。1921年来到包头定居，家住包头城东街39号院，以其精湛的医术和高尚的医德，深受老包头广大患者的信任与敬重。

  新中国成立后，陈清濂有感于新旧社会天壤之殊，不顾年迈体弱，始终以积极饱满的热情投身到医疗卫生工作当中。他始终谦虚谨慎、大公无私、忘我地奋战在临床和培养中医新生力量的一线上。1956年，内蒙古自治区卫生厅为继承和发扬祖国医学遗产，设立中蒙医研究所。陈清濂受聘从包头前往呼和浩特中蒙医研究所工作。他老当益壮，倍加努力，被评为呼和浩特市、内蒙古自治区先进工作者。被邀请为政协内蒙古自治区第二届委员会委员，历任内蒙古自治区第三届人大代表，并担任内蒙古自治区卫生厅中医顾问、中医学会名誉理事长，内蒙古科委专家组成员，被授予针灸专家称号。1958年，出席全国医药战线

"群英会"，受到周恩来总理亲切接见。

陈清濂擅长内妇科，尤精针灸。内科遵仲景、景岳之学，善治偏枯（脊髓空洞症）、脾肾诸病；妇科遵金匮傅氏，善治妇科症瘕（腹中结块的病）、带下；针灸遵《针灸大成》，善治中风、痹症。且能兼收各家精髓和民间单方、验方，用于临床。临床辨症主张脉症兼重，四针合参，精思取舍，才能切中病机。每每教导后辈："诊无玄妙，贵在勤学精思，平素多多研讨经论，识常明理，临床始能见异知变，明察其假。"临床论治，主张据证知理，因理立法，然后遵法斟酌针药补泻。对孙思邈"燔针白针，皆需妙解。知针识药，因是良医"的论述十分推崇。尝谓："针药各有所长，切不可执一废一，试观为医之古圣先贤，未有药治而弃针，亦不见用针而不识药者。所以，在临床诊治中，凡补养气血，推荡积滞多用药治；通经导络，调理脏腑，多用针治，度病而施。"

陈清濂处方用药，规正简廉，以仲景伤寒、金匮为根本，潜心体会，临床据症用方加减变化，每方用药，皆常用之品，不枉用参草之类和奇缺昂贵之品。取穴用针，严守法度，论证配穴，必以脏腑经络辨证为根据，补泻依理法而施运。针灸注重"意在针先，以意领针"，针随令行，从不枉施一针。对火针、挑割担截过海针都具有丰富经验。

陈清濂一生注意临床实践，不甚著述。1959 年，内蒙古自治区中蒙医研究所为了及时抢救继承陈清濂的学术经验，从呼和浩特和包头临时聘调了陈清濂的 4 个门徒，组成了专业对口的专门班子，集中力量整理、继承陈清濂从医半个多世纪的宝贵经验。1962 年，《陈清濂临床经验选辑》初稿杀青，拟分为数集逐步印行。是年，《陈清濂临床经验选集》第一辑（油印本）面世。该书后经道教全真华山派第二十代玄裔弟子、主要从事道医医疗与文化研究工作的贺信萍道长整理，于 2019 年 3 月由中医古籍出版社出版发行。《针灸提法心传》因历史原因未能问世。

陈清濂培育后继 17 名，皆已成为各地医疗部门的骨干人才。其传略入编 2001 年 10 月出版发行的《包头科学技术志》（内蒙古人民出版社）。

江桥抗战第一枪
整兵绥远再出征

——马占山小传

马占山（1885—1950年），字秀芳，祖籍河北省丰润县，清光绪十一年（1885年）十一月三十日生于吉林省怀德县。

1929年12月，张学良将军在东北易帜后，任马占山为黑龙江骑兵总指挥，翌年10月，马占山又被任为黑龙江警备司令兼步兵第三旅旅长。

1931年，日本帝国主义发动九一八事变，炮击北大营，占领沈阳城，又染指黑龙江，激起东北军民的无比愤慨。

是年11月4日凌晨，在7架飞机掩护下，13000千余名日军向江桥、大兴等地发起猛烈进攻。马占山率领守军奋起反击，打响了中国武装抗日第一枪，爆发了震惊中外的江桥抗战，从此，拉开了中国局部抗战的序幕。

江桥抗战与敌激战半月余（至11月19日齐齐哈尔沦陷），马占山的兵力损失了1/3，人员仅剩2000多人，军械粮饷、财经开支等极为困难，而南京中央政府却不给马占山部队一枪一弹、一兵一卒的支援。此时，日军大批增兵，两路夹击进攻马占山部。马占山被迫率部退往海伦，通电全国请求中央政府迅即组织或者调集各地抗日义勇军，开赴东北与其一同收复失地。这时，日本方面则加紧对马占山的军事压力和诱降攻势，击败了马占山的两支友军，侵占了哈尔滨。马占山见部队有被日军包抄歼灭的危险，经过反复考虑，决定诈降日军，出任伪黑龙江省省长兼任伪满洲国军政部总长之职。

马占山的"投降"使日军松了一口气，从而对其放松了警惕。40 天后的 1932 年 3 月 31 日，马占山将黑龙江省盐款、借款金票、税款共 2400 万元、军马 300 余匹、重要物资 12 卡车悄然运走；4 月 1 日晨，他率领第三旅官兵 200 余人，离开齐齐哈尔，通电全国宣告反正，重新举起抗日大旗。

马占山在拜泉约集李杜、丁超、苏炳文等各路军的代表开会，改黑河警备司令部为省府行署。三路人马公推马占山为黑龙江省救国军总司令（总司

1931 年 11 月 18 日，日军占领黑龙江省党部礼堂

令部设在哈尔滨），救国军驰骋于东北边陲的抗日疆场上，但终因孤军无援，伤亡惨重，12 月 7 日，马占山率 500 之众从海拉尔向苏联境内退去，行至新疆中苏边境时，将大批士兵留给盛世才，他带官兵十余人游历苏联、波兰、德国、法国、意大利。

江桥战役后，中共满洲省委发表宣言，号召东北人民和全国人民一道奋起抵抗，赶走日本侵略军。毛泽东高度评价了马占山等爱国将领的抗日壮举。并在《论反对日本帝国主义的策略》等著作中多次提到马占山抗战的事例，称冯玉祥、蔡廷锴、马占山等是"风头一时的抗日人物""马占山在东三省的抗日行为，也是统治者营垒中的一个分裂"。

1937 年七七事变前夕，马占山由天津赴南京，向国民党中央慷慨陈词，披沥请缨，蒋介石委任马占山为东北挺进军总司令兼东北四省（即当时地理上属于东北地区的黑龙江、吉林、辽宁和热河四省）招抚事宜，令其收编零散部队，策反伪蒙古军。

马占山在南京临行前，向蒋介石当面请准，国民革命军第二军骑兵第六师（师长刘桂五）归其指挥。

8 月 19 日，刘桂五率六师挺进大同与马占山部会合。21 日，马占山以刘桂五的骑六师和李大超的国民兵一个团为骨干，编组挺进军，成立挺进军司令部，共分参谋、副官、军械、军需、军医、军法、政治及秘书八大处。另设一个专门招抚机构，开展政治攻心战，瓦解伪军，先后招抚和收编了大量伪蒙古军，壮大了挺进军的力量。

不久，平津和保定失守，驻防集宁的汤恩伯十三军东进防守南口，门炳岳的骑七师和马占山的东北挺进军留在绥东，配合傅作义指挥的第七集团军收复察北。

傅作义军在收复察北时，进展相当顺利，8 月上旬，三十五军董其武二一八旅把敌伪察北据点商都县城攻下，守敌李守信部尹宝山第二师的井得泉率部反正，马占山请示国民政府军政部，将其编为新编骑兵第三师，任井得泉为师长，朱子文为副师长。

日军坂垣师团 8 月 27 日占领张垣，主力从察南直趋山西平型关，酒井隆旅团向西进犯。阎锡山改变了大同会战的计划，决定第七集团军一律南撤，弃绥保晋。

大同、集宁沦陷时，傅作义率部撤到山西，绥远形成群龙无首的局面。

挺进军军部及特务营乘车迅速转进归绥，所属部队由大同沿平绥铁路乘骑向归绥开进。

驻归绥的伪蒙古军陈生部闻悉挺进军声势浩大，即刻逃窜，日本侵略军顾及集宁之役，无力援绥，因而，马占山部的挺进军很快占领了归绥城。为了保卫归绥，马占山令骑兵第六师攻击绥东旗下营之敌，委其少将副师长王照堃（今辽宁法库人，原名王汉文，字景阳）为包（头）萨（拉齐县）警备司令，并抚慰蒙旗，争取抗日力量。随即，王照堃率十六团进至包头一线，布防堵击百灵庙方向之敌；挺进军司令马占山亲率两个团沿丰镇至凉城公路，断绥东之敌后方交通联络；新编第三师和特务营负责归绥城防，掩护骑兵第六师布防。至此，挺进军在绥防务就绪，做好与敌作战准备。

归绥混乱之际，一些地方首脑聚集在包头，共商应敌大计，一致决议：成立绥远军政委员会，推举马占山为委员长，代行集团军司令和省政府主席职权。会后，马占山立即给门炳岳致电，令骑六军（骑七师、骑四师、新编骑五旅、井得泉师新编骑三师等）坚守武川，阻截德王伪蒙古军西侵，掩护归绥北翼；令骑六师刘桂五部在旗下营斗金山一带阻击西犯的伪蒙古军李守信部。

9 月 27 日，李大超、白海峰等随马占山由包头返归绥，李大超任归绥城防司令，他们把汉奸黄全三的人头挂在北城墙外，贴出安民告示，压住了谣言的流传，扭转了恐慌战争的紧张局面，归绥重新活跃起来。

10 月 11 日下午，孟文仲骑兵旅在西沟门以北与凉城来犯的日军遭遇，孟旅以炽盛的火力阻击，敌未敢轻举妄动，只是架起大炮，盲目轰击，孟旅沉着应战，一直坚持到夜晚。

孟文仲指挥所部轮番向敌扰袭，到翌日天亮以前，把敌军引诱到大黑河防线阵地前面，12 日早晨，打响了归绥阻击战。日军到达大黑河防线前沿，先用排炮向河北岸轰击，然后，在密集机枪火力的掩护下，向我方冲来。孟文仲下令，枪炮齐发，日军在河槽内陷入火海中，死伤枕藉。敌败兵撤回南岸，继用大炮向北岸轰击。直到下午，敌我战火才平息下来。天黑时，马占山又派精骑一部，分两路越过大黑河，突袭日军两侧，敌人更加惊慌被动，不敢贸然向我进攻。

13日，敌我仍在隔河炮战，马占山和李大超等亲临前沿阵地。归绥商会也给将士们送来大批慰劳品，部队士气更加高昂。此时，北路门炳岳骑七师等在武川一带受德王伪蒙古军四个师重兵的节节进攻，中路刘桂五骑六师在旗下营斗金山与李守信四个师和一个炮兵队已经激战四天四夜，敌伤亡甚重，我方亦人困马乏，势难久守。马占山和李大超遂令门炳岳、刘桂五、郭怀翰三部骑兵脱离战斗，沿山向西撤退，令城郊守军翌日全部向包头转移。当晚，李大超将枪械、弹药等物资装上火车，星夜运往包头。

14日上午，国民兵司令部人员先行撤退；中午，大黑河北岸的守军撤至台阁牧车站上了火车；下午，马占山亲率特务营在环城马路布防，直至蒙旗独立旅登上火车后，才与特务营到了台阁牧，马占山令从山后撤下来的新编骑三师师长井得泉星夜驰驻萨拉齐县，阻截西进敌人，掩护主力在包头布防后，与旗下营退下来的骑六师一同登上最后一列火车西退。此时，北路德王的伪蒙古军包海明师已到蜈蚣坝顶（归绥至武川公路的重要节点，即现呼和浩特至达茂旗百灵庙之间地势险要之处——樊尚仁注），李守信的骑兵进到白塔车站。归绥三天三夜的阻击战就此结束，归绥城沦陷。

14日傍晚，马占山率部退到包头，驻包头中国银行内，总司令部设在绥西屯垦督办公署，马占山即同各部队首脑研究应敌计划。经研究决定：在磴口（现包铝集团所在地——樊尚仁注）设置防线，运走包头物资，向绥西后套撤退，骑六师和国民兵两个团防守磴口正面，由刘桂五师长指挥；王哲民团由山后向萨拉齐县北山口逼近敌侧背，国民兵第一旅担任包头城防；骑六师的步兵团、吕纯义旅（李守信部反正部队）及总部特务营等做总预备队；鉴于包头县县长兼警察局长赵仲容带印临阵弃城逃跑，经工商界公推，委任刘澍代理包头县长，王文质为警察局长；征民夫挖城壕，构筑防守工事。

15 日，伪蒙古军两个师 2000 余人，准备越过大青山向包头进犯。

16 日一早，日本侵略军进逼萨拉齐城。井得泉和刘盛五率部布防于萨拉齐城垣，重点是东、南、西、北四个城门。其中东城门由刘盛五部和挺进军的一个排防守。大约 7 点多钟，日寇在距城东约 3 里的小厂圐圙和距城东约 2 里的小东营子各架起两门大炮，每隔十几步匍匐着一名日本兵。不一会儿，数架日军飞机在萨拉齐东城门附近上空低飞盘旋，不时扔下 60 厘米长的炸弹。8 时许，日寇向东城门发起进攻，四门大炮一齐轰击，日本兵站在距东城门约 1 里的义坟棺材上向城头开枪。

防守东城门的国民党军队进行了顽强抵抗。刘盛五部打到上午 9 时许，见敌军来势凶猛，便先行向西撤退。防守城楼的十多名挺进军士兵，距离日寇只有数十米远，他们用步枪与日寇交战，打一阵，停一阵，直至中午，日军用大炮把城门轰开一个大豁口，城墙上也爬上了日寇，他们才边打边退。

东城门打开后，两个日寇骑着一辆三轮摩托车飞驰入城。一个负伤的挺进军连长，爬到距东城门约百米的崔三才家院门口的小石狮子后边，向摩托车射击，摩托车被击中，两个日寇跳下车，拔腿向东门外跑去。随后，日寇的大队人马开进城里，驻在西街天泰店的挺进军从西门撤走。日寇进城后滥施淫威，在玉皇庙戏台后的大水坑杀死 49 名手无寸铁的无辜居民，接着从东街到西街，沿途又枪杀了 9 名无辜群众，还用炮弹炸死 5 人，吓死 3 人，致残 4 人。

萨拉齐城沦陷后，敌人向防守磴口的刘桂五部发起全面进攻，刘桂五部奋勇反击。中午，挺进军阵地左翼靠近大青山处被敌突破，刘桂五即命预备队吕纯义旅增援反攻，至午后 3 时，乃夺回失地。敌人随即又集中炮火轰击，阵地左翼所有工事几乎全被摧毁，挺进军不得不退出第一线。马占山决定用夜袭的办法，在拂晓前夺回阵地。不料，日军夜半时分的炮火更为猛烈，而且由一线延伸射击到总预备队。挺进军左翼部队指挥官阵亡，伤亡近百人，马占山命令刘桂五部撤回包头。

此时，又接到探报，大青山北面两个师的伪蒙古军预计第二天午后即可到达包头附近。根据敌情的变化及包头一带地势开阔，敌机械化部队的优势尽显这一具体问题，马占山当即作出部署，致电王哲民团迅速后撤，命令包头所有部队分别沿大青山南麓和黄河北岸向后套撤退。门炳岳、郭怀翰、李大超各部沿乌拉山北麓、包宁公路分三路向西都撤走后，马占山等才于17日凌晨4时许乘汽车离开包头。

17日下午，临时主持县政的刘澍及张绍棠等（后任包头维持会长）各界绅商和翻译王文质（警察局长）等10余人，手持膏药旗，到火车站恭候日军。后宫淳的二十六师团和酒井机械化兵团所属联队，伪蒙古军第一、四师相继进城，包头沦陷。

马占山部撤到五原后，受到当地各界热烈欢迎。不久，因伊克昭盟（简称伊盟，现鄂尔多斯市）情况陡变，马占山部奉命从西山咀马七渡口渡过黄河，进入伊盟驻防。

马占山部陈五元壕村指挥部旧址

据杜海荣（抗日战争爆发后的第二年参加东北挺进军，到1945年日本投降期间，任马占山部连长、团附、副团长及游击支队长等职）回忆：

"1937年10月，日寇侵占了归绥、包头后，准格尔旗、河套地区及托克托县相继沦陷，马占山率领部队万余人，到伊盟准旗大塔以南驻扎。11月，马占山在东胜召开伊盟各旗王爷会议，共商伊盟抗日大计。"

1938年春，日军结集重兵，准备向徐州等地发动进攻。蒋介石为牵制华北日军支援徐州，命令马占山部过河配合傅作义反攻归绥牵制敌人（即1938年2月下旬至5月下旬的绥南战役——樊尚仁注）。

1938年3月初，马占山先派邰斌山副司令率井得泉新骑三师、刘盛五骑二旅等部过河攻克了托克托县，缴获伪蒙古军汽车几十辆和不少武器弹药。收复托克托县后，马占山率刘桂五骑六师骑一旅及特务营等，从高龙渡口过河分道北上，我军占领了察素齐火车站。这时，日寇援军莲沼等机械化兵团赶到，马占山部不支，由白石头沟转入大青山，与日伪的重兵周旋了七天七夜后，马占山率骑六师继续向西撤。

4月21日，部队西撤到现属固阳县兴顺西镇管辖的红油杆子村，正准备宿营，马占山听说此村叫"拴马桩子"，便骂道："妈的巴子，快走！另找村宿营！"（因马占山有"大将犯地名"的忌讳）于是，马占山的军部驻扎在红油杆子村正南的陈五元壕村（两地相距1.5公里）。不料，日军装甲部队（在隐藏于挺进军内部特务的指引下和熟悉地理环境的特务、汉奸向导下）在空军配合下，对其穷追不舍。

4月22日凌晨，日军板仓混合联队1000多人，同时还有3架飞机、70多辆装甲车突袭红油杆一带的挺进军驻地，马占山的部队被冲散，身边只有几百人的警卫营，马占山乘硝烟弥漫，敌人攻势稍减之际，逃出敌人的火力射程之外，而刘桂五阵亡。

4月23日，日本侵略军又从固阳派出汽车20余辆到后山围剿马占山的部队，而此时马占山的部队大部都已进入南山，只有少数人马在合教与色气之间和鬼子战斗，其间，击毁汽车1辆，伤亡数十人，我方没有伤亡。残暴的日本鬼子见无法取胜，路经陈五元壕村时，杀死无辜农民李满红，然后撤回白灵淖，火化数十具尸体后，返回固阳城。

马占山在红油杆子失利后，率残部经高滩梁从乌加河进入后套，经伊盟纳林（现鄂尔多斯市纳林镇），返回府谷县哈拉寨古镇，直至抗战胜利前再未出动。

马占山的部队，除骑六师和特务营之外，其余都是收编的地方保安团队、策反过来的伪蒙古军和收编的土匪等，成分复杂，纪律不好，伊盟蒙汉人民受尽欺压，怨声载道，苦不堪言。马占山虽几度整饬纪律，收效甚微。

马占山戎装照（1938 年 5 月摄于府谷县哈拉寨镇）

1940 年 5 月 3 日，国民政府正式任命马占山为黑龙江省政府主席，1941 年 8 月 4 日，马占山在陕西榆林宣布黑龙江省政府成立，省政府的牌子挂在陕西省府谷县哈拉寨。

从"九一八"抗战起，马占山就始终与中国共产党人往来接触，得到一系列的帮助，特别是在 1939 年 12 月下旬，马占山由重庆述职后返回哈拉寨途经延安时，受到毛泽东主席等中共党政领导的热情招待。据当时报纸载：马占山将军抵延安后，各界前往热烈欢迎，"对此抗战数载，奋战于冰天雪地中劳苦功高之马老将军，各致慰问之意"。12 月 22 日，毛泽东主席设宴款待马

占山、王明、吴玉章、张鼎臣等作陪，席间相谈甚欢。毛泽东主席、王明等陪同马占山赴中央大礼堂参加延安各界欢迎晚会，萧劲光主持欢迎会。

王明（时任中共中央统战部部长、中央委员等职）代表中共中央及延安各界致欢迎词："马将军于'九一八'后，是第一个抗日的人，他不顾一切，首先起来反抗民族敌人，首先起来打日本帝国主义，这是历史上应大书特书的。马将军不但勇敢，而且机智，在敌人的重重包围下，能设法从危险中逃出，是值得人民学习的。马将军是自始至终抗战到底的人。马将军主张团结全国，顾全大局，主张进步，反对倒退。只有如此，才能打败帝国主义。"

随后，毛泽东讲话。他首先欢迎马占山将军，他说："我国古代社会即是欢迎有始有终的人，一直到今天都是这样，半途而废的人不被欢迎。抗日是一件大事，要始终如一，抗战到底。马将军八年前在黑龙江首先抗日，那时红军在南方即致电热烈欢迎。八年之前，红军与马将军已成为抗日同志，我们相信马将军一定抗战到底。现在有些投降派，半途妥协，他们是虎头蛇尾，我们要和马将军，和全国抗战的人一道，抗战到底。我们真诚地欢迎那些始终如一、抗战到底的民族英雄，他们为中华民族解放而奋斗到底，马将军年逾半百，仍在抗战的最前线与敌周旋，这种精神，值得全国钦佩。"

马占山即席应邀讲话，对延安各界表示谢意，谓在延安小住，观此间艰苦奋斗之精神实足钦佩。他说："在八年前已经抗战，到今天一定抗战到底，粉身碎骨，在所不计，奋斗到底。"

马占山将军嫡孙马志伟在《回忆祖父马占山》（《大地周刊》2009年第8期）一文中忆述："1939年7月，祖父赴陪都重庆述职。当年12月，返回途中在延安附近意外受伤，随从急忙把祖父送往延安医院急救。延安方面立即组织抢救，使祖父安全脱险。毛泽东前去看望，他对祖父说：'我看你伤势很重，延安会给你想办法，不会误了你的伤。'接着又风趣地说：'过几天你就回榆林吧，你是知名人士，万一死在延安，蒋介石会大做文章，给我带来洗不掉的污点。'祖父也笑着说：'不要紧，我死不了。'毛泽东说：'日本侵略军必定以失败告终。未来收复东北，要你搭个过渡桥。'"

在延安的见闻以及与毛泽东主席的坦诚交往，给马占山留下了深刻的印象，使其对抗日统一战线有了更加深刻的认识。

抗日战争期间，马占山部的人员到后方学习和办公，只要持马占山的护照，就会畅行无阻。前方部队毗连驻防，毫无畛域之分。如在府谷见虎塌一带驻扎的挺进军所部，就与八路军村村相连，举凡赛会演戏，双方一起观看，概未发生过摩擦之事。

1945 年，蒋介石集团为了抢夺抗战胜利果实，设国民党政府军事委员会东北行辕，马占山被任为委员，随后又被委任为东北保安副司令长官、松北挺进军司令，企图利用他的名义招纳土匪，扰乱东北解放区，但马占山未去就职，长期避居北平。

马占山书法

1948 年底，马占山响应共产党号召，参与和平解放北平的活动。马占山同傅作义将军及晋陕绥边区总司令邓宝珊将军关系密切，三人是结拜兄弟。中共北平地下党通过马占山邀请邓宝珊去北平，劝告傅作义放下武器。1949 年 1 月上旬，马占山、邓宝珊、傅作义三人经过多次商议，决定响应和平解放北平的号召，宣布起义。

1950 年 6 月，毛泽东邀请马占山出席中国人民政治协商会议全国委员会一届二次会议，马占山十分激动，可惜由于他的病情加重，最终未能出席。1950 年 11 月 29 日 20 时 06 分，马占山因肺癌病逝于北京，终年 65 岁。他留下遗言："我生平理想之新型国家已建立，我虽因病与世长辞，但可安慰于九泉之下。"

青霞奇志存浩气
男儿到死心如铁 │ ——王定圻小传

王定圻（1886—1915年），字亚平，号平章，清光绪十二年（1886年）生，包头刘宝窑村人。

王定圻童年放牧牛羊，后启蒙于保德秀才张荃（字董之）在包头城开设的私塾馆。清光绪三十年（1905年）入归化城古丰书院（1912年改为归绥中学校，1954年改称呼和浩特第一中学）学习，后赴山西太原优级师范学校深造，并加入孙中山领导的中国同盟会。清宣统二年（1910年），受山西同盟会派遣返回绥远，宣传同盟会推翻清朝的革命主张。

同盟会会员原清朝驻山西第八十六标标统阎锡山，在辛亥革命中于太原举兵起义反清。1912年1月12日，阎锡山率军从山西河曲过黄河经伊盟攻克包头镇，王定圻遂参加阎的革命军。阎军东进归化城，中途在道什儿村与清军战斗被清军击败。王定圻在战斗中负伤，后随阎军转战回山西。

1912年冬，王定圻返回归绥，任归绥中学学监，奉命筹组中国国民党归绥支部，任支部主任。他积极宣传孙中山的治国方略，在归绥地区声望很高。1913年9月13日，王定圻当选为绥远区出席国会众议院议员，到北京参加国会大会。

王定圻从北京回到归绥后，绥远将军张绍曾认为王定圻是绥远英才，卸任离绥时把王定圻推荐给新任潘榘楹。

8 月，绥远将军改为绥远都统，潘命王定圻为归绥中学校长。

担任归绥中学校长之后，王定圻招聘李正乐（字子韶，绥远归绥县南区潮忽闹村人，1906 年加入同盟会，监察院巡查团巡查台湾委员，后赴台湾续任监察院监察委员——樊尚仁注）做学监，卜兆瑞等人

李正乐

做主要教员，对校务大加整顿，施行新式教育，严格治校，爱护学生。

为了启发民智、宣传民主、批评时政、揭发官场的黑暗，王定圻于 1914 年夏季组织几位同道创办《一报》。报社职员和当时称作"访员"的新闻记者，都是一些知心朋友来担任。社长由王定圻的挚友李正乐担任，王定圻幕后指挥。李笑天任编辑，邓书山、董伟然、荣祥为特约撰稿人。卜兆瑞主要做总务工作，亢锦荣主要做校对、印刷和发行等工作。归绥中学二班毕业生贾敬和五班肄业生张焕庭担任当时称为"访员"的新闻记者。有时王定圻也骑马由归绥中学前往《一报》报馆指导。贾敬、张焕庭等骑马往来于归绥的新、旧城采访。

这时国民党的二次革命已被袁世凯镇压下去，王定圻负责西北方面的秘密工作，与孙中山先生派到北方的童尧山有密切联系，从事革命工作。

《一报》初创时，是一张四开小报，用石印刊行，报馆地址设在归绥旧城小东街。1915 年春，从太原购买了铅印机，报纸改为铅印，扩大了篇幅，报馆移到小召头道巷东口路南万盛泰店西隔壁。所有购买机器和一切设备的费用，都是王定圻担任国会议员的薪金。报馆的职员大都是在学校和报馆两边兼职昼夜工作。为了办好《一报》，大家同心协力，互相合作，和衷共济。报

纸的内容，除了一般的时事新闻以外，着重宣传共和民主的优越性，宣传在共和民主制度下公民的好处。并且，引证古今中外皇帝的专制行为，揭发专制政体的弊害，深受民众欢迎。

1913年10月，袁世凯强迫国会议员选举他为中华民国总统。时任国会议员的王定圻伸张正义，在选票上写了"孙中山"的名字，以示反对袁世凯，此举曾轰动全国。事后袁世凯侦知此事为王定圻所为，密令绥远都统潘榘楹寻机杀害王定圻。

1915年，正是袁世凯筹备当皇帝最紧张的时候。《一报》更加着重宣扬共和民主的优越，揭露帝制的危害和君主专制的腐败。由于当时正是袁世凯大演称帝丑剧之时，报纸结合有关新闻，采取回忆革命、讲述故事等多种形式对帝制的本质进行了大量的、深入的揭露，同时对当地官场的贪赃枉法、欺诈勒索行为都给以无情的揭露，因此颇受读者好评。其间，由于揭发了萨拉齐县知事（县长）王朝烈敲诈勒索的罪行，王朝烈即指使归绥中学图画教员宋铁珊鼓动学潮驱除王定圻未果，便于1915年7月的一天，宋铁珊带领十几名歹徒闯入报馆行凶。适逢王定圻不在，歹徒们便闯入编辑室揪住李正乐，企图拉出门外殴打侮辱。卜兆瑞、亢锦荣闻讯，招呼报馆勤杂人员张玉堂等一起反抗应战。经过一阵厮打，宋铁珊的腿部被铁锹劈伤，歹徒始败逃而去。当天归绥县官府竟以打人致伤的罪名把李正乐、卜兆瑞、亢锦荣三人拘捕，经过几次审讯后，判了徒刑押入班房（监狱）。在这种情况下，王定圻仍然坚持办报——指派李笑天主持继续编辑、出版、发行《一报》，撰文抨击此事。继续揭露黑暗，抨击时弊，宣传民主共和，反对封建专制。当局恼羞愈烈，寻机再行镇压。

1915年10月，袁世凯复辟帝制的野心逐渐暴露，引起全国人民的反对，孙中山指示各地国民党员再次发动革命，护国运动风起云涌。

王定圻一面通过《一报》笔伐反动势力，一面秘密联络各地革命人士，筹划武装讨袁。

这年夏季，绥远地区势力最大的土匪卢占魁（祖籍山西忻州，1887年出生于丰镇厅隆盛庄天宝屯村。1911 年辛亥革命爆发，参加轰动塞外的丰镇"小状元张占魁"起义。起义失败后，受排挤而落草为寇——樊尚仁注），正式树起反对袁世凯称帝的旗帜。

国民党派弓富魁前来策动卢占魁反袁，王定圻亦积极斡旋，并有书信往来。而当局已经派人暗查信件，王定圻给友人的信件不幸被潘榘楹查获。发现其中有"联结穷苦百姓的武装首领，以武力反对袁世凯；发动群众打倒袁世凯"等内容，当下以通匪罪名将王定圻逮捕，拘押在归绥县警备室，同时派人到学校校长室里做了翻箱倒柜的彻底搜查。查出王定圻太原战友的来信，有和王定圻商量发动各方面力量打倒袁世凯的内容，更证实了王定圻蓄谋反袁的"阴谋"。

在官厅布置的开庭审讯上，王定圻承认他曾写信说过，打算联合卢占魁反对袁世凯称帝，并且当庭申明了反对袁世凯的道理和决心。他说，现在中国是共和民主国家，凡是拥护共和民主的都是好人，凡是反对共和民主想要恢复专制做皇帝的都是叛国的罪人，人人都应当起来反对他们。我王平章自幼听从孙中山先生的教导，为中国实现共和民主努力奋斗十几年，今天有人要毁弃共和民主，恢复专制制度，我绝对不能赞成，我要坚决反对到底。当年我反对清朝皇帝，与清军遭遇，战斗中被打掉一根手指，那时如果子弹稍微偏一点，我早就没命了，我反对清朝皇帝不怕死，同样我反对袁世凯做皇帝也不怕死。当年我在北京参加国会的时候，袁世凯想当大总统，让议员们选他的票，我的选票上是写了孙文二字。他袁世凯当大总统，我还不赞成呢，他当皇帝我能不反对吗？我要联合一切反对叛国贼的力量，来反对袁世凯称帝。我犯的是"保卫共和民主罪"，我犯的是"反对叛国贼罪"。

法官听了没办法，只好宣布退庭，改日再审。以后又审讯了几次，都被王定圻理直气壮的言辞驳斥得法官无话可答。

卢占魁占领托克托县城和河口镇的前一天，1916 年 1 月 13 日，绥远都统潘榘楹下令提审王定圻，这天在审理室内外布满军警，气氛很森严，王定圻预感到可能将有不测的事情出现，就对法官说："我有位朋友被押在东班，我想和他们见一面再来受审。"

法官许可，让法警押着王定圻到东班和李正乐、卜兆瑞、亢锦荣等隔着铁窗做了最后的诀别。回到审理室，法官首先开口说道："本案案情已调查清楚，不再做辩论申诉，今天正式宣判。"接着把判决书宣读了一遍，其中主要词句有"勾结乱党，图谋不轨，供认不讳，执行枪决"。王定圻听罢，冷笑了一声："我王平章为保卫共和民主而死，死了也是光荣的。你们这些叛国贼的徒子徒孙不要高兴得太早了，全国人民不久是会把叛国贼袁世凯打倒的。到那时，树倒猢狲散，你们也要接受全国人民的审判，受到应有的惩罚。"

法官不等他把话说完，就命令军警把他押到孤魂滩刑场。

王定圻，这位绥远地区民主革命的杰出战士为反对帝制、捍卫共和从容就义，他为旧民主主义革命献出自己年轻的生命，时年 29 岁。《一报》也因王定圻的被捕于 1915 年秋停刊。

王定圻的遗体由他的胞弟张焕庭（因过继给他舅父，所以改姓为张）和王文炳、温玉如等装殓入棺，放置在孤魂滩小庙内房檐下。

形势的发展不出王定圻所料，袁世凯称帝以后，遭到全国人民反对，1916 年 3 月 22 日撤销帝制，中国又恢复了共和民主的称号。不久，李正乐、卜兆瑞、亢锦荣等获释。出狱后，李正乐和张焕庭等人为王定圻安葬，在他的家乡包头刘保窑子村修建了一处墓园，墓前立有石碑，刻记他生平事迹的概略。李正乐顶着袁世凯残余势力的阻碍，冒着生命危险，不遗余力地为王定圻的遇害向国民政府国务总理段祺瑞申诉王定圻冤情。

国民政府经查实，着绥远都统商震为王定圻平反昭雪，以烈士待遇，并在其故乡包头刘宝窑子村北修建陵墓牌楼和刻石，以志纪念。墓前碑铭"前国会议员绥远中学校长王烈士亚平之墓"，陵园门石柱刻有"烈哉男儿成仁尽义，巍乎志士虽死犹存"的对联。

1922 年，马福祥任绥远都统时，与王定圻在太原一起从事革命的赵守钰任都统署参谋长，他代表都统，以都统署的名义在王定圻包头住宅的大门上挂了一块书有"青霞奇志"的红匾，匾上记述了王定圻辛亥义举倒袁遇害的事迹。其后，在包头城垣东门外的东脑包还树碑一座，由包头县教育局局长曹诚斋撰写了碑文。1937 年 10 月 17 日，日军侵占包头后，王定圻陵墓被人毁坏，石碑等都被拆走。新中国成立后，王定圻的侄子得知王定圻陵墓的境况，将遗骨装袋重新安葬于刘宝窑子村东面山坡上的牌楼梁。2005 年清明节前，王定圻的后人重新为其立了墓碑。

草原才俊真名士
生逢乱世逐清流

——那顺敖其尔小传

　　那顺敖其尔（1886—1946 年），蒙古族，光绪十二年（1886 年）生于达尔罕茂明安联合旗乌兰呼都格乡本布台村。时为达尔罕贝勒旗、茂名安旗两旗文化造诣深，知识渊博之士，精通蒙、汉、藏、满文。曾经是达尔罕贝勒旗札萨克策斯德巴拉吉尔、茂明安旗札萨克齐木德仁庆豪日劳、那其格道尔吉等人的老师，曾任达尔罕贝勒旗安班（文职顾问）。

1936 年 2 月，德王在苏尼特右旗成立伪"蒙古军司令部"

达尔罕贝勒旗王府

1934年，德王在百灵庙搞蒙古地方自治政务委员会时，那顺敖其尔就抱以不满，辞去安班职务。

对于德王的卖国行径，蒙政会内部有分歧，爱国进步青年坚决反对。1936年2月12日，德王在苏尼特右旗成立蒙古军司令部，公然"改元易帜"，即公开投日。他的不耻行为更加激发了广大蒙古族群众特别是蒙古族青年知识分子的强烈不满情绪。抗日战争时期，那顺敖其尔积极响应中国共产党的抗日主张，与两旗爱国人士一道，同百灵庙地区的日本特务机关展开各种形式的斗争。得到日方情报后，及时派员交给蒙古方，并定时、定地点，与蒙古方人员联络洽谈，互通情报。

1944年，达尔罕贝勒旗喇嘛丹脱勾结日本特务，一心想篡夺札萨克职位。那顺敖其尔得知这情况后，与达尔罕贝勒旗札萨克和有关人商议策划，及时处决了这个叛徒、民族败类，牧民群众拍手称快。

1945年日本侵略者投降后，那顺敖其尔继续为发展两旗文化教育事业而奔波。1946年9月，应蒙古方邀请，随乌兰察布盟（今乌兰察布市）参观团赴乌兰巴托参观学习期间，不幸病逝，终年60岁。

大河儿女多豪气
满门忠烈硬骨头

—— 刘个儿小传

刘个儿（1888—1939年），官名刘金山，因其是纳太村（位于今内蒙古包头市土默特右旗沟门镇）人，人多称之纳太刘。又因其奋起抗日时已年过半百，蓄着胡子，也叫其刘胡子。抗日战争前，家道殷实，有土地数顷，车马4辆。其性格好胜而果断，富有正义感和民族气节。

1937年10月16日，萨拉齐沦陷，侵华日军实行野蛮的军事统治。1938年4月的一天，刘个儿身穿呢子褂，骑自行车进城，路上突然发现日军山崎部队的30余人从萨拉齐到纳太，便骑车返回家里，拆开自行车正要寄放，一群日本兵从墙上跳进院来，见刘个儿穿着呢子褂，旁边放着一把马刀、一具马鞍，还有自行车，便说刘个儿是"中国军队的指导员，大大的太君"，说着就要拉出去枪毙。后经乡亲武喜全等通过翻译说情，并交了200块银圆、50两大烟，才得幸免。

日军在纳太挨户搜查，见鸡抓鸡，见狗抓狗，搜查到天黑，大部分日军撤走，只留下5个日军住在史称义家，要奸淫妇女。

这时，刘个儿已忍无可忍，他跑到民团团部，与村长史量等议定要干掉这几个日军，他们带着六七支枪和铁锹等武器，把这5个日军俘获，带到村后朱尔沟处决了。

处决了这5个日军，他们料到敌人必来报复。刘个儿说："敌人准来报复！与其在家等死，不如索性组织起来和敌人干！打死一个够本；打死两个，就有余头；打死三个四个就更有利了！我们是有血性的中国人，不能亲眼看着日军杀我们的同胞，糟蹋我们的姐妹！杀敌报国是我们的责任。至于出去投靠谁？一过黄河，就是马占山的军队，如果不行，就到后套投傅作义！"一席话正合大家的心思，大家都表示愿意听他的指挥。刘个儿也当仁不让，带领大伙行动起来。

当天夜里，他们先把乡亲疏散出去，接着穿上日军的服装，带着武器，骑马向南开去。因为马匹不够，路过西老营村向老乡借了几匹，拂晓时，攻克美岱召敌人据点，用战胜品武装了自己。四乡百姓受到很大鼓舞，纷纷加入刘个儿队伍。

同年冬天，郭长青率部与刘个儿合伙，队伍发展到200多人，他们便过黄河投了马占山的东北挺进军，编为暂编骑兵一旅，刘个儿任旅长。

日军几次到纳太报复，但始终没捉到刘个儿。看到硬的不行，便打起了诱降的算盘。他们千方百计找到刘个儿80高龄的父亲刘吉林太。先以丰盛的酒菜、甜蜜的言辞和高官厚禄引诱，让老人把刘个儿召回，遭到老人拒绝，接着便以杀全家进行威胁。老人被逼无奈答应去找刘个儿。

日酋山崎派一翻译与老人同行去黄河南岸找到刘个儿，说明来意。刘个儿听后深思片刻，慨然答道："既然皇军这样看得起我，我很想归顺。不过傅作义答应给我一些装备，等发来我就去归顺皇军。"得到如此答复，翻译回去复命。过了一些时日，日酋不见刘个儿来归顺，就又派翻译陪同吉林太，带12轿车礼物，去催刘个儿快行动。刘个儿对翻译说："傅作义的电报已来，不久就送来装备。等装备一来就去归顺。"但背着翻译却对其父说："敌人对我是诱降，想让我上钩后把我杀掉！这是白日做梦，我决意要干到底！过些时领回人马就去打狗日的！您回去先稳住敌人，然后借故脱身，把家人疏散到敌人找不到的地方。"

傅作义得知刘个儿的抗日行为后，亲自主持召开了表彰刘个儿抗日事迹大会，并让有关人员把刘个儿的事迹编成文艺节目在奋斗中学等单位演出，还任命刘个儿为抗日游击司令。这些更加激发了刘个儿的抗日激情。他扩充队伍，到黄河北岸向二十四顷地天主堂陶神甫借了一些马匹，一部分偿还西老藏营的借马，一部分满足部队的骑用。此后，刘个儿指挥部队，有时化整为零，有时集中对敌，经常出没在萨拉齐县、托克托县和归绥县一带，打击日伪军。

1939 年春，日军大量张贴布告，悬赏 500 元购买刘个儿的脑袋。同年秋，刘个儿率部袭击了水涧沟门土业组合，打死打伤日伪军 20 多人，缴获大量鸦片。

刘个儿带着缴获的鸦片赴陕坝向傅作义报捷。路经美岱桥时，遭边老五带领的伪军伏击，他掩护部队突围时壮烈牺牲。事后，傅作义为其家属发 3000 元抚恤金。

在此前后，刘个儿的五弟和三个儿子也为杀敌报国相继献出宝贵的生命。

宁坐蒲团冻饿死
不做人间应付僧 ｜ —— 体正小传

体正（1888—1964年），法名能直，俗名郭永恒，归绥（今呼和浩特）人。光绪十四年（1888年）出生。包头市政协委员。妙法禅寺住持，内蒙古自治区佛教协会理事。

郭永恒出身贫寒，父亲以拉骆驼为生，15岁时到一家画匠铺学手艺。他喜爱打拳弄棒，哪里有耍拳玩意儿或弄拳卖膏药的，他总是一看到底，久久不愿离去，回到家还要学着比画。一次，他与画匠师傅到归绥中学粉刷教室，看到拳师正教学生练武，竟然看得出了神，忘记干活，被师傅痛骂一顿。事后他找到拳师跪下不起，请求收他为徒，拳师看他心诚便收下为徒。此拳师即绥远有名武林高手云连升。从此他遵照拳师要求每天鸡叫头遍，翻墙进入校园，开始练童子功，练到学堂起床号响。其后练"弹腿"，腿上绑铁沙袋"走八卦"，还练单刀、三节棍、七节鞭，整整苦练了十年，习得一身高强的武功，后来被国术协会吸收为会员。

郭永恒25岁时，由丰业银行孙雅宸行长介绍到包头中国银行，先下夜看金库，后担任押运保镖——保护归化城（今呼和浩特）至萨拉齐、包头的车辆，护送银行的银圆和钱币，防止沿途匪徒刁抢。

郭永恒使用的武器是一支老毛瑟步枪，别看枪又老又旧，在他手里却百发百中。在此期间，他打死过几名刁抢押运车的土匪，因此，很多土匪都很怕他，对他恨之入骨。

一次，郭永恒押镖路过察素齐与毕克旗之间时遇上土匪，他按江湖规矩抱拳拱手，然后乘匪人欲取钱财之时，飞速从地上抓起沙土扬在匪人脸上，转身从车底抽出长枪，匪人急忙夺路而逃。

包头武林组成"同善社"，郭永恒"走表"（将黄表纸卷成筒，从下点燃，若黄表纸腾空而起即可入社，黄表纸不能升起者不能吸收入社——樊尚仁注）后入了社。入社后先学"静坐法""养身药方"，然后修炼"性命双修之术"。

由于保镖行业险象环生，郭永恒决心皈依佛门。

1919年，29岁的郭永恒拜临济正宗二十四代隆远（光绪二十四年出家）老和尚为师，成为其门下的第八位徒弟，法名能直，在包头妙法禅寺出家为僧（因庙内建有吕祖殿，供奉吕洞宾，故老包头的老百姓习惯称之为"吕祖庙"——樊尚仁注）。

遁入空门的体正，日日苦读佛家经典。1925年，体正在山西宁武延庆寺受戒，然后在应县、浑源、大同等地寺院挂单（"挂单"，佛教名词，指行脚僧到寺院投宿）。

由于体正生性耿直，既入空门便一心向佛，尊信佛法，严守戒律，尊行佛事，每日三上殿堂。他坚定学佛信念，矢志不渝，对佛门经卷功课早、中、晚按时念诵，晨钟暮鼓，从未间断。他经常说：守息身心，要从自身起，佛门弟子穷困死，也不可损坏佛门戒律。颇有"宁坐蒲团冻饿死，不做人间应付僧"的风骨。

正因为体正坚持正信正行，隆远老和尚于1929年将"衣钵"传授与他（"衣钵"即主持佛门教规事务的职位）。体正任妙法禅寺住持后，非常重视佛门清规戒律建设，订立了庙规。要求僧人必须像个僧人，寺庙必须像个寺庙，僧人在寺内必穿僧衣，夜不归寺者，按违反佛门戒律论处；净化寺庙，僧僧有责；每日早中晚三堂殿事，僧人必须上殿参加（俗称"三上殿"。病者例外）；要杜绝"赶经忏"（"经忏"，诵经礼忏之略称。僧人赴亡者家中进行念经、礼忏等佛事活动，称之为赶经忏。这里说的"赶经忏"，是属于具有商业交易行为的"经忏"——樊尚仁注）。在体正和尚身体力行之下，寺风大变，得到僧俗两界的赞誉。但是这样一来，师兄、师弟中有持戒较差、犯了根本戒律者，对体正所订立的清规戒律，当面自然是不敢说什么，却在背后议论纷纷。说体正和尚的地位高了，骄傲自大，妄想一步登天等。体正听到这些议论，进退维谷，决定离开妙法禅寺，外出云游。

1931年，体正离开包头到了太原，到山西太原崇善寺挂单，被高僧王建平推荐到佛学院学习。赵戴文是佛学院院长。王建平早年和赵戴文在政界同过事，王建平法名"力宏"，出家为僧，在佛教界名声很大。体正靠力宏和尚的推荐，得深造机会，勤学苦读，学业有成，成为佛学界一位高僧。

自体正离开妙法禅寺后，妙法禅寺内出现了僧风不正的弊端。有的僧人严重违犯佛律戒规，引起地方士绅的极大不满，出面干涉。

1932年，隆远圆寂。包头佛教界人士公推士绅侯水升先生为代表，到太原崇善寺把正在佛学院学习的体正和尚请回来主持庙事。

体正回寺后任住持，体勤任监院。体正、体勤师兄弟通力合作，整顿寺

昔日妙法禅寺（吕祖庙）

规，按佛教寺院格局将奶奶庙改建为观音殿，孤魂庙改建为地藏殿。为扶植其他寺庙，将四个经箱送给财神庙当家师隆济（体正的师叔），经箱装有和尚外出办丧事、谢土等做佛事时所用工具、佛像挂件等。

体勤是一位年轻有为的僧人，自身严守佛门戒规，但受周围僧众的影响，与体正和尚在修缮寺庙、塑神像、赶经忏等问题上有分歧。体正认为，出家人应以学佛为宗旨。寺院是四众修学的学校，方丈、住持是校长，僧人是教师。所以经忏佛事不应该是佛教的主体。佛家子弟弘法利生，须重视持戒修行。经忏佛事，为信众消灾免难、超度亡灵，亦无不可。若一味赶经忏，或将其视为赚钱营生的做法是不正确的，对佛教的发展有害。既然二人在这些问题上有分歧，就各走各的路为好，与人争长论短实属无味。所以，他决定重返太原研修佛法。

1935年，体正复返太原学习。其间，他游历名山大川，参拜大德高僧。经过此番游学，经多见广，受益匪浅，佛学功底日益深厚。由于他自身苦心孤诣，一身正气，所到之处很受欢迎。不论他身在何处，早晚功课，必定遂习，持咒诵经，日无间断，一心虔诚向佛，受到各寺庙僧人的赞扬和好评。

1938年，体勤和尚趁送徒弟仁澈去太原受戒之机，向体正和尚赔礼认错，请求他回包头整肃妙法禅寺，接引新学、培育僧才、振兴道风、庄严道场。体正和尚在太原学习佛事，已有成就，无意返包，但经不住体勤和尚一再哀求，才重返妙法禅寺，以方丈身份主持妙法禅寺的佛事。第二年，他带领寺僧筹备在后院建筑南北殿，即大悲殿、地藏殿、祖师殿、功德殿，并改建韦驮殿（石头殿）为过殿，塑四大天王，还开设两个小山门。

1940年初，开工建殿。体正少年时就素有塑造彩画之技，对施工中的佛像造型指导有方，还请包头著名画匠朱遇良装塑大雄宝殿的三世佛、千手观音、地藏、弥勒、韦驮、四大天王和十八罗汉像。历经多年用心规划修建，1945年重修工程告竣，庙宇建筑，加上后建的戏台，占地面积已达到50多亩。1946年5月14日（农历四月十四），举行佛像开光大典，使妙法禅寺不但在包头，即在绥远省来说，也是人所共知最大的汉佛教名寺。每逢农历初

扩建后的妙法禅寺

一、十五，前来敬香布施的善男信女逐渐增多。妙法禅寺的香火旺盛，外地游人来庙敬香者亦是络绎不绝，布施钱财，心身敬虔，许愿持法者日渐增多。

体正在包头佛教界有很高的声望，其原因：一是体正建成典型的佛道合一的寺院格局。寺院从西向东，山门外两边八字墙，上面刻有"来人念佛""阿弥陀佛"。山门前有石狮一对，石制旗杆。进山门先有石砌台阶，山门建筑十分壮观，山门上方建成二层六角挑角楼，上有风磨铜桃形尖顶，山门上方有砖刻"妙法禅寺"，山门两旁对联"三空妙谛惟求养性修真""一片婆心但愿普渡众生"。山门两侧有南北跨门，门上方分别刻有"无作""无相"。山门两侧北有钟楼，南有鼓楼。钟上刻有"妙法寺"和八卦图。山门里先为吕祖殿，后为石券弥勒殿、大雄宝殿，南北有观音殿、地藏殿、功德堂、祖师堂、方丈室。在吕祖殿和弥勒殿两边分别砌有月亮门，形成三重大殿五进院落。前院南北伙房，牛马厩、柴禾房、凉房，寺院后有塔院，寺院南为灵枢宝地。二是体正包容乃大，广结佛、道、儒家弟子。《绥远概况》（1933年）记载："奉道教者鲜，统计全绥惟包头吕祖庙（妙法寺）有道士百二十名。"民国《包头市志》（1941年）亦记载："包头之道教迄无庙观之可言，惟吕祖庙与真武庙皆道士应祀之神，因无道士，改建丛林佛殿，由僧人祀奉住持矣。"包头三清道悟善堂设在吕祖庙，民国《包头市志》撰写者孙斌曾久住妙法寺，体正与包头儒生广结为友，亦是该寺香火旺盛原因之一。三是体正坚持精进修行，笃于佛事。每日只中午进一食，夜则坐禅成眠，皈依三宝敬虔持守。

不久，妙法禅寺名声大振，前来学佛弟子日益增多。先后收弟子仁澍、仁净、仁博、仁洁、仁俗等。体正怕徒弟们沾染世俗，严格禁止他们外出给非信教者念经，还有僧值（又称纠察，负责管理清规执行情况及僧众威仪）负责全寺僧人仪规。

新中国成立后，妙法禅寺被人民政府接管，体正老和尚挂单于北京石灯庵。所有财物由体正和尚的大徒弟仁澍（俗名王培堃）负责管理。此后，仁

妙法禅寺大雄宝殿（摄于2004年）

澍将妙法禅寺所有财物造册呈报人民政府接收，他本人由政府安排在包头市金属机械厂，任供销科长之职（20世纪80年代退休）。在此期间，妙法禅寺的佛像和经卷等宗教物品遭到破坏。1951年，妙法禅寺被劳改队占用。

1953年，党和政府落实宗教政策，中共包头市委统战部部长武庆贺召集包头十大寺庙的和尚开会，宣讲党的宗教政策，并宣布，1951年离开妙法禅寺的和尚可以回归寺庙。体正、体勤二位和尚当时都在北京居住，武庆贺部长指定王培堃、贾广贵二人与两位和尚联系，请他们回包头，继续主持妙法禅寺的宗教活动（二人未去前，签字接管了妙法禅寺）。体正和体勤回到包头后，见寺内原有佛事活动的一应法物、设施等一无所有，寺庙经济拮据，僧人生活只好暂由王培堃负担。敬仰体正老和尚的居士以及善男信女，尽心竭力地为体正和尚排忧解难。大家的虔诚，激发了体正的赤诚之心，乃重新整修妙法禅寺。经过大家十多年的努力，重新整修后的妙法禅寺超过了以往的规模，面貌焕然一新。

体正自1955年5月起直至其圆寂，连续被邀请为政协包头市第一、第二、第三、第四届委员会委员。同时还担任内蒙古自治区佛教协会理事。

1964年，体正老和尚圆寂，时年76岁。骨灰由弟子仁俗送往五台山。

心高气傲命途舛
飞扬跋扈为谁雄 ｜——李海龙小传

李海龙（1888—1974年），陕西省府谷县姬家畔村人。

清末，李海龙的父亲携妻带子逃来塞外，先在土默川的八分子村落脚，后到大青山深处耳沁尧定居。

李海龙少年时读过私塾，爱看历史演义和武侠小说，平时喜欢结交算卦、相面、看风水之人。一个江湖术士为骗取他的钱财，说巴总窑附近的红石峡风水好，如果把祖坟迁到那里，后辈一定会出真龙天子。于是他就把祖坟迁来，并把自己名字中的"龙"字改为"嶐"，做起了做皇帝的美梦。

李海龙青年时期，正值军阀混战，土匪蜂起，当地百姓深受其害。18岁时，一伙土匪半夜闯入他家，抢劫东西，还打伤其母。从此他痛恨土匪，决心组织武装防御土匪，保卫家园。他从土匪手中和一个官府"大人"那里得到四五支快枪和一些子弹，开始了他的"事业"。

不久，绥远都统马福祥派马营长到后山剿匪，李海龙奋不顾身地救过马营长的命，马营长临走又给李海龙留下6支快枪。国民党绥远省政府知道李海龙有了枪支，就责成他成立"三帮团"（即萨县、包头、五原三地自卫武装组织），由李海龙任团长，李的哥哥任副团长，李姓本家亲戚担任连、排长。"三帮团"所有士兵战时打仗，闲时无代价地给李家劳动，而部队一切费用均向地方百姓摊派。从此，李海龙很快成为耳沁尧一带发号施令、为所欲为、称霸一方的"山大王"。

李海龙 20 岁时，从土匪手里救出了包头广恒西大财主马卜子。马在萨拉齐县城为李海龙举行了非常隆重的庆贺仪式，并赠李一把万民伞。萨拉齐县保安团团长侯秉成出于嫉妒，派区兵队扣捕了李海龙，李对侯骂不绝口，区兵用石磨扇砸断李的腿，李仍骂个不停。后经马营长派人救出，送到包头医院治疗。

1929 年，耳沁尧一带划归固阳县六区管辖，由李海龙负责维护地方治安，成立自卫队。随着自身武装力量的不断壮大，他就成为大青山里的土皇帝，巴总窑一带的农民和流散人员都听他指挥。

1937 年七七事变后，李海龙的队伍被编为"民众抗日自卫军骑兵游击

绥远国民兵司令部（方大曾摄）

师"第33团，他任团长。

不久，绥包沦陷，萨拉齐县民众纷纷逃进山中，李海龙乘机收养了很多人，并利用国民党军队退却之际，收买了许多散兵游勇的武器，力量迅速扩充到500多支枪的规模。

是年10月，绥包相继沦陷后，李海龙救了许多泥瓦木匠，捡了好多散兵游勇丢弃的武器，又扩充了500多支枪。他看到日本侵略军进逼，国民党一日千里地溃退，便在伪萨拉齐县长丁绍先的再三敦促下归降日本，被编为日伪包头伊盟公署直辖第三警察大队，被委任为队长。

李海龙当时一方面对国民党的自卫军避而远之，另一方面对八路军加以防范，对日伪军也大多应付。由于"山高皇帝远"，巴总窑一带在烽火连天的动乱年代相对风平浪静。居民在深山密林中大种鸦片，除了向李海龙进贡外，

全副武装的蒙古族卫队（方大曾摄）

几乎没有任何捐税，多数居民的茅庵土窑变成砖瓦房舍。

1938 年，李海龙先后在耳沁尧附近山顶上和住院大门口构筑七个碉堡，在碉堡间、房院里构筑了互相连通的暗道和暗室。竣工之后，便把几个石匠老师傅活埋在里边。

此时，自卫军的鄂友三部因不得民心，始终未建起一个可以立足的根据地，处于流窜状态，对李海龙所占的地形和掌握的武装垂涎三尺，妄图"鸠占鹊巢"，几次进攻巴总窑子皆告失败。1943 年，李海龙在固阳大庙掌不浪沟歼灭鄂友三部有生力量，鄂部连长周贵堂和部下 80 多人被活捉后全部处决，从此鄂友三和李海龙结下了深仇。是年秋天，鄂派重兵攻打李部，李凭借有利地形和坚固工事自卫，鄂始终未能取胜。

1945 年 8 月，日寇投降，李海龙的"独立王国"也宣告结束。国民党把他的队伍改编为绥远省大青山抗敌第二团，但李海龙一直持观望态度。此时鄂友三部得到美式装备，势力强大，伺机报一箭之仇。李海龙深感小天下难以自保，整天琢磨着逃避厄运的生路。

1945 年 10 月，贺龙率部围攻包头，李海龙欲投靠共产党，暗中派亲信通过中共绥西专署专员李维中请示贺龙。共产党对他的悔过自新表示欢迎，于 1945 年 12 月 9 日，由陕甘宁晋绥五省联防司令部任命李海龙为"大青山地区招讨司令"。他把任命状一直藏在家里。

1946 年，国民党固阳县长命令耳沁尧交 3000 斤粮食，李听后没好气地说："三颗也不交！"这话传到国民党绥远省主席董其武耳朵里。

1947 年 1 月，董其武命令李海龙率部到察素齐听候改编，他听从了绥蒙军区司令员姚喆的"要尽量不下大青山，能拖多久就拖多久，坚持六个月后形势肯定有变化"的指示，将其人马编入乌拉特东公旗保安第二大队六中队，驻防耳沁尧一带。1948 年，李海龙面见董其武，还帮助其指导工事修建，同时也把工事图纸秘密送到中共绥蒙军区。

1948 年初，董其武派萨拉齐、固阳、武川县警察大队突然行动，向耳沁尧进攻。在耳沁尧和吉尔登湾与李海龙部遭遇，激战一夜，东公旗保安队闻讯援救，三县警察撤退。李部撤到绍卜亥，由绍卜亥向绥东挺进，打算投奔解放军。行至岔沁村时被国民党王有功部拦阻，被编为王有功的一个突击大队，驻扎在麻花板。

李海龙表面服从国民党的改编，但暗地还通过中共地下工作人员刘海峰同绥蒙军区司令员姚喆取得联系。姚指示他保存实力，择机奔向解放区。

1949 年 6 月，李海龙趁其他部队拉到和林县去割大烟的机会，携带贺龙司令员的任命状，率领 150 多人进入大青山，直向拐角铺，投奔了中国人民解放军绥蒙军区，姚喆将这支队伍编入包头军分区保安大队。后来这支队伍在撵杖忽洞编入起义大队受训。"九一九"绥远和平起义后，部队又改编为包头军分区警卫连，驻防包头，李海龙按营级干部待遇。过一段时间，部队到河北衡水地区集训，李海龙借故脱离部队回到萨拉齐居住，后在包头市东河区北梁大水卜洞街开过碾坊，拉过骆驼，养过毛驴小车。1968 年迁回耳沁尧村，1974 年因病去世。

文化教育强基础
参政议政谱新篇

—— 丁冠英小传

丁冠英（1890—1967年），回族，河北省宣化市人。

中华人民共和国成立后，丁冠英曾任绥远省协商委员会委员，政协内蒙古自治区第一、第二届委员会委员；包头市各界人民代表会议协商委员会副主席，政协包头市委员会副主席。

清光绪三十四年（1908年），丁冠英毕业于直隶（今河北）省宣化府中学堂（前身为清乾隆二十一年成立的宣化柳川书院——樊尚仁注）。次年开始从教，先后在宣化、唐山、天津等地任小学教员。

丁冠英于1933年8月抵包，先在私立清真小学任教，翌年转入包头公立官井梁女子小学教国语课。1940年至1945年先后任日伪包头市公署教育股督学、文书股长、包头县政府督学等职。抗日战争胜利后，任私立崇真中学教导主任、正心中学教师。

新中国成立后，丁冠英任包头榆树沟清真南寺阿文教师。为普及回族文化教育，倡导并组织把各清真寺自办的阿文小学组成回民联合小学。在此基础上，于1952年创建了包头市回民小学。

丁冠英从事教育工作四十多年，耿直正派，廉洁奉公，教学严谨，博学多才。他把"修身、治国、平天下"作为教学宗旨。他一贯严于律己，身教重于言教，尊老爱幼，为人楷模。他秉性耿直，兴趣广泛，喜爱文学、医学和武术，尤好美术工艺、蜡制雕塑及采集植物标本。他强调学生应德、智、体全面发展，重视学生身体素质的锻炼和提高，提倡学生练武，并在课间亲自教授。他擅长书法，尤喜隶书，常亲笔书写指导学生练习。

1949年9月包头和平解放后，丁冠英以回族代表人士身份积极参加政治活动，真诚与中共合作共事，成为包头市社会活动的著名人士。1950年3月至1951年3月，当选为包头市各界人民代表会议协商委员会第一至三届委员会驻会委员；1951年3月至1955年5月，任包头市各界人民代表会议协商委员会第四届、第五届副主席。1955年5月，中国人民政治协商会议包头市委员会成立后，连任第一至第四届委员会副主席。同时，兼任学习委员会副主任、民族宗教工作组委员和政协包头市委员会各界人士业余政治学校校长。其间，还被推选为内蒙古自治区人大代表、政协委员、回民文化协进会副主席；包头市人民政府和人民委员会委员、人民代表、回族文化协会主任、市保卫世界和平委员会副主席。

丁冠英在1950年11月至1957年4月六年多的时间里，积极参加政务活动，协助党和政府宣传贯彻民主建设有关政策法令，参加各项民主改革，废除保甲制度，建立民主基层政权，开展禁烟肃毒运动，动员男女青年参加文化学习，组织商贩参加互助合作，在回民群众中宣传贯彻婚姻法，协助政府筹建"包头市回民自治区"（于1953年元旦正式成立；1956年9月11日，内蒙古自治区党委正式批复撤销包头市回民自治区建制，与原包头市一区、二区合并为包头市东河区。在该区筹备和存续期间，丁冠英曾任筹备委员会副主任、区各界人民代表会议协商委员会主席、区政府委员——樊尚仁注）。在反对美帝国主义侵略、保卫世界和平的抗美援朝运动中，广泛动员群众为中国人民志愿军捐献飞机大炮，提前和超额完成爱国捐献计划，并热情组织接待中国人民志愿军归国报告团、中央访问团和中国人民赴朝慰问团。他对包头市的民主政治建设和社会主义改造，付出了智慧和力量；在团结民族宗教界及知识界人士，认真贯彻党的民族宗教政策，发展爱国统一战线和加强政协自身建设中，做出了重要贡献。

1957 年 4 月以后，丁冠英因病长期休养。他衷心拥护中国共产党，拥护社会主义，坚持"长期共存，互相监督，肝胆相照，荣辱与共"方针，积极工作，为人民服务，并联系社会实践自觉改造主观世界。他在 1954 年 6 月 19 日写给包头市长李质的信中说："我在参观长春、北京等地中，深深感到祖国的伟大和工人阶级的忘我精神。每当工作疲劳时，一想到石景山钢铁厂铸工车间工人同志们冒着高温操作的情形，便觉通体汗流，精神顿振，疲劳若失。今后，坚持不忘，永作规训，以努力工作。"

丁冠英因病卧床十载有余，于 1967 年 12 月 20 日逝世。

语言大师造新字
教我如何不想她

—— 刘半农小传

刘半农（1891—1934年），原名刘寿彭，改名刘复；字伴侬、瓣秾、半农，号曲庵。清光绪十七年四月二十日（1891年5月27日），生于江苏省江阴县（今江苏省无锡市代管县级市）澄江镇西横街。

刘半农是"五四"新文化运动的积极倡导者之一，中国近现代史上著名的文学家、语言学家和教育家，亦是民国年间享誉学术界的大师级学问家。

刘半农的父亲刘宝珊曾中过秀才，后与人创办江阴最早的小学翰墨林小学。1905年，17岁的刘半农从翰墨林小学毕业，以江阴考生第一名的成绩考取由八县联办的常州府中学堂。同期录取的还有后来蜚声海内外的国学大师钱穆。刘半农天资聪颖，每次考试各科成绩平均都在90分以上，深受学监（校长）屠元博的喜爱。

一次，刘半农到屠家拜访，偶然结识了屠元博父亲屠敬山。屠敬山是远近闻名的史学家，交谈中，屠敬山发现这个少年学子才识双全，可堪造就，于是破例将他收为弟子，此事在当地传为佳话。

一次，知府到学堂视察，临时出了一道命题作文，想考查一下学生的成绩。结果刘半农以第一名的成绩夺魁，并得到知府亲自嘉奖。这样一来，连原先嫉妒他的人也心服口服。

　　刚入常州府中学堂第一年，刘半农每次考试几乎都名列第一，被学校"列入最优等"，一时声名大噪。钱穆晚年回忆说："不三月，寿彭连中三元，同学争以一识刘寿彭为荣。"

　　1911年辛亥革命爆发，刘半农赴清江参加革命军，任文牍。1912年2月，因不满军队内部的混乱而返乡。后在上海以向鸳鸯蝴蝶派报刊投稿为生。1917年参加《新青年》编辑工作，并发表《我之文学改良观》等文章，对文学革命从形式到内容都提出深刻见解。同年夏，被北京大学校长蔡元培破格聘为北京大学预科国文教授。这在当时引起了不小的议论，即便时至今日也非常鲜见。

　　1920年春，刘半农赴欧洲深造，初入英国伦敦大学院，在语音实验室工

北大同人合影（左起，刘半农、沈尹默、陈大齐、马裕藻、张凤举、周作人、李玄伯）

刘半农塑像

作。1921 年转入法国巴黎大学，并在法兰西学院听讲，攻实验语音学。1925
年获法国国家文学博士学位，成为第一个获得以外国国家名义授予的最高学
衔的中国人。1925 年秋回国后，继续在北京大学国文系任教，讲授语音学。
同时兼任北大研究所国学门导师，建立了语音乐律实验室，成为中国实验语
音学奠基人。

刘半农一生著作甚丰，创作并出版了《扬鞭集》（1926 年）、《瓦釜集》
（1926 年）。其他著作有《半农杂文》《中国文法通论》《四声实验录》等，编
有《初期白话诗稿》，另有译著《法国短篇小说集》《茶花女》等。其中《汉
语字声实验录》荣获法国"康士坦丁语言学专奖"。刘半农所作新诗多为描写
劳动人民的生活疾苦，语言通俗。而最为人们所熟知的是他在回国的海轮上
写的那首诗《教我如何不想她》，其中"她"字也是刘半农的创造。

刘半农是个兴趣广泛的人，写小说，喜欢摄影，出过影集；喜欢写字，常
临一些冷门字帖；喜欢编书，也编过时髦的副刊；喜欢谈文法，也喜欢谈音乐。

1926 年底，瑞典学者、探险家、地理学家斯文·赫定来华与北京政府协

商，想获准去中国西北进行他的第五次中亚考察。刘半农等人闻讯后，立即组织起来，联络北京大学、清华学校等在京十余个机构，于 1927 年春创建了"中国学术团体协会"。在刘半农等人的直接影响下，此次科考成为近现代中国科考史上唯一一次权益平等的科考行动，其历史意义不言而喻。中国学术团体协会成立后，立即委派骨干刘半农、翁文灏和马叔平三人与斯文·赫定接洽谈判，反对他单独到西北进行科学考察，力争将这次考察置于中国学术团体协会的掌控之下。在谈判过程中，刘半农出力最多，按照时任中方团长的北京大学教务长、哲学门教授徐炳昶（河南省唐河县人。字旭生，笔名虚生、遁庵）在《徐旭生西游日记》中的话说："这个时候，恰好有瑞典地理学大家斯文·赫定博士想到我国西北部继续他从前数次所作底考察，来商议合作办法；我们的协会就派人同他交涉。折冲最多者为刘复博士。协商十余次，乃于 4 月 26 日订立合作办法十九条。协会接受赫定博士的补助，组织西北科学考察团。"

1927 年 4 月 26 日，在北京大学研究所国学门签订了《中国学术团体协会为组织西北科学考察团事与瑞典国斯文·赫定博士订定合作办法》，并规定西北科学考察团理事会监察并指挥该团进行的一切活动。随后刘半农被任命为西北科学考察团理事会常务理事，即最高负责人，从 1927 年起遥控考察团的进程，直到他去世为止。因而，刘半农在这一事件中发挥了重要作用，这次科考也使丁道衡等在包头考察期间，探明了白云鄂博铁矿及稀土资源，为日后包头作为重工业城市的建设和发展起到不可估量的作用。

这一过程中有这样一段插曲，1926 年 3 月 19 日，刘半农、袁复礼等人代表北京学术界会

刘半农（刘复）信封

晤斯文·赫定，对他已签署过的考察协议的条款提出反对或限制性建议，并请他两天后给予答复。可斯文·赫定没有因此重新调整其安排，在 22 日让韩普尔带着 11 名团员按原计划离开北京来到包头。第二天斯文·赫定就接到刘半农一封措辞极为严厉的信，信中指责他违背诺言、擅自让考察团离开北京，并说整个学术界都将起来反对他的考察团。外交部也因此警告斯文·赫定，如果学术界极力反对，政府将收回已经向他们签发的允许考察的证明。

斯文·赫定这才感觉到了事情的严重性，他把刘半农邀到寓所商谈。但他同时威胁说，如果北京学术界继续恶意攻击考察团，他将召回团员并让他们返回欧洲。刘半农是个思维敏捷、性情刚烈的人，他说，北京学术界可以答应共同签订一个新协议，找到一条中外合作的途径。于是，斯文·赫定让已经抵达包头的队员们待命，刘半农、徐炳昶等北京学术界代表与斯文·赫定开始了长达六个星期的谈判，才有了之后的合作办法及日后先后两次、长达近六年的中外平等合作考察。

1933 年 4 月，刘半农与钱玄同等 12 人联名在报纸上发出为李大钊烈士举行公葬的募款书，并书写墓碑墓志。

早在刘半农在法国进行汉语语音实验时，就以江阴方言（吴语）作为研讨对象，充分利用了来自民间歌谣的字声分析。1930 年，刘半农带着他的助手和学生在北大语音乐律实验室中记录了 70 余种方言，用了一年多时间，编写了《调查中国方言用标音符号图》，所收各地的民间歌谣则更多也更为集中。

刘半农计划编写一本《四声新谱》，把中国重要方言中的声调，用曲线画出来，同时还要参照法国《语言地图》的方式，编一本中国的《方言地图》。因此他到处考察。1934 年，刘半农决定从北平西直门车站出发，到绥远一带考察方言民俗。此行主要任务是完成瑞典地理学会为纪念瑞典考古学家斯文·赫定七十诞辰而征集的论文，同时为他的《四声新谱》和《中国方言地图》补充资料。

1934 年 6 月 19 日，刘半农率助手白涤洲、沈仲章、周殿福及工友一行五人冒着酷暑沿平绥铁路前往包头进行方言方音调查。

6月20日，刘半农即到达包头，在包头停留五天，对八个点位的方言进行了调查。他们还到了乌拉特前旗，听到老乡们唱的爬山歌，非常感兴趣，也录了音。在包头地区期间，刘半农用录音机收录了歌谣七筒。工作之余还游览了"包头八景"的转龙藏、南海子等地。

6月24日，刘半农一行到达归绥（今呼和浩特），在此停留七天，调查了归绥、武川、清水河、凉城等县的方言及声调，并收录了民歌5筒。在一个地方，他听见几个老百姓围坐低唱，声音独特，立刻记下

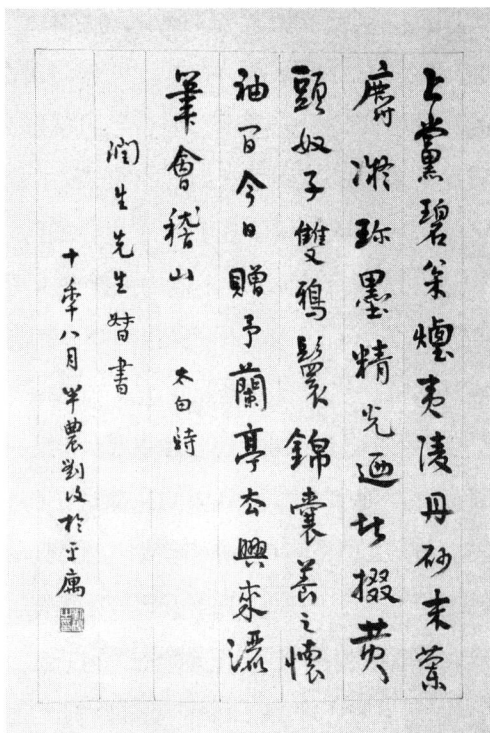

刘半农书法作品

谱子。有一天路过黄河边，刘半农先生看到河上满载的货船正逆流而上往宁夏去，拉纤的船夫们赤身露体，与逆流搏斗，声嘶力竭，惨不忍睹。船夫们悲壮的号子，声声打动诗人敏感的心弦。为了记录下这令人惊心动魄的民歌，他让助手沈仲章随船而行，进行记录，跟随他们达三日之久。

6月29日至30日，刘半农和随行者去百灵庙游览，经蜈蚣坝、武川、召河抵达百灵庙，深入蒙古包做了许多调查。就在这天晚上，由于没有蚊帐，刘半农被蚊子咬得彻夜未眠，也留下了致命的祸根，让这样一位杰出的语言学家过早地离开了他一生执着和热爱的学术事业。

7月5日，刘半农一行到大同，在大同停留两日，调查了雁北13县的方言，并收录了当地歌谣5筒。

刘半农到绥远调查，在包头引起了很大轰动。刘半农先生为何如此钟情

于民歌的调查与研究呢？这或许是出于他对民歌高度艺术价值的深刻认识，他知道要写好白话新诗，一定要学习民歌自造新体。这正是他终生孜孜以求的。除了实证研究语音，他自己也从民歌中汲取了养分，为其白话诗的创作奠定了重要的基础。从内容到形式，刘半农的诗都对民歌有所借鉴，这也许正是他成功的秘诀所在吧！《教我如何不想她》即非常好地体现了雅俗结合的艺术效果，而他孜孜不倦的求索精神更值得后人学习。

7月10日，身染重病的刘半农返回家里，请来附近的中医，诊治后认为只是感冒。

7月14日，刘半农遍体发黄，嗝逆不止，吐出有血，胡适劝他到协和医院治疗，刘半农因二弟和侄儿都是在协和医院病逝的缘故，对去协和有所顾忌，最后勉强同意去协和。胡适用自己的车把刘半农送到协和医院。此时，已经是刘半农回京后的第五天，入院验血确诊为回归热，是考察途中在包头被蚊虱叮咬传染而得。

1934年7月14日下午2时，刘半农心力不支去世，年仅43岁。鲁迅曾在上海《青年界》月刊（1934年10月第六卷第三期）上发表《忆刘半农君》一文以示悼念。

一心向善苦修行
佛俗两界巧立身 ┃ —— 萨木腾小传

萨木腾（1892—1974 年），本名叫玉根，萨木腾是他出家当喇嘛之后的法名。玉根生于清光绪十八年（1892 年）八月，祖籍土默特旗乌兰板申。其父根栋也是喇嘛，在席力图召任德木齐。在召庙里，活佛是当然的一把手，但并不管具体事务，主持日常事务的是达喇嘛，也称大喇嘛，德木齐相当于大喇嘛的副手。

19 世纪末，蒙古民族因为"三出一，五出二"出家当喇嘛，加之清朝一有战事就大批征调蒙古骑兵，这使无数蒙古族女人失去丈夫，大量的成年蒙古族姑娘落了单，蒙古民族人口急剧下降。喇嘛可以承担起延续种族的重任，但是，喇嘛教义规定他们不能成亲，佛家清静之地，岂能受这等世俗之事干扰？各地召庙严守佛法，看紧本寺的喇嘛，有人胆敢接近女色，打四十鞭子，把脸涂上锅底灰，然后赶出召庙，以示惩戒。

然而，这正遂了一些期望接续自家香火的蒙古老人的心愿，有些喇嘛的母亲、奶奶宁可儿子、孙子被惩处，也要给他们娶媳妇。

这一潮流很猛，召庙难以招架，一些寺院退而求其次：经活佛允许，喇嘛可以成家。

根栋的兄弟都不在了，他是家中唯一的男人，由绥远将军向席力图召活佛求情，活佛准许根栋结婚。婚后，根栋生有三个儿子，长子玉存，次子玉根，三子玉堂。有三个儿子，又有丰厚的家产，根栋每日沉浸在幸福之中。

哪知天有不测风云，人有旦夕祸福，光绪二十四年（1898年），根栋得了场大病，撒手人寰。此时，根栋夫人年仅30岁，小玉根6岁，哥哥9岁，弟弟3岁。可是，命运偏偏跟小玉根三兄弟过不去，母亲得了肺痨，大口大口吐血。临终前，母亲把三个孩子的婶婶请到榻前，她留下遗嘱，把自己全部家产都给这个妯娌，只希望她把三个孩子拉扯成人。

婶婶也是寡妇，而且，她有两儿两女，加上小玉根三兄弟，就是七个孩子。一个没有丈夫的女人，要照顾这么一大群孩子，累得她根本直不起腰。

婶婶实在太累，就抽点大烟，缓解一下疲劳。大烟就是鸦片，那是毒品！婶婶很快就染上了毒瘾。小玉根母亲留下的家产不到两年就被婶婶抽光了。不要说小玉根三兄弟，就连婶婶的四个孩子她都没有能力照顾了。小玉根的弟弟得病死了，12岁的哥哥给人放牛去了。为了保住玉根一条小命，姑姑把他送到席力图召（蒙古语意为"首席"或"法座"。汉名"延寿寺"，为

昔日归化城席力图召

席力图召山门

康熙所赐。坐落在今呼和浩特旧城玉泉区石头巷北端）当了小喇嘛，取法名萨木腾。这年萨木腾才9岁。

萨木腾聪明、勤奋、努力，很快就得到了师父师兄的喜爱。光绪三十一年（1905年），14岁的萨木腾被选为席力图召十世活佛的贴身侍从，专门侍候佛爷。不久，萨木腾跟随活佛到外蒙古乌里雅苏台、科布多等地传教。萨木腾注意观察活佛的一举一动、一言一行，领会活佛讲经的要义，同时，全身心地服侍活佛的生活起居。在活佛的教导下，萨木腾的佛学造诣更深了。

1919年，萨木腾随活佛返回席力图召。然而，一个噩耗传来，哥哥玉存死了，没有留下一儿半女，至此，萨木腾兄弟三人只剩下他自己了。萨木腾把这件事压在心底，他潜心向佛，刻苦学习，精心服侍活佛，转年便被提拔为席力图召的格思贵。活佛得知了萨木腾家的情况，准许他成家，传宗接代。

1925年，34岁的萨木腾结婚了，妻子是土默特旗巴什板申村人，名叫默德格，乳名花鱼儿。1929年，萨木腾的长子恩正降生，萨木腾有后啦！他可以告慰祖先了。夫妻俩初为人父人母，都沉浸在无比的幸福之中。尤其是萨木腾，此时他已经年近四旬，按照当时娶妻生子的年龄，他应该是爷爷或姥爷了，萨木腾高兴的心情简直无法形容。

然而，又出事了，绥远地区大旱，粮价暴涨，召庙里的布施收入大大减少，召庙里的喇嘛纷纷外出化缘，萨木腾一家的生活陷入困境。为了一家人的生活，经人介绍，萨木腾到阎锡山大同骑兵教练所任了少校蒙古文教官，月薪银圆60块。当时北京的人力车夫苦干一个月，收入也不到2块银圆。这笔收入太丰厚了！萨木腾把全身心的精力都投入教学之中。

1930年5月，蒋介石、阎锡山、冯玉祥中原大战爆发，萨木腾的这份工作丢了。不过，萨木腾在这近一年时间里，不舍得吃，不舍得喝，积攒下了现洋400多块。回到家后，萨木腾在召河普会寺附近买了十几亩地，再购置一些牲畜，家庭生活也就有了保障。

萨木腾既在席力图召做管理喇嘛，又操持自己的家庭，小日子过得还不错。可是，有人找到他，强拉硬拽让他加入国民党。1934年，国民政府批准成立蒙古地区自治政务委员会。成立之初，达尔罕贝勒旗的云王任委员长，锡林郭勒盟副盟长德王任秘书长。蒙政会非常需要蒙汉兼通人才，有人向云王推荐了萨木腾。可是，萨木腾既要管理席力图召事务，又要照顾自己的妻儿，没有精力到蒙政会驻地百灵庙工作。云王出了一个折中的办法，在归绥蒙政会办事处给萨木腾任了一等科员的职务，主要负责对外联络、采购办公用品。萨木腾只得同意。

七七事变爆发，绥远沦陷，德王在日本人的支持下，以百灵庙蒙政会为班底，成立了"蒙古联盟自治政府"。德王派人找萨木腾参加，云王给萨木腾出了个主意，让他答应德王在"蒙古联盟自治政府"任职，利用职务，兴办蒙古民族的教育。萨木腾推辞不过，他同意在这个"政府"中任乌兰察布盟（今乌兰察布市）公署参事。

身为参事的萨木腾却很少"参事"，他把主要精力都放在了教育上。萨木腾在召河（希拉穆仁）普会寺腾出一间厅房作为教室，招收学生，聘请教师。开设国学、算术等课程，传授《百家姓》《千家文》《三字经》和珠算等，学校办得有声有色。

席力图召大殿

1939 年 9 月 1 日，日本统治者把伪"察南自治政府""晋北自治政府"合并到伪"蒙古联盟自治政府"中，成立伪"蒙疆联合自治政府"，"首都"迁至张家口。1940 年伪"蒙疆政府"在归属土默特旗的召河设置了伪"席力图旗"，附属乌兰察布盟。因为萨木腾一直管理召河草原，他被任命为"旗长"。伪"席力图旗"作为一个畸形儿，只存在了六年。1945 年日本投降后，席力图旗撤销，仍划回土默特旗管辖。

1947 年 5 月 1 日，内蒙古自治区政府成立。经审查，萨木腾在日伪时期，没有分裂国家、分裂民族的行为，也没有替日本人卖命，尤其是他创办的教育事业，得到了蒙汉群众的高度认可。也就是这一年，萨木腾被吸收为中国共产党党员。1950 年 4 月 1 日，乌兰察布盟人民政府成立，萨木腾当选为副盟长。

1954 年 9 月，萨木腾被任命为内蒙古自治区民族事务委员会副主任。1962 年担任内蒙古自治区佛教协会会长。1974 年因病医治无效，与世长辞，享年 82 岁。

金巴合剂有奇效
蒙医苑里放光辉

——金巴小传

金巴（1892—1975年），蒙古族，内蒙古准格尔旗人。

金巴幼年在郡王旗（旧旗名，即鄂尔多斯左翼中旗。1959年与扎萨克旗合并，设立伊金霍洛旗，该地名现已不再使用——樊尚仁注）新庙当喇嘛，拜老喇嘛土布道尔基为师，专攻医学。16岁时已初步掌握草原上常见病和多发病的诊断治疗，走出寺院行医，并收集民间单方、验方。中年以后，由于医术高明、医德高尚，被农牧民誉为"草原医魂""我们的好'额木齐'（大夫）"。

中华人民共和国成立后，在党和政府的帮助下，金巴建立了内蒙古第一所蒙医蒙药研究机构——金巴蒙医药社，将自己多年积累的蒙医典籍、珍贵资料、贵重药材等全部献出，服务于民族医学的研究和人民健康事业。

1959年，金巴在内蒙古自治区中蒙医研究所工作，后调到包头市第一医院（今包头医学院第一附属医院）从医。1962年，包头市第一医院蒙医科人员、药品、器材全部移交包头市第二医院（今包头市中心医院），并在第二医院成立蒙医科，金巴为负责人。他在医院边施诊、边研究、边著书，并

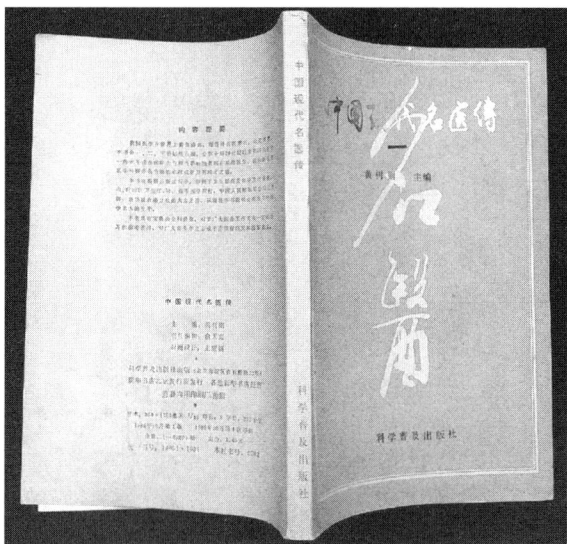

培养蒙汉弟子30余人，多数已成为民族医学中的骨干人才。他研制的归乌子加三味加藏红花方剂，对治疗肝病有明显疗效，被定名为"金巴合剂"，在全自治区推广。花甲之年，他耗十年精力，将积累了40余载临床经验加以总结提炼，在参阅大量蒙医经典的基础上，用藏文完成一部近60万字的《临床医药鉴》蒙医巨著，并同弟子将全书翻译为蒙古文出版。1982年，该书被评为全国优秀科技图书；金巴去世十年后，其事迹被收录于《中国现代名医传》（科学普及出版社，1985年10月第一版）中，足见金巴在中华医学史中的地位。

包头自古征战地 一介武夫掌中枢 | ——王靖国小传

王靖国（1893—1952年），号梦飞，字治安，山西五台县新河村人。

王靖国幼时家贫，父早丧，随母改嫁，为富户牧羊。稍长，就读村学，后投考山西陆军小学堂（原山西武备学堂）、保定陆军军官学校第五期步兵科习武。毕业后，投身晋军，与杨爱源、孙楚、梁培璜、杨澄源、傅作义、赵承绶、李生达、李服膺、楚溪春、鲁英麟、董英斌、陈长捷结为金兰（王靖国排第六），人称阎锡山的"十三太保"。

王靖国因体魄健壮，文武兼备，对上唯命是从，先在晋军充任见习军官，后任学兵团队附，继任第四混成旅第七团连长。

王靖国治军注重风纪，并因此而得到阎锡山的青睐。

一天，全团统一集中在督军府的操场上掘土填壕，突然狂风大作，暴雨倾盆而下。操场上顿时像炸了锅一样，各连争先解散收工，唯有王靖国连有条不紊地集合、整队、报数，然后踩着正步撤回营房。

事有凑巧，这一幕正好被站在梅山（督军府内的假山）上眺望的阎锡山看在眼里，同时也把王靖国这个五台小同乡牢牢地记在心里。此后节节递升，

1923 年升任营长。1926 年阎冯作战时，屡有战绩，升为团长。1927 年，晋军易帜，附蒋反奉，王靖国随十七师师长、绥西镇守使傅汝钧驻军包头。同年秋，傅汝钧病故，王靖国继任。1928 年升任第五旅旅长、三十七师师长、十九军军长，仍驻军包头。1930 年阎冯联合反蒋，中原大战，王靖国任张荫梧第四路军第三军军长，在胶东作战，反蒋大战失败后，退驻阳泉。1931 年，晋绥军编遣时，被缩编为七十师师长，兼任绥西警备司令、绥西护路司令等衔，属杨爱源第三十四军建制，驻节绥远包头地区。

1932 年，阎锡山复出后，任太原绥靖公署主任，坐领绥晋两省。同年 2 月，以"寓兵于农""开发西部"为名，成立绥西屯垦督办公署，自任督办，命令七十师师长王靖国代行督办。王靖国率部驻防包头，兼任包头警备司令、绥西护路司令等职。

1934 年，蒋介石在庐山成立军训团，调王靖国参训，担任营长，考评荣获第一。蒋介石奖励他 2 万元以示拉拢。

1936 年 5 月，第十九军军长李生达在离石驻地遇刺身亡，王靖国补缺，再次升任中将军长。

此时的王靖国权高势大，人称"绥西王"。其所属第七十师以两个团全部及另一个团之一营，共编为 28 个屯垦队，在包头河西（今鄂尔多斯沿黄地区）以及临河、狼山、五原一带扎寨屯兵，垦荒耕种。声势浩大的晋军绥西屯垦由此掀起高潮。

王靖国在包头城西前街（现东河区胜利路）路北以 10 万元购得广生粮店一处院落，翻修建起"西北屯垦督办公署"大院。七十师师部、警备司令部和屯垦督办公署均在院内办公。

该院砖木结构，大门门面造型别致，内有过厅、走廊、礼堂、办公室和东西小院，共计 220 多间，花费 20 多万元，费时一年多建成。垦区经营农牧业、种植鸦片，以作为军费开支及军垦所需。

屯垦为阎锡山积累了大量财富。

由于大量种植罂粟，使绥西地区军民贩毒吸毒与日俱增。王靖国在垦区

位于包头老城东河区的西北屯垦督办公署

成立"消费合作社"，在包头城创办"绥西垦业银号"，强力发行500万元屯垦流通券（券面上印有该公署建筑图案），作为采购土特产品、贩运日用百货的资本。屯垦五年，搜刮绥西民脂民膏不止千万。

1937年抗战前夕，王靖国调回太原，屯垦办事处迁往五原，后来撤销。市面的屯垦券先贬值、后作废，总数在40万元左右的屯垦券变成废纸，商家和百姓深受其害。对绥西地区的经济发展和百姓生活造成极大损害。

屯垦督办公署还发行"屯垦合作社信用支付券"50万元，用来收购蒙汉人民的粮食、牲畜、皮毛等货物，转运平津等地出售，牟取暴利。这种支付券只准在包头屯垦合作总社兑换。由于市面流通的支付券太多，刺激了通货膨胀，导致支付券日益贬值，后来一元支付券只能喝一碗羊杂碎汤，被老百姓称为"杂碎票子"。日军占领包头后，支付券随之全部作废。

1935年9月28日，晋军第七十一师师长王靖国和伊克昭盟（今鄂尔多斯市）副盟长阿拉坦鄂奇尔在包头召开防共会议，委任杜堃为包头城防司令。派骑兵一个旅抵伊克昭盟以防陕北红军入绥。

王靖国坐镇包头期间，鉴于当时教育落后，特拨款开办一所"实行民众学校"（简称"实行学校"，位于金龙王庙街南门里路西），学制六年，采取单式教学，为包头当时设备较齐全、教学质量较高的小学。1934年开办惠民医院，由七十一师军医处处长兼任院长，设内科、外科和病床多张，医师、护士、药剂师俱全。
还派兵协助地方修
建包头街心公园，
内设图书阅览室。
修建南门至包头车
站（今包头东站）
的石子白灰黏土马

绥区屯垦督办办事处合作社支付券

路和包东（包头至东胜）公路。配合地方武装"老一团"平息绥西地区匪患，配合宁夏军夹击遣散曾驻防包头西撤的孙殿英四十一军。

　　包头城地势北高南低，每逢暴雨，城内居民即遭洪水之害。在地方士绅和包头县长的建议下，1934年修建东、西水道（东水道位于北梁台地大仙庙东侧之北，西水栅建在西水沟北）防洪工程，王靖国资助经费6000元，并派一连士兵参加修建，减轻了城内的水患。此事受到地方各界人士的好评，也为傅作义部1939年12月19日夜袭包头城时，一小股士兵利用水道潜入城内提供便利。此为后话。

　　抗战爆发后，阎锡山策划大同会战，王靖国率所部第十九军由绥西包头开赴大同，除以一部扼守雁门关外，其余集结于阎锡山的岭口行营附近，作为总预备队。在1937年9月下旬忻口战役和1938年2月石口镇堵截日军中，王靖国先后两次丢失阵地，一时成为众矢之的。阎锡山念他虽失地但未丧师，为晋军保留了一部分实力，非但没有影响他在阎锡山心目中的分量，反而进一步得到重用。

　　1939年3月25日至4月22日，阎锡山在山西省临时首府陕西省宜川县秋林镇召集晋绥军政民高级干部会议，史称"秋林会议"。会议的实质是阎锡山由联共抗日转向反共，是其积极响应和推行蒋介石国民党五中全会以来由政治限共逐渐走向军事摩擦，到处制造反共事件，以反共作为准备投降妥协的一个重要步骤。在会议进行中，以王靖国、邱仰浚、薄毓相等为代表的山西旧派势力通过与以薄一波、续范亭（国民党元老、民族英雄、著名抗日爱

1936年蒋介石视察绥远（左一为王靖国）

国将领）为代表的山西新派势力进行针锋相对的斗争，结果会议不欢而散。

会后，在阎锡山授意下，王靖国着手实施"建设有现代化基础的 30 万铁军"计划。同年 9 月，在经过必要的策划后，王靖国召集已经活动好的温怀光（骑一军代军长）、王乾元（第三十四军代军长）、赵恭（暂编第四十四师师长）、于镇河（第三十三军军长）等十几名军官到阎锡山家里举行秘密整军会议。按照阎锡山与王靖国预谋，阎锡山假意"顺从民意"，决定成立"铁军"组织"三三铁血团"（即一人发展三人，三人发展九人，依此类推，因此而得名。亦隐含着阎锡山的山西之意——樊尚仁注）。秘密聚会后，王靖国以"整军会"的名义继续扩大组织，拟定有关纪律。最后选定 28 人，号称"二十八宿"，作为发起人。王靖国代替阎锡山主持一切，虽没有什么确定的名分，却在实际上充当着铁军的掌门人。几年之中，铁军组织由初发起时的 28 人发展到近万人。到抗战结束时，晋军中原来的各军、师长大部分调换为铁军骨干分子，所有军队的整编、人事、训练等，均在铁军组织的掌握之中。借助于铁军组织的不断扩充和发展，王靖国在晋军中的地位日益

提高，权力进一步膨
胀，很快成为权倾一
时的实力派人物。

1939 年 1 月 底，
王靖国升任第十三
集团军总司令；同年
7 月，转任西路军北
区总司令。1943 年，
阎锡山为加强其军队
建设，命王靖国依

1936 年绥远抗战中方三位指挥官：赵承绶（左）、傅作义（中）、王靖国（右）

据建军先建连，建连先建组织，建组织先建干部的思想，拟具建军训练方案。
是年秋，阎锡山移驻吉县（今隶属山西省临汾市）小河畔亲自进行建军试点
训练。建军委员会齐集吉县展开工作，王靖国以建军委员会委员兼办公室主
任负全面协助之责。1944 年春，吉县建军结束后，阎锡山指示总结经验，分
区进行。王靖国奉命先后在吉县和隰县（山西省临汾市辖县）两地具体实施
建军，在隰县期间又兼任北区领导组驻会高干，兼管该地区各专区、县的组、
政、经、教工作，集军政建设于一身，以期取得经验并推而广之。

1945 年 5 月，王靖国任中国国民党第六届中央监察委员；同年 8 月日寇
投降后，王靖国以第十三集团军总司令的身份率军驻守临汾。期间，蒋介石
曾授意胡宗南对王靖国设法拉拢，并以"调河南负一方重任"相诱未果。

1948 年冬，王靖国被委任为第十兵团司令兼太原守备司令。1949 年 3 月
太原战役中，王靖国的女儿王瑞书受中国人民解放军太原前线司令部司令员
兼政治委员、中共太原前线总前委书记徐向前派遣，劝父亲投降。同月 29
日，阎锡山应国民政府代总统李宗仁之邀乘飞机逃到南京。4 月 24 日解放军
攻进绥靖公署，王靖国投降。1952 年病逝，终年 59 岁。

漫漫黄沙搅风雪
悠悠历史现峥嵘

——黄文弼小传

黄文弼在内蒙古考察途中（1928年）

黄文弼（1893—1966年），字仲良，号耀堂。1893年4月23日出生于湖北汉川县（今湖北省孝感市代管县级市）黄龙潭湖畔黄家嘴。

1911年，黄文弼在汉阳府学堂上学。1915年，考入北京大学哲学门就读。1918年毕业，任北京大学研究所国学门助教，其后历任讲师、副教授。致力于研究宋明理学，著有《二程子哲学方法论》等书。继又转向目录学研究，著有《中国旧籍新分类法纲目》。最后将兴趣集中于新兴考古学，是北大考古学会最早的会员。

1927年，黄文弼参加以斯文·赫定、徐炳昶为团长的中瑞西北科学考察团，第一次赴内蒙古、新疆考察，被称为"中国西北考古的第一人"，甚至有人认为，在黄文弼之后，中国的考古学才"逐渐发展形成一门学科"。

作为自学考古学的传统知识分子，黄文弼的考察日记对专业之外的事，无论"岩石土壤、山川气候"，还是宗教民俗等，都不惜笔墨。后人高度评价了这些关于社会经济以及民族关系的史料，认为它们是"通过公共知识分子的视野、手笔"才得以留存下来。

1901 年，斯文·赫定在罗布泊北发现了"楼兰古城"，轰动世界。中外学者相信，楼兰古城是丝绸之路上繁盛一时的古楼兰国目前被发现的最重要的历史遗迹，它对研究新疆以至中亚的古代史、丝绸之路的历史变迁、中西文化的交流与相融具有至关重要的作用。

1927 年春，斯文·赫定率一个大型远征队第五次来华，准备去我国西北部进行科学考察，并与北洋军阀政府达成了不平等协议：不准中国科学家参加，采集品全部运往国外。消息传出，中国学术界强烈反对，最后达成由中国和瑞典联合组成中国西北科学考察团，斯文·赫定、徐炳昶任团长，采集品全归中国所有的协议。黄文弼作为北大学者，参加了考察团。这是他第一次赴内蒙古、新疆考察，历时三年多，行程 18830 公里。

曲折前行在阿拉善沙漠中的中瑞科考队

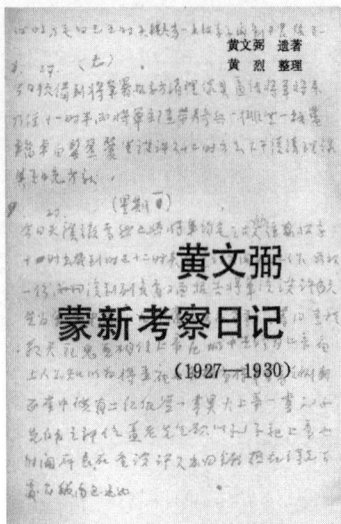

1927 年 6 月 6 日，黄文弼在距百灵庙东北 30 余公里处发现了一个古城遗址（位于北纬 42°、东经 110°）。古城为土砖所砌，城墙残垒屹立，犹可见古城模样。此城为长方形，东西长，南北短。东西约 1040 米，南北约 643 米；西南北均有城垛遗址，可见此城坐西朝东，面临河畔。入城巡视一周，残瓦片堆积如山，散瓦石片遍地皆是，是个房屋的遗址。又在东堆下见有断石碑数块，特别引人注目的是"王傅德风堂碑记"。碑文不全，字迹模糊，乃叙述元代一王之世系及功业。从碑文上知此地为马扎罕之子、八都帖木儿领地。马扎罕原为赵王。马死，八都年少，其弟怀都袭赵王位。

黄文弼第一次发现认定阿伦素木（系蒙古语音译，又写作"阿伦斯木""姥弄苏木""鄂伦苏木""敖伦苏木"，俗称"赵王城""五英雄城"。意为"许多庙宇"）古城遗址，就是元代德宁路赵王城。他还发现蒙文石碑，并拓印保存。这与后来又找到的阿勒坦汗蒙文碑是一致的，为后人研究赵王城和阿勒坦汗提供了可靠的依据。

尽管当时考察环境极其艰苦，但黄文弼从不轻易放过任何可以利用的宝贵时间。他在考察期间的日记，大半是经一天艰苦跋涉后，晚上在蜡烛或月光下写成的，有些线路图甚至是在零下 10 多度时迎着风沙骑在骆驼背上绘就的。

在考察团与斯文·赫定相处的日子里，黄文弼既热情地予以合作，也严肃地反对其损害中国主权的言行。曾反对瑞典考古学家斯文·赫定关于单方面开放新疆航空权的要求。1930 年去楼兰遗迹考察时，斯文·赫定竟将瑞典的国旗插在沙丘上，黄文弼当场提出严正抗议："这是中国的领土，不许插上外国的国旗！"他一边说着一边拔掉瑞典国旗，插上了中国国旗。斯文·赫

中国西北科学考察团考察途中合影。左起：白万玉、龚元忠、李宪之、袁复礼、黄文弼、刘衍淮

定在他日后出版的《长征记》中称赞黄文弼是个"博大的学者"。

中华人民共和国成立前，黄文弼在四川大学、西北大学任历史系教授。中华人民共和国成立后任中国科学院考古研究所研究员。1965 年，任中国人民政治协商会议全国委员会第四届委员。

黄文弼先后四次赴祖国西北考察。在漫长岁月里，支撑着黄文弼在西部考古的长征路上顽强跋涉的精神动力是对祖国深沉的爱。1960 年 2 月，当获悉美国政府和蒋介石集团签订所谓"合同"，企图以展览为名，大规模地掠夺我国在台湾文物的消息，黄文弼万分愤怒。他与尹达、夏鼐、徐炳昶、郭宝钧等人共同发表抗议文章《坚决反对美国政府劫夺我国在台湾的文物》，揭露美帝偷窃、盗买、巧立名目骗取我国文物的罪恶行径，并警告"美国政府必

须立即停止这种无耻的盗劫行为"，并且严正声明："这批文物无论运到哪里，势必追回！"

1966年，黄文弼已是风烛残年。早年在西北大沙漠中度过的时间太长，身体消耗太大，但他依然抱病执笔，想把自己的最后一点心血献给祖国文化事业。12月18日，在北京病逝，终年73岁。

黄文弼主要著作有《高昌专集》《高昌陶集》《罗布淖尔考古记》《吐鲁番考古记》《塔里木盆地考古记》《新疆考古发掘报告》《西史地论丛》《黄文弼历史考古论集》《黄文弼蒙新考察日记》等。在民族史上，对匈奴、大月氏、大夏等亦均有研究。

置身实业图救国
千斤重鼎只手擎

——齐楚白小传

　　齐楚白（1893—1968 年），山东省定陶县（今菏泽市定陶区）北区齐村人。

　　齐楚白的父母以务农为生，家境虽不富裕，但省吃俭用供其读书，1914年他东渡日本留学，于 1919 年 7 月由日本（大阪）工业大学（**孤证无考，疑为 1907 年创办的"东京工科学校"即"日本工业大学"的前身——樊尚仁注**）机械系毕业后，随即回国。1919 年 8 月至 1928 年 5 月，在山东省济南市省立工业试验所机械科任主任技师兼省立工业专科学校机工、电工教师。

　　1926 年，由于军阀混战，工商业凋敝，山东省一些工商士绅为另谋出路，欲在边远地区经营实业。民国时期的包头是商贸重镇、水旱码头、皮毛和粮食集散地。1923 年元旦，平绥铁路建成通车，终点站设在城区与南海子码头之间，西北地区的农副土特产品和京津一带的日用杂货及工业品，以及与海外市场的贸易物资，通过快捷的铁路运输加快了西北地区与内地物资流通的速度和效率，使包头成为西北重要的商贸中心，是当时西北地区开放开发的代表。而包头附近的河套平原、土默川平原和后山地区，凭借优异的光、热、水、土、纬度、海拔等自然资源条件，成为优质小麦产区，从事面粉业原料有可靠的保障，产品不仅在本地有很大的市场潜力，还可远销京津地区。以李占九、方慰农为首，集资 3 万银圆，在包头城南门外火车站（现包头东站）以北 500 米的五里岔道处购置地基 2 公顷，先建筑了一部分供筹备人员住房和存放粮食的仓库，准备建一座电力面粉加工厂，厂名定为"中华面粉

包头电气面粉有限股份公司的厂房

公司"。这一举动，得到了驻军首领冯玉祥的支持。正当筹建工作热火朝天之际，张作霖的奉军占领包头，冯玉祥的国民军撤离包头，时局发生变化，筹资和筹建工作遇到各种困难，建厂工作被迫停止。

1928年北伐战争胜利，北洋政府垮台，一部分北洋政府的文武官员弃官为民，改行经营实业，以图实业救国。原北洋政府山东省议会议长王鸿一倡导开发西北，联合山东、河北两省一些同僚，在绥远省河套和固阳地区兴办农垦，1929年筹措资金18万银圆拟在包头建立电灯面粉公司。并与中华面粉公司创办人李占九、方慰农协商，以中华面粉公司的地基和已经建起的建筑物折价3万银圆投资入股，着手建立包头电灯面粉公司。

齐楚白曾受教于王鸿一，师生关系甚密，于是受王鸿一委托从济南来到包头总揽一切——筹集股金，订购进口设备，建筑厂房和雇用技术工人等事务，均由齐楚白决定。

1929 年，几经周折，通过英国怡和洋行购买德国西门子 100 千伏安锅拖发电机（往复式蒸汽机）一组和锅炉一台，开始破土动工兴建厂房 300 平方米。在齐楚白的努力下，1930 年夏天发电机组安装调试完毕，开始发电。由于向德国订购的磨面设备未能按时到货，厂名定为包头电灯公司。当时，发电量供 20 瓦电灯泡不足千盏。

1931 年 6 月，公司在包头召开股东会（股东除王鸿一、齐楚白之外，还有原河北省议会副议长、博山煤矿董事长朱桂山，曾任北洋政府农林局长米阶平，以及高级军政人员安锡嘏、何绍南、傅作义、郑大章、段绳武、宋棐卿、刘璞珩、赵丕廉、王靖国等人），决定成立以王鸿一为首的 20 人董事会，包头电灯公司改名为包头电灯面粉有限股份公司。公司总投资额达到 30 万银圆，在王鸿一的荐举下，董事会任命齐楚白为第一任经理。经南京国民政府建设委员会批准，办妥执照，采用"双驼牌"面粉商标，包头电灯面粉公司正式开业。同年夏，安装四部德国亚美公司产的电动磨面机及附属设备，开始磨面出粉，每天可产面粉 600 袋。为了解决动力不足问题，在筹备面粉厂的同时，9 月，又扩建安装德国 AEG 厂生产的 260 千伏安发电

包头电气面粉股份有限公司民国时期 250 伏 10 安规格的老式电路配件

机一部、瑞士产 300 马力的卧式往复式蒸汽机一台、英国拔伯葛公司锅炉两台，每台受热面积 550 平方米，仍安装在原厂房内，当年开始发电。自此形成 360 千伏安的发电容量，可供 20 瓦电灯泡 3000 盏，增设配电线路 3 公里，白天供磨面，晚上供照明。虽然发电机的功率小，电压也不稳定，但是却让老包头从煤油灯时代步入了电灯、电气时代，成为包头历史上一件具有里程碑意义的大事。

1932 年，包头电灯面粉有限股份公司更名为包头电气面粉有限股份公司。由于流动资金严重不足，再加上公司初创，缺乏经验，电、面业务萧条，产品销路不畅，发生 17 万多银圆的巨额亏损，濒临破产、停业的状况。公司召开全体股东会议，决定把管理体制改为常务董事制，常务董事和常务监察人对股东会负责，经理在常务董事领导下行使职权。推选段绳武、朱桂山为常务董事，选举米阶平为常务监察人，齐楚白继续任经理，张振芝为副经理，惨淡经营。

1933 年，股东会议推选段绳武主持公司事务，并担任常务董事。齐楚白作为经理与段绳武齐心协力，精诚团结，二人一方面加强企业内部管理，在积极筹措资金、解决流动资金不足的同时，还在提高面粉质量上下功夫；另一方面拓宽宣传渠道，打造品牌形象，扩大电灯用户及面粉销路。供电用户由 3000 盏增加至 1 万盏，生产的"双驼牌"面粉由于质优价廉，而且分量足、水分少，不但畅销本地区，还远销京津地区，仅每月通过火车运往天津的就有 3000 ～ 4000 袋，副产品麸皮运往北京做牲畜饲料。企业逐步复兴，债务逐渐还清，开始扭亏为盈，股东开始得到红利。到 1936 年，公司所得盈利不仅补足了企业总投资 30 万银圆的股本，股东也拿到投资额 15% ～ 20% 的红利。

1935 年 6 月，包头电气面粉有限公司在北京召开股东大会，决定免去齐楚白经理职务，改由朱铭轩担任经理，并增补赵冠一任副经理。此后，齐楚白便

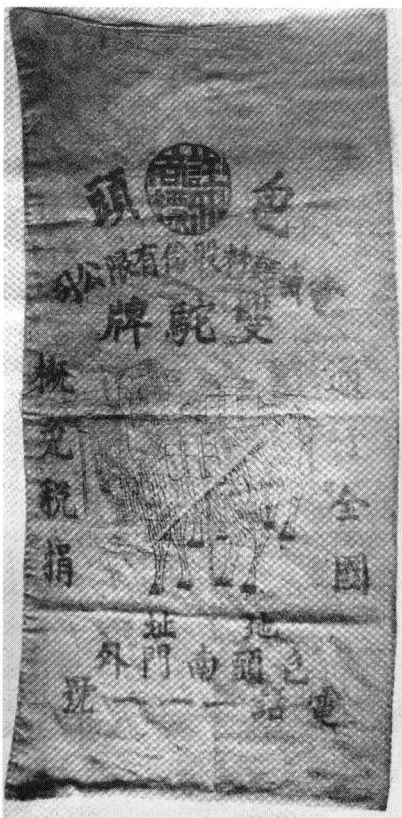

包头电气面粉股份有限公司"双驼牌"面粉袋

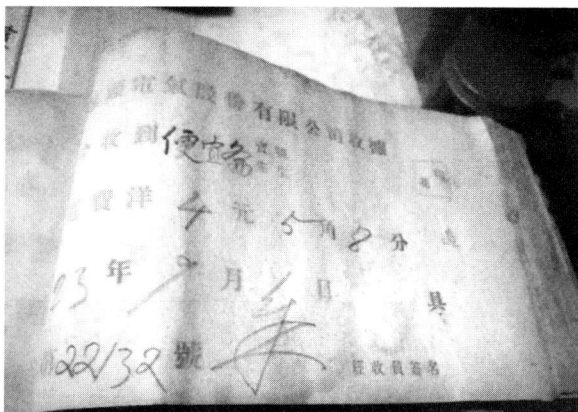

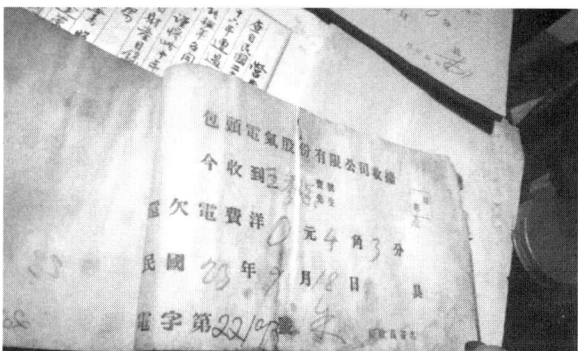

包头电气面粉有限公司民国二十三年（1934年）的电费收据

着手在包头开办电话股份公司（由南汉三集资筹办），从 1936 年 10 月至 1937 年 10 月，齐楚白担任电话公司经理。

1937 年 10 月 17 日，日本侵略军占领包头，把电气面粉有限公司守卫用的 10 支步枪全部收缴，改派日军看守大门。1938 年 6 月，以蒙疆电业一元化为名，强行将包头电气面粉有限公司的发电部分以 10 万元蒙疆币掠夺式收买，7 月 1 日改名为蒙疆电业株式会社包头支店，由日本人宫本忠义任支店长（总店设在张家口）；面粉部分改为包头面粉股份有限公司，由于日寇对粮食实行控制，给生产带来诸多困难。公司为维持生产局面，只得高薪聘请包头市公署日人参事官清水顺辅、河野、渡边五郎为顾问，面粉和麸皮均被日军征购；电话公司亦被日军通讯部队强行接管，改名为蒙疆电器通讯设备株式会社

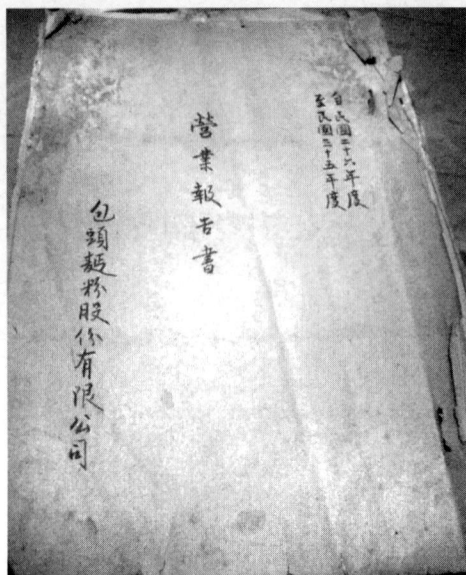

包头面粉股份有限公司抗战时期的经营报告

包头出张所，村田兵吉任所长。

齐楚白面对山河破碎、国土沦陷，不愿为日本侵略者服务，毅然回到北京，在中秋胡同赋闲，直到1945年"八一五"日本宣布投降。

1945年9月，齐楚白回到包头，任电话局局长，1946年2月辞去局长之职，闲居包头。

1949年9月19日，绥远地区和平解放，翌年2月，齐楚白与朱铭轩筹集资金，组织原绥远省国营中滩农场解散后的来包人员（如日本技师屈士良、留日技师关亦然等）和机器设备，以及包头当时失业的技师、失业学生50余人，开办包头西北铁工厂，由齐楚白任经理。同时，还设立了"技术养成所"，为开创和发展农业机械化培养技术人才。

1952年2月，包头西北铁工厂与其他几家私营工厂实行公私合营，组成包头机械厂，后改名为"包头市冶金矿山机械厂"，齐楚白任技术工程师。1955年，他因腿部受伤，便辞去公职，居家养病，后赴北京定居。

包头市冶金矿山机械厂是包头市地方国营工业企业中建厂最早的机械制造企业之一，后成为国家机械部所属的重点企业。从20世纪60年代起，该厂曾大力支援包钢、呼钢及赤峰钢厂等企业的建设，还被誉为"包头市地方机械工业之母"（1999年10月11日，改制为包头市冶金矿山机械制造有限公司，搬迁至包头市铝业产业园区长征路2号——樊尚仁注）。

1968年，齐楚白在北京苏家坡49号院去世，享年75岁。

艰难时事谁与共
走南闯北开新局
—— 曹诚斋小传

曹诚斋（1894—1942 年），清光绪二十年（1894 年）生于包头，名致富，字诚斋。

曹诚斋自幼聪明好学，深得父爱。家道殷实，初入私塾，继而考入归绥中学（后改为绥远省立第一中学）。归绥中学校长王定圻是孙中山领导的同盟会会员。曹诚斋受王影响较深，对王极为尊崇，经王介绍加入同盟会。王定圻因反对袁世凯恢复帝制，被袁的同党杀害后，曹诚斋将王的事迹撰文刻碑立于王定圻家乡刘宝窑子。

1919 年，曹诚斋在天津北洋大学矿冶系毕业，获学士学位。是年，应绥远省立第一中学（今呼和浩特第一中学）校长祁志厚之聘，任数学教师，一年后辞职。旋应山西省政府之聘，赴晋考察矿产，所得矿产资料甚丰，后整理成《山西境内矿产概况》书稿，受到山西实业界的重视。此后，曹在山西省立中英文中学任校长，培育中英文专业人才。他讲授的英文课，颇受师生好评。1922 年回绥远，任绥远省立第一中学校长。1923 年，应包头设治局之聘，回包任教育局长。就职初，包头只有一所公立高等学堂（马王庙小学的前身，今包头市东河区胜利路小学）和一所初级女子小学。在曹诚斋倡导下，先后成立模范小学（今包头市东河区牛桥街小学的前身）、文昌庙小学、南龙王庙小学、金龙王庙小学。当时儿童入学率达三分之一。

1926 年，曹诚斋离包赴绥远省立中山学院任英文教师。1928 年，返包任

昔日马王庙小学（现胜利路小学）

省立第二中学（包头市第一中学前身）校长。当时师资缺乏，曹除主持教务外，还兼过英文、数学、国文课教师。他勤于读书，凡当时能找到的古今中外书籍和各种报纸，每日必读，因而知识广博，又擅长用趣闻轶事、名言掌故激发学生追求知识的兴趣，学生都乐于听他讲课。

1931年，曹诚斋应聘到宣化二中任教；1933年应聘到绥远省立中山学院任教导主任，兼授高等数学课，在该校任教达四年之久。其间，他还应归绥其他中学之聘兼授数学、英文等课程。

1937年10月，日军侵占包头前，曹诚斋从归绥仓促回包，避居家中，每日伏案从事数学研究。工整的数学公式和难题析解手稿，堆积案头，希望有朝一日能够出版成书。翌年，曹诚斋妻子病故，留下三个年幼孩子，生活十分困难。日伪当局托人向曹游说，望他出山任事，汉奸威胁要对他"采取措施"。曹出于爱国情怀，不为所动，将子女寄养岳母家中。1939 年与好友邢国衡结伴，化装成商人，步行到后套陕坝（时为绥远省政府所在地），受聘先任国立绥远中学数学老师，后任校长。

日寇侵扰后套时，绥远中学奉命转往宁夏。因事起仓促，后勤准备不足，师生自带少许吃穿，徒步日行 50 余里，忍饥挨饿，顶冒风寒。他劝慰学生不能半途而废，坚持转移。到宁夏边境时，宁夏省政府主席马鸿逵以国立绥中师生中有赤色分子为由，不准师生进入宁夏。曹诚斋先后多次到银川交涉，并多方托人说情，马鸿逵才准绥中师生暂住平罗县。时值初春，学生患伤寒病者日多，曹亦患病，虽经治愈，但精神大不如前。为及时开课，在平罗县北门外觅得掩骨寺（古战场掩埋尸骨的地方）作为临时教学工作场所。当年4 月，傅作义部五原大捷，日军退守包头，绥中师生才乘船经河路返抵陕坝。此后，曹诚斋辞去校长职务，专任数学教师。其间，曾严词拒绝国民党绥远省党部派人劝其登记参加国民党的要求，并斥责学校个别国民党反动分子的反共言行。

1942 年初，曹诚斋患肋膜炎，加之政治空气恶劣，导致心情郁结，病情日渐加重后又添心脏病，于是年 3 月与世长辞，终年 48 岁。

水旱码头通四海
皮毛财神故事多 ┃ ——覃锡树小传

覃锡树（1894—1964年），原名覃荫周。清光绪二十年（1894年）出生于土默特右翼旗萨拉齐镇。

覃锡树历任绥远省协商委员会委员、包头市工商联主任委员，绥远省工商联主任委员，内蒙古自治区工商联主任委员，包头市各界人民代表会议协商委员会副主席，内蒙古自治区人民代表、政协常委，包头市政协副主席。

覃锡树幼年丧父，由叔父供读八年私塾。16岁时入包头广恒西皮毛店学徒。由于其身材好，面貌清秀，被留在账房提茶倒水，打扫房屋，抽暇学习珠算。两年后出徒，先任该店司账，后升总务、副经理、经理。

广恒西皮毛店以其资金雄厚、规模宏大、历史悠久而名噪西北地区。覃锡树经营该商店多年，为人谦和，有"正直商人"之称。

1945年8月抗日战争胜利后，饱经日寇蹂躏的广恒西濒临倒闭，覃锡树继任经理，重新集股，并将原店改名为广恒西新记，直至新中国成立。

在举国欢腾之中，覃锡树奋笔疾书，用快信发给宁夏、甘肃、青海等西北地区的供货商，也发给北平、天津等华北地区的收购商，向昔日的相与们通报了平绥铁路复通、黄河水运也再无阻碍。殷勤招揽曾经的合作伙伴再续商贸往来。覃锡树的信件，很快得到了回应。1946年，通过广恒西新记经手交易的皮毛，远超过抗战前的数量。

1946年3月22日，包头市商会第一届会员代表大会召开，覃锡树当选为理事长，兼皮毛业同业公会理事长。同年加入国民党，任包头市参议会参议员、绥远省商会常务委员。1947年覃锡树赴南京出席全国商会选举会议，被选为全国商会理事。

1950年6月13日，土匪头子李银（乳名交其，1917年7月24日，出生于老包头城东15公里的磴口村——樊尚仁注）派手下四名匪徒，扮作商人潜入城内，午夜时分闯入南圪洞街覃锡树家中，将其"请财神"（即绑票），同时派人送信，以"萨县游击司令"的名义，提出种种要求，扬言限期处死。广恒西皮毛店闻讯，用数千银圆、财物若干将其赎回。

新中国成立后，改组旧商会，成立包头市工商联筹备委员会，覃锡树当选为主任委员，以后连任二至六届工商联主任委员。1953年，任绥远省工商联主任委员。1954年，内蒙古自治区工商联筹备委员会成立，覃锡树任主任，此后历任内蒙古自治区工商联第一、二、三届主任委员。同时，作为包头地区工商界代表人物，积极参与政务活动。1951年3月至1955年5月，当选为包头市各界人民代表会议协商委员会第四、五届委员会副主席。曾当选绥远省协商委员会委员、绥远省第一届各界人民代表和包头市人民政府委

民国年间广恒西院内搬运毛皮的伙计

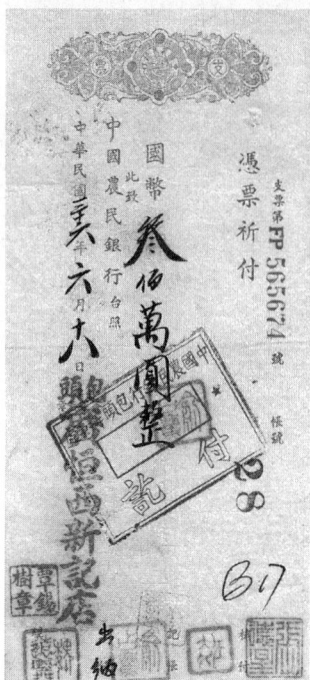

盖有包头广恒西新记店商号图章，包头商会理事长覃锡树钤印民国中国农民银行支票

员，内蒙古自治区人民代表和政协内蒙古自治区第一、第二届委员会常委，包头市人民委员会委员，历届市人民代表。1955年5月至1957年7月，当选为中国人民政治协商会议包头市第一届委员会常务委员，1957年7月后，连续担任政协包头市第二、三、四届委员会副主席。

覃锡树积极拥护和宣传贯彻中国共产党的方针政策，响应政府的号召，以其在工商界的威望和影响，协助党和政府开展各项活动。屡次带头认购胜利折实公债和经济建设公债。

抗美援朝运动中，覃锡树担任包头市抗美援朝保家卫国分会委员，带领工商界人士举行集会和示威游行，向中国人民志愿军和朝鲜人民发出慰问信，表示"誓以努力生产，保证物资供应的实际行动来支援完成争取正义和平的伟大神圣任务"，并带头进行爱国捐款。"五反"运动中，主动自查补报广恒西应缴税金。1952年，覃锡树集资将广恒西皮毛店改造成包头私营新华毛织厂（广恒西联合太和恒、大成永、复兴西、仁和公、福记、巨德昌、丰记毛栈、源甡等皮毛经营户组成）以加工毛毯、绒毯、毛衣、毛线为主，并出任经理。他利用把握内蒙古西部地区和邻省区皮毛资源这一得天独厚的优势，企业不断发展壮大，职工由65人增加到204人，资金由4.9万元增加到11万元，成为包头市当时较大的私营企业。为发展生产、壮大企业，他常派人赴外地参观学习经营管理经验与先进技术，以多种方式推销产品。1953年当企业资金周转困难时，他体谅国家困难，不向国家借贷，将自己部分房产出卖，为企业增资8000元。

1953年9月25日，党在过渡时期的总路线和总任务（要在十年到十五年或者更多一些时间内，基本完成国家工业化和对农业、手工业、资本主义工商业的社会主义改造），覃锡树主动接受私营工商业社会主义改造，为实现全行业公私合营，起到了积极的推动作用。长期的经商活动，使他谙熟经营之道，善于审时度势，果断决策。

为解决产品滞销问题，覃锡树以联营形式，与百货公司签订包销合同，使企业迅速发展壮大，工人生产积极性不断提高，企业产值和利润逐年增长。在企业管理中，他善于倾听接受工人的意见，注重提高产品质量，降低成本，改善劳资关系，使新华毛织厂越办越好，为以后包头市制毯厂（1957 年国家实行私营体制改革，包头私营新华毛织厂把各方股份陆续退回，成立了包头市制毯厂，厂址位于东河区新兴大街涌泉澡堂旁边。20 世纪 80 年代，被兼并后逐渐演变为现在的鹿王羊绒衫厂——樊尚仁注）的发展奠定了良好的基础。

1954 年 10 月，城区有部分小学生没有考上中学，覃锡树在市工商联常委会上提出建议，并报请市委、市政府批准，自筹资金成立包头市工商联"培才学校"，使 360 多名学生经过补习，全部考入中学。

覃锡树担任包头市政协常委和副主席期间，按照中共八大提出的"长期共存，互相监督"方针，经常主持召开各界人士座谈会，广泛听取对政府部门工作的意见和建议，努力发展爱国统一战线。他热情支持文史资料研究工作，并根据自己的亲身经历，较为翔实地撰写了《广恒西皮毛店历史简述》。

覃锡树衷心拥护共产党，自觉接受党的领导，热爱社会主义，坚持走社会主义道路。他在担任工商联主任委员期间，做了大量富有成效的工作，努力把工商联办成既积极团结广大工商业者，又引导他们向有利于国计民生方向发展；既保证政府各项经济政策得到贯彻落实，又代表工商业者合法利益和要求的"娘家"。他经常在工商界同人中和政协各种活动场合表示，要自觉改造世界观，学习劳动人民忘我的劳动精神和工人阶级大公无私的优良品质，同全国人民一道，为建设社会主义贡献自己的力量。

1964 年 1 月 22 日，覃锡树在包头逝世。

军旗猎猎几变帜
抗美援朝成正果

—— 兰瑞小传

兰瑞（1894—1966年），出生于山西省崞县，后迁居固阳县原东公此老乡东官庄子村（现属银号镇管辖）。境内账房塔子村（今属怀朔镇），也有兰家的"牛犋"（以牛耕地，众多农人共同食宿的地方）。

1949年9月，兰瑞参加绥远"九一九"和平起义后，任中国人民解放军骑兵第五师第四团团长，并参加抗美援朝战争。曾当选为山西省人大代表和太原市人大代表，被邀请为山西省政协委员、太原市政协委员。

日寇侵华之前，兰瑞任过包头骑四团连长，绥远省保安骑兵团团长及固阳县第四区区队长等职。

1937年卢沟桥事变的同年冬天，兰瑞参加了"绥远民众抗日自卫军"，任第八路军团长，在大青山一带与日伪军展开了长期艰苦卓绝的斗争。

1939年初冬，兰瑞奉傅作义之命，和张国林等率部到后套进行整编。傅作义把固阳、武川两县的自卫军改编为大青山抗日游击第四师和第五师，兰瑞为大青山抗日游击第五师师长。

1945年8月，日军无条件投降后，兰瑞率部回到固阳县城，任固阳县警察大队大队长。1946年，兰瑞所属部队，改编为绥远省独立骑兵第十五团，兰瑞为十五团上校团长，驻守在四子王旗乌兰花一带。后升任保安骑兵旅第四旅少将副旅长（旅长为少将张汉璋）。

1949年9月19日，兰瑞率部在武川县参加了绥远省"九一九"和平起

兰瑞所部志愿军在朝鲜泰川郡修建泰川机场

义。起义后部队被编入中国人民解放军骑兵第五师，兰瑞任第四团团长。

1950 年 12 月下旬，兰瑞所属部队乘火车开出绥远，经北京南下到达河北衡水地区，开展了为期 40 天的自我教育活动，又经过几个月的政治、军事整训，在思想面貌、技术本领与战术水平上都有了很大进步和提高。

1951 年 5 月，兰瑞任二十三兵团三十七军一一○师三三○团团长，部队开赴朝鲜，他所在的部队负责修建泰川机场和后方警戒，在敌机连续轰炸阻挠下，超计划完成了任务。同年 6 月调师部后勤处任大队长。回国后，于 1953 年转业到山西省，任太原市运输公司经理。

1957 年到 1959 年秋，兰瑞任山西省政协委员，太原市政协委员，同时还当选为山西省人大代表和太原市人大代表。1959 年 9 月，因患高血压回包头休养。1966 年 2 月 19 日病故，终年 72 岁。

铁肩曾担道和义
一手妙文春与秋

—— 荣祥小传

荣祥（1894—1978 年），土默特右旗美岱召村人，1894 年 11 月 25 日出生，蒙古族，姓云硕布氏，字耀宸，为都格尔扎布（历任土默特右翼六甲参领、土默特旗户司翼长，财政科长、煤炭租税局局长、包头蒙民生计会会长——樊尚仁注）第四子，早年笔名塞翁，晚年自号大青山人。

荣祥为绥远"九一九"起义通电签名人之一。内蒙古自治区文史研究馆（初为绥远省文史研究馆）首任馆长。曾任绥远省协商委员会委员，呼和浩特市副市长、政协副主席，政协内蒙古自治区第一、第二届委员会常委等职。

荣祥 6 岁入私塾，12 岁入归绥（今呼和浩特）杨家巷李景沆私人学馆，不久转入土默特旗第一小学堂、高等小学堂就读。酷爱《诗经》及唐宋诗词，钻研诗词格律甚为刻苦。清宣统二年（1910 年）转入归绥中学预备班，次年正式入归绥中学。武昌起义时，归绥道台衙门欲占用教育基金（白银 5 万两）筹建治安维持会，学堂师生获悉后，荣祥一马当先，奋笔疾书，撰写呈文，伸张正义，遂使衙门未敢贸然行事。

民国元年（1912 年），荣祥参加中国国民党，被举荐为归绥支部文书股长。他从此积极为《归绥日报》撰稿，除诗文外，连载小说《天国革命记》，宣传新思想。1913年，因袒护"学潮"被校方开除。同年秋，荣祥辗转至京城，结识"浣花书局"牛宝璋，并与河北省故城县的王荫南有半师半友之交。

1914年春，荣祥以优异成绩考入中央政法专门学校，攻读法律，闲暇潜心于诗词歌赋，经常以"塞翁"笔名在北京多种报刊发表作品。荣祥广与江南、华北等地文坛名人结识，互为裨益。

1915年秋，土默特旗闲散勋爵辅国公色一锋赴京履行公务，荣祥代笔呈文，所撰内容随即被报馆记者抄录，次日披露报端，深得人们赞许。经人介绍，荣祥被桐城派古文大家姚鼐嫡裔姚叙节纳为学门弟子，研习古文，增长学问。

1916年秋，荣祥参加全国高等法官文场考试。报考者7000人，仅录取500名。荣祥为文宏丽而敏速，交卷第一，名列第八。次年冬，以优异成绩毕业。

1918年春，归绥道尹周登皋创办"吟边诗社"。一日，报载征约诗稿，限定格律韵脚，要求怀古咏今，兼收并蓄。荣祥欣然命笔，作诗三首，名列第一，此后成为该社主要成员。是年7月，荣祥当选为山西省议会第二届议员，嗣后屡往太原出席例会，并多次在阎锡山所设"洗心社"发表演说，博得好评。

1920年夏，荣祥联合五名省议员，呈文国务院，控告时任绥远都统蔡成勋为征收鸦片税而广种鸦片及纳森达赖在准格尔旗大种鸦片，贻害人民。倍受当局关注，使当事者受到相应处置。

1921年，荣祥被聘为山西省垦务督办公署秘书兼筹饷局议员。

1923年春，荣祥被绥远学务局聘为第二科科长，并创办师范学校，兼任该校国文教员，次年赴萨拉齐县任土默特清源局（即秘书局）局长，公务之余，勘校古籍。

1925年秋，荣祥以绥远特别区蒙旗国民代表的身份，参加在北京举行的国民代表会议。

直奉战争结束后，荣祥随满泰任山西陆军第五师中校参谋主任。不久，改任绥西镇守使署少将参谋长。1927年9月，随绥远护印都统满泰入都统署，主管政务厅事，不到一年后，改任土默特总管公署秘书长。

1930年，荣祥择其已发表的2500多首诗词，挑选出240首辑成《瑞芝堂诗钞》，绥远文化名人张玉成、郭象伋（绥远通志馆馆长）、安兆麒、孟继椿分别为其作序，华北印刷局印刷（共印500册）。《瑞芝堂诗钞》抒发了诗人热爱家乡、热爱百姓、关心国家命运的情怀，奠定了他以后入仕、编史修志直至在绥远"九一九"和平起义通电上签名等人生重要历程的思想基础。其中有多首蜚声绥远文坛，七律《过苏武祠》歌颂汉代名将苏武被匈奴俘虏以后，在漠北极其恶劣的环境下，克服难以想象的困难，忍辱负重地生活、放牧、心向故土的爱国精神。诗云：

> 勒马阴山眼界遥，子卿祠上雨萧萧。
>
> 持将一节毛皆脱，啮剩千秋雪未消。
>
> 岂愿高名留朔漠，不甘降志辱中朝。
>
> 徘徊欲问当年事，落日黄河涌怒潮。

1931年初，荣祥以土默特旗驻蒙藏委员会代表的身份赴南京任职。九一八事变后，德穆楚克栋鲁普（德王）酝酿百灵庙蒙古地方自治运动，荣祥继满泰（字子舒）任土默特旗总管，一度参与其事。不久，德王勾结日寇，背叛祖国，荣祥与云继先、朱实夫、白海风、孟纯、胡凤山、贺耆寿等多人，拥伊克昭盟（今鄂尔多斯市）盟长沙克都尔扎布（沙王）为首，另组"绥境蒙政会"，荣祥兼任秘书长，辅

弼沙王，主持会务，与德王相对抗。其间，荣祥同郭象伋等人编修《绥远通志稿》，任编纂主任，历经四载，笔耕不辍，终于在1936年冬完成初稿。在此期间曾兼任蒙边司令部少将参谋长、土默特旗政府总管等职务。由于身兼数职，经常上、下午分赴两处办公，一面处理政务公事，一面主持通志编修。

荣祥任土默特旗政府总管期间，励精图治，整肃政务，颇有起色。一是整顿两翼参佐各官；二是提高工作效率；三是除流弊整顿税收；四是加强旗政监督；五是缩编旗政府卫队。在教育方面，荣祥致力于发展旗政教育事业，亲任土默特旗第一小学校校长，重建包头土默特第五小学校，修葺蒙古文小学校。

1937年10月，日寇侵犯绥远。荣祥拒绝日伪拉拢，毅然离开故乡，辗转伊克昭盟（今鄂尔多斯市），宣传抗战。据杨令德（内蒙古托克托县城关镇人。1905年出生，1985年10月病逝。新中国成立前曾任《西北民报》《绥远日报》《绥远民国日报》总编辑，国民政府监察委员、兰州行署委员等，是绥远"九一九"和平起义签字人之一；新中国成立后，历任绥远省人民政府委员，绥远省政府副秘书长，政协内蒙古自治区第四、五届委员会副主席，民革内蒙古自治区第一届委员会主任委员，第六届全国政协委员——樊尚仁注）在内蒙古文史资料第三十辑《塞上忆往——杨令德回忆录》一书中忆述："（荣祥）先生于绥包沦陷前一日，搭最后一列火车由呼和浩特至包头，渡黄河，入伊盟，时仅有夫人相随，几于只身出走。渡河时因敌机轰炸，曾落水，颇危殆，先生有长歌纪事，末句云：'笑谓老妻今日浴，毋乃盆阔汤太凉。'矢志抗日，履险如夷，风度如此。"

1938年，荣祥出任蒙旗宣慰使公署秘书长，投入救国宣传、密谋策反、联络抗日等活动。是年5月，出任国民党第一届国民参政会参政员，在汉口会议期间受到蒋介石单独接见。北返路经延安受到毛泽东的亲切会见。同年冬，担任蒙古抗日游击军第三军区司令部中将司令。1939年，荣祥在重庆参加国民参政会第二次会议时，蒋介石曾与之约谈抗日问题。

1942年底，荣祥赴重庆出席边疆教育会议，路经延安小住数日，谒见毛泽东、朱德和叶剑英等，受到热情接待。

抗日战争前夕，荣祥和夫人丁佩兰及子女在呼和浩特（归绥市）土默特总管府邸合影

　　1945 年，荣祥出任蒙旗宣慰使，是年秋回绥远省任土默特旗总管，次年兼任绥远省政府委员，组织"抗日蒙旗庆祝胜利还乡请愿代表团"，赴南京请愿内蒙古自治活动，联合旅京蒙古族人士，要求南京政府兑现国民党六届二中全会提出的抗战胜利后"允许边疆各民族实行自治"的承诺，但未能如愿。

　　1949 年，北平和平解放后，荣祥和许多志士名人成立绥远和平促进会，周旋于军、政、民之间，力主和谈，支持董其武的行动，后在绥远"九一九"和平起义通电上签名；年底，被中华人民共和国中央人民政府委任为绥远省人民政府民族事务委员会副主任委员。1950 年 3 月，土默特旗人民政府成立，出任旗长；1953 年 12 月，任绥远省文史研究馆馆长；1954 年 3 月，绥远省建制撤销，原辖区划归内蒙古自治区，"绥远省文史研究馆"改称"内蒙古文史研究馆"，荣祥任馆长；1954 年，出任呼和浩特市副市长、市政协副主席，自治区人民委员会和政协常务委员会委员。其间，荣祥目睹国家欣欣向荣的景象，特别是共产党对少数民族实行民族区域自治政策，使少数民族真正拥有当家做主的权利，深为感动，发表了不少诗词文章，激情满怀地歌颂共产党，歌颂新中国，歌颂马列主义和毛泽东思想。

1957 年，荣祥被错划为"右派分子"（1961 年 9 月 18 日，内蒙古政协常委扩大会议宣布摘掉"右派分子"帽子——樊尚仁注）。此后，着手编写《包头市简志·疆域和建置沿革》；20 世纪 60 年代始，集中精力校勘《绥远通志稿》。据《塞上忆往》披露：荣祥编修《绥远通志稿》，从采访至编纂历时数年，至抗战前夕完成。其间李泰棻虽名义上担任过总纂，亦未参加实际工作。关于史地沿革部分，披览古籍，溯源探本，先生以潜心史册多年，力藏其事。绥省沦陷，《通志稿》经一无耻遗老所谓'藏园老人'傅某（指傅增湘，1936 年傅作义委派荣祥到北京聘其为《绥远通志稿》总纂——樊尚仁注）佛头着粪，妄加一阿谀日酋之序文印行。日寇投降时于混乱中全部遗失（1945 年在日本东京某印刷厂排印，印成装订完毕之际，适逢美国飞机轰炸日本本土，印刷厂被夷为平地，此书及其清稿亦同时毁于战火——樊尚仁注）。新中国成立后仅存有战前旧稿，即现存《通志稿》。旧稿由内蒙古政协保存多年，现存内蒙古图书馆。1957 年后，先生以内蒙古自治区文史研究馆馆长之职，再专事修订旧稿，'文化大革命'前，大致完成。其间（1970 年）陈伯达窜到包头，曾令印出数册，亦由先生领其事。"

晚年，荣祥自号"大青山人"，发愤著书立说，撰有《大青山人自序》稿，自传年谱，内容包括近世地方人物史实，可惜只成其半。荣祥病重时，要求儿女们在他去世后将他葬到大青山下，若是立碑，就写上"蒙古族诗人荣祥"。1978 年 1 月 19 日，荣祥在家中逝世，享年 84 岁。

1980 年 8 月，由内蒙古自治区党委统战部作出"关于改正荣祥右派问题的批复"，彻底恢复了荣祥的名誉。次年，将其生前所著《呼和浩特沿革纪要》付印，内部发行。荣祥一生著作甚多。除上述书稿外，还有《蒙古族起源问题初探》《包头市简志》（油印本）、《土默特沿革》（未完稿，后由其子荣庚麟补续完成）等，其敬业精神令人钦佩。

纵观荣祥一生，正如杨令德先生在回忆录中所记，荣祥为内蒙古的国学家、志史学家，在政界、军界享有很高声誉。可以称得上是满腹诗文的奇才和政坛风云人物。

识文断字千古事
惩恶扬善好家风 　——巩苏荣扎布小传

巩苏荣扎布（1896—1941年），蒙古族，光绪二十二年（1896年）出生在茂明安旗协理台吉达尔玛家。

民国二年（1913年），巩苏荣扎布袭其父协理台吉爵位。

巩苏荣扎布幼年时受其家庭影响和长辈的熏陶，待人礼貌，遇事不慌，谈吐稳重，深思熟虑。十几岁时就为札萨克诺颜想点子、出主意，成为诺颜的得力助手。

民国初年，旗地先后屡遭开垦，尤其是1917年，绥远都统张绍曾猖狂放垦旗地，导致大片优良牧场被破坏，使巩苏荣扎布十分痛心。1930年，他亲自率领本旗广大牧民群众，发动三次规模较大的武装抗垦斗争，最后赢得了胜利，收回了本旗应有的一部分土地和草场，为附近各旗做出了表率，得到上层人士和牧民老乡的拥戴。

巩苏荣扎布十分重视发展文化教育事业。20世纪30年代初，他开设家庭学校，自办自教，既当主人又做先生，先后教40多名学员学习蒙满两种文字，有的学员还在旗内充任一定官职。1939年，其内弟茂明安旗札萨克齐木德仁庆豪日劳决定在本旗王府所在地——查干敖包建校办学。当时，部分王公贵族持反对意见，巩苏荣扎布却挺身而出，坚决赞同，并给予大力支持和帮助。茂明安旗有史以来的第一所学校"青年学校"在他们的共同努力下正式诞生。此后，这所学校为本旗培育了不少文化人才。

巩苏荣扎布办事认真，秉公执法，不留情面。为扬善压邪，他大义灭亲的事儿在草原广泛流传。有一次，其弟达希斯仁在五当召为徒期间，胡作非为，欺压百姓，奸淫妇女，在社会上造成极坏影响。他得知后，尽力相劝，让其弟改邪归正。可达希斯仁非但不改，而是变本加厉，把好言劝说当成耳旁风。最后，他背着母亲依法处决了那个恶棍。

巩苏荣扎布曾受苏联和蒙古革命的影响，思想进步，主张抗日。先后与茂明安旗札萨克齐木德仁庆豪日劳，同蒙方代表进行多次接触和洽谈。1941年，正当抗日战争进入高潮之际，他不幸病逝于巴达格尔庙（五当召），终年45岁。

此曲只应天上有
人间能得几回闻

——杨色尔圪令小传

杨色尔圪令（1896—1961年），汉名杨映春，清光绪二十二年（1896年）出生在准格尔旗新召以南沙漠腹地的一户普通蒙古族猎人家庭。

杨色尔圪令的父亲以狩猎为生，过着自给自足的生活。尽管家庭生活比较富裕，但父辈们还是十分注重教育。杨色尔圪令少年时就被送到新召附近一大户人家的私塾房里读完私塾所授的全部汉语课程，几年后，又在新召学习蒙古语文，成为当地有名的精通蒙汉语言文字的文化人。

杨色尔圪令从小喜爱准格尔蒙古族音乐，能熟练演奏蒙古四胡、扬琴和三弦等多种民族乐器，完美地演唱几百首准格尔蒙古族民歌，其演唱技巧和嗓音独具特色，堪称准格尔草原上的一流歌手。他熟通古典文学《三国演义》《水浒》《封神演义》等多部名著，成为传统的说书艺人。

青少年时期的杨色尔圪令，除读书外就是跟着父亲学唱准格尔民歌及演奏各种乐器。他还酷爱狩猎，几年下来，他不但熟练掌握了各种动物的生活习性，还练就了一手百步穿杨的好枪法，成了远近闻名的神枪手。

1929 年，准格尔旗在杨家湾创办旗立初级小学，招聘了七八位蒙汉文教师。时年 33 岁的杨色尔圪令被聘为学校的老师，他与同事一起编制课程、购买课本和教学设施。学校实行供给制，所需经费除部分社会捐助外，均由旗衙门支付。初级小学当年招收了 60 多名 10 岁以上的蒙古族儿童入学，以后学生人数逐年增加。1932 年，因旗内相继发生两次政变，学校陷入混乱不堪的局面，当时绥远的《蒙古向导》旬报曾报道过学校的变故。杨色尔圪令因在学校无法滞留，随即辞去了校内职务，来到在政变中取得胜利的奇凤鸣的保安团服兵役。

1932 年春，奇寿山枪杀了准格尔旗东官府纳森达赖和其次子奇子俊，建立了准格尔旗新式政权。83 天后，新政权就被奇文英与奇凤鸣的保安团推翻，由奇凤鸣任准格尔旗西协理。

杨色尔圪令在保安团经过几次小的战斗后，随部队撤回准格尔旗的布尔陶亥及新召一带驻防。1934 年，杨色尔圪令随所在部队参加了平息黄、郝营长叛乱的战斗，因其作战勇敢，被提升为排长。

1939 年，准格尔旗发生了骇人听闻的"铁帽军"事变，20 岁的奇子祥从哈拉寨把叔父齐凤鸣的遗体运回新召万贺堂安葬后，

拉马头琴的蒙古族老艺人

带着一家老小及全体军政人员连夜渡过黄河，来到河套川党三尧子驻扎。

为了躲避"铁帽军"（国民党中央军骑兵第六军第七师当时驻扎在准格尔旗，所部官兵均头戴钢盔，故民间称之为"铁帽军"——樊尚仁注）的追杀，好多居住在黄河以南的蒙古族居民举家向黄河以北的八十里河套川迁移。在这次人口迁移中，杨色尔圪令奉命带领全排20多人昼夜把守渡口，掩护大批蒙古百姓向黄河北岸迁移。杨色尔圪令的妻子杨脑亥，赶着牛车拉着14岁的儿子杨马来保和8岁的二女儿杨金花，从七板尧子高龙渡口渡过黄河，在官牛犋村大女婿郗二黄毛家短暂歇脚后，随着杨色尔圪令所在部队的营地转移，先后在南善丹尧村、四先生尧村居住。1943年杨色尔圪令脱离部队后，举家来到东阿家素圐圙村定居。

奇子祥来到河套川后，在众旧部的拥戴下，成立了准格尔旗伪公署，并继任了其叔父奇凤鸣之职——准格尔旗西协理兼保安总队长。杨色尔圪令也被其任命为河防小队的小队长。因种种原因，奇子祥很快就归附了德穆楚克栋鲁普（德王）的伪蒙疆自治政府。1943年，伪"蒙古联合自治政府"又委任奇子祥为准格尔旗代理札萨克。同年秋，伪蒙古军为了应付急转直下的国内外形势，大肆扩编，奇子祥部被编为三旅，下辖两个团，奇子祥任旅长。

杨色尔圪令来到河套川后，仍不忘传唱准格尔蒙古族民歌。过去布尔陶亥兵营里的老搭档奇斗林也随部队转移到了党三尧子北营房驻防。每到阴雨天，奇斗林就约上杨色尔圪令、兵州亥尧村的改勒固老人和哈喇苏卜村的依德曼蒙古勒叨喇起来。奇斗林唱起蒙古曲儿来左拧胳膊右拧头，很是活泼，大伙儿都叫他"跳达斗林"。用这样活泼的演唱形式来表演准格尔蒙古民歌很受官府老太太青睐，每次唱曲儿，老太太都是忠实的观众。有这些官府老太太的支持，杨色尔圪令他们几个人的唱曲儿便日益红火起来。

1942年，时任国民党伊克昭盟守备军（辖新编第二十六师及国民党骑兵第六军第七师）中将司令陈长捷强力推行国民党反共灭蒙政策，强行开垦伊盟各旗牧场的土地，激起了各旗蒙古民众的强烈反抗。扎萨克旗保安队劳瑞排长于3月26日枪杀了出卖蒙古土地的蒙奸、军统特务白音仓（北京雍和宫

大喇嘛的私生子），发动了武装暴动。在
这次暴动中，打入国民政府绥远省境内
蒙古各盟旗地方自治政务委员会（简称
"绥境蒙政会"）内部的地下共产党员郝
永海（杨色尔圪令的亲家）不幸牺牲。
暴动发生后，蒙古地方武装当即遭到陈
长捷的残酷镇压，史称伊盟"三二六"
事变。

伊盟"三二六"事变发生后，盟所
辖各旗声援劳瑞排长、谴责国民党伊克
昭盟警备司令部中将司令陈长捷所施暴

陈长捷

行的呼声得到社会各界及民众的积极响应。在此背景下，占据准格尔旗黄河
北岸的奇子祥发动了与黄河南岸的国民党守军争夺七板尧子的战斗。在这次
战斗中，奇子祥派400多名装备精良的部队，在日本人机枪炮弹掩护下对七
板尧子的国民党守军展开了强势攻击。杨色尔圪令在这次战斗中担任先锋突
击队副队长，协助房姓队长（绰号"蓝脸"）指挥突击队战斗。在战斗中，杨
色尔圪令自告奋勇，单兵突入奇袭敌兵连部，用里应外合、先发制人的战术
将正在抽大烟的敌兵连长一枪毙命，众敌兵群龙无首，慌乱中各处逃生。七
板尧战斗取得了阶段性胜利。因在战斗中杨色尔圪令表现突出，奇子祥为其
颁发勋章一枚以表彰其功绩；在东阿家素村为杨色尔圪令建蒙古式民居一处，
另在村东南划拨旗公署十亩地作为奖励，至今这块土地仍被东阿家素圐圙村
里的人们称为杨队长地。七板尧战斗之后不久，杨色尔圪令从准格尔旗西官
府的蒙古军里退役。

1944年，杨色尔圪令利用自己空闲的房屋办起了私塾房，招收附近蒙汉
少年儿童，教授蒙汉语言文字。东阿家素圐圙村的奇云海（吉雅泰）、郝照
光、奇保柱、苏金换成、李四后生、刘二换等蒙汉青少年就是在这里读的书。
奇云海在这里读了一年私塾后，转到党三尧蒙古族小学。杨色尔圪令成为当地蒙汉青年的启蒙老师，私塾一直办到新中国成立前夕。

1950年，杨色尔圪令成为村里扫盲班的老师，全村没文化的男女老少都是他的学生，课余时间他总不忘教唱乡亲们几首蒙古曲儿。扫盲结束后，他又办起了耕读班，除了学文化外，唱蒙古曲儿是少不了的课程。这次办学直到1953年准格尔旗第二完全小学校在将军尧村成立后才停办。

东阿家素圈圙是准格尔地最为古老的村落之一，村里的奇氏家族在此地生活已有200多年的历史。因蒙古族人在此长期居住，且人口较汉族人多，成为蒙古族人居住较为集中的村落，这里保持着良好的蒙古族文化习俗。村里除了有河套川原住居民蒙古族奇氏家族外，先后又迁来了苏姓、郝姓、杨姓等多户蒙古人。不论蒙汉，人际关系十分和睦，常常以"结拜"形式将人们凝聚在一起，似乎把时空又拉回到早期盟誓时期。杨色尔圪令一生不离音乐，他把传播准格尔民歌视为生命。每到节庆或雨雪天，他就让儿子杨马来保请来本村的都格胜（四喇嘛）和他的儿子奇云海，两家人一起唱蒙古曲儿，一唱就是一天。在他们的影响下，这个村子的蒙古人几乎都能唱几首准格尔民歌。每到农闲季节，杨色尔圪令的家不是说书就是唱蒙古曲儿，一时间成了村里的家庭文化馆。到20世纪40年代后期，杨马来保和奇云海都已成年，在父辈们的影响和传授下，这些青年人逐渐成为传唱准格尔蒙古族民歌的新生力量。

1954年以后，杨色尔圪令所在的将军尧区先后隶属于萨拉齐县和土默特旗管辖，新行政区域的划分，使准格尔民歌在广袤无垠的土默特大地上有了更大的舞台。蒙古曲儿的演唱形式，也由过去家庭炕头打坐腔逐步发展为在当地政府组织下的登台演出。在各级政府组织的蒙古族民歌会演中，杨色尔圪令和他的团队往往是会演中的核心人物。

1958年，杨色尔圪令和王保公村的黄秀英（民国前后出生，绰号"无人管"）、莽太营村的郝宁布等几位蒙古族业余歌手，代表土默特旗到平地泉参加乌兰察布盟蒙古族业余歌手民歌会演。因其演唱深受群众喜爱，被选调到内蒙古自治区参加会演，在会演中，杨色尔圪令和他的团队用蒙汉两种语言演唱了由他编写的连四曲儿。歌词大意是"蒙古包的天窗刚打开，红太阳的光芒照进来。幸福的话儿说不完，蒙汉人民喜开怀……"此次演唱被评为二等奖，并受到乌兰夫等自治区领导的亲切接见。

20 世纪 60 年代初，正值国家三年困难时期，极度营养不良的杨色尔圪令病入膏肓，在生命弥留之际，他仍不忘那把伴随他几十年的蒙古四胡，不忘准格尔蒙古民歌。1961 年，杨色尔圪令因病去世。

辛苦遭逢起一垄 稼穑济世中国魂
——张维垣小传

张维垣（1896—1970年），萨拉齐县（简称萨县。1958年5月25日撤销县制划归土默特右旗）沟门乡后湾村人。

张维垣是全国林业劳动模范，内蒙古自治区人大代表，土默特旗人大常委会委员，旗政协委员。

张维垣从小扛长工，打短工，成年后在租种别人土地的同时，利用早晚和农闲季节开山种树。他家住宅后面有一座光秃秃的山，他和儿子以愚公移山的精神，用独轮车将荒山上的石块推出去，又拉来肥土垫上，筑起层层梯田，根据地形土质种植树木花草。经过30年的努力，将5亩荒山建成花果园，桃、李、杏、葡萄应有尽有。1951—1952年，他带领群众将卜亥沟口的一座山头劈掉，建成25亩果园。在沟里垒起石坝，截住伏流，建成一座小水库。又从山腰凿通渠道，引水浇园。两年中，培育果苗2亩，成活率达98%，带领群众植树1.5万株，成活率95%以上。

1952年春，张维垣积极响应党的号召，带头组织起沟门东、后湾第一个互助组，向全国劳模李顺达应战。当时这个互助组底子非常薄，他卖了8只绵羊，买了一盘碾子，又借了盘磨，用准备自己盖房的木料盖起碾磨坊，承揽粮食加工业务，用挣来的钱为互助组购买耕畜、农具，改善生产条件。这年互助组获得大丰收，亩产小麦480斤，超过当地平均亩产的80%。

高级农业合作社成立以后，张维垣担任林业队长。他主动将住宅后的果

1959 年 10 月 26 日全国群英会在人民大会堂隆重开幕

园交给集体，又带领社员在龙滚沟截伏流，建水库，引水上山，修筑梯田，建成一个以苹果、水蜜桃为主的百亩果园。他从山西引进花椒、香椿、核桃、马奶葡萄，利用杂交技术培育出个头大（每个平均 3 两多）、汁多味正、甜而不腻的水蜜桃，以及大肉桃、黄桃和红元帅、金冠苹果等优良果品。创造龙眼葡萄亩产上万斤的纪录。摸索出防止冬季果树变裂脱皮，提早划开树皮放风的根治办法。试种成功亩产 810 斤的萨拉齐县长芒小麦和药用价值很高的大青山党参。

张维垣热爱新中国，对共产党有很深的感情，忘我劳动，刻苦钻研，取得卓越成绩，党和政府给了他很高荣誉。1950—1966 年，年年被评为旗（县）劳动模范，多次当选市（盟）、自治区（省）级劳动模范。1959 年，张维垣被评为全国林业劳动模范，参加国庆观礼，与王进喜、时传祥等传诵至今的劳模一同出席中共中央和国务院召开的先进集体和先进生产者代表会议（亦称"全国群英会"），受到毛泽东、周恩来等中央领导的亲切接见。

张维垣还当选为内蒙古自治区人大代表、土默特旗人大常委会委员、旗政协委员。被内蒙古农业科学研究院聘为院士，被土默特旗农业大学聘为果树专业教授。

在众多荣誉面前，张维垣从不居功自傲。他把1953年萨县政府奖励的一匹好马和一头良种母驴交给集体。在物资匮乏的年代，他享受二级特需品供应，三年困难时期和群众一起挖野菜充饥，把葡萄叶当烟抽，把特供的东西和大家一起分享。

"文化大革命"中，张维垣的成果和经验被极"左"思潮当作资本主义的东西进行批判。在"割资本主义尾巴"中，他和乡亲们辛勤种植的大批果树被连根刨掉，果园种上粮食作物。对此，他悲痛不已，抑郁成疾，于1970年5月逝世，终年74岁。

谨以此书庆祝

中国共产党第二十次全国代表大会胜利召开

《包头政协文史资料》第三十辑

人物履迹话包头

（中册）

杨利民　主编

樊尚仁　执行主编

中国文史出版社

目 录 |

中　册

0445	兄弟阋墙非所愿	敢把老蒋拉下马 —— 刘桂五小传
0452	人有烦难我有闲	名号就叫管大爷 —— 于汇泉小传
0455	岐黄妙术回春手	医人医马技双修 —— 李贵小传
0458	冰河雪岭风似刀	后套征尘洗战袍 —— 赵炽昌小传
0463	国难当头挺身上	飞短流长贾海峰 —— 贾海峰小传
0466	卷地风来忽吹散	望湖楼下水如天 —— 安恩达小传
0470	一腔热血勤珍重	满门忠烈王家将 —— 王培玉小传
0476	长坂坡前一声吼	电闪雷鸣当阳桥 —— 雷好收小传
0479	梨园弟子水上漂	不羡飞燕掌中轻 —— 王玉山小传
0488	黄沙百战穿金甲	不破楼兰终不还 —— 姚喆小传
0503	一寸山河一寸血	十万青年十万兵 —— 云继先小传
0511	探虎穴兮入蛟宫	仰天呼气成白虹 —— 贾力更小传
0516	山重水复疑无路	柳暗花明又一村 —— 韩五小传
0520	误入歧途风搅雪	终归正途道路宽 —— 亢仁小传
0522	千里草原蒙神佑	蒙医蒙药度天年 —— 金巴扎木素小传
0525	勉从虎穴暂栖身	说破英雄惊煞人 —— 策思德巴拉吉尔小传
0527	医者仁心诚可贵	生死攸关一念间 —— 钱问亭小传
0529	戎马半生频转战	解甲归铁建包钢 —— 林庆希小传
0532	英雄浩气存千古	血沃中华寄忠魂 —— 高万章小传
0535	青山有幸埋忠骨	福水无波作泪垂 —— 高凤英小传
0538	固阳义军起蓬蒿	敢有歌吟动地哀 —— 张国林小传
0542	夙愿未偿身先逝	披肝沥胆小英豪 —— 齐木德仁钦豪日劳小传
0548	烈士自然轻富贵	不惜貂裘换宝刀 —— 刘深源小传
0552	战地动员英雄胆	千里跃进大青山 —— 宁德青小传
0556	千军万马铺排下	镇国利器跟上来 —— 刘泽华小传
0560	岁月留痕工程处	几度风雨几度秋 —— 吴佑龙小传
0563	稻米流脂粟米白	公私仓廪俱丰实 —— 韩凤藻小传

0697	野蔬充膳甘长藿	落叶添薪仰古槐	—— 巴增秀小传
0703	万家墨面没蒿莱	敢有歌吟动地哀	—— 岳泉玺小传
0706	曾经日常琐碎事	回眸一看若许年	—— 宋硕甫小传
0709	抗美援朝立国威	解甲归田苗树森	—— 苗树森小传
0712	敢将十指夸针巧	不把双眉斗画长	—— 窦森瑜小传
0716	粉身碎骨浑不怕	要留利器在人间	—— 吴运铎小传
0721	万丈高楼起平地	千秋事业树丰碑	—— 陈登崑小传
0732	三春白雪归青冢	万里黄河绕黑山	—— 段生华小传
0734	誓扫倭奴不顾身	九峰山头血染红	—— 毛汉荣小传
0740	等是有家归未得	杜鹃休向耳边啼	—— 王若飞小传
0749	少小虽非投笔吏	论功还欲请长缨	—— 郭韫小传
0752	舍南舍北皆春水	但见患者日日来	—— 康子铮小传
0756	动作优美打金钱	响遏行云走西口	—— 刘银威小传
0760	男儿立志出乡关	革命不成誓不还	—— 彭达小传
0766	田园寥落干戈后	骨肉流离道路中	—— 李世昌小传
0769	昆河图画看不足	当代鲁班孙冰水	—— 孙冰水小传
0773	人说诗书传家久	又道稼穑济世长	—— 孟宪家小传
0775	眼见小园芳菲尽	终教桃花再重开	—— 郝田役小传
0780	时难年荒世业空	弟兄羁旅各西东	—— 奇子祥小传
0785	人才似水分高下	世事如云任卷舒	—— 李超小传
0788	五更鼓角声悲壮	脑包星河影动摇	—— 董玉河小传
0790	为乘阳气行时令	试耕试种趁物华	—— 陈汝诰小传
0793	一去紫台连朔漠	独留老哥向黄昏	—— 张诚小传
0798	舍生取义存侠气	慷慨赴死伟丈夫	—— 高志小传
0801	常把辛酸研为墨	写尽人生半世酸	—— 姚蘋生小传
0806	欲把书画比西子	浓妆淡抹总相宜	—— 胡海如小传
0811	踟蹰困顿开新径	峰回路转等闲过	—— 黄墨滨小传

红烛一支千滴泪 桃李芬芳满绥西 —— 贾武小传

贾武（1896—1972年），字定功，土默特左翼旗察素齐贾家淤地人。1972年12月28日，贾武患食道癌逝世，终年76岁。

贾武曾被选为内蒙古自治区第一、第二、第三届人民代表大会代表、包头市人民代表大会代表和人民委员会委员。

贾武幼读私塾，后入归化城（今呼和浩特市）绥远中学堂（即省立第一中学前身，现称呼和浩特市第一中学）就读。中学期间，被王定圻（又名王平章，包头刘宝窑村人，包头地区辛亥革命的先驱）发展为同盟会会员，不久转为国民党党员。后考入北京师范大学数学系。其间参加过五四运动，并与在京念书的绥远籍同学编印出版《绥远旅京同学会学刊》，作为他们对时局和绥远地方问题的论坛园地。为筹集学刊经费，组织起一个话剧团，贾武任团长，回归绥、包头二地演出《孔雀东南飞》《一念差》等反对封建礼教的话剧，传播新文化、新思想。

《绥远旅京同学会学刊》每年出两期。刊文抨击封建统治阶级对人民的残酷压榨和苛捐杂税。引发反动当局的恐慌，密令搜捕为首的学生。几年后，刊物更名为《绥远》，除刊登绥东抗战和全国各界拥护抗战、热情慰问前方将士

贾武与家人留影

的情况外，还刊登过诸如《反对先安内后攘外的政策》等进步文章。

在北京求学时，贾武受"教育救国论"影响，向往新学，积极组织平民教育，认为"天下无不可化之人"，并为平民学校代课。大学毕业时，曾立下"要终身在教育界服务"的誓言。返绥之初，任绥远教育厅督学，后任绥远省立师范学校校长，历时三年。其间广收人才，曾聘北师大同学贾恪忱来校任英语教员，张伯清任音、体、美等科教员。这两位教师阅历丰富，教学水平较高，又因贾武领导有方，教学质量日趋提高。几年后，桃李遍四方，绥远西部地区的小学教师多出其门下。1926年贾武调包头，任绥远省立第二中学（即包头市第一中学的前身）校长。许多学生受他影响，订阅各种新文学书刊。学生受到新文学的启迪，思想活跃，要求进步。学生创办的刊物《炸弹》第二期中有署名"王绥之"的学生，抨击阎锡山鼓励包头地区种植和买卖鸦片的害民罪行。阎锡山知道后，着令绥远都督李培基查处此事。李派宪兵包围二中，搜查刊物，指名要王绥之归案。贾武一面佯作不知道王绥之是哪个学生的笔名，一面让学生通知王绥之（真名王恩宠）翻墙逃跑。后李培基查出该文作者真名后，通过教育厅下令"开除该生"。贾武专程去省教育厅为"该生"说情未能奏效，为掩人耳目只能将王绥之除名。但王仍在学校上学，参加毕业考试，领到毕业证。

经受过五四新文化洗礼的贾武总是给自己的学生营造宽松的成长环境。他为学校购买了鲁迅、郭沫若、王统照、郁达夫、叶圣陶、许地山等中国文学巨匠、著名作家的散文、小说、诗歌作品，订阅《语丝》《北斗》《创造》等文学杂志，启发学生开拓思想，追求进步。从20世纪20年代到40年代，贾武桃李满绥西，同学、同乡和学生中不乏有权有势者，他若欲谋官职，并非难事，可他从未动过这样的念头，以实现终身在教育界服务的誓言。绥远省主席傅作义曾敦请贾武任兴和县县长，贾武婉谢不就。

1937年10月，日本侵略军入侵绥远，贾武举家避难回到老家，在山沟中露宿一个多月，后携子寄居在学生家，与儿子打柴度日，下定决心"绝不给日本人干一天事，永远不当汉奸！"1940年夏，傅作义在绥西陕坝（今巴彦淖尔市杭锦后旗陕坝镇，抗日战争时期绥远省会所在地）抗日，贾武化装后与商人一起步行数百里，进入国立绥远中学工作。

1945年8月日本侵略军投降后，贾武随傅作义部返回归绥，翌年任绥远省教育厅督学。后因看不惯教育厅长潘秀仁"劫收"争权、无视教育的行径，离职居家，以典当度日。后潘慑于舆论压力，考虑到贾武的声望与影响，又聘他到教育厅工作。贾武的冰洁傲骨，受到当时教育界正直人士的敬佩。

1949年，"九一九"绥远和平起义，贾武衷心拥护。次年调任省立包头中学任副校长，分管总务工作。

贾武从教五十年，特别注重学校建设。1950年暑假，包头市决定将包头师范、私立正心中学并入包头中学，并将正心中学的校舍全部交包头中学使用，南门外原国民党的忠烈祠也交给学校当图书馆阅览室使用。学校分为本部（后为包头市第二中学）和分部（"文革"前的包头市第一中学）。当时贾武主抓建设工作，1951年初在本部盖了8间教室，并购买校舍南面的民居一处，3个大院。1952年前半年在分部盖了12间教室和1栋办公室。1953年，在分部又盖了3栋办公室和16栋师生宿舍，全校师生全部集中到包一中院内。1954年学校盖了1栋工字形的理化生仪器实验室，初中高中仪器一应俱全。之后学校又陆续购置图书和理化实验仪器生物标本模型、显微镜等设施，一所名副其实的"塞外"名校屹立在草原钢城。

贾武一生热爱教育事业，不谋个人名利，不搞派别；为人正派，平易和善，廉洁俭朴，得到人们的好评。

社员都是家里人 | ——段绳武小传
河北新村一枝花

段绳武（1896—1940 年），原名承泽，字以行，光绪二十二年（1896 年）十月出生于河北省定县高头村（今河北省保定市定州市北城区街道高头村）一殷实农家。1940 年 7 月 13 日病故，年仅 44 岁。

段绳武幼时，入邻村私塾读书，稍长，到城关县立小学攻读，耳闻目睹列强侵我中华，遂生报国图强之志。

1912 年段绳武在北洋军王占元麾下当兵。曾入湖北军官教育团学习（肄业），后历任连、营、团、旅长，直至师长、代理军长，是直系军阀中的知名人物。多年的战乱、国土的破败以及中日关系危机对他的影响很大，同时现代化也是当时思想界提出的一个观念，在新农村和现代化两股力量的感召下，段绳武立志贡献社会——开发西北边陲。

1931 年，段绳武辞去所任国民革命军第四十七师师长职务，定居北平东城遂安伯胡同 7 号、8 号一处三进四跨院的王府。是年夏，只身赴包头，应邀经营包头电灯面粉公司。其后在夫人王庚尧的支持下，段绳武变卖全部家产，带着十五六万元钱，在今包头市东河区南海子村一带购买了 60 余顷碱滩荒地（平均一亩地几毛钱）。是年冬，全家定居于包头城外黄河北岸的荒原上，并在此创办了河北新村，开始了他的开发西北实业之路。抗日战争爆发后，他立即赴武汉出任国民政府军事委员会后方勤务部中将主任。

一

清末民初的包头虽然是我国西北皮毛粮食集散地，但社会经济仍十分落后，没有一家真正的近代工业企业。1928 年，山东爱国绅士李占九、方慰农来包头筹办中华面粉公司，但因资金不足停工。1930 年 5 月，包头电灯面粉公司建成开始发电，次年 6 月面粉投产，自此包头才有了近代工业。

1931 年夏，段绳武来包，正值包头电灯面粉公司缺乏流动资金，他当即投资上万元，并于 1932 年出任公司常务董事，代表董事会直接监督处理公司的一切事务。

包头电灯面粉公司的发展同我国其他民族工业一样步履维艰，一开始在包头钱庄贷款 5000 元。但因按月计息和银钱比价不断变化，一年就欠债上万元，段绳武为解决公司燃眉之急，亲赴河北筹款 4 万元筹办大生银行，并把公司内部人员集资款存入银行，从而使公司有了流动资金，渡过难关。公司职员中，技工和壮工 200 余人，其中技术人员受聘于购置机器设备单位，生产工人多为临时工，按日计工资。

包头电灯面粉公司生产的双驼牌面粉，有其自己的特点，即含面筋质多，劲气大，每袋分量足，水分少。在本地区批发给 30 户代理经销商店，双驼牌面粉在天津试销亦很受欢迎，后每月运往天津 2 至 3 车皮，每车皮装 1350 袋，副产品麸皮运往北京做牲畜饲料。

包头电面公司办公旧址（包头老城新中巷）

二

1933 年，黄河泛滥，冀、鲁、豫等省大片农田被淹，段绳武与河北绅士谷九峰、张清廉等 30 余人组成河北移民协会，该协会"根据教、养、卫兼施之精神，耕地农有之原则，以垦发边荒，救济贫民，建设新村为旨"，当年即从濮阳、长垣、东明、滑县移民 93 户于包头南海子村一带。1934 年 9 月，在移居地建成"河北新村"。新村村民每户有 2—3 间住房，每户分地 50 亩，每 4 户有大车 1 辆，牲畜 1 头，按四年分期还款付息，然后土地归己。三年内，段绳武先后四次移民 330 余户、1100 余人于包头、萨拉齐（新农试验场）、五原（五原城西南 20 公里的新公中，为第二新村）等地，共耗资 9 万元，其中河北省黄河灾民救济会拨款 5 万元，其余皆为段绳武个人积蓄。

"河北新村"又名新生活改进社，下设供给合作社、信用合作社、运销合作社、利用合作社，段绳武任社长和村长（社员们本着互助精神，共同出资、置办发展农业、改善生活、提高文化方面的各种设备）。村民大会是全村最高机关，并成立了自卫团、自治会、良心省察会等。每日清晨，村长在大礼堂前鸣钟召集村民聚会，分配当日工作等。尽管新村之路并未改变整个农村面貌，但其开拓创新的精神可嘉。

几年后，"河北新村"已初具规模，村内通了电（段绳

段绳武在新村为村民举办"集团婚礼"

武任村长期间，电灯面粉公司无偿架设 15 里输电线路供新村用电），还有一条马路，路旁种着杨树，并辟有菜园，修了 2 条干渠、8 条支渠，占地 60 余顷。在接近黄河地段的黄草洼村试种水稻，畦中水满稻花香，一片葱绿有蛙声。

由于新村中有一部分是河北流民，男多女少，青壮年村民的婚姻成了大问题。鉴于此，在时任北平特别市市长秦德纯（段绳武的老朋友）帮助下，段绳武特意从北平救济院找了 10 名年轻妇女（大多为从前受虐待的使女、流浪儿，她们很愿意到新村过正常人的生活），创造条件让她们与精心挑选出来的青年村民交往，情投意合者，自愿结为连理，段绳武还为他们举办了"集体婚礼"。

三

段绳武在"河北新村"设立武训小学，夫人王庚尧是新村的第一任教师，后来一些有追求的大学生加入义务教学的队伍里。凡村中幼年儿童不论男女皆得入学，这里的孩子开始区别于父母，

1936 年，段绳武在新村武训纪念堂前给村民们讲话

得以脱离文盲队伍，学生每年三分之一时间接受课堂教育，三分之二时间参加家事和农事训练。学校还附设成人夜校，并开办了妇女识字班。段绳武认为当时教材脱离实际，特邀赵伯庸、王泽民、杨莆、姬子平等组成教育委员会，自编教材。此外，段绳武还从音乐及绘画入手，以提高村民素养、丰富文化生活。音乐主要是改编秧歌；绘画则由改良年画开始，曾聘请专家将义丐武训的生平事迹以连环图画形式展示出来。

段绳武极力提倡通俗文化，认为"只有建立在大众基础上的文化才称得起文化"。因此，顾颉刚、徐旭生在北平创办的通俗读物编刊社特聘他为副社长兼绥远分社社长，他还担任《包头日报》名誉董事。

1934 年，为解决包头缺医少药问题，段绳武联合包头知名人士，从香港请来英国国立医科大学毕业的陈碧笙等人，在老包头草市街开办了耶稣家庭诊疗所。

绥远省政府因其劳绩，颁发奖状，上书"右给河北新村村长段绳武"。内

段绳武、王庚尧夫妇与新村干部合影

地知识分子傅增湘、胡适、任鸿隽、郑振铎、侯仁之、谢冰心、雷洁琼、刘半农、顾颉刚、陈波儿、应云卫、吕骥、任白戈、叶浅予、刘良模、孙伏固、范长江、王元龙等人先后来包到新村参观。侯仁之先生撰写的《河北新村访问记》，发表在《禹贡》（民国二十五年七月第六卷第五期）杂志上。

四

段绳武 15 岁从军，1927 年，在五省联军总司令孙传芳手下任第九师师长，后为第一军代军长。1929 年，蒋介石将他的队伍改编为四十七师，留任师长。1930 年，辞官闲居北平。1931 年日军侵占东北三省，他决心"开发西北"，筑起"活的长城"。他为开发包头把个人全部资产消耗殆尽，全家搬到"河北新村"后不久，四个儿子都染上肺结核，并发脑膜炎，因当时包头缺医少药，其中一个患重病的儿子终于不治，葬在转龙藏；另三个儿子在送到北平亲戚家一个半月后，妻子王庚尧便收到了三个儿子全部夭亡的噩耗，身边只留下两个女儿。

七七事变后，国共二度合作，冯玉祥、陈诚都力邀段绳武出山抗日，傅

段绳武的小女儿段至诚（左一）

作义建议他去做军队后勤补给工作。为此，段绳武辞去包头电灯面粉公司常务董事职务，再披戎装。

段绳武含泪向村民告别时说："有国才有家，我去参加抗战，不是去做官，抗战胜利后，还回来当我的村长。"

在武汉期间，段绳武认识了时任国民政府军事委员会总政治部副部长的周恩来，相居为邻。周恩来很重视段绳武对伤兵考察后的设想，总政治部在审查了他的报告后，决定派段绳武为"后方勤务部总政治部中将主任"，主管全国伤兵工作。

在段绳武的主持下，首先是设立了伤兵招待所，在各战区设立若干招待所，从作战前线到后方医院，每15公里设一所；第二是成立政治大队，大队队员思想较进步，到各地伤兵医院慰问演出，教伤员识字，还提供代写书信等服务；第三是成立伤兵教育委员会，聘请社会知名人士研究伤兵教育事业的设计、开展与推广；第四是建立荣军职业协导会与"伤兵之友社"，解决伤兵退伍后的生存问题；第五是设立监理员室，旨在防止后方医院、残废教养院的贪污、剥削、医疗事故的发生。

1939年段绳武到重庆，在重庆高滩岩、唐家沱设立了后方医院和重伤兵医院。他聘请郭沫若等在高滩岩创办残废军人教育委员会。首创"荣誉军人"称号，并经国民政府军委会通令全国，在各地设"荣

段绳武抗战前夕与汤恩伯在绥远

军之友社""荣军职业协导会"等，并在重庆出版了《荣军之友》杂志。

段绳武为了伤兵的安置工作，可谓尽心竭力，鞠躬尽瘁，人称"中国荣军之父"。长期的积劳成疾加重了段绳武的糖尿病（每天需要注射三支胰岛素）。1940年，段绳武在重庆参加纪念七七事变三周年大会时突然晕倒，卧床昏迷之际，仍不断呓语："回新村当村长去！"

7月13日，段绳武逝世，重庆各界为他举办了隆重的葬礼，周恩来送了花圈，《新华日报》发表了悼念文章，后葬于重庆嘉陵

段绳武与夫人王庚尧

江畔的歌乐山桂花湾，墓后的石岩上刻有冯玉祥的题词："能苦干，能爱人，能说出，能实行，大人物，段先生，逝太早，我心疼，岂独我，世同情，后死者，奋为雄。"

1944年7月13日，段绳武逝世四周年纪念日，各地荣誉军士集资为他建立了半身纪念碑，《新华日报》报道了这个消息，并称赞他爱国家、爱民族，是一位值得敬仰的人！

新中国成立后，段绳武之女秉承其父遗志，将他在包头的财产全部献给了国家。

黑云压城城欲摧
披坚执锐打东洋

—— 刘子英小传

刘子英（1897—1951 年），本名万杰，字子英，抗日战争期间曾任绥远抗日民众自卫军第八路军指挥官。1949 年 9 月，参加绥远"九一九"和平起义。

清光绪二十三年（1897 年），刘子英出生于固阳县银号乡河楞村（今属固阳县怀朔镇）一户富裕大家族中，时有良田 50 余顷，耕牛近 20 头、羊 300 只、骡马 20 余匹，并开设油坊、粉坊等。当时的刘家大院远近闻名（1938 年被日寇焚毁）。

1937 年 10 月，日寇勾结德王李守信部大举向绥西进犯，17 日占领包头。侵略者一路烧杀抢掠，无恶不作，激起爱国人士的愤慨。时任固阳县第一区保安队长的刘子英，变卖部分家产，带领刘万瑛（其弟）、傅九卿、李文亮、李云、张三存贵、王功、刘玉山等 7 名保安队员，骑着自家的骡马，拿着枪支弹药，奋起抗日。

此时，绥远士绅组织成立了"绥远省民众抗日自卫军"（简称"自卫军"），自卫军总部决定：由国民党绥远省党部主任委员潘秀仁、地方法院院长于存灏在固阳一带筹建绥远省自卫军第八路军，任命刘子英为指挥，张国林

（字茂才，1909 年生于包头市固阳县银号乡土湾村，祖籍山西祁县。自 1932 年起先后在北平大学法学系、日本"早稻田大学研究院"学习，1937 年回乡参加抗日——樊尚仁注）为副指挥；参谋长张国玺（张国林胞弟），参谋张敬业、刘恭等人。队伍的基本组成包括：固阳县第二区保安队长薛义、第三区保安队长杨子和、第四区保安队长兰瑞、第五区保安队长白奎、第六区保安队长王运、第七区保安队长李海龙、乌拉特东公旗保安队长贺得功等 200 多人以及武川县郭怀汉部 300 多人，共计 500 余人。

刘子英按照绥远民众自卫军总部分配的番号，将部队改编为三个团：特务团，团长刘万瑛；十九团，团长兰瑞；二十团，团长杨子和。指挥部设在纳令沟，其余各团分别驻扎在官地、后窑子、大青山一带。他们时分时合地活动于固阳县的偏僻山区，在日伪"围剿"时，白天上山隐蔽，晚间下山活动。马匹饲养、烧火煮饭等都由士兵自理，此外，还要把马鬃、马粪等行军痕迹打扫得干干净净。

1938 年，八路军大青山支队北上绥远抗战时，刘子英同支队领导李井泉、姚喆等取得联系，两支队伍经常相互配合，开展抗日斗争。

1939 年底，刘子英向傅作义提出休整部队的请求被获准后，于 1940 年 3 月间，率 120 多人（其余队伍分散到大青山隐退休整）到达五原县。傅作义专门派员到五原慰问，给全体官兵发了军装。绥远当局在四义昌林场召开了各族各界欢迎大会，对刘子英予以表彰，并鼓励其继续发展抗日武装力量。刘子英说："在大青山和敌人拼杀，就是剩下我刘子英一人，也绝不当亡国奴！"

经过三个月的休整，刘子英带领部队于 6 月间重返大青山，召集旧部，他们每人携带子弹 200 发、手榴弹 3 颗。1943 年 6 月间，傅作义任命刘子英为武川、固阳、安北三县中将特派员。此前，刘子英因有通共嫌疑，被绥远特务机关审查八个月。

1940 年 8 月，刘子英参加中国共产党在武川小西梁村召开的"绥远敌占区各界各党派抗日力量代表会议"。据《固阳县志·第四篇·政治军事》（第431 页）记载：李井泉支队为支持刘子英抗日行动，派遣两个步兵连共 200 多人（其中一位连长姓甘，名失记），由刘子英指挥，开展抗日游击战和扩大抗日根据地。刘子英部迅速发展到千人之多。同年，自卫军第八路军被国民党第八战区副司令长官傅作义改编为骑兵游击五师，刘子英任师长（有人误记为兰瑞），张国林为副师长兼政治部主任（同年冬，张国林调任"绥远地方行政干部训练团教务处"任少将处长），其部下一直活动在武川、固阳地区。此时，指挥部有200多人；特务团有300多人；十九团有200多人；二十团有300多人。自卫军第八路成为一支声势浩大的抗日武装力量。

据《固阳县志》和跟随刘子英多年的老部下、曾任上尉军需官的刘森回忆及相关资料记述：

抗战时期，刘子英带领自卫军第八路军，与侵占固阳县的日伪军进行了几次较大规模的战斗。其中生鸡兔战斗（1938年4月），日军死亡30多人，伤残严重，而刘子英部无一伤亡；黑沙沟战斗（1938年6月），此役整整打了一天，日军死亡40多人，伪蒙军死伤30多人。据老乡事后说，日军装满两辆汽车的死尸仓皇撤退。

日军几次扫荡自卫军第八路军驻地，均以失败告终，便想以诈降之计谋杀刘子英。1938年7月，日寇暗派伪蒙古军第八师李和堂诈降到刘万瑛特务团，刘万瑛任李和堂为三连连长。是年8月，李和堂密谋暗杀刘子英和刘万瑛兄弟，不料，其阴谋被一名参与诈降的汉族士兵密报刘万瑛。刘万瑛以开会为名，将该连调到老引渠村，部队集合到村外时，该连被当场缴械。刘子英将士兵插花编到各连，李和堂等排长以上人员遣散，孰料此举为其留下后患。

是年9月，自卫军地下工作人员获得可靠情报：日军欲对大青山东山沟进行大扫荡。刘子英带80多人，将指挥部设在"錾字石"东边的二道沟；主力特务团300多人潜伏于岔沁一带；八路军大青山抗日支队70多人埋伏于正西白官所窑子；杨子和率二十团200多人占领西南的柳八沟一带高地，从而形成三面隐蔽伏击的口袋阵；由特务团三连刘玉山连长率70多人从复义奎诱敌深入，将敌人引入口袋阵后，撤回特务团本部参加战斗。为防失密，指挥部下令，禁止行人由东向西通行。不料，被遣散的李和堂此时仍滞留在山中，他以花言巧语让哨兵将其放行，李和堂在出山途中正好迎头碰上日军汽车队，便向日军报告了自卫军的战斗部署，并带领日军悄悄来到自卫军主力特务团背后。当时特务团郭存山、王功连长正带领祁崇福等10多名士兵在山下休息。当哨兵发现部队被日军包围时已为时太晚。经过一场激战，王功连长、祁崇福排长和两名士兵在突围中阵亡。其余士兵由郭存山连长带领，退到山上阵地奋力还击，凭借地势险要居高临下的优势，特务团主力击退敌人多次进攻，日军伤亡很大。太阳西下时，特务团主动撤出战斗，向指挥部靠拢。

特务团撤离后，一队日寇骑兵迂回到特务团阵地。黄昏时分，敌骑兵与山下日军汽车队发生误会，展开一场恶斗。待双方弄清情况后，已造成重大伤亡，日军只好退回固阳县城营地。此战日伪军亡100多人（据目击者称，尸体装满三辆汽车），伤者情况不详；自卫军阵亡20多人，阵亡连长2人、排长1人、班长2人。

由于汉奸李和堂告密，这次战斗敌人未能进入我包围圈，尽管如此，还是给日寇以沉重打击，重挫了其嚣张气焰。

日军车队几次遭袭，伤亡很大，意识到汽车在山沟作战无用武之地，便不再敢轻举妄动。

1938年10月，自卫军第八路在柳八沟一带驻扎，被特务探知，日军调遣学田会、后脑包两地日军及伪蒙古军骑兵200多人，于拂晓时从柳八沟南山出动。哨兵发现时，敌人已占领了该村南山高地，击毙了我方两名哨兵，包围了柳八沟村。刘子英指挥部下边打边退。特务团在岔沁也遭到袭击，退到錾字石一带，与指挥部会合。双方展开山地争夺战，从拂晓一直打到天黑才各自收兵。自卫军第八路指挥部阵亡2人，特务团阵亡2人；敌人伤亡七八人。

自卫军地下工作者李定基（东北人）与伪蒙古军六师班长李景田是村亲，私交密切。1939年2月间，李定基借此关系，以小商贩身份深入敌部。他先以行商为名，通过李景田从敌占区运出马笼头、马鞍子、马掌等许多军用物资。后策反李景田，成为特务团直属连连长，该连很快发展壮大到100余人，后在抗日游击战中英勇善战，名声远扬。

1943 年 5 月间，刘子英率部进行了夜袭吴喜太及西山湾反击战，攻克敌指挥部，打死伪军 5 人，其余全部缴械投降。计缴获步枪 20 多支，手枪五六支，战马 20 多匹以及其他物资；策划合教堂警察反正，反正警察共 19 人，带出步枪 50 多支、手枪五六支、战马 19 匹；瓦解伪蒙保安队靳国柱部，反正士兵 20 多人，携带步枪 23 支，手枪 2 支，子弹 2000 余发。

1944 年底，刘子英率直属部队分驻在包头北山二相公窑子、笸箩铺窑子一带（二相公窑子、笸箩铺窑子、四道沙河均位于今 110 国道东河区至青山区段——樊尚仁注），指挥部设在四道沙河。

一天，刘子英部排长赵明、上尉军需刘森带领 20 多名士兵，埋伏在公路两旁拦截日军汽车。约 10 点左右，从包头西北门开出三辆日军军用汽车。一接火，前面两辆汽车向新贤城方向逃窜，后面一辆车的水箱被打烂，被烧毁在公路上。击毙伪警 1 人，女眷属 1 人；俘虏日军 1 人，伪警察 7 人；缴获手枪 2 支，步枪 8 支，步枪弹药 2 箱，另有弹带 8 条（内装子弹 1600 多发），手榴弹 60 多枚。自卫军无一人伤亡。

此后，日军闭门守关，伪军藏头露尾，有的纷纷投诚反正。1945 年 7 月，磴口警察队长李英率部反正，共带出步枪 20 多支，手枪 10 多支，子弹 4000 多发，以及手榴弹和其他军用品等。这部分反正队伍，为刘子英部增加了新的战斗力量，也给了日伪军以沉痛的打击。

抗日战争期间，因刘子英和八路军多次合作，有"通共"嫌疑，抗战胜利后，傅作义仅委任其虚职。刘子英的骑五纵队改编为"绥远省保安骑兵师"，鄂友三任师长，刘子英为师部中将部附；1946 年，该部又改编为"陆军整编骑兵第十二旅"，鄂友三为中将旅长，刘子英仍为中将部附。随后，部队进行缩编，刘子英被编为十五团团长，后改任四团副团长。

1949 年 9 月，刘子英在武川随军参加绥远"九一九"和平起义，成为革命军队中的一员。其部队整编为"中国人民解放军绥远军区骑兵第四师"，师长鄂友三、政委白正刚、副政委兼政治部主任强自珍，师部驻武川北小井村，下辖 1 个独立骑兵旅和 4 个团。刘子英任四团副团长。

1950 年 5 月，刘子英按师政委白正刚的命令，积极参加了人民解放军平定叛乱的斗争。其与三团长任方到石拐一带，平定李英的哗变部队，接收整编哗变部队 100 余人，为新中国的初建立下新功。

1951 年冬，刘子英所在部队加入中国人民志愿军序列入朝鲜，准备参加抗美援朝战争。因刘子英家中多人重病（妻子因抗战期间常年在深山中躲避日伪军的追捕患上严重风湿病，无法下地；长子突发羊癫疯；次子及其媳妇肺结核病情加重，先后离世——刘子英外孙、曾任包头市政协经济委员会主任石涛忆述），刘子英请假回家，处理后事、照料病人。因受家事拖累，他误过了部队开拔的时限，后赶到部队驻地四子王旗乌兰花时，所属部队已经出发，追赶至萨拉齐等地寻找未果后，遂让警卫员继续追赶部队，他独自一人返回固阳县家乡。得知家中已被剿匪部队监控，心存疑虑，担心被误解，不敢回家，在银号北山上徘徊数日后上吊自尽。

1985 年夏，率部参加"九一九"绥远和平起义，曾任内蒙古自治区副主席、内蒙古自治区政协副主席的孙兰峰出具了刘子英有关参加革命的证明材料。同年 10 月 9 日，中国人民解放军北京军区和固阳县人民政府为其落实政策，重新确定其为国民党傅作义部绥远"九一九"和平起义人员。2015 年 9 月，中共中央、国务院、中央军委向刘子英遗属颁发了编号为 2015002387 的"中国人民抗日战争胜利 70 周年纪念章"。

编号 2015002387 的"中国人民抗日战争胜利 70 周年纪念章"

倭寇问鼎图华夏
黄河怒涛卷巨澜

—— 刘盛五小传

刘盛五（1897—1951年），原名刘世昌，字盛五，祖籍太原府崞县大莫村（今山西省原平市子干乡子干村）。清光绪二十三年（1897年）出生于萨拉齐厅苏波盖村（今包头市土默特右旗苏波盖乡苏波盖村）。

刘盛五的曾祖刘廷凤是前清进士，刘家系萨拉齐县远近皆知的名门望族，到刘盛五出生时家境虽已大不如前，但较之乡邻还算殷实。

刘盛五自幼聪颖过人，勤奋好学，16岁时入归绥中学（现改称呼和浩特第一中学）读书。读书期间，刘盛五行侠仗义、忧国忧民，参加了归绥各界声援五四爱国运动的罢课示威游行和捣毁归绥日货商号盛记洋行的斗争。

1922年，刘盛五弃文从戎，入太原学兵团（1926年10月改称山西军官学校）受训。1925年毕业后历任萨拉齐县保卫团分队长、归绥县警备队第二路教练官、绥远省警备司令部副官、警备第一师副官长、参谋长、萨拉齐县保卫团团长等职。1937年七七事变后，日军沿平绥线西侵绥远，留守绥远的地方人士不甘做亡国奴，毅然奋起抗战，以各县保卫团为基干，组织起绥远民众抗日自卫军。

在萨拉齐县，由"绥远四文豪"之一陈之的（北平大学毕业）牵头，将萨拉齐县的保安团和各区自卫团组织起来，统一为萨拉齐县民众抗日自卫军，后编入绥远民众抗日自卫军第五路。刘盛五为绥远民众抗日自卫军第五路第一团团长，负责防卫萨拉齐。1937年10月14日，归绥陷落。在绥远民众抗日自卫军各路人马纷纷退入山中或南渡黄河一片混乱之际，只有以刘盛五为团长的第一团和东北挺进军一部在日军进攻萨拉齐县城时，与敌人打了一场硬仗。

10月16日晨，日军在数架飞机轮番轰炸配合下，向萨拉齐东门发起进攻，同时四门重炮齐向萨拉齐城猛烈轰击。防守东门的刘盛五团和挺进军的一个排（一说一个连）进行了顽强抵抗。双方恶战到中午，日军用重炮轰开城墙，伴随着装甲车蜂拥而入，城中的刘盛五部与日军展开了激烈巷战，他们边打边退，从县城北门退入水涧沟。

陈之的是位文人，不谙军旅，带兵的事全委托刘盛五。部队被日寇从萨拉齐县追赶到准格尔旗。

此时，国民党从中央到地方都乱了套，绥远民众抗日自卫军总部已退往河曲一带，自卫军第五路领导层已经逃散，陈之的担心部队被日寇歼灭，又担心千余人粮饷无着，日久必要生变，于是决定由刘盛五领衔暂投准格尔旗西协理兼保安司令奇凤鸣，以保存实力，等待派出的各路联络人员带回傅作义、邓宝珊、门炳岳、马占山等人的指示。

由于外有日军大兵压境，兼有敌特与德王方面的拉拢，内有马占山东北挺进军进驻伊克昭盟（简称伊盟），当地一些王公处于观望状态，刘盛五当初投奔准格尔旗西协理奇凤鸣是期待团结各方力量抗日，不料奇凤鸣却与日方暗通款曲，这令刘盛五大失所望。

1938年2月22日，伪蒙古军第四师第十二团及驻扎托克托县（简称托县）的日军1500余人进攻东北挺进军驻地大营盘。刘盛五见报国时机来临，以所部保卫团为内应，与东北挺进军里外夹攻，一举击溃敌伪。2月25日晨，敌伪溃逃新召湾。

大营盘战斗结束后，萨县保卫团被改编为东北挺进军暂编骑兵第二旅，

刘盛五和他的坐骑红枣骝（抗日战争期间被日军炮弹炸死）

刘盛五任少将旅长，布防于黄河南岸，担负西起张义成窑子、海流素，东至托县附近黄河河防。著名记者杨令德（**新中国成立后曾任内蒙古自治区政协副主席——樊尚仁注**）在其 1940 年出版的新闻集《活跃的北战场》中高度评价了刘盛五的部队，他写道："他们骑术精，射击准，地理熟，加以深受亡痛之苦，所以在马占山将军的领导下，便英勇地开展了绥远的游击斗争。"

1938 年 3 月，刘盛五率骑二旅和友军向日军发起攻势，收复托县县城，俘虏伪军团长门树槐。

4 月 1 日，骑二旅随马占山的东北挺进军主力从伊盟出征渡过黄河，参加绥北战役，配合傅作义三十五军收复绥远；在察素齐击溃伪蒙古军一部，收复察素齐车站；之后，穿越大青山白石头沟进袭武川，不料遭遇日军重兵围追堵截。乌兰不浪一战虽给敌人以重大杀伤，但挺进军也伤亡惨重，遂突围西撤。

刘盛五率疲惫之师转战退回伊克昭盟（简称"伊盟"），没有气馁，整顿人马后，继续抗敌。

1939 年 11 月，第八战区发起冬季攻势。为配合傅作义部主力军袭取包头，刘盛五指挥骑二旅袭扰归绥，所部第三、四两团攻占托克托县县城后，刘盛五亲率三个特务连和一个通讯排越过黄河袭扰归绥（今呼和浩特）。行进至哈赖村附近时，遇到一支友军正与日军作战，刘盛五遂派人支援，迂回敌后，向敌人猛烈进攻，日军遭受突袭，仓皇撤退。但日军不甘失败，伺机反扑。当刘盛五所部进军至距归绥城西南50余里的尔林岱村集结过夜时，由于汉奸告密，突遭大批日军包围。在敌我力量悬殊的不利情况下，刘盛五凭借有利地形，借助村周围密林的掩蔽，沉着指挥，与日军展开殊死搏斗。从清晨激战到中午，刘盛五部在当地老乡的帮助下成功突围。此役，刘盛五部在伤亡不大的情况下重创敌军，炸毁敌军汽车数十辆，击毙日伪军100余人。

尔林岱突围战沉重打击了日寇的嚣张气焰，牵制了敌人，有力地配合了傅作义主力军作战。

1944年，刘盛五怀抱侄女与弟弟刘世明、弟媳、表妹在西安合影

由于骑二旅在接连战斗中严重减员，1940年马占山对骑二旅进行了整编，刘盛五调任东北挺进军新编骑兵五师少将副师长（师长慕新亚，原名汤慕伊，字吉平。曾被邀请为政协北京市西城区第五届委员会委员——樊尚仁注），1941年被国民政府授予抗日战争光华甲种一等奖章。此后刘盛五多次指挥抗击日军的战斗，巩固了河防，为抗日战争的胜利作出了贡献。1944年，重庆政府调他到重庆国民党陆军大学将官班受训，因逾期到校未能受训，在川南和陕西武功农学院逗留近一年。

1945年8月，抗日战争胜利。同年9月，刘盛五返回萨拉齐，被授予抗日战争胜利奖章，任何文鼎六十七军少将高参；1946年，萨拉齐县成立参议会，刘盛五被选为参议员。同年11月，赴南京参加中华民国国民代表大会。1947年3月5日，南京政府授予刘盛五陆军少将军衔。他积极建议筹划成立萨拉齐县师范学校，发展家乡教育事业，并主张向日伪时期以卖大烟而发横财的商人募捐，于 1947 年建成萨拉齐县简易师范学校（后改名为萨拉齐县立中学、绥远省立萨县中学，1972 年改为萨拉齐第一中学——樊尚仁注）。1948 年兼任补训十七师师长、萨包自卫队第六区司令。自抗战胜利所任各项军职，均为闲职（相当于给了生活待遇），实际并未到任，基本上在家乡萨拉齐过着解甲归田的赋闲生活。

民国三十年（1941 年）刘盛五佩章

1949 年秋，刘盛五参加了绥远"九一九"和平起义，随后定居萨拉齐县城，为表达对他英勇抗日的敬意，人们将城内的永合店巷改名为光复巷。

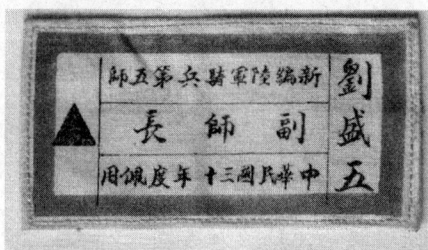

中国人民抗日战争胜利
70 周年纪念章（正面）

1951 年 6 月 21 日（农历五月十七日），刘盛五病逝于萨拉齐，终年 54 岁。

2015 年 9 月，中共中央、国务院、中央军委向刘盛五的长孙刘永义颁发了编号为 2015002373 的"中国人民抗日战争胜利 70 周年纪念章"。2020 年 6 月 3 日，刘永义、郭凤英夫妇将刘盛五使用过的皮箱、俄罗斯毛毯、豹皮褥子、铜质笔帽、玉石手章、玉石镇尺、子弹盒及刘盛五佩戴的胸章（写有其所在部队番号、职务、名字）和中国人民抗日战争胜利 70 周年纪念章等 25 件珍贵物品无偿捐赠给土默特右旗敕勒川博物馆。

草原深处起枪声
排山倒海抗日潮 | —— 纪松龄小传

纪松龄（1898—1942年），字世勋，蒙古族，蒙古名赛胜阿、萧胜嘎，别名纪世勋。察哈尔右翼正黄旗（现乌兰察布市察哈尔右翼前旗，简称察右前旗）三苏木小淖尔人。清光绪二十四年（1898年）六月出生在一个家境殷实的蒙古族牧民家庭。

纪松龄的父亲孟克吉雅性格耿直、知书达理，广交蒙汉民族贫富朋友，颇有社会名望，对纪松龄的教育和成长产生了良好的影响。

少年时纪松龄读私塾。1915年入正黄旗小学读书。在五四爱国运动中，接受了科学、民主思想的启蒙。

1922年，纪松龄、宝音巴特尔和孟克杰尔格勒（被誉为"察哈尔三杰"）各自告别家乡父老，一起来到察哈尔特别行政区首府张家口，考入察哈尔一中就读。不久，由中共北方党组织何孟雄、邓中夏领导的声势浩大的京绥铁路工人大罢工在张家口爆发，他们走上街头，参加了声援铁路工人大罢工的示威游行。

1924年6月，纪松龄投笔从戎，进入与北洋军阀分道扬镳的冯玉祥创办的国民军西北陆军干部学校炮兵科学习。他苦读军事知识，为今后参加革命打下基础；特别是有幸结识了中共创始人李大钊以及党的活动家赵世炎、韩麟符（李大钊的助手，热河最早的共产党员）等，接受了马克思主义世界观，走上了革命道路。1925年，纪松龄经李大钊、赵世炎介绍加入中国共产党，成为内蒙古第一代蒙古族共产主义者。

1925年10月，共产国际的代表奥其洛夫同中共北方局领导人李大钊等取得共识，为开展内蒙古地区的革命斗争，应建立一个能够代表蒙古族人民的政党——内蒙古人民革命党，中共党员可以加入这个组织，并在其中发挥骨干作用。纪松龄以察哈尔部代表的身份，出席了在张家口召开的内蒙古人民革命党成立大会。

1926年8月，由于国民党军队与奉系军阀作战失败，冯玉祥被迫下野，纪松龄随同内蒙古人民革命党中央机关西撤包头、宁夏一带，进入由"独贵龙"（或作"多归轮"，蒙古语音译，意为"环形"或"圈子"。蒙古族人民近代反帝反封建斗争的一种组织形式。参加"独贵龙"的人，开会时按环形席地而坐，发表文件签名时也依次将名字排成一个圆圈，因以得名——樊尚仁注）运动领导的、中共党员李裕智、奎璧、王瑞符、奇子俊为骨干的内蒙古人民革命军骑兵团，任第一营营长。

纪松龄参加了打击陕北军阀井岳秀的战斗，积极支持伊克昭盟（今鄂尔多斯市）席尼喇嘛领导的反封建王公的"独贵龙"运动。1927年4月，纪松龄和李裕智、奎璧等与内蒙古人民革命党中央委员长白云梯等投靠国民党反动派叛变革命的行径展开针锋相对的斗争；8月5日，纪松龄出席在蒙古人民共和国乌兰巴托召开的内蒙古人民革命党中央特别会议，纪松龄坚定地站在左派立场，同白云梯等进行了不屈不挠的斗争，揭露和批判了白云梯、郭道甫背离党的纲领的错误和造成的恶果。会议决定撤销他们的职务，纪松龄增选为中央执行委员。

1928年春，纪松龄扮作喇嘛来到乌兰巴托，向共产国际驻蒙古代表报告了白云梯等叛变革命的情况，后进入蒙古人民共和国党务党校学习。1929年3月20日，赛胜阿（纪松龄）等10人被白云梯擅自发出开除党籍的通缉令。

1930 年 10 月，中共党组织派纪松龄转赴莫斯科东方共产主义劳动大学深造。其间，他学习了游击战术和各种武器的使用与维修，中共中央经常安排他回国执行特别任务。1931年，中央批准成立中共内蒙古特委，纪松龄任少数民族委员。

1933 年 4 月，党组织决定纪松龄提前结束学习回内蒙古，在绥东一带投入抗日救亡、反对投降的情报工作。他凭着天资聪颖、勤奋好学、说话干脆、办事利落、胆大心细的特质，并具有汉蒙俄三种文字互译的本领，

纪松龄全家照，1935 年摄于集宁

取得了察哈尔正黄旗总管、国民党绥远省绥东四旗剿匪保安司令达密凌苏龙的信任，打入保安司令部，先后任副官、参谋长等职。在他的影响下，达密凌苏龙带领部队参加了冯玉祥领导的察哈尔民众抗日同盟军。其间，他利用职务之便，来往于归绥、集宁、北平等地，收集了大量的日伪军事情报，由中共党员吉雅泰、毕力格巴图尔转送八路军。

1935 年秋，为发动蒙古族人民的抗日救亡运动，纪松龄由集宁移驻归绥，以绥境蒙政会参议为掩护，一面从事平绥路上的情报工作，一面与乌兰夫、奎璧、高凤英等进行抵制德王投日、组织民族抗日武装的活动。是年冬，中共北方区委共产国际代表又指示他加强百灵庙方面的工作。面对当时严峻的形势，他毫不畏惧地来到百灵庙开展工作。首先做了蒙政会中有实权的纪贞甫（纪松龄的侄子）、纪寿山（纪松龄的胞弟）、白福山、马福聚等亲朋好友的工作。他和大家分析当时的形势，揭露德王投靠日寇、出卖国家民族的

勾当，讲述党的民族政策、统战政策和团结抗日的政治主张，大大激发了他们的爱国觉悟和抗日决心。这些人后来都成了暴动的骨干，在百灵庙抗日暴动中发挥了重要作用。

在共产党地下组织精心策划的基础上，1936年2月21日深夜，在云继先和朱实夫的组织领导下，终于打响了百灵庙抗日暴动的第一枪。

百灵庙暴动开始虽然顺利，但中途却遭挫折。暴动领袖云继先遇害，暴动队伍的官兵近一半逃跑、遣散，途中又被傅作义派兵剿灭，许多蒙古族爱国抗日健儿就此倒在大青山下。

面对这一令人痛惜的惨局，1937年春，纪松龄参与蒙旗保安队的组建，以暴动队伍余部为基础，重新组建了蒙旗保安总队，他担任第一大队队长，立即开始整顿、训练、扩充队伍。后把队伍拉到后山固阳，先后消灭了几股从乌拉山和河套流窜来的土匪，缴获了不少马匹和枪支弹药，补充了部队的装备。有些走散的暴动官兵听到这些消息后纷纷赶来归队。当地一些青年看到纪松龄新带的队伍纪律严明，作风正派，踊跃报名参加队伍，不到三个月，这支队伍便扩展为800人左右的一支劲旅。

红格尔图战役中绥东剿匪司令达密凌苏龙（中），师参谋长纪松龄（赛胜阿，左），摄于1936年11月

1937 年七七事变后，蒙旗保安总队改编为蒙旗混成旅时，纪松龄任第一团团长，并于 10 月率部参加阻击日军于小黑河的归绥保卫战。

1938 年春，国民政府将这支民族武装改编为蒙旗混成旅，白海风任旅长，政训处长纪贞甫，乌兰夫任代理科长，下辖两个团，纪松龄、朱实夫分别任团长。同年 6 月，中共中央在该旅成立军政委员会时，乌兰夫任书记，纪松龄任军事委员。是年冬，白海风到南京政府为部队要给养，纪松龄任代理旅长。为抵制马占山收编的企图，他带领部队转移到陕西神木、府谷驻防，保存了这支民族武装。

1938 年 11 月 22 日，中共中央作出《关于绥蒙工作的决定》，指出蒙旗混成旅"是内蒙（古）民族中最前进（先进）的力量、最大的抗日军队……（要）帮助这个部队去团结内蒙（古）前进青年，帮助这个部队在内蒙（古）民族解放中起极大的前进作用"。纪松龄与乌兰夫认真贯彻执行，发展进步青年加入党组织，担任各级领导职务，在部队形成党的秘密核心力量。为了解决指战员的给养，他和乌兰夫与晋西北八路军一二〇师联系，得到师领导贺龙、甘泗淇赠送的 400 套棉军装、600 双军鞋和菜金 1000 银圆，解了燃眉之急。

1939 年夏，蒙旗混成旅扩编为国民革命军新编陆军第三师（人称"新三师"），白海风任师长，乌兰夫任政治部代主任，下辖两个团和一个炮兵营，纪松龄、朱实夫分别任第七团、第八团团长。在部队移回伊克昭盟（简称"伊盟"）后，纪松龄带领第七团驻防桃力民，配合八路军和中共伊盟盟委，组织地方抗敌后援会，团结蒙汉民众开展抗日斗争。

1940 年 7 月，纪松龄升任副师长。1941 年春，新三师组成加强营，配合傅作义部第一〇一师，攻克了东胜县境内的日伪军据点柴登。

抗战进入相持阶段后，国民党反动派对新三师进行了各种分化瓦解活动，使部队党组织遭到破坏。

1941 年秋，新三师移至甘肃靖远时，纪松龄被傅作义委任为绥东招抚专员兼游击司令，离开新三师来到绥远陕坝，上任后开展敌后抗日游击战争，遭军统特务监控。

乌兰夫（中），云署芬（右），纪宝凤（纪松龄独生女，左），摄于
1988年9月，北京

纪松龄革命烈士证书

1942年2月14日，纪松龄在巴盟杭锦后旗惨遭特务枪杀，年仅43岁。

1945年5月8日，乌兰夫在延安《解放日报》发表文章，控诉国民党反动派杀害蒙古族共产党人纪松龄等进步青年的罪行。事隔多年，身为党和国家领导人的乌兰夫在接见纪松龄的女儿纪宝凤时说："纪松龄是为革命牺牲的，很光荣。他是个好同志，参加过百灵庙暴动，对革命有贡献。"

1989年6月30日，纪松龄被民政部追认为革命烈士。1999年，为纪念纪松龄烈士100周年诞辰，中共察右前旗旗委、旗政府在乌兰察布市察右前旗土贵山为纪松龄修建了烈士纪念碑和纪松龄烈士广场，被内蒙古自治区人民政府确定为爱国主义教育基地。

莫道女子不如男
驰骋疆场一木兰　——巴云英小传

　　巴云英（1898—1966 年），蒙古族，蒙古名德勒格尔，内蒙古西部地区抗日女司令，祖籍土默特旗，世居包头大青山之八拜沟（原归土默特旗右翼六甲所辖，现属包头市）。

　　据曾任包头市政协常委的巴靖远说："我和巴云英是 1942 年认识的，当时都住在陕坝。我们都是土右旗八拜沟的人。她本姓云，但她父亲的名字叫巴尔赖，因而以第一音'巴'为姓了。她的家世变迁和到重庆的经过，都是我们在后套认识后听她讲的。1947 年，她和奇俊峰为了领取'盟旗的善后救济物资'，联名把我推荐到'盟旗福利委员会'。经董其武主席批准，我担任了该会的组长。1947 年至 1948 年间，巴云英又报请绥远省政府，由我兼任她的保安司令部（乌拉特东公旗保安令部——樊尚仁注）参谋长。1962 年，我们又一同在内蒙古社会主义学院学习，因而她的经历我比较清楚。"

　　据巴靖远忆述：

　　道光年间，巴云英（德勒格尔）的祖父巴音赫达迁到土默特右旗六甲第五苏木，在努吐圪游牧，有羊 300 余只，牛数十头。

　　巴云英的父亲巴尔赖以放牧为生，过着平淡生活。清朝光绪年间，疫病流行，家人染疾，病故数人，巴尔赖惧怕染疫，只身逃进后山牧区，在东公旗定居下来。后娶妻巴德玛胡恨，生有子女七人，巴云英排行老四。五妹嫁给乌拉特东公旗札萨克拉木嘉勒多尔济为福晋。

巴云英从小要强，勤奋灵巧，在外帮父亲撵羊放牧，回家协助妈妈干家务。她体格健壮，聪慧过人，对人热情，颇得乡亲喜爱。成年后，嫁给土默特旗蒙古族人云某（巴柱柱）为妻，生有一子，名唤乌勒腾纳生（乳名长命子），学名乌庆荣。几年后，其夫病故，她把希望寄托在儿子身上，送入私塾学习文化，并学医诊技术。

巴云英年轻守寡，在艰苦的岁月中上进心很强，不辞辛劳地向教师请教，学习汉语，能写简单的汉字，会讲流利的汉话。这在当时后山偏僻地区来说，也算是出类拔萃的人了。她"勤俭持家，教子有方"的美名，传遍了乌拉特全旗，也传入乌拉特东公旗札萨克（钦赐镇国公）额尔济的耳中，遂生起求亲联姻的念头。巴云英听到王爷向她求婚，便满口应承，明媒正娶，嫁与额王为福晋。

从此，巴云英竭尽全力辅佐额王，整顿旗政，安排协理，调整保安队领导，整顿旗财政，使东公旗的旗政纳入了正轨，走上了稳定发展的道路。

巴云英与额王婚后育有一子，名贡格色楞，是额王的独生王子，颇受额王喜爱。但美景不长，1936年额王去五台山敬香还愿，返旗途中，遭车祸身亡。巴云英再度孀居。

1937年七七事变后，日军进犯绥远，占领包头，半个绥远省相继沦陷。地处后山的东公旗，虽距包头较远，但紧靠固阳，日伪军从固阳西进，东公旗便是日军首当其冲之地。巴云英既不愿投敌附逆，又感到势孤力弱，考虑再三，决定去绥西后套投国军，在抗日救国的阵线上谋出路，求生存。她的决定得到大家的赞同。于是，巴云英率领旗政府的亲近人员和保安队的一部分官兵，共数十人，在日伪军尚未严防之时，利用夜晚离开王府，逃到五原，暂驻乌加河畔。

巴云英离旗出走前，已察知她的东协理赵太保和保安第一大队大队长赵福海（系赵太保之子）有贪恋家产、倾向日伪、不愿离乡之意。故而，去五原之计划未通知二人。巴云英离旗不久，赵太保父子和全队人马都归顺了德王领导的伪蒙古政府。

1939年冬，日寇以机械化部队为先锋，配合伪蒙军及王英的杂牌军，以迅猛之势向绥西进犯，主力进入五原城内。国民党第八战区副司令长官傅作义所统领的国军部队，不久开始反攻，除主力三十五军担负主攻外，还把其他抗战的部队（包括东西公旗的保安队）布置在五原外围的东、南、北三面。反攻阵势布妥后，即利用乌加河的黄河退水，从五原城北掘坝开口，顺流淹没县城。埋伏在乌加河东岸的主力、游击队、保安队趁机实施围追堵截战术，打得日寇惊慌失措，狼狈逃窜，伤亡惨重。此次战役，大长了中国人民的志气，扭转了西北战场的被动局面。从此，绥西军民抗战声势大震。

傅作义为了扩大抗战成果，把许多杂牌队伍改编成游击队，组织他们开展游击活动，打击日寇，让日寇日夜不得安宁。傅将军着重把蒙旗投奔抗日的两个护理札萨克（亦称女王）的保安队，编为防守部队。还将蒙古族抗日"巾帼英雄"的称号报请蒋介石，委任奇俊峰为乌拉特西公旗保安司令，委任巴云英为乌拉特东公旗防守司令，授少将军衔，分别在陕坝成立司令部，开展抗日活动。并且有意识地提高其声望，以期带动其他蒙古王公贵族抗日。

五原战役后，巴云英的部队得到正式安置，编制和经费均有了明确的固定来源，她即乘势收罗失散在后套的旧部官兵，编成了一个完整的骑兵团，由李峻峰任团长。为了完善部队的指挥，委任旧部史钦芳为防守副司令，协助她到前线具体指挥游击活动。

1940年，国民党中央军委派政治部长张治中到绥西陕坝慰问抗战军民。张特意召见了奇俊峰、巴云英两位蒙古族女司令，对她们慰问嘉奖，倍加鼓励。

1941年，巴云英与奇俊峰相商，决定分别赴重庆晋谒蒋介石委员长及有关首领，借表谢忱。奇俊峰先行，巴云英随后。继奇俊峰之后，巴云英也到伊盟沙王府拜见了沙克都尔扎布（时任伊克昭盟盟长、"绥境蒙政会"委员长），然后到榆林，拜见了邓宝珊总司令、朱绥光副长官（绥蒙自治指导长官）、"蒙旗宣慰使署"秘书长荣祥等人。她们从榆林赴西安，途经延安时，还受到中国共产党的欢迎和有关领导的接见。巴云英对延安之行铭记于怀，终身念念不忘，每每和我们谈起这段往事，她总喜形于色，肃然起敬。

巴云英一行到西安时，亦拜见了那里的首脑人物行营主任胡宗南。胡宗南为表示热忱接待，专门开了一次小型的欢迎会。欢迎会请来不少新闻记者，采访蒙古族巾帼英雄的抗日事迹。据说在欢迎会上，巴云英、奇俊峰均穿将官军服，腰扎武装带，挎"军人魂"小佩剑，英姿飒爽地出现在欢迎会上，向欢迎的人们报告了她们的抗战事迹，并把认贼作父的蒙古族败类德王、李守信等投日叛逆和"伪蒙疆政府"祸国殃民罪行进行了揭露，博得全场热烈掌声。经报纸宣扬，不但鼓舞了全国人民的抗日热情，同时也大大提高了她们的声望。

在重庆，巴云英分别谒见了蒋介石、宋美龄、何应钦等人。据说颇得蒋介石的嘉许和赏识，允许拨给军事补给，还给了她们很高的奖励和隆重的款待，使她们欢欣鼓舞，对中华民族的团结抗战，信念倍增。国民党《中央日报》称她和色拉勒玛（奇俊峰）"是抗日英雄，是坚贞不屈抗日蒙古族女杰"。

巴云英从渝返绥后，声望大振，身兼六七个要职，荣耀显赫，不仅未沦陷区的蒙古王公仕宦对她敬佩，就连乌、伊（乌兰察布、伊克昭）两盟投敌附日的王公贵族，听到她的荣升优遇，也颇为感慨，自觉不自觉地产生了回归祖国、共同抗日的念头。陆续有已附日的王公携眷脱离伪蒙政府，前来河套参加抗战。1943 年，乌兰察布盟茂明安旗小王的护理札萨克额仁钦达赖（齐王夫人）带领随员护着小王贡格色楞，来到陕坝参加抗战；接着，乌拉特中公旗的札萨克林庆森格（简称林王，系乌兰察布盟副盟长）及其子雄诺也带领全家来到河套。傅作义将军对他们弃暗投明、携眷来归表示非常钦敬，在陕坝举行了隆重的欢迎仪式。傅作义长官让绥远省有关人员及蒙旗驻陕坝的官员参加欢迎会，所有官员都出郭迎接。巴云英身着蒙古王公福晋的头戴服饰，以王府的家礼，手捧哈达行跪拜礼，向林王请安迎接，表示崇高的敬意。如此隆重礼仪，出乎林王等人的预料。

巴云英在抗战中的义举对蒙旗抗战有很大的政治意义，也产生了不小的影响。1942 年的"三二六"扎萨克旗（今为伊金霍洛旗扎萨克镇）事变期间，巴云英发起组建"扎萨克旗事变声援会"的号召，呼吁制止陈长捷的胡作非为，抵制对蒙旗牧场的随意开垦。她与荣祥、奇俊峰、康济敏、任秉钧、巴靖远等十几人，由荣祥带头，联名向傅长官呈送了一份申诉书，以营救被捕的"绥境蒙政会"人员胡凤山、汪震东。最终，胡凤山被无罪释放，

老包头园子巷 16 号院东公旗原驻包办事处

汪震东被判死刑（汪震东是苏联东方大学的学生，又是共产党员，原拟处决）减缓为"暂押军法处，以观后效"（1945 年日本投降前已释放。新中国成立后，汪震东曾在内蒙古语文研究所工作，以后情况不详）。

巴云英在陕坝任乌拉特东公旗司令时，在军事上，对部队进行整顿、补充，扩大编制，严肃军纪，经常派遣武装人员深入旗内（东公旗），进行游击活动；在旗政方面，对旗内的矿租、水草犒捐、田租、大烟税收也采取了相应措施，每年秋夏之交，都派武装部队护理征收人员，以"游击"方式，向农牧各户征收租税，弥补军政开支费用的不足。

1945 年日本投降后，巴云英以抗战胜利之师，随国军傅作义部从后套返回包头，把她的防守司令部设在包头园子巷（东公旗原驻包办事处）16 号内；派李俊峰带领防守第一团回东公旗内驻防，担负那里的治安任务。

东协理赵太保父子，听到巴司令返包，即携带犒劳礼物，负荆来包向她请罪，并把武装团队交回司令部编制使用。巴云英则乘机进一步向傅长官提出扩编队伍、整顿旗政的要求。经长官部批准，将原番号"防守司令"改为

"保安司令"，部队扩编为两个保安大队，第一大队长仍由赵福海担任，部队驻原防地绍卜亥村；第二大队长由李俊峰担任，部队驻东公旗内。司令部健全了参谋、副官、军需三大处，撤销了史钦芳的副司令，任翁靖国为参谋处长，处理日常保安事务。

旗政方面，仍由赵太保当协理，由他负责回旗整理各项财务税收。任乌勒腾纳生（巴云英与前夫的儿子）为旗府财务科长，协同赵协理办理税务工作。旗下的一切军政工作，主要由巴云英在包指挥。绥远省和包头市的领导都支持巴云英的工作，在旗政的税收和军队粮秣、经费方面，帮助她解决了不少困难和问题。

1948 年，巴云英带领小王贡格色楞及亲随人员，由包头退至河套，正无着落，德王派人打着"西蒙自治绝对有办法，大有发展出路"的旗号，诱使巴云英由绥西辗转到定远营与德王等会合，参加了"西蒙自治"大会。数月后，北平和平解放，接着绥远也酝酿起义。与会人员见势不妙，各谋出路，大会自行散场。巴云英正计划返旗时，不料解放军进展神速，没多久宁夏也处于紧张状态。德王害怕被解放军俘虏，乃带少数随从，潜离定远营，逃往蒙古国边境，意谋投靠，得到庇佑。不料，蒙古人民共和国将其软禁，交还我国，德王被监禁处理。巴云英则随达理扎雅、巴文峻等人参加了阿拉善旗的和平起义。

中华人民共和国成立后，人民政府在内蒙古西部成立了巴彦淖尔盟行政公署（1956 年 6 月，经国务院批准，成立巴彦淖尔盟人民委员会，驻巴彦浩特市，为内蒙古自治区人民委员会领导下的一级政权机构，辖阿拉善旗、额济纳旗、磴口县、巴彦浩特市。1958 年 7 月，巴彦淖尔盟人民委员会改称巴彦淖尔盟行政公署——樊尚仁注）和政协巴盟委员会。巴云英被选举为巴盟政协副主席。1962 年，巴云英以爱国民主人士身份，入内蒙古社会主义学院学习，自此，她的思想和行为更加靠近共产党。

1966 年"文革"中巴云英被批斗，不幸逝世，终年 68 岁。

掩护同志知进退
风雨不动安如山

—— 恒升小传

恒升（1898—1978 年），蒙古族，汉名全恒升，1898 年出生于内蒙古土默特旗沙尔沁乡阿都赖村（今内蒙古包头市东河区沙尔沁镇阿都赖村），中共党员。

当年，恒升的家乡阿都赖村是一个独户村，只有他们一家人。恒升的家庭比较富裕，有 20 多间房屋、60 多亩土地。

恒升兄弟七人，他排行老五，小名五子。恒升幼时性格倔强外向，活泼好动，其父两次送他去广化寺（沙尔沁召）当喇嘛，都辞召回家拒不从僧。1912 年，恒升考入土默特旗高等小学堂（在今呼和浩特）读书。1915 年，他离开学堂，跟随土默特右翼六甲参领、土默特旗煤炭租税局局长都格尔扎布（土默特旗总管荣祥的父亲）学习蒙、汉文。1917 年春天，恒升进入归化城土默特高等小学校插班学习，同学有荣耀先、王祥、孟志忠、云金元等人，他们的关系非常密切。在校期间，恒升和荣耀先等几位同学结拜为兄弟，互换"金兰谱"以示友谊永存。

1918 年夏天，恒升、荣耀先、王祥三人由土默特总管署保送进入国立北京蒙藏学校学习。1919 年，恒升不仅参加了北京五四爱国运动，还参加了李大钊主持的马克思学说研究会。通过这些进步活动，恒升对马列主义的革命学说和革命道理有了进一步认识，对他的人生和思想促动很大。当年冬天，恒升因病回到阿都赖村家中休养。

1926年春天，恒升去包头投靠他的大兄哥、绥远骑兵第五师少将师长兼绥西剿匪司令满泰，俗称"老一团"的土默特旗地方武装绥远陆军骑兵第一旅也在其麾下。当时，蒙古族共产党员吉雅泰也在"老一团"当兵。在吉雅泰的影响下，许多士兵都倾向革命，恒升也开始逐步走上了革命道路。后来，恒升因为与大兄哥满泰意见不合，并发生了冲突，被满泰撤了职，一气之下离开了老一团。

同年6月，内蒙古人民革命军在包头大校场成立，伊克昭盟（今鄂尔多斯市）扎萨克旗"独贵龙"（或作"多归轮"，蒙古语音译，意为"环形"或"圈子"。蒙古族人民近代反帝反封建斗争的一种组织形式。参加"独贵龙"的人，开会时按环形席地而坐，发表文件签名时也依次将名字排成一个圆圈，

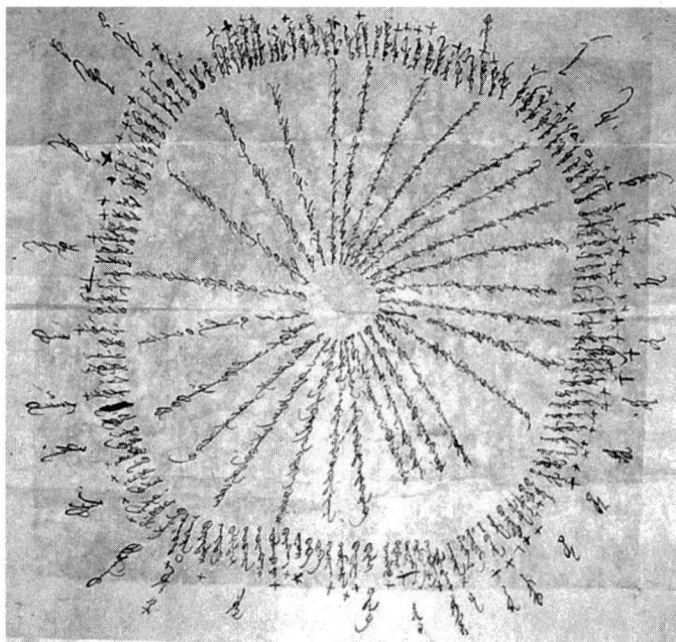

"独贵龙"开会及签名示意图

因以得名——樊尚仁注）运动领袖旺丹尼玛担任总指挥，李裕智担任副总指挥兼第一路军新编骑兵旅司令。后来，他们在蒙旗民兵训练处基础上，创办了内蒙古革命军军官学校。11 月，恒升进入内蒙古革命军军官学校，担任上尉副官。在此期间，恒升曾经多次利用在"老一团"的关系给内蒙古革命军副总指挥、中共党员李裕智提供工作便利。包头召梁恒升的家以及他在阿都赖村的老家，都是李裕智进行革命工作的落脚点。不久，冯玉祥的部队向巴彦淖尔盟（今巴彦淖尔市）五原县撤退，内蒙古革命军也随之西撤。恒升并没有跟随部队撤退，而是留在包头的家中。

1927 年，蒋介石发动"四一二"反革命政变后，内蒙古人民革命党主要领导人白云梯叛变革命，投靠了蒋介石，李裕智在伊克昭盟（今鄂尔多斯市）毛乌素沙漠被白云梯的心腹暴子清杀害，绥远地区的共产党员大多数都转入地下。

1929 年 7 月，中共西蒙工委成立，工委成员奎璧和地下党员吉雅泰、李森等人隐蔽在"老一团"继续开展革命斗争，他们经常去恒升家开会和研究工作。当时，恒升虽然不是共产党员，但是他对党组织的一切活动都默默支持，保守秘密，恒升以家庭为掩护，为中共地下党做了不少有益的工作。1931 年冬天，中共西北特委组织部长吉合以行医为掩护在土默川开展革命工作，李森介绍恒升与吉合认识，恒升也开始积极为共产党工作，主要负责翻译蒙古文文件，再去印刷和散发到蒙古族人聚居的村子。

1933 年 8 月，中共天津纺织行动委员会书记刘仁（化名王崇义）接受党组织委派来到包头，建立了中共绥远特委，刘仁任书记，吉合任组织部长，梁一鸣任宣传部长。

恒升在包头召梁的家以及在阿都赖村的老家又成为中共绥远特委经常开会、研究工作的秘密据点。吉合比刘仁大几岁，他俩以叔侄相称作为掩护，恒升也对外称吉合是他的表叔，刘仁是他的表哥，并嘱咐妻子："你不要问他们的事，这些人都是干大事的。"

中华人民共和国成立后，吉合在他的文章《草原上的足迹》中谈到恒升，曾经这样写道："房东恒升是个非常忠厚老实的蒙古族人。我们住在他家,交往一天比一天深,什么事情也不避讳他,有些事情还让他帮忙,甚至写出的文件也交给他翻译成蒙古文之后再去印刷。"吉合谈到恒升入党问题时惋惜地说:"他不是共产党员,但明白我们的身份,我们对他也很信任,只是由于当时受'左倾'思想的影响,认为他是地主家庭,又是土默特旗总管的亲戚,不好发展他入党。恒升也有自知之明,从来不和我们提这方面的事情,只是默默地配合我们工作,给我们保护和支持。"

1934年春天,刘仁、吉合、梁一鸣在恒升的家里起草了一份给中共中央的报告,请示批准中共绥远特委以"蒙古人民自治大同盟"的名义,发表《告蒙古人民书》,揭露锡林郭勒盟苏尼特右旗王爷、副盟长德王以蒙古自治之名,准备投靠日本人。这份报告一式两份,一份由梁一鸣直接上报中共中央,一份保存在阿都赖村恒升的老家,可见党组织对恒升的信任。

1934年底,由于平津地区的党组织遭到破坏,中共绥远特委与上级失去了联系,刘仁、吉合的身份暴露,敌人到处抓捕他们,在李森和恒升的帮助下,刘仁、吉合迅速转移到阿都赖村恒升的老家隐蔽起来。

1935年7月,中共绥远特委刘仁、吉合、王逸伦准备取道蒙古人民共和国去苏联向共产国际汇报工作,他们邀请恒升担任蒙古语翻译。恒升装扮成商人,乌兰夫资助路费,奎璧负责筹集白面、香烟、几头骆驼和毛驴,中共地下交通员陈老四担任向导,离开了土默川,取道蒙古人民共和国去苏联向共产国际汇报、请示工作。他们几个人到达蒙古人民共和国后,因为事先没有联系,蒙古内政部不知道他们是什么人,关押审查了他们三个多月。后来终于确认了他们的真实身份,刘仁、吉合、王逸伦去往苏联。由于天气寒冷,恒升留在乌兰巴托的一所学校里任教。1937年2月,恒升回国准备继续革命工作,途经包头固阳县时,旧病复发,只好回到阿都赖村休养身体。

1938年春天,延安派共产党员张福明、胡玉生来到包头,以铁路工人身份为掩护开展抗日活动。恒升感觉身体好了一些,主动去包头与张福明、胡玉生取得联系,请求去延安学习,张福明、胡玉生建议他留下来开展抗日工作。于是，恒升听从党组织的安排，1938 年 7 月前往伪厚和浩特市（今呼和浩特市，日伪时期由归绥市改称）土默特高等小学校，以蒙古语文教员的身份做掩护，利用各种机会对学生进行抗日思想教育，启发学生的爱国热情，秘密动员数十名学生，由党组织送往大青山游击队，转送延安参加革命。

1939 年 9 月，中共土默特工委成立后，恒升一直和工委保持着联系，将《抗日救国十大纲领》等文件译成蒙文并刻印发出。曾为工委购买过石印机等物品。12 月，恒升担任了土默特高等小学校校长，为他开展抗日活动创造了便利条件。当时，中共土默特旗蒙古工委的贾力更、奎璧、李森、勇夫等人经常到伪厚和浩特市侦察敌情、购买物资，土默特高等小学校就是他们的主要落脚点和活动据点。

1941 年底，日本宪兵队在伪厚和浩特市全城疯狂搜捕"绥蒙各界抗日救国会"成员，有人举报恒升与共产党来往密切，还给大青山八路军送过物资。日本人以"政治嫌疑犯"逮捕了恒升，因为他是学校校长，所以没有对他进行严刑拷打，只是审问他是不是共产党，学校里有没有共产党的秘密组织。恒升一口咬定："我不是共产党，学校也没有共产党的秘密组织。"日本人没有确凿的证据，关押了恒升四五天以后，只好释放了他。土默特高等小学校这个中共地下党的活动据点不仅没有遭到破坏，而且恒升还继续坚守在这块阵地上，秘密联络地下抗日人员，侦察日伪军动向，直到抗战胜利。1948 年 8 月，恒升辞职回家。

中华人民共和国成立后，绥远省政府任命恒升担任文教厅民族教育科科长。1951 年，恒升调任绥远省农林厅畜牧局局长。1952 年，恒升担任绥远省民族事务委员会办公室副主任，后升任办公室主任。1953 年，经李文精、成义介绍，恒升光荣地加入了中国共产党，二十余年之凤愿始得实现。1956 年，内蒙古自治区政府任命恒升担任自治区驻北京办事处处长。1978 年，恒升因病去世。

慈航普渡船行远
慈悲为怀济世多　──隆济小传

隆济（1898—1985年），俗姓张，笔名兴润，包头人。

隆济系佛门弟子，幼时家贫。7岁时突患天花，当时缺医少药，其父无力医治，只好祈求神灵保佑，把他许愿为僧，望子平安长大成人，继承宗祧。12岁时，由其父送进寺院削发出家，起法名为隆济，开始禅门生活。

隆济终日苦读经卷，在师父的教诲下，他逐渐通晓了出家人以善为本、济贫解难释理，并身体力行。

包头财神庙

位于包头老城东河区的包头财神庙及戏台

昔日包头居士林

32岁时，隆济成为包头财神庙方丈，与关帝庙隆江、金龙王庙隆合同为20世纪30年代包头佛门长辈，深受寺主和信众敬崇。

1949年9月包头和平解放后，隆济毅然走出寺院，走向社会，投身建设社会主义的行列。1951年，他作为包头十大寺庙的佛教界代表参加宣传队，和各界人士一道下农村、到工厂，宣传人民政府各项方针政策。曾列席包头市首届协商会议。

1955年，隆济在包头合作食品厂参加工作，任劳任怨，积极完成各项任务，受到群众赞誉。

1972年，隆济退休后，不顾年事已高，参加了恢复包头寺院和居士林的工作。1984年，为市群艺馆组织还俗僧众善法、能宏等十余人搜集整理早年寺庙音乐，谱写成30多首佛教乐曲，并制作录音、录像，为弘扬民族文化、挖掘祖国传统遗产作出了贡献。

隆济为人耿直，个性倔强，爱憎分明。一生布衣素食，生活俭朴。他除在佛学方面有高深造诣外，还练成一手功底扎实、神采飞扬、挥洒自如、变化多姿的大草，自成一派，颇受书法界青睐。

隆济数十年与中共肝胆相照，荣辱与共，为国家、为人民的事业做了许多有益的工作。

1985年11月10日，隆济与世长辞，享年87岁。

路漫漫其修远兮 吾将上下而求索 —— 张焕文小传

张焕文（1899—1940 年），字静原，号斌如，共产党员。光绪二十五年（1899 年）出生于萨拉齐县小巴拉盖村（现属包头市东河区沙尔沁镇），幼年时迁居二十四顷地村。

张焕文的父亲张满仓靠木匠手艺养活全家，生活清贫。张焕文在舅父李九为的资助下，次第在天主教堂办的小巴拉盖小学、南壕养正中学读完了小学、中学课程，又回到小巴拉盖小学教高小。

张焕文天资聪颖，为人正直，富有正义感和反抗精神，在当地天主教堂知识分子中是个出类拔萃的人物。受五四运动的影响，特别是天主教中帝国主义分子横行霸道的种种行径，激发了他的爱国热情，1921 年愤然弃职，与同校教师韩富成一起到武汉寻找出路。他们沿途以卖唱为生，风餐露宿，受尽艰难。但到武汉并没有找到如意的工作，又流浪回绥远。一个教会小学聘请他们当教员。韩富成应允了，张焕文却毅然决然地说："再吃天主教堂的饭，受洋人的气，我死也不干！"

1923 年，张焕文在表兄阎肃的帮助下，就读于归绥中学（今呼和浩特第一中学）十三班。由于他学习勤奋，成绩优良，很快被选为班长。1924 年，五犋尧（位于今包头市土右旗明沙淖乡五犋牛尧村）比利时籍天主教堂神甫彭松寿借镇压哥老会之机敲诈了李九为 800 块大洋。张焕文得知后非常气愤，联合同学刘进仁、李文奎等就此事写呈子上告都统衙门；同时写成稿件

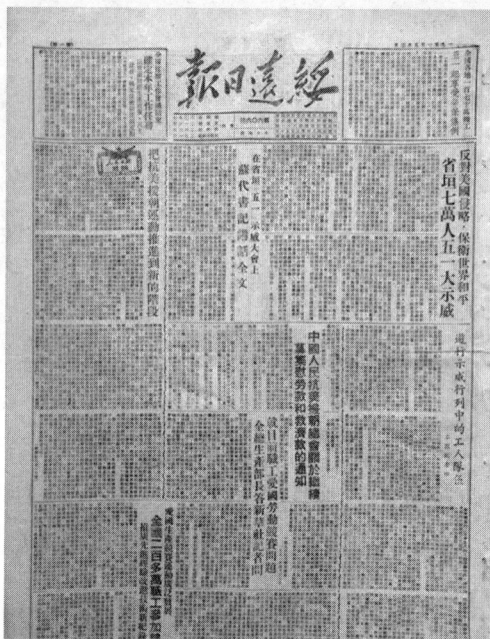

投寄于《绥远日报》。报刊披露后震动很大，二十四顷地教堂的神甫害怕事态扩大引起公愤，急忙派人来说情，遭到他们的严词拒绝。教会便转而向都统衙门施加压力。都统衙门害怕帝国主义势力，对此案不了了之。

1925 年春，中共北方区委负责人李大钊派吉雅泰回绥远开展工作。吉雅泰常到归绥中学演讲、谈心、散发反帝小册子，宣传革命理论，引发了张焕文的强烈共鸣，他即与吉雅泰取得联系，并积极投身于革命运动中。不久，在中共组织的领导下，成立归绥学联会，张焕文当选为总务（即总负责人），主持学联会工作。学联会遵照党组织的指示，发动归绥各学校罢课三天；召开声援上海工人、学生反帝爱国斗争大会；进行示威游行；组织宣传队，深入大街小巷散发传单，张贴标语和宣传画；开展街头演讲和募捐活动；砸了为非作歹的日本"和记"洋行；教训了崇洋媚外的归绥警察厅长。革命活动搞得热火朝天。

1926 年春，共青团北方区委派共产党员路作霖来绥远地区开展团的工作。路作霖首先介绍张焕文、刘进仁加入共青团，同年夏天转为中共党员。不久，上级党组织又派彭振纲来绥远做党的领导工作。张焕文与彭振纲一起到二十四顷地教会学校，鼓动数十人摆脱宗教束缚，到归绥公学上学；到萨县城内耶稣堂学校，鼓动数十名青年背叛教会到归绥公学上学；到小巴拉盖村动员女知识教徒张佩衡到归绥参加革命；到大喇嘛尧等地开展农民运动，组织了农民协会。同年暑假，党组织决定派张焕文等八人赴苏联学习，但到北京后因错过机会而未能成行。

1926 年，晋系军阀政府在归绥设立"清丈局"，借口换发土地执照，掠夺蒙汉人民土地，搜刮清丈费，激起蒙汉人民不满。在张焕文与路作霖、杨曙晓等共同筹划下，1927 年 3 月 28 日，归绥党组织发动群众，在城南孤魂滩（贫苦人家的公共坟地）举行抗议集会，参加者以农民为主，包括工人、学生和城市贫民。张焕文在孤魂滩大会上发表了激昂慷慨的演讲，用大量事实和令人折服的道理揭露了当局企图利用清丈土地加重农民的负担。会后举行示威游行，捣毁清丈局，包围政务厅，张焕文又作为谈判代表与绥远都统商震进行了面对面的谈判，迫使归绥县政府取消清丈局，免收土地执照费。斗争取得了胜利，史称孤魂滩事件。

同年秋，绥远地区的国民党当局，步蒋介石后尘，残酷镇压共产党和革命群众。张焕文回到二十四顷地不久，归绥中学同学、共青团员程国材和李仲深从萨拉齐逃来，三人化装成算卦人和风水先生，历尽千辛万苦，先后辗转准格尔旗、府谷、神木、榆林、米脂、佳县、磐塘渡口、黑峪口、兴县、岢岚、静乐、忻州、太原、武汉等地寻找党的组织。但不论走到哪里，到处充满着白色恐怖，他们无奈又返回太原，经同乡、晋军旅长马良介绍报考了北方军官学校。

1930 年秋，张焕文从北方军官学校毕业，因不愿参与军阀混战，经人介绍到南京班禅办事处当了一年的卫队长。1931 年辞职回到二十四顷地，与李生芳结婚。1932 年开春到萨县华洋义赈会参加了开挖民生渠工程。1933 年到归绥《民国日报》社任编辑。1935 年至 1937 年，张焕文在驻包头王靖国部七十师先后任参谋、机枪连连长、代理营长等职。其间，他的同学、中共党员李达光受河北省派遣到绥西从事兵运（士兵运动的简称，指策动敌军士兵起义等革命活动），通过张焕文了解社会情况，筹措武器。1937 年秋天抗日战争爆发后，王靖国的七十师调回太原，张焕文则辞职回家。1939 年春他化名张斌如到察素齐参加韩伍的伪防共二师，任参谋处长。

张焕文见韩伍富有民族气节和爱国热忱，便竭诚尽智，为其出谋划策，在辅佐韩伍接近共产党、援助八路军方面做了不少工作，得到韩伍的信任和器重。韩伍决定军机大事时，要征求他的意见；秘密会见八路军代表，让他陪同。这年夏天，当张焕文从其二妹夫邬占山口中得知中共萨托县委武装部长王瑜山需要一些武器时，就毫不犹豫地支援了3支手枪。

1940年5月5日，因韩伍"通共"问题，日军突袭伪防共二师，当场扣捕了张焕文等近30名连以上军官和180名士兵。被捕当天，张焕文同军需丁开祯、二团团副崇毛儿一起关在察素齐警察署。当晚9时多，敌人首先提审张焕文。

审问一开始，敌人劈头就问："防共二师私通八路军的事你知道吧？"

"不知道。"张焕文镇定自若地答道。

"防共二师私通八路军的事上下都清楚，难道你这个参谋处长不知道？"

"谁清楚你找谁问去！反正我是不知道。"张焕文仍平静地回答。

"韩伍通共是你给联系架的桥吗？"

"请你们拿出证据来！"

"这……"敌人被张焕文反问得哑口无言，厉声吼道："动刑！"一群打手蜂拥而上，将张焕文绑在老虎凳上，用皮鞭抽，灌煤油、辣椒水，烙铁烫。严刑拷打了两个多小时，张焕文被打得皮开肉绽，但日寇始终没有从张焕文口中得到任何供词。

张焕文在牢中，关切地对丁开祯、崇毛儿说："敌人拷问我防共二师通共的情况。我什么都没说，你们也要做好思想准备。"

第二天，敌人把张焕文等人押上火车。一路上张焕文昂首挺胸，泰然自若，从容不迫，没有一丝害怕和懊丧的表情。到了归绥，敌人把张焕文等军官关到警察局牢房，又多次严刑拷问，张焕文一概拒绝回答。7月初，敌人把张焕文等24名连以上军官枪杀于哈拉沁沟口。

后来，韩伍公开打出抗日的旗号，和八路军一起对日伪作战，直至被内奸杀害。

踏破关山崎岖路
科学救国丁道衡

——丁道衡小传

丁道衡（1899—1955年），字仲良，九三学社中央委员，第一届全国人大代表，政协重庆市委员会常委，贵州省织金县人，光绪二十五年（1899年）十一月十七日出生于一个封建官僚家庭。

丁道衡小时候家里就为他聘请了教师，希望他将来能读书做官、步入仕途，继而接续世代官宦的门楣。但丁道衡打小就厌恶仕途说教。17岁时，他考入贵阳模范中学，开始接触大量的新知识、新思想，并对自然科学产生了浓厚的兴趣，"科学救国""实业救国"成为他追求的目标。

1919年五四运动爆发，给了丁道衡以思想启蒙，他突破家庭的百般阻挠，毅然离经叛道，于是年7月只身北上考入北京大学预科甲部。1921年，丁道衡升入北京大学本科地质系学习。五年后他以优良的成绩成为一名年轻的地质学者，在北京大学任地质系助教，他按照自己选择的道路前进，最终实现了自己的宏愿。

1927年4月26日，丁道衡应邀参加中国学术团体协会与瑞典地理学家斯文·赫定等共同组成的中国西北科学考察团，负责地质、古生物研究和沿途矿产调查。考察团由北京乘火车抵达包头站（现包头东站），随后由南向北

1927年5月9日，中国西北科学考察团出发前在西直门火车站合影

开始考察。6月2日，考察团抵达绥远省达尔罕贝勒旗百灵庙（今内蒙古包头市达尔罕茂明安联合旗政府所在地）。据内蒙古人民出版社1994年3月出版发行的《达尔罕茂明安联合旗志》记载："7月13日竹比山禅巴的庆节。百灵庙大庆三日。中瑞西北考察团成员被当作贵宾受到礼貌的款待。大喇嘛竹尔罗斯为考察团成员的安全颁发了特别命令。考察团成员给庙里送了50圆（银圆）的敬仪，同时送给喇嘛一些小闹钟、小刀等礼品，并拍摄了1100米（胶片）的庙会影片。"嗣后，考察团一行骑着骆驼从百灵庙来到茂明安旗境内的白云鄂博。骄阳似火，草原上强劲的风沙吹在丁道衡的脸上，而这些丝毫没有影响他考察的步伐，他的目光一直逡巡在草原上散落的黑色石头上。以他的判断，这些黝黑的石头很可能是纯正的铁矿石，可它们是从哪里来的呢？行进间，他突然被远处奇特的景象所吸引：一座山峰突兀在前方，在灼热的阳光下泛出青黑色的色彩，周围的群峰则匍匐在它的脚下。凭着专业的敏感，

他意识到这种地貌特征和山体颜色，极有可能是某种矿体。他跳下骆驼向当地人进一步了解这座山的一些基本情况。回到驻地，他就着昏暗的油灯查阅资料，得知此地似为"哈喇托落海"，蒙古语意为"黑山头"。第二天黎明，当同伴们还在睡梦中时，他已钻出了帐篷，只身徒步向黑山头奔去。

白云鄂博山也称白云宝格都，蒙古语意思为"富神之山"，由于语音的原因，丁道衡将其译为白云鄂博，这个名称一直沿用至今。丁道衡顺着河流向上追根溯源，发现铁矿矿石沿沟散布，比比皆是，越接近一座山峰矿石越多，他确定这是矿床所在：被当地人称为"宝山"的最高峰，在夕阳的映衬下，闪烁着黑色的金属光芒，攀上主峰，一个巨大的敖包静静伫立着，俯瞰众山，南坡半壁皆为矿石区。

敖包是蒙古民族的重要祭祀载体，也叫"脑包"；"鄂博"是蒙古语的音译，汉意是"石堆"或"鼓包"，意思是"堆子"，在牧民的心目中，象征神在其位，世袭传颂。同时，敖包也是蒙古高原上的标志物。此敖包是由黑石

离开包头前中国团员合影（左起：丁道衡、黄文弼、詹蕃勋、袁复礼、徐炳昶、白万玉、崔鹤峰、庄永成）

头堆成的。在当天的考察日记中丁道衡写下了这样一段话：“白云鄂博，蒙（古）人名白云博格都，译意为富神山，但山以白云鄂博著名，故蒙（古）人称此山皆曰白云鄂博……只有王爷府派蒙（古）兵一排驻扎于此。”在后来的另一份演讲手稿《蒙疆探险的生涯》中，他对此处做了进一步的说明：“蒙古（族）人民的宗教观念很深，迷信尤其厉害……他们在高处用石头堆了一个‘包’，上面放了若干盘羊头骨，插了许多旗子，以为这是天神寄托的地方，是神圣不可侵犯的。到了某月某日，宰羊以祭。据说动了上面的一草一石便要生病的。‘蛮子’动了上面的一点东西，神也要迁怒于他们，使他们家宅不安，牲畜死亡……他们要求我们的，就是不要到有‘垴包’的地方去……后来我慢慢地知道，他们害怕我们到山里去还有一个原因，就是怕拿走他们的‘镇山之宝’。”

7月5日，斯文·赫定正式接到丁道衡的喜报：在巴延博克图（即白云鄂博）发现巨大铁矿，“矿质虽未分析，全山皆为铁矿所成。此矿为交换作用所成，前为石灰岩，后经潜水中含有铁质者所交换而成。又经岩浆冲出，其他杂质皆气化而去，故其质体极纯。以衡推测，成分必在八九十分以上……全量皆现露于外，开采极易。”大队接到报告后人人振奋，立即从南分队抽调研究地图学的詹蕃勋前去支援，绘制了二万分之一的地图。

考察团的另一位成员那林在7月3日写给斯文·赫定的信中也说：“神山，巴延博克图，名副其实，整个南半壁都是纯粹的矿石，铁和锰，矿苗的地面一直扩张到察罕鄂博庙，这已由我绘画下来。”斯文·赫定接到丁道衡和那林的报告后也显得很兴奋，在日记中写道：“发现巨大铁矿，这是中国福祉。”

之后，丁道衡背着烙饼和水壶，顶着烈日和风雨，按照自己划定的若干小区域进行了为期十天的徒步踏勘。辛苦对于这个来自贵州山区的年轻人来说已经是次要的了，因为越来越多的证据证实，白云鄂博是个储量极其丰富的特大型铁矿！丁道衡又走访了附近一些地方，采集矿石标本，初步调查了白云脑包的地形、地质构造、矿区生成、铁矿储量、矿石成分等，他认定这是一个蕴藏丰富、远景广阔、极有开采价值的大型铁矿，估计有 3400 万吨的储量，并预言这里将会成为中国的"大富矿"。他断言："如能对白云鄂博铁矿进行大规模的开采，她必将成为发展工业的主要矿源，并将促使中国的西北地区发达起来。"对于这一发现，他兴奋之情溢于言表："我访问了白云鄂博""很荣幸，我发现了它的秘密"。

在这次考察中，丁道衡不仅发现了白云鄂博，取下了矿石标本，记录了白云鄂博大山各个踏勘点，还绘制了百多幅地质图，写下数以万计的文字资料，收集了地质资料 35 箱。

随后，丁道衡随同科考团继续向大西北挺进，行程万里，历时三年有余，取得了更多的科考成果。不过那些成果与他独自发现的白云鄂博铁矿相比都是次要的了，在以后几年的时间里，白云鄂博一直让他魂牵梦萦。

距丁道衡西北考察迄今已近百年，尽管时隔近一个世纪，但当地还流传着丁道衡考察时的一些故事。说有个"戴二柄子的南蛮子"（"二柄子"是当地

《人民政协报（春秋周刊）》（作者：樊尚仁　2008 年 4 月 17 日）

人对戴眼镜人的称呼）漫山遍野寻宝，他的行动引起人们的注意，一次被一伙强人抓去，搜身不说还要剥光他的衣服。丁道衡从容不迫，沉稳冷静，他对那些强人说："我不是你们听到的那种南蛮子来盗宝的人，我是地质学家，是来考察的，是来帮助你们发财的……"那些人见他口袋里和箱子里装的全是些"石头圪蛋"，便哈哈大笑说："你拿这些石头圪蛋发财去吧。"嬉笑完后就把他放了。

1933年，《地质汇报》（第23期）上发表了丁道衡编写的震惊海内外的《绥远白云鄂博铁矿报告》，报告分绪言、位置及交通、地层、地形与构造、矿产、结论六部分，首次将白云鄂博这个令世人陌生的富矿公布于世。报告中以6页篇幅详细介绍了白云鄂博铁矿的具体情况，并附有1:30000铁矿图一幅。他在报告中是这样介绍发现白云鄂博经过的："余负袋前往，甫至山麓，即见有铁矿，矿砂沿沟处散布甚多，愈近矿砂愈富。仰视山巅，巍然峙立，黑斑灿然，知为矿床所在。至山腰则矿石层累叠出，愈上矿质愈纯。登高俯瞰，则南半壁皆为矿区。"据他估计铁矿石储量约3400万吨。

"矿床因断层关系，大部露出于外，便于露天开采；且矿床甚厚，矿区集中，尤适于近代矿业之发展。"在文章的结论部分丁道衡建议说："苟能由该地修一铁道连接包头等地……则煤铁可集于一地，非特铁矿可开，大青山之煤亦可利用，实一举而两得其利""苟能于包头附近建设一钢铁企业，则对于西北交通应有深切之关系，其重要又不仅在经济方面而已。"

对丁道衡的这个估算和预言，当时的地质界持怀疑态度，包括几个中国地质界的著名人物都不敢相信会有这么好的一处矿藏。满目疮痍的旧中国也不可能对白云鄂博继续勘察，更谈不上开发利用。直到1944年，台湾籍地质工作者黄春江在主矿以东1.5公里处发现了白云东矿，主矿以西5公里处发现了西矿群，整座白云铁矿由此揭开了神秘面纱，展现在世人面前。

1935年，丁道衡获得北京大学资助前往德国留学。先在柏林大学从事地质研究，后来转往马堡大学（德国公立综合大学，1927年创建于马堡）从事古生物化石研究。在马堡大学期间，他完成了有关古杯海绵、方锥珊瑚、十

1946年，丁道衡（前排左三）与贵州大学矿冶系师生合影留念

字珊瑚、波哈特贝与鹗头贝等三篇极有学术价值的论文。

1939年，丁道衡回国后又参加了川康考察团工作，1940年8月，这位爱国而正直的知识分子在教授会议上详尽地传达了重庆人民声势浩大的反蒋斗争情况，使师生们受到极大的鼓舞，随即举行了贵阳反蒋示威大游行，并罢课罢教。

丁道衡的爱国行动激怒了国民党反动当局，他们以"宣传共产主义""鼓动学潮"等罪名将丁道衡逮捕，后经多方营救才得以出狱。

新中国成立后，丁道衡被任命为贵州大学接管会主任委员。1950年，他当选为贵州人民代表会议代表，任贵州省人民政府委员。1952年，丁道衡任重庆大学地质系主任，次年任西南行政委员会委员、文教委员会副主任。1954年，他光荣地当选为第一届全国人民代表大会代表，又被选为重庆市人大代表、重庆市人民委员会委员、政协重庆市委员会常委。作为一位民主爱国人士，丁道衡是九三学社中央委员会委员、重庆分社副主任委员和重庆大学支社第一届主任委员；作为一名地质学家，他还是中国地质协会理事兼重庆分会理事长。其论著还有《新疆矿产志略》《蒙疆探险生涯》《云南蒙自金平一带地质矿产》等。

新中国成立后，国家对白云鄂博进行了大规模的详细勘探，结果充分证实了丁道衡的发现。20世纪50年代，国家在白云鄂博附近建立了大型联合企业——包头钢铁（集团）公司（简称"包钢"）。包钢是国家重点钢铁联合企业之一，至今已开采了高品位铁矿石2亿多吨，目前仍以每年800万吨的速度继续开采。学者何作霖对丁道衡采集并辗转新疆等地带到北京的矿石标本进行了化验，发现其含有70余种矿产，他将其中最有价值的两种稀土矿称为

"白云矿"和"鄂博矿"，后来的详细勘探证实了这里的稀土竟然占世界储量的三分之一，白云鄂博又因此被称为"稀土之都"。

谢觉哉在《白云鄂博感怀》一诗中写道：

> 蠢蠢白云立，迟迟红日移。
> 野花铺地远，平屋傍坡低。
> 巨铲龙吞吐，长车水逶迤。
> 品多量更富，道是五洲稀。

而丁道衡在新中国成立后的日子里，心情舒畅，干劲倍增，他兼职多，社会活动多，但仍孜孜不倦地从事科学研究，亲自教学授课。他一刻也没有忘记远在祖国北方的白云鄂博，当他听到白云鄂博揭开地质会战序幕的喜讯时，感到几十年的夙愿终于实现了。这位老科学家没有对别人说什么，只是悄悄地抹去眼角的泪花，默默地祝愿白云鄂博早日开发，他希望能够故地重游。但是紧张繁忙的工作加重了他的高血压病症。1955 年 2 月 21 日，丁道衡先生突发脑出血逝世，享年 56 岁。

1987 年，在发现白云鄂博六十周年之际，丁道衡的雕像落成：时值青春年少，风华正茂，手中黝黑的地质锤与文静儒雅的衣装相貌竟是那么和谐，举目远眺的神情定格在天地之间。一副眼镜后面似乎还透出永不磨灭的光芒！从此，丁道衡永远留在了包头，留在了他魂牵梦萦的这片热土，成为这个城市不朽的坐标和难以逾越的丰碑！当地人认为，如果说白云鄂博因矿成城，那么最响亮的名字还是丁道衡！

如今，当我们漫步在白云鄂博街头，凝望着这位科学家的塑像，不禁想到，如果白云鄂博是"神山"的话，那么"神仙"就应该是丁道衡，可惜他英年早逝，倘若丁道衡先生晚走十年、二十年，他定会为挚爱的祖国和钟爱人民作出不可估量的贡献！

稀土村里添新秀
慧眼独具何作霖

—— 何作霖小传

何作霖（1900—1967年），字雨民，中国民主同盟盟员，第三届、四届全国政协委员；矿物学家、岩石学家、地质教育学家；我国近代矿物学和岩石学奠基人之一；中国科学院学部委员（院士）。

光绪二十六年五月初五（1900年6月1日），何作霖出生在河北省蠡县（现属保定市）小汪村的一个书香门第，童年时代的何作霖在乡村度过，受过私塾教育。父亲何诸昌是前清秀才，曾在保定、天津一带教书。1914年何作霖考入保定育德中学，1918年毕业。在毕业典礼上，王国光校长的一句话"要富国强兵，惟有开发地下资源才是根本办法"深深印在何作霖的脑海里，于是，何作霖报考了天津北洋大学采矿系。时逢五四运动，北京大学工科并入北洋大学。当时的北洋大学爱国运动十分活跃。学生运动失败后，何作霖随采矿系的大部分学生转入北京大学地质系，师从李四光、丁西林。大学期间，何作霖因肺病休学两年，1926年才毕业。

在北大地质系学习期间，何作霖勤奋好学，聪颖过人，学业优异，深受当时在北大任教的我国著名地质学家李四光的器重。在以后的半个世纪中，他们师生之间建立了深厚的友谊。李四光对他的科学研究和生活道路有直接、深刻的影响。

北大毕业后，何作霖应河北大学之聘，在该校地矿系任教，讲授测量学和地质学。1928年，北伐军开入冀南，河北大学受军阀褚玉璞的操纵，全体教职员工停课抗议。何作霖则应李四光之邀南下，在前中央研究院地质研究所任助理研究员，从此踏上了专业研究之路。

1930年，因上海气候不宜，加之劳累过度，何作霖肺病复发，被派赴北平研究院的地质调查所工作（编制仍在中央研究院地质研究所），1932年晋升为研究员，并任北京大学地质系兼职讲师。在此期间，他对岩石矿物学的各个领域展开了深入细致的科研工作，并撰写了专著。

1927年，地质学家丁道衡随中国西北科学考察团到绥远省达尔罕贝勒旗百灵庙以西40公里的茂明安旗境内进行考察，发现了白云鄂博铁矿。1933年，丁道衡委托何作霖对白云鄂博矿石进行研究。

何作霖把这些矿石标本制成薄片，放在当时仅有的仪器——偏光显微镜下逐一观察，发现白云鄂博的铁矿石里有一种叫萤石的矿物质，这种萤石是紫色的，有些地方还有一些褪色的白色物质，在白色物质里还有另外一种物质，他认为褪色是由这种

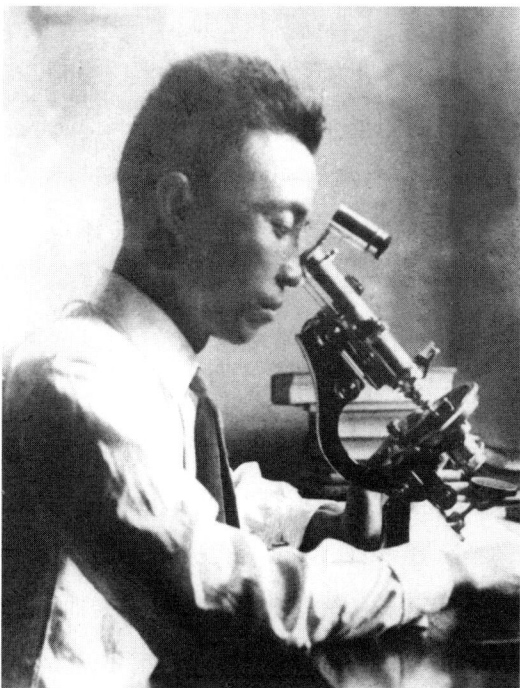

1933年何作霖受丁道衡之托，在国立北京研究院地质调查所对白云鄂博铁矿标本进行室内研究时，发现其中含有两种稀土元素。图为何作霖在用显微镜进行矿物研究

物质引起的。当他终于把白色物质里仅有 0.1 毫米的小颗粒提取出来，经钠光源检验，确认一种属六方晶系（浅绿黄色），另一种属于四方晶系（浅黄绿色）。当时，他将其定名为白云矿和鄂博矿。后来更正为独居石（意为无伴独居之意，寓意矿物产出稀少）和氟碳铈矿。为确切查明到底是不是稀土矿物，何作霖从仅有的 1.0394 毫克萤石粉末中提取到 0.01 毫克（约为一颗大米粒的 1/2000）的矿物粉末，将样品送到严济慈任所长的国立北平研究院镭学研究所（1948 年改组为原子学研究所，是我国当时唯一的核物理研究机构，后来在钱三强的领导下，新中国的核物理事业即从这里起步——樊尚仁注）作光谱分析。经钟盛标助理研究员的测定，在弧形光谱图上显示了镧、铈、钇、铒等稀土元素的谱线波长，终于证明白云鄂博铁矿石中确含有极为珍贵的稀土元素。

何作霖大胆预测该矿稀土元素储量丰富，并最终得出结论：白云鄂博的矿石里含有极为珍贵的稀土元素，当时，他将这两种稀土元素命名为"白云矿"和"鄂博矿"。1935 年，《中国地质学会会志》第 14 卷第 2 期刊登了何作霖的研究报告《绥远白云鄂博稀土类矿物的初步研究》（英文），向世界宣告：白云鄂博矿物中存在稀土矿物。文中说，他发现了"两种目前设想是稀土元素来源的极细的、异常的矿物""这两种矿物建议分别以'白云矿'和'鄂博矿'暂时予以命名"，并大胆预测了近千吨的稀土储量。由此拉开了中国稀土矿物、稀土矿床研究的帷幕。

1937 年北京大学迁校时，何作霖得到中华文化基金会补助留学的机会，于 1938 年 5 月赴奥地利茵斯布鲁克大学岩石矿物系学习，师从著名岩石组构学家 B．桑德尔，并在 B．桑德尔的指导下攻读岩石组构学，他的才能很快显露出来，深受赏识。1940 年，他获理学博士学位。后进德国莱比锡大学，师从著名晶体学家施博特学习结晶构造学。随即在德国莱比锡大学任研究员，从事 X 射线结晶学的研究。第二次世界大战爆发后，他的学习被迫中断，1940 年 6 月，他拟乘船赴越南海防，转道桂林中央研究院地质研究所就职。途中，因日军占领海防，只得折回上海，按照中央研究院指示，在沪前北平研究院的镭学研究所工作。1941年12月，太平洋战争爆发。上海"孤岛"不复存在，镭学研究所关闭，他潜回北平闭门写作。为生计所迫，1943年在北京大学及北京师范大学任地质学教授。1945年8月抗战胜利后，北京大学、北京师范大学整编为北平临时大学，他任地质系主任。1946年，经李四光推荐，到山东大学（在青岛）筹建地矿系，任系主任、教授，并参加"世界科学社"，任该社《科学时报》的特约编辑（一直到1952年）。

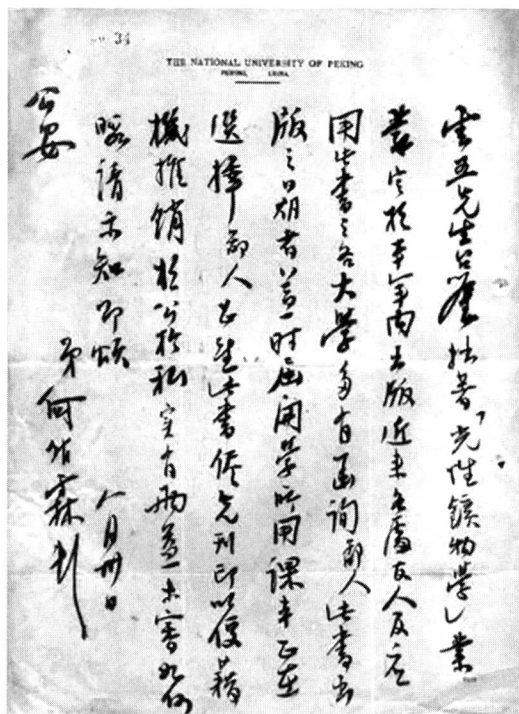

何作霖手迹

新中国成立后，何作霖任山东大学教务长兼地矿系主任。1952年，他再次应李四光邀请回到中国科学院地质研究所工作，任特级研究员、矿物室主任。1955年成为中国科学院地学部学部委员。

何作霖在岩石矿物学的若干领域都有独到的创见，是我国最早的光性矿物学家，著有《费氏旋转台使用说明》《光性矿物学》《薄片下矿物鉴定指南》等专著。在岩石组构学方面，何作霖的贡献一直被国内外学者所公认。他首先发现了几种岩石组构的新类型，并亲自设计和制造了X线岩石组构照相机。这是世界上此类型仪器中最早的一种。1947年，他的《X线岩石组构分析》一书出版后享誉国际。1955年，他出版的专著《结晶体构造学》，超越了他的导师施博特的成就。他还著有《岩石制片术》《赤平极射投影在地质学中的应用》《透明矿物薄片鉴定指南》等。

春秋周刊 CHUNQIU ZHOUKAN
B1版 —第401期—
本期导读
东江纵队与盟军的战斗友谊 B2
鲁迅郑振铎联手打造的《北平笺谱》 B3
刘春霖的几件事 B3
>>
2009年4月2日 星期四
http://www.rmzxb.com.cn
人民政协报

何作霖——白云鄂博稀土元素的首次确认者

樊尚仁

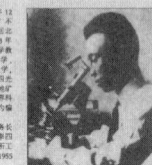

何作霖在研究白云鄂博矿石标本

抗战期间"第五战区"的抗敌宣传队

朱若

《人民政协报（春秋周刊）》（作者：樊尚仁 2009年4月2日）

　　当年，丁道衡指出白云鄂博矿是中国的"大富矿"时，地质界持怀疑态度，也未引起多大关注，直到中华人民共和国成立后，要建设包钢，白云鄂博矿山的地质勘探工作才得以大规模开展起来。1958年，中国科学院与苏联科学院组成联合考察队，研究白云鄂博矿的物质组成，何作霖被任命为中方队长。在他的领导下，经过几年的艰苦努力，终于查明，这个矿山不仅仅是大型铁矿，而且是世界上最大的稀土矿，稀土储量占世界总储量的1/3。迄今，已探明铁矿石储量14.4亿吨、矿物组成157种、元素71种，其中，有综合利用价值的多达26种，堪称世界之最。1959年，白云鄂博矿又被发现其中含有大量的铌和钽，证明这个矿为一大型的铌钽矿床，中国成为世界上绝对的"稀土大国"。昔日荒无人烟的戈壁荒原现已变成雄伟壮观的新矿区，包头也因为白云鄂博铁矿和稀土矿的发现成为我国西北地区一个地位显赫的重工业基地。何作霖是中国第一个稀土矿的发现者和稀土研究的开创者，被誉为"中国稀土矿床之父"。为表彰和纪念他在矿物学研究领域做出的一系列卓越贡献，国际矿物协会（2010年）将产于我国辽宁凤城碱性岩体的新矿物命名为"何作霖矿"。

新中国成立初期，国家地质人员十分缺乏，尤其是岩矿鉴定人才，何作霖急国家之所急，为我国培养了一大批岩矿鉴定工作者，他们后来大多成为地质、冶金、轻工、化工等部门的业务骨干。他在从事科研工作的同时也从事教学工作。在我国第一个五年计划期间，何作霖承担了地质部举办的训练班的教学任务。这些训练班毕业的学生，奔赴祖国各地，成为我国岩矿鉴定的基本队伍。邢台地震后，应李四光邀请，何作霖又到地质部力学研究所授课。此外，他还参加了我国鞍山、武汉、包头等大型钢铁企业的技术研究工作，进行了镁质及铬镁耐火材料、平炉炉底砖、炉渣等方面的研究。在岩石工艺学方面，他亦有独到的贡献。然而，何作霖一生中的重大贡献却是他首次发现白云鄂博矿物中含有两种稀土元素。

1967年11月15日早晨，何作霖突然剧烈咯血，经抢救无效，于16日夜晚逝世，享年67岁。

人民没有忘记何作霖的功勋，他和丁道衡一起被载入了白云鄂博矿的发展史，载入了包钢的发展史。

暗夜无边盼天明
星星之火初布成
——李裕智小传

李裕智（1901—1927年），字若愚，蒙古名巴吐尔馨（又译作"巴图尔沁"）。光绪二十七年（1901年）六月出生于土默特旗河口镇南双墙村（今属托克托县。当时内蒙古西部为绥远特别区，施行蒙汉分治。按蒙旗区划，南双墙村隶属土默特旗，按汉县区划，则属于托克托县河口镇——樊尚仁注）一户蒙古族贫苦农家，父亲给他起名"陶克陶乎"，意为"长命"。

李裕智自幼性格刚毅，好学敢为，深得父母钟爱。8岁时入本村私塾读书，9岁转河口镇育才小学上学时，先生对他进行写字考核，工整的字体令先生赞叹："这孩子大智若愚啊！官名就叫裕智，字为若愚吧！"学习之余，李裕智还拜回族武术大师吴耀为师，学习武术。

1918年春，李裕智考入归绥土默特高等小学校（今呼和浩特市土默特学校。始建于清雍正二年，称"启运书院"；1907年改为土默特高等学堂；辛亥革命后，改为土默特高等小学校——樊尚仁注）。因其聪颖过人，成绩优异，是同窗中的佼佼者，故而同学们送他一雅号"泰戈尔"。

1919年五四运动期间，李裕智率众在街头书写标语，散发传单，进行演讲，成为学生罢课、游行示威的积极发动者和组织者之一。1921年，他又以优异成绩考入归绥中学（今呼和浩特市第一中学的前身），并被推举为归绥中学学生会委员和归绥学生联合会委员。

1921 年春，天津买办商人沈文炳（字虎城）勾结日本人搞到一笔资金，趁袁世凯与日本帝国主义签订卖国的"二十一条"之际，在归绥城北建电灯公司，电灯公司的厂房还没盖起来，就设计送电线路，栽埋电线杆，不管是居民院落门口，也不论是农民的农田菜园，想在哪儿栽就在哪儿栽，引起市民和农民的强烈不满，归绥学生酝酿反沈。9 月间，归绥学联领导组织归绥各校学生反对天津买办商人沈文炳独揽电业斗争。李裕智积极发动和组织归绥中学学生参加斗争。他们高呼"抵制日货""反对日资""自己办电厂，不要日本人办"的口号，捣毁了沈文炳办的电话局，砸了他的电灯公司办公处和部分厂房设施，锯倒已经栽好的电线杆。这场学生示威运动得到绅商市民的支持，最终迫使沈文炳停办电灯公司，反沈斗争取得了胜利。同年，李裕智获得土默特总管衙门授予的"骁骑校"功名。

是年冬，李裕智与托克托县马车窑村蒙古族姑娘祁金梅结婚。

1923 年 5 月，李裕智参与组织领导归绥学生联合会纪念五四运动和"五七"国耻日（1915 年 1 月 18 日，日本驻华公使晋见袁世凯，向民国政府递交以五个内容为主、包含"二十一条"要求的文件，要求"绝对保密，尽速答复"。5 月 7 日，日本政府以武力威胁发出最后通牒，限令于 9 日前答复。最终袁世凯政府于 5 月 9 日晚 11 时接受了一至四项的要求，并于 5 月 25 日签订了中日《民四条约》。所以"五七国耻"也称"五九国耻"——樊尚仁注）活动，率领学生砸了销售洋货的"盛记"商行。接着，发动和领导了以反对学校当局偏袒权豪、欺压贫弱的"归绥学潮"。由此，他被学校开除。

1923 年夏天，在北平蒙藏学校读书的土默特蒙古族学生、共产党员荣耀先的动员下，归绥中学的李裕智、吉雅泰、孟纯以及土默特高等小学的多松年、云泽（乌兰夫）、奎璧、云润、朱实夫、佛鼎等 39 名蒙古族青年，一起考进北平蒙藏学校。这批蒙古族青年入校不久就积极参与了反帝反封建的罢课活动，上街游行，声援土默特家乡来的农牧民请愿团，反对绥远当局掠夺蒙古族农牧民的土地，在北平引起了强烈反响。

中国共产党的创始人之一、中共北方组织领导人李大钊和党组织决定派人到北平蒙藏学校开展工作，争取这批蒙古族青年接受马列主义思想。中共北方组织先后派出邓中夏、黄日葵、韩麟符、赵世炎等人来到北平蒙藏学校，主动和这些蒙古族青年谈心交友，探讨个人前途、蒙古民族的出路和国家的未来。邓中夏在北平宣武门的一座破庙里，给这些青年讲解《共产党宣言》和《中国共产党章程》，使他们的世界观和民族觉悟得到了质的飞跃。在这所培养内蒙古革命干部的摇篮中，李裕智积极参加党组织的"谈将来"讨论，进步很快。年底，经韩麟符、蔡和森、赵世炎等人介绍，李裕智、云泽、奎璧、吉雅泰、多松年、赵诚、佛鼎、孟纯等30名同学先后加入了共产主义青年团。从1924年秋开始，李裕智、多松年、孟纯、王秉章、佛鼎等相继转为中共党员。1925年9月，奎璧、吉雅泰、赵诚、云泽、云润、高布泽博、云霖、朱实夫、贾力更等也相继转为中共党员。他们是中国共产党最早的蒙古族共产党员。

李裕智在北平蒙藏学校求学期间，先后参加了纪念"二七"大罢工、悼念列宁逝世活动，参加了驱赶反动校长的学潮，迅速成长为蒙藏学校的蒙古族学生骨干。在声援上海工人的"五卅"运动（在中国共产党领导下进行的一次群众性的爱国反帝运动，这场运动从1925年5月30日开始一直持续到9月）浪潮中，李裕智、乌兰夫和吉雅泰根据中共北方区委的指示，回到归绥，发动组织反帝爱国斗争。他们隐蔽在席力图召（汉名"延寿寺"，位于今呼和浩特玉泉区石头巷的北端——樊尚仁注）图寿山家中，秘密指挥归绥学联开展活动。1924年6月至7月，李裕智等人领导归绥学生积极投入反帝爱国运动中，激发了归绥各界群众的爱国热情。

1925年春天，中共北方区委李大钊、赵世炎等人在张家口组织召开蒙、绥、热、察党代表会议，确定了党组织在绥远地区的工作纲领。决定在内蒙古三个特别区建立中共热河、察哈尔、绥远及包头四个工作委员会（以下简称工委），派李裕智到包头建党并任中共包头工委书记，领导包头、伊克昭盟

（今鄂尔多斯市）、河套及土默特西部地区的蒙古族群众的革命斗争。

5月，李裕智赴北平汇报工作期间，适逢蒙藏学校成立内蒙古人民革命青年团，他根据党组织的指示，参加了这一组织，并被选为青年团支部委员。

秋天，李裕智通过北平蒙藏学校同学恒升的父亲，在包头城巴氏家族的家庙福徵寺落脚，作为工委的办公地点。李裕智以此为据点，秘密在蒙古族青年及托克托县河口老乡中开展工作。随后，他回到家乡，把内弟祁召才和表兄云栓栓邀至召内，以看门、做饭为名，做联络接待工作。他找到同乡刘兆高（时在包头吉庆公地毯厂学徒，是李裕智吸收的第一批党员之一），通过他了解工人的情况，后来又去了吉庆公地毯厂、隆毛行地毯厂、永恒西草店、中兴栈草店和铁路、码头、煤矿等地开展工作。组织过反对洋行买办掠夺包头皮毛和反对大粮商玩弄"虎盘"的群众斗争。

为了筹措活动经费，便于开展工作，李裕智和包头工委委员王瑞符（王秉璋，蒙古名道尔吉苏住，黄埔二期毕业生，李裕智蒙藏学校同学，内蒙古昭乌达盟喀喇沁右翼旗——今赤峰市喀喇沁旗人。1927年白云梯叛变革命后，他仍坚持在归绥、包头一带进行党的地下工作；1928年赴蒙古人民共和国侨居——樊尚仁注）集资在城内大西街租赁了一处小四合院，开办"明德照相馆"（共有6名职员，由董培寅任经理），建立了李裕智、王瑞符、刘兆高、云栓栓、祁召才组成的中共包头工委。他和王瑞符发动蒙汉回各族工人、店员都来学习，最多时达50多人。李裕智和王瑞符亲自讲课，介绍俄国革命的经验，讲解孙中山的"三民主义"，讲解马克思主义理论；对积极分子讲解党的知识，为党培养了一批反帝、反

位于福徵寺的中共包头工委旧址

李裕智和他的父亲 1926 年在包头

封建的骨干力量。先后发展中共党员 30 多名，工农兵大同盟会员 70 多名，紧密团结在党的周围的积极分子和同情分子，在地方工厂工人中有 200 多人，在铁路工人中达到 500 多人，在萨拉齐等地建起了农民协会。

9 月，李裕智只身赴包头北郊有十几座大小煤窑的石拐煤矿开展工运工作——白天和工人一起挖煤背炭，实地考察工人的劳动条件，晚上深入窑洞了解矿工的生活状况。通过深度体验式调研，了解到：矿工每天下窑十四五个小时，每小时背煤六趟，每趟背 100 多斤，一天一个矿工要背出七八千斤，可卖 10 多块现大洋，而矿主只给矿工不到一块的工钱。于是，他启发工人团结起来反抗剥削压迫，同矿主进行斗争。经过深入细致的思想引导，矿工们开始觉悟，成立了石拐沟煤矿工人联合会。在李裕智的领导下，1000 多名矿工参加了石拐煤矿工人大罢工。工人代表向煤矿业主同业会提出复工的三项要求：劳动时间每天不得超过 10 小时；工资每天不低于两块大洋；改善劳动条件。工人坚持罢工七天，最终迫使煤矿业同业会答应了工人的全部要求，罢工取得完全胜利。

是年，共产国际驻内蒙古代表奥其洛夫，中共北方区委和国民党北京政治委员会负责人李大钊，相互配合，协调一致，指导组建内蒙古人民革命党。10 月，根据党组织指示，李裕智来到张家口，参加内蒙古人民革命党（亦称内蒙古国民革命党、内蒙古国民党或内蒙古平民党，简称内人党）第一次代表大会。内蒙古各盟旗百余名代表出席，蒙古族进步青年代表列席会议；共产国际、中国共产党、中国国民党、冯玉祥国民军以及蒙古人民革命党均有代表出席。在 10 月 13 日会议上，选举产生了内蒙古人民革命党中央执行委员会，由 14 名执行委员和 7 名候补执行委员组成，从中产生

李裕智领导石拐煤矿工人大罢工旧址

了 7 名常务委员；白云梯（内蒙古自治区赤峰市宁城县人，字巨川，蒙古名色楞栋鲁布、布延泰）任委员长，郭道甫任秘书长；伊盟 "独贵龙"（或作 "多归轮"，蒙古语音译，意为 "环形" 或 "圈子"。蒙古族人民近代反帝反封建斗争的一种组织形式。参加 "独贵龙" 的人，开会时按环形席地而坐，发表文件签名时也依次将名字排成一个圆圈，因以得名。第一次国内革命战争时期，锡尼喇嘛领导的伊克昭盟 "独贵龙" 运动，旗帜鲜明地反对外蒙古 "独立"，采取武装斗争，并一度建立革命政权——樊尚仁注）运动首领旺丹尼玛、锡尼喇嘛和中共党员吴子徵当选为执行委员，中共党员李裕智、吉雅泰当选为候补执行委员；中共党员佛鼎、多松年、乌兰夫、王瑞符等参加了大会。回到包头后，李裕智在福徵寺建立了内人党包头党部，名义上是由王瑞符担任内人党包头党部主席，李裕智担任副主席，实际上是中共包头工委的机关。

当时处在国共合作时期，李裕智在福徵寺挂出了一块宽七寸、长四尺、蒙汉文合璧的牌子 "乌兰察布盟特别区国民党党部"。积极发展国民党的左派组织。至 1926 年初，共建立县市党部 6 个、党员 2100 多人，其中农牧民占多数，还有士兵、学生等，形成了国共两党合作的统一战线。

同年冬，为落实中共中央《蒙古问题议决案》（1925 年 9 月）"成立中国共产党指导下的内蒙古农工兵大同盟" 的要求，在张家口诚洁旅馆召开了内

1925年10月，在张家口召开的内蒙古人民革命党成立大会，图为会议常务委员合影

蒙古农工兵大同盟成立大会。参加大会的有热河、察哈尔、绥远等地区代表200余人，李大钊当选为内蒙古农工兵大同盟中央执行委员会书记，赵世炎、韩麟符当选为副书记，陈镜湖、王仲一、吉雅泰、李裕智、郑丕烈、陈印潭、贾大容等8人为中央执行委员会委员。李裕智返包后，在包头建立了"农工兵大同盟"基层组织，继续开展工人运动。

1926年1月1日，李裕智和吉雅泰作为绥远地区的蒙古族代表，赴广州参加中国国民党第二次全国代表大会，再次见到了李大钊，并见到了毛泽东、周恩来、董必武、吴玉章、林伯渠、恽代英、萧楚女、张太雷、邓颖超等同志。会上，李裕智作了关于内蒙古党务工作报告，参观了农民运动讲习所和广东革命根据地。会后，李裕智和吉雅泰回到张家口准备参加"农工兵大同盟"会议，不料形势发生变化，会议未能如期召开，两人回到包头。

随后，李裕智在争取驻防包头的冯玉祥国民革命军方面做了大量工作。

冯玉祥部，原属北洋军阀直系，1924年10月，直奉第二次战争期间，因倾向和同情孙中山先生的革命，回师北京，实行政变，电邀孙中山北上。因此，1926 年初，直系、奉系军阀合力围攻冯玉祥的国民军。是年夏，冯玉祥部南口失利，率军北撤察绥地区，7 月底至 8 月初来到包头。根据中共中央的指示，包头工委努力利用军阀派系矛盾所造成的分化条件，大力争取和联合冯玉祥部，支援孙中山先生领导的北伐战争。当冯玉祥部撤到包头后，李裕智联合各方面人士在大校场（今包头市东河区西脑包附近）召开了各界欢迎大会，并且给冯部安置了驻地，募捐筹措了 2 万多元的经费。包头工委的这些工作，推动了冯玉祥部进一步向革命方面转化。9 月 17 日，冯玉祥举行了著名的"五原誓师"，正式宣布参加国民革命。同年秋，内蒙古人民革命党中央机关迁到包头（同年冬迁到宁夏银川，1927 年迁至乌兰巴托）。

李裕智一直没有忘记赵世炎曾经说的："将来我们要建立内蒙古红军，建立内蒙古苏维埃政权。"所以，他时刻准备建立一支革命武装，一直和包头土默特蒙古族地方武装"老一团"（团部设在包头中街义和厚）保持着良好关系。他和王瑞符议定了"上联下交"策略——"上联"就是和"老一团"上层人物多联系、多交往；"下交"就是和"老一团"中下层士兵拉亲戚、交朋友，建立互信关系，培养支持共产党的骨干力量和同情革命的积极分子。"老一团"的官兵在李裕智的启蒙教育下，做了很多对革命有益的工作，许多人被吸收参加了内蒙古人民革命党，有的还被吸收为中共地下党员。"四一二"反革命政变后，"老一团"成为绥远地区中共地下党的隐蔽点，掩护了一大批革命者。

内蒙古人民革命党成立之后，中共党员李裕智、奎璧、纪松龄等人与王瑞符、恒升一起策划创建内蒙古人民革命军。他们派遣共产党员、农工兵大同盟成员和一部分内蒙古人民革命党成员，深入土默特旗、乌兰察布盟（今乌兰察布市）、乌拉特三旗（今巴彦淖尔市乌拉特前、中、后三旗）、伊克昭盟（今鄂尔多斯市），动员蒙汉族农牧民前往包头参军，并积极为部队筹集经费和武器装备。6 月，内蒙古人民革命军在包头大校场正式成立，总部设在义德成粮店，伊克昭盟扎萨克旗（今为伊金霍洛旗扎萨克镇）"独贵龙"运动领袖旺丹尼玛担任总指挥，李裕智担任副总指挥兼第一路军（新编骑兵旅）司令。

为了迅速壮大内蒙古人民革命军的力量，李裕智还抓了对所谓"土匪武装"的争取工作。当时，哥老会（在包头地区又称协进会）在绥西一带颇有势力，活动在河套、东川（土默川）、阴山北、鄂尔多斯北部沿黄河地区。在石拐沟炭磴口，有一股400多人的哥老会武装，武器精良，为首的叫白从喜，颇孚众望。李裕智便亲自做白从喜工作，使其归顺。然后又通过白从喜，说服了活动于沙尔沁一带的丁炳南等40多名所谓"土匪"。此外，活动在河套川（泛指土默特右旗的党三尧子、将军尧子、四家尧子、程奎海子等地，合称河套川地区——樊尚仁注）的方艾部300多人，活动在今东河区以西40多里韩盛基窑子（今属青山区兴胜镇）的张老幺部等，归顺革命军，编为第五路军，李裕智兼任第五路军司令。

内蒙古人民革命军不断发展壮大，很快发展成五个旅的建制3000多人的民族武装。为了提高部队素质和战斗力，李裕智按照红军的政治工作制度，安排中共党员、进步人士担任政治工作的领导；倡导"练兵运动"，积极参与创办"内蒙古军官学校"，由他负责政治教育及军事训练工作，王瑞符任校长，培训军事干部。

经过严格的军政训练，改变了队伍的军容风纪。李裕智治军，既从严要求，又体恤下情，因此，下级官兵对他敬而不畏，恭而不疏，深受官兵爱戴。

1926年11月下旬，冯玉祥的部队向巴彦淖尔盟（简称"巴盟"）五原县撤退，内蒙古人民革命党党部也随之西撤。白云梯跟随部队来到韩盛基窑子时，因琐事与驻扎在那里的第五路军张老幺发生误会，白云梯等人被解除了武装。经过李裕智调解，张老幺归还了白云梯马匹和装备。从此，白云梯与共产党人之间的矛盾开始产生，他寻找各种借口打击、排挤、加害共产党员，在李裕智外出的时候，免去了王瑞符的内蒙古军官学校校长职务，杀害了内蒙古人民革命军总指挥旺丹尼玛，篡夺了总指挥的职位，担任了内蒙古人民革命军总司令，还委派他的心腹暴子清担任骑兵旅旅长，以此来削弱副总指挥李裕智的权力。

1927年4月，全国大革命失败。5月，内蒙古人民革命军和冯玉祥部经河套过宁夏，来到黄河南岸，企图与国民党部队会合。途中遭遇宁夏军阀马鸿逵袭击，被迫退到宁夏银川。7月，内蒙古人民革命党在银川召开特别会议，白云梯乘机发难，阴谋叛变。李裕智联合与会的共产党人、左派分子和多数代表，挫败了白云梯的进攻。会议期间，内蒙古人民革命党和苏联顾问组成的代表团从西安前往蒙古人民共和国，正好途经银川，李裕智联合代表团，迫使白云梯等赴乌兰巴托，听候在那里召开的内蒙古人民革命党中央紧急会议的裁决。

8月，在乌兰巴托特别会议上，总结了内蒙古人民革命党的工作，严厉批判了委员长白云梯的右倾错误，以及他们之间宗派斗争的恶果，统一了思想，重申了内人党的纲领，撤销了白云梯的一切领导职务，决定把他留在乌兰巴托，并选出新的中央委员会，孟和乌力吉为中央委员会委员长，白永伦为秘书长，组成了新的常务委员会，准备继续开展革命工作。

没想到，白云梯得到了蒙古人民革命党书记丹姆巴道尔吉的支持和纵容，竟被先期送出国境，9月间返回宁夏，他严密封锁了乌兰巴托特别会议的精神，召集已被开除或撤职的中央委员，以内蒙古人民革命党"中央"的名义召开紧急会议，追随蒋介石策动反革命政变，并暗地里策划镇压以李裕智为代表的左派力量。发表了《内蒙（古）国民党反共宣言》，疯狂叫嚣反苏反共，公开叛变革命。

李裕智没有参加乌兰巴托会议。当时，锡尼喇嘛（即乌勒计吉尔格勒）领导的内蒙古人民革命军第十二团在伊克昭盟遭到反动王公势力勾结陕西军阀井岳秀军队的联合"围剿"，处在生死存亡的紧急关头，李裕智决定派兵援救。白云梯表面同意，背后派心腹暴子清、包悦卿、桐光远随军监视李裕智，并授意寻机杀害他。

李裕智率内蒙古人民革命军骑兵独立旅一、二营开赴伊克昭盟乌审旗，

锡尼喇嘛

包头召（福徵寺）革命纪念馆李裕智塑像

与十二团官兵通力配合，打败了井岳秀和王府反动军队的进攻。在返回途中，李裕智的警卫员祁召才擦枪走火，打死牧民的一条狗，暴子清、包悦卿、桐光远等乘机抓捕了祁召才，诱捕了李裕智。捏造其"通匪、违反军法、纵容部属犯法"的三条罪状。

1927年农历九月十三日（10月8日），李裕智在伊克昭盟毛乌素惨遭杀害，时年26岁。

接着，白云梯依靠阴谋手段解除了骑兵独立旅的全部武装，使该旅一营、二营以及军官学校中的共产党员、左派分子，除一营营长、党代表等七人逃走外，全部遇害。锡尼喇嘛的"独贵龙"运动最后也归于失败。轰轰烈烈的内蒙古人民革命运动因遭受这一挫折，转入低潮。

中华人民共和国成立后，李裕智被安葬在内蒙古自治区烈士陵园。1952年4月15日，毛泽东主席亲自签发证书，追认李裕智为革命烈士。1984年，托克托县人民政府在他的家乡修建了烈士纪念碑，碑上刻有时任国家副主席乌兰夫的题词"李裕智烈士永垂不朽"。

勤奋本色酬乡邻
安危之际不顾身

—— 刘锁蝉小传

刘锁蝉（1901—1968年），光绪二十七年六月十八日（1901年8月2日）出生于土默特右旗周四和营村一个贫苦农民家中。

周四和营村紧靠黄河北岸，河水经常泛滥成灾，人民流离失所。刘锁蝉

1950年9月，刘锁蝉赴京参加全国工农兵劳动模范代表会议（图为9月25日的大会开幕式与"全国战斗英雄代表会议"合并举行）

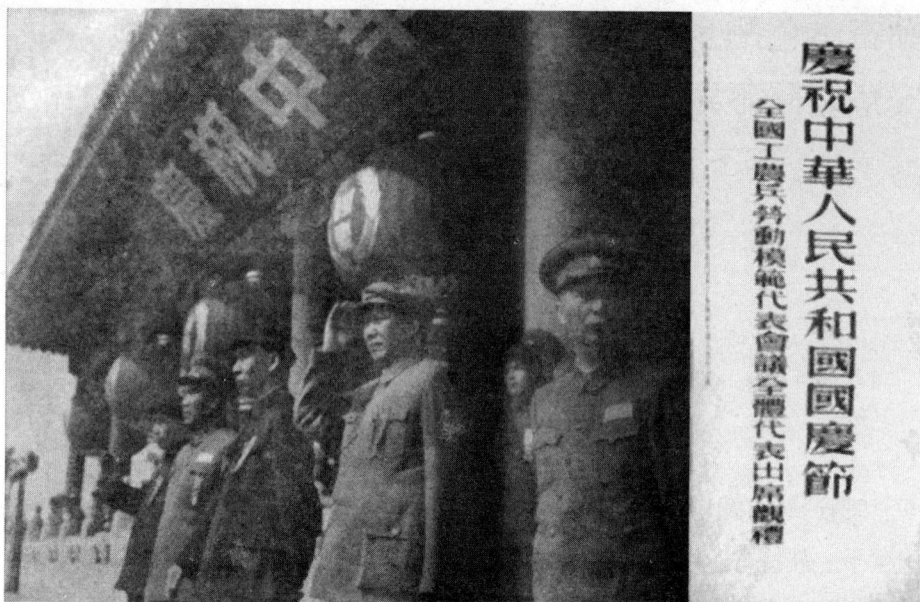

1950年10月1日，参加全国工农兵劳动模范代表会议的代表，在天安门观礼台上参加新中国第一次盛大的国庆典礼

非常痛恨反动统治者不关心人民疾苦，反而利用苛捐杂税搜刮民脂民膏的丑恶行径。

中华人民共和国成立后，党和政府积极投入人力、物力治理黄河。1950年春，上级派来一个团的解放军战士在周四和营一带修筑黄河堤坝。刘锁蝉丢下家里的活计，主动跑到筑坝工地，不计报酬地和解放军一起干起来。

解放军对当地的地理情况不熟悉，又没有精密的测量仪器，分段筑坝往往合不了龙口。刘锁蝉昼夜苦思，想出了用标杆和绳子测地画线的办法，沿筑坝工地往返数十趟，终于解决了这难题。

1950年9月，刘锁蝉光荣地被地方政府和群众推选为全国水利劳模，到北京出席了全国工农兵劳动模范代表会议，受到中央人民政府主席毛泽东、副主席朱德、刘少奇、李济深、张澜，中央人民政府政务院总理周恩来等中央领导的接见，被中央人民政府授予全国劳动模范称号，并于10月1日在天安门观礼台上参加了新中国第一次盛大的国庆典礼。

1951 年春汛期间，新筑的黄河大坝出现了许多漏洞，刘锁蝉带领群众连续几昼夜抢堵漏洞、决口十多处。在二道支渠堵决口时，由于决口宽十余丈，又值风大水急，进去的柴草和土一下去就被洪水冲走。他带头跳下水打桩，在水中奋战四个多小时，终于将决口堵住。

同年秋天，河水又上涨，沿岸快要吃到嘴边的庄稼受到严重威胁。刘锁蝉首先带领本村农民连夜抢收 2000 多亩庄稼，然后又横渡 1 米多深、1 公里宽的积水到周围村庄组织 100 多人的防洪队伍上坝，连续奋战七昼夜，动用 2 万多土方修补了外坝，护住了 2000 多亩地的庄稼。

防洪大坝修好后，为了使其结实坚固，刘锁蝉经常早起晚睡，从数里外掏上积芨，挑到坝上栽种。数年后，周四和营一带的防洪坝上覆盖了一层郁郁葱葱的积芨林。纵横交错的积芨根像给大坝铸进了无数根钢筋，使大坝格外坚固。

在搞好水利建设的同时，刘锁蝉还积极投入减租反霸、镇压反革命、抗美援朝、土地改革、土改复查等政治运动，并对本村的军烈属进行优抚。

1967 年，土默川夏秋干旱，冬季无雪，春节过后突然降了一场大雪。刘锁蝉不顾身体患病，立即组织全村群众把积雪送到地里抗旱保墒。他在雪地里连续摸爬滚打三四天，晚上回到家里，鞋、袜、裤子都冻了一层硬邦邦的冰壳。

因为劳累过度，刘锁蝉于 1968 年 5 月 15 日不幸去世，享年 67 岁。

千村万户喜洋洋
百花园里柳色新

——计子玉小传

计子玉（1901—1984年），著名二人台演员。清光绪二十七年（1901年）出生于包头，1984年5月于包头病逝。

计子玉自幼喜爱二人台，1920年（19岁时）因患伤寒，不幸双目失明，为求生计，家里原想让其学唢呐，后因迁就他的志趣，改从晚清二人台名艺人杨玉拉为师学唱二人台，1925年出徒。

计子玉和郝秀珍、乔玉莲（右）

计子玉虽目力不济，但由于他勤奋好学，出徒后，正式领班献艺。他应事丑角的同时，对生、旦两行也很得手。顽强的意志力使他练就了一套在舞台上歌舞翻滚、有条不紊、步位不差的过硬本领。他们玩艺班的足迹遍及巴彦淖尔盟（简称"巴盟"，现称巴彦淖尔市）河套地区和宁夏一带，不仅在农区演唱，也到牧区为蒙古族观众用蒙汉语演唱，主要曲目有《种洋烟》等，蒙古语曲目《阿拉奔花》尤受欢迎。1940 年至中华人民共和国成立前的九年中，主要在土默川、固阳、伊克昭盟（今鄂尔多斯市）等地演出，重要曲目除拿手戏《顶灯》外，还演唱其他艺人不多唱的《打四季》（又名"摘葡萄"）、《喇嘛苏》、《浑五更》、《画镜屏》和《寡妇叹十声》等。

1950 年 1 月，在包头市文化馆的领导组织下，创办了乡曲组，计子玉同王老虎、郭长根等人参加了乡曲组。1951 年 4 月改名，扩建为包头市民间曲艺剧社，计子玉当选为社长，1956 年 1 月正式改名为包头市民间歌剧团，计子玉任副团长。1958 年退休。

中华人民共和国成立之初，计子玉创作并排演了《大胜利》《新中国》

二人台剧目《方四姐》剧照

计子玉（右）、樊六演出《钉缸》剧照

《长工翻身》《二女夸夫》《张二嫂抓特务》《改造二流子》《取缔一贯道》《抓壮丁》（与樊六合作）等不同题材的小戏。1953年经计子玉口述、苗文琦执笔整理，共同创作了大型二人台剧目《方四姐》，在包头首次公演，连续演出100多场，深受观众欢迎，成为二人台新编的经典保留剧目。1955年，他又编创了大型清代古装戏《奇巧缘》。1963年受内蒙古自治区文化部门的邀请，热情参与编写了一套七册本的《二人台传统剧目汇编》，很多传统剧目都由他口述。在校订过程中，他修改了许多低级庸俗的唱词，然后才收编入册，成为以后二人台演出的范本，他也被二人台艺术界誉为"活字典"。

计子玉毕生喜爱二人台，嗓音高亢，唱腔吐词清晰，反对了为了追求掌声、喝彩单纯卖弄技巧，主张用丰富多变的唱腔，准确地塑造人物的音乐形象。他致力于培养艺术后人，一生培养了许多二人台演员，先后收筛虎子（艺名侉侉旦）、班玉莲、任小风、李小云、苑兰英等人为徒，直到1981年还收了两名弟子。耄耋之年仍在关爱、关注着他以毕生心血浇灌的二人台艺术之花。

怀揣武艺结善缘
炉火纯青形意拳

—— 李振海小传

李振海（1901—1985年），光绪二十七年七月初六（1901年8月19日）出生于萨拉齐镇一个贫苦农民家庭。

李振海12岁时拜扬罗为师习武。20世纪20年代初期，河北镖师张全胜来萨，空手力挫十多名寻衅闹事的国民党兵痞，名声大震。李振海等七人看到张全胜为人正直，武艺高强，便请到家中共同拜其为师。李振海学艺刻苦且聪明，很快成为张全胜最为得意的门徒。

1927年，李振海在萨拉齐创办"武术研究社"（1930年改名为"国术馆"）并任教官，先后在萨拉齐县政府、大东街小学、后炭市街小学、崇德小学等处授徒数百人，培养出不少武术人才。日寇入侵萨拉齐后，国术馆散伙。此后，他便独自在萨拉齐、包头磴口等地收徒授艺。

中华人民共和国成立后，李振海重振雄风，担任包头市武术协会顾问，并和弟子创办了"东河区武术研究社"，授徒一直到老。

李振海80岁寿辰时，其徒子徒孙前来祝寿，前后三天云集五六百人，纷纷表演各自的拿手技艺。

1983年，中国武术协会、中国体育报社、人民体育出版社、《新体育》

1972年，李振海在包头糖厂演练长拳

杂志社、《中华武术》编辑部、《武林》编辑部联合举办全国优秀武术辅导员评选活动，李振海荣获优秀辅导员称号，并被命名为全国优秀武术教练。

李振海一生痴迷武术，他根据自己的猴象体形，重点钻研了行者拳、行者棍（即猴拳、猴棍）。研习八卦掌、五虎拳、炮拳、六合拳、梅花拳、少林拳、大宝刀、缠刀、双刀、罗汉枪、五虎枪、三才剑、龙行剑、齐眉棍、双钩、双手带、胡平拐、牛头拐等拳、械套路，经常与当地名拳师李二保、云连生、程全中等切磋、探讨武林技艺，向他们学习大八枪、阴把缠枪、小五枪等技艺。

李振海在不断研练探索下，无论拳打对练，还是器械对练，都很有心得，技艺娴熟，扎下了很深的功底，尤以行者拳、行者棍、绳标、三节棍、九节鞭、梢子棍等轻拳术器械著称。其中行者拳、行者棍等演练起来形神皆备，惟妙惟肖，达到炉火纯青的地步。他曾总结道：猴子之所以能在大自然中面对狮、狼、虎、豹生存到今天，能以小博大，以弱搏强，关键是它很聪明，遇到强大的敌人，找其弱点，打其要害，其原始的身体攻防本能是它最好的防身术。

李振海经常参加全国各地的各种大型武术比赛、表演、观摩大会。1953

年 8 月获华北区运动大会武术赛优秀奖。11 月在天津获第一届全国民族形式运动会武术赛优秀奖，并被美誉为"猴王"。1957 年、1958 年、1959 年分别出席乌兰察布盟（简称"乌盟"，现乌兰察布市）、内蒙古和全国运动会武术赛，获得优秀奖。

1979 年 5 月，年近八旬的李振海又被国家武术协会邀请参加在南宁举行的全国武术观摩大会，他在会上表演的行者拳、行者棍荣获大会二等奖，受到许世友将军的亲切接见。全国著名"猴王"肖应鹏称赞李振海"功底雄厚，技艺精湛"。李振海的嫡传徒孙，政协包头市第八届委员会委员、内蒙古猴拳非遗项目传承人，现任内蒙古武术协会（第八届）常务副主席、包头市武术协会副主席吕长春（其父吕孝为李振海的徒弟），早在 1984 年兰州举行的全国武术运动大会上就获得金牌，同行誉之为"内蒙古小猴王"。

包头市东河区武术训练班合影（二排左四李振海、左三吕孝、左一吕长春），摄于 1970 年 4 月

1983年，李振海被国家体委评为全国优秀武术辅导员

李振海武德高尚，他经常说："武道技击术，有形者为法，以技者为基础，又以技击为主导。练武贵在持之以恒，一天不练十天空，十天不练等于零。"他还强调："多知多懂，一通而百通，技艺虽不同，其理则一。"他还对徒弟说："尚德才能尚武"，常教授徒弟要礼貌待人，团结同行，不拘泥于门户之见。

李振海在习武之余，还刻苦钻研传统医术正骨按摩术，对于腰痛腿疼、扭骨错位、岔气的治疗有独到之处，手到病除，治愈者不计其数。

李振海乐善好施，给患者看病有求必应，分文不取；收授徒弟，从不收礼收钱；对一些贫困好学的徒弟，还常常予以物质帮助；对流落街头的穷人常给予救济。

李振海疾恶如仇，好管闲事，对一些打架斗殴、贪玩赌博行为很看不惯，如遇之，先批评，再讲道理，然后语重心长地劝解。对因种种原因误入歧途者，他循循善诱，使其心服口服而归。在他居处附近，没有敢打架、赌博等不学好者。

1984年，李振海患病住进医院。内蒙古武术运动协会派专人整理了他的武术资料。

1985年1月13日，李振海与世长辞，享年85岁。

西行七年图破壁 | —— 巴文峻小传
东渐有年经历多

巴文峻（1901—1987年），蒙古族，字维崧。清光绪二十七年（1901年），出生于土默特旗右翼六甲包头镇，为蒙民"巴氏家族"宗系之一。

巴文峻的祖父海宝和其父章勒丰，在清末民初曾是包头蒙旗民众中的显要绅士。家境优渥的巴文峻，8岁开始在家庙内私塾（即包头福徵寺召院第五小学的前身）和包头私塾读书，13岁时先赴北京修习数学、文学与英语等基础课程，后就读于天津市第一中学。

1919年五四运动时期，巴文峻与诸多热血青年接受先进思想，在天津参加了新文化学潮的爱国运动。学生、工人、知识分子与社会各界进步人士纷纷走上街头，一些学生被北洋政府警察厅以"扰乱秩序"等名目逮捕。同年8月26日，天津各界联合会公推40余人，以"释放被捕学生"为诉求赴京请愿。周恩来、马骏、巴文峻作为天津学生会的代表，亦参加了请愿团。天津、北京千余名同学围堵新华门，被军阀强行关在天安门院内，并声言捉拿周恩来等学生领袖。

此后全国各界第二次进京请愿，10月1日，请愿团成员被捕，巴文峻等学生被反动军警扣押一个月零八天。在诸位进步人士的努力营救下，请愿团

五四运动期间的巴文峻（左二）

人员获释。营救者中就有周恩来。

周恩来在天津南开中学组织"觉悟社"时，巴文峻参加了于芳洲、韩麟符（均系党的早期著名革命家）等在天津建立的爱国进步团体"新生社"。

由于北洋政府禁止参加过五四运动的学生再次入学，1920年11月7日，周恩来、郭隆真、傅钟、张若名、李福景、巴文峻等197人乘法国邮船"波尔加"号赴法国勤工俭学。

巴文峻与周恩来等5人为更快地融入法国社会的需要，便商议前往法语口音最为标准的布鲁瓦市定居，并在布鲁瓦中学学习法语。

在法国留学期间，周恩来介绍巴文峻加入旅欧中国共产主义青年团，还参加过两年中国共产党领导的巴黎小组学习与活动。

一次，法国警察到他们的居住地来抓周恩来，但警察又不认识周恩来，便问："你们之中谁是周恩来？"

巴文峻挺身而出，声言他就是周恩来，结果被带到警察局。未等警察审讯，巴文峻先发制人，反问警察："我犯了什么法，为什么抓我巴文峻？"

"什么？"警察顿感蹊跷，"你说你就是周恩来嘛。"

巴文峻矢口否认道："你们当时恐怕没听明白，我说我是巴文峻。"他又用戏谑的口吻说道，"我们中国有句俗话，叫张冠李戴，你们搞错了！"

警察无可奈何，看了他所有证件，确认不是周恩来，不仅立马释放，而且还一个劲儿地赔礼道歉。其实当警察破门而入时，巴文峻就意识到是来抓周恩来，因而果断地冒充周恩来，为他安全转移创造了条件。

家境殷实的巴文峻时常接济同学们的日常开销，周恩来也用自己赚来的稿费接济身边人。

巴文峻1923年考入法国鲁昂化工学校读书两年。1925年考入鲁昂大学化学专业读书三年。留学期间，与法籍姑娘鲁易斯·杨格尔结婚，生育女儿莉丽娅。1928年巴文峻回国时，妻女未同行，第二次世界大战爆发后失去联系。

巴文峻归国后，正值国民革命胜利之际，国民政府迁都南京，国民党正在刷新政治，图谋统一全国稳定大局。蒋介石为了笼络边疆少数民族，对蒙古族出类拔萃的留洋生巴文峻青睐有加，先发给一笔优厚的安家费，再安排他到国民政府负责少数民族事务的蒙藏委员会担任实业科科长，一年后升任参事。1929年，巴文峻加入国民党。

1930年，南京政府派巴文峻为全权特使，出使尼泊尔王国，调解尼泊尔与中国在西藏地区因边境问题发生的纠纷。

巴文峻抵达尼泊尔后，国王以迎国宾之21响礼炮迎接他。巴文峻在职期间，以熟练的英、法两种语言活动在外交场合，受到国王及诸大臣的尊敬。出使期间大大增强了两国睦邻友好关系，蒋介石对他的外交活动非常满意。归国后，委任他出任南京政府蒙藏委员会蒙事处处长，让他发挥所长，以增进边疆民族的团结稳定。作为身兼要职的蒙古族青年才俊，巴文峻当时在土默特蒙旗和各盟中声望很高。

1931年，巴文峻担任制定临时约法代表。次年8月，为发展国内科教事业，与化学界人士发起成立中国化学学会。

1933 年德穆楚克栋鲁普（德王）在察绥地区发起"内蒙古自治运动"，南京政府派巴文峻以视察专员的身份，来察绥地区深入各盟旗调查此事。他察访了半年多时间，掌握了各方面的情况，返回南京即据实汇报了"内蒙古自治运动"的要求和动态，引起国民政府重视，一面电令察绥两省政府加强防范，一面制定对策。

出于民族主义思想，巴文峻认为地方自治性质的蒙古自治，尚在中央许可之列，因此他成功游说摇摆不定的云王等蒙古王公，对促成百灵庙第一次自治会议的召开和蒙政会的成立立下了汗马功劳，令一向自视甚高的德王对他优礼有加，特别尊重和信任，两人建立了很深的私交。

1934 年，国民党南京政府行政院派黄绍竑为中央全权代表，到绥远省百灵庙（今达尔罕茂明安联合旗政府所在地。当时"内蒙古自治运动"的中心）同蒙古地方自治政务委员会（简称蒙政会）进行协商，讨论"内蒙古自治区方案"相关条例。在百灵庙召开的"蒙政会"会议上，绥（省）蒙（旗）双方讨论激烈，各持己见，争论不休。

黄绍竑采取推脱策略收场，满口应允蒙（旗）方提出的"内蒙古自治方案"条例，诡称"自治条例"呈明中央后再行公布。可是当他返回南京后就矢口否认对"条例"的承诺，激起旅京蒙古族人员及中央军政两校蒙古族学生的愤慨和强烈抗议。巴文峻在那次抗议请愿会上，站在民族的立场上，发表激烈有理的质问演说，博得与会人士赞扬。

黄绍竑自食其言，撕毁了"内蒙古自治"条例，使察绥盟旗的蒙古族人民认清了国民政府的面目，但也使蒙古民族内部出现了裂痕。亲日派王公贵族借此作为他们亲日投日的理由，代表人物德王改弦易辙，公开投向日寇。这就与巴文峻当初极力支持的地方自治背道而驰。

此前，绥远省政府从南京请来蒙藏委员会蒙事处处长巴文峻，并通过他说服云继先、朱实夫等进行"兵变反正"。

这年春节期间，云继先、朱实夫、苏鲁岱、任秉钧在绥远省政府与秘书长曾厚载、三十五军金中和旅及巴文峻共同商定了具体计划，约期进行兵变。

这就是百灵庙暴动的前奏。

巴文峻看清了国民党大汉族主义的本质，对蒙藏委员会的工作也就消极对待了，随后于 1934 年向国民政府请求将蒙事处处长职务与楚明善的监察院监察委员进行了互调。从此，他就当起了有名无实的监委委员。

1935 年 12 月，绥远省政府主席傅作义向蒋介石建议准予蒙古王公联合请求的分区自治，也就是将百灵庙蒙政会按省境一分为二为"绥境蒙政会"和"察境蒙政会"。

后来，国民党中央又让巴文峻参与"绥境蒙政会"的工作，任"绥境蒙政会"的委员，兼该会驻京办事处处长，拉拢蒙旗王公靠近国民党，与以德王为首的"察境蒙政会"对抗，借以削弱德王的势力，瓦解德王的百灵庙保安队。

七七事变后不久，绥包沦陷，"绥境蒙政会"人员撤退到伊克昭盟（简称"伊盟"，今鄂尔多斯市）。该会委员兼秘书长荣祥（时任土默特旗总管）携带该会印信和少数工作人员从包头渡河出走伊盟，把"绥境蒙政会"的印信等交与时任"绥境蒙政会"委员长的沙王（国民政府委员、伊盟保安长官、盟长沙克都尔扎布）。

1938 年，经巴文峻、荣祥、沙王等人联名报请国民党中央批准，恢复"绥境蒙政会"，办公场所设在伊盟沙王府，巴文峻担任秘书长和驻渝办事处处长，负责经费的筹措和联络工作。抗战时期，他经常往来于重庆、伊盟之间。

1945 年 8 月，日寇投降后，巴文峻匆忙返回伊盟，征得委员们的同意，将"绥境蒙政会"从达拉特旗迁至包头城西边的公庙子（地属乌拉特前旗）暂驻办公。

1948 年解放军第一次解放包头，巴文峻带领"绥境蒙政会"部分人员从公庙子撤往宁夏省（1929 年 1 月，国民政府设宁夏省政府。中华人民共和国成立后，于 1954 年 9 月撤销宁夏省建制，并入甘肃省。经全国人大批准，1958 年 10 月 25 日，以原宁夏省行政区域为基础正式成立宁夏回族自治区——樊尚仁注）。

1949 年 9 月 23 日，在白海风、巴文峻、何兆麟等推动下，阿拉善和硕特旗（简称"阿拉善旗"，隶属于当时的宁夏省）札萨克达理扎雅举行定远营"九二三"通电起义，致电毛泽东主席、朱德总司令，宣布阿拉善旗"各族人民脱离国民党反动政府，接受中国共产党的领导"。巴文峻为阿拉善旗的和平解放作出了积极贡献。

　　中华人民共和国成立后，巴文峻历任甘肃省蒙旗自治州人民政府委员兼秘书长、中国人民政治协商会议甘肃省第一届委员会委员，内蒙古巴彦淖尔盟人民委员会委员兼政府秘书长、内蒙古人民委员会副秘书长、内蒙古林学院副院长等职。1956 年 2 月 24 日，政协内蒙古自治区第一届委员会第二次会议增补其为委员，其后连续担任政协内蒙古自治区第二、三、四、五届委员会常委，全国政协第五、六届委员会委员。为巩固和发展爱国统一战线，加强民族团结，建设团结、富裕、文明的内蒙古做出了应有的贡献。

　　1954 年，周恩来总理邀请巴文峻到北京参观新落成的北京苏联展览馆

1954 年，巴文峻（前排右一）赴京参观苏联展览馆

（现"北京展览馆"），并接见了巴文峻。

当时周恩来的秘书曾告知巴文峻，总理平日需忙于诸多要务，故只准许10分钟的面谈时间。巴文峻在接见时间满10分钟时便起身告辞，总理连说"不急，不急"，一再挽留，两位久别重逢的老友谈了90多分钟。总理详细询问了巴文峻近年来的情况，并提议让他留在北京工作。

巴文峻感谢总理对他的关心与爱护，要求回内蒙古老家工作。交谈中周恩来表达自己十分关切阿拉善划归内蒙古自治区的规划问题。临行前，周恩来总理赠送巴文峻一个镶有金黄边的瓷碗作留念。

阿拉善地区当时属甘肃省管辖，而如果把蒙民聚居区统一划至内蒙古自治区，将对新中国的少数民族地区管理工作与民族团结事业大有裨益，周恩来希望巴文峻能够在当地政府与蒙民间多做工作，以顺利地解决阿拉善地区的规划问题。

回到阿拉善地区后，巴文峻妥善地处理了相关事宜。1956年，甘肃省所辖巴音浩特蒙古自治州和额济纳自治州划归内蒙古自治区，成立巴彦淖尔盟。此后不久，周恩来总理电请他回呼和浩特协助乌兰夫主席工作。

1959年，巴文峻时任内蒙古自治区人民委员会副秘书长。为祝贺包钢一号高炉出铁，周恩来总理亲临包头剪彩。在包头期间，总理再次与巴文峻深入交谈。

"文化大革命"中，巴文峻受到冲击和迫害。但他识大体、顾大局，经受住了严峻的考验。粉碎"四人帮"后虽得到平反，但身体每况愈下，便一直在家静养。

巴文峻在参加全国政协会议期间，时任全国政协主席邓颖超亲自到人民大会堂内蒙古厅与委员们见面，并看望巴文峻，还把总理与巴文峻的同学情义向委员们作了介绍。

周恩来总理逝世后，巴文峻派内蒙古林学院的学生去北京送去花圈，上面写着："翔宇，安息吧！"当时周恩来总理叫"翔宇"的名字还鲜为人知，引起不少人的询问和采访。巴文峻还写了不少诗以示对周恩来的深切悼念，其中有一首七律《悼念周总理》：

声望勋名意志向，五洲四海慕云霄。

山昏日落天地暗，月冷春残江汉潮。

天道为何栋梁折，人情怎奈股肱夭。

苍苍不德斯民怨，淮泗幽燕空寂寥。

1987 年 8 月 24 日，巴文峻在呼和浩特病逝，享年 86 岁。

巴文峻去世后，邓颖超送花圈表示哀悼，并派侄女周秉建代表邓颖超参加巴文峻的遗体告别和追悼会。

政协内蒙古自治区委员会在追悼会上的悼词中这样评价巴文峻：巴文峻为人正直，作风正派，谦虚谨慎，平易近人，艰苦朴素，廉洁奉公。在担任内蒙古林学院副院长期间，他尊重知识、尊重人才，给青年教师辅导法语。他身体力行，严于律己，关心师生生活，关心科研工作，为内蒙古林学院的建设、发展作出了贡献。巴文峻同志是我区有影响的蒙古族领导干部和爱国人士，他的逝世是我区统战工作的损失，使我们失去了一位老朋友、老革命、老同志。

兄弟阋墙非所愿
敢把老蒋拉下马

—— 刘桂五小传

刘桂五（1902—1938年），字磐山，1902年7月4日生于热河省凌南县六家子屯八家子村（今属辽宁省朝阳县）的一户贫农家庭。

刘桂五只上过三年小学，1924年开始了戎马生涯，先后在宋哲元部、东北军郑择生（张作相部将，曾任东北骑兵师长、第五方面军第三十一军军长等职——樊尚仁注）部的骑兵第五旅任排长、连长、团长。

1934年，刘桂五被选调到庐山军官训练团受训，毕业后，任白凤翔骑兵六师上校团长，驻防在甘肃省庆阳县。

1935年，蒋介石成立"西北剿匪总司令部"，调东北军至西北攻打红军。

华清池捉蒋

国土沦丧，民族危亡。东北军中广大将士怀着打回老家去的强烈愿望，坚决要求抗日。中共地下党和进步分子，将东北流亡学生组织成抗日学生队，刘桂五对这批学生的抗日救国宣传持同情态度。他还经常接触刘澜波（1928年加入中国共产党。九一八事变后，受组织派遣去东北军工作。曾任中共辽东省委副书记、省政府主席；中华人民共和国燃料工业部副部长、党组副书记，电力工业部部长、党组书记，水利电力部副部长、党组副书记、书记；第三届全国政协常委——樊尚仁注）、王再天（蒙古族，原名那木吉乐色楞。曾任内蒙古自治区副主席，政协内蒙古自治区第四届委员会党组副书记、副主席，第一、二、三届全国人大代表，第一届全国政协委员、第五届全国政协常委——樊尚仁注）等地下党员，因而思想认识有了很大提高，他认为：日本鬼子侵占东北，身为守土有责的军人却不战而退，眼看着大好河山沦陷，广大同胞当亡国奴，这已经是中国军人的耻辱。今天，又要拿这些枪炮做蒋介石"安内攘外"政策的帮凶，同红军打仗，自相残杀，这是亲者痛，仇者快的事情。

自从刘桂五参加了张学良、杨虎城在西安创办的"王曲军官训练团"和张学良在东北军中秘密组织的"抗日同志会"后，张学良对刘桂五的信任度大大提高。

1936 年 12 月，蒋介石到西安召集最高军事会议，强迫张学良、杨虎城执行他的"剿匪"计划。张学良在多次"苦谏""哭谏"无效的情况下，决定实行"兵谏"。刘桂五则是这场震惊中外的"西安事变"中的重要一员。

1936 年 12 月 8 日，张学良把刘桂五从固原叫到西安，将捉蒋介石的任务交给他。张学良以派刘桂五去热河打游击为名，带他到华清池五间厅向蒋介石辞行，以查看地形。刘桂五认为，华清池有宪兵三团守卫，警戒森严，只有突然袭击，猛打猛冲，速战速决，才能把蒋介石捉住。

12 月 11 日上午，张学良请刘桂五、白凤翔到金家巷张公馆共商兵谏大事，确定由白凤翔师长、刘桂五团长、孙铭久营长带领卫队营官兵和一部分侍卫副官完成此项任务。

当天午夜，白凤翔、刘桂五、孙铭久三人带领全副武装的卫队营直奔华清池。

在华清池门前，蒋介石警卫队猛烈抵抗。刘桂五、孙铭久身先士卒，带领卫队营官兵冒着枪林弹雨，冲进了华清池。

这时已是 12 日凌晨 4 时左右。当他们冲进蒋介石的卧室时，室内已空无一人，蒋介石的军服和军鞋都在，桌上的杯中放着一副假牙，一摸被窝尚有余温，这说明蒋介石刚走不久。他们通过电话向张学良请示，张学良命令其严密封锁，仔细搜查。一个士兵发现了躲藏在石洞里的蒋介石。白凤翔、刘桂五、孙铭久请蒋介石上汽车回西安，蒋介石不肯走。刘桂五让大家把蒋介石舁到汽车里。白凤翔把自己的皮大衣脱下，给蒋介石披上。刘桂五和白凤翔坐在蒋介石的两侧，孙铭久坐在司机旁边。卫队营官兵、侍卫副官及其他人员坐在军用大卡车上，直奔杨虎城的绥靖公署。

1936 年 12 月 14 日，刘桂五被张学良提升为国民革命军骑兵第六师少将师长。

"西安事变"由于中国共产党的正确主张，张学良、杨虎城的共同努力，得以和平解决。但蒋介石被释放后即背信弃义，将护送他回南京的张学良扣押起来，东北军被调驻各地。刘桂五的骑兵第六师驻防蒲城，不久又调往渭南。

固阳殉国

1937 年 8 月 8 日，刘桂五奉命率六师与马占山将军的东北挺进军一同抗击日军，实现了他多年来抗击日本侵略者的夙愿。他在给其兄桂中的信里说："弟此次出发抗日，不成功则成仁。成功则到老家相会，成仁则在九泉相见。望兄安心理家，勿以弟为念。"

8 月 11 日，刘桂五率部在永济、风陵渡过黄河，19 日挺进大同与马占山部会合。

9 月，日寇沿平绥线进犯，马占山为保存实力，准备与守归绥之部队协力抗战，不料，抵绥时驻军已撤退，刘桂五自告奋勇率部在旗下营（位于今乌兰察布市卓资县旗下营镇）布防。

10 月 2 日，刘桂五以一师之兵力，与 3 万多日军接火，血战九昼夜。11日，刘桂五令三路军夜袭敌阵地，敌仓皇逃窜，刘桂五率军直追至 70 余里外的卓资山车站。是役，毙敌 500 余名，缴获军用品无数。马占山为此犒赏刘桂五部官兵 6 万元。退至卓资山之敌，见刘军兵少力单，假作正面反攻以牵制刘军，暗地派遣劲旅夺取绥南凉城，由凉城径取归绥。刘桂五无法兼顾，13 日，归绥失陷，刘桂五率部退至包头，又与敌激战三天。随后，同马占山率军转进五原。

1938 年 2 月初，日军向准格尔旗出兵，侵占该旗王府。马占山任命刘桂五为总指挥，率部及第二、第三旅于 2 月 6 日夜出发，8 日拂晓围攻王府之敌，激战至暮，毙敌 200 余名，敌溃逃。刘军缴获大批武器弹药。自此，日本侵略军不敢再进犯伊克昭盟（今鄂尔多斯市）。

2 月下旬，日寇继侵占平、津、沪地区后，集结重兵南北夹击徐州，企图打通津浦铁路，徐州会战的序幕即将拉开。

蒋介石为牵制华北日军南下，特任傅作义将军为第二战区北路前敌总指挥，指挥所部三十五军，并配属骑兵第六军门炳岳部、骑兵第二军何柱国部、驻榆林邓宝珊部以及东北挺进军马占山部等，主动出击，相机进攻战略要地太原或归绥，以达打击、牵制日军之效果。此役称为"反攻归绥——1938 年绥南战役"。

马占山按照傅作义的统一部署，令骑六师王照堃副师长驻守伊盟，自己与刘桂五率精锐部队过黄河，伺机进攻归绥、包头之敌。1938 年 4 月 3 日，部队自喇嘛湾渡河，4 日拂晓，刘桂五部攻下托克托县城，6 日，扫灭萨拉齐守敌，直趋包头。马占山、刘桂五采取避实击虚的策略，冲过平绥铁路，径取百灵庙。21 日夜，马占山、刘桂五率部进至固阳县兴顺西乡红油杆子村准备宿营。

当马占山得知此村叫"红油杆子村"时，顿生疑心，对身旁的将士说：杆子，是拴马的桩子，我们不能久留，稍休息后马上西进。怎奈部队连日行军作战，人困马乏，大队人马只能待翌日拂晓启程。

刘桂五师部的宿营地在红油杆子村东王天良大院。因马占山有"大将犯地名"的忌讳，因此其军部驻扎在红油杆子村正南约三华里的陈五元壕村。

4 月 22 日凌晨，日军板仓混合联队 1000 多人，在 3 架飞机、70 多辆铁

红油杆子抗战遗址

甲车的配合下，在熟悉地形地物汉奸的引导下，沿白灵淖、贾油坊、屈二壕村由东北向西南偷偷包围了红油杆子、陈五元壕村一带。马占山的部队被冲散，身边只有几百人的警卫营。

刘桂五率三个连的兵力以五间土窑为屏障，集结兵力，奋勇阻击日本侵略军，敌死伤惨重。

激战至正午时分，击毁铁甲车 3 辆，汽车 4 辆，毙敌联队长龙野及部下百余名。

刘桂五的腿部被炮弹炸伤，简单包扎后仍继续指挥以安军心。全体官兵英勇血战，特务营营长张喜春带领部队冲入敌群，与敌展开白刃战，最后壮烈牺牲。

由于刘桂五由北向南的突然袭击，敌腹背受击，因而对总部的攻击火力减弱，加上突围的总部卫队营中校营长张悦新（后不幸阵亡在村子西边一个土地庙左侧）带着卫队营的两个连冲锋，攻势猛烈，敌人的火力被压了下去。

马占山乘硝烟弥漫、敌人攻势稍减之际，出房门转向房后，越过东北角的矮墙，骑马逃出敌人的火力射程之外。

此时，刘桂五骑着他平素最喜爱的"草上飞"驰骋于战场，指挥部队往返冲杀，直到总部外围之敌已经被打退，才驰马向村西南五分子村方向急行。

此时，马占山虽然已经突围，而战斗在前院的卫队并不知情，当刘桂五骑马向西南撤退时，总部卫士队长徐洵喊了他一声："师长，不能走，将军（指马占山）还未突围出来呐！"刘桂五听到喊声，勒马一愣，说声"噢"，就在这一刹那，敌人掷弹筒炮弹，击中刘桂五的坐马脊背，战马立刻倒地，刘桂五的臀部受了严重弹伤，卧地不起，英勇阵亡，年仅36岁。

战斗结束后，23日拂晓，村民自发将刘桂五以及牺牲将士的32具遗体埋在红油杆子村西的"夏滩"。

24日晨，日军窜回红油杆子村，强令村民掘开掩埋尸体的土坑，用水洗去死难者脸上的泥沙和血污，通过照片辨认出刘桂五，用铡草刀铡下刘师长的首级，拍照后，用麻袋包裹带走（据刘桂五生还卫士卢荣久在治丧时哭诉：刘桂五的老舅一直随军转战，因其貌似马占山，其首级也同时被带走——樊尚仁注）。村民随后将烈士们的遗体在原地埋葬，而把刘桂五单独埋在原地数米处。

数日后，马占山派便衣潜入该村，将刘桂五的遗体用毛驴驮往五原后，刘桂五的部下、东北挺进军骑兵第十六团团长汪镕让其眷属用莜麦面做了一个人头，装入棺材内，于 5 月 22 日转运至西安。西安各界成立了刘桂五治丧筹备处，治丧处请银匠为刘桂五制作了一个头颅。6 月 9 日，在西安革命公园，国民政府为刘桂五举行了隆重的追悼大会，国共两党及各界人士 3000 多人前往追悼。

蒋介石不计前嫌，为刘桂五撰写挽联：

> 绝塞扫犯夷，百万雄师奋越石；
> 大风思猛士，九边毅魂拟睢阳。

朱德和彭德怀也为其撰写了挽联：

> 贵军由西而东，我军由南而北，正期会合进攻，遽报沉星丧战友；
> 亡国虽生何乐，殉国虽死犹荣，伫看最后胜利，待收失地奠忠魂。

刘桂五牺牲后，被追授中将军衔。1942 年，驻防在府谷县哈拉寨的马占山将军修建了忠烈祠。祠堂供台上，井然有序地排列着十几排烈士灵牌，中间最高处最大的灵牌为"东北挺进军骑兵第六师师长少将刘桂五"。1961 年 7 月 25 日，陕西省人民政府追认刘桂五为革命烈士，其灵柩迁葬在西安烈士陵园。同年 12 月 12 日，在纪念"西安事变"25 周年之际，在烈士陵园为刘桂五举行了立碑仪式。

2014 年 8 月 29 日，中华人民共和国民政部公布第一批著名抗日英烈和英雄群体名录，刘桂五名列其中。令人遗憾的是，刘桂五将军的头颅被日寇带走，浸泡在装满福尔马林溶液的玻璃瓶里，运回日本以邀功求赏。"二战"期间，有人曾在日本某个展览馆里看到刘桂五的颅骨被当作战利品摆放其中。"二战"结束后，刘桂五颅骨的下落便杳无音信了。

人有烦难我有闲
名号就叫管大爷

—— 于汇泉小传

于汇泉（1902—1982 年），又名于永深，光绪二十八年（1902 年）出生于辽宁省辽阳县。

于汇泉 15 岁读初小，1919 至 1945 年，先后在抚顺、大连、西安等煤矿钻探队做管子工、钻工、技工。1947 年，回家乡参加土改，任村生产、公安委员。

1948 年，在解放长春的战役中，于汇泉任担架队小队长。1949 年 9 月，加入中国共产党。

1950 年，于汇泉自愿到桦甸修水堤，任第四民夫小队长，因工作成绩突出，受到蛟河县（今吉林省吉林市代管县级市）第四次劳模大会嘉奖。同年，在蛟河奶子山钻探公司工作时，捕获四名在押逃犯，获奖章一枚、金笔一支。

1953 年，于汇泉调华北煤田地质 117 队任技术副科长。他以多年的工作实践积累了丰富的煤田勘探经验，为地质队培养了大批技术人员。在勘探石拐煤田排除一次钻井事故时，曾连续工作五昼夜，昏倒在钻台上，造成右眼损伤，几乎失明。

1961 年，于汇泉在石拐矿区退休，本该休养病体安度晚年，但他仍然想为社会多作些贡献，向中共石拐矿区区委（时称"石拐矿区人民公社联社"。仅存续 14 个月）要求工作。被安排担任包头矿务局居民委员会党支部书记、治保主任。他每周认真组织居委会的全体党员过组织生活。逢年过节，召集

20 世纪 50 年代末，在包头市石拐矿区建设中的井架

居民积极分子、中学生组成治安小分队，在居民区巡逻。

石拐地区周围山沟内的山林一直无人管理，居民随意砍伐。1962 年，于汇泉向包头市郊区（今包头市九原区）农林局提出，担任义务护林员。从此，每逢防火护林季节，他胸佩"护林员"证章，怀揣《中共中央关于保护林业资源，严禁乱砍滥伐》的文告，肩扛猎枪，打着裹腿，上山巡查。他铁面无私，对砍伐幼树的年轻人严厉批评，提出警告，对中小学生，则和蔼地说服教育。同年，于汇泉兼任石拐矿区粮食管理委员会委员、工商管理委员会委员，人称"管大爷"。

1963 年，为了减轻包头矿务局干部、职工的负担，于汇泉在矿务局居委会创办了石拐矿区第一个街道居委会储金会，为 400 余家储户无报酬地服务。每到发工资的日子，他就奔波于各家收款，到银行办理好储蓄手续，又挨家挨户将存折送回储户手中。有的职工家有急事用钱，他就连夜想法把钱送到用户手中。据不完全统计，每年经他手的存款平均达到 6000 余元，即使在

"文化大革命"时期，也从未间断。

从 20 世纪 60 年代到 1982 年，于汇泉多次经石拐矿区人大常委会批准，被石拐矿区法院聘请为"人民陪审员"，参与各类案件的审理工作。他还是一位热心负责的民事调解员，矿务局、八十六处居民委员会发生的民事纠纷大都由他去调解，仅 1977 年，他处理的民事纠纷就有十几起。

于汇泉在退休后的近 20 年中，还担任过市场管理员、计划生育宣传员、卫生检查员。他以古稀之年，病残之躯，无私地为人民尽义务。于汇泉年年被石拐矿区、包头矿务局评为先进人物。1977 年，他出席了包头市政法调解先进代表大会。1978 年，出席了包头市爱国卫生先进代表大会。在石拐矿区、包头矿务局，一提起"老于头儿"老少皆知。

1982 年 5 月 1 日（星期六）晚，从石拐沟南山护林回来的于汇泉，在组织党员过组织生活会时，突发心脏病，经抢救无效，与世长辞，享年 80 岁。

岐黄妙术回春手
医人医马技双修

—— 李贵小传

李贵（1903—1977 年），乳名五牛子，光绪二十九年（1903 年）生于萨拉齐六代中兽医世家。

李贵因善医兽病，当地人呼之"兽医五牛子"。

李贵的医术，一是来自家传。其祖先约于嘉庆五年（1800 年）开始行医，传至李贵父亲李召子已闻名乡里，有口皆碑。他家开设的"万明堂"，不仅在萨拉齐一带很有名气，而且还分设于陕坝、临河、五原、归绥等地。在家庭的熏陶和家长严格的言传身教下，李贵从小便钻研兽医医术。二是来自本人刻苦钻研名著。他对《元亨疗马集》《医林改错》等名著不仅研究很深，而且有所发展。三是在实践中态度认真，方法得当，步骤严谨，又善于总结，积累了丰富经验。

李贵 20 岁开始独立行医。

1939 年左右，南复兴隆、缸房营一带发生马鼻疽。当时李贵就认为这是一种无法治疗的病症，提出将病马隔离捕杀，且用石灰水洗马槽，从而制止了这种病的蔓延。

1946 年，油房营子、新村、石老藏营子等地流行（马）脑黄（病症，黄疸二十八候之一），李贵用川黄连、天麻、鸡子清等药物配合医治，该病很快得到控制。

1953 年，李贵积极响应党的号召，在萨拉齐自动组织起兽医诊所，担任所长。除在镇内培训兽医人员、门诊兽病外，一遇畜病流行，就带领医务人员下乡，不分昼夜进行诊治。

1955年，解放军骑五师军马发病请李贵会诊，他提出了许多独到的见解，受到兽医学家、教育家、兽医内科临床诊断学奠基人之一、解放军总后勤部兽医局研究员、军马卫生研究所研究员贾清汉教授的赞赏。1956年，北京军区军马研究所聘其为中兽医科主任。

一次，会诊一头公驴的睾丸肿胀症，李贵认为是鼻疽，另一位主治医生却说不是。鉴于此，贾清汉教授命做补体结合反应，结果与李贵诊断一致。贾教授称赞他说："李贵的眼睛和化验的一样！"

在军马研究所工作期间，李贵对马流感、马霉玉米中毒（马属动物的一种真菌毒素中毒病，由饲喂霉变玉米所致）、特殊跛行的诊治成效显著。

由于不适应生活环境，李贵在军马研究所只工作了三个月就返回萨拉齐。1957年，由于李贵工作成效显著，被内蒙古自治区人民委员会授予模范兽医称号。

1959年，李贵被内蒙古农牧学院聘为兽医院院长。在他的倡议和主持下，这个兽医院开展了应用中兽医药治疗门诊病畜工作，使中兽医诊疗技术在高等院校中占有一席之地。在治疗过程中，他组织中西医一起会诊，对一些疑难病症，他运用中兽医理法方药进行治疗，效果良好。此外，他还主持开展了中兽医治疗骨折尝试，取得满意效果。

在对中兽医人才培养方面，李贵尽心竭力、一丝不苟的精神深得师生敬佩。

1960年，李贵被中国农科院中兽医研究所聘为特邀研究员。1963年晋升为副教授。

李贵一贯治学严谨，工作认真。在其患病期间，还经常坐儿子李春元的自行车到兽医院参加会诊，解决疑难病症。当他卧床难起、行动不便时，把多年积累的经验口述于人，整理成书，定名《中兽医治疗经验》（第二集），1975年由内蒙古人民出版社出版，给后人留下一份宝贵遗产。

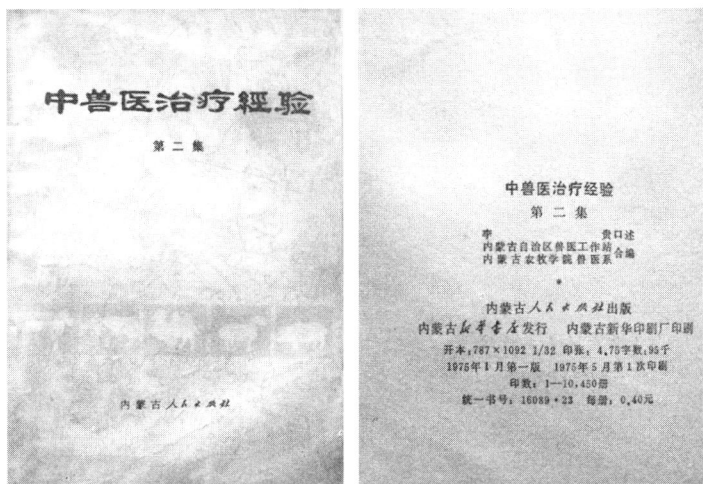

李贵不仅医术高明，而且医德高尚。他是个大忙人，从来不知疲累，只要有人上门求医，他就是不吃饭、不睡觉也得先看病。他的诊治医药费价格低廉，一些贫苦户还常常赊欠，甚至免费予以治疗。

李贵不仅是个出色的中兽医，而且是个出色的中医，擅长儿科，更具有精湛的接骨技术。一次，五犋牛尧一农民被车压碎小腿骨，送到萨拉齐腿已肿得很粗。李贵检查是粉碎性骨折，经摸、按以及包扎、服李氏镇骨丹治疗后，伤骨全部复原，行走如常。

李贵给小儿看病用药不多，疗效却很显著。一次，萨拉齐镇内丁良的儿子得了"肚鼓症"，经好多医生诊治不见效，后经人介绍去找李贵。经李贵诊断，处方只开了1角钱的药，便药到病除。类似的例子俯拾即是，萨拉齐人有口皆碑。

1977年10月19日，李贵因病去世，享年74岁。

冰河雪岭风似刀
后套征尘洗战袍

——赵炽昌小传

赵炽昌（1905—1982 年），字正卿，清光绪三十一年农历三月初八（1905 年 4 月 12 日）生。祖籍山西省赵城县（今山西省临汾市洪洞县赵城镇），出生于现陕西省榆林市府谷县黄甫镇墙头村，3 岁丧母。

赵炽昌家境富裕，少年读私塾，15 岁后就读于北京中国大学附属中学（中国大学初名国民大学，1917 年改名为中国大学，1949 年停办。其附属中学今为北京市第二十九中学——樊尚仁注），六年后考入中国大学。

读中学前，赵炽昌举家迁至包头，大学毕业后返回包头。当时赵氏家族已成为包头富户，赵炽昌返包后，家业再度发展，有地 200 余顷，兼开粮店、药店，骡马成群，长短工无计，并建有家兵队伍。七七事变之前，赵炽昌已主持家政，经过他的辛勤经营，家业大振，从包头到河套，购置土地上千顷。抗日战争开始时，赵炽昌全家移居河套黑泥池乡，将包头的家业交九弟赵邦昌管理。

1937 年秋，赵炽昌将家兵重新整顿并收容流窜于伊克昭盟（简称"伊盟"，今鄂尔多斯市）中滩王文才旧部，编成三个团、一个特务营，绥西警备司令门炳岳委任其为绥远省民众抗日自卫军第二支队司令，在中滩一带展开抗日活动。

是年秋末，日军侵占包头后派机械化部队与德王伪蒙古军两个师、李根车杂牌伪军等，沿包头、五原公路向西进犯，攻打河套。

河套驻军沿乌拉山至蓿荄滩一带构筑工事设防，以赵炽昌所部与安华亭的新五旅在前沿布防。日军装甲部队进入包围圈后无力自拔，其步兵与伪军闯入蓿荄丛林迷失方向。在长达 70 多里的战线上，抗日军队由于早有准备，熟悉地理，进退自如，与敌军从早到晚激战一天，迫使日军退回包头，仅留德王与李根车的残部据守中滩。

次年春，安华亭与赵炽昌奉命进攻中滩伪军，仅用半天时间将敌全线击溃，一直退到昆都仑召附近与前口子以东。

赵炽昌进驻柴脑包至花子补隆一带。中滩战役后，他又组织民众重返家园，发展生产，并进剿流窜于乌拉山沿线的土匪与日伪残部，当地居民得以安居。

一次，赵炽昌所部在乌兰计与日军遭遇，经双方激战，日军败退，赵炽昌部在张油坊梁焚毁日军军车 3 辆，夺得 1 门迫击炮、1 挺重机枪、20 余支步枪及弹药辎重无计。

第二天，日军驻包司令官小岛派大批日军西进报复，赵炽昌军已退，日军进三湖河（位于今巴彦淖尔市乌拉特前旗），畏于河湖渠网纵横交错，仅放了一阵空炮后退回。

之后，日军又调集伪军于谦部，率三个师进攻中滩，双方力量悬殊，但赵部占地利人和有利条件。伪军第一师高振兴、第二师李兆兴进击。高、李配合不当，李军至段四圪堵被乡民愚弄，进入三湖河地段渡河，当伪军过半部队进入河中后遭赵军伏击，被击毙、生俘百余人，李负伤，退入兰柜窑子村［今包头钢铁（集团）有限责任公司厂区南、黄河北岸］。赵炽昌展开攻心战，派人动员第一师、第二师反正，不到一个月，高、李率部反正。

这一年，赵炽昌兼任包头县长，县政府随军游动。是年秋，第八战区司令长官部组建巡回督导团至绥西前线慰问前线将士，授予赵炽昌"捍卫祖国"锦旗一面。傅作义又派其总参谋长袁庆曾专程慰问了赵部。后，傅收编赵部为正规国民军，番号为游击独立第一团，任命赵炽昌为上校团长。

1938年初，国民党军曲步霄、赵炽昌等部奉命反击驻包头县三区中滩扒子补隆一带的敌伪军。以安亭华步兵旅为主力攻击伪蒙军；骑七师十九团为侧翼；曲步霄、赵炽昌部攻击李根车部。三军同时发动攻击，不到半日，敌人全线崩溃，退回包头城。

中滩一战，敌人退守到包头西郊的昆都仑召庙、前口子、新城、麻池一带。赵炽昌部在东起柴脑包，西到扒子补隆一带布防。敌我双方暂停交火，各守疆界。

1938年初夏，日寇又派出十几辆汽车沿包五公路向西进行武力搜索，走到张油坊梁时，因怕遭伏击，便让三辆汽车缓缓前行。发现敌情后，赵炽昌立即下令部队进入阵地，此时正巧绥远国民兵司令部第六团团长柴玉峰率部赶来，经赵炽昌、柴玉峰研究决定，由柴玉峰部派主力袭击张油坊梁停留之敌，赵炽昌派一个团配合，绕到敌后，断其归路。赵炽昌部主力和柴玉峰部一个营袭击前面的三辆汽车，东西两线，同时开火，让敌人首尾难顾。赵炽昌部署完毕，下令立即行动。战斗开始，张油坊梁敌人腹背受敌，拼命夺出一条退路，逃回包头。西去的三辆汽车行驶至鞋匠店，遭到赵炽昌部突然袭击，敌人丢弃汽车，向北山逃窜，被伪蒙旗部队接应进山。此役缴获敌人汽车3辆、迫击炮1门、重机枪1挺、步枪20余支，还有大批弹药和食品。

第二天，驻包日酋小岛率大批日寇，分乘十多辆汽车，牵引十余门大炮，还有两辆坦克，气势汹汹地从包五公路扑来，狂妄叫嚣要全歼赵炽昌部。日寇到达鞋匠店，只见三辆被毁的汽车和满地的日寇尸体，却不见赵炽昌部的踪影。敌人面对纵横交错的河汊，不敢越过三湖河追击，放空炮三小时后返回包头城。

1939 年冬，赵炽昌部被编入一〇一师骑兵支队，赵任支队长。农历十月底，与三〇二团进驻昆都仑召。师长董其武亲临前线指挥，赵部在前口子与伪骑兵团接战。激战三小时，伪骑兵团全线崩溃，团长于振胤被生俘。傍晚，奉命开赴黄草洼，日本援军由固阳开来 16 辆战车进抵黄草洼，经一夜激战，日援军全线崩溃，战车尽被焚烧。赵炽昌部伤亡 18 人，中尉排长王二白阵亡。战斗结束，攻城总指挥孙兰峰被围，赵炽昌奉董其武命令前往解围，行军至二道沙河，遭到日军飞机轰炸扫射。

12 月 20 日晚，孙兰峰攻入包头城北梁地区，在官井梁、四店梁、财神庙展开巷战，至 22 日夜撤离。因赵炽昌未接到通知，第二日黄昏后开始撤出，天明，赴黑柳子乡（今巴彦淖尔市乌拉特前旗黑柳子镇）与董其武会合。此次进攻包头，傅作义部动用了三十五军，门炳岳骑兵第六军、绥远国民军两个旅，五原临河警备旅，陆军新编五、六两个旅，计 1.6 万余人。

1941 年 1 月，日寇从晋冀、蒙疆地区抽调 1 万多人马，配备汽车 800 辆，由前山、佘太两路进犯绥西河套地区。傅作义命各部主力退守河西以避敌锋。日伪军侵占五原后，主力撤退。傅军又进入临河、陕坝一带。春，蒙疆游击军李根车防守五原，傅借机举行五原反击战。三十五军主攻五原新旧城，新六旅和一〇一师一部攻五加河北，门炳岳骑七师攻马七渡口，骑三师、四师与安华亭新五旅进攻五原以南各据点，赵炽昌骑兵团进攻蛮圪素。李根车外围据点一夜之间就被扫清，各部配合三十五军转攻五原城，炸毁五加河浮桥。李根车主力退却无望，借助工事、飞机、大炮、坦克守五原两天两夜，弹尽粮绝，突围出城，因地面返浆，坦克、装甲车失去战斗力，在我军围追堵截下，生俘李根车，击毙日寇宫佐顾问，日前敌总指挥水川中将虽逃离战场，但仍被游击连张汉连长击毙。战斗结束，日伪五原守军几乎全部被歼。傅作义获青天白日勋章一枚。增编暂三、暂四军，董其武、孙兰峰分任军长，三〇二团团长郭景云升任一〇一师师长，张汉晋升为团长。此后，绥西再无大战役，但每至冬季，傅作义部必派部队骚扰包头、大树湾驻守敌军，使其不得安枕。是年秋，赵炽昌部由 101 师改属八战区第三游击区李作栋部，赵晋升为少将副司令。

1942 年春，赵炽昌入成都黄埔军校第九期学习 10 个月毕业。翌年秋返回陕坝，任傅长官部高参，大部分时间在安北县黑泥池乡经营农副业，扩大生产，直至 1944 年冬季，历任安北县参议员、绥远省政府高台梁行政办事处处长、包（头）固（阳）安（北）三县保安司令等职。

1945 年 8 月，赵炽昌奉命至大佘太（巴彦淖尔市乌拉特前旗大佘太镇）接受日伪投降。一个月后，调任鄂友山第 5 纵队任副司令，接收包头、固阳。

1946 年，包头市成立市县两级参议会，赵炽昌出任包头市参议会议长。期间，与韩梅圃、赵一恒集资 1 亿元、鄂友山出资 1 亿元经营工矿、金融业。在归绥（今呼和浩特）开办义丰祥钱庄、麦香村饭庄；在包头兴办大发窑、杨圪楞、大兴、大成、魏君坝煤矿，又在包头办复恒银号、福生荣钱庄、建业房产公司、绥昌造纸厂、毛织厂、惠民砖窑、甘草厂。1947 年，赵炽昌在包头组建私立正心中学，董事会由 32 人组成，鄂友山任名誉会长，赵出任董事长，牛申之任校长，校址在今包头第一中学一带。三年后正心中学并入包头中学（今包头市第一中学）。

据赵炽昌孙女赵静娟忆述：1949 年 4 月，赵炽昌赴台湾省。其后一直致力于民间教育事业，积极弘扬中华传统文化，鼓励资助品学兼优的"绥远籍"贫困乡亲子弟赴海外求学。1977 年，作为主要出资人，创办了民间性质的《绥远文献》社（台湾绥远籍人士自发的，无政府资助的地方性、史料性及报导性的文献刊物），每年出版印刷一期（一辑）《绥远文献》，并为两岸和平统一和民间交流做了许多力所能及的工作。

1982 年 2 月 9 日（正月十六）赵炽昌病逝，终年 78 岁。

国难当头挺身上
飞短流长贾海峰

—— 贾海峰小传

贾海峰（1904—1985年），光绪三十年正月二十日（1904年3月6日）出生于土默特旗萨拉齐镇一个贫寒的染匠家庭。

宣统三年（1911年），贾海峰入萨拉齐育才书院读书；1918年，考入绥远师范学校；1921年又考入太原党政学院，1924年毕业后先后担任国民党萨拉

渡过黄河打击日寇

1937年10月17日，日寇侵占包头。图为包头城楼上碉堡旁警戒的日军哨兵

齐县党部执行委员，萨拉齐一校、女校教员，固阳县第六区区长，萨拉齐县（简称"萨县"）第一、二、三区区长。任职期间，他廉洁奉公，群众曾赠其锦旗、牌匾，以为嘉奖。

1937年七七事变后，贾海峰投笔从戎，参加绥远民众抗日自卫军，任第五路军二团团长。同年10月16日，日本侵略军进攻萨拉齐时，他率部抵抗半日后，撤退到黄河南岸的张义成窑子一带，先归附准格尔旗保安队，同年底，又改编为马占山的东北挺进军暂编骑兵第二旅四团，任团长。

1939年冬，东北挺进军发动绥南战役，贾海峰率部参加了攻克日伪军占领的托克托、和林、凉城等县的战斗。后日军进行疯狂反扑，贾海峰又率部撤回黄河南岸。

1940年冬，日军调动汽车队、大马队从高龙渡口强渡黄河，向贾部防地发动猛烈攻击。贾海峰率部撤到沙梁深处的新召一带，指挥战士凭借沙梁和召庙顽强阻击敌人。敌人的大量炮弹向阵地倾泻，贾被震得昏迷过去，沙土掩埋了他的半截身子。当他被军犬救醒后，又继续指挥战斗，终于取得胜利。

1942年，贾海峰调任国民党东胜县县长，为当地人民减免了部分公粮、赋税，受到群众的称赞，也引起伊盟守备军（辖新编第二十六师、骑兵第七师）中将司令陈长捷的不满；又因县政府秘书李致方（贾的妹夫）保释了"共产党嫌疑犯韩云琴"，被国民党的视察员解宝武以通共罪上告傅作义而被捕，被关押四个月，经李致方多方斡旋，由时任绥远省高等法院院长于存灏等头面人物出面才获得保释。

1944 年春天，贾海峰召集旧部近百人，深入敌占区萨拉齐、美岱召一带开展抗日游击战争，在沙兵崖、纳太消灭清乡的日伪军；奇袭美岱召火车站；袭击何家圐圙伪警察署；剿灭为非作歹的刘明红匪股；还利用声东击西等策略，于深夜潜入萨拉齐城内，焚烧县公署警务科的军械库，夺得关帝庙街日本组合里的布匹等物品，打死日寇 2 人。

1945 年抗战胜利后不久，国民党十三旅东进路经美岱召时，要收编贾海峰的游击队，贾不同意。副旅长高理亭便收缴了贾部枪支、马匹，遣散战士，并上报傅作义：贾海峰要投大青山的八路军。贾海峰去找傅作义评理时，当场被捕，坐了三个月禁闭。

1947 年春，贾海峰联络好友李田、吕士俊、杨明亭等，在萨拉齐后炭市街办起当地第一所中等学校——县简易师范学校，贾任校长。

这年春夏，萨拉齐县干旱，粮价暴涨，从东来的大客商与当地官府、粮店勾结，收购大量粮食东运，使得当地市场十分紧张，民怨沸腾。贾海峰同情群众疾苦，在“六三”禁烟节大会上讲话说：“今天是禁烟节，也是禁粮节……”他的慷慨陈词，点燃了蓄积在群众心中的怒火，群情震怒，举行示威游行，游行队伍冲向火车站，抢了正要装车东运的粮食。事情发生后，国民党萨县县长高云山等上告贾海峰煽动群众抢粮，系通共嫌疑犯。6 月 23 日，傅作义调动绥远警备司令部军警来萨拉齐逮捕贾海峰，相继解到归绥、张家口、北平，被军事法庭判为死刑，待傅作义审批后执行。此时北平已被解放军包围，傅作义忙于军政要务而搁置下来，北平和平解放后，贾海峰被释放。

绥远和平解放后，贾海峰迁居包头，在东河区东门大街开设福民车马店。镇反运动开始，他内心害怕，潜至西安。数年后返包，主动向政府坦白交代。政府调查核实后，认为其态度老实，免予法律处分。此后他又半路出家学了兽医，给附近居民的牲畜看病，颇得百姓好评。

“文化大革命”中，贾海峰被定为漏网反革命，判处 10 年徒刑。1976 年获释后，安排到包头运输公司当门卫。1985 年 7 月 1 日病逝。

卷地风来忽吹散
望湖楼下水如天

——安恩达小传

安恩达（1904—1986年），清光绪三十年正月二十（1904年3月6日）出生于热河省朝阳县（今辽宁省北票市）。

安恩达是绥远"九一九"和平起义通电签字人之一，新中国成立后曾任内蒙古自治区、包头市人大代表，内蒙古自治区政协委员，包头市政协副主席，晚年加入中国共产党。

安恩达青年时步入军政界，曾任辽宁省朝阳县公署司书，后历任热河省保安总队训练分部少校部长，热河骑兵第一旅第三团少校团附；1933年骑一旅改编为第四十一军，任第二师第四团少校团附，后考入国民党庐山军官训练团（训练国民革命军中初级军事干部的组织）。1936年5月后，先后任伪蒙古军第四师参谋处少校处长，五师十三团中校团长，六师上校参谋长，五师少将副师长兼参谋长。

抗战胜利后，安恩达任国民党十二战区暂编骑六师少将副师长兼参谋长，1946年暂编骑六师改为暂编骑兵第一总队，改任少将副总队长兼参谋长；1947年11月升任少将总队长；1949年初所部改编为骑兵第五旅，任少将旅长。

1949年9月19日，安恩达率部参加绥远"九一九"和平起义（《内蒙古文史资料》第8辑收录有安恩达撰写的回忆文章《冲破重重险阻，踏上革命征途——忆绥远"九一九"起义前后》——樊尚仁注），在签名通电起义的33人中排第16位。12月，所部改编为中国人民解放军三十七军暂编骑兵旅（辖两团），任旅长；1951年调一〇九师任副师长，率部参加了抗美援朝，担任修筑机场等任务；1952年初，一〇九师改编为中国建筑工程第二师，仍任副师长。

　　1954年3月，安恩达随部队集体转业后，历任建筑工程部包头总公司经理，第二工程局副局长、第八工程局第八分公司经理、内蒙古第二建筑公司（即建工部华北直属第二建筑工程公司，现更名为内蒙古电建三公司，人们习惯上称其为"华建"——樊尚仁注）副经理。该公司是新中国成立后最早组建的国有建筑施工企业之一，先后参与了包头钢铁公司、内蒙古一机厂、内蒙古二机厂、二〇二厂（现称中核北方核燃料元件有限公司）以及包头铝厂等工程的建设任务，为包头这座城市的发展搭起了"框架"。

1954年，中国建筑第二师集体转业

1983 年 3 月 30 日至 4 月 8 日，召开政协包头市六届一次会议。图为大会执行主席安恩达主持大会

　　安恩达追求真理、追求进步，虽在青年时代走过一段曲折路程，但他一直在探索人生价值，寻求报国之途。在绥远"九一九"和平起义过程中，他认定起义是由反革命走向革命的分水岭，只有跟共产党走才是唯一光明正确的道路。起义后，在党的领导下，他参加了剿匪平叛斗争和抗美援朝运动，为保卫新生的共和国建立了功勋。

　　安恩达转业后，积极投身社会主义建设事业，为包头工业基地的建设殚精竭虑，忘我工作，多次被选为内蒙古自治区、包头市的人大代表，并被邀请为政协内蒙古自治区第二、三届委员会委员。1959 年 11 月起，连续当选政协包头市第三、四、五、六届委员会副主席。安恩达积极参加政协组织的各项活动，热情宣传社会主义革命和建设的伟大成就，认真学习宣传和贯彻党的统战理论和政策。他坚决拥护"一国两制"伟大构想，在病重住院期间还撰写了《新年有感，寄语台湾军政界朋友们》的文章，呼吁台湾和海外的老同事、老朋友共同携手，为早日完成祖国统一大业作出贡献。

安恩达为人正直，襟怀坦荡，是一位由民主主义者转变为共产主义者的光荣战士。投身革命事业 30 多年来，他自觉改造世界观，始终坚持坚定正确的政治方向，不彷徨、不动摇，坚信只有共产党的领导，才有祖国的繁荣富强。工作中识大体、顾大局，以党和人民的利益为重，努力以共产党员的标准要求衡量自己，多次向党组织表达自己的崇高理想和追求。

1980 年初，董其武入党后，安恩达也产生了在组织上入党的想法。一次，他和多年跟随他的武振国说："董先生入党了，我也想写一份入党申请，你看行不行？"

武振国说："要求入党是进步的表现，你写一份交给二公司（指'内蒙古第二建筑公司'，今内蒙古电建三公司）党委吧。"

于是，安恩达向内蒙古第二建筑公司党委递交了入党申请书，郑重地表达了要求入党的强烈愿望。不久，公司党委把他的入党申请转到包头市委。时任包头市委副书记的色吉拉胡见到安恩达时说："老安，你写的入党申请我们收到了，你的入党条件早就够了，我们要给你研究解决。"

1986 年 1 月，中共内蒙古自治区党委批准了安恩达的入党申请，并向正在住院接受治疗的安恩达宣布，他已经成为一名光荣的共产党员，他孜孜以求的夙愿终于达成。

83 岁高龄的安恩达向前往医院祝贺的有关领导激动地表示：我终于有了光荣的归宿！要好好地工作，为人民政协事业和党的统一战线工作尽绵薄之力，以报答党对自己的关怀。

安恩达生活的青中年时期，是一个乱世，当时军阀混战，外敌入侵，很多有志之士都在为个人、国家和民族探索出路。值得欣慰的是，安恩达在多年的军旅生涯中，经历了很多曲折，但是终于找到了正确的道路和方向，在参加绥远"九一九"和平起义后，积极参加部队整编训练和平叛剿匪工作，并在其后的抗美援朝和包头钢铁工业基地建设中做出了重要贡献。

1986 年 6 月 24 日，安恩达在包头病逝，安葬在大青山革命公墓。

一腔热血勤珍重
满门忠烈王家将

——王培玉小传

王培玉（1905—1941年），光绪三十一年（1905年）出生于土默特右旗美岱召镇河子村一个地主家庭。

王培玉家中房多、地多，牛马成群，树木连片，常年雇有不少长工、短工。他小时候常听母亲乔培玲给他和弟弟妹妹们讲《三国演义》《水浒传》《岳飞传》等行侠仗义、忠贞保国的故事，并受到母亲主持正义、扶危济困、仗义疏财行为的影响，逐渐养成了与人为善、忠诚国家的优良品质。

抗日战争爆发后，大青山抗日游击根据地的干部战士及群众为王培玉起了个绰号——王老大。一是因为他弟兄三人，他为长子，排行老大；二是因为老二王经雨、老三王如玉能说会道，文武全才，王经雨担任萨拉齐县抗日游击队队长兼萨拉齐县抗日民主政府县长，王如玉也在中共萨拉齐县委任职，而王培玉却性格内向，忠厚善良，老实巴交，不爱多说话，只顾办实事，终日忙忙碌碌。因此，在根据地一提起王老大，无人不知，无人不晓，他的原名王培玉渐渐被人们所淡忘。

王培玉10岁时，父亲王建业不幸被卢占魁的土匪部队杀害。从此子承父业，与母亲共同主持家务。

那时社会政治腐败、苛捐杂税繁重，一些乡长、保长常常依权仗势，恃强凌弱。他家因孤儿寡母常被敲诈勒索，多课捐税。对此，他和母亲均愤愤不平。当他的母亲奋力争得乡长职位后，他则极力支持母亲反其道而行之。

故居已成为红色文化传习站

他经常给母亲赶着毛驴行走四乡，专给那些恃权恃势者加重负担，给无权无势人减轻负担，从而赢得广大蒙汉群众的赞誉。

当二弟王经雨、三弟王如玉到了入学年龄后，他便与母亲及时将他们送进学校读书，并严加督促、教诲，期望他们学成报效国家，为民谋利。二弟王经雨在包头省立二中（包头市第一中学的前身）、归绥中山学院读书时，阅读了大量进步书刊，结交了不少进步人士，思想倾向革命。1931年，王经雨因不满校方的昏聩而辍学回家，常把美岱桥村与邪恶势力做斗争的刘深源领到家谈论国家大事和民族前途；1933年，王经雨又把因从事革命活动而遭反动当局追捕的同学杜如薪、杜琏等人藏匿家中，供吃供住，谈古论今，评说时政。王老大不但不责怪、不干涉，还为他们提供了不少方便，常听他们的宏论高见，逐渐耳濡目染，受到启发，增强了是非观念。

1937年10月，日本侵略者的铁蹄踏进土默川，杀人放火，奸淫掳掠，人民遭殃，生灵涂炭，王老大心如刀绞。

1938年秋，八路军李井泉支队奉党中央、毛主席之命，从晋西北挺进大青山，开辟敌后抗日根据地。不久，便相继派于源、刘启焕、王弼臣、杨思华到美岱召、河子一带秘密开展抗日救国工作。王经雨听了他们的宣传动员，如干柴遇烈火，立即全身心地投入抗日救国的斗争中。这时，在归绥上学的王如玉也从八路军大青山支队政治部回到家里，说他已经参加了八路军，并说八路军就是由毛泽东、朱德领导的红军改编的，作战勇敢，纪律严明，是人民的子弟兵，来这里是专门发动群众，打击日本强盗的。王老太太对两个儿子的抗日行为非常支持，鼓励他们革命到底，不要半途而废。王老大见此情景，嘴上没说什么，心里却暗暗为之高兴，并盘算着自己该如何做些有益于抗日的工作。

从此，王家便成为开展抗日工作的一个可靠据点和秘密联络站。从大青山抗日游击根据地下来的八路军和地下工作者，以走亲戚、当长工为掩护，经常在王家吃、住、碰头开会、研究工作、传递情报。王老大不仅打里照外，热情接待，无微不至地关心照顾同志们，而且还为他们站岗放哨，传递情报。如有日伪军或黑狗子伪警察前来骚扰，便千方百计把他们早早打发走。那时，中共萨托工委负责人刘启焕的公开身份是挑担卖货的小商贩，如遇到危急情况则不得已扔掉担子，拔腿而走。据王培玉的夫人牛德华回忆，王老大至少为他备过两三副货郎担子。1940年初，王经雨等筹建萨拉齐县抗日游击队时，王老大给予了不少物质资助，游击队购买武器，他和母亲乔培玲一次就拿出200两大烟土。

1940年，王经雨秘密加入了共产党，进行抗日救国，身份暴露后便上了大青山，组织起抗日游击队，机动灵活地打击日寇，瓦解伪军，保护群众，受到人民群众的拥护，也引起敌人的仇视。日伪军在大力"围剿"王经雨及其游击队的同时，丧心病狂地迫害王经雨的家属。为免遭迫害，王老大一面变卖家产资助游击队和根据地，一面扶老携幼，投亲靠友，东躲西藏。

一次，日伪军去河子村报复，没有抓到王家的人，便放火烧了王家的房

王培玉妻子牛德华（右一）与女儿王友兰（左一）。王友兰怀抱者为王经雨三子王友光，另一为王经雨次子王友明

子。这时，一位亲戚劝王老大同他一道去河套投奔国民党。王老大婉言谢绝了。他说："我的两个弟弟都参加了八路军，我不能同弟弟们走不同的道路。"

1940 年 2 月，八路军大青山支队司令员姚喆得知王老大一家的情况后，便派萨拉齐县抗日游击队指导员杨思华将流离失所的王老大一家人接到大青山抗日游击根据地，给予妥善安置，王老大正式参加了抗日队伍。

王老大在家时唯母命是从，是个远近闻名的孝子，正式上大青山抗日游击根据地参加革命后，服从命令听指挥，党叫干啥就干啥，是个忠诚老实、尽职尽责的普通战士。他服从组织分配，开始担任萨拉齐县抗日民主政府的保管员，并负责照顾王老太太和杨植霖（曾用名王士敏、雨三、天虹、长河，1911 年出生于土默特左旗什报气村。抗战期间历任绥蒙游击大队政委、绥西地委书记、绥察行政公署行署主任兼绥西专员公署专员等职，新中国成立后曾任内蒙古自治区政协主席、内蒙古自治区党委副书记、青海省委第一书记等职——樊尚仁注）的母亲杨老太太等干部家属。

王培玉牺牲地——武川县毛不浪梁

由于大青山抗日游击根据地处于深山老沟之中，距离大后方路途遥远，加上敌人的经济封锁和军事扫荡，物资供应逐渐短缺，作为保管员的王老大，除想方设法管好用好现有物资外，每当发生"经济危机"时，便设法将自家物资能带来的带来，不能带来的变卖后换成可带物资，还向一些亲戚征集了不少物资，多次为根据地解了燃眉之急。当根据地指战员的衣着补给十分困难时，他便外出四处搜集羊绒、羊毛，和王老太太、杨老太太等一起纺线织布，缝补衣裳。

1941年初冬，敌人出动大量日伪军对大青山抗日游击根据地进行严密的经济封锁和野蛮的军事"扫荡"。八路军和游击队指战员与敌人迂回周旋打"蘑菇战"。领导让王老大带着干部家属和武归县抗日民主政府的几位伤病员隐蔽在武川县毛不浪梁附近一条比较安全的深山沟里，之后又转来八路军骑

王培玉革命烈士证明书

兵支队的 3 名伤病员。王老大既要保管、分配食物、用品，又要照顾伤病员和干部家属，还负责与上级及地方有关人员联系。每天从早忙到晚，没有一句怨言，默默地干，有条不紊地做好每一件事情，遇到困难自己想办法。粮食少了，他便自己挖野菜吃，节约下粮食留给伤病员、老人和孩子们。

1941 年 11 月初的一天清晨，王老大肚子疼，用双手捂着肚子佝偻着身子蹲在地上，但当他得知骑兵支队的老闫身染重病，急需药物治疗时，便忍着痛安顿好伤病员和家属们，急匆匆地出沟去找有关人员为伤病员解决药品问题。当他走到一片树林附近时，不巧与进山"扫荡"的大队日军遭遇，他当即装作老乡急步下沟里去汲水，实行"三光政策"的敌人向他射击，他饮弹身亡。新中国成立后，党和政府在土默特右旗烈士陵园为他竖立了纪念碑。

长坂坡前一声吼
电闪雷鸣当阳桥

—— 雷好收小传

雷好收（1906—1945 年），又名雷电云。光绪三十二年（1906 年）生于土默特旗枳芨梁乡（现属土默特左旗）北圪堆村。

雷好收出身贫农，从小给地主放牛马、扛长工。1939 年春夏之际，33 岁的雷好收秘密加入了中国共产党，开始走上了革命生涯。他秉性耿直，对同志热情，富于正义感，勇于斗争。他结实的身躯，黝黑的肤色，一双深陷的大眼睛炯炯有神。他嗓音洪亮，出语粗猛。当他处于盛怒、狂喜状态时，就会突然大喝一声，如电闪雷鸣，人们送他一个别名"一声雷"。

1939 年夏秋之间，雷好收在大青山党支部书记训练班学习完毕，深夜返家时，在途中与日伪军派出的土匪部队遭遇。一条小河的南岸有个小村庄，这些土匪占据这个要冲，正在村内为非作歹，屋顶上放着双哨，严密监视着河道的水面。雷好收涉水过河时，匪哨突然发出口令。

雷好收急了，大喝一声："什么人？"

回答雷好收的是"叭""叭"两声枪响。

雷好收猛吼一声："上哇！"然后弯着腰强行渡河。

村内人喊狗吠，土匪顿时乱了营，他们做贼心虚，便匆匆逃跑了。

第二天，一个神乎其神的传说："半夜一声雷，上帝派来天兵天将，把一群瘟神收走了！"哗哗河水不停地把这个传说带向远方。

不久，"一声雷"加入了共产党，成为这一带第一个党支部书记。

"一声雷"入党后，最感兴趣的是搞武装斗争。1940年初春的一天，支部接到一个情报：一个武装日伪人员来到附近一带活动。

"一声雷"高兴极了，预先派了个救国会员充当听差，殷勤侍候，稳住那个家伙，并立即招来几个勇敢机灵的地下工作者开会布置。当天夜晚，"一声雷"带领一部分人来到日伪人员住处，有的在村口巡逻，有的在院外屋顶放哨，有的在窗下埋伏，有的在村外场面找好废窖作为埋尸灭迹的坟墓。"一声雷"冲锋在前，率先闯进屋内，一个箭步跳到炕上，大喝一声，犹如晴天霹雳，给那个抽着鸦片吞云吐雾的家伙来了个措手不及的袭击。他用一双刚劲的手臂，铁钳般卡住那家伙的上身，反手又用菜刀结果了这条狗命。

"一声雷"缴获了一支短枪，从此，他拿着这支枪，带领游击小组活动起来，到处消灭零散土匪，有时还缴获小股日伪军的枪支。

1940年仲春，土默川正处于革命高潮时期，游击小组已经发展成一支小型游击队，"一声雷"担任队长。他空手夺枪，与敌人果敢搏斗，并在敌人统治十分严密的心脏地区组织起第一个农民游击小组，向敌人开了第一枪的故事，在土默川大地广为流传，极大地鼓舞了广大群众的抗日斗志。

1945年8月15日，日军正式宣布无条件投降，姚喆司令员率领大青山八路军向盘踞在伪厚和浩特拒绝向八路军缴械的日伪军发动反攻。为阻击从包头、萨拉齐来援之敌，八路军派出一部分部队攻占毕克齐镇。"一声雷"参加了这次战役。经过激烈的战斗，伪军已经缴械投降，日军也正准备缴枪投降。突然，从西、南两面拥来数以千计的国民党军队，不问青红皂白向八路军开了枪炮。霎时形势大变。八路军为了保存有生力量，使大部队安然撤走，决定留一小部分人在镇内继续战斗，牵制敌人。"一声雷"当仁不让，知难而上。他自告奋勇请战："留下我！和这些坏蛋血战到底！"他挑选一个排的虎胆英雄，集中了充足的机枪和手榴弹，占据了全镇中心的制高点伪警察署炮楼。

为了吸引、阻击敌人，掩护大部队安全撤退，"一声雷"指挥着英雄们与占绝对优势的敌人进行激烈的战斗。数小时后，制高点的周围堆满了敌人的尸体，然而被激怒的敌人更加疯狂地向炮楼轰击，制高点及周围的建筑物几乎被轰平了。四面八方、大街小巷的敌人，都向这里围拢过来，包围圈越来越小，战友们的伤亡不断增多，"一声雷"也已遍体鳞伤，血迹斑斑！子弹用尽了，机枪也哑了。正在这时，他摸到十几颗手榴弹，"一声雷"将其装置成一束，放在身边，蹲在炮楼的废墟里，怒目监视着敌人的行动。一个给他们排做饭的当地老乡见他还活着，便从串心院过来，抱住他说："快，我扶你从那个豁门子爬出去，藏在我家山药窖里，等这些王八蛋走后，我再送你上山。"

"一声雷"说："我的伤重，不行了。你赶快回家，我要和他们拼了！"

正说着，敌人又一次发动进攻。"一声雷"最后嘱咐老乡说："你看，打走日本鬼子，还有蒋介石；打倒蒋介石，还有美帝国主义。长期革命，革了一个少一个！我死后，你把我这句话传给千家万户，比救我一条命强得多！快走开！"这时，一群敌人已拥到"一声雷"附近，怒火烧红了他的眼睛，他本能地大喝了一声，随着轰隆一声巨响，"一声雷"与敌人同归于尽。"一声雷"牺牲时 39 岁。

梨园弟子水上漂
不羡飞燕掌中轻

── 王玉山小传

王玉山（1906—1969年），乳名虎全、二明，人称二明旦，艺名"水上漂"，晋剧"四大名旦"之一。光绪三十二年农历二月初三日（1906年2月25日）出生在五台县常家滩村（一说1910年、清宣统二年出生于五台县长家塘村）。

王玉山先后拜正堂旦、金斗旦、小十三旦（郭占鳌）和晋剧泰斗五月鲜刘明山及李子健为师。代表剧目有《梵王宫》《血手印》《珍珠衫》《王婆骂鸡》《百花点将》《白蛇传》《红娘》《杀楼》等。

新中国成立后，王玉山历任漠南晋剧团团长兼附属剧校校长、漠南实验晋剧团团长、包头市晋剧总团副团长兼晋剧一团团长。中国戏剧家协会会员，中国戏剧家协会内蒙古分会副主席，内蒙古文联委员、戏剧家协会筹委会副主任、包头市文联委员。中国文学艺术工作者第三次代表大会代表。当选政协包头市第一至四届委员会常委，被邀请为政协内蒙古自治区第一至三届委员会委员。

王玉山父亲姓田，其祖父家境清寒，生六子，除两子夭亡，其余三子先后入五台山为僧外，排行第六的父亲幼年被其祖父卖给河北省平山县田姓人家，故姓田。王玉山兄弟二人，其兄乳名巨全，后王姓绝嗣，故认祖归宗，仍姓王。母子三人相依为命，困苦万分。

王玉山4岁丧父，母亲带他改嫁毗邻五台县的河北省平山县长峪村人张美。因家贫无以为生，"卖身"于五台县高洪口乡（五台县东南部，东邻河北省平山县）张环娃娃班学戏，合同期五年，立下字约：学艺期间食宿均由戏班供给，若犯班规，打死勿论；中途天灾人祸，投河跳井、抹脖子上吊，概与戏班无关；私自逃走，赔偿五年损失。这张合同不亚于一张卖身契约。

循旧俗，王玉山入班后，戏班暂不教戏，除伙同学戏的孩子们练功外，每天要包揽师父家中一切家务劳动，还经常遭到无故的鞭打，过着衣不蔽体、食不果腹的生活。王玉山勉强熬过两个年头，终不堪虐待悄悄偷逃了，谁知却酿成一场滔天大祸——班主张环来到平山家中要人，在戏班的威逼下，母亲自缢身亡，给王玉山造成终身的遗憾和内疚。

自此，王玉山不敢抛头露面，东藏西躲，到处漂泊。先到应县李通戏班搭班一年，又到山西崞县（山西旧县名，即今崞阳镇，隶属原平市）郑文有、郭德盛戏班搭班，直到1930年才回到平山县王明池戏班搭班，辗转流徙，山西晋北几乎都有他的足迹。

王玉山天资聪颖，刻苦勤奋，在山西各地搭班时，先后拜金斗旦、郑谭旦、小十三旦（郭占鳌）等名师。旧时有"教会徒弟，饿死师父"的说法，虽然拜了师，师父带徒弟的时候总是会把绝技攥在手心，绝不轻易教授给徒弟。所以有"师父领进门，修行在个人"之说。王玉山深明此理，在戏班中借"穿把子"（即"跑龙套"）、当配角的机会，细心揣摩师父的表演，台上看，台下"偷"（艺），背地里苦练。不论是成名演员还是"里子"配角，只要有一技之长，王玉山从不放过——他看在眼里，记在心里，学到手中，用到台上。对戏班老人敬为尊长，彬彬有礼，讨得长辈喜欢。看到人家有技术，自己喜爱得不行，趁人家高兴时搭讪着凑过去，叔叔大爷叫上一顿，请人家给说说戏。这样的晚辈，谁也不好意思拒绝，王玉山就是在这样的情况下博闻强记，艰苦学艺。后来，他办戏校时，经常深有感触地说："今天的孩子幸福呀！一分钱不花，管吃管穿，老师送戏上门，又不挨打，比起旧社会学戏真有天渊之别呀！"

过去演花旦行当必须有扎实的"跷功"。幼年时王玉山练跷功受过严格训练，吃过大苦。"跷"就是木制的小脚，装在特制的木板（称为"跷板"）上。演出时，把裤角扎起，用布带把跷板紧紧地绑在脚上。真脚装在彩裤中，脚尖踏在跷板上，脚后跟不允许落地，着地的"三寸金莲"是木跷（假小脚），象征妇女缠足后的小脚。初踩上跷，两脚站不稳，要拄着杖或扶着墙站着，慢慢独立站稳行走。最初绑上跷，燃完一炷香的时间，叫作"耗跷"。继之，站在砖的侧面耗跷。久而久之，整天绑着跷干重活，在冰上跑圆场，经常跌得双腿青一片、紫一片，夜间解下跷来，双脚疼痛难以入睡。而且上跷以后要求腰直、腿直、脚直。

在《梅绛亵》中，王玉山饰白狐狸化身"艳芳"，其中《站印》一折中，桌上放两个重叠印盒，他足踩跷子站在置于高桌的印盒上，身着披风，手拿拂尘，唱四十多句乱弹，做许多动作，纹丝不动，唱毕，一个箭步从高桌上陡然落下，其翩若惊鸿、宛若游龙的健美英姿，博得观众阵阵喝彩，故而获得"水上漂"的美称。

旧时，王玉山每到一处露演，"打炮戏"总是《梅绛亵》，连续三天，场场客满。新中国成立后，踩跷这种不健康的表演形式被废除了，但王玉山的台步轻盈敏捷，被誉为水上漂，无疑是得益于跷功。

在这段时间里，王玉山如饥似渴地学习，《梅绛亵》就是他向郑谭旦学来的。此剧作为神鬼戏的典型代表，一度受到禁演，在晋剧中已濒于失传。除了历史原因之外，还有一大

王玉山戏装照

原因就是该戏对演员的要求很高。尤其是在最后狐狸向众人道明缘由一折中，狐狸的大板乱弹，由众多花腔陪衬，晋剧中的三花腔、五花腔、走马腔等都运用到，且都用二音。他的拿手戏《血手印》作为保留剧目直演到"文革"前夕，也是师承郑谭旦，当然王玉山在多年演出中千锤百炼，不断出新。小十三旦郭占鳌传给王玉山的《富贵图》，其中"缝书"属于绝活，后来他曾把这一绝活恰如其分地运用到《神伞》中，赢得一片喝彩。到1928年时，王玉山已崭露头角，"水上漂"红极一时。

1930年，王玉山首次来包头，在共和舞台（原名"三庆茶园"）挑班演出连台本戏《白蛇传》，轰动一时。

王玉山久已仰慕颇具盛名的梨园世家子弟"五月鲜"刘明山（1897年生人。其父"云遮月"刘德荣，绰号"夺命旦"，清光绪十八年被邀进皇宫为慈禧太后和光绪皇帝表演自己的拿手戏《双官诰》，获御赏凤冠一顶、蟒袍一袭等，一时声誉倍增。刘德荣育有一女四子，其中的三个儿子"五月鲜"刘明山、"十二红"刘宝山、"六月鲜"刘玉山后来都成了戏剧名角，传承了其父的北路梆子表演艺术——樊尚仁注）的风采。1933年，适逢五月鲜刘明山回故乡忻州演出，王玉山登门拜年长自己9岁的刘明山为师。当名气已盛的"水上漂"口称师傅行跪拜大礼时，刘明山颇为感动，从此悉心施教，二人互相提携，经常搭班同台演出，但以兄弟相称。

有一次，戏班在包头南海子演出，王玉山唱《杀楼》，散戏后听观众说"'水上漂'的《杀楼》好是好，就是没有花女子（薄花女，又名李桂林，北路梆子四大坤角之一）的七十二个'动不动'"，就与刘明山研究，两人根据剧情编了三十六个"谁叫你"，一经推出就在观众中引起一片喝彩声。

1934年至1936年，王玉山应绥远领班王泰和约请，随同曲大羊戏班到绥远一带演出。在包头演出期间，恰巧晋剧名伶"五月鲜"刘明山、"夺庆旦"李子健、"十二红"刘宝山、"六月鲜"刘玉山均在包头李永胜戏班中演出。不久，阵容很强的狮子黑张玉玺班子也来包演出，著名晋剧演员聚集包头，可谓是群英荟萃，为王玉山提供了难得的学习机会。刘明山晚年在《回忆晋剧名伶李子健先生》一文中忆述：1935年"当时在包头剧坛上红极一时的后起之秀，是山西五台县人王玉山，艺名'水上漂'。4月，我们在包头市吕祖庙（妙法禅寺）演出时，打炮戏就是李子健与水上漂合演的《百花点将》，由'水上漂'和李子健分别扮演前后部'百花公主'。真可谓两峰对峙，各显风流。我与李子健、'水上

自左至右"五月鲜"刘明山、"夺庆旦"李子健、"水上漂"王玉山合影留念（1935年摄）

漂'曾同台合演过《破腹验花》。李子健来包头时还给带来了许多新的戏本，如《一元钱》《黄大救主》《破腹验花》等，这样便给这座闭塞已久的边陲草原之城带来一点戏剧革新的风气"。

王玉山素慕誉满京张地区晋剧名宿李子健的刀马戏，经刘明山引荐，王玉山与李子健相识，李子健较王玉山年长13岁，王玉山以晚辈自居，捧茶递水，在生活上对李子健先生照顾得无微不至，在艺术上恭聆教诲。李子健也以长者提携，将自己的拿手戏《百花点将》《凤台关》《盗灵芝》《铁弓缘》《破洪州》《杀楼》《石佛口》《黄河阵》以及彩旦折子戏《骂鸡》等毫无保留地传授给王玉山。

王玉山幼年系搭班学戏，把子功（"把子"也称"靶子"或"刀枪把子"，为传统戏曲演出中刀、枪、剑、戟等兵器道具的总称。"把子功"是戏曲表演武功的组成部分，指训练戏曲演员掌握和运用把子技术的基本功。一般分作长、短、徒手三类。是戏曲演员表现人物、展示剧情的艺术手段之一——樊尚仁注）底子差，武戏拿不起来，为了学李子健的刀马戏，年近三旬的王玉山从头开始练功，在李子健悉心指导和王殿奎（武丑，为李子健演武戏的下

手配角）手把手训练下，王玉山终不负先生的期望，继承了李子健的艺术精华，艺术成就迈上新台阶。

王玉山一度在北平多个剧院演出半年有余，李子健仍致力于提高弟子的艺术修养，曾把许多著名京剧表演艺术家介绍给王玉山。其中有梅兰芳、尚小云、程砚秋、荀慧生、马连良、筱翠花及评剧演员喜彩莲等名家。《红娘》一戏，就是京剧四大名旦荀慧生把自己的"看家戏"亲传王玉山的。此外，尚小云还教过王玉山化妆，并给他讲《失子惊疯》一戏的表演身段。程砚秋为他讲解程派水袖表演技巧。他还向兄弟剧种学会了《霸王别姬》《花田错》等剧目。谦逊好学、广采博纳使王玉山受益匪浅，艺术事业得到长足进步。

对王玉山艺术成长产生过重要影响的另一位名家，是著名晋剧表演艺术家和戏剧教育家筱吉仙（张宝魁），原本是河北梆子名伶，后改唱晋剧。他不但技艺精湛，而且对培养晋剧后人立下了汗马功劳，诸多晋剧名家得过他的亲传。王玉山和筱吉仙在共同的舞台生涯中相得益彰。筱吉仙向王玉山汲取了许多晋剧的表演程式，王玉山亦向筱吉仙学习了不少武打技巧。

抗日战争爆发后，王玉山返五台、定襄一带与北路梆子名艺人十六红焦生玉同台演出。抗战初期，他带领戏班在五台县集体参加了八路军晋察冀军区二分区五大队，经过70余日的集训学习，进行抗日宣传，王玉山以《三上轿》为蓝本，自编自演了大型剧目《模范女子爱国》，连续演出两个多月，受到当地军民的赞许。一次在山西盂县县城附近御枣口演出时被日军俘虏。逃脱后，辗转于大同、张家口、归绥、包头等地演出。五台县城沦陷后，王玉山前往绥远搭中路梆子（中路梆子为蒲剧北上晋中演变而成，新中国成立后则称晋剧。因其产生于山西中部，故又称中路梆子，也称为"中戏"，主要流行于山西中、北部及内蒙古、陕西和河北部分地区——樊尚仁注）班改唱中路，同时联系原北路梆子名老艺人，筹建了兴华剧院。并以细腻亮丽的表演，扎实过硬的武功及倒嗓后新创的独具一格的唱腔，誉满京绥一线。后与另外四位姓名中有"山"的同好（"五月鲜"刘明山、"十二红"刘宝山、"六月鲜"刘玉山、"舍命红"邓有山）创办"五山学校"（科班），培养戏曲人才。

1947 年，王玉山、邓有山率班到包头一带演出，他们以精湛的技艺赢得了包头观众，同时也被鄂友三（时任傅作义部骑兵师十二旅旅长）看准，遂在包头西白彦花该旅驻地，将这个剧班收编为随军文艺团体，更名为青山剧团，赵崇仁为团长，王玉山为上尉队长，邓有山为中尉副队长，该团虽属随军剧团，但多在民间演出。

1948 年 10 月包头第一次解放，青山剧团由我绥蒙军区接收，改名绥蒙剧社，由郭沫林任社长（后任山西晋剧院院长）。王玉山随团在中山堂（后改称人民电影院）演出《反徐州》等剧 40 余天，慰问部队。绥远"九一九"和平解放后，历尽坎坷的王玉山定居包头。

晋剧从 20 世纪三四十年代开始，女演员日渐占领戏剧舞台，只有著名晋剧和北路梆子表演艺术家王玉山仍以男角饰演闺门、花旦、刀马旦、青衣等角色，其精湛的表演技艺，给观众留下了深刻的印象。旦角是王玉山的本行，但他不局限在旦角行当里，而是广纳博取，不断学习各个行当角色的技艺，他演反串戏根据所扮演的角色行当规范表演，唱做念打均不外行，丝毫不露旦角表演痕迹。他反串《忠保国》中的须生杨波，髯口运用自如，反串徐延昭，完全是净角唱腔，"虎音""炸音"都有，一招一式，功架大方。剧团排戏时，有的演员突然"搁浅"，怎么也反应不过来，他总是上前做个示范动作；给学生说戏，生旦净末丑一起指挥，而不是单纯教旦

王玉山与王连德演出《射雕》剧照

王玉山在《打金枝》中饰演升平公主

角。这和他多年的钻研磨砺，从多方面汲取营养、提高自己的修养素质分不开。当年在包头、归绥等地演出《同恶报》《杀楼》《梦鸳鸯》《梵王宫》《梅降亵》等剧目时，观众评价说："宁肯三天不出工，不能误了'水上漂'的《梵王宫》。"时有"满城尽说'水上漂'，人人争看王玉山"之说，体现了观众对他的认可和喜爱。

王玉山一生演过的剧目达 200 余个，表演艺术精湛，凝重含蓄，感情细腻逼真。其戏路之宽广，在晋剧和北路梆子发展史上都是少有的。他的艺术魅力是多方面的。凡看过其表演的观众，无不称道他扮相俊美飘逸，做派细腻传神，唱腔流畅舒展，念白道字清晰，武打干净利落。他的跷子功、水袖功和化妆手法都有独到之处，在用眼上，他总结出定眼、笑眼、情眼、留情眼、回眼、呆眼、沉眼、媚眼、狠眼、怒眼等十种用眼法，达到形神兼备，以眼传神。但其艺术上的最高成就则是他那行走如漂的台步。1952 年他在移植川剧剧目《秋江》时，用脚尖滑步，俨然一叶扁舟在水上划动，真是"漂在巧中，巧在漂中"，美不胜收。当然，他的青衣、彩旦戏，根据不同人物，步法迥然不同，"水上漂"可谓独具匠心。

1959 年，根据广大观众的需求，包头市政府批准成立包头市北路梆子剧团，王玉山遂又改唱北路。他身材适中，扮相秀美，双目灵活，以目传神，尤以腿上功夫著称，擅长通过繁复多变的台步表现人物思想感情。他戏路宽绰，本工小旦，刀马、青衣、彩旦亦精。表演朴素细腻，抓住细节表现人物气质和性格。20 世纪 50 年代后期，他艺术更趋成熟，剧目表演、唱腔等方面都形成了独特风格。《百花点将》、《挂画》（《梵王宫》之一折）、《祭桩》（《血手印》之一折）均为逸品；《富贵园》《梅绛袄》技艺超群；《红娘》《杀楼》《凤台关》《三上轿》《二堂献杯》《石佛口》《梦鸳鸯》以及彩旦戏《骂鸡》等脍炙人口。他对待艺术严肃认真，一丝不苟，虽嗓音天赋较差，但咬字清楚，唱腔舒展，韵味醇厚，别具特色。

1956 年，王玉山在北京中和剧场演出《百花点将》，中国戏曲研究院组织全国文艺界观摩和进行座谈，焦菊隐、田汉、崔嵬、程砚秋、裘盛戎、新凤霞等诸多戏剧

1960 年著名京剧表演艺术家俞振飞（右）言慧珠（左）与王玉山（水上漂）合影

艺术家及知名人士深为其精湛的表演所倾倒，可谓誉满京华。1960 年，上海北方昆曲院表演艺术家俞振飞和言慧珠来包，指名要看王玉山主演的《点将》。20 世纪 60 年代初，王玉山率团赴京作汇报演出，受到中央领导同志的亲切接见。报刊以《不愧为"水上漂"》等为题著文评介，赞誉颇多。

1962 年包头市文化局为王玉山举办了"舞台生活四十年"纪念活动，对其艺术成就给予很高评价。由王玉山演出了《红娘》《王婆骂鸡》等折子戏，王玉山弟子演出部分节目，并举行拜师大会，王玉山又收了一批弟子。

令人惋惜的是，正当王玉山的艺术发展处于上升阶段的黄金时期，正当他准备为晋剧事业培养一批"小水漂"的时候，"文化大革命"爆发，于 1968 年农历腊月初八（1969 年 1 月 25 日）去世，留给喜爱晋剧者无尽的遗憾。

1979 年 8 月 13 日，包头市文化局党组为王玉山平反昭雪。

黄沙百战穿金甲
不破楼兰终不还

——姚喆小传

姚喆（1906—1979年），曾用名姚秩章，湖南省邵阳市双清区人。光绪三十二年（1906年）八月出生。

姚喆于1951年3月至1954年3月任绥远省各界人民代表会议协商委员会副主席，1955年被授予中将军衔；先后当选为第四届全国人民代表大会代表，全国政协第五届委员会常务委员，中国共产党第七次全国代表大会代表。

姚喆1926年任乡农民协会主席，1928年7月参加平江起义，加入中国工农红军，成为彭德怀领导的红五军中的一员。从此，姚喆开始了他的戎马生涯。1929年，姚喆加入中国共产党。曾任连长、营长、团长、师参谋长，参加了中央苏区历次反"围剿"。1930年6月，以红五军为主成立红三军团，他又历任军团特务团一营营长、第一师三团团长、第一师司令部作战科科长、第一师参谋长等职。1938年8月，姚喆与李井泉率部开辟大青山抗日根据地，先后任大青山骑兵支队副司令员、司令员。1943年任塞北军分区司令员。1945年起任绥蒙军区司令员，并率部参加大同集宁等战役。1948年后任西北野战军第八纵队司令员、第一野战军第八军军长兼绥蒙军区司令员。中华人民共和国成立后，任绥远军区副司令员。1951

年 8 月参加抗美援朝，任中国人民志愿军第二十三兵团副司令员。同年底回国，历任人民解放军总高级步兵学校第一副校长、校长，武汉军区副司令员。1955 年被授予中将军衔。1979 年 5 月 27 日在北京病逝。

背井离乡闹革命

姚喆少年时，正逢军阀横征暴敛，苛捐杂税多如牛毛，加上连年军阀混战，老百姓的生活苦不堪言。姚喆全家兄弟姐妹五人靠父母耕种的几亩薄田勉强度日。

1925 年，19 岁的姚喆参加了村里组织的农民协会，任该协会的裁判委员、主席。1927 年，湖南省军阀何键、许克祥在长沙发动"马日事变"，疯狂屠杀共产党人、农会干部，姚喆亦在被通缉之列，为此，他不得不逃离家乡。1928 年 4 月，国民党湘军独立第五师随营学校招收有文化的士兵，姚喆报名应试，副校长黄公略亲自与他面谈后，录用了他。

面负重伤留刀痕

在彭德怀率领下，姚喆始终追随彭大将军纵横驰骋，经历大小战斗 200 余次，五次负伤，其中三次负伤不下火线，受到军（团）甚至中国共产党中央革命军事委员会（1931 年 11 月，在瑞金召开中华苏维埃第一次全国代表大会，成立中华苏维埃共和国临时中央政府。根据大会的决议和中华苏维埃共和国中央执行委员会的命令，组成中华苏维埃共和国中央革命军事委员会，简称中革军委。朱德任主席，王稼祥、彭德怀任副主席。中革军委作为全国红军最高领导和指挥机关，第一次正式隶属于政权系统，但它在政治上仍受中共中央及其中央局的领导——樊尚仁注）通令嘉奖，逐渐成长为彭德怀赏识的"爱将"。有一次，彭德怀问他："除了打仗，你还能干啥？"

姚喆回答说："什么也干不了！"

彭德怀听后笑着说："我就中意你这一点。"

1934年1月25日，姚喆亲率红十团主攻福建沙县县城。姚喆和指战员们从广昌急行军，天黑前赶到沙县城外。晚8时，开始对敌发动攻击。攻城部队引爆了沙县西门坑道中的炸药，一声巨响，城墙被炸开20多米宽的缺口。姚喆和张震随即带领50多名突击队员攻上突破口，掩护后续部队进城。当第一梯队攻入城中时，他们便随第一梯队在城中与敌人展开激烈的巷战。姚喆和一名通讯员一起冲进县城，他嫌通讯员跑得慢，抢过通讯员手里的马灯向前跑。不料，在一个小巷的转弯处隐藏着一个敌人，突然闪出，朝他左面颊猛砍一刀，他当即昏倒在血泊中。因伤势太重，姚喆被抢救三天后才苏醒过来。由于当时医疗条件太差，刀口不能缝合，每天只能用盐水擦洗，姚喆凭着坚强的意志，终于转危为安。从此，有了"姚一刀"的别称。这一刀，使他荣获中革军委颁发的三等红星奖章，并调任中共中央政治保卫局保卫队队长兼黄安、梅瓦两区卫戍司令员。前去报到时，彭德怀说："你挨一刀，换一个司令员，值得！"

姚喆朗声回答说："请彭军团长给我再挨一刀的机会。"

1934年10月，战伤未痊愈的姚喆参加两万五千里长征，历任国家政治保卫局总队长、红三军团第十团团长，担负保卫中央首长和机关安全的重

长征到达陕北后，中央首长与部分红军高级将领合影，后排左六为姚喆

任。1935 年 1 月，他担负遵义会议的警卫工作。其间，姚喆近距离地走近伟人毛泽东。一开始，他很紧张，毛泽东幽默地对他说："老乡见老乡，两眼泪汪汪。不过，现在不是哭的时候。逢山开路，自有前锋；遇敌抢险，却要靠你。"1935 年 10 月，中央红军胜利完成长征，毛泽东评价姚喆"护驾是有功的"。此后，他历任红十五军团七十八师参谋长、北路军参谋长、陕甘宁独立师师长，参加了东征山西阎锡山、西征宁夏马家军等战役。1937 年春，作为抗战储备人才，他进入抗日军政大学第二期学习班学习。

1937 年 8 月，红军改编为八路军，北上抗日。由于编制压缩，绝大多数红军干部都是降职任用，而姚喆历任八路军一二〇师三五八旅参谋长、七一五团代团长。

对日作战后，姚喆参加过收复晋西北七城等战斗，杀得敌人闻风丧胆，"姚一刀"的大名也在敌我双方阵营中叫开了。

率部挺进大青山

1937 年 9、10 月间，日军占领内蒙古部分地区后，驻有一个旅团、四个伪蒙古骑兵师和大量的伪民团、伪警察，严重威胁着陕甘宁、晋西北和晋察冀抗日根据地的安全。1938 年 5 月，中共中央做出建立大青山抗日游击根据地的决定。

遵照指示，八路军一二〇师师长贺龙等领导决定，由第三五八旅的七一五团和师直属骑兵营一个连，组成八路军大青山抗日支队；派出第二战区民族革命战争战地总动员委员会（简称"动委会"）的部分武装力量和工作人员，一同前往大青山。三五八旅政委李井泉担任支队司令员，七一五团第一营教导员彭德大任支队政治部主任，三五八旅参谋长姚喆为支队参谋长。从此，姚喆与大青山抗日游击根据地结下了不解之缘。

1940 年，李井泉奉命调回晋西北工作，姚喆接任大青山抗日游击支队司令员。他率领英勇顽强的抗日游击支队指战员战严寒、斗饥饿，在大青山整整坚持了七年，与日寇和国民党顽固派巧妙周旋，建立和巩固了大青山抗日游击根据地，粉碎了日寇多次疯狂的"围剿"和"扫荡"，保证了党中央所在地陕甘宁根据地的安全。

突破重围运冬衣

大青山位于绥远省中东部（今内蒙古自治区西部），属典型的塞外高原气候带，因受西伯利亚和蒙古高原寒流的侵袭，冬季最低气温达零下30多摄氏度。荒山野岭滴水成冰，积雪有一米多厚，有些地方积雪终年不化。

1938年7月29日，李井泉、姚喆等率领大青山支队2500名将士挺进大青山的途中，接到一二〇师师部"返回晋西北平鲁县接运过冬用的皮衣"的指示。

当时，敌伪军正疯狂地向部队发起围追堵截。这个时候要杀回马枪去接运皮衣，确实是一项十分艰难的任务。为了顺利将皮衣接运到大青山，姚喆打算亲自出马。他与李井泉等支队领导研究决定，由李井泉率领主力继续向大青山绥中地区挺进，他则率七一五团第一营和四支队第三连返回晋西北平鲁县。

为迷惑敌人，姚喆率领小分队指战员在蛮汗山和长城附近兜了好几个圈子。不料，当小分队行进到大榆树、韭菜沟地段时，驻扎在归绥的日寇后宫步兵联队"嗅"到了八路军的行踪，立即调集几百人的兵力，向小分队猛扑过来，企图将小分队围歼在韭菜沟一带。面对气势汹汹的敌人，姚喆当机立断：停止前进，抢占有利地形，就地给敌人以迎头痛击。

战斗打响后，小分队的指战员们在姚喆等的指挥下，英勇顽强，与敌人激战了六七个小时，一连打退敌人十余次进攻，最后迫使敌人丢下20多具尸体，灰溜溜地缩回到归绥。

时间就是胜利，打退日本鬼子的进攻后，姚喆带领战士们连夜赶往接运皮衣的平鲁县。当他们看到一二〇师警备六团团长孙超群和政委张达志带领部队，护送驮着1400多件皮大衣的100多头毛驴走来时，小分队的指战员们傻了眼，姚喆更是犯了愁。这100多头毛驴一溜儿排开，每头毛驴驮着十几件皮大衣，目标这么大，怎么可能通过敌人的一道道封锁线呢？姚喆倒背着双手，绕着毛驴队转悠起来。忽然，他停住脚步，叫来一营营长傅传作和三连连长梁劲秀。他们三个人嘀嘀咕咕一阵商量后，决定让小分队的指战员每人穿一件皮大衣，剩下的再用毛驴驮运。

这办法当然好，毛驴队一下子精简了三分之二，可就是苦了战士们。当时正值盛夏季节，战士们身着单衣薄裤，脚穿草鞋都汗流浃背。这下好了，除了要背原来的武器、弹药、干粮和背包，还要穿一件几斤重的皮大衣，那闷热劲儿，就别提有多难受了。见战士们满脸难色，姚喆抓起一件皮大衣就往身上穿。在他的带动下，战士们再也没有多讲一句话，几百件皮大衣全都上了身。

当接运皮大衣的小分队来到平绥铁路附近时，姚喆从抓获的"舌头"口中得知，日伪军已在铁路沿线设下重兵埋伏，企图截获部队的皮大衣。

事不宜迟，姚喆命令护送他们的孙超群和张达志，率领警备六团从侧后包抄过去，奔袭日伪军的老巢红沙坝车站，以钳制敌人。一时间，红沙坝车站枪声大作，火光冲天。埋伏在铁路旁的敌兵哪还顾得上抢八路军的皮大衣，

1938年八路军大青山支队指战员与蒙汉游击队部分指战员合影

一个个抱头鼠窜，没命似的跑回车站。

姚喆率领小分队，赶着几十头毛驴，不到半小时，就从三道营附近越过了敌人严密封锁的平绥铁路。

姚喆带领小分队昼夜兼程，一口气赶了七八十公里山路，胜利到达大青山腹地大滩（现乌兰察布市察右中旗境内），与主力部队会合。从此，绥远大青山地区的抗日斗争出现了新的局面。

组建骑兵驰骋沙场

以大青山为中心的绥远敌占区，除了大青山、蛮汗山是山区外，大部分是丘陵地带，还有土默特平原和乌兰察布草原。

日伪军在大青山地区的军事力量绝大部分是骑兵和机械化部队，特别是伪蒙军和土匪，全部是骑兵武装。部队在许多战斗中，曾因步兵行动缓慢而失掉有利战机，部队向平原和丘陵地带的发展受到很大限制。

大青山支队就有关建立骑兵部队的问题请示党中央，毛泽东和一二〇师贺龙、关向应首长很快做出批示，要求大青山支队迅速由步兵改建为骑兵。

大青山北麓盛产马匹，南麓的蒙汉族农民也擅长养马骑射。按理说，游击支队改建骑兵部队，应该不是一件难事。但是，由于日伪军的征调，国民党"自卫军"的摊派和土匪掠夺，当地群众家里的马匹并不多。为了解决马源困难，姚喆指示各大队：不能增加农牧民的负担，要向日伪军和土匪展开进攻，从他们手中缴获。

驻扎在绥南地区的一营营长邹凤山接到指示后，立即召集班以上干部开会，大家表示坚决拥护支队司令部的决定。在一个大雪纷飞的夜晚，邹凤山率一营三连指战员步行40多公里，袭击了归绥郊区陶卜齐附近的一个匪巢。土匪头目是绰号叫"干豌豆"（意为豌豆皮也要榨出四两油来）的惯匪肖顺义。这次奔袭，部队共俘获排长以上土匪头目24人，缴获长短枪70余支，战马100余匹。一夜之间，绥南部队由步兵变为骑兵。

在战斗中缴获的马匹，远远不能满足需要，部队不得不深入村庄，去动员那些具有爱国思想的蒙古族上层人士和地主，为八路军捐献马匹。武川县五合乡和三元井乡一带教会势力庞大，控制这一带的神甫是比利时人，教堂里配备有骑兵武装，对教徒控制甚严，一些大户有心为抗日捐献马匹，但慑于教会势力，不敢做出善举。姚喆了解到这一情况后，率领四支队政治干部樊炽华、田恩民亲自去教堂，向神甫宣传共产党和八路军的宗教政策。在姚喆的耐心劝导下，比利时神甫不但不再阻止教徒支援抗日，还将教堂里的马匹捐献给大青山支队。这样一来，绥中地区部队顺利地筹集到军马数百匹和一批军用物资。

组建骑兵，除了解决马匹和鞍具外，还要提高指战员的认识，掌握骑兵技术。大青山支队除了当地新补充的士兵外，包括四支队在内的大多数指战员不会骑马，不懂骑马战术，更不会养马驯马。有些战士觉得当骑兵要铡草筛料，半夜起床添料，大清早还要饮马、遛马，太麻烦，不如步兵省事，还有些战士畏惧战马烈性等。

姚喆虽在井冈山革命根据地和长征途中骑过马，但对骑兵了解不多，更谈不上养马驯马。为了做出表率，姚喆主动拜当地马倌和善骑射的蒙汉群众为师，向他们学习驯养方法和乘骑技术。广大指战员信心倍增，提高了思想认识，克服了畏难情绪，很快掀起一个比学马术的高潮。姚喆还将饲养、乘骑经验总结提炼成一首首朗朗上口的歌诀，如："脚尖跟蹬，身略前倾，两腿夹紧，屁股坐稳""草膘，料劲，水精神"和"草短，料净，水要清"等。指战员们对照歌诀，在蒙汉群众手把手的指导下，经过一段时间的刻苦训练，不但学会了驯养战马的方法，还掌握了一整套乘骑作战的本领。为了适应战争环境的需要，不断提高游击部队的作战能力，姚喆还提出"一边打仗一边建，一边行军一边练"的口号，带领指战员们在战斗空隙时间，或头顶晨曦，或身披残阳，驰骋在广袤的草原上，展开马上瞄准、马上劈刺和策马追击等训练。不久，大青山抗日游击支队很快成为一支强劲的骑兵部队。

1939年底，姚喆将分布在绥南、绥中、绥西三个地区的四个大队整编为三个骑兵营，加上四支队所属四个连，下辖 13 个连。1940 年 5 月 28 日，大青山支队骑兵营扩编为团的建制，兵力最多时达到 2000 余人。

姚喆十分重视并坚决贯彻执行党团结抗日的民族政策，对蒙古族同胞平等相待，以兄弟相处，尊重蒙古族、回族的宗教信仰和生活习惯，不准战士们影响他们正常的宗教活动，因而赢得了少数民族群众的尊敬和信任。姚喆还亲自给一些较有影响的宗教人士、蒙古族牧主、大户做工作，得到了他们的理解、同情和支持，有的还为八路军提供情报，掩护伤病员，购买急需物资，一些喇嘛庙甚至成为中共地下工作的联络站。

在姚喆参与领导下，大青山支队与伪蒙军各师基本上建立了联系，其中有的和八路军订立了"互不侵犯"的秘密协定，有的还为八路军提供武器弹药和其他军用物资。对此，贺龙曾说："姚喆不但是'姚一刀'，而且还有'姚一手'，不但有勇，更加尚谋。这一点，彭大将军可能没有发现。"

1940 年 8 月，根据上级首长的指示，姚喆在武川县西梁村主持召开了绥远各族各界各抗日民主党派代表会议，成立了"绥察行政办事处"，制定

大青山支队与游击队

了"绥察施政纲领",成立了绥西、绥中、绥南三个专署,建立了九个县的抗日民主政权,并派出一批干部组成绥东工作团在绥东开展工作。到第二年年底,丰镇、集宁、兴和、商都等县都相继建立了区县政权和抗日的群众组织,同时发展了数百人的骑兵游击队,整个大青山的骑兵发展到3500多人,并形成了辽阔的晋绥抗日根据地,不但有力地捍卫了党中央所在地陕甘宁边区的安全,而且还为坚持和扩大大青山抗日游击根据地,发展抗日民族统一战线,粉碎日伪军一次又一次的"扫荡"和"治安强化运动"〔治安强化运动是抗日战争期间日本侵略者为巩固和加强在华北的统治,强迫推行的一种屠杀与怀柔(奴化)相结合的政策和措施〕,反对国民党顽固派限共、反共做出了卓越的贡献,建立了不朽的功勋。

1940年春,国民党反动派发动第一次反共高潮,"绥远民众抗日自卫军"中有近万人马在国民党中央及绥远当局的统辖下,名为抗日,实则在大青山地区不断制造摩擦,阻挠和破坏我大青山军民的抗日斗争;秘密与日本侵略者勾结,准备随时投敌,蒙汉群众气愤地称他们是"灭蒙助日亡国军"。为了聚歼这伙日寇走狗,姚喆决定,按照"坚持抗战,反对投降;坚持团结,反对分裂;坚持进步,反对倒退"的方针和"人不犯我,我不犯人;人若犯我,我必犯人"的原则,坚决实行自卫反击,彻底扫除抗日道路上的障碍。在这一年春节的一个多月时间里,骑兵支队与"自卫军"连续进行了十多次战斗,共俘虏"自卫军"2000余人,缴获长短枪1000余支、电台9部。"自卫军"遭沉重打击后,其残余势力全部向河套地区溃逃。

应对扫荡出良策

日寇对"蒙疆"的战略地位极为重视,把"蒙疆"的北部地区划为"防共"特殊区域,大青山就在这一区域之内。从1941年春开始,日寇为了达到其"以华制华"和"以战养战"的目的,在大青山地区推行极为残暴的"治安强化运动"和"施政跃进运动"(即对抗日根据地边沿区和游击区实行"蚕食政策"，对抗日根据地腹地则集中重点施行连续的"围剿""扫荡"和野蛮的"三光政策"）。首先，对大青山根据地的"扫荡"更加频繁，规模更大，每次"扫荡"，出动兵力都在一千人以上，多时达四五千人。"扫荡"时间少则一个星期，多则一两个月。"扫荡"时采取"分进合击""铁壁合围""梳篦式""穿梭式"等手段，步、骑、车相结合，有时还配有飞机。其次，日寇对大青山根据地实行军事、政治、经济、文化一齐进攻的所谓"总体战"。最为毒辣的是对我根据地实行封锁围困的"囚笼"政策。日寇在大青山和蛮汗山周围修筑了几十条公路、一百多个据点，筑建了一大批碉堡，在交通要道附近的重要村庄分兵驻守。

　　整个大青山根据地时刻处于紧张的战斗状态，基本上每天都要打仗，有时一天打几仗。为了防止敌人突然袭击，部队指战员经常是白天上山隐蔽，夜间下山吃饭、宿营，天亮前再上山。连续几个月枪不离人，马不卸鞍，和衣而睡，抱枪而眠，一有情况，立即出发。甚至擦枪时也要将零件放在一块布上，有了敌情，包起就走，上山后再装起来。由于敌军的经济封锁，部队粮食供给经常断绝，有时几天吃不上饭，只得靠野菜充饥。在滴水成冰的寒冬，由于服装缺乏，不少同志还穿着单衣，鞋子烂得不能再穿时，就将牛皮、破毡片绑在脚上走路。部队行军到了驻地，战士们的鞋、袜常常冻在一起脱不下来，耳、鼻、手、脚被冻伤是常事。

　　面对日寇疯狂的"扫荡"和惨绝人寰的"三光"政策，姚喆率领大青山骑兵支队广大指战员，与敌人展开了坚决的斗争，粉碎了日伪军无数次的"扫荡"和"围剿"。绥中地区是大青山抗日游击根据地党政军领导机关活动比较集中的地区，在1941年这一年中，日寇先后对绥中"扫荡"了五次。其中最残酷的有三次。每次日寇疯狂扑来，姚喆都果断地率领部队官兵巧妙地撤离到外线，其阴谋没有一次得逞。

　　据八路军老战士、原四支队成员张光仪发表在《蛮汗山抗日根据地回忆片段》中记述大青山抗日游击战争的残酷时说："仅以原四支队为例，最初有二百多人（四支队进入大青山后，部分人员根据上级安排，转入党政系统从

姚喆阅读农民送来的信件

事地方或统一战线及地下工作，故比出发时人数减少），在坚持了七年之后，只剩下屈指可数的十几个人了。像阎焕景、阎焕耀、阎焕春三兄弟，全部牺牲在大青山。"

在大青山游击战争进入困难时期和日寇加紧部署大规模"扫荡"的情况下，党中央和一二〇师首长贺龙、关向应对这里的局势极为关注，并为大青山骑兵支队增调力量。1941年秋，姚喆奉命到延安和晋西北汇报工作，朱德和贺龙当面指示：大青山斗争要作长期打算，要搞好军事隐蔽，麻痹敌人，保存革命力量，坚决达到坚持这个战略要地的目的。针对大青山环境恶劣、干部牺牲较多的实际情况，在当时各抗日根据地都缺乏干部的情况下，党中央一次就从延安抽调200多名干部，随同姚喆一起来到大青山，使大青山根据地的干部队伍及时得到补充。

姚喆根据敌强我弱的总形势，明确提出："保存自己，消灭敌人，有利就打，不利就走"。他指挥部队充分利用自己熟悉的地形和山地便于游击活动的特点，不断变化战术：当敌人分区、分阶段"扫荡"时，就指挥主力向未"扫荡"地区转移，使敌人"扫荡"扑空；当敌人分数路同时进攻，实行全面"扫荡"时，就率领队伍迅速钻空子，由内线跳到外线，集中优势兵力打击、歼灭其一路或其少数部队；当"扫荡"之敌兵力过大，难以找到歼敌机会时，则将部队化整为零，分路突围，进入敌人力量达不到的空虚地带和敌据点附近隐蔽活动，或相机袭击敌守备薄弱的据点。

在具体战法上，姚喆命令各作战单位灵活使用集中和分散、分进和合击、攻击和防御、突击和钳制、包围和迂回、前进和后退相结合的各种战术，准确地选择有利时机和敌之薄弱点，采用打伏击战、夜战和长途奔袭的方法，速战速决。

走向胜利新曙光

1942 年 10 月 15 日，日伪军 6000 余人，突然包围了绥西各山口要道，继而进行大规模的"梳篦式清剿"。

前后几天时间，绥西部队和党政工作人员七八百人在德胜沟、井儿沟、万家沟、白石头沟、一前晌等地被敌包围，情况十分紧急。为了解救被围困的部队官兵，姚喆沉着勇敢，率领部队与敌人进行了六次战斗，然后命令各部化整为零，有准备地分散转移。

为了钳制敌人，姚喆在各部队转移后，带领教导大队埋伏于德胜沟西面。当一路 200 余名日寇进入沟内时，姚喆一声令下："开火！"

教导大队指战员突然以猛烈的火力向敌人射击，几十个日寇应声倒地，结冰的河沟里留下侵略者的片片血迹。教导队的勇士们则乘敌混乱之际迅速转移。

为减少目标，教导大队分成小分队活动。姚喆只带了一个班转移到绥中。日寇的"梳篦式清剿"历时一个月，于 11 月 14 日结束。

在敌人的大"扫荡"结束后，姚喆立即率机关、部队和游击队重返绥西。这时候的绥西，德胜沟等驻地已被敌人侵占，房屋被烧毁，窑洞被炸塌。姚喆命令骑兵三团团长蔡久率部队穿插到武川县西北和固阳一带平川活动，瞅准时机打击小股敌人。姚喆带领教导大队和部分党政干部共 150 余人，由骑兵改为步兵，将马匹寄养在老百姓家里，顶风冒雪，转移到了荒无人烟的大青山最高峰——石虎子山。

石虎子山群峰环抱，灌木丛生，周围一二十公里没有人烟，敌人也不敢在山上设立据点。还没到 11 月，石虎子山早已大雪纷飞，滴水成冰。部队无处宿营，指战员们冒着零下二三十摄氏度的严寒，拾柴烧开冻土，在山上挖出一个个不到两米长、一米宽、半米深的地坑，再在上面搭起一座座茅庵窝棚，用来避风宿营。山上风大，窝棚不能搭得太高太大，一般人都要猫着腰进出，抬头就能碰上棚顶。因天气奇冷，须经常在窝棚内生火驱寒，指战员们一个个都被熏得黢黑。

绥西群众食不果腹，平川老百姓一块大洋买不到二斤高粱面，山区群众都是吃灰菜籽度日。部队粮食极为困难，虽然有时群众冒着生命危险送来一点粮食，但仍满足不了需要。在开始的一段日子里，每人每天还能吃三四两小米或喝点莜麦糊糊，后来无粮断炊，大家只能扒开积雪寻找野菜籽。没有石磨，野菜籽舂不烂，他们就用两块石板将野菜籽挤碎。尽管这样，因为野菜籽太难寻找，他们也只能多放一把雪，将野菜籽熬成粥喝。

在这段极为艰苦的日子里，姚喆同大家一起搭窝棚、喝野菜籽粥，还踏着没过膝盖的大雪拾柴烧火。他谈笑风生，给战士们讲红军艰苦奋斗的故事，鼓励大家打起精神战胜困难。他常说："我们决不能让日本鬼子侵占祖国的一寸土地。只要大青山还有我们的一名战士，那就证明，大青山还是我们的！"战士们看到司令员坚持在山上与大家一起战斗，并且是那样的乐观自信，都受到鼓舞，更坚定了必胜的信心。

姚喆在大青山山洞中研究作战方案

正是凭着这种坚强的意志和毅力，英雄的大青山军民不仅战胜了敌人的"梳篦式清剿"和全面封锁，而且经受了严寒、饥饿和各种困难的严峻考验。

1943年3月，晋绥军区决定调姚喆带着教导大队回晋西北整训。是月13日，姚喆由绥西出发，于22日抵达偏关。

1945年2月17日，党中央为加强绥远工作的领导，决定成立绥蒙区党委，以姚喆、高克林、张达志、乌兰夫等10人为区党委委员。

4月23日，党的七大在延安胜利开幕，姚喆出席会议。会议召开不久，毛泽东、朱德决定调陕甘宁边区联防军骑兵旅增援大青山根据地，由姚喆指挥。

会议尚未结束，姚喆即奉命率领骑兵旅、晋绥军区步兵第九团和第二十七团重返大青山。

7月，党中央、中央军委决定，塞北军分区改为绥蒙军区，任命姚喆为司令员。

8月，遵照毛泽东《对日寇的最后一战》的指示，姚喆指挥绥蒙地区的步骑部队昼夜兼程，向敌占区挺进，配合晋绥军区和晋察冀部队攻打归绥，迫使日本侵略军放下武器，并占领了平绥线除包头、归绥以外所有重要城镇。

9月2日，日本在投降书上正式签字，中国抗日战争胜利结束，大青山抗日游击战争取得最后胜利。

抗日战争胜利后，姚喆任西北野战军八纵司令员，一野八军军长。

中华人民共和国成立后，姚喆历任绥远军区副司令员，第二十三兵团副司令员。1951年，姚喆率部入朝参加抗美援朝战争。回国后历任中国人民解放军总高级步兵学校第一副校长、校长，武汉军区副司令员，1955年被授予中国人民解放军中将军衔。

1979年春，姚喆抱病赴京参加全国政协常委会议。5月27日，在返回武汉途中，他突然休克，虽立即返京抢救，终因医治无效逝世，终年73岁。

在姚喆逝世一周年之际，内蒙古自治区政府派代表到武汉，将姚喆的骨灰接回呼和浩特市。时隔27年，姚喆的英灵又回到了内蒙古，他的英魂与巍峨的大青山相伴永存！

一寸山河一寸血
十万青年十万兵 ┃ —— 云继先小传

云继先（1907—1936年），曾用名云星槎（黄埔军校学习期间），蒙古族，光绪三十三年（1907年）出生于土默特右旗水涧沟门乡后湾村，其父云亨（1884—1925年），是内蒙古地区辛亥革命元老、著名领导人，曾积极参与推翻满清帝制活动，以思想进步而闻名，是内蒙古西部地区颇有影响的旧民主主义革命者。

云继先6岁丧母，从小跟随祖父母长大。少年时在本村读私塾。1923年秋，与乌兰夫、奎璧、云长河、朱实夫等入北京蒙藏学校读书，受李大钊、邓中夏影响，追求进步。1924年加入社会主义青年团。

1925年底，李大钊将云继先与朱实夫（1907年生，原名朱世富，蒙古族，土默特人，共产党员。1941年因劳累及战伤发作病故）等同时送入黄埔军校第四期学习，毕业后和云耀先（1896年生，蒙古名谦登若宪，别号一介，1896年生于土默特旗土默特察素齐镇，中国共产党早期优秀党员、黄埔军校一期生——樊尚仁注）分在一处，先在国民革命军第六军、后转至第一军，云耀先任第三师第七团团长，云继先任第七团的一个营长。

1927年4月，北伐军从徐州出发向济南挺进，在徐州茅村战斗中，荣耀先壮烈牺牲，年仅 31 岁。

次年，云继先和孙绍文奉部队党代表之命，将云耀先遗骨运回内蒙古家乡安葬，后到南京驻防。

1930 年，云继先进入国民党南京军政二校蒙藏高级教育班学习。

1931 年，云继先升任国民革命军第一军三师二十六团副团长、团长。

1932 年秋，锡林郭勒盟（简称锡盟）副盟长苏尼特右旗王爷、德穆楚克栋鲁普亲王（德王）和一些蒙古族王公贵族发起了"内蒙古高度自治运动"，邀请云继先担任学生队教官，训练一支蒙古族武装。云继先从南京回来后，征求乌兰夫的意见。乌兰夫认为云继先到学生队当教官是好事，既可以掌握德王自治活动的情况，又可以利用合法身份向学生队宣传抗日思想。蒙古干部学生队成立后，云继先任队长。

1934 年 4 月，德王在百灵庙成立了蒙古地方自治政务委员会（简称"蒙政会"），云继先担任蒙政会保安处二科科长，负责学生队和干部的训练。此时朱实夫也来到百灵庙，任蒙政会三科科长兼教官。同年 5 月，云蔚（蒙古族，1915 年出生，土默特左旗沙尔沁乡小营子村人，云布龙之父——樊尚仁注）从黄埔军校第九期毕业，分配到百灵庙蒙政会保安队，任新兵中队副队长兼教官。

到 1935 年秋，保安队员发展到 1000 余人，大多为土默特旗人。其间，蓝衣社特务为了侦察蒙政会的内情，组织了"内蒙（古）旅行团"来百灵庙一带活动；国民党政府多次派员来百灵庙与德王讨价还价；日本间谍中岛万藏等也时常活动于百灵庙地区，绥北重镇百灵庙一时成为各方争夺之地。

为了揭露日军侵略阴谋，团结争取这支保安队，促其早日反正，中共西蒙工委派共产党员赵诚、云清等人，打入保安队，做地下宣传鼓动工作。乌兰夫、奎璧、李森等也曾先后赴百灵庙了解情况，传递信息，商讨对策。

1935 年秋冬之际，李森专程来到百灵庙，向云清、赵诚、赵俊诚、云蔚传达中央红军到达陕北的消息，向大家提出："你们准备怎么办？"

李森走后，云清召集党员赵诚、赵俊诚和党外骨干分子云蔚、纪寿山、云飞扬等人，两次在百灵庙东山坡开会，商议组建"红军响应队"，准备武力改组蒙政会成为抗日机构。不料会后有人告密，云蔚被德王解除职务，收走了手枪。

不久，乌兰夫以土默特旗教师身份两次来到百灵庙，劝说德王不要投敌叛国，探知德王投靠日寇的决心已定。乌兰夫在云蔚住处找到云继先、朱实夫和赵诚商量对策，并嘱咐道："如果德王不回头，一定要把他下面的人控制住。要让士兵懂得爱国，懂得当亡国奴没有出路，是死路一条。"

云继先多次劝说德王不能和日本人来往，但是德王一意孤行。1935年12月，德王接受伪满洲国的邀请去长春访问并会见了溥仪，公开与日本人勾结。奎璧、克力更等人把德王的情况印成传单送到保安队，揭露德王准备投靠日本人、出卖民族利益的罪恶行径。保安队官兵不愿给日本人当炮灰，人心思变。就在这时，绥远省政府主席傅作义与国民党要员巴文峻正在策划成立"绥境蒙政会"，拟说服百灵庙蒙政会的官员离开德王，参加绥境蒙政会，以此削弱德王的势力。

1936年2月10日，德王在日本帝国主义操纵下，在苏尼特右旗德王府成立所谓的"蒙古军总司令部"（由日本关东军幕后操纵），自任总司令，还专门设立了日本顾问部，继而又组建"蒙古军政府"，其叛国投日的心迹已化为具体行动，引起蒙古族各阶层人民的极大愤怒，蒙政会内部也动荡起来。

2月18日，云继先和朱实夫在家乡过完春节回到百灵庙，找到云蔚商议如何对付德王。三人约定五天后的2月22日23时30分举行军事暴动。但到21日，云蔚发现敌人动态异常，德王的亲信已经起了疑心，三人紧急磋商，决定提前24小时举行暴动，并明确了分工，派人去归绥向傅作义报信。

2月21日晚10时，云继先、朱实夫、云蔚指挥暴动的官兵根据预先策划的暴动计划，分六路行动：一路警戒德王的袍子队，以保障暴动顺利进行；一路到南营盘，占据下山通道；一路攻打蒙政会稽查处和看守所；一路去德王设在大庙的军械库夺取武器；一路强占并捣毁蒙政会的电台，切断蒙政会与德王府的联系；一路到蒙政会机关说服动员文职官员支持和参加暴动队伍。

百灵庙武装暴动（油画）

云继先和朱实夫带领一路人马直奔南营盘去解决新兵大队的问题。很快就按计划把新兵大队拉到河滩，待打开军械库后去领取武器，同时留下所有伙夫，为暴动部队准备早饭。

与此同时，云蔚说服了巴征玉中队，秘密接近蒙政会稽查处，击毙顽固不化的稽查处处长李风诚（此时德王正与蒙政会骨干陈绍武等人在苏尼特右旗的德王府筹备伪蒙古军司令部事宜，由其主持百灵庙蒙政会工作），释放了看守所关押的士兵，向他们讲明保安队暴动、脱离德王、走抗日道路的大意。随后，云蔚来到蒙政会文职官员住的地方，把大家集合起来，宣布了暴动的决定。

同时派人给云继先送信，得到消息的云继先迅速带领新兵大队到军械库，夺得大量枪支弹药。攻打电台的部队见报务员已闻讯逃跑，便将电台所在的蒙古包内的箱柜砸个稀烂。但因士兵不认识电台，未将电台彻底毁坏，待他们离开后，报务员便返回蒙古包利用电台向德王府报告了情况。

凌晨2时许，完成任务的各路部队在南营盘集合，云继先将保安队近千名官兵和几十名文职人员组成的暴动队伍编为一个大队、两个分队，自任大

百灵庙暴动纪念碑

队长，朱实夫担任副大队长，两个分队均指定了负责人。

4时许，暴动队伍冒着零下30多摄氏度的严寒离开百灵庙，向东南方向的武川进发。当暴动队伍行至黑沙图时，遭到蒙政会派来的乘汽车的乌谤守备队步兵（一说"袍子队"）和达尔罕旗保商团骑兵的追袭。他们携重机枪数挺与暴动队伍激战近四小时后退走。

当天，保安队二中队队长陈应权（中央陆军军官学校毕业）根据云继先事先安排，将驻在乌拉特中旗的二中队带到武川二份子会合。两部分暴动人员会齐后，暴动队伍达到1000多人。绥远省政府将暴动部队暂编为"绥境蒙旗保安总队"，下设两个大队，六个中队，两个特务队，成为一支装备较优、

百灵庙抗日武装暴动通电（国民党《中央日报》1936年2月26日）

战斗力较强的部队。任命云继先为少将总队长，朱实夫为上校副总队长，云、朱分别兼任大队长。

云继先命令部队在白音陶勒亥村住下，当夜，让文职人员和体力差的官兵乘坐傅作义派来的汽车先走。23日，孙兰峰的三十五军四二一团按照傅作义的命令将暴动队伍秘密包围，诱劝"暂时'交枪'，由该军汽车队运送至大青山前，等防地确定后，即将原枪械发还"。

官兵考虑到将来的出路，交了多数步枪、机枪，手枪却一支未交。

25日，在傅作义的策划下，由任秉均（蒙政会财政委员会科长）等起草、绥远省政府秘书长曾厚载改稿，以云继先的名义，向国民党中央发出通电，揭露德王投靠日本的行为，声明脱离百灵庙蒙政会。

暴动队伍到台阁牧后，接受了傅作义临时给予的"萨拉齐防共大队"和"归绥防共大队"两个番号，分驻在萨拉齐县的水涧沟门板申气一带和归绥县的三两村。

百灵庙暴动后，德王对云继先等人恨之入骨，派人潜入水涧沟门暴动队伍的驻地进行策反。7月，"萨拉齐防共大队"驻板申气村一个分队的100多名官兵哗变。

云继先得知情报后，立即率部由水涧沟门赶去阻击，击毙2人，其余都被拦截回来。

同时，傅作义也对这支暴动队伍怀有戒心，严加防范，处处刁难。不仅不归还收走的武器，不发军饷，而且进入夏季也不给换夏装，还派人威胁训斥士兵。加之云继先挪用了国民政府所发的 5000 元买马费买了面粉，以保证官兵的伙食，却不想引起了部分官兵对云继先的严重不满。

这年 9 月，绥远省参议赵锦标给暴动队伍训话，无端指责暴动队伍不安分、不老实，进行露骨的威胁，激起广大官兵的愤慨。这时混在革命队伍中的德王爪牙章文锦等人乘机煽动，于 9 月 13 日策动哗变，首先在毕克齐绑架了云继先的警卫员韩伍，接着以"喝兵血"为由，囚禁了云继先和朱实夫、云蔚，让云继先交出挪用的军饷。云继先驳斥了敌人的谰言。夜色未尽时，把云继先秘密枪杀了，部队立刻陷入一片混乱，一部分士兵跟着章文锦投奔德王去了。

傅作义闻讯后，派出一支机械化部队快速追赶，将他们大部分枪杀在大青山一个山沟里，只有七八个人跟着章文锦跑回百灵庙。

1937 年春天，傅作义将百灵庙暴动队伍重新组建为"蒙旗保安总队"，国民党政府委派白海风担任蒙旗保安总队的总队长，乌兰夫和云蔚的大姐夫孟纯（共产党员，内蒙古地区早期革命者，在北京蒙藏学校读书时给中国共

烈 士 证 明 书

云继先 同志 在对敌斗争中 牺牲，被评定为烈士。特发此证，以资褒扬。

中华人民共和国民政部
2018 年 月 28 日

产党主要创始人李大钊当过交通员——樊尚仁注）也进入部队。不久，蒙旗保安总队改编为蒙旗独立旅，驻守在包头固阳。

1937年七七事变后，全面抗战爆发。德王派章文锦秘密潜回固阳，准备再次策反部队，第二天就被云蔚抓获。经请示乌兰夫和白海风后，在固阳城墙下处决了章文锦，为云继先报了仇。以后这支部队又几经改编，逐步壮大，在共产党的实际领导下，为中国人民的解放事业立下了汗马功劳。

百灵庙暴动不仅打响了蒙古族武装抗日的第一枪，迟滞了日本侵略内蒙古中西部地区的计划，也鼓舞了全国人民御侮救亡的斗志，是中华民族团结起来共御外侮的序曲。毛泽东亲笔题词："少数民族，特别是内蒙（古）民族，在日本帝国主义的直接威胁下，正在起来斗争，其前途，将和华北人民的斗争，和红军西北的活动汇合在一起。"国民党南京政府《中央日报》以"蒙政会科长云继先等，率众脱离百灵庙"为题，做了专门报道。百灵庙暴动的主要领导者、蒙古族抗日英雄云继先，以其热血男儿的铮铮铁骨和大智大勇，在中华民族危亡之际，义无反顾，挺身而出，写下了可歌可泣的不朽篇章。

探虎穴兮入蛟宫
仰天呼气成白虹 ——贾力更小传

贾力更（1907—1941 年），蒙古族，原名康富成，蒙古语名吉尔格勒，曾用名巴音巴图。光绪三十三年（1907 年）出生于内蒙古土默特旗把什村（今属土默特左旗察素齐镇）一个蒙古族农民家庭。

贾力更是中国共产党第七次全国代表大会代表（参加会议的路上牺牲）。

1922 年秋，贾力更入土默特高等小学（今呼和浩特土默特学校。始建于清雍正二年，称"启运书院"，1907 年改为土默特高等学堂，辛亥革命后改为土默特高等小学校——樊尚仁注）读书。1923 年 5 月，他参加了归绥（今呼和浩特市）学界为纪念五四运动和"五七国耻日"掀起的抵制日货运动，在大闹"盛记"洋行的反帝爱国斗争中，参加纠察队，在旧城大街上查封日货。

1925 年 2 月，贾力更考入北京蒙藏学校附中插班学习。在校期间，受中国共产党北方负责人李大钊、邓中夏等人的启发教育，研读《新青年》《向导》等革命刊物，接受马克思主义思想。"五卅"运动爆发后，他和同学们投入"沪案雪耻"运动，坚持罢课，多次参加中国共产党领导的游行示威和宣传活动。是年冬，参加内蒙古农工兵大同盟在绥远的筹备工作，并加入中国共产主义青年团，不久转为中国共产党党员。

1926年初，贾力更受中共北方区委派遣，到广州在毛泽东主办的第六届农民运动讲习所学习。结业前去海丰实习，目睹并参加了农民运动的实践。10月中旬回到归绥，在中共绥远地委领导下，以国民党绥远特别区党部农民运动特派员身份活动于归绥西区，积极在把什、察素齐、毕克旗一带发动群众，组建农民协会，发展党员，建立中共地下基层党支部。

1927年春，贾力更与王建功一起领导毕克齐农民反清丈土地斗争，并乘势于3月28日在归绥城南孤魂滩召开绥远农民大会。会后，率领数千名农民、工人、学生在市民支持下，到绥远特别区都统衙门请愿，迫使都统商震接受农民要求：停止丈地、取消开放烟禁决定、撤销垦务督办、革除归绥县知事等贪官的职务，斗争取得胜利。

"四一二"反革命政变后，中共党组织遭受到严重破坏，许多共产党员被捕入狱，贾力更也受到通缉。他和吉雅泰、奎璧、赵诚、高布泽博、勇夫等来到包头，在李森的掩护下隐蔽在土默特蒙古族地方武装"老一团"，继续秘密开展工作。

1929年3月，按照党组织的安排，他与李森、勇夫、三得胜等人赴蒙古人民共和国党务学校学习深造。他们从土默特旗出发，历时两个多月才到达乌兰巴托，入蒙古人民共和国党务大学学习。毕业后，于1932年被分配到赤色职工国际中国工人俱乐部任干事长兼会计。1937年8月回国，在包头、归绥、大同一带从事地下抗日斗争。并与中共党员杨植霖、奎璧等领导了土默川人民的抗日救亡运动。他在归绥西打尔架村据点，以做小买卖为掩护，挑着货郎担进城串乡，侦察敌情，相机打击敌人。

1938年秋天，贾力更侦知日本侵略军在大同城北的卧虎湾设有一座大型军火库，储存着大批武器弹药。经进一步查明，敌人企图以此为军火基地，向南进攻晋西北抗日根据地，向西进攻伊克昭盟（今鄂尔多斯市）和后套地区。贾力更决定，立即行动，坚决炸毁这座军火库。于是，组成三人爆破小组前往大同。他安排两个组员做策应，自己化装成乞丐，乘日军抓劳工的机会当上了搬运军火的苦力。又经过几天细心观察，掌握了库内军火存放地点和敌人的戒备情况，制订了具体的行动计划。一天深夜，他趁夜黑摸出工棚，从负责接应的同志那里取来制作炸弹的汽油、硫酸和麻纸，顺利带入军火库。第二天收工时，趁四下无人，闪进一排排高高的弹药箱间，将炸弹安装妥当，迅速撤离现场。等到深更半夜，一声巨响，接着就是连续不断的爆炸声，卧虎湾顷刻之间变成一片火海。此后，他与李森等一起创建了蒙古抗日游击队，并担任第一任政委。

1938 年 8 月，党中央派李井泉率领大青山支队和动员委员会晋察绥边区工作委员会游击第四支队挺进大青山地区，创建大青山抗日游击根据地。贾力更及时与八路军大青山支队取得了联系。10 月，支队派出一个工作队，开辟南平川的工作。贾力更发动蒙汉群众全力支援大青山抗日游击根据地的创建。他致力于蒙古民族工作，在群众中宣传党的民族政策和主张，宣传八路军抗日救国英勇杀敌的事迹和人民子弟兵秋毫无犯的作风，为改善部队与群众的关系做了大量工作。

贾力更积极引导蒙古族青年投身革命，为党培养少数民族干部做出了重要贡献。除了大批吸收蒙古族青年参军和在各级政权组织中担负工作外，还特别注意培养和输送蒙古族青年前往延安学习。他循循善诱地启发这些青年，给他们讲解革命道理，用许多事实说明，真正抗日救国的是八路军，跟着共产党走才有光明前途，从而唤起他们的革命热情，引导他们走上了革命道路。

1939 年 8 月 29 日，第一批前往延安的 22 名蒙古族青年出发了。贾力更把他们护送到黄河岸边，交给前来接应的同志。接着，又动员了第二批、第三批。这些青年在革命圣地延安受到党中央的直接关怀和培养，迅速成长起来，后来成为蒙古民族解放事业的骨干。

在大青山抗日游击根据地创建初期，由于日军进行民族挑拨和伪蒙疆自治政府的欺骗宣传，很多群众对八路军怀有戒备心理。作为蒙古族共产党员的贾力更，十分注意在群众中特别是在蒙古族群众中宣传党的民族政策和主张，宣传八路军抗日救国英勇杀敌的事迹和人民子弟兵纪律严明的作风，并为改善部队与群众关系做了大量的工作。

为建立更加广泛的抗日民族统一战线，贾力更奉党组织的指示，积极争取伪蒙军政人员抗日。他与杨植霖、王威等人为争取伪塞外防共二师师长韩五反戈抗日做了大量细致的思想工作。他曾数次只身潜入察素齐，耐心向韩五介绍全国的抗战形势，揭露日本侵略者以"复兴蒙古族"之名，行吞并内蒙古、分裂中国之实，宣传中国共产党的抗日民族统一战线主张，指出："蒙古民族的解放与振兴，只有在中国共产党的领导下，赶走帝国主义侵略者，才有可能实现。"

贾力更语重心长的话触动了韩五，他表示，日本侵略者虽然收编了我的部队但收买不了我的心，我绝不做蒙古民族的败类。后来，根据韩五的要求，八路军曾派人到防共二师秘密开展工作。韩五多次帮助八路军解决武器弹药、通信器材、服装等供给困难，掩护八路军军政人员前往敌占区执行任务，并提供军事情报，有力地配合了大青山抗日游击根据地反封锁反"围剿"斗争。贾力更还争取伪保甲团，使他们保持中立，或暗中为八路军工作人员提供方便，有的伪保甲团完全被八路军掌握。

1939年9月，中共土默特蒙古工作委员会成立，贾力更为首任书记，此后他相继担任中共绥西地委蒙民部部长、晋绥游击区行政公署驻绥察办事处（后改为绥察行政公署）蒙政处处长。他在中共土默特蒙古工委领导下，组建了"蒙古抗日游击队"，打击了日伪帮凶萨县缸房营子天主教堂；歼灭了和林格尔陈家一间房村伪骑兵团部；智擒日军小队长小野；夺取敌军大批军马，支援大青山游击队。展开反封锁斗争，穿越封锁线，把粮食、土盐、武器弹药、通信器材、纸张文具和药品等机智地输送到抗日根据地。由于工作出色，被根据地指战员誉为"军需部长"。1939年底，中共绥蒙区党委指派他为出席中共第七次全国代表大会代表。

1941年3月，贾力更被调回延安学习并参加中共七大。组织上决定，让一批蒙古族青年学生跟随大青山骑兵支队姚喆司令员一起去延安。3月19日，姚喆、贾力更一行人来到绥西张启明沟，正准备开饭，突然发现300多日伪军从东北面围追过来，姚司令员率护送部队堵击敌人，掩护贾力更带领青年们向南山坡朝天沟方向转移。

贾力更沉着地组织大家迅速撤向南山梁。在距离南山梁不远的地方有一块开阔地，当贾力更带领最后几个青年冲到开阔地时，被封锁的敌人射来的一颗子弹击中胸部，贾力更以身殉国，时年34岁。

贾力更牺牲后，延安中共中央、大青山八路军部队和晋西北边区等地分别举行了隆重的追悼大会，遗体安葬在大青山朝天沟的山洞里。中华人民共和国成立后，土默特旗政府在把什村后的狮子山上修建了革命烈士公墓，将贾力更烈士的遗体迁葬到公墓内。1986年，"贾力更故居"被确定为内蒙古自治区重点文物保护单位。土默特左旗在把什村修建了"贾力更烈士纪念馆"。他的故事被内蒙古电影制片厂拍摄成电影《抗日英雄贾力更》，于2009年3月30日在全国各地公映。

山重水复疑无路
柳暗花明又一村 ┃ ——韩五小传

韩五（1907—1942 年），又名王潘伍，清光绪三十三年九月初九（1907 年 10 月 15 日）出生在土默特旗水涧沟门（现隶属于包头市东河区）小沙尔沁一户贫寒的蒙古族家庭。因他在兄弟间排行第五，父母为他取名为"五"。

被生活所迫，韩五年仅 7 岁就上山打柴，10 来岁就给地主放牛，当长工。

1922 年，15 岁的韩五告别了亲人，离开家乡，开始了长期的闯荡生活。最初他投身行伍，先后混迹于阎锡山的晋军、冯玉祥的国民军和傅作义的晋绥部队；1932 年，他从傅作义驻绥远小校场的部队中拉出一个排上了大青山，不久溃散；后来他加入了德王把持的蒙古地方自治政务委员会保安队，参加了著名的百灵庙暴动（担任百灵庙暴动的主要领导者、蒙古族抗日英雄云继先的警卫员。云继先于 1936 年 9 月下旬被德王的亲信章文锦杀害），但最终又回到德王手下。

这时，屡经挫折的韩五下定决心组织一支蒙古族自己的武装。抗战初期，他先后两次招兵买马，拉起一支二三百人的队伍。1938 年夏，在日伪军的军事压力下，他被迫将这支武装编入伪西北边防自治军，后该军二、三团合编为塞外防共自治军第二师，即伪"防共二师"，驻防平绥铁路厚和浩特（现呼

大青山动委会驻地旧址武川县灯笼素村

和浩特）至包头之间的铁路沿线。

正当韩五受制于日军，内心感到内疚与苦闷之时，中共地下党员奎璧、贾力更、李森等及时帮助了他。他们语重心长地劝导，使韩五受到启迪，思想豁然开朗，心中充满了投身于中国共产党领导下的抗日斗争的渴望之情。八路军大青山支队代表的到来，让他的希望变成现实。从此，他投身于抗日救亡斗争，迈出了人生道路上崭新的一步。

为适应抗日救亡斗争的需要，韩五请求大青山支队领导派政工干部进驻自己的部队，开展政治思想工作，以整肃军纪，改造队伍。组织上先后派于源、赵诚、吴健勋前往察素齐镇协助韩五开展工作，使部队的精神面貌发生了很大变化，韩五也从中受到了教益。

此后，经中共绥中特委书记杨植霖、八路军大青山支队政治部主任彭德大等的进一步工作，韩五的思想觉悟有了较大提高。他信守承诺，诚心诚意地为抗日做了不少有益的工作。从1939年至1940年，韩五想方设法多次帮助根据地解决武器弹药、粮食、被服等供给困难。他曾以部队扩充兵员为名，从京、津等地为八路军购买轻机枪3挺、步枪近百支、子弹数万发。八路军大青山支队由步兵转为骑兵时，他先后从包头购买战马装具200副，支援骑兵建设。八路军急需换装，他从北京买来大批黄布，几经周折送到万家沟抗日根据地。在他的掩护下，察素齐镇的公和茂和义长永粮店成为中共地下工作的隐蔽点和物资转运站，大青山物资筹备委员会的同志们在南平川筹集到的物资都运往这里，然后转送根据地。他还及时向八路军提供军事情报，有力地配合了大青山根据地军民的反"围剿"斗争。

在韩五的指挥下，伪防共二师官兵与八路军配合默契，为八路军开辟与巩固抗日游击根据地创造了便利条件。经过斗争实践的锻炼与考验，韩五的思想日趋成熟，跟着中国共产党闹革命的立场更加坚定。

但由于没有很好地执行隐蔽政策，未能很好地掌握对伪军工作的策略和

抗战时期归绥（伪厚和浩特）城外的伪蒙古军哨兵

方法，致使韩五及其所部的活动逐渐引起了日军的注意和怀疑。

1940年5月5日凌晨，日军突然包围了察素齐和毕克齐镇，防共二师大部分官兵被缴械。20余名连以上军官和180多名士兵被转押于伪厚和浩特警察局和警察学校进行审查。韩五与吴健勋等机智地逃出察素齐镇，幸免于难。7月初，为营救被捕官兵，韩五冒险前往伪厚和浩特，结果于当天深夜，敌人就将连以上军官20余人枪杀于哈拉沁沟口，并将韩五软禁起来。数日后，由于韩五拒不招供，敌人又无确凿证据，迫于舆论压力，只得将他释放。

1941年春，韩五摆脱了敌人的监视，公开打出抗日旗帜，在水涧沟门等地召集旧部和吸收爱国青年入伍，重新组织武装。不到一个月，就组织起一支40多人的队伍。同时，很快与杨植霖、于占彪取得联系。八路军大青山骑兵支队十分关心这支队伍，支援了部分武器，并派人前来协助韩五做领导工作。

1941—1942年，这支队伍不断发展壮大，配合八路军在京绥铁路沿线多次与日伪军作战，颇有战功。同时，韩五利用各种关系，巧妙地分化瓦解敌人，尤其是争取地方伪保安团长、伪乡长、伪村长同情抗日，使他们为抗日做了一些工作。

对于韩五率众抗日，敌人恨得要死，一面派遣特务侦察韩五的行踪，一面设法收买这支队伍中的意志薄弱者，妄图从内部搞垮这支年轻的抗日武装。韩五曾数次遇险，但他临危不惧，机智地化险为夷。

1942年7月的一天，韩五率部转战到白只户村，在村西的民安庙内休息时，被隐蔽在革命队伍内部的奸细刘成科杀害，时年35岁。

韩五牺牲后，残暴的日军为发泄其强盗的兽性，竟然派人掘墓戮尸，并将烈士的头悬挂于伪厚和浩特城头。这桩戮尸悬颅的暴行，更加激起了蒙汉群众对日本侵略者的仇恨。

误入歧途风搅雪
终归正途道路宽 ——亢仁小传

亢仁（1907—1966年），又名墨力更巴图尔，蒙古族，光绪三十三年（1907年）生于土默特旗吴坝乡章盖营村（今土默特右旗萨拉齐镇下辖行政村），祖父察克都尔色楞为土默特旗右翼六甲世管佐领（清朝八旗佐领之一种，世袭之佐领），父亲扎拉芬，曾随绥远城将军办理垦务。

1926年，亢仁在绥远区立第一中学（今呼和浩特市第一中学）十三班读书时，由路作霖介绍加入国民党，并被选为国民党绥远党部候补执行委员。当时由于受共产党和进步思潮的影响，亢仁参加过学生运动。1927年秋天，国民党清党时因其没有登记，被当局误以为是共产党员，在萨拉齐关帝庙戏场逮捕入狱。出狱后考入北京大学，学习五年，于1932年毕业。

1932年，傅作义托汪瑞云授意亢仁与德穆楚克栋鲁普（德王）洽谈蒙旗事宜，后被委任为绥远省政府参议。1934年，蒙古地方自治政务委员会在百灵庙成立，亢仁任科长。同年改任该会驻绥办事处处长。1936年，伪蒙古军政府成立后，亢仁任伪处长。1937年，伪蒙古联盟自治政府成立后，亢仁被

1938年伪蒙古联盟自治政府要人合影。左三为德王，左四为李守信

委任为伪土默特旗总管。翌年，又被委任伪巴彦塔拉盟副盟长。1945年8月日寇投降后，亢仁积极投入革命阵营，到张家口参加了内蒙古自治运动联合会的工作。之后，担任内蒙古自治区人民政府民政部副部长，1952年10月至1957年1月，任昭乌达盟（现赤峰市）副盟长，此后又调任内蒙古自治区水利厅副厅长等职。

1966年亢仁病逝，终年59岁。

千里草原蒙神佑
蒙医蒙药度天年　　── 金巴扎木素小传

金巴扎木素（1907—1987年），平时称金巴，蒙古族。1907年，金巴扎木素出生在喀尔喀右翼（达尔罕贝勒旗）中心苏木敖日布家。

金巴扎木素先后任广福寺（百灵庙）却伊拉拉桑的格思贵、朝克沁格思贵，纠德巴拉桑的普拉木翁吉德、朱德巴普拉木、达喇嘛等职。新中国成立后，曾任内蒙古佛教协会第三届委员会理事，政协达尔罕茂明安联合旗委员会常委，政协乌兰察布盟第五届委员会常委。

金巴扎木素7岁时因其母亲逝世，8岁时其二叔巴拉玛桑杰喇嘛在百灵庙收其为"沙毕"（徒弟）。11岁受戒充当"沙毕"，并被著名喇嘛医生关其格劳斯乐帕拉木收为徒弟，教其藏语及医学知识。到了而立之年，他基本掌握了蒙医藏医的基础知识，在其尊师的精心指导下，在临床观测、疾病诊断、蒙药配方和制作及各种治疗手段等方面均有自己的特色和独到之处。

金巴大夫的名字很快传遍了达尔罕草原，其师傅把自己多年收藏的医学书籍、医疗器具和自制的大量蒙药等均赠送给高徒金巴扎木素，激励他为家乡的父老乡亲解除病痛。

1951年，金巴扎木素任广福寺（百灵庙）朝克沁格思贵期间，向时任旗长旺庆苏荣、副旗长巴音都荣、内蒙古骑兵第四师卫生处负责人巴图敖其尔提出建立达尔罕贝勒旗蒙医院的建议，很快获得了批准。巴图敖其尔还从军用药品中拨支了三马车成药，支援新成立的达尔罕贝勒旗蒙医院。这期间，金巴还以广福寺（百灵庙）格思贵的身份从本旗各寺庙捐款捐物，充实医院药品及设备。由于医院房屋紧缺，他只能在自家或其他房屋较多的喇嘛那里租房坐诊行医，为广大患者解除病痛。

1958年实行牧区人民公社化运动，经达尔罕茂明安联合旗（1952年达尔罕贝勒旗与茂明安旗合并，称达尔罕茂明安联合旗，简称"达茂旗"——樊尚仁注）政府批准在巴音敖包公社、查干敖包公社分别创办蒙医院。金巴扎木素出任巴音敖包蒙医院院长。为解决牧区医务人员短缺的现状，他用三个月的时间培训了十几位蒙医人员，并给当时在牧区行医的个体医生图木勒、却尼、桑杰扎木素、力格其格尼玛、贡布、朋斯克扎木苏、根东朋思克、罗

达茂旗医院旧址

卜桑更沛勒等每人配备了两匹乘马；为缓解药品困难，他又将自制的成药、剂药、粉药270余斤及牛车1辆全部捐给医院，为牧区卫生事业作出了力所能及的贡献。

1959年，建立达茂旗蒙医研究所，金巴扎木素任副所长；1964年，旗蒙医研究所划归达茂旗医院，他任蒙医科科长，晋升为蒙医主治医师。他以蒙医传统医治方式开展了"蒙医药浴"治疗。与此同时，他带头编写、翻译、整理蒙医理论文献，致力于传承蒙医蒙药优势，并广泛应用于临床治疗实践中，取得了比较满意的治疗效果。

在几十年的治疗过程中，金巴扎木素多次被评为达茂联合旗、乌兰察布盟（今乌兰察布市）先进个人、优秀工作者，受到广大农牧民群众的好评，成为农牧民心目中的"宝日汗"（神）医师，牧民们都亲切地称他为"我们的好'额木齐'（大夫）"。他为发展传统蒙医蒙药事业做出了巨大贡献，带出了不少好医生。

金巴扎木素在50余年的临床治疗工作中，积累了丰富的理论知识和宝贵的临床治疗经验。金巴扎木素对一些疑难病治疗，如妇女"赫依"气、血痞症、风湿性和类风湿性"希日乌素"关节炎、寒型腰腿病、胃"巴达干赫依"寒性病，食道痞块"巴达干宝如"（癌症）病，均取得了较好的效果。

勉从虎穴暂栖身
说破英雄惊煞人

——策思德巴拉吉尔小传

　　策思德巴拉吉尔（1908—1947年），蒙古族，为达尔罕贝勒旗札萨克贝勒更登札布亲族台吉策布登的独生子，出生在今达尔罕茂明安联合旗巴音敖包苏木巴音乌拉嘎查。

　　策思德巴拉吉尔于1935年袭札萨克多罗达尔罕贝勒爵位。

　　1937年七七事变后，策思德巴拉吉尔对日寇的侵略行径十分愤慨。1938年之后，八路军大青山抗日游击根据地很快扩展到达尔罕草原，策思德巴拉吉尔与齐木德仁庆豪日劳等部分蒙古族上层人士，毅然决然地举起团结抗日

1936年的百灵庙（方大曾摄）

全副武装的蒙古族卫队（方大曾摄于百灵庙）

的旗帜，既拒绝日军的诱降，又不屈服于国民党顽固派的民族压迫，坚持自救，坚持民族抗日。他们先后派遣专职情报人员刺探日伪动态及军事部署，定时、定点秘密与蒙古革命党联络，传递情报，同日伪特务机关开展了多种形式的斗争。

1941年，伪蒙疆联合自治政府将达尔罕贝勒旗的地方保安队编为团的建制，任命策思德巴拉吉尔为团长。自此，旗府有了指挥本旗军事武装的权力，为抗日创造了便利条件。

1942年，策思德巴拉吉尔指使该团宁日格排长率部分士兵，夜袭百灵庙特务机关驻旗衙门的军事教官住所，使日特连夜逃回百灵庙。

翌年，策思德巴拉吉尔团长又派哈日陶高等士兵逮捕了日军的忠实帮凶、民族败类丹金普日勒，以"投敌变节罪"严惩了这个一心想篡夺旗军政大权的日伪特务。

事后，百灵庙特务机关长阿司卡等人赴旗衙门质问："你们凭什么驱逐日军教官？有何权力处决丹金普日勒？"并威胁说要踏平旗衙门。

策思德巴拉吉尔毫不畏惧，义正词严地答道："我身为本旗执政札萨克，旗内事宜有权处理，不需你们东洋人干涉！"与日本侵略者进行了针锋相对的斗争。

日本侵略者无条件投降后，蒙古人民共和国骑兵部队撤离内蒙古，邀请乌兰察布盟（今乌兰察布市）各旗王公到蒙古人民共和国做客。1946年秋，策思德巴拉吉尔随乌兰察布盟各旗代表团赴蒙古人民共和国进行访问。

1947年春，末代达尔罕贝勒、爱国上层民主人士策思德巴拉吉尔病逝于达尔罕旗嘎少庙，终年39岁。

医者仁心诚可贵
生死攸关一念间

——钱问亭小传

钱问亭（1908—1986 年），河北省河间县人。

钱问亭是中共党员，内蒙古自治区人大代表，内蒙古自治区政协委员，包头市政协委员。

1926—1934 年，钱问亭先后在北京中国医药专门学校、国立北平艺术学校学习。1934 年至1952 年在北京和包头开业悬壶。1952 年任包头市中医联合医院院长。从 1954 年至 1986 年逝世前，先后在包头市立人民医院（今包头市中心医院）、包头市第五医院（今包头市蒙医中医医院）任中医师及科主任，1980 年 10 月，晋升为中医主任医师。个人学术专长、著作、论文、成果和学术继承人等情况收录于 1991 年中医古籍出版社出版的《中国中医人名辞典》。

钱问亭在包头市立人民医院工作时，中医科刚成立，他是首任科主任，也是唯一的中医大夫，门诊量大，但他即使推迟下班时间，也要诊治完当天候诊的最后一名病人。

钱问亭谦虚好学，治学严谨，对中医理论有较深的造诣。他主张"中医没有门户之见，要学他人之长"，很早就提出中医应向西医学习，逐步掌握现代医学理论和技能，并身体力行。在临床上用中西医临床协同思维解决过不

1952年，包头市中医联合医院成立时全体员工合影（二排左三为钱问亭）

少疑难重症，尤其对妇科不孕症和肝肾疾病具有独到见解、独特疗法和确切疗效。早在1938年，他就出版了《医疗本草》。20世纪50年代后，在临床实践中，他不断总结经验，先后在《包头医药》发表《治疗高血压经验介绍》《肾结石与膀胱结石的治疗经验体会》《多发性疖肿治疗经验》《肝硬化水臌的认识和治疗体会》等论文。1979年，他在《包头医药》上发表《对癌的认识》，并以《风论》一文参加内蒙古自治区在临河县（今巴彦淖尔市临河区）召开的中医学术年会。

钱问亭在包头市中医界享有很高声誉。曾担任包头中医师公会理事长、包头药联会中医主任委员、包头卫生工作者协会二分会主任委员、包头医药卫生协会理事、内蒙古中医学会副理事长、包头中医学会理事长。为继承发扬祖国传统医学，他先后带徒六名，均在各自的岗位发挥着重要作用。

钱问亭平易近人，作风正派，从不自吹或贬低同行；对待患者态度和蔼，不分民族、性别、职业、地位和财产状况，都一视同仁。晚年身体多病，仍然坚持出门诊。高尚的医德和高超的医术赢得广大患者的交口称赞，多次被评为包头市卫生系统先进工作者。1964年，他当选为内蒙古自治区人大代表；1959年11月至1983年3月连续被邀请为政协包头市第三、四届委员会委员；1978年，被邀请为政协内蒙古自治区第四届委员会委员。同年12月，钱问亭实现了多年的夙愿，光荣地加入了中国共产党。

戎马半生频转战
解甲归铁建包钢

——林庆希小传

林庆希（1908—1987年），原名林庆熙，1908年9月出生于福建省汀州府永定县（现为龙岩市永定区）悠湾乡的一个农民家中。

林庆希是中共党员，老红军，红军长征时所在部队为先遣队。曾任中共北满钢厂监察室主任、中共包钢监察委员会副书记、中共包钢直属机关委员会书记、包钢党校革委会主任、包钢"五七"干校革委会副主任。1982年5月离职休养。1987年12月26日病逝。

林庆希少年时家道中落，仅读了五年私塾。15岁时随父亲做木匠。1928年春，和胞弟林载熙一起参加了邓子恢和张鼎丞领导的闽西农民武装暴动。同年，加入中国少年共产党国际青年团，在龙岩镇做农民协会工作。

1931年，红军第一方面军二进闽西，林庆希随当地赤卫队一起加入红军。1932年，他由中国少年共产党国际青年团团员转为共产党党员，并入红军学校学习。后历任班长、连部文书、书记和政治指导员。在第三、四次反"围剿"中，他作战勇敢，数次负伤。1934年10月，林庆希所在的红一军团一师三团为红军长征的先遣队。在团长杨得志率领下，参加了两渡雩都河、南跨湘江、破安远、攻信丰、取宜章的历次战斗。遵义会议后，随先遣

北满钢厂建厂纪念章（1957 年）

队攻打桐梓，四渡赤水，巧渡金沙江，强渡大渡河。作为先遣队的营部干部，他身先士卒，带头打硬仗、险仗，把生死置之度外。在爬雪山、过草地、吃野菜、嚼草根的艰苦环境中，不仅磨炼了他的革命意志，还经常帮助照顾战友。在同马步芳部的遭遇战中，他身负重伤，仍坚持随部队辗转抵达陕北。

抗日战争爆发后，林庆希随部队开赴山西前线，任八路军一一五师六八五团二营营部和团部书记，参加了平型关大战。平型关大捷后，随部队奔赴华东抗战前线。1939 年，在山东八路军鲁南支队任连政治指导员，被支队授予"模范干部""党军骨干"等荣誉称号。

"皖南事变"后，林庆希随八路军鲁南支队南援新四军，先后任新四军鲁豫支队政治部组织干事、二十二团直属队教导员。1942 年，调任新四军三师七旅供给部政治委员。次年，入新四军干校学习。1944 年，任新四军三师供给部财政科长。1945 年初，任苏北财经委员会财政科长。是年冬，林庆希随部队开赴东北战场，先后任吉江行署财经处副处长、税务局局长。1947 年初，调任嫩江省粮食总局副局长，后升任黑龙江、嫩江两省粮食总局局长。

新中国成立后，林庆希任黑龙江省安达县长，后又改任中共黑龙江省安达县委书记。1953 年 3 月，调任黑龙江省水暖电气公司经理。1954 年 6 月，调任北满钢厂（位于黑龙江省齐齐哈尔富拉尔基区。始建于 1952 年，是我国"一五"期间兴建的 156 项重点工程中唯一的特钢企业。2018 年 3 月更名为"建龙北满特殊钢有限公司"——樊尚仁注）监察室主任。

1957 年 4 月，林庆希奉调到包头钢铁公司（今包头钢铁集团有限责任公司，简称包钢）工作，任包钢监察室主任。1959 年，改任中共包钢监察委员会副书记。1960 年，调任中共包钢直属机关委员会书记。1968 年，调任包钢

中央批准兴建北满钢厂会议现场

党校革委会主任。1972年初，调任包钢"五七"干校革委会副主任。

工作环境和职务变了，但林庆希谦虚谨慎的品德不变，他密切联系群众，作风平易朴实，生活艰苦朴素，深得职工的尊敬与爱戴。

1961—1963年国民经济困难时期，有关部门为了在生活上照顾早年参加革命的老同志，给他们发了《特供本》，在粮食和副食品供应方面给予适当照顾，但林庆希从不以老党员、老红军自居，从没用《特供本》购买过食品。粮食不够吃时，他就同工人群众一道去挖野菜，吃糖菜渣子。林庆希还拒绝组织上以任何形式发给他的补助和救济款。还把组织上给他涨工资的指标让给别人。有一次，他因病转院去山东治疗，组织上考虑到他的实际生活情况，补助他200元钱，他把钱如数退给了单位。包钢按规定给林庆希配备了工作用车，但他却不肯坐，每逢外出开会和检查工作时，总是背着个书包步行或搭乘公共汽车。

英雄浩气存千古
血沃中华寄忠魂 ——高万章小传

高万章（1909—1940 年），字参夫，曾用名高陵，清宣统元年（1909 年）生于原包头县虎石梁乡（现属鄂尔多斯呼斯梁乡）。曾任中共萨托工委书记，1940 年被敌人杀害在土默特旗，年仅31 岁。

高万章出生在一个农民家庭，幼时就读于私塾，1923 年进入包头马王庙高级小学（现包头市东河区胜利路小学）读书。当时该校有八位教师，其中田澍、黄勋、郭和甫、田宜书是共产党员。受到教师进步思想的影响，他先后阅读了《共产党宣言》等进步书籍。1926 年 7 月以第一名的成绩毕业于马王庙小学（当时马王庙高级小学第六班共有 17 人毕业，其中高万章为第一名。1926 年 7 月 18 日包头出版的《西北民报》专门对此事进行了报道）。同年，考入绥远省立第二中学（今包头市第一中学）。

当时正处于大革命高潮时期，包头是西北国民革命的中心，冯玉祥率国民军联军驻防包头，并在这里设立中国国民党内蒙古省党部、中国国民党包头市党部。中共包头工委、内蒙古人民革命党（内蒙古国民党）亦迁至包头。国民军联军的机关报《西北民报》是共产党办的刊物，大力宣传国民革命思想。包头还成立了内蒙古人民革命军（蒙旗民兵训练处）和内蒙古军官学校（政治军事学校）。在进步思想的熏陶下，第二中学革命气氛异常浓厚。语文老师李振乐（字长儒），北师大毕业，中共党员，经常给学生宣传国民革命，介绍鲁迅、蒋光慈等人的作品。与高万章同班同学的乔培新回忆说："这位老师经常给我们讲革命道理，那些革命道理当时我们虽然不全都理解，但是我的心扉里开始接受无产阶级的革命思想。"（乔培新《回忆我在包头县委的工作前后》）

1929年，高万章考入绥远省立第一中学（现呼和浩特第一中学）。次年，他的父亲高焕和侄儿高保存、高万仁组织社团与伊克昭盟（简称"伊盟"，今鄂尔多斯市）达拉特旗王爷康达多尔济抗衡，拒交水草费和靠圈税。王爷下毒手将高焕和高保存杀害，高万仁转移及时才幸免于难。高万章悲痛之余上书绥远省政府，状告达拉特旗王爷。政府根本不加过问，从而在他心中埋下憎恶黑暗社会和寻求光明的种子。1932年，高万章考入中央政治学院财经系，不到一年，他深感该校黑暗沉闷，于是重新考入北平大学农学院农业经济系。

1935年12月9日，北平爆发"一二·九"学生爱国民主运动，高万章带领北平大学农学院学生上街游行示威，他们不顾军警的大刀、水龙、警棍，与其他院校学生汇集在一起游行。10日起，各校联合罢课，高万章参加了平津学生南下宣传团。由于军警特务的阻拦，南下宣传团受阻于保定，被迫结束行动。回北平后高万章参加并领导国立北平大学农学院中华民族解放先锋队（简称"民先队"），高万章是北平大学农学院"民先队"队长。经"民先队"负责人李昌（中共党员）介绍加入了中国共产党。他是北平大学农学院第一个共产党员，第一任党支部书记。他发展杨士发（新中国成立后曾任上海市副市长）等几位同学入党。1936年暑假他带《觉民报》回校，被警方发现遭逮捕，因严守机密，没有暴露身份，不久获释后回到北平大学农学院，继续领导农学院党的工作。

抗日战争爆发前夕，高万章毕业，受党组织派遣回包头从事党的地下工作，任绥西屯垦督办公署农业技术指导员。其间，他曾回达拉特旗看望妻子和儿女。当他看到住在破烂不堪茅庵里的妻儿，心里十分难过。无奈自己马上要跟随组织转移到抗日后方工作，无法带走妻儿。高万章离开家后，妻子乞讨要饭，含泪将小女儿卖掉，不久积劳成疾，离开人世，留下孤儿高智先在左邻右舍的接济下长大成人。

1937年10月，高万章在绥远省国民兵一旅一团任政训员。1938年4月，高万章到达延安。同年6月，党组织派他到晋绥区党委任秘书，并对驻晋南的王靖国部做统战工作。

1940年，高万章回到土默川大青山抗日根据地，任中共萨（拉齐）托（克托）工委书记。他为巩固抗日根据地民主政权，筹集物资，搜集情报，开展除奸反特工作。8月，他与工委宣传部长李永茂在土默特旗野场村布置工作时，由于叛徒梁文举和胡亮（里素村救国会成员）出卖，被伪军逮捕。

高万章和李永茂被敌人拉到万兴圈地畔，挖了一个五尺深的土坑。高万章视死如归，对李永茂说："革命就要有牺牲，今天我们就在这里牺牲了，也是光荣的。"他怒斥敌人："革命胜利了，人民会惩罚你们的！听着，你们绝不会有好下场！"胡亮恼羞成怒，用木棍把他们打入土坑，一锹锹土默川黄土埋在英烈的身上。

英灵浩气贯长空，沃土忠骨共千秋。

青山有幸埋忠骨
福水无波作泪垂 ｜ ——高凤英小传

高凤英（1909—1941年），原名云吉祥，蒙古名德勒登，1909年出生于内蒙古土默特旗保合少（今呼和浩特新城区保合少镇）一个蒙古族农民家庭。曾任大青山蒙古游击队队长，1941年10月28日不幸牺牲。

1929年秋，在堂姐夫佛鼎（中共党员。早年在苏联莫斯科中山大学学习，获马列主义研究生证书后，在莫斯科东方语言大学任红色博士学院历史系教授。新中国成立后，曾任内蒙古自治区煤炭工业管理局党组副书记、副局长、总工程师等职——樊尚仁注）的启发教育下，高凤英开始系统接受马克思主义思想教育，并走上革命道路。同年加入中国共产党。

1930年4月，高凤英与毕力格巴特尔等一起赴蒙古人民共和国党务学校学习。1935年春奉派回国，从事地下工作。他化名高凤英，与毕力格巴特尔在归绥城北门外和合桥开杂货铺，在旧城南柴火市经营肉食店，以掩护和接应地下工作人员，并负责对上级和下级的联络工作。同时，还与在北平从事地下工作的吉雅泰密切配合，搜集了不少日伪军事情报。

1937年7月，抗日战争全面爆发，张家口、大同、归绥、包头相继沦陷。危难之际，中共党员杨植霖与刘洪雄决定尽快建立自己的武装。为此，高凤英等秘密潜入归绥，执行策动伪军反正的任务。经过耐心细致的工作，最终以"大青山抗日总司令部"的名义，成功策动一个排的伪军反正。高凤英将这支武装带到大青山进行改编，拉入哈拉沁沟开展抗日游击斗争。

1938 年春，高凤英化装成农民潜入伪厚和浩特市（今呼和浩特）购买机枪配件，被逮捕后扣押在日本宪兵队。敌人对他施以各种酷刑，他始终咬定"我是庄户人"，没有问出任何口供，又找不到他是共产党的丝毫证据。不久，在伪土默特总管署常科长帮助下，交保释放，中共党组织安排他到奎素沟一带开展战地动员委员会工作。

同年 6 月，高凤英带领原抗日开路先锋队部分队员上了大青山，加入杨植霖组建的"抗日团"，主要负责"抗日团"的政治工作和对外联络工作，为稳定游击队中的蒙古族战士促进蒙汉团结做了大量工作。

是年 10 月，"抗日团"与大青山支队会师后，改编为绥蒙抗日游击大队。高凤英仍留在归绥附近从事情报工作。

游击队翻山越岭去消灭敌人

是年冬，大队部的崔副官与三连长密谋率队叛变。高凤英与杨植霖密切配合，迅速平息了反叛，保全了部队。

1939 年，高凤英奉调到归武边区地方动员委员会做群众工作，在动员群众、筹集军需物资、侦察敌情、搜集情报等方面做出了积极贡献。

1940 年秋，高凤英

奉调回绥西，接替李森（土默特旗蒙古族，原名金小才。1925年参加革命，为逃避日伪追杀，改名李森。百灵庙抗日武装暴动中，假扮喇嘛，在秘密策划起义事宜、传达党的意图方面做了大量前期工作。1939年组建大青山抗日蒙古游击队，并任队长。新中国成立后曾任自治区政协副主席——樊尚仁注）担任大青山蒙古游击队队长，同时任中共土默特蒙古工委委员。为提高部队的军事素质，他带领部队在万家沟进行了严格的军事训练，并积极配合指导员对部队开展政治教育。通过整训，部队的军政素质有了明显提高。从此，他带领蒙汉抗日游击队转战在大青山山区和土默特平川，不仅多次配合主力部队作战，而且出色地完成了独立作战任务。在此期间，他还十分重视统战工作和群众工作。

1941年春，蒙古游击队驻西沟老窑时，被叛徒胡定良里应外合缴了械，并裹挟数十名战士投敌。高凤英毫不气馁，迅速重建了游击队，并加强了思想工作，使游击队的政治素质和战斗力得到增强。一次，他带领蒙古游击队夜袭伪厚和浩特市西南耿家营子的伪军军马场，夺得军马数百匹，将蒙古游击队装备为骑兵，还支援了兄弟部队战马200余匹。

1941年下半年，大青山抗日游击根据地的斗争进入最艰苦的时期。高凤英带领大青山蒙古族抗日游击队担负掩护绥察区党委、绥察行署机关和绥西地委、专署的任务，经常活动于绥西万家沟一带。

10月27日，高凤英与绥察区党委社会部长王聚德带领部分机关工作人员和游击队员在察素齐万家沟小火烧游击队营地宿营。由于叛徒告密，日寇出动12辆军车，满载日伪军包围了小火烧。28日凌晨，敌人以猛烈的火力袭击游击队的宿营地，高凤英果断指挥，奋勇反击，但因敌众我寡，弹尽援绝，高凤英、王聚德等12人英勇牺牲。

固阳义军起蓬蒿
敢有歌吟动地哀

—— 张国林小传

张国林（1909—1972年），字茂才，祖籍山西祁县，其父经商亏本后流落于固阳县务农。清宣统元年（1909年），出生于固阳县土龙湾村（今属兴顺西镇管辖）。

张国林是内蒙古自治区政协委员、内蒙古自治区人民委员会委员，曾任绥远省人民政府委员、工商厅副厅长、商业厅副厅长、财政经济委员会委员，内蒙古人民出版社副社长，自治区文教委员会办公室主任。

张国林中学时代就读于归绥一中（今呼和浩特第一中学）。1930年，在归绥就读的张国林和固阳旅绥爱国学生共同创办了《固阳季刊》，对封建势力、官府衙门的腐败乱象进行了猛烈的抨击。1931年，他组织固阳旅绥学生进行反贪官斗争，迫使固阳县县长任光春下台。

1932年，张国林考取了北京大学法学系。在此期间，张国林和北平共产党组织取得联系，加入了中国共产党。毕业后，又考入日本早稻田大学研究院。留学期间，因失掉组织联系而脱党。1937年，他以优异成绩毕业。七七事变后，张国林愤然回国。在共产党抗日统一战线思想的影响下，他和一批爱国人士共同组织了绥远民众抗日自卫军，张任自卫军总部主任。同时，他

张国林和妻子段靖华结婚照

主动同共产党领导的八路军大青山支队取得联系，同共产党派来的党代表李维中整日商讨抗日对策。

1941年，绥远民众抗日自卫军解体后，张国林调任傅作义部骑兵游击第五师副师长兼政治部主任。同年冬，又调任绥远地方行政干部训练团教务处少将处长。傅作义向上呈文或发表演说，往往是同一内容令数人起草，张国林起草的文稿常常被选中。在傅作义长官部每周召开的孙中山总理纪念周会上，高级官员们轮流进行演讲，张国林演讲时从不拿手稿，他讲话有风度，仪表大方，颇受傅作义器重。

1945年8月，抗日战争胜利之后，张国林出任绥远省保安司令部保安处少将处长。这一时期，由于时局动荡，张国林徘徊于十字路口。遂于1948年出资和其叔伯哥张国玺在家乡创办了固阳县第一所中学——知行中学（即现固阳县第一中学的前身），张国林为该校第一任名誉校长。

1946年，董其武任张国林为绥远省政府第三区行政督察专员公署专员兼少将保安司令。这一时期，他体恤民情，同情百姓，赢得

了广泛的群众基础。

1949 年绥远"九一九"和平起义前夕，当时任绥远省政府革新委员会书记的张国林，积极协助董其武酝酿起义事宜，并参与起草"绥远省和平解放草案"。他利用工作之便，更加密切了和中共党组织的接触，积极响应中国共产党的号召，在和平起义过程中态度明朗，做了大量工作，对绥远和平解放作出了积极贡献。

绥远"九一九"和平解放后，张国林先后担任过绥远省人民政府委员，绥远省工商厅副厅长、商业

固阳县第一中学校史馆的张国林塑像

厅副厅长、财政经济委员会委员。他还是政协内蒙古自治区第一届至第三届委员会委员、内蒙古自治区人民委员会委员，任内蒙古人民出版社副社长、自治区文教委员会办公室主任等职。

抗美援朝期间，张国林响应党的号召，毅然捐出巨额家财支援保家卫国的正义战争，表达了他强烈的爱国热情。

1972年5月9日，张国林在呼和浩特病逝，享年63岁。

1979年6月内蒙古自治区政府给张国林平反。1985年3月20日，内蒙古自治区文化厅在呼和浩特内蒙古大青山革命公墓为张国林举行骨灰安放仪式，时任内蒙古自治区副主席的赵志宏致悼词。中共中央统战部、内蒙古党委统战部、内蒙古人大常委会办公厅、政府办公厅等单位以及自治区主席布赫、甘肃省政协主席杨植霖等送了花圈。

2015年9月，中共中央、国务院、中央军委向张国林遗属颁发了编号为2015002380的"中国人民抗日战争胜利70周年纪念章"。

夙愿未偿身先逝
披肝沥胆小英豪 ——齐木德仁钦豪日劳小传

齐木德仁钦豪日劳（1910—1942 年），生于清宣统二年（1910 年），系茂明安旗第九代札萨克一等台吉喇喜色楞道尔吉的次子，人们称之为"齐王"。齐王是一位有爱国心、民族气节的近代开明王公，1942 年农历四月初，被百灵庙日本特务机关杀害，年仅 32 岁。

齐王有一个哥哥、两个姐姐、两个弟弟。

哥哥图布登尼玛为敖日格勒庙呼毕勒干喇嘛，1951 年卒于宝日罕图庙；大姐刚格玛是关斯仁扎布协理的二房夫人；二姐查干达日是扎西公之子巴扎尔斯德的妻子；大弟那楚克道尔吉，1942 年继承茂明安旗第十一代札萨克贝勒级贝子爵位（即诺颜），1945 年病故；二弟仁庆道尔吉是五当召的沙比（徒弟），20 世纪 40 年代去世。

齐王幼年时代，随达尔罕贝勒旗安本（安本即管旗章京）那顺敖其尔学习蒙古文和满文。1917 年其父去世后，他沿袭了茂明安旗札萨克镇国公爵位。1919 年因赞同"五族共和"而被民国政府再次晋封为贝勒级贝子爵位（即诺颜）。1933 年，九世班禅来百灵庙修建行辕时，赐其两眼花翎。次年，达尔罕贝勒旗王爷、蒙古地方自治政务委员会委员长云端旺楚克又赏其两眼顶戴花翎。

齐王继承札萨克位时，正遇旗牧地遭大量开垦，茂明安人民日益失去赖以生存的土地，旗府衙门被迫从艾不盖河上游北迁到查干敖包。而且"癸丑骚乱"时，从察哈尔抽调过来的额尔德尼、嘎拉其的百余人军队，在喀尔喀军撤走后就地为匪，经常骚扰茂明安旗、乌拉特前旗。这一切在他幼小的心灵中留下了不可磨灭的印记，促使他坚定了刻苦钻研、发愤图强的信念。他用自己所学的知识办起家庭学校，培养了额尔登陶格陶、苏格尔、阿迪雅、博和道尔吉、丹珍、桑杰刚其格等进步青年，为创办茂明安旗有史以来第一所"青年学校"打下了良好的基础。

齐王的爱好比较广泛，不但善骑射，也懂蒙医，经常为牧民群众看病。他虽然没有出过家，但能诵念一口流利的佛经，他的脾气较暴躁，平时沉默寡言，比较体恤民众，办事公正。他的枪法也特别准，匪患四起时，常亲自带领乡亲攻打窜匪。

1939年，齐王带领本旗自卫队，夜袭日伪军白山岩部，缴获其全部马匹和军需品。他还曾支持大青山抗日游击队开展武装斗争，派员为部队送战马74匹。

20世纪40年代初，草原上野狼为患，他带领僧俗百姓进行大规模围猎，为草原人民除天敌，保证了畜牧业的发展。

齐王自幼离开父亲，在其姐夫关斯仁扎布协理的关照下，逐渐长成为一个为人耿直、忠厚、体恤民众、热爱故乡、积极接近革命活动的开明王公。

据斯庆毕力格忆述：

1942年（壬午年）三月的一天早晨，驻中公旗翁公德格庙的日本特务机关特务巴特尔喇嘛在捉马时，发现雪地上有两匹新鲜的马蹄印由北向南而去。巴特尔喇嘛当即骑马逆向寻觅，发现马蹄印是越过乌珠日哨布图中蒙边界而来。巴特尔追踪到巴音忽少的恩和吉雅老人家，探问出骑马人是札萨克齐木德仁钦豪日劳的沙毕（徒弟）苏格尔和达巴海，便立即向特务机关做了汇报。不久，特务机关逮捕了苏格尔和达巴海，同时逮捕的还有达嘎和小扎木苏。随后又让小扎木苏带路，抓走了已故协理关苏荣扎布的沙毕达木林扎布、达哈拉（通讯员）额尔登其木格、厨师老成子等人。

德力格尔其其格老人回忆，当时听关苏荣扎布协理的女仆塔庆必勒讲，札萨克齐木德仁钦豪日劳为了弄清这些人被捕的原因，派额尔敦朝鲁梅林（"梅林"是蒙古语，清朝时"梅林"是蒙古族部落里特有的官职名，执掌王府全部兵马，相当于王府的"武装部长"——樊尚仁注）到百灵庙探听消息，约定一周内返回，但额尔敦朝鲁梅林却走了近两周。回来后说："百灵庙日特机关阿斯卡机关长请您去一趟。"后来，日特机关连催几次，札萨克仍迟迟未动身。

一天，齐木德仁钦豪日劳与下属商量后，从呼和浩特叫回他的汽车（齐王有一辆福特牌汽车），带领安本阿迪雅（管旗章京）、瓦其尔和章京敖德斯尔扎木苏、司机龚才堂（汉族）、司机的徒弟索德那木苏以及博和道尔计等几个随从、携带长短枪支，从札萨克驻地东达胡都格出发了。汽车开到百灵庙西北梁停车后，札萨克与下属商量，不进特务机关，从特务机关门前经过后直接到盟府驻地呼和额日格，或者到西苏旗德王（德穆楚克栋鲁普）府。可是阿迪雅、瓦其尔等人认为不进特务机关不行，当汽车缓速经过日特机关院门前时，有人出来把他们叫下来，让他们进入院外的关苏荣扎布协理的大蒙古包。不一会儿，就听到特务机关长阿斯卡大发脾气，责问札萨克："几次叫你，为什么不来？"于是把札萨克带到他自己的房间。从此，札萨克再也未能见到与他同去的人们。

札萨克齐木德仁钦豪日劳被关押几天后，日特机关将安本和管旗章京二人留下，几次催促其余人回去。据当时一起去的索德那木扎木苏讲：他们在院外大蒙古包时，每天上午，阿斯卡机关长都将齐木德仁钦豪日劳带到南院，好长时间才返回。他们从蒙古包中窥到札萨克脸部青肿有血，有时还有包扎状。

在这个特务机关里，有一个叫齐达布多尔吉的人，曾因外蒙特务嫌疑被抓，后得到阿斯卡机关长的信任，成了为机关长端茶倒水的贴身侍者。札萨克曾让此人传递纸条给索德那木扎木苏，上面写着："我在受刑，想在夜里逃走，请你们开车在西北梁后等我。另外还有什么办法救我？"安本和章京见纸条后，不但未采取任何营救措施，反而将索德那木扎木苏藏在车座下的一支手枪交给了日特。

据当时与札萨克同去百灵庙的随从博和道尔基讲：有一次，札萨克被人带到院外较远的地方，似乎是方便，事后，博和道尔基到那里查看，只见地面的细沙上写着："我语成夜，彼言成昼。"意即被叛徒出卖，自己分辩也无济于事。

大约农历四月间，日特机关突然传出消息："你们的札萨克诺彦（即齐王）用阿斯卡机关长的手枪自杀了。"

事实上，齐木德仁钦豪日劳不是自杀，而是被日特暗杀的。证据一：札萨克本人没有带手枪，即使有也被日特收缴了，训练有素的日本特务头子将一个政治犯留在身边，手枪是不可能随意乱放的。证据二：齐木德仁钦豪日劳遗体入殓前，参与换衣净身的人都亲眼看见了他后背的弹孔小，胸前的弹孔大，说明子弹是从背后穿胸而过。

齐木德仁钦豪日劳札萨克之所以被日本特务机关关押杀害，是因为他同蒙古人民共和国有着密切的联系。据扎木苏讲，关苏荣扎布协理在世时，曾将一个装着东西的皮褡裢交与亲信达木林扎布和小扎木苏，让他们藏到协理家东西山上的石缝中，并让他们二人轮流看守。协理去世后，二人将此事报告了齐木德仁钦豪日劳札萨克。

两天后，札萨克派瓦其尔管旗章京和另一人，当着协理二夫人甘格和三夫人吉济玛的面，让达木林扎布、小扎木苏二人取回皮褡裢，打开后，见里面装有 600 元蒙古人民共和国银币，几个 50 两的元宝、一支手枪和一张纸条。瓦其尔管旗章京从怀里掏出一个账单与之核对，完全相符。小扎木苏问管旗章京瓦其尔："您的账单是哪来的？"

瓦其尔回答："是齐王给的。"

于是，瓦其尔管旗章京按照账单上所写，拿出 50 元给了敖日盖勒庙喇嘛，200 元偿还了办理协理后事的欠款，其余的均由瓦其尔管旗章京带走了。

据当时担任协理的额尔敦陶克陶讲："1945 年，蒙古人民军军官都岱和齐达布多尔吉曾对他说过，你们的札萨克齐木德仁钦豪日劳诺彦是真正的革命者，札萨克和一些青年对我们的革命给予了很大的支持。"

受齐木德仁钦豪日劳被害事件牵连的人有：旭嘎热、达巴海、达盖雅、额尔登其木格、达木林扎布、老成子、小扎木苏、吉济玛等人。其中，达木林扎布、达巴海、小扎木苏、吉济玛以及老成子等人乘着夜色逃出，达巴海后来被迫为日本特务机关服务，最后被特务暗杀。

齐木德仁钦豪日劳被害，是谁为日特机关提供的情报，这在很长一段时间内一直是个谜。人所共知的是，在与齐木德仁钦豪日劳事件有关联的人员中，唯有额尔敦朝克图梅林未被逮捕审查。而且他频繁地往来于百灵庙和归绥之间。据齐木德仁钦豪日劳札萨克的夫人额仁钦达来讲，额尔敦朝克图曾向日本特务机关长阿斯卡赠送过一套蓝缎子蒙古袍，还常赠送装满牛瘤胃（瘤胃是反刍动物的第一胃。牧民用其盛放液态食物——樊尚仁注）的奶油。除此之外，他还曾三次到旗府驻地东达胡都格搜查，妄图搜到齐木德仁钦豪日劳与蒙古国革命者交往的文件和物品，以便向日特机关邀功请赏。

了解到这些情况后，齐木德仁钦豪日劳的夫人额仁钦达来，经过密谋策划，设计铲除了这个里通日特的蒙奸，为百姓除了害，为丈夫报了仇。

旗内牧民群众为怀念札萨克齐木德仁庆豪日劳，痛斥日本侵略者和叛徒额尔敦朝克图的罪行，编了首歌，在草原流传。歌词大意是：

> 查干敖包山哟高又高，
> 札萨克的英灵冲九霄，
> 赤诚的诺彦被残害，
> 我们的心啊，如同刀绞。

> 茫茫原野牧草繁茂，
> 你的忠魂随风飘摇，
> 日伪统治的茂明安哟，
> 终有一天云去雾散阳光普照。

白鼻梁骏马快如闪电，
草原腾起滚滚浓烟，
恶毒的叛徒勾结日本人哟，
早成为丧家之犬。

苍天有眼请瞧一瞧，
额（尔敦朝克图）梅林随意把孽造，
黎民百姓快觉醒吧，
血泪仇恨一定要报。

烈士自然轻富贵
不惜貂裘换宝刀 | —— 刘深源小传

　　刘深源（1910—1944 年），又名刘玉贵，化名刘二秃，美岱桥村人。清宣统二年（1910 年）出生在内蒙古土右旗美岱桥村一个富裕的农民家庭。中国共产党党员。曾任中共萨拉齐县四区区委书记。1942 年秋末，因叛徒的告密，被日本宪兵队逮捕。在关押期间，敌人曾对他进行严刑拷打，但他宁死不屈，保守了党的机密。1944 年春，被日本侵略者杀害。

　　儿时的刘深源在萨拉齐县第一小学读书时，学习勤奋，成绩优异，他的作业和试卷常被陈列展出。

　　1927 年初，刘深源在美岱桥小学经该校教师共青团员程国材介绍，加入了中国共产主义少年先锋队。1927 年夏，他考入绥远省第一中学（1954 年定名为呼和浩特市第一中学），一年后又转学到绥远省中山学院读书。读书期间，他结识了奎璧、苏谦益、杨植霖、杨业鹏、李维中、武达平等一批无产阶级革命家。在中共党组织的领导下，他和其他同志深入工农群众中，做社会调查、宣传马列主义思想、鼓动群众起来革命。1929 年，在国民党反动当局的指使下，中山学院校方对学生进行反共、反人民的思想教育，并迫害进步学生。在党组织的领导下，刘深源和其他同学在中山学院组织了学生罢课。他们打着反封建、反腐败、反独裁的旗帜，上街游行示威。刘深源还将中山学院校长的被褥、书籍扔到校门外，并将其轰走。这次学潮遭到反动当局的镇压，刘深源等进步学生被反动警察逮捕。释放后，绥远省报刊登了反动当

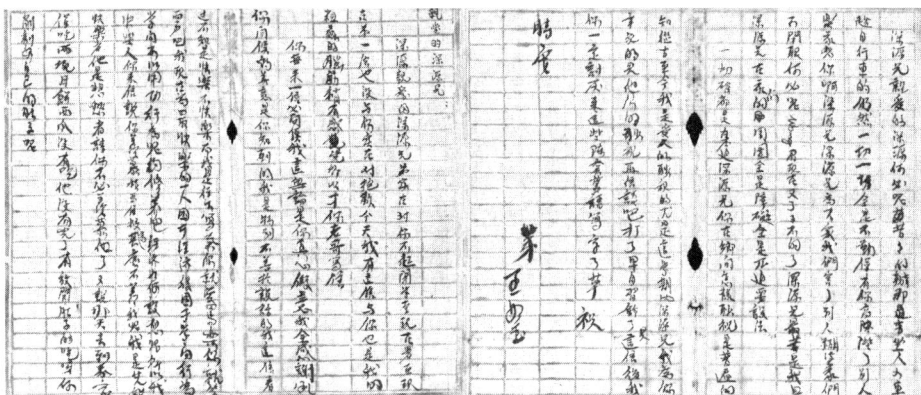

王如玉给刘深源的书信

局的指令：终身开除刘深源在绥远省的学籍。

刘深源被学校开除后，回到家乡美岱桥村，宣传革命思想。在他的影响和引导下，很多青年农民走上了革命道路。从 1933 年至 1934 年，刘深源还将自己的弟弟刘成源的 100 多亩土地分给本村无地和少地的农民。村民公推刘深源当了村长。在刘深源当村长期间，建起了美岱桥村前所未有的第一所小学校。

1937 年七七事变后，日本帝国主义侵占了土默川，民族矛盾空前尖锐。刘深源怀着满腔爱国热情，立即投入抗日斗争的洪流。在地下党组织的直接领导下，刘深源和王经雨等人一起，在美岱桥、美岱召、河子一带建立了农民抗日救国会、地下党支部、武装游击小组等抗日组织。

1938 年秋天，八路军李井泉支队挺进大青山，开辟抗日根据地，党派高红光、刘启焕、王弼臣等来到萨拉齐县工作，刘深源重新和党组织取得了联系，1939 年加入共产党。在党组织的直接领导下，经过刘深源、王经雨、王弼臣等艰苦细致的工作，在美岱桥村建立了抗日救国会组织，成立了一个党支部，建立了一个游击小组，开展了各种抗日活动。1940 年初，他们又组织建立了萨拉齐县抗日游击队。刘深源从美岱桥村动员了 27 人、15 支枪、1 箱手榴弹和 1 煤油筒子弹。

这一时期，刘深源一直做党的秘密工作，曾一度担任过中共萨拉齐县四区区委书记。从 1940 年冬天起，他在中共绥西地委的直接领导下，专做白区党的地下工作。在极端困难的条件下，他抛下妻子儿女常年在外，冒着生命危险，出入于城乡村镇，有时接触各族各界群众，有时来往于日本特务、警察、官绅之间，有时长袍礼帽，有时农民装束。党要在大青山抗日根据地成立骑兵支队，他除了筹集经费、输送人员外，还将自己唯一的一匹马献出；为了党的工作，他一介书生给地主当了一年长工，并变卖了自家的不少家资做活动经费。这期间，他在萨拉齐城秘密发展王恒等知识分子和几个穷苦钉鞋工人参加救国会，他搜集敌人的情报，侦察敌人动向，传达上级指示，发展革命力量，为党做了许多有益的工作，和日伪军进行了顽强的斗争。

1942 年冬天，由于萨拉齐县抗日游击队排长、美岱桥村人郭志宏叛变投敌，中共绥西地委派副专员靳崇智紧急通知刘深源马上转移到包头工作。刘深源考虑到萨拉齐城内还有些紧要的善后工作急需做，于是他不顾个人危险

大青山抗日游击队司令部所在地——德胜沟

土右旗烈士陵园，王培玉、刘深源等抗日烈士遗骨埋葬此处

潜入萨拉齐城内，不巧，在"四和园"饭店门前被郭志宏带领的日本便衣特务逮捕。敌人软硬兼施，折腾他三个多月，想从他口中获得有关地下党、游击队的情况，但最终一无所获。

刘深源被捕后，地下党和游击队曾计划劫狱营救。但经过侦察，驻守萨拉齐的日伪军兵力太强，以当时游击队的兵力无法实现。

1943 年 1 月，刘深源被押往张家口察南监狱。白天，刘深源拖着沉重的铁镣在敌人皮鞭棍棒的监督下做苦工，黑夜被刑具牢牢固定在仅能容身的木格子里，每天只能吃到两碗半生不熟的高粱面糊糊。1944 年春天，在抗日战争胜利前夕，刘深源被日寇杀害于河北省宣化市（今张家口市宣化区），时年34 岁。

战地动员英雄胆
千里跃进大青山 　——宁德青小传

宁德青（1910—1945年），名秉彝，字德青，曾化名叶茂，清宣统二年（1910年）出生于山西省稷山县第三区西堰村一户富裕农民家庭。

宁德青是中共党员，革命烈士。曾任战动总会（是一个统一战线的半政权半群众性质的抗日革命组织。由中国共产党参与、国民党元老续范亭领导的"第二战区民族革命战争战地总动员委员会"，简称"战动总会"，1937年9月20日在太原成立——樊尚仁注）四支队政治处主任、中共归绥市工委书记。绥察独立旅二支队参谋长、绥蒙区党委社会部部长、中共中央晋绥调查局大青山情报处处长、中共塞北区贸易局局长等职。

少年时，宁德青先后在西堰村乡村小学、三区翟店镇县立第二高级小学读书。1929年，宁德青在山西省太原市进山高级中学就读时，受国文教师、中共党员宋振寰（即宋日昌，新中国成立后曾任上海市副市长）的影响，开始接受进步思想。1931年，宁德青考入国立北平师范大学教育系；1935年毕业后回到原籍，在太原市成成中学任教。在校长、共产党员刘墉如的引导下，宁德青积极参加了校内各种形式的抗日救亡活动。1937年8月，经刘墉如介绍，宁德青加入了中国共产党。

1937 年 9、10 月间，根据中共北方局的指示，宁德青积极协助刘墉如，将成成中学全校师生组织为师生游击队，后改编为战动总会四支队，宁德青担任政治处主任。1938 年 2 月，他率四支队参加八路军一二〇师主力反击日军的晋西北战役，连克岢岚、五寨、保德、河曲、偏关、神池等地区；在战役过程中，他组建火线剧团在战地巡回演出；主编《火线上》《战动周刊》《火线上喊话》《西北战线》等，并印成册子下发，鼓舞战斗意志。1938 年 8 月间，为实现党中央和毛主席的战略部署，四支队随李井泉支队挺进大青山，建立敌后抗日游击根据地，开展游击战争。

1938 年 9 月，宁德青与四支队随八路军一二〇师三五八旅政治委员李井泉开辟大青山抗日根据地，担任保卫晋察绥边区工委电台的任务。

1939 年 5 月，宁德青奉中共绥远省委命令，潜入伪蒙古联盟自治政府所在地归绥（今呼和浩特），化名叶茂，领导归绥地下抗日救亡运动。由贾恭介绍，潜入伪厚和浩特市政府教育股任督学，以此为掩护开展地下活动。他与刘洪雄等在旧城三关庙街开设"新兴永"杂货铺，秘密组织、发动群众进行抗日工作。向群众宣传我党制定的《抗日救国十大纲领》，发动各阶层人士和广大群众，有钱出钱、有枪出枪、不分政党、不分阶级、团结抗日、一致对外。他们的行为得到广大人民群众的拥护和支持。归绥市的爱国群众在他们的教育影响下，利用一切可行的办法支援抗日斗争。1939年春，他与刘洪雄、彭光华等人秘密组织了中国共产党领导的秘密抗日群众团体"绥蒙各界抗日救国会"（又称"绥远各界抗日救国会"，简称"救国会"），并以当时设在归绥市财神庙的伪蒙疆道教会作为救国会的秘密活动基地。他们组织会员积极活动，秘密串联，在各界进步人士中发展组织，并且巧妙地为大青山抗日根据地筹集经费，打破封锁，购买物资，甚至打入伪军内部做军运工作，争取伪军反正。1940年初，宁德青根据党的指示和安排，先后选送了一大批进步青年赴延安学习。

1940年成立中共归绥工委，宁德青任书记。同年7月，敌人在归绥进行大搜捕，因其身份已暴露，返回大青山根据地任绥察独立旅二支队参谋长；1941年调任中共绥察边区委员会绥西地委社会部长。1942年初，大青山地区成立情报委员会，宁德青任大青山地区情报委员会委员兼政治情报科长；同年

1940年7月，日寇包围归绥市财神庙绥蒙抗日救国会所在地逐户搜捕会员

绥蒙抗日救国会旧址纪念馆

8月，在日军对大青山抗日根据地的大"扫荡"中，宁德青随绥察行署和大青山骑兵支队主力突围，撤回雁北偏关县。10月，任中共中央晋绥调查局大青山情报处处长，当时大青山情报处对外称塞北军分区司令部联络处，专门做绥蒙敌占区的情报派遣工作。晋绥整风后，又担任晋绥边区行政公署塞北区贸易局局长。

1945年8月中旬，宁德青因长期为革命工作奔波，劳累过度，患伤寒病逝于山西省偏关县，时年35岁。1947年夏，绥蒙区党政军各界在平鲁县轿厂沟召开殉难烈士追悼大会，追认宁德青为革命烈士。

千军万马铺排下
镇国利器跟上来　　——刘泽华小传

刘泽华（1910—1968年），河北省新城县（今高碑店市）刘庄村人，1936年加入中国共产党。

新中国成立后，刘泽华曾任中共河北省委委员、省政府秘书长；1954年任内蒙古第二机械制造厂筹备组主任，1956年3月，任厂长、党委书记。

少年时的刘泽华在原籍师范学校就读。青年时期追求进步思想，擅长用文艺作品宣传革命思想，在新城县知识界中知名度很高。

1930年，刘泽华考入天津市立师范学校（今天津师范大学），在地下党组织影响下，思想觉悟不断提高，经常在进步刊物发表文章，揭露、抨击社会时弊。1935年"一二·九"运动爆发后，他作为天津市立师范学校学生运动领袖，积极投身于天津抗日救亡运动，领导全校学生参加了天津市学生声援北平学生的示威游行，因此被校方开除学籍。随后，他转赴北平师范学校就读。1936年3月，在北平秘密加入中国共产党，担任中共北平临时工委秘密交通员，在白色恐怖环境中积极开展活动。

1937年七七事变后，刘泽华按照党组织指示回家乡新城县开展工作，参加革命。1937年11月，经时任新城县工委书记刘佩荣介绍，刘泽华参加冀中河北省游击军，先后任游击军政治部宣传科长、组织科长。

1938 年 7 月，党组织调刘泽华任冀中军区第二分区政治部主任、分区党委委员。1941 年，任冀中军区人民武装委员会主任。1942 年至 1944 年，奉调冀东军区十二分区开展工作，先后任地委组织部部长、地委书记、部队政治委员。在抗日战争的艰苦岁月里，他在冀中、冀东区发动军民开展游击战争，挫败了日本侵略军对抗日根据地推行的"囚笼政策"和"蚕食政策"，对开辟、建设、巩固抗日根据地发挥了重要作用。

解放战争时期，刘泽华先后担任冀东军区后勤部副司令员、冀东军区党委秘书长，依靠群众，克服各种困难，千方百计多方筹集各种军需物资，完成了前线野战军部队军需物资的供给和保障任务。

1949 年 6 月，刘泽华由部队转业到地方工作。新中国成立后，任河北省政府委员兼工业厅厅长。为医治战争创伤，尽快恢复河北省工业生产，他四处奔走招募工人，并从上海等地高薪聘请了一批专业技术人员，使一大批厂矿企业迅速恢复生产。同时，在他主持下，兴建了一批省办、县办企业，为河北省工业建设奠定了基础。1953 年初，刘泽华被任命为河北省政府秘书长，并当选中共河北省委委员。

1954 年，刘泽华调中华人民共和国第二机械工业部，任内蒙古第二机械制造厂（简称"内蒙古二机厂"，现称内蒙古北方重工业集团有限公司）筹备组主任。此时抗美援朝刚结束，国家百业待兴。为发展强大的国防工业，建设强大的人民军队，党中央将工厂建设列为"一五"期间 156 项重点建设项目之一，在当时财政极其紧张的情况下，投资 3 亿元，进行基础设施建设。

刘泽华的到来，增强了筹备工作的领导力量。他首先集中工程技术人员，编制了建厂进度计划、组织机构和规章制度、产品试制计划、干部和工人培训计划等各项生产准备计划，各方面工作迅速步入正轨。

1956 年 3 月，中共中央正式任命刘泽华为内蒙古二机厂厂长。1956 年 4 月 27 日，工厂召开首届党代会，标志着工厂筹建工作的胜利结束，揭开了工厂发展史上新的一页。该厂作为大型军工联合企业，在生产建设历程中，为了适应工厂大规模建设的需要，在刘泽华的积极努力和推动下，1955 年至

刘泽华（左）与苏联专家

1956 年，先后成立了职工业余学校和职工业余中等专业学校、基本建设干部学校，培养了大批各类专业人才，不仅满足了自身建设发展的需要，而且为工厂发展建设输送了大量政治素质高、熟悉业务、通晓技术、精于管理的骨干力量。

为确保工厂提前一年建成投产，保证国庆 10 周年受检产品任务的完成，他调整和加强了基建机构领导力量，带领全厂职工积极贯彻"边基建、边试制、边生产"方针，在加速基建进度的同时，组织精兵强将开展产品试制。

1958 年 3 月，刘泽华任内蒙古二机厂党委书记，当选为中共包头市委常委、内蒙古自治区党委委员。1958 年，工厂新建高炉 100 多座，日产量从 8 吨增加到 45 吨，全年炼铁 1392 吨、炼钢 1542 吨，超额完成了全年任务。1959 年，工厂生产万吨钢水任务列入国家计划。为了冶炼出高强度炮钢，他六上平炉蹲点，深入一线了解情况，解决问题，指挥炼钢，为研制生产武器装备打下了坚实基础。1958 年 12 月 15 日，第一门 100 毫米高射炮试制成功；1959 年 8 月，32 门 100 毫米高射炮国庆受检产品任务全部完成，填补了我国大口径高炮生产的空白。

党委书记（刘泽华左）深入车间当学徒

1960 年，苏联单方面撕毁协议，撤走专家，给内蒙古二机厂的生产造成很大困难。刘泽华与厂长杨绍曾领导全厂职工贯彻中央"自力更生，艰苦奋斗，奋发图强，勤俭建国"方针，以为祖国兵器工业建设而献身的极大热情，以只争朝夕的革命精神，组织完成了各项主产品的试制定型和新产品、新材料的研制开发。克服重重困难，开拓了我国兵器工业的新天地，谱写了工业建设的新篇章。

1961 年春，刘泽华调任东北五三九厂任党委书记。后因该厂停建，调中国科学院上海分院科学仪器厂（后几经更名，现为中国航天时代电子公司五三九厂，隶属于中国航天科技集团航天电子研究院）任党委书记。不久又调中共中央华东局，先后任华东局国防工办副主任、计经委军工局局长，他坚决执行党中央和国务院的各项指示，为华东地区小三线建设作出了贡献。

"文化大革命"中，刘泽华遭到迫害，1968 年 5 月 10 日在上海含冤自尽。中共十一届三中全会以后，纠正了"文化大革命"期间强加给他的不实之词，彻底给刘泽华平反昭雪。

岁月留痕工程处
几度风雨几度秋

——吴佑龙小传

吴佑龙（1910—1980年），又名吴耀庭，回族，内蒙古包头人，绥远"九一九"和平起义通电签字人之一。1980年10月1日病逝。

吴佑龙是内蒙古自治区人大代表、政协委员。曾任包头市人大常委会副主任、包头市政协副主席。

吴佑龙的父亲吴顺，政治开明，广交多识，拥护辛亥革命，拥护共和，曾任包头回民俱进会会长，他重视回族青年的教育工作，对吴佑龙成长颇有影响。

吴佑龙幼年在包头清真学校、归绥（今呼和浩特）回族学校读书。1925年至1930年，先后在绥远省立第二中学（现包头市第一中学）、省立第一中学（今呼和浩特第一中学）、北京宏达学院、北京师大附中读中学。1930年10月，考入天津北洋工学院土木系，1937年6月毕业。1941年至1945年，吴佑龙先后在太原兵工筑路总指挥部工程处、西安长坪公路工程处、四川漠渝公路工程处任工程员。随后任西安黄河水利委员会、陕西虢镇兵工署二十一工程处、兰州黄河水利委员会上游工程处、青海省灌溉工程处工程师。他博学多才，勤奋工作，辗转奔波于各公路、水利建设工程工地，以出色的业绩屡受褒扬。

抗日战争胜利后，吴佑龙思乡心切，谢绝青海省主席的挽留回到包头，自筹资金成立建中工程建筑公司，任经理兼工程师。1946 年 5 月至 1949 年 9 月，曾任包头市参议会副议长、绥远省参议会参议员、绥远省政府工程师、绥远省水利局工程师、国民党包头县党部设计委员、绥远省建设协会常务委员、绥远省回民促进会委员、包头市回民协会副主任委员等职。为发展民族文化教育，培养回族人才，在广大穆斯林民众的支持下，他于 1947 年秋，创办了私立崇真中学，亲任校长。1948 年 3 月，他以绥远省工会代表身份出席国民党在南京召开的第一届国民大会。吴佑龙爱祖国、爱家乡，痛感国民党、蒋介石发动内战给人民带来的苦难，向往和平与光明，拥护共产党用和平方式解放绥远的主张。绥远省解放前夕，曾解囊资助崇真中学伍俊等 20 多名学生到解放区丰镇县投奔革命。当傅作义于 1949 年 9 月初赴包头动员绥远省党政军要人及各界人士和平起义之际，吴佑龙妻子阎秉贞的叔父阎伟于 9 月中旬来包劝其去台湾，他婉言拒绝。以绥远省回民协会副理事长名义，在绥远"九一九"和平起义通电上签名。这一光荣正义行动，受到全省回族群众的热烈拥护。

新中国成立后，吴佑龙历任绥远省军政委员会民族事务委员会委员、包头市人民政府委员、包头市建设局局长、包头市城建局设计室工程师及副总工程师等职。曾被选为绥远省人民代表、内蒙古自治区第四届人民代表大会代表、政协内蒙古自治区第四届委员会委员；包头市各界人民代表会议协商委员会第一、二、三届副主席，政协包头市第一届委员会委员；当选为政协包头市第二、三、四届委员会常委，第五届委员会副主席，包头市第七届人民代表大会常务委员会副主任；市科协副主席，市土建学会副理事长。在长期与中国共产党的合作共事中，他深为中共"长期共存，互相监督，肝胆相照、荣辱与共"方针所感召。他拥护中国共产党的领导，热爱社会主义祖国，时刻关心并积极献身于包头工业基地的建设。他以对国家、对人民事业高度负责的精神，三十年如一日，以身作则，忠于职守，兢兢业业工作，对包头市城市规划、市三区（东河区、昆都仑区、青山区）建设蓝图设计、支援包钢建设、修建昆都仑水库及市区防洪水利工程的建设等方面贡献了才华和精力。

在"文化大革命"中，吴佑龙蒙受迫害和凌辱。但他顾全大局，以党和国家利益为重，不计较个人恩怨。他衷心拥护中共十一届三中全会以来的路线、方针、政策，为我国进入以经济建设为中心、努力实现四个现代化的新征途而欢欣鼓舞。其时，他身体虚弱，仍振奋精神，不辞辛苦，努力工作。他多年身居领导岗位，一贯严于律己，艰苦朴素，为人正直，始终保持平易近人、联系群众的作风，实为后人之楷模。

稻米流脂粟米白
公私仓廪俱丰实 ┃ ——韩凤藻小传

　　韩凤藻（1910—1981 年），又名景泉，河北省武清县（今天津市武清区）代庄人。1981 年，韩凤藻因病去世。

　　韩凤藻是中共党员、工程师，绥远省特等劳动模范、包头市人民政府委员，曾任包头市面粉厂副厂长、糖油工业公司副经理。

　　韩凤藻祖辈务农，家贫。父串村走街理发挣钱补贴家用。9 岁时丧父，依靠祖父母生活。14 岁时，韩凤藻入天津巨成木厂学徒，因其聪颖好学，不久即成为一名熟练木工。1920 年，韩凤藻转入外商开办的亚美公司天津寿丰面粉厂当装（面）粉木工。该厂制粉的辅助部件大部为木制。当木工练就的一手装粉木工手艺，为一生从事装粉工作的革新创造打下坚实的基础。1927 年后，先后为石家庄鼎新、沟帮子长城、天津宝丰和包头电灯面粉股份有限公司安装调试装粉机器。

　　1934 年，韩凤藻被第二次请回包头，并在包头定居。包头电灯面粉股份有限公司 1931 年始建之初，有 4 部磨粉机，其附件多为木制，总长 200 接时（英寸的旧称）。设备公称能力为每接时日产面粉 3 袋，每天可产面粉 600 袋。可实际生产却达不到设备公称能力。韩凤藻为适应绥西地区武川和后套小麦的特点，和工友张历宸、王文清共同改进公司机器设备，在没有自来水和洗麦机的困难条件下，制造出高质量的"双驼牌"面粉，达到日产 600 袋的设备公称能力。"双驼牌"面粉虽比天津产的面粉每袋贵 2 角钱，仍能畅销绥晋

包头电灯面粉公司办公处旧址（位于今东河区新中巷）

和平津一带。

1949年9月，包头和平解放后，韩凤藻在民主改革、反对封建把头、清财理账和一系列技术革新中，发挥了积极作用，由生产小组长提升为生产科长。他主动请战，完成传动大轴、皮带轮和240KQ电地盘大瓦改造。1952年比1951年产量增长90%。

1952年，韩凤藻成为包头市劳动模范，当选为市人民代表。同年9月，他加入中国共产党，10月升任副厂长，主管技术和生产。为了扩大生产，他主持"前路出粉"的技术改造工作。此项新技术要在40多道工序的每一个工艺流程环节上进行，难度之大、技术之复杂，令许多行家犯难却步。在他亲自指挥下，经一年多奋战，"前路出粉"新技术成功，并得到推广。仅1953年统计，全年加工能力提高80%，日产量由不到2000袋提高到3600袋，出粉率提高了1.6%，年加工小麦2.6万吨，增产面粉417.2吨。面粉质量也得到提高，单位电耗下降。从此，人们称誉韩凤藻为"革新能手""技改专家"。他还主持"大尾巴瓦"技改项目，缩小磨辊轴瓦间隙，延长磨辊使用寿命，使数百根报废磨辊重新复活，派上用场，为企业节约了大量外汇。

韩凤藻技术革新的突出贡献受到党和政府的肯定，1953年，他被评为绥远省特等劳动模范，中央人民政府授予他工程师职称，还被任命为绥远省包头市人民政府委员。1954年，"前路出粉"新技术被华北五省市面粉工业竞赛会议指定为推广的新技术，不仅推广到华北地区，也影响到国内各地的面粉企业。

1963年，包头市人民政府任命韩凤藻为包头市糖油工业公司副经理，他因身体有病未能就任。退休后，包头面粉厂留他任顾问，并专门派人照顾他的生活，但他坚持只领退休金回家。

戏如人生曾反复
神形兼备二人台 | ——樊六小传

樊六（1910—1984年），清宣统二年（1910年）生于山西省河曲县樊家沟村（今山西省忻州市河曲县巡镇镇樊家沟村。《村志》记载其艺名为"六牡丹"），1984年卒于包头。

樊六生前曾是中国戏剧家协会会员、内蒙古文联委员、包头文联委员、包头市剧协名誉主席，并被邀请为政协包头市第四届委员会委员。

樊六祖辈世代务农，家境贫寒。幼时父亲樊纯阳带着樊六外出乞讨为生。一天，走投无路，正欲投黄河自尽，幸遇两位二人台艺人，资助两吊铜钱，教他们去"口外"谋生。艺人说樊六是个"打玩艺儿"的料（意思是指其具有表演技能的潜质），从此樊六心里埋下了学艺的种子。

樊六13岁随父来到包头，在老包头北梁榆树沟永气平笸箩铺学徒。1926年，土默川一带出现二人台小班。樊六放弃学习笸箩手艺，投奔民间艺人张根锁等人搭起的小班，并拜张根锁（艺名"锁锁旦"）为师。樊六日夜勤学苦练，半年光景，就能自拉四胡唱流行小调。他们在村里打坐腔，给有钱人唱堂会，给割大烟的唱地摊，逢集赶会，就地演唱。樊六表演的主要是小旦，后又投师二人台前辈孙银余。由于他勤学苦练，成为职业艺人。随师搭"小班"，足迹遍及土默川、河套、固阳、准格尔旗一带城镇农村及半农半牧区。

樊六流浪行艺，无家无业，生活悲惨，流落到老包头北梁的"死人沟"（中华人民共和国成立后改称"慈人沟"）、"讨吃窑"（旧时停厝棺材的地方，后来乞丐在那里掏窑打洞居住，成了包头的贫民窟）栖身。由于社会地位低下，受尽日伪军、土匪和权贵的欺侮。一次被日伪军以"国军探子"的罪名拉到黄河边险些被枪毙；在固阳被误作日本人的"情报员"差点被勒死；还有一次被富户人家的狗咬伤并挨了打，得了"夹气伤寒"差点丧命。

新中国成立后，1950 年樊六和计子玉、高金栓等参加了包头乡曲组，后发展为包头市民间曲艺剧社（1951 年）、民艺剧团（1954 年），1956 年初更名为包头市民间歌剧团（1971 年被撤销，1973 年恢复建制，1982 年 8 月改建为包头地方戏实验剧团，1986 年 9 月更名为包头市漫瀚剧团，现称包头市艺术剧院漫瀚剧团），樊六任艺委会主任，由一名社会地位低下、靠卖唱度日的流浪者，成为一名党和人民需要的、受人尊敬的文艺工作者。

樊六原工小旦，如《走西口》中的孙玉莲，《打秋千》中的大姐和《下山》《放风筝》《小寡妇上坟》中的主角等，都演得细致入微，颇具光彩。中年以后的樊六，因体形变化，改演老旦、彩旦。他注重从生活中撷取素材，观察多种类型妇女的言谈举止和表情特征，借鉴传统表演手法，博采京剧、晋剧、越剧、黄梅戏艺术之长，把演、念、做融为一体，形成个人独特风格，塑造出栩栩如生，身份、年龄、性格各异的舞台艺术形象。艺术表演乡土味十足，但又不是照搬生活的自然主义，因而创造出既有鲜明浓郁的二人台地方特色，同时又是把"类型"典型化了的"这一个"。塑造了《方四

樊六剧照

樊六（右）《探病》剧照

姐》中蛮横凶残的于婆，《梅玉配》中善良机智的英婆；小型现代戏《柳树井》中愚昧无知的王寡妇，《邻居》中勤劳正直的石大娘等鲜明的艺术形象。

1955年6月，樊六在新整理改编的二人台小戏《探病》中扮演刘干妈。此剧参加内蒙古自治区首届戏剧音乐舞蹈会演，受到大会表彰，樊六荣获一等奖。他生动细腻、真切自然地塑造了一个饱经风霜、善良纯朴、风趣诙谐的农村妇女形象，其表演极具乡土味、生活气，给观众留下极深的印象，《探病》成为樊六二人台表演艺术的代表剧目。1962年，著名作家、人民艺术家老舍来包头观看了樊六的《探病》，赞叹不已："这是我在华北地区见到的第一个老彩旦，太精彩了！"认为在"北京也难找到这样一个老彩旦"，对樊六的表演给予很高的评价，誉之为"民间艺术家"。同年4月，由内蒙古自治区有关部门牵头的《二人台传统剧目汇编》编委会，为老舍在呼和浩特组织了别开生面的专场演出。樊六为老舍先生演出的剧目是《阿拉奔花》。这出小戏，是描述一个蒙古族青年同一个汉族村姑大胆相爱的故事。剧中，以彩旦名世的二人台表演艺术家樊六，却破例串演了小旦的角色。以端庄温婉而又多情的村姑形象，给老舍先生留下了深刻的印象。

1963年，樊六被选拔加入内蒙古自治区二人台、二人转进京汇报演出团，赴北京演出，受到中央领导的接见，并合影留念。1964年初，以中型现代戏《邻居》主要演员的身份参加内蒙古自治区二人台、二人转联合演出团晋京汇报演出，由于其艺术风格和语言继承发扬了二人台艺术，加之出色表演，深受广大观众喜爱，扩大了二人台的艺术影响。

樊六对二人台贡献最大的当属扇子，他在演出中不断摸索实践，创造了一套独特的扇子技艺，将一把普通的演出道具演绎得千变万化，丰富多彩，如撒扇、垂扇、翻腕扇、十字桃花扇、用扇子接物等都属于独创，后成为二人台教学中的主要内容。

樊六精湛的表演艺术，赢得同行和晚辈仰慕，不少二人台演员纷纷找他投师学艺。他总是来者不拒，有求必应，毫无保留，倾心传艺，从不摆架子。1961年，樊六被请到内蒙古自治区艺校二人台班教课，学生获益匪浅。著名作曲家、上海音乐学院院长贺绿汀也专程来包，聆听樊六等艺人演唱，并录了音。

"文化大革命"期间，樊六被诬陷为包头市"文艺黑线"的代表人物，被迫停止演出，蹲过"牛棚"。1971年3月，包头市民间歌剧团被撤销，樊六被勒令退职，当了锅炉工，但他相信这不是共产党的政策，他相信不会"一世乱到底"，拒绝在退职书上签字，以不领退职金以示抗议。

粉碎"四人帮"后，全面落实了党的政策，正如他所说的那样，阳婆照样升起。于是不顾疾病缠身，重返舞台，再次把他停演了十余载的拿手好戏《探病》献给观众。他的重新出现，轰动了文艺界，轰动了千万喜欢他的观

樊六晚年生活照

众，誉为"二人台的一棵大树"。人们为了看一场《探病》，曾出现一票难求的现象。

1979 年 10 月，樊六代表包头市文艺界出席了全国文代会，同年 11 月 15 日光荣地加入了中国共产党，最终实现了他梦寐以求的夙愿。1981 年他当选为包头剧协名誉主席。1982 年冬，包头市首届中青年演员会演时，年逾古稀的他还为演艺界和观众做了精彩的示范演出，谁料这竟是他从艺一生最后的告别演出。

1984 年 11 月 28 日，樊六因病逝于包头，终年 74 岁。包头市文化局、市文联和全市文艺界为他举行了隆重的追悼会，以缅怀他一生对二人台事业的发展和繁荣所作出的重大贡献。

六十余年映眼帘
荆棘道路伴生前
——孔广耀小传

孔广耀（1910—1987 年），又名孔僧宜、孔静宜。宣统二年（1910 年）出生于土默特旗沟门乡（今属土默特右旗沟门镇）马留村的一个小农家庭。

1916 年孔广耀入萨拉齐县私塾读书。1920 年转入萨拉齐县模范小学读书；1923 年考入归绥五族学院师范部，受共产党影响，参加了革命活动。1926 年又考入国民革命军在包头创立的军事政治学校，进一步接受革命教育，表现更为积极，由林宗周、彭桂林介绍加入中国共产主义青年团，同年冬转为中共党员。

1926 年底，受组织派遣，孔广耀与刘贯一、彭桂林一起护送受中共中央和共产国际派遣从苏联归国的邓希贤（即邓小平）、王涤亚、朱逸尘（即朱世恒）到西安。他们步行从定远营（今阿拉善盟巴彦浩特镇）出发，经银川、灵武、吴忠、同心、固原等地，历时一个月，行程 1000 余公里。途中，邓小平等归国人员详尽介绍了苏联的风土民情、"十月革命"前后的社会及各阶层情况，革命胜利后的政权建设、经济建设及其亲身感受，对他的触动很大，开阔了他的视野，对共产主义有了更深刻的认识，坚定了他永远跟着共产党走的政治信仰。

1927 年初，孔广耀从国民联军政治学校毕业，是年 5 月，分配到国民联军政治部前敌政治工作团，在时任政治部部长的共产党员刘伯坚、政治部科长贾大容等领导下工作。不久，随军出潼关东征，与北伐军会师中原，在郑州受组织委派出任京汉铁路、陇海铁路工会指导员兼秘书。国民党发动"四一二"反革命政变后，宣侠父（中国共产党早期优秀党员，1938 年 7 月

前左起宣侠父、徐向前；后左起陈赓、左权

31 日在西安被国民党特务绑架暗杀）安排孔广耀留在河南郑州分会工作，因从事革命宣传被国民党郑州党部委员酒成名等人告发，被国民党军法处扣捕，押解到开封，以宣传共产主义、煽动罢工罪判 10 个月徒刑。

1929 年初，孔广耀出狱后，到邓宝珊部做地下工作。1930 年冬，同阎揆要等人受中共西安地下党派遣，考入南京军官学校（黄埔军校九期）并兼做地下工作，后因蓝衣社监视，被蒋介石亲自画圈准备枪决，经组织及时营救离校。

1933 年孔广耀到达北京，和蔡子伟接上关系，被派到张家口抗日同盟军任副团长，当时柯庆施是抗日同盟军军长。1934 年初到国民党何遂部做兵运工作，策动 200 余名士兵到张家口参加了共产党领导的抗日同盟军。3 月，党组织又派他到宁夏工作，由于战争的原因，他只到达了陕坝。5 月，由于叛徒出卖被国民党河北省党部诱捕。侦讯期间，他乘敌人不防备，在 4 日晚上 7 点多钟，手戴铐具，越墙而逃，不幸又被警方捕获。5 日的《北平晨报》《世界日报》对这件事都做了报道。不久，他被解送南京宪兵司令部严办，以"参加反动集团抗日反蒋罪"判处有期徒刑 10 年。1937 年获释，回到西安后，经宣侠父介绍，到伊克昭盟（今鄂尔多斯市）白海风的蒙旗独立旅担任参谋、团附等职，与当时担任政治部代主任的中共地下党负责人乌兰夫接上了关系。

1938 年初，蒙旗独立旅改称新编第三师（简称"新三师"）。5 月，"新三师"按照中央指示移驻伊克昭盟桃力民一带。孔广耀又及时与中共伊克昭盟工委书记赵通儒接上关系。按照党组织的指示，秘密在官兵中宣传我党的抗日主张及有关纲领、政策，积极培养和发展共产党员，并深入地方群众中组建了农民抗日救国会、青年抗日救国会、妇女抗日救国会等群众抗日组织及民兵、武工队等民间抗日武装。

从 1940 年初开始，日本侵略军调拨主要兵力，加紧进攻中国共产党领导的抗日根据地。侵略归绥的日军多次出兵，妄图跨过黄河，占领伊克昭盟（今鄂尔多斯市），进而向陕甘宁边区钳入。"新三师"奉命坚守达拉特旗的黄河沿岸地区。这时的孔广耀已经当上了副团长，他身先士卒，深入前沿率领部队顽强战斗，英勇杀敌，击退敌人多次进攻，有力地保卫了伊克昭盟和陕甘宁边区的安宁。1941 年春天，按照中共中央指示，已经暴露身份的乌兰夫等中共党员离开"新三师"回了延安，孔广耀等未暴露身份的中共党员仍然留在"新三师"，继续秘密从事党的地下工作，一直到抗日战争胜利。

1946 年，孔广耀与黄风奉命到武都等地接领新兵，与地方人士发生纠纷，被告到上级部门，被国民党当局羁押了 6 个月，1947 年 12 月恢复自由。

1949 年 5 月，孔广耀到甘肃岷县做兵运工作。8 月，当人民解放军相继解放天水、兰州等地后，集结于岷县的国民党军队，有的主张起义，有的主张南下，有的犹豫不定。此时孔广耀相机行事，利用同学关系，竭力说服骑兵大队长李树举、一七三师参谋长吴葆锟、保安二团团长张令仁等，率部于 9 月 11 日起义。

中华人民共和国成立后，孔广耀从部队转业到宁夏，先后在吴忠自治州、宁夏水利电力系统工作。1977 年 9 月，任宁夏回族自治区政协第三届委员会常委。1982 年离休。1984 年 11 月，经中共中央组织部批准，享受副省级待遇。1987 年 6 月 1 日于银川逝世，终年 78 岁。

孔广耀去世后，杨植霖（原甘肃省委书记）不顾年近 80 的高龄，专程从兰州赶到银川参加治丧活动，并写诗悼念：

六十余年映眼帘，荆棘道路伴生前。
舍身不顾风云变，练就丹心志更坚。
立马横戈冲塞外，飞骑进击致中原。
革命忠贞知平素，哭祭英灵好自眠。

衣食无忧阔少爷
经风经雨闯天下

—— 王经雨小传

王经雨（1911—1981 年），原名王景玉。宣统三年（1911 年）五月出生于土默特旗美岱召镇河子村一个地主家庭。

王经雨是开国上校、中共党员。

抗日战争期间，王经雨担任萨拉齐县第一支抗日游击队队长、八路军大青山骑兵支队三团二连连长，解放战争期间任萨拉齐县县长、托和清县县长兼武装大队长。新中国成立后，历任包头军分区政治部主任兼党委副书记、乌兰察布盟（今乌兰察布市）军分区副政委兼盟委书记处书记、中共乌兰察布盟盟委书记、内蒙古干部文化学校党委书记、内蒙古党校党委副书记等职，并被邀请为政协内蒙古自治区第四届委员会委员。

立志报国　投身革命

王经雨小时常听母亲乔培玲讲《三国演义》《水浒传》《岳飞传》等故事，养成爱打抱不平的性格。他 8 岁读私塾，15 岁入绥远省立二中（今包头市第一中学）学习。17 岁转入绥远中山学院，结识了刘深源、杜如薪、苏谦益、杜琏等进步青年，在他们的帮助和影响下，王经雨积极参加学生运动，成为一名进步青年。他阅读了高尔基、鲁迅、郭沫若、成仿吾、辛克莱等进步作家的作品以及《语丝》《创造》《思想》等刊物，了解了我国南方红军的情况，懂得了许多革命道理，形成了鲜明的爱憎观，对共产主义产生了浓厚的兴趣和向往；对封建团体、国民党则鄙视远离，深恶痛绝。一位姓高的国民党骨干动员王经雨："咱们萨县人应抱成一个团体。你加入国民党吧，充任宣传员或纠察员，能拿到不少月薪。"

王经雨当即明确表示："我是来读书的，不是来抱团同人家打架的！"严词拒绝了国民党的利诱。

后因闹学潮，王经雨被学校开除，回到家乡。在此期间，他冒着生命危险掩护被国民党当局通缉的杜如薪（时任中共绥远支部书记）。

王经雨与另一位因闹学潮被开除学籍的同学刘深源关系极为密切，他们常在一起议论军国大事。不久，他考入傅作义将军创办的军官学校短期受训，这为他后来指挥游击队奠定了基础。

1938年秋，八路军大青山抗日游击支队挺进大青山，开辟抗日根据地，王经雨奉命打入伪军赵明亮部队从事地下工作。

1939年3月，经地下党员王弼臣、刘启焕等同志介绍，王经雨加入中国共产党，从此走上了革命道路。1939年秋，由于身份暴露，大青山支队派他到美岱召、美岱桥、河子、沙图沟、陶思浩一带组织起青年救国会、农民救国会、妇女救国会、蒙民救国会、学生救国会，并挑选骨干会员成立游击小组和党的组织，为成立萨拉齐县抗日游击队打下了坚实的基础。

毁家纾难　抗日救国

王经雨出身殷实的地主家庭，母亲王老太太（乔培玲）深明大义，积极支持儿女参加抗日。她出钱出粮购买武器，帮助游击队渡难关。协助儿子，动员家里人、长工、亲戚以及村里的青年人参加游击队。全家8口人有6口人上山抗日，留下两个儿媳妇在家充当抗日耳目。

1941 年 11 月，王经雨的大哥王培玉为给伤病员寻找粮食和药品，不幸在武川县毛不浪梁遇到进山扫荡的日寇，被鬼子开枪打死，壮烈牺牲。王家人强忍悲痛，没有退缩，继续抗日。不久，王经雨的侄女萨拉齐县抗日人民武装的唯一女干部王友梅也患病去世。尽管如此，王家人的抗日决心没有丝毫动摇。

1942 年春，绥西日军疯狂扫荡，整个萨拉齐县、固阳一带的机关、部队都转移到外线，山中只留下王老太太一家。没有房子，就住在石岩之下，吃野菜度日，饥寒交迫，她竟坚持了三四个月。

王经雨的家人为了抗日，跑遍了大青山的山山水水，从萨拉齐到武川、归绥，从丰镇到山西左云、右玉，到处都有他们的足迹，他的母亲送情报、做军衣，照顾伤病员，他的大哥、妹妹、侄女都牺牲在抗日战争中。他的家庭是当之无愧的"抗日之家"。

骁勇善战　威震萨县

在残酷的斗争环境中，王经雨成长为一名骁勇善战的指挥员，萨拉齐县（简称萨县）抗日游击队威名远扬。

1939 年 5 月，中国共产党萨县、托县工作委员会成立（简称萨托工委）。王经雨善于发动群众，美岱召、美岱桥、沙图沟先后建立了党支部。以美岱召为中心，挑选救国会中的骨干分子成立锄奸小组，逐渐形成了抗日游击队。萨县第一支抗日游击队由王经雨任队长，长征干部杨思华任指导员，下辖两个排、五个班，共 70 余人，营地建在美岱沟内的黄土尖。

游击队成立之后，第一次战斗就碰上了硬仗，在柳树淖与数倍于己的日军遭遇。在队长王经雨、指导员杨思华的指挥下，凭借围墙，沉着应战，击毙日军机枪手 2 人、指挥官 1 人、报讯军犬 1 只。10 月 9 日，夜袭平绥铁路附近的讨合气村敌人据点，俘虏日籍工程师 2 名，缴获手枪 2 支，望远镜 1

架。这支游击队运用毛泽东的军事思想，发挥群众基础好和地形熟悉等有利条件，采取机动灵活的战术，又配合正规军在顶门石、陶思浩、东老藏、沙兵崖等地打了一系列胜仗。

王经雨所领导的游击队战斗力强悍，是绥远地区为数不多的有重大战绩的队伍，他们不仅筹集了大量军需物资，按时足额完成征税任务，而且配合八路军大青山骑兵三团夜袭毕克齐、朱尔沟、此老村等伪自卫团。游击队的成长壮大引起了日军的仇视和恐慌。日军驻萨县的片桐茂司令部派出 10 名特务到美岱召一带寻觅游击队的踪迹。游击队采取化整为零的方式，分散到农村的堡垒户中，用巧计将这 10 个化装成货郎、银匠、木匠、乞丐的特务全部抓获。

1941 年以后，在整个大青山地区，尤其萨县，根据地生活极为艰苦，斗争更为残酷。断炊为常事，常以野菜充饥。敌人对山区扫荡轮番不断，三天一进攻，五天一清剿。敌人进山，连队（1941 年萨县游击队改编为八路军绥察独立二支队二连）则到平川活动，敌人在平川清剿，连队则进山休整。

4 月的一天，日军突然将美岱召村包围，设岗哨，严防有人进山给连队报信。然后找向导带路，去黄土尖"围剿"连队。村长知道消息后，急忙抄近路给王经雨报信，王经雨在黄土尖前的烂石湾布下石头阵。当日伪军进入伏击圈后，连队从山上疾风暴雨般地往下滚石头，砸得敌人死伤遍地，狼狈逃窜。

同年夏末，连队配合八路军三团夜袭察素齐守军，杀伤了不少敌人，缴获了大量战利品。

1942 年，日军调集了近万人的兵力，向驻守在大青山的游击队开展了猛烈围攻。这次围攻是在计划周密、准备充分的情况下开始的。他们从白石头沟到干沟东西四五十里的区域，拉开了一条有各兵种驻守的战线，从四面八方布成围攻的阵势。敌人步步为营向游击队进逼，游击队则采取避实就虚、机动灵活的策略，最后转移到大青山中一个险要的山峰——八峰山。游击队在八峰山度过了一段被围困的艰苦岁月。他们一面忍受着饥饿，一面和敌人迂回斗争，保存了战斗实力。

日军集中重兵向大青山围攻了几个月，没有任何结果，就撤退回来，分散驻到各炮楼去。敌人满以为已经取得了胜利，正在收缩他的魔爪，游击队立即回击——打赢了五里坡、大脑包、前脑包、二道河、朱尔沟、野马图、门庆坝、大南沟、菜园沟、沙图沟、东老藏、陶思浩、毕克齐等较大战斗，有效地消灭和牵制了敌人的有生力量，为抗日战争的胜利立下了汗马功劳。

1941年春，这支游击队改编为八路军绥察独立二支队二连；1942年春，又改编为八路军大青山骑兵支队三团二连，因该部一直与萨县抗日民主政府一起在萨县活动，亦称"萨县二连"或"绥西二连"。1945年日军投降时，二连仅剩20余人。他们奉命下山，在毕克齐镇集结待命，结果被数十倍的国民

1955年，授上校军衔后的王经雨与夫人李立及子女合影

党军队包围，敌我力量悬殊，加之内无弹药，外无援兵，经过一天的浴血奋战，只有不到 10 人突围出去，其余同志均壮烈牺牲。"萨县二连"在那个年代成为人们心中永远不倒的一面红旗。

历经风雨　迎接解放

经过抗日战争和解放战争的洗礼，王经雨已成为群众中有威信、革命意志坚定、勇敢善战、密切联系群众、具有斗争艺术的领导干部。

在抗日战争期间，1940 年 8 月，王经雨任萨县抗日民主政府县长；1941 年春，萨县游击队改编为八路军绥察独立二支队二连，他任连长；1942 年春，改编为八路军大青山骑兵支队三团二连，他继续任连长。

在解放战争期间，1945 年 10 月，萨拉齐解放，王经雨任县长。1947 年 9 月，任托（托克托）和（和林）清（清水河）县县长兼武装大队长。1948 年 10 月，任萨县县长。1949 年 2 月，任萨包支队副政委；7 月，萨包支队与龙胜县大队合编，任大队副政委；11 月，包头军分区成立，任政治部主任兼党委副书记。

新中国成立后，1954 年，王经雨任乌兰察布盟军分区副政委兼盟委书记处书记。1955 年 9 月，被授予上校军衔；1956 年转业，历任中共乌兰察布盟盟委书记、内蒙古干部文化学校党委书记、内蒙古党校党委副书记等职。

王经雨职务提高后，生活上一直非常俭朴，从不乱花一分钱，但遇到同志们生活有困难时却常常解囊相助，还时刻关心着老区建设，帮助美岱召等村栽培经济林木。为了教育后代继承革命传统，1959 年他撰写出版革命回忆

1981 年 11 月 10 日，参加王经雨追悼会时萨县游击队幸存者留影（左起：吕振玉、张占元、卢子威、郝占彪、崔振彪、张永兴、杨全、董兴华、王友众）

录《大青山上》，将所得稿酬全部捐献给家乡的美岱召中学。对烈士子女，他不仅在政治上关怀，在生活上也给予无微不至的关照。他患病住院期间，同志们带着糕点、罐头看望他，他知道后让夫人照价付款，并给从乡下和外地来看望他的同志们拿上回程的车票钱。

1966 年"文化大革命"开始后，王经雨被隔离审查。有一天，外单位来了两个调查人员，让他证明老领导、老战友黄厚少将（大青山抗日游击根据地的创建者之一。曾任绥蒙军区骑兵二团团长。解放战争时期，任绥蒙军区绥东军分区司令员。抗美援朝期间，任志愿军第三十三军一九八师副师长。负伤回国后，历任绥远省军区察盟军分区司令员、内蒙古军区平地泉军分区司令员、乌兰察布盟军分区司令员，内蒙古军区副司令员。1978 年升任内蒙古军区司令员。1981 年 7 月离职休养——樊尚仁注）是"土匪"。他拿起笔来写道："黄厚是土匪，我也是土匪！因为当年日本鬼子、国民党反动派都这样称呼我们！"

1971 年，王经雨从干校回到党校，要求军代表给他分配工作。军代表让他到土右旗插队落户。他只身下到沙图沟村，每天清晨 4 点就起床拾粪，还抽空给美岱召中学师生讲大青山抗日英雄的故事。

1974 年，王经雨罹患半身不遂。1981 年 10 月 15 日逝世，享年 70 岁。

2001 年，王经雨的侄子王友众（1933 年 9 月出生，2021 年 6 月去世，曾任包头市人大常委会副主任，离休干部）赋词一首，缅怀王经雨的革命一生。

唐多令·叔父九十周年祭

雄踞大青山，驰骋土默川，
十一春、未解雕鞍。
血溅沙场戎甲染，
经万险，历千难。

天下太平年，心牵烈士缘。
更倾心、抚育孤单。
耿耿衷情安故土，
资学子，助田园。

王经雨和萨县抗日游击队的革命事迹激励着一代又一代人。在土右旗美岱召镇还保留着王经雨故居，为爱国主义教育基地，以此激励后人，不忘革命传统，让王经雨和萨县抗日游击队的英雄事迹永远传颂下去。

一介书生去领兵
倒海翻江卷巨澜 ｜ —— 杨植霖小传

杨植霖（1911—1992年），曾用名王士敏、雨三、天虹、长河。宣统三年（1911年）出生在土默特旗什报气村一个贫苦农民家庭。1992年9月10日在兰州逝世。

在大青山抗日斗争史上，杨植霖被誉为"青山骄子"，中华人民共和国成立后，历任绥远省人民政府主席，兼绥远军政委员会副主席；绥远省第一届人民代表、协商委员会副主席；内蒙古自治区人民政府副主席、内蒙古政协主席；内蒙古自治区党委副书记；青海省委第一书记、西北局书记处书记、中共甘肃省委书记、甘肃省政协主席；全国政协常委、中央顾问委员会委员。

1925年，杨植霖考入归绥"五族学院"中学部，开始结识共产党人及进步青年，同年加入中国共产主义青年团。1926年担任归绥县农民协会秘书。1927年参加"孤魂滩事件"（中国共产党领导的归绥县蒙汉人民的革命斗争，迫使归绥县政府取消清丈局，免收土地执照费，斗争取得了胜利——樊尚仁注）。1929年考入北平新农业学院，与共产党组织取得联系，投身北平地下革命斗争。1930年加入中国共产党。

1931年，杨植霖返回土默特左旗毕克齐镇任教。1931—1933年被国民党逮捕，关押到绥远省"第一模范监狱"。在中共领导人王若飞的领导下，进行了气壮山河的狱中斗争。

出狱后，杨植霖以教师身份为掩护，继续开展抗日救亡宣传活动。1937年七七事变后，日寇全面发动侵华战争。在国破家亡的危急时刻，他投笔从戎，毅然决然地走上武装抗日的道路，虽然屡遭挫折，但他百折不挠，以"不把日寇侵略者赶出中国誓不休"的决心，带领抗日队伍在大青山与八路军胜利会师，领导抗日民主政权，在创建大青山抗日游击根据地的斗争中竖起不朽的丰碑。他的英雄事迹光彩熠熠，可以说内蒙古蒙汉各族人民家喻户晓。

组建抗日团

1937年，日本侵略军占领北平后，沿平绥铁路长驱直入，绥远危在旦夕。

在祖国山河破碎，家乡危难之时，为保卫家园，杨植霖奋起武装抗日，在家乡土默川先后四次组织抗日武装，前三次因经验不足而失败。但他并不气馁，认真总结教训，亲赴晋西北找八路军一二〇师师长贺龙、政委关向应取经，在两位首长的指点和帮助下，第四次组织起抗日武装，并公开亮出由共产党、八路军领导的"抗日团"的旗帜。

1938年5月，杨植霖从大青山来到兵州亥村，重整旗鼓，重建抗日武装，经调查了解，把目光锁定在张有聚身上。此人为兵州亥大地主，是归绥县首富，周围各村都有他放的高利贷，杨植霖自家借债的地契也抵押在他手中。张有聚的住宅高门大院，有武器和家兵，出入前呼后拥，神气十足。日寇占领归绥后，伪蒙古军上门，令他交钱、交粮、交武器，他抗拒不交。伪蒙古军洗劫了他家，挖地三尺，财物抢光，武器没找到，却糟蹋了他的女儿和儿媳。因此，他对日伪军恨得咬牙切齿，骂声不绝。当杨植霖登门后，张有聚开门见山地说："我早就想找你，我现是穷人了，无牵无挂，我要报仇雪耻！"

杨植霖开始对他有点不放心，怕他不坚定，试探地问："抗日谈何容易，那个苦你吃得消吗？"

"苦？我连家、连命都保不住了，吃苦是小事一桩！"

"我走的是共产党、八路军的路子，你敢跟我走吗？"杨植霖考验他。

"不就是个共产吗！我的家产早让日本鬼子给共了。八路军有能耐，要报仇除了共产党谁也不行。"

于是杨植霖对张有聚提出，要打日本，咱们就要组织由共产党领导的武装，按照共产党军队的纪律、规章来训练队伍。张有聚欣然应允。随后他召集了手下 20 多个家兵，杨植霖又从伪防共二师中动员出 10 多个人。两天后，他们在讨合气村组织起 40 多人和一部分武器，成立了抗日团。张有聚任团长，杨植霖任参谋长兼八路军的总联络员。队伍向着大青山进发，来到武川县的井儿沟。

抗日团和井儿沟人民建立了鱼水情，妇女为战士缝补衣服，母亲把儿子送到部队，村民主动提供日伪活动的情报，极大地鼓舞了战士们的斗志。部队很快发展到 100 多人，马匹、枪支也配备齐全，在边作战边训练中成长为绥远敌占区一支颇有实力的抗日武装。

归绥旧城北归武公路进出口，由坝口子伪警察所的 20 多个警察把守，盘查行人、车辆，群众递送情报往来困难。这些伪警察还对附近村民肆意勒索、胡乱抓人，赎人要送礼，群众反对呼声强烈。

杨植霖派人扮成农民，带着烟土，以送礼的名义进行侦察。看到警察所四面有铁丝网，院内有八间平房，武器有机枪、步枪等，大门有哨兵把守。

第二天夜里，杨植霖和张有聚带着 40 多名战士策马来到坝口子，包围了警察所。安排一个班在山上担任掩护，两位战士悄悄干掉哨兵，留下几人把守大门，其余的战士冲进院内。狗突然狂吠，惊醒了睡梦中的警察，从窗口盲目扫射，战士们冲进伪警察的两间房子，缴了花筒机枪和一些步枪、手榴弹。张有聚把警长赤条条地抓住。

这时，杨植霖为保存实力，下令撤退。战士们抬着机枪撤离了院子。伪警长像捣蒜似的磕头求饶，杨植霖按照党的政策，严厉地教训了他一顿，然

1938 年 9 月，"抗日团"与八路军李井泉支队在大青山面铺窑子村会师合影（右六为杨植霖）

后将其释放了。夜袭警察所既打击了其反动气焰，又体现了党的政策，为今后开展工作奠定了良好的基础。

归绥城东南约 20 公里处有个黑炭板村，村里住的伪保甲团阻挠群众为八路军提供给养，处处伤害百姓。抗日团经过侦察，决定对其进行打击。

1938 年 8 月的一天傍晚，杨植霖带着 30 多名战士，经过四个小时的急行军，冲入村里，活捉了几个甲长。保长逃跑，抓了保长老婆。抗日团集合村民，宣传了共产党的抗日政策，勒令保长老婆和几家大户写了保证书，今后不再与八路军作对，要送粮食和物资支援抗战。这次行动在周围村庄产生了很大影响，伪保甲长和大户们再也不敢和抗日团作对，还能为抗日武装提供给养，并改善了关系。

抗日团在战斗中逐步发展壮大，西起白石头沟，东至旗下营，北起武川，南至凉城的广阔山川，成为他们打游击的战场，声威越来越大。

1938年9月李井泉（左一）率部进军大青山

会师面铺窑子村

1938年9月，抗日团的队伍发展为200多人的骑步兵。一天，部队来到武川马场梁打游击，听到群众传说："贺龙的队伍上大青山了。"大家十分高兴。

第二天，一位战士抓到一名"探子"，声言要见杨植霖。

第三天，杨植霖见了他说："我就是杨某人！"

第四天，"探子"把衣服底襟撕开，抽出一小卷麻纸，交给杨植霖说："这是李井泉司令员给你的信。"原来这位"探子"是一二〇师三五八旅民运部的黄副科长，他告诉杨植霖，八路军支队已经上大青山了，我们的一个连在面铺窑子暂住。杨植霖和战士们听到这一喜讯兴奋地流下了眼泪。

部队马上集合，向30多公里外的面铺窑子村进发。杨植霖和黄副科长乘马并肩行进在队伍的前面。在西边天空一片红霞映照中，抗日团与八路军胜利会师了。

第二天，在面铺窑子村北面的五塔背村，杨植霖第一次见到了昼思夜盼的八路军大青山支队司令员李井泉。这是一位身材略瘦、精神抖擞、看上去二十八九岁、身着灰色旧军装的司令员，和士兵没有多少区别。他们亲密得像老友重逢似的握手拥抱，互相祝贺。李井泉说明来意："我们是党中央和毛主席决定派往大青山开展抗日游击战争的！"并向杨植霖介绍了团长王尚荣、营长陈刚、动委会主任武新宇等，大家紧紧握手，格外高兴。

在一老乡家中，杨植霖向李井泉汇报了抗日团的活动情况，李司令员信心十足地说："大青山虽然艰苦，有你们的斗争经验和蒙汉人民的支持，建设游击根据地是没问题的。为加强领导，提高战斗力，抗日团应进行整训和改编。"

抗日战争时期的杨植霖

会师后，大青山支队和抗日团来到根据地中心井儿沟。抗日团经过一个月的整训，改编为"绥蒙游击大队"，有指战员180多人，分三个连、一个警卫排和一个通讯排。杨植霖任政委，张有聚任大队长，老红军李洪运任副大队长。八路军还给大队补充了枪支弹药，全体指战员斗志倍增。抗日团成为一支正规的抗日地方武装。杨植霖的抗日心愿如今真正实现，他感慨地赋诗道：

一介书生去领兵，常因败绩恨无成。

蒙蒙细雨传真讯，百里真如百步程。

建立民主政权

由于杨植霖熟悉绥远情况并与蒙古族群众关系密切，1940年3月，中共绥蒙区委任命他为地方抗日游击政权绥西专员公署专员，后又兼任绥东专员公署专员。杨植霖在八路军绥蒙总动委会工作的基础上，积极发动群众，本着"有钱出钱，有力出力"的原则，为八路军筹集军需物资，扩充兵力，支援抗日游击战争。

　　根据 1940 年 5 月贺龙、关向应关于在绥远敌占区建立省级抗日民主政府的指示，经过几个月的筹备，当年 8 月绥察人民代表会议在武川县小西梁村召开了。来自大青山地区各县区的中国共产党、国民党左派、无党派人士以及各族各界代表共 200 多人参加会议，共商团结抗日的大政方针和建立绥察游击区抗日民主政权的大事。会议经过两天的热烈讨论，决定为保持与国民党傅作义的统一战线关系起见，暂成立"晋绥第二游击区行政公署驻绥察办事处"，简称"绥察行署办事处"。会议推选八路军大青山骑兵支队司令员姚喆兼任办事处主任，杨植霖任专职副主任；批准成立绥西、绥中、绥南三个专员公署，成

1956 年与老战友合影（中为杨植霖，左为苏谦益）

立萨拉齐、固阳、武归、陶林、归武、托和清、归凉、丰集、丰凉九个抗日民主县政府以及 30 多个区政府；撤销各级动委会，史称"西梁会议"。

1941 年 4 月 15 日，为适应抗日斗争的需要，"绥察行署办事处"改为"绥察行政公署"，杨植霖任主任，苏谦益任副主任，这是开辟大青山抗日游击根据地以来，绥蒙地区第一个省级抗日民主政府。绥察行署在杨植霖的主持下，制定了《绥察行政公署施政纲领》，于 1941 年 10 月 1 日公布实施。纲领明确了绥察地区抗日政权的性质、任务、方针和一系列具体政策。纲领第一条开宗明义地明确了政权的任务："亲密团结绥蒙境内抗日的各党各派各民族各社会阶层，消除民族隔阂，集中一切人力、物力、财力、智力，为保卫绥察，保卫西北，保卫中国，驱逐日寇，建立新民主主义共和国而战。"还规定了摧毁日伪政权，建立民主政权；各民族一律平等，争取王公抗日；扩大地方武装，开展游击战争；争取伪军，优待俘虏；合理负担，发展生产；实行减租减息；优待抗属；保障人民的民主自由权利；保障妇女平等权利；提倡国民教育，反对奴化教育；实行廉洁政治；保护尊重中国主权和法令的外籍人士等各项政策。杨植霖特别重视行署的法制建设，到 1942 年在政权、民政、经济、文化、军事等方面制定和颁布了 50 多项法令、条例等，对政权建设和支援游击战争发挥了积极作用。

杨植霖身为绥蒙行政最高领导人，平易近人，作风朴实，深受干部战士爱戴。在他领导下，以绥察行署为中心的各级抗日民主政权与日本侵略者展开机动灵活的游击战争，有力地消耗了日寇的有生力量。

1947 年，杨植霖任晋西北行署建设处代理处长。1948 年 10 月，包头第

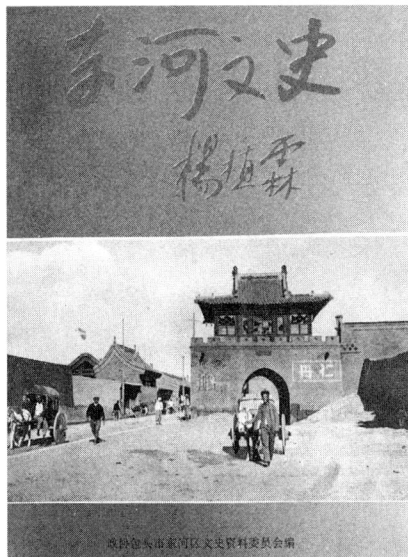

1993 年，杨植霖为包头市东河区政协文史资料题字

一次解放，杨植霖任包头军管会政委。

1949年12月，绥远省人民政府正式成立，杨植霖任主席，兼绥远军政委员会副主席、中共绥远省委党校校长。1951年3月，当选为绥远省第一届人民代表、协商委员会副主席。1951年，绥远省高级工业学校成立（内蒙古工业大学的前身），这是绥远省创办的第一所培养专门人才的学校，也是迈出工业化进程的第一步。时任绥远省人民政府主席的杨植霖兼任学校校长。

1954年1月，中央决定撤销绥远省建制划归内蒙古自治区，杨植霖历任中共中央内蒙古分局副书记，内蒙古自治区副主席、党委副书记、政协主席，中共青海省委第一书记，青海省军区第一政委、省政协主席，中共中央西北局书记处书记（常住西安）等职务。

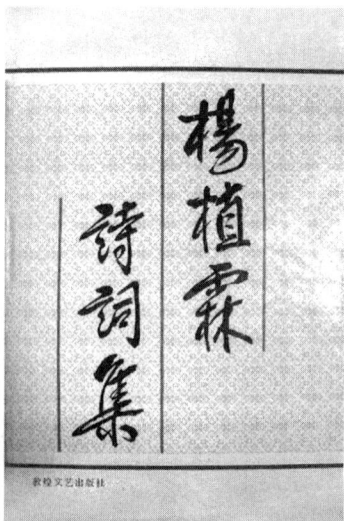

"文革"初起，杨植霖是西北局"文革"小组组长，也是中央"文革"小组的早期成员。但不久便落难，横遭林彪、"四人帮"反革命集团的迫害，蒙受了极大的冤屈。

1978年12月，杨植霖调任中共甘肃省委书记，并当选为甘肃省政协主席。1988年调回北京，先后担任全国政协常委、中央顾问委员会委员等职务。

杨植霖于1961年开始发表作品，1962年加入中国作家协会。主笔撰写的《王若飞在狱中》成为流行一时的革命传统教育读物，畅销362万册，拥有大量青少年读者；出版诗集《凯歌》《两地集》、诗歌小说集《青山儿女》《青山欲晓》等。

1992年9月，杨植霖从北京回兰州参加"丝绸之路艺术节"期间，突发心脏病，经抢救无效，在兰州逝世，享年81岁。据《人民日报》报道，杨老身后，按其生前遗嘱，将全部积蓄以党费形式上交组织。

一副残躯带血拼
从此青山伴君眠 | —— 彭德大小传

彭德大（1912—1940 年），又名润俚，民国元年（1912 年）3 月（一说 1914 年出生）出生于江西省吉水县一个贫苦农民家庭。

彭德大兄妹七人，他排行第三，全家主要靠父亲种田做工维持生活。

彭德大自幼跟随父亲当船工和石匠。1928 年在家乡参加游击队。1929 年 5 月加入中国共产党。1930 年 10 月 4 日，红军攻克江西吉安后他参加了红军，先后在红十二军、红九军团政治部任文书、秘书、干事等职。1934 年，他参加了举世瞩目的两万五千里长征。

1937 年，彭德大在延安抗日军政大学学习。是年 10 月，任八路军一二〇师三五八旅七一五团一营教导员。

120 师开赴晋西北后，党派彭德大在山西省崞县一带组织抗日游击队和扩大抗日武装，指挥游击战争。经过艰苦细致的工作，很快组建起一个团的地方武装，后来被整编为一二〇师三五八旅七一四团，彭德大任团政治委员。该团驰骋华北战场，被抗日军民誉为"铁军"。

1938 年 7 月，遵照八路军总部的指示，一二〇师三五八旅七一五团和师直骑兵连组成八路军大青山支队，彭德大任政治部主任。

支队到达大青山后，彭德大担任中共绥西工委书记兼物资筹备委员会主任，主要负责地方工作。为了打开工作局面，他要求负责大青山以南土默川一带做地方工作的三营指导员姜文华寻找地下党负责人贾力更（中共土默特旗工委书记），研究建立根据地的方针和政策。他常教育部队尊重蒙古族的风俗习惯和宗教信仰，检查部队执行群众纪律情况，宣传中国共产党的抗日救国十大纲领和民族政策，发动民众起来抗日。

12月22日，八路军七一五团主力奉命东进冀中，大青山支队留下500余人组成三个支队，分别在绥南、绥中、绥西开展游击战争。彭德大和陈刚等指挥绥西部队，为发展和巩固绥西游击根据地做出了巨大贡献。

1939年6月，八路军大青山骑兵支队建立后，彭德大任政治部主任。他按照中国共产党的统一战线政策，以坦荡胸怀，从抗日大局出发，不止一次致信国民党民众抗日自卫军（简称"自卫军"）头目，或亲自上门，对他们晓以抗日大义，并展开有理、有利、有节的斗争，争取了不少自卫军官兵。

在一次战斗中，一个自卫军团长负伤，请求八路军卫生员治疗。彭德大派人接他，并亲自去看望，还给他端水喂药，这位团长很受感动，发誓说："我这条命是彭主任给的，以后一定坚决抗日，决不反共。"此后，这位团长经常给彭德大提供情报。

为争取伪防共二师抗日，彭德大多次研究制订争取计划，并选派三个干部到该师做争取工作。他还亲自写信给该师师长韩五，详细分析国内国际形势，指出团结抗日是唯一的出路，促使韩五同意抗日，送给八路军大量武器弹药，并且掩护八路军政工人员，传递军事情报。

彭德大身兼数职，公务甚忙，但始终保持着团结部属、密切联系群众的作风。他起草文件，经常通宵不眠。干部外出，他总是嘱咐，要严格遵守群众纪律，注意安全。他经常关心战士的疾苦。一次，有两个自卫军士兵在附近抢东西，打骂群众。彭德大闻讯后，不顾个人安危，带领警卫员前去将这两个士兵抓获，命他们把抢来的东西退给群众，并对两人进行教育后才释放。彭德大在染上伤寒病期间，曾得到李姓大娘的精心照料。他病愈后，带着礼品去看望大娘，并称她是自己的妈妈。广大军民亲切地称他是"我们的彭主任"。

1939年秋，彭德大被任命为大青山抗日游击根据地统筹统支物资筹备委员会主任，主持筹集物资工作。他不仅解决了部队的物资供给问题，还同各界人士建立了广泛的联系，使我党的抗日民族统一战线政策发挥了巨大的作用。

1940年，国民党顽固派不断制造摩擦。为了巩固大青山根据地，粉碎顽军降日阴谋，彭德大组织了绥西地区的反顽斗争，给敌人以重创。3月初，他召集营连干部部署战斗后，拿出抗大学员的毕业证，引用毛泽东的题词说："一个人能为民族解放事业和共产主义事业贡献自己的一切就是最大的幸福和光荣。"会后，他和陈刚、姜文华指挥四个连的兵力攻打自卫军的总参谋部和自卫军第三路、第四路军。部队勇猛突袭，一夜之间，消灭顽军数百人，缴获了几部电台和大量枪支弹药及日军与自卫军的往来信件。自卫军被打败后，四处逃窜，为了全歼顽军，彭德大率部乘胜追击，一直追到固阳境内。

3月11日，彭德大带领两名战士来到固阳县小邦郎村（现下湿壕镇西南方向），由于村里有人告密，第二天当地反动武装李海龙部从后脑包过来偷袭了小邦郎村。彭德大听到枪声，冲出洞口，与冲上来的敌人对射，不幸被击中左胸，牺牲在小邦郎村的西北山坡上，牺牲时年仅29岁。

2007年及其后，固阳县史志部门和文物保护部门在文物普查和革命遗址普查中对彭德大烈士牺牲地小邦郎村进行调查时，年近八旬的高心宽老人介绍说，彭德大牺牲时正在他家房后的窑洞里秘密养病，当时得了伤寒，高心宽的母亲负责给彭德大做饭。由于村里有人告密，第二天当地的反动武装从后脑包那边过来偷袭了小邦郎村，彭德大听到枪声，冲出洞口，与冲上来的敌人对射，不幸中弹牺牲在西北坡上。

彭德大牺牲后，遗体被运回白石头沟的一前晌，该地一个叫杨广德的富户献出寿材和殓衣安葬了彭德大。杨广德的嫡孙杨二娃（2015年时84岁）是杨家见过彭德大的唯一健在者，据他讲，杨家大院当时就是中共绥西地委和

行署的驻地，姚喆、彭德大、杨植霖等好多大青山抗日根据地的领导人都住过他家。彭德大牺牲后从小邦郎村运回来，杨广德把母亲的寿材献出来，并提供了殓衣，秘密安葬在杨家大院西北约一里的老虎沟坝崖下的一个坡上。据杨老回忆，1953年左右，杨家西沟来了三个解放军战士，他们找到杨二娃，说是受上级委派特来起运彭德大烈士的遗骨。当时是他带着三位战士到了彭德大烈士的墓地，和他们起出烈士的遗骨。鉴于彭德大烈士特殊的历史功勋，他的遗骨被安葬在位于石家庄的华北军区烈士陵园。在彭德大牺牲的地方，包头市人民政府立有一块高1.5米、宽1米的石碑，上刻"彭德大烈士殉难地"，被列为市级文物保护单位。

昆河天际映彩霞
许是包钢铁水红

——杨维小传

杨维（1912—1964年），原名王述虞，字祖尧，曾化名王栋、张福庭、李树森，吉林省双城县人。1964年2月2日在北京病逝。

1953年春，杨维任重工业部钢铁工业管理局副局长，主要担负包头钢铁公司的筹建工作。同年11月，任中共中央华北局包头工业基地建设委员会委员。1956年任包头钢铁公司首任经理。1962年4月担任冶金部科技办公室主任。

杨维幼年时在原籍上小学。1926年至1928年，先后就读于吉林省立第三中学和哈尔滨特别区立工业大学预科。在校期间，曾参加学潮。1929年，他抗婚赴北平，后考入国立北京大学俄文政法学院预科。

"九一八"事变后，杨维在校组织反日救国会，参加学生南下请愿团，要求南京国民政府对日宣战。返校后，与同学发起组织"反帝大同盟"支部。

1932年1月，杨维加入中国共产党。是年，先后任河北省委发行部长、中共北平市东区组织部长，并到北平西郊门头沟煤矿组织开展工运工作。1933年至1934年历任中共河北省委发行部长，中共天津市委反帝委员会书记、市委宣传部长、市委书记，中共河北省委驻天津市委特派员等。

1935年1月13日，杨维在天津被国民党当局拘捕，遭酷刑逼供，他坚贞不屈，当局未查出证据。4月初，杨维被押赴国民党南京宪兵司令部，以"危害民国罪"判有期徒刑五年减半执行，移送苏州反省院。"反省"期间，因痛斥托派分子刘仁静（1902年出生，字养初，又名亦宇、敬云。中国共产党早期领导人，中共一大代表。1929年11月因参加托派活动，被开除出党。1935年被国民党逮捕，1937年出狱后投靠国民党。新中国成立后，曾任人民出版社特约翻译、国务院参事，1987年8月5日去世——樊尚仁注）诬蔑"游击战争是流寇主义"的谬论，受延长一个反省期（6个月）的处分。1936年10月18日，杨维"反省"期满找保获释。11月回北平，12月参加中华民族解放先锋队（简称"民先"）工作，先后任民先总部训练部干事、组织部干事、北平民先队组织部长。

七七事变前，杨维奉组织决定赴太原任中共太原市委职工部长。

1937年10月，中共北方局和山西省委任命杨维为中共同蒲铁路工作委员会书记，开展同蒲铁路工运工作，建立了铁路工人游击队，并任总队长，进行锄奸和游击活动。

1938年至1945年8月，杨维先后任晋豫边区特委工委书记、中共晋冀鲁豫边区民运部长、中共晋冀鲁豫边区动员武装委员会秘书兼动员武装科长、边区党委统战部政权工作科长、冀太联合办事处民政处处长、太行一分区专员、太行二分区专员、中共太行二分区地委常委兼石门（今石家庄市）工委书记。

在太行山坚持敌后抗战的岁月里，杨维在反"扫荡"、反蚕食、反摩擦、领导人民群众开展大生产运动中，为巩固和扩大革命根据地做了大量工作。

抗日战争胜利后，杨维根据党的指示，徒步进入东北解放区。1945年10月，任中共哈尔滨市委副书记兼组织部长。

12月，中共党政机关及保安总队撤离哈尔滨市，杨维以中长铁路人事处处长身份留下坚持地下领导工作。

翌年4月28日，东北人民解放军解放哈尔滨，杨维担任中共哈尔滨市委副书记兼民运部长和哈尔滨市总工会主席。

1947年冬杨维调任中共牡丹江省（1947年10月成立，省政府驻牡丹江市，1948年7月建制撤销——樊尚仁注）省委民运部长。

1948年冬，杨维调往沈阳，在东北人民政府财经委员会工作。

新中国成立前后，杨维任本溪煤铁公司总经理、中共本溪市委常委。其间，他组织发动广大干部职工，迅速恢复生产，在战争废墟上重建共和国煤铁基地，支援解放战争和国民经济恢复建设。

1951年9月，杨维率领东北工业部干部实习团赴苏联乌克兰加盟共和国第聂伯捷尔任斯基钢铁厂实习。

1953年春杨维回国后，任重工业部钢铁工业管理局副局长。

5月，中共中央华北局在北京成立了"五四钢铁公司筹备处"（包头钢铁公司的前身），由杨维任公司经理，负责包头钢铁公司的筹建工作。同年6月在包头设立"五四钢铁公司筹备处包头办事处"，下设人事、财务、供应、行政、资料五个组。由各地抽调工作人员400余人从事筹备工作。他一面具体

1953年4月23日，中央人民政府重工业部钢铁工业管理局包头筹备组在北京正式成立。同年6月15日，包头筹备组改名为"五四钢铁公司筹备处"（址设北京市西城区大茶叶胡同十九号）。图为杨维（三排左起第六）与筹备处部分人员合影

东河区和平路安仁里——包钢最早的机构包头办事处在此办公

规划包钢的筹建，全力争取上级和兄弟单位的支持；一面调集人员，进行厂址勘测与建厂筹备工作。

1953年4月末，首次厂址选择小组对内蒙古西部地区大面积粗勘后，杨维亲自出马，同钢铁工业管理局局长刘斌、副局长袁宝华等，于5月中旬在包头市附近第二次选择厂址。他们同专业技术人员一起，带着帐篷、行李、仪器和食品分别勘察了鸡坪（今井坪）、乱水泉（今万水泉）、古城湾和磴口（今东兴）四处。同年7月，他又与苏联列宁格勒设计院包钢设计组总工程师安德列耶夫等

杨维（右二）与苏联专家考察厂址

25 人，组成第三次厂址选择小组，足迹踏遍包头周边的广大地区。经过对 15 处厂址各种经济技术条件的分析与研究对比，最后，由苏联专家组提出了《包头钢铁公司厂址选择建议书》，经中央批准，宋家壕厂址被最终确定。

在选择厂址的日日夜夜里，他在敌人监狱中染上的严重皮肤病因不能经常清洗而恶化，大面积皮肤变色结成硬痂，只能站着工作，无法坐下。再加上胃病加重，食量日减，但他仍不顾病痛，坚持在荒原上跋涉，硬撑着坚持工作。

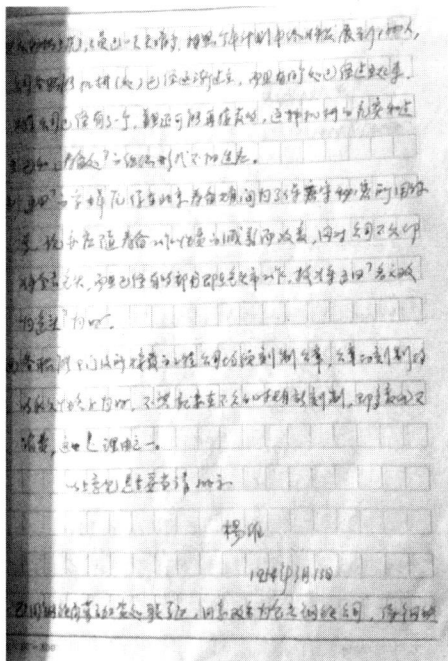

杨维报送五四钢铁公司筹备处改名为"包头钢铁公司"的请示手稿

此后，杨维亲自领导了设计资料提供、集结建设队伍、审查初步设计、建立各种机构、培训干部和技术工人以及开工建设催调设计图与设备等一系列工作。

为了给包头钢铁工业基地建设成龙配套，11 月，中共中央华北局又决定成立包头市建设委员会。杨维任委员会委员，参与包头城市建设规划的制定。1954 年 5 月 1 日，五四钢铁公司筹备处改名为"包头钢铁公司"。

1956 年，杨维被正式任命为包头钢铁公司（以下简称"包钢"）首任经理。在繁忙的基建工作中，他坚持按科学办事，实行工作责任制，保证了基建工程紧张有序地进行。

1958 年 3 月，杨维因肝脾症候群症恶化住进北京协和医院，医生为其切割了重达 5 公斤的脾脏，并要他休息两年，但他在病床上仍关注包钢建设。同年 11 月末，中共八届六中全会在武昌举行。周恩来总理将杨维召到武汉，听取了他关于包钢建设中存在问题的汇报。

1957 年 7 月 25 日，包钢建厂开工典礼在今包钢机械总厂铆焊车间举行。包钢第一任经理杨维在基地上挖开了第一锹土

1959 年 4 月，杨维在肝脏仍有明显病变尚不能正常进食的情况下返回包钢，与主管工程建设的领导深入施工现场，及时协调处理设计、材料供应、交通运输中出现的问题和矛盾，保证了各项重点建设工程按计划顺利进行。

同年 8 月，包钢一号高炉建设接近尾声，从黑龙江富拉尔基运来的高炉料钟拉杆却在运输过程中撞弯，无法安装。如果回厂重新加工，国庆 10 周年包钢出铁计划将被打乱。杨维通过冶金工业部联系到一位中国工程师，在短时间内修复了拉杆。

9 月 26 日，在全国人民的大力支持下，包钢提前一年建成了我国最大容量 1513 立方米的包钢 1 号高炉并胜利出铁，结束了内蒙古自治区寸铁不产的历史，开创了我国少数民族地区工业发展的先河，也向中华人民共和国成立 10 周年献上一份厚礼。

1959 年 10 月 15 日，为庆祝包钢一号高炉提前出铁，中共内蒙古自治区委员会在包头市举行庆祝大会。时任中共中央副主席、国务院总理的周恩来

1959 年 9 月 26 日一号高炉出铁现场

亲临包钢，为一号高炉出铁剪彩并发表了重要讲话。杨维陪同为一号高炉出铁剪彩的周恩来总理参观包钢焦化厂，并向周恩来总理汇报了包钢建设现状和远景发展规划。

不久，在"反右倾"运动中，杨维因直言"大跃进""大炼钢铁"中的一些错误做法，被扣上"右倾机会主义"的帽子，撤销了包头钢铁公司经理、党委副书记等职务。1962 年 4 月，中共包头钢铁公司委员会和中共包头市委为他甄别平反，并经中共中央监察委员会批复，恢复名誉和待遇。平反后，他被任命为冶金工业部科技办公室主任。1964 年 2 月 2 日因病在北京病逝。"文化大革命"中杨维被诬陷为"叛徒"，1967 年 3 月骨灰从北京八宝山革命公墓清出。1980 年彻底平反昭雪。

百年大计强根基
开局便宜放眼量 —— 陈守中小传

陈守中（1912—2006 年），河北省阜平县人，1912 年 3 月 25 日出生。2006 年 10 月 31 日在太原逝世，享年 95 岁。

陈守中 1932 年 5 月加入中国共产党并参加革命工作，曾任八路军前方指挥部参谋长左权的秘书。1948 年，与左权遗孀刘志兰组建家庭。

新中国成立前，陈守中历任阜平县城南庄党支部书记、阜平县第三区区委副书记、书记，阜平县委组织部副部长、部长，中共河北省灵寿县委书记，冀晋区党委组织部干事，冀晋二地委和河北地分委、河南地分委组织部长，晋察冀中央分局、中央局组织部秘书长，河北省石家庄市公安局局长、中共河北省石家庄市委常委，华北局党校副教务主任、副教育长等职。

中华人民共和国成立后，陈守中历任中共中央华北局工业研究室主任、华北局工业部副部长。1954 年 8 月至 1963 年 6 月，任中共内蒙古自治区包头钢铁公司党委书记（其中，1956 年 5 月至 1957 年 9 月期间，任第一书记）；1960 年 3 月至 1963 年 3 月，兼任包头市委书记处书记。

1954 年 8 月，时任中共中央华北局工业部副部长的陈守中，受命调往塞北包头，就任中共包头钢铁公司（简称"包钢"）的首任党委书记。三年后的

包钢党委书记陈守中（左）、总经理杨维（右）与苏联专家马斯良也夫在宋家壕考察

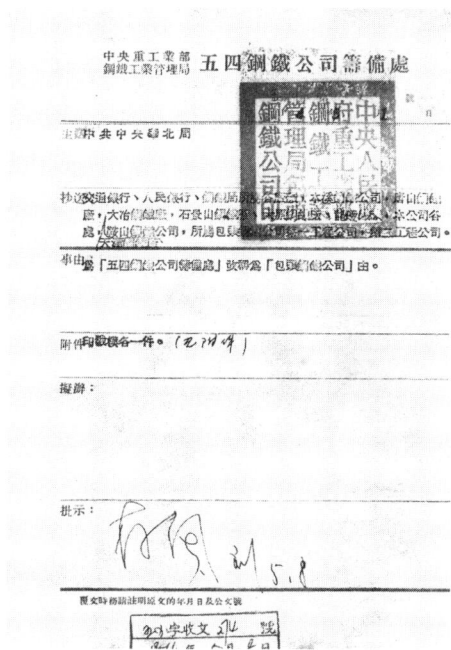

启用《中央人民政府重工业部钢铁工业管理局包头钢铁公司》铜质印章的文件

1957 年，妻子刘志兰也来到包头，任包头钢铁设计院党委书记。

陈守中在筹备包钢时就任包钢党委书记，由于包钢的初步设计、技术设计都是苏联的版本，按照苏联的设计标准，资金投入相对较大。鉴于当时包钢的资金状况，有的干部从减少资金投入的角度，提出要将包钢投资减一半。陈守中没有迎合这种建议，他认为，从中国的国力和实际出发，节省一定的投资是符合实际的，但是，如果一刀切式地搞"投资减一半"则是荒唐的。因为质量是百年大计，工程质量无

1963年，包头市领导欢送包头市委副书记、包钢党委书记陈守中（右三）离任留影

小事，过度减少投资，势必造成无可挽回的后患，而且，也是对后人的不负责任。为此，他责成设计部门修改原设计。在修改设计过程中，根据当时的财力，既要保证施工质量，也要减少不必要的浪费。实践证明，陈守中的观点是正确的。在包钢工作期间，他始终坚持实事求是的思想路线，在包钢筹备期间，他力主科学决策，不搞短期行为，为确保包钢打牢基础、长远发展指明了方向，作出了贡献。

1963年3月，陈守中携刘志兰离开包钢，前往山西省太原市任市委书记。

1985年7月陈守中离休，1985年8月经中央批准，享受副省级政治、生活待遇，2002年1月经中央批准，享受正省级医疗待遇。

附：
刘志兰小传

刘志兰（1917—1992 年）。北京人，1917 年出生，家中姐妹七人，还有一个男孩，因颜值高，外人称刘家姐妹为"七仙女"。

刘志兰的父亲是个头脑活络的商人，早早就在古老的北京城买下几座房屋，一家人过着衣食无忧的生活。

然而天有不测风云，刘志兰 3 岁那年，父亲因病去世，留下没文化的妻子和八个子女，靠微薄的房屋租金和做手工活赚的钱，刘母养活了他们。几个孩子中，刘志兰是最机灵的，深得母亲喜爱，虽然自己没文化，但刘母希望自己的儿女们可以好好读书，于是她早早将刘志兰送到学校，小学毕业后考入北京师范大学附属女子中学（简称"北师大女附中"，现北京师范大学附属实验中学）。

进入北师大女附中后，刘志兰系统地接触了进步思想。当时蒋介石国民党政府一直忙着内战，对日本的侵略委曲求全，如此行径让身在学校接受进步思想的刘志兰等人很是愤怒。

1935 年 12 月 9 日，北平大中学生数千人举行了抗日救国示威游行，反对华北自治，反抗日本帝国主义，要求保全中国领土的完整，掀起全国抗日救国新高潮，史称"一二·九"运动（又称为"一二·九"抗日救亡运动）。刘志兰在这一时期表现很出色，是北师大女附中中华民族先锋队（简称"民先"）队长。

"一二·九"学生爱国运动是在中国共产党的领导和号召下发生的,党给学生运动指明了方向,极大地促进了中国人民的觉醒。中国共产党成了广大知识分子信赖的政党,延安也就成了这些人特别渴望的地方。经过多方努力,1937年,刘志兰来到了这块心心念念的革命圣地。

刘志兰与彭德怀夫人浦安修(祖籍上海市嘉定区,生于北京。1936年加入中国共产党。旋入北平师范大学历史系,从事地下工作。后赴山西抗日前线。1938年4月与彭德怀结为夫妇——樊尚仁注)是北师大女附中的同学和好友。到延安后,刘志兰、浦安修等被称为延安"三美"。

1940年8月,左权抱着女儿与妻子刘志兰合影

刘志兰到延安后在中共北方局妇委会工作,并任陕北公学分校教导员。1939年2月,随中央巡视团到太行山巡视,代表中央妇委讲话时,由朱德介绍给左权(1905年3月15日出生于湖南省醴陵市平侨乡黄茅岭,时任八路军前方指挥部参谋长)。1939年4月16日,同左权在八路军总部潞城北村结婚。时任八路军副总司令的彭德怀做主持和婚礼见证人。1940年5月27日,刘志兰在山西省长治市辽县武乡八路军总部,为时年35岁的左权生下两人唯一的女儿——因出生地辽县地处太行山以北,叫太北区。彭德怀因刘伯承的孩子叫刘太行而建议为其取名左太北(1940年5月27日—2019年6月25日)。1940年8月,刘志兰携襁褓中的左太北调延安保育院工作。

1942年5月,侵华日军对太行山抗日根据地发动"大扫荡",八路军前方指挥部参谋长左权率领部队掩护"中共中央北方局"和"八路军总部"等机关突围转移。同月25日,在山西辽县的十字岭突围战中,一颗炮弹落在他

刘志兰和女儿左太北

的身旁，左权不幸以身殉国，时年 37 岁。左权将军是抗日战争中牺牲的最高级别的中共首长，为了表达崇敬与纪念，特将其牺牲地山西省辽县改称为"左权县"。

左权将军牺牲后，刘志兰伤心欲绝，后在朱总司令一再安慰鼓励下强忍悲痛，并在延安《解放日报》撰文纪念左权。度过了悲伤时日后，刘志兰刻意地渐渐疏离丈夫曾经身处的领袖圈子，带着女儿左太北踏实而勤奋地工作，凭能力赢得人们的尊重。

左权去世六年后，时年 31 岁的刘志兰决定重组新家，她带着女儿最终嫁给了左权生前最信任的战友和秘书陈守中。1948 年，陈守中与刘志兰举办了一场简朴的结婚仪式。婚后，两人一起携手共进，一起走过了风风雨雨，并且共同抚养了左权的女儿左太北，把她培养成国家的栋梁之材（左太北是在延安保育院长大的，新中国成立后被送进北京八一小学读书，中学就读于北京师大女附中，后考入哈尔滨军事工程学院导弹系，毕业后在航天研究所工作，后在国家经委、国家计委做军工计划管理工作。2000 年，在中国航空工业总公司综合计划司副司长的岗位上退休。2019 年 6 月 25 日，因罹患淋巴癌在北京离世，享年 75 岁）。

1957 年，刘志兰来到包头，任包头钢铁设计院党委书记。1963 年 3 月，陈守中携刘志兰离开包头，前往山西省太原市工作。

身陷虎穴偏不屈
响遏行云壮山河 —— 郭北宸小传

郭北宸（1912—1942年），字墨园，又名郭俊卿，1912年出生于山西省左云县三区（现大同市新荣区）助马堡村一个贫苦农民家庭。

郭北宸幼时家境贫寒，半耕半读求学。1931年，郭北宸在太原兵工厂当学徒。1933年秋，在绥远省凉城县（现隶属乌兰察布市）担任小学教员。次年，在绥远省乡村建设委员会训练班受训。1935年至1937年，在绥远省兴和县（现隶属乌兰察布市）等地担任乡村工作指导员。

1937年10月，日军进犯归绥、包头，郭北宸和其他爱国青年一道，随抗战部队退到河套陕坝地区，在国民兵政训处担任连队政治指导员，受政训处郭灵墅、李衡（时任中共绥远省工委书记）等共产党员的影响，开始接受革命思想。1938年5月，郭北宸经刘一山介绍加入中国共产党，不久奉派到安北县开展抗日活动，秘密发展党的组织，发动群众建立抗日团体。

1938年9月，中共安北区委员会成立，郭北宸任组织委员。12月，中共安北县委成立，郭北宸任组织部长。此后，郭北宸到东湾子一带坚持地下斗争。为提高农民的阶级觉悟，引导他们走上革命道路，郭北宸利用东湾子小学校舍办起了农民夜校，一边教文化，一边讲革命道理。在此基础上，他以农民党员为骨干，秘密组织起宣传、锄奸、运粮小组，开展抗日宣传、盘查汉奸特务工作，使安北地区的抗日救亡运动非常活跃。接着，农运工作也出现了新的高潮，他成功地领导了农民抗义务挖渠、抗征粮等斗争，取得胜利，大大鼓舞了农民群众的斗志。他还先后发展了十几位农民党员，建立起东湾子、王广和、菅二凯圪旦等基层党支部，使党的工作在这一地区有了较好的基础。1939年5月，他被任命为中共安北区委书记；9月，被任命为中共安北县委书记。

1940年春节前夕，日寇大举进犯河套，傅作义为待机进行反击，下令军队暂时后撤。面对对敌斗争形势的变化，中共河套特委决定充分发动群众，开展游击战争。但是由于日军的进攻，党的县委机关被冲散，为保留骨干力量，郭北宸率部分同志西撤，转移到伊克昭盟桃力民（"桃力民"源于蒙古语"查汉桃日莫"，汉意"向阳的白泥壕"，后逐渐演化成"桃力民"，是抗日战争时期中国共产党在鄂尔多斯地区创建的抗日游击根据地——樊尚仁注）八路军办事处，将一部分青年同志分送延安，他和董有等人返回河套，担任后套特委组织部长。1940年8月，特委书记刘红生因病去世，郭北宸接任特委书记。

1940年国民党顽固派不断发动反共"摩擦"。是年3月，五原战役大捷后，国民党政府加强了在河套地区的统治，河套地区的党组织遭到了严重破坏。面对国民党反共的险恶环境，郭北宸机智灵活地领导隐蔽下来的同志继续坚守阵地，开展党的工作。这年12月中旬，他在赴伊克昭盟汇报工作的途中，路经黄河南岸巴拉亥时，由于叛徒出卖，被国民党绥远政府逮捕，被关押在陕坝"战青团"监狱。面对顽固派分子的威逼利诱，刑讯逼供，他不为所动，威武不屈，表现出一个共产党人视死如归的大无畏精神。为了软化郭北宸，第八战区司令部拟设宴招待，全体要员作陪，被郭北震严词拒绝。

见软化不起作用，又开始庭审，由国民党特务张忠一主审。庭审中，张忠一被郭北宸反问得理屈词穷，最后张忠一气急败坏地叫嚷道："给他点颜色看看！"

跪碗渣压杠子、坐老虎凳灌辣椒水，郭北宸被一次次施以酷刑，一次次昏死过去，但敌人仍一无所获。

见硬的审讯没有奏效，国民党绥远省党部书记长张庆恩亲自出面，又以软的方式笼络郭北宸，先后采取了设宴、送钱、慰问、美人计等诱降活动。

郭北宸威武不屈、富贵不淫，使敌人的一切刑讯逼供和各种诱降活动遭到彻底失败。

在敌人的残酷折磨下，郭北宸双腿被废，行走异常艰难，但他利用敌人严刑逼供的间隙，在狱中为难友讲革命道理，揭露和抨击国民党顽固派的反动本质，并竭尽全力撑起身子在囚室墙上写下"奋斗"两个大字，以勉励自己和狱中的难友。

国民党顽固派无计可施，在郭北宸被关押近两年后，于1942年8月上旬的一个夜晚，国民党绥远当局经过周密策划，在陕坝西场杨春生沙窝里对郭北宸下了毒手。在刑场上，他高呼"中国共产党万岁！""打倒国民党反动派！"英勇就义，时年31岁。

1953年，人民政府将郭北宸烈士的遗骨移送内蒙古呼和浩特市烈士陵园，后又迁至大青山烈士公墓。1980年内蒙古革命烈士陵园建设完工，郭北宸烈士的骨灰被安放在陵园的纪念堂里，供后人凭吊和悼念。

乱世枭雄无定数
抗战反共两不误

——鄂友三小传

鄂友三（1912—1958年），乳名"在贫"，民国元年（1912年）出生于萨拉齐县沙尔沁村（现属包头市东河区）贫苦农民郭二老毛家中。

因郭二老毛子女多，生活困难，便把鄂友三送与萨拉齐耶稣堂的牧师鄂必格（瑞典籍）收养。1921年入当地育英小学读书，1926年毕业后给耶稣堂放牛，当小工。

鄂友三从小身体结实，性情凶顽好斗，常与人寻衅打闹，惹是生非。一次，他将大东街小学的张有才打得头破血流，鄂必格闻知后将其痛打一顿，可没隔三天他又将旗杆巷小学数名学生的衣服撕得粉碎。

1928年，鄂友三报考归绥中学，因连豆子能不能榨油都答错而未被录取，后经人说情，才好不容易成了十七班的旁听生。这时鄂友三已进入青年时期，三角眼、赤红脸、中等个头、体壮如牛，爱好体育运动，每天拂晓起床，打篮球、踢足球、攀杠子、跳高、跳远、练拳术，样样技艺超群。多次参加归绥、绥远、华北乃至全国运动会，都能取得优异成绩，被评为运动健将。

1931年，鄂友三从归绥中学毕业，恰逢黄埔军校招生，他第一个报名并被顺利录取，编入第九期骑兵科。此后他更加勤奋锻炼，就是放假返乡也不松懈。别人攀杠子时怕伤了皮肉要把手上的沙粒擦掉，他却执意手握沙粒在杠子上攀耍，手被擦得血肉模糊也不以为意。单杠比赛时他一连打40个大回环，创造了最高纪录，获特等奖。1934年，黄埔军校举行建校十周年纪念大会，鄂友三进行全副武装骑马横渡长江表演时，烈马突然失惊，他不意被套了镫，拖驰中他以双手交替托地，坚持挣扎了二三里地竟又跃起身躯，揪住鞴皮翻上马背，后策马飞驰横渡长江，受到蒋介石的赞扬。

1935年，鄂友三留黄埔军校当了助教，不久与胡惠荣结婚。

1937年10月，绥远省河套以东、黄河以北地区先后沦陷。不久，国民党绥远省党部主任委员潘秀仁到黄埔军校游说绥远籍师生返绥搞民众抗日自卫军，鄂友三积极响应。离校前夕，他特邀在黄埔军校学习的同乡吃蒸莜面、煮山药。席间他不无感慨地说：莜面、山药、羊皮袄，是咱家乡的三件宝。现家乡危在旦夕，我先诸位一步奔赴前线。诸位要好好学习锻炼，准备将来为抗日报国效力！

1939年秋，鄂友三以国民党绥远省民众抗日自卫军（简称"自卫军"）前敌总指挥部上校参谋长的身份上了大青山。一开始前敌总指挥于存灏（绥远省高等法院院长）并不重视他，但他却毫不介意，整天与官兵们滚打玩闹，灰说溜道，如同一个富有黏性的人，走到哪里哪里便红火热闹起来，渐渐变成自卫军里的中心人物。

1940年春节，按照中共中央的统一部署，八路军开展反顽斗争。2月14日夜在冰凌沟将鄂友三俘虏，关在窑洞里。15日晚，五个八路军战士将鄂友三唤出审讯。鄂友三以为要处决他，便想着借机溜掉，就佯作镇静地大声说道："同志们，咱们都是抗日的……"战士们听他说这话一愣神儿，他趁势溜下深沟。战士们急忙朝他开枪，其中的一颗子弹打中他的脖子，他带着伤找到自卫军第四路司令郭怀翰，又辗转到河套、四川等地治疗，但因伤处血管多，子弹处已纤维化而未能取出，鄂友三因此与八路军结下深仇。

同年秋，在河套经过整训的自卫军第四路军改编为游击四师，郭怀翰任师长，鄂友三任副师长，共有枪马 2000 多，从河套向东挺进。走到固阳县的摆儿剑沟与 10 多辆满载日军的汽车遭遇。在日军的猛烈攻击下，不少人带着马溃退，鄂友三却骑着马冲向前沿顶住狠打一阵。部队到了春坤山，日军出动二三百辆汽车"围剿"，打得四师人马难以立脚，不少人投奔了伪蒙古军，鄂友三却化装成羊倌访查抗日志士，不久，便带上李存英潜入武川、达茂一带，召集人马进行游击活动。

开始日伪势大，鄂友三就采取"躲"的策略，尽量不与日伪正面接触打硬仗，而是把部队化整为零，白天上山隐蔽，夜晚下山进村做工作。后来选派一批年老体弱官兵下乡当工作员，监视日伪，瓦解伪军，筹集粮款，传递情报，资助居民发展生产。首先在武川县的可怜沟、圪妥儿一带的大山里建立立足点，接着就以此为依托，逐渐向外蚕食扩张，拓展地盘，壮大队伍。在此期间，他采用恐怖手段，勒死不少汉奸、特务，但也屈杀了许多八路军、游击队的指战员和无辜百姓。

1942 年，郭怀翰病逝，鄂友三升任师长。1943 年，游击四师改编为骑兵第五纵队，鄂任司令兼任别动队队长。这时，鄂友三已拥有一定的地盘和势力，熟悉了后山的地形和群众。日伪扫荡时，一般情况下采用"围磨"战术与敌周旋，日伪住，他也住，日伪走，他也走，日伪返回来，他也折回来，有时因为走漏了消息或预测不准，也发生过一些相当惊险的情况，但由于他临危不乱，巧妙处置，均转危为安。其中最厉害的一手，就是鄂友三能抓住时机，采用"掏心"战术，出奇兵打敌要害，收到极好的效果。

1944 年，鄂友三部的地盘进一步扩大，队伍增多，战略上已从被动防御转变为主动出击。一次，驻百灵庙一带的日酋黑河、小点三带 300 多人马追歼鄂友三的海清连，从百灵庙一直追到武川县的黑龙独沟。鄂友三事先将人马埋伏在趟忽浪沟的山头，然后让海青边打边退，诱敌深入。当敌人进入伏击圈后，鄂友三指挥部队首先集中火力打正在指挥的黑河和小点三。结果击毙了小点三，打死了黑河的坐骑，吓坏了的黑河狼狈逃窜。鄂部趁势追击了 30 多里，杀伤甚众。

1945 年，鄂友三又兼任了国民党萨拉齐、包头、武川、固阳、和林、凉城七县行政督察员，势力从后山发展到前山。

这年春天，鄂友三率部与日伪军在水涧沟门激战两天一夜，取得胜利。

隔了一日，驻包日酋派代表前来诱降。提出：双方停战，共同防共；委鄂为张家口至包头的靖安总司令。鄂友三表示："防共不防共，是我们的事，我听傅作义将军命令；至于停战，你们是侵略者，你们侵占中国的土地，我们就要打。"

鄂友三盘踞大青山以后，随着权势的增大，逐渐变成一个贪恋女色的淫棍，仅在武川县八、九、十这三个区就奸淫妇女百余名，用他的话说是"除了打仗，刮风下雨也夜不虚席！"因此人称其为"鄂毛驴"。

对待共产党、八路军，鄂友三一直怀有敌意，特别是自 1940 年春节被八路军俘虏、打伤以后，更是恨之入骨，演出了一幕幕反共丑剧。

鄂友三从河套重返大青山后，便提出"反共第一，抗日第二"的口号，中共绥西地委书记杨植霖按照抗日民族统一战线政策给他去信联络时，他看也不看就撕毁了，并扬言"八路军是绥远的客军，应当撤出！"

1941 年秋冬，鄂部以"八路军暗探"等罪名，屠杀无辜群众数百人。

1944 年秋，鄂调集张腾云、海福龙、李存英、王有功部围困八路军的万家沟、水磨沟、一前晌等根据地半个月。

1945 年 5 月，鄂又率领绥西顽军攻占八路军的井儿沟根据地烧杀抢掠一番后仓皇撤离，留下邬青云部的千余人驻守。

7 月间，八路军调集大量军队将井儿沟夺回，把邬青云部打了个落花流水。

8 月 11 日，姚喆、康建民等率八路军骑兵旅、二十七团、骑兵三团在李气沟、白菜坝一带全歼鄂友三两个团。

日寇宣布无条件投降的 8 月 15 日下午 4 时，鄂友三率部抢先接收萨拉齐，在夺得日伪大量财物的同时，用极其恶毒的语言污蔑共产党和八路军。

第一次绥包战役中，鄂友三部在归绥外围、乌兰花、武川、磴口等地被八路军打得丢盔弃甲，损失惨重。

八路军回师晋西北后，鄂友三部改编为保安师，鄂任师长。

1946 年至 1947 年期间，鄂友三率部多次与解放军在集宁、察右后旗、清水河、开鲁、凉城等地交战。交战中他深知解放军康建民骑兵旅的厉害。1947 年 3 月，双方在凉城的斗金山一带对峙，康建民命骁勇无比的黄厚团跃马挥刀，发起凌厉攻击。

鄂友三明知凶多吉少，却居心叵测地令与之有隙的邢守忠团单独上阵阻击。结果没几个回合邢团被打得招架不住，败阵溃逃，牵动李存英团也各自奔窜，鄂友三亲率的 500 余人也手捉缰绳准备逃命。这时鄂友三大发脾气骂道："爷爷是不走了，你些圪泡们跑哇！"

官兵们见他如此发作，又都拴马顽抗，双方对打一阵作罢。事后鄂友三以"临阵脱逃"的罪名将邢守忠逮捕。

这年秋天，鄂友三部改编为国民党整编骑兵十二旅，鄂任中将旅长。

1948 年 2 月，鄂友三受蒋介石之命，偷袭了冀中老解放区的河间县（今河北省沧州市代管县级市——樊尚仁注），沿途炸毁许多桥梁、粮台、工厂，杀害了许多军民。

同年 12 月初，鄂部调张家口驻防，他看到解放军来势迅猛，防守张家口凶多吉少，便找借口与驻察北的骑五旅换防。22 日战斗打响后，孙兰峰的十一兵团和骑五旅全军覆没，鄂部如漏网之鱼，仓皇从察北逃到乌兰察布盟四子王旗乌兰花一带。

1949 年 2 月中旬，解放军蒙汉联军联合指挥部司令员康建民率部追剿鄂友三等国民党残部，在武川县的二份子将鄂部的李存英团全歼，将鄂友三的坐骑追得由嘴里往外喷粪，收复了乌兰花等地。

继 1949 年 1 月 21 日北京和平解放后，中国共产党又提出用和平方式解决绥远问题。对于绥远和平起义，鄂友三在开始阶段扮演了一个反对派的不光彩角色。他认为国民党及其军队还没有到向共产党投降的时候，而他的军队是骑兵，又是地方部队，在大青山打游击人地两熟，能打一天算一天，如果在大青山待不住，还可以向西撤退。他在商讨起义问题的会上，先是一言不发，后来便发牢骚，还三番五次地找傅作义派来协助董其武起义的王克俊谈话。当傅作义回绥策动起义时，他当面向傅作义呈递了军统特务骨干起草的阻挠起义的《全面和谈的和平意见书》。当他看到起义为大势所趋，不可逆转时，就和张国林等人说："大事由天定。这天意不顺不行！咱们还是听傅先生的吧！"9月19日，鄂友三在和平起义通电上签了名。

1950年2月，鄂部改编为中国人民解放军骑兵第四师，鄂友三任师长。

起义后，鄂友三曾煽动部属叛变，并接受国民党行政院长阎锡山的委任和国民党"华北、东北、西北党政军联合工作指导委员会"的委任。同年10月，因叛变问题鄂友三被逮捕审查。1958年3月病故于北京公安医院。

1984年1月，经中国人民解放军陆军第六十九军政治部复查，认为鄂友三企图叛变未成事实，决定恢复鄂友三的名誉，按病故军人处理，并按有关规定予以抚恤，其家属、子女不受株连。

烧结机旁心无愧
抱病床前言有功

—— 周同藻小传

周同藻（1912—1986 年），字友芹，河北省宝坻县（今天津市宝坻区）人。

周同藻是中共党员，高级工程师。1954 年，当选为鞍山市第一届人民代表大会代表。1955 年，当选为辽宁省第一届人民代表大会代表。曾当选为内蒙古自治区包头市第七届人大常委会委员；中国金属协会炼铁学术委员会委员、内蒙古自治区金属协会理事、包头市金属协会副理事长。著有《对我国钢铁工业发展探讨》等论著。

1919 年，周同藻随父举家迁往天津。1925 年 9 月，考入教会开办的天津新学书院（英国人赫立德于 1902 年创办，1953 年改为天津市第十七中学，后并入天津市第二十一中学——樊尚仁注）。1929 年 9 月入天津工商学院工科预科学习。翌年 6 月辍学，到山海关北宁铁路局做货物员。1931 年 8 月，考入天津北洋工学院（天津大学的前身）预科。1933 年，升入本科矿冶系。同年，因父病故，失去经济来源，靠兼做家庭教师维持学业。1937 年 6 月，以优异成绩毕业。

在见证了"九一八"事变、"一二·九"学生运动和七七事变后，报效祖国、推动国家强大的拳拳爱国之情，在年轻的周同藻心中埋下了种子。

1937 年，周同藻受聘于西安临时大学（1937 年抗日战争爆发后，国立北平大学、北平师范大学、北洋工学院三所国立大学和北平研究院迁至西安，组成西安临时大学，后改名为国立西北联合大学，即西北联大——樊尚仁

国立西北联合大学影壁上的校名

注），西北工学院，任冶金工程助教。

1939 年 6 月，周同藻在重庆国民政府经济部矿冶研究所任技佐，从事锻铸铁研究和矿产调查工作。此后，先后在国民政府经济部陵江炼铁厂、资源委员会资渝钢铁厂任工程师，其间，周同藻作为主要技术负责人，在重庆嘉陵江畔筹建一座五吨炼铁炉，仅用一年多时间就建成投产，以此支援抗战，当时的《大公报》刊发文稿报道了他们的事迹。

此后，周同藻受国民政府资源委员会派遣赴甘肃兰州等地帮助筹建小型炼铁厂。

1945 年，周同藻调北平石景山钢铁厂任工务课长兼工程师。

1947 年 6 月，接受国民政府资源委员会派遣，周同藻远渡重洋抵达美国，先后在美国密歇根大湖钢铁公司、福特汽车公司和克里夫兰城的麦基钢铁设计公司实习，学习考察美国先进的冶炼技术。

1956年，鞍钢烧结总厂厂长林云峡（中）和副厂长兼总工程师周同藻（左）与苏联专家米奇托夫商讨技术问题

1948年末，人民解放战争取得决定性胜利。周同藻在海外闻讯欣喜若狂，在新中国诞生前夜，毅然放弃博士学位和高薪待遇，登上最后一班开赴中国的远洋轮船回到祖国。

新中国成立初期，周同藻先后在华北钢铁公司、山东工矿部和上海华东工矿部任工程师。

1950年2月，周同藻出席新中国成立后的第一次全国重工业会议，深深感到为祖国献出自己技术才能的时机到了。4月，调鞍山钢铁公司，任鞍钢炼铁厂冶炼工程师兼四号高炉炉长，负责一、二、四号高炉的生产，他以极大的热情投入工作，在改进操作技术和提高生铁产量等方面做出了出色的贡献。

翌年8月，周同藻调任鞍钢选矿厂副厂长兼主任工程师、代理厂长，带领全厂职工经一年多苦干巧干，选矿厂三个主体车间全部恢复生产，保证了炼铁厂高炉生产的用料。1956年加入中国共产党。其间，发表了《介绍贫矿处理方法并谈鞍钢烧结矿》等多篇论文。

在周同藻心中，创业更具魅力。1958 年 8 月，周同藻携家来到塞外钢城包头，满腔热忱地支援包头钢铁公司（简称"包钢"）的建设。包钢建厂之初对白云鄂博矿特性认识不足，周同藻从此与钢铁原料的研究结下了不解之缘。初期，周同藻任选矿烧结厂副厂长和主任工程师，同时兼任焦化、选矿工程指挥部副总指挥，并积极投入包头白云鄂博矿的选烧研究工作。

1963 年 11 月，周同藻被派往苏联克依沃依洛格的八家选烧公司及列宁格勒布哈林市研究院考察回转窑磁化焙烧技术。

1964 年，周同藻调任包钢中央试验室（今包钢冶金研究所）主任兼总工程师，负责选矿和烧结试验工作，并兼任包钢提铌指挥部总指挥。1965 年，他组织包钢提炼低品位铌铁的小型试验获得成功，次年正式转入工业化试生产，有力地支援了国民经济建设。

1966 年 1 月，周同藻作为首席谈判代表，赴北京参加包钢引进烧结球团设备的中日技术谈判。随后，由日本引进的 162 平方米带式球团焙烧机在包钢投入生产。

"文化大革命"中，周同藻被打成"反动技术权威"和"特务分子"，受到批斗和迫害。1979 年初，中共包钢委员会为周同藻彻底平反，并任命他为包钢主任工程师和包钢科学技术办公室副主任。

此时的烧结厂是全国环境污染最为严重的单位，而且产量低、质量差、成本高，连年亏损，全年有三分之一的时间是在处理事故，成为包钢"卡脖子"和全国氟污染最严重的单位。周同藻再三请命到烧结厂工作，家人和许多同事都不理解，但他说："我搞了一辈子烧结矿，烧结厂上不去，我吃不香，睡不安。"

时年 67 岁的周同藻重返离开十五年的烧结厂，挑起厂长兼党委副书记的重担。年近古稀的他患有足部蜂窝组织炎，双脚肿得连鞋都穿不进去，他就用布把双脚一包，硬是套上沉重的大号劳保鞋深入生产第一线摸清生产情况，每天忍着胀痛几次爬上二三十米高的烧结机操作平台观察设备运行情况，到氟污染最严重的球团车间查看工艺技术流程。在深入调查摸清症结的基础上，周同藻及时制定解决问题的方案，他大胆起用经验丰富的技术人员，组织制定烧结工艺适用的规章制度。经过近一年的整顿管理，烧结厂首次突破产量百万吨大关，产品质量也有所提高。

周同藻推广"厚铺、慢转、低碳"的操作新工艺及高氧化烧结矿的应用研究，烧结矿的日产量提高了 30%，为烧结厂以后几年产量连续翻两番奠定了坚实基础。他组织开展高碱度氧化镁烧结矿的试验，取得了强度好、质量高、返矿率小的试验成果，随即在包钢正式转入工业化生产。随后，他采取了一系列措施减少污染，排除事故，改善了生产、生活环境，促进了生产的发展。

1980 年 5 月，周同藻率领考察组赴日本长岛、川崎、名古屋等地钢铁厂考察烧结球团技术。经过技术攻关和强化管理，从根本上扭转了烧结厂落后的生产局面。

同年 7 月，中共中央政治局委员、国务院副总理方毅到包钢视察，看到烧结厂的巨大变化后高兴地说："不少科学家、老专家为白云鄂博矿的开发利用立下了汗马功劳。周同藻同志 68 岁了，还主动报名到第一线。"当即挥笔题词："老当益壮，宁知白首之心。"

就在方毅副总理为周同藻题词这一年，烧结矿产量达到 160 万吨，除氟率为 95%，作业率上升了 15.8%，满足了包钢炼铁生产的需要。

1981 年 8 月，周同藻调任包钢副总工程师兼包钢科学技术办公室主任。但是他关心包钢原料生产始终如一，提出并组织制订选矿厂"双提一降"技术攻关计划，对后来包钢实行"精料方针"起到重要作用。1983 年，他两次率包钢考察团赴西德鲁奇公司参加包头精矿烧结球团的生产操作试验。同年 6 月，周同藻当选为包钢科学技术协会主席，除了负责组织包钢的科研攻关项目外，还热心倡导举办英语口语训练班，并亲自给英语口语班讲课。

1985 年 11 月，周同藻离休，但他离岗不离心，仍然关注包钢的生产和建设，希望包钢重视矿山建设，把原材料生产搞上去；希望重视人才，充分发挥知识分子的作用，为包钢撰写《尊重知识，尊重人才》的文章，在包钢科技界引发了人才问题的大讨论；建议成立包钢科技咨询服务部，让离退休科技人员继续发挥"余热"，为企业和社会服务。在包钢和全国相关会议上，周同藻几次为原料生产和白云鄂博矿山建设大声疾呼，拳拳赤子之心让人感动。

1986 年 6 月初，周同藻罹患肺癌住进包钢职工医院，后转入北京 301 医院接受治疗，手术后刀口尚未愈合，就急着要回包头，他时刻惦记着包钢的生产和建设。经 301 医院大夫的多次劝说，周同藻才勉强同意留在北京接受放射治疗。卧病期间，周同藻还执笔写下了 3000 多字的包钢"七五""八五"和"九五"规划中原料平衡问题的建议。

1986 年 10 月 9 日，周同藻于北京病逝，终年 74 岁。

周同藻在生命的最后一刻还在说，他梦见了包钢高炉、平炉生产的熊熊火焰，梦见了当年一起为包钢做出贡献的伙伴们。周同藻所代表的老一辈包钢科技创新精神，如同他梦中的炉火，永远不熄。

中共包头钢铁公司委员会为他写下了这样的挽联：

烧结机旁四十载于冶金事业无愧；
抱病床前三千言对包钢发展有功。

顽疾重病轻手除
疑难杂症有验方 | —— 白之炯小传

白之炯（1913—1981年），字旭初，祖籍广东省，出生于固阳县原东胜永乡杨八渠子村（现隶属金山镇）。

白之炯是名医白兰文的长子。曾被邀请为政协包头市第一届委员会委员，当选政协包头市第二届至第五届委员会常委，先后担任中华医学会中医学会理事、内蒙古自治区分会副理事长及包头市卫生工作者协会副主任、市医药学会副理事长、市医学学会常务理事、市科学技术学会常委。多次被评为卫生系统先进工作者，被推选为内蒙古自治区群英会代表。

白之炯自幼学习十分用功，受其父言传身教，广读经史典籍，对医学经典尤为精心研读。通过多年探索实践，终于登堂入室，能够独立行医。

白之炯尊其父"非仁爱之士、非聪明达理之士、非廉洁淳良之士不能为医"的教诲，严于律己，宽以待人。为生活所迫，白之炯曾一度走街串巷为人治病，几年间走遍了包头的大街小巷，人们说他是"黄嘴岔窝"（绥西地区方言，与"乳臭未干"同义——樊尚仁注），但他并不在意。

一次，有一大商人患伤寒，经多方求医无效，无奈请白之炯试诊。白之炯毅然允诺。他精心诊脉，辨证施治，几服药后，患者病情转轻，不久痊愈，大商人特送一辆德国产自行车重谢，从此白之炯的名声大振。

白兰文在世时，经常给住在包头彭贵人巷的伊克昭盟（简称"伊盟"，今鄂尔多斯市）达拉特旗王爷康济民医病，白之炯曾跟随父亲出入王爷家。父亲去世后，康王视白之炯乳臭未干，常以冷眼相看。1945年，康济民从重庆归来后，患了严重的胃病，虽经绥远省立医院医生多次治疗，均不见效，乃就医于白之炯。白用祖传秘方为其辨证施治，很快痊愈。于是康王在1946年9月30日《包头日报》上刊登了"谢大医师"的启事。从此，康宅上下有病都请白之炯诊治。

固阳农民王二锁苦于无钱求医，风湿病数年不愈，下肢臃肿。白之炯诊视后，让他回家拔上几捆当地生长的苍耳子苗，连根带叶晒干，每天晚上用水煮一斤趁热洗，当年秋天王二锁就得以痊愈。

1948年冬，国民党大批搜捕共产党人和进步人士。由于白之炯多次为中

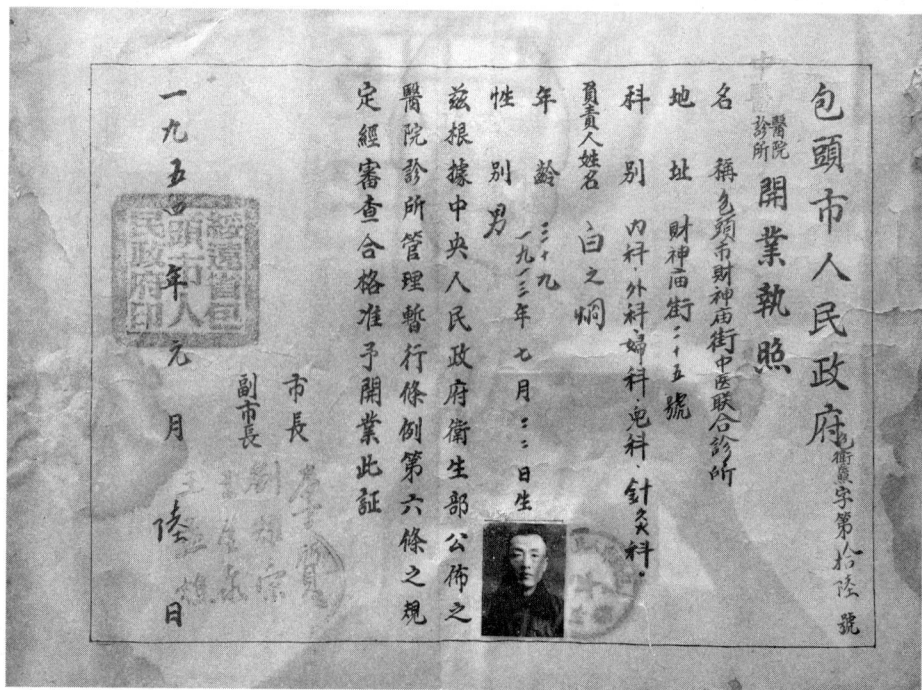

1954年包头市人民政府颁发给白之炯的开业执照

共地下党员医病，并经常与当时名中医于朝宗等人一起饮酒赋诗、议论时政，引起了警察和特务的注意。农历十月一日夜间，白之炯等数人被警察局逮捕，关押在绥远省麻花板监狱。后经康王向绥远省政府主席董其武说情，于 12 月 18 日释放。

1949 年 9 月，绥远省和平解放后，白之炯被吸收参加了包头市医务工作者联合会，并担任副主任委员。1951 年，市政府选派他到中央人民政府卫生部主办的西医进修学校学习西医一年。1952 年，白之炯从北京学习归来，响应政府号召，带头发起和组织了财神庙街联合诊所，白担任所长。市长郑天翔等领导曾请他看过病。共产党干部谦逊和蔼的态度，艰苦朴素的作风，使他非常感动。他说："我今后开业志愿有二：一是淬砺其所固有而新之，就是说精研古方治今病；二是采补其所本无而新之，就是要学习西医。至于个人力所不逮者，政府必能设法医助，使今后我中医再为之一新，则幸甚矣！"

1955 年，白之炯代表包头市医务界出席"全国技术革新、技术革命会议"。

1956 年，伊盟运输公司蒙古族汽车司机巴雅尔咯血不止，住进医院治疗也不见好转，后请白之炯诊视。白诊断后说，这是饮酒过多，脾湿胃虚造成的。让他买几斤鲜藕根放在阴凉地方保存，用时将皮去掉洗净，每日早、午、晚饭前切上七片，拌上三钱白糖蒸熟嚼着吃。该司机按照白的嘱咐，连吃七日就止住了咯血。

1956 年，联合诊所在白之炯带领下，响应市委关于各行各业支援包钢建设的号召，投资在新设的昆都仑区今白云路建立了中医诊疗

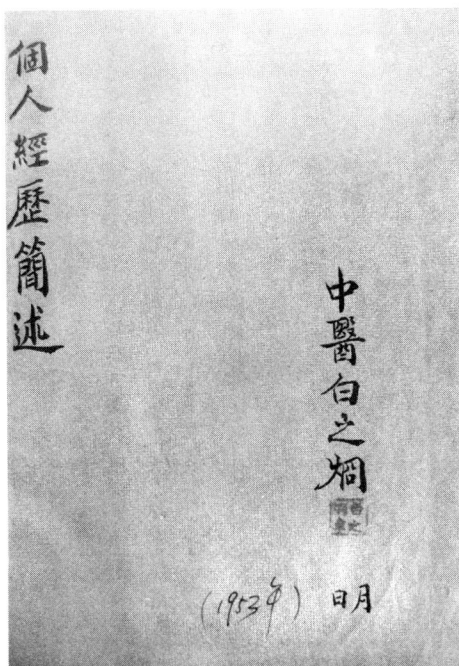

个人經歷簡述

中醫白之炯

（1953年）日月

分所，为包钢的建设者服务。这一年，他写出了《痘疹指南》《兰毅斋医药常识》《家传秘方验方》等论著，1959 年，市卫生局为加强第一人民医院（今包头医学院第一附属医院）中医科的力量，调白之炯到该院任中医科主任、中医主任医师。

1960 年，苏联专家夫人库雷金娃患慢性肝炎，在苏联和东欧好几个国家没有治好。白之炯用"蓁芄鱼甲汤"将这位夫人的病治愈。这位夫人回国后特意给白之炯来信索取药方，并赠他一件亚麻衬衣表示谢意。

同年 6 月，白之炯加入了中国共产党。入党后，他更加努力工作。仅 1960 年，就利用业余时间接诊病人 662 人次，出诊 476 人次。

1966 年上半年白之炯参加了国家卫生部召开的"华北地区中医学术经验交流会"。在会上他宣读了论文《燥痹论》，受到蒲辅周、施今墨等前辈的好评。

1966 年下半年，"文化大革命"开始，白之炯被打成"反动学术权威""牛鬼蛇神""特务"，身心受到摧残。他珍藏多年的医学典籍，集几代人心血所成的秘方、验方被付之一炬。

中国共产党十一届三中全会后，人民政府为白之炯彻底平反，安排他担任包头医学院附属医院负责人兼中医科主任。白之炯在看病的同时，热心培养中医后继人才。白之炯对待晚辈一方面毫无保留地将自己所知所得传授给他们，另一方面遵循前人"先儒后医"的方针，严格要求他们学好古典文学，通读医学古籍。在他的教诲下，这些弟子通过不懈努力，均成为各医疗单位的业务骨干。

1981 年 10 月 31 日，白之炯病逝，享年 68 岁。

洞门高阁霭余晖
举旗进入新社会

— 额尔登陶格陶小传

额尔登陶格陶（1913—1985年），蒙古族，民国二年（1913年）6月出生于今达尔罕茂明安新宝力格苏木。1985年4月，因病去世，终年72岁。

额尔登陶格陶1937年就读于茂明安旗内"青年学校"。1943年任茂明安旗协理。

1945年，茂明安旗札萨克那楚克道尔吉逝世后，因其子年幼，由额尔登陶格陶代理旗政。新中国成立前夕，他派代表赴乌兰察布盟（今乌兰察布市）四子王旗与共产党接洽，表示接受中国共产党的领导。

1950年4月，额尔登陶格陶参加了在四子王旗乌兰花召开的乌兰察布盟首届各族各界人民代表大会。同年6月10日，茂明安旗政府在希拉楚鲁庙（今新宝力格苏木那仁格日勒嘎查所在地）成立。9月7日，绥远省政府委派额尔登陶格陶为茂明安旗代理旗长。

1952年10月，达尔罕贝勒旗与茂明安旗合并为达尔罕茂明安联合旗（简称"达茂旗"）后，额尔登陶格陶任达茂旗副旗长。1954年4月，达茂旗召开首届人民代表大会，额尔登陶格陶当选为旗长。

1957年4月，额尔登陶格陶当选为达茂旗政协副主席。其事略分别载入《乌兰察布盟志》和《达尔罕茂明安联合旗志》。

强权外侮刻骨痛
国仇家恨难抹平

—— 额仁钦达来小传

　　额仁钦达来（1913—2000年），原名巩德玛，喀尔喀蒙古族血统，1913年生于达尔罕贝勒旗希拉穆仁的一个贫苦牧民家庭。

　　由于当时战乱频仍，匪祸纷起，杀人越货，拦路抢劫的事屡屡发生，绥远省（今内蒙古自治区西部）于驼路沿途设立护商武装驿站，称保商团。

　　额仁钦达来的父亲是驼队（当时，从事游牧生产的广大牧民用自己的牲畜、皮毛从旅蒙商那里换取日常生活用品。那些不远千里，进入草原地区从事贸易活动的商人常结伙用骆驼驮运货物，故称驼队——樊尚仁注）从大库伦（驮运路线之一，是从现呼和浩特翻越大青山蜈蚣坝，经希拉穆仁奔大库伦即现蒙古国乌兰巴托，谓之北驼路——樊尚仁注）返回途中捡来一个冻僵的男孩子，当时约10岁许。驼队将他送与女牧民色基米德格抚养，取名桑吉。桑吉长大后，由养母色基米德格做主，把自己的女儿格日乐嫁给其为妻。1913年，格日乐生下女儿，取名巩德玛。后来，桑吉在绥远省保商团任排长，驻防希拉穆仁。桑吉武艺高强，善骑射，经常将幼小的巩德玛扶上马背，亲自教授骑射武艺。巩德玛聪明伶俐，美貌妩媚，16岁时被茂明安旗札萨克齐木德仁钦豪日劳迎娶，做了二夫人。

齐木德仁钦豪日劳在茂明安旗任札萨克期间，口碑极好。抗日战争爆发后，他积极参加抗日活动，由于叛徒告密，被日本特务机关扣捕监禁，一个多月后，被日本特务机关长阿斯卡（音译）秘密杀害。

关于这一段姻缘及齐木德仁钦豪日劳被害后额仁钦达来的处境，据有关史料记载：

巩德玛自幼跟随那格车额麽格（意即"姥姥"）色基米德格游牧于毫来、巴嘎淖尔一带。十五六岁时，已给希拉穆仁的扎孟旺其格下了订婚的哈达。当时，由希拉穆仁保商团团长仁庆统管该地区，而且仁庆团长经常到色基米德格家做客。有一次，仁庆团长到茂明安旗见到敖其尔安本，闲聊时，敖其尔提到齐王（齐木德仁钦豪日劳）准备纳二房的事，仁庆团长说："我有一个亲戚的姑娘，容貌、才智均能配得上你们札萨克。"随后，他回到希拉穆仁，当即退了巩德玛与扎孟旺其格的婚事，并把她接到自己家，改名额仁钦达来，以自己亲戚的名义，于1929年，陪嫁了牛羊等牲畜及众多物品，将其嫁给茂明安札萨克，做了齐王的二房夫人。

额仁钦达来嫁到茂明安旗后，随婆母（齐王的母亲，是料理家务、干牧活的行家里手）放牧。

齐王被日本特务机关暗杀后，额尔敦朝克图梅林（"梅林"指执掌蒙古部落王府武装之官员，相当于王府的武装部长）出面执政。他对额仁钦达来说："齐王是自杀的，你现在还很年轻，不必悲伤。百灵庙日本特务机关的吴长官很适合你。"

额尔敦朝克图的所作所为，让额仁钦达来想起他逼齐王去日本特务机关而使齐王惨遭杀害的事，更加激起额仁钦达来的仇恨，遭到她的严词拒绝。在全旗上下对齐王的百天孝期结束后，她断然宣布："我终生为齐王守孝。"为此，百灵庙日本特务机关对额仁钦达来进行了长达8个多月的软禁。

日本特务的横行霸道，蒙奸的叛卖求荣，丈夫的惨遭杀害，民族仇，家庭恨，激起了额仁钦达来复仇的怒火。她开始秘密策动反抗日本侵略者、惩治叛徒的武装政变。

1942年正月二十九，额仁钦达来率70多人的起义队伍，以迅雷不及掩耳之势抵达蒙奸额尔敦朝克图住宅附近。先由桑杰扮作寻找丢失马匹的人，到额尔敦朝克图家探听虚实。暗号为：如果额尔敦朝克图在家，桑杰出来就往东走，否则就往西走。

桑杰打探到额尔敦朝克图在家后，旗衙门的韩宝道尔吉等三名化了装的官兵，以拜年为名走进额尔敦朝克图家，借献哈达、互换鼻烟壶的机会，掏枪将其镇住。其余二人冲上去将额尔敦朝克图五花大绑，用骆驼驮到胡日好筒子（地名）关押起来。

政变首战告捷，当晚，官兵饮酒食肉隆重庆贺。次日凌晨，这个阴险毒辣、残害同胞、卖国求荣的叛徒额尔敦朝克图被绑赴南山执行枪决。茂明安旗民众为除了一大祸害拍手称快。

之后，额仁钦达来率领起义人员向西挺进，准备投奔傅作义，投身抗日武装。

队伍走到乌珠尔庙（现巴彦淖尔市中后旗）时，不少人开始顾虑重重，更有些人思乡心切，政变队伍又从乌珠尔庙返回四大沟村，额仁钦达来决定队伍在此休整。

百灵庙特务机关闻知此事，派图旺扎布领路追赶上来，80多个日本警察、宪兵包围了起义队伍。特务头子阿斯卡训话瓦解起义官兵的军心："你们打死额尔敦朝克图是对的，因为他是坏人。立即将枪械弹药交回，骑上马回家吧。"

由于形势所迫，再者，这支自发政变起义的队伍在没有明确的斗争纲领和奋斗目标的情况下，不少人认为前途渺茫，失去了信心。有人认为，打死额尔敦朝克图已经达到报仇的目的，该回家了；也有人认为，日本鬼子心狠手辣，我们赤手空拳，哪是人家的对手；还有的担心自己背井离乡而去，亲人将受连累遭迫害。思想不统一，造成士气低落。

额仁钦达来面对70多个蒙古族兄弟，暗下决心，即使留下我一个人，也要坚持战斗下去。她当机立断地说："谁想回就回去，谁愿跟我走就留下！"

多数人返回旗里，走时把最好的马匹留给她。虽然有 80 匹好马，但剩下的 10 名官兵仍心存疑虑，其中一个发话道："咱这好歹也算个队伍吧？可是枪都叫小日本搜走了，没有武器怎么行动？"

额仁钦达来当即从靴筒里掏出一支手枪，大家面面相觑。此时，面对眼前这位年轻的王爷夫人，大家才心服口服。他们日夜兼程向河套地区的陕坝进发。经过几天的艰苦跋涉，终于到达五原县。

国民党将领孙兰峰对蒙旗王公夫人积极投奔抗日阵营表示热烈欢迎，在五原县召开了 1000 余人参加的欢迎大会。会上，孙兰峰代表傅作义讲话："茂明安旗的札萨克齐木德仁钦豪日劳遭到日本人的杀害，献出了宝贵的生命。他的夫人额仁钦达来热爱祖国，为了保卫领土，她勇敢地带领部队武装政变，积极抗日，不顾个人的安危，战斗在前线，我们对她的到来表示热烈欢迎！"

在五原休整几天后，由孙兰峰派兵护送他们到达绥远政府驻地陕坝。傅作义将军亲自接见了额仁钦达来，对她的爱国精神及她领导的武装政变给予了高度评价。

1943 年春，傅作义宣布在陕坝成立茂明安旗临时政府，委任额仁钦达来为茂明安旗代理札萨克，国民政府授予其国民革命军少将军衔。傅作义专门腾出住处，派 30 多名官兵保卫她的住地。同年 4 月，额仁钦达来派韩宝道尔吉、谢二老虎等 7 人回茂明安旗宝日恨图取回王府印章，并着手进行旗政府组阁工作。

1945 年日本战败投降后，额仁钦达来随同绥远省政府由陕坝返回归绥，驻归绥城席勒图召，并继续担任茂明安旗保安司令，掌旗司令等职。因札萨克位的继承问题，额仁钦达来同茂明安旗的掌印协理额尔登陶格陶等官吏发生矛盾，一直没有回茂明安旗。1949 年 9 月，额仁钦达来参加了绥远"九一九"和平起义。

1949 年 10 月，额仁钦达来参加了革命工作，被分配到乌兰察布盟（今乌兰察布市）医院妇产科做护理员。1950 年 4 月 1 日，绥远省乌兰察布盟人民自治政府成立，额仁钦达来当选为盟人民政府委员。她将设在归化城的茂明安旗临时政府和保安司令部的枪支、弹药和财物移交给人民政府。

1953年，在支援抗美援朝战争中，额仁钦达来积极向乌兰察布盟抗美援朝总支会和飞机大炮捐献委员会两次捐献金银绸缎等物资，折款旧币3402400元，受到上级有关部门的表彰，一时被传为佳话。

同年，额仁钦达来当选为盟各族各界代表会议协商委员会委员。之后，她历任乌兰察布盟、达尔罕茂明安联合旗（1952年10月调整区划时，由达尔罕贝勒旗、茂明安旗合并，简称达茂旗——樊尚仁注）政协委员、常委、副主席，达茂旗及内蒙古自治区人民代表，内蒙古自治区妇女联合会执行委员；1978年出席了全国第四次妇女代表大会，受到党和国家领导人的接见。

2000年1月，额仁钦达来因病去世。

为有牺牲多壮志 敢教日月换新天

—— 任克定小传

任克定（1914—1941 年），又名任之恒，乳名愣猴，出生于山西省太原市郊区北梧镇。

任克定是中共党员，大青山根据地绥西地区四边区区长、固阳县抗日民主政府第一任县长。

任克定的父亲任室春在 1937 年七七事变前，曾在山西临县碛口当过区长，因查禁过大烟，在当地小有名气，他本人也发了点财，但后期货币贬值，使他在当地开办的一个面粉厂倒闭。此后，又在山西省古交、太谷、平遥等地当过区长。

任克定幼时随父辗转各地读完小学。初中就读于太原铭原中学，高中就读于山西芮城县留日毕业生张国瑞在太原创办的友仁中学。任克定之妻任五珍，系其二叔续妻之女，高小毕业生，曾在当地教书。

1937 年七七事变后，太原成成中学师生组成抗日义勇队请缨北上晋西北，任克定因封建家庭阻拦而滞留。其父欲让他到政府谋事，重整日渐衰败的家世，任克定坚决不从，于是便在本区石沟小学暂当教师。

在执教期间，任克定目睹了国民党、阎锡山的败军纷纷南遁，战乱中逃亡的百姓流离颠沛的惨状，坚定了他走抗日救亡道路的决心。他除给学生深入浅出讲解抗日救亡的道理外，还经常弹着心爱的琵琶教学生们学唱流行的革命歌曲。不久，八路军的一支部队从陕西东渡黄河，开赴晋东北抗日前线，途经北梧宿营并作街头宣传时，任克定平生第一次看到由共产党领导的高举抗日救亡大旗的军队，心情激奋不已，这件事在他心里深深扎了根。

此后不久，任克定利用到河西串亲戚作掩护，主动和共产党太原县（今太原市晋源区）战地动员委员会（简称"动委会"）的干部肖靖、薛光明等接近，并秘密取回革命书籍，潜心研读。他还利用饭场、炕头等种种场合向群众宣传和揭露日军在南京大屠杀的暴行，并用筷子做分合、倒立的各种手势，向群众宣传日本必败、中国必胜的道理。以后他秘密联络了几个爱国青年，商量投奔八路军参加抗日救亡工作。当时有人表示说，等过几天把地里的活儿干完再走，任克定对大家说："既然要出去干一番事业，就得下大决心，第一关必须过家庭关，家里的事没个完，咱们来个快刀斩乱麻，说走就走。"

1938年3月27日，任克定和家人不辞而别，带着几个青年上了西山，投奔清太县抗日政府。不久，任克定、焦振云等被介绍到岚县动委会，参加了抗日军政干部训练班。训练班结业后，任克定被分配到五寨县动委会4支

中共绥西专员公署旧址

队政治处当干事，同年加入中国共产党。

1938年8月，动委会4支队从山西五寨出发，随李井泉带领的部队到大青山地区去开辟抗日根据地，任克定随部队于1938年9月到了大青山。

1939年5月，任克定被调到中共绥远区委机关当宣传干事，兼做区党委书记白如冰的秘书。

6月，任克定被任命为大青山根据地绥西地区四边区（萨拉齐、归绥、武川、固阳四县的边缘地区）区长。任克定到任后，根据上级党组织的指示精神，与阎平一起很快组建了一支配合区政府开展工作的游击队，郝占彪任队长。他们除和当地的鄂友山部队、李守信的伪蒙古军周旋外，还深入武川、白彦花一带破坏日军的进攻计划。

1940年4月，任克定和郝占彪带领游击队在乌拉乌苏活动时，和前来偷袭"扫荡"的日军遭遇，他们抓住日军刚下汽车、列队还没有就绪的时机，先发制人，集中火力一阵猛打，伤敌10余名，己方牺牲1人。待敌分三路包抄上来，想要吞掉这支游击队时，游击队早已安全转移。

5月，游击队和伪军在石兵地遭遇，他们主动向敌出击，打死、打伤敌数名，缴枪、马若干，己方无一伤亡。同年5月，他们又和伪军在石兵地相遇，及时摸清情况后，主动向伪军出击，打死、打伤伪军数名，缴获枪支和马匹若干，游击队无一伤亡。

这支游击队在严酷的斗争中不断壮大，不久发展成为一支有40余人，配备机枪、马匹的骑兵部队。

1940年7、8月间，固阳县抗日民主政府建立后，任克定被任命为第一任县长。不久在马场梁、庙沟、土城子、一前响、中滩等地普遍成立了抗日救国会和锄奸小组，秘密发展共产党员和培训干部。任克定不论走到哪里，都要利用街头、地边等场合宣传抗日救国的道理。他经常亲自饮马、担水、扫院，身先士卒、任劳任怨、作风正派、平易近人，群众称赞他是人民的好县长，称赞游击队是人民的子弟兵。他们以自己的行动，彻底揭穿了国民党、汉奸在群众中散布污蔑共产党的种种谎言。固阳群众在任克定的带领下，积

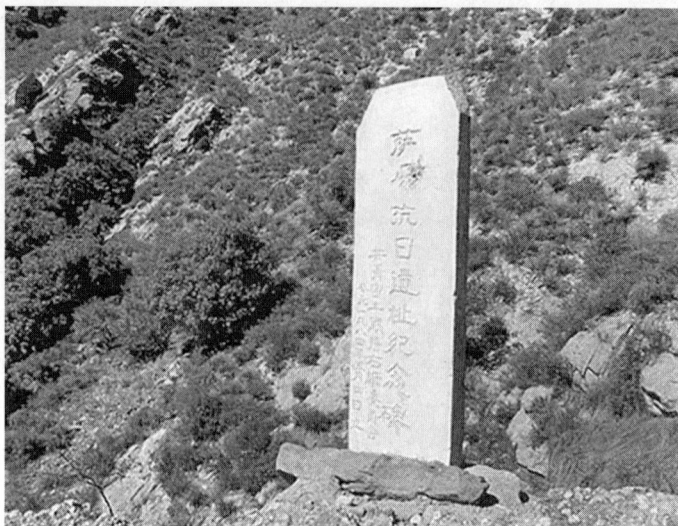

萨县抗日民主政府驻地旧址

极执行共产党的各项方针政策，给部队送粮草、衣服、军鞋，积极支援八路军抗战。

1941年4月下旬，伪军近500人向绥西根据地扫荡。当时，任克定刚刚把亲手组成的战斗力较强的游击队输送给绥蒙支队骑兵三连，身边只有新近在东西煤窑沟由姜文华仓促组建的一支十几人的队伍，内部成分复杂，又来不及整顿，形势异常险恶，任克定和政府干部只能找机会穿梭活动在敌人的据点之间。

4月28日，任克定召集县政府的一班人在水泉村开完会，由他和几名干部率领这支队伍把粮食和军需品带到磨石沟，晚上宿营在武川县庙沟村山神庙北的六道沟大石崖下。当时混入游击队并任队长的李海泉等一伙人素有吸食大烟（"大烟"即鸦片。因当时币值不稳，"大烟"价格相对稳定，被称为"黑金"，常用来充当交易的货币使用——樊尚仁注）的恶嗜，烟瘾发作向任克定要"大烟"抽，任克定秉公不允，这伙人便生歹毒之心，暗中酝酿哗变。翌日凌晨，任克定和县政府民政科长朱鹏德、游击队马指导员以及两名当地的供销员等6名同志，在熟睡中惨遭暗害。

书生救国留遗恨
断臂一呼赴泉台

—— 王恺小传

王恺（1914—1948年），又名王子毅，1914年出生于萨拉齐县一个手工业者家庭。

王恺生前曾任萨拉齐县关帝庙小学校长，萨拉齐大东街小学校长。

王恺兄妹四人，他是老大。他父亲王才，是一位勤劳又心灵手巧的笼匠。虽说是笼匠，其实他什么活儿都干，夏秋两季种菜卖菜，冬季开切面铺，以微薄的收入维持着一家七口人的生活。

1923年，时年9岁的王恺入萨拉齐高等小学（现土默特右旗大东街小学）读书。当时能进学校读书的几乎全是富人家的孩子，像他这样的寒门子弟极少。他深知上学的机会来之不易，因此读书十分刻苦用功，常常读到深夜，毕业时取得优异的成绩。

1928年，王恺14岁时，父亲不幸去世，是年又天旱遭灾，天灾人祸一起向他家袭来，一家人的生活重担便落在母亲和王恺肩上。自从父亲离世后，王恺便替母亲分担生活重担，捡柴拾粪、拿轻扛重，样样都抢着干。有时家里吃点顺口的他总是让给弟妹们先吃。

1930年，王恺小学毕业后以优异的成绩考入绥远省立中山学校（又称中山学堂，校址在绥远城）。在中山学校学习阶段，他结识了李维中、章叶频、王经雨、韩燕如等许多进步青年，头脑里装了不少新思想。

这年，王恺16岁，长得魁梧健壮，一表人才。寒假期间，母亲给他成了

民国时期绥远省的学堂教育

亲，娶本街比他年长两岁的张桂连为妻，婚后两人情投意合，相亲相爱，感情笃深。

王恺从中山学校毕业后，便开始他的教学生涯，先在萨拉齐县城东的西老丈营村教书，后又到萨拉齐北街的吕祖庙街小学任教。

1931年日本侵略者发动九一八事变，东北沦为日本帝国主义的殖民地，对于这些，王恺已有所闻，他沉思、苦闷，对日本侵略者恨之入骨。

1937年七七事变后，王恺又目睹从大同、集宁一带逃来的难民背井离乡、挨冻受饿、历经艰辛的悲惨景象，对自己的同胞寄予无限的同情与怜悯，对日军践踏中国国土、祸害中国人民的罪恶恨得咬牙切齿，不甘心当亡国奴，要寻求一条抗日救国的道路。王恺怀着抗日救国的宿志，放弃教书职业，离妻别子，到包头参加了游击军，不久，随军撤到陕坝，被编入傅作义部军官团。

1938年2月5日，王恺作为工作组成员被派到伊克昭盟（简称"伊盟"）桃力民宣传抗日。这期间，他结识了中共绥蒙工委书记白如冰，并由白如冰介绍，赴山西省武乡县的蟠龙镇，参加抗日军政大学（简称"抗大"）第六期学习。在第七大队预科班学习两月后，被派往晋察冀抗日前线。

1940年末，王恺回到萨拉齐，在观音庙街中心小学任教，寻找一切机会向人们宣传革命道理，宣传共产党的政策，揭露国民党的腐败和日军的残暴。

1945年10月，解放军首次解放萨拉齐镇，让其保存过文件。那时经常可以看到一些人找王恺，一谈就是一两个时辰，这些人走后，王恺不显山不露水，仍然照常教书。其实那时王恺已和党取得了联系，给党保存了不少文件。1948年底他被杀害后，妻子搬到肖文林院内住，他们原来的屋子让给王三老板开豆腐坊。冬天做豆腐水汽大，不久纸糊的顶棚就塌下一大块，顶棚上掉下一个纸包，打开一看，是共产党的文件，还有一个红皮的小本子，可能是党证，王三老板二话没说，便扔到灶火里烧掉了。第二年萨拉齐解放，王老板才和王恺的家属谈及此事。

1948年10月，萨拉齐县第二次解放，章叶频任萨拉齐县县长（呼和浩特人。新中国成立后曾任内蒙古党委宣传部秘书长、教育厅副厅长、文委副主任、党校副校长及顾问——樊尚仁注）。王恺及时和章叶频取得联系，详细介绍了萨拉齐县的情况，并积极帮助政府发动知识分子为祖国的解放事业奋斗。章叶频让他组织教师复课。那时许多教师停课外出躲避，王恺东奔西跑，挨家逐户去寻找，向他们讲共产党的政策，动员进步知识分子投身革命。经他四处奔走，多方劝说，教师们陆续回来。当时地方干部很少，县政府只有章叶频和李钰，王恺废寝忘食地为政府做了很多工作。章叶频在《回忆萨县第二次解放》一文中这样写道："我们通过靠近我们的原萨县关帝庙小学校长王恺和岳秉忠等挨门逐户动员离城或躲在家里的教师回校准备复课。王恺是我在中山学校同年级不同班的同学，1937年绥、包、萨沦陷后，曾到延安读过抗大，对共产党的政策和情况都比较了解，有一定的认识，我们一进城，他就找我，反映情况帮助工作，表现非常积极。"

县委书记高鸣光来到萨拉齐后，章叶频把王恺介绍给高鸣光。王恺经常和高鸣光深谈，两人关系密切。高鸣光很赏识王恺的才干，给王恺布置了任务。王恺便顾不得家里多病的妻子和四个幼小的儿女，一连数日不回家，在外忙碌着，有时半夜回去，鸡一叫又走了，孩子几天都见不上他一面。根据上级安排，王恺首先帮教师们解决生活问题，给每个教师发了四斗米，衣服单薄的还发给棉花、羊毛，帮助教师解决生活问题，然后动员教师们参加时事学习会，经过他耐心说服，100多人参加了时事学习会。参加者绝大部分是城内教师，也有部分学生和职员。王恺任时事学习会组长，会址在萨拉齐县简易师范。张军、李质、高鸣光、章叶频、王经雨、韩燕如等领导主持时事学习会，并经常到会讲形势、讲任务、讲政策、讲国民党祸国殃民的罪行等。学习的主要内容是毛泽东的《目前形势和我们的任务》《论联合政府》《论持久战》等著作。学习期间经常组织学员们讨论，王恺总是带头发言，痛斥国民党贪官污吏的腐化堕落，说得有理有据，学员们听得津津有味。他还写过揭露国民党罪行的《万言书》。课间休息时，学员们在一起闲聊，王恺经常在办公室和高鸣光等领导人研究工作。当时学员们都知道王恺是地下党员，读过"抗大"，十分推崇他，也乐于接近他，对他的组织才能很佩服，他发出号召，教师们就马上响应。第一期时事学习会结束后，县长章叶频委任王恺为大东街小学校长。受任后，他率先组织刘秉义、刘绍仁、张德顺、周子华、崔绍德等教师复课。开学后，他仍然组织教师坚持时事学习。

1948年冬，辽沈战役已经胜利结束，东北野战军在解放东北全境后，根据中央指示，正迅速挥师入关，要和人民解放军华北兵团合力围歼华北的国民党军队，开始执行平津战役的战略方针。为阻断敌人的退路，必须暂时放弃绥远、包头一带，部队全部东撤投入平津战役。章叶频临走时告诉王恺："敌人一定很注意你，你随军队撤到绥东吧。"

当时王恺家庭困难多，妻子正患腰腿疼痛卧床不起，身边四个小孩无人照顾，不能离开。章叶频只好再三叮嘱他尽量隐蔽起来，注意敌人的动态，在可能的条件下，随时随地向群众宣传解释我军这次撤出的原因，告诉群众我们不久一定会回来的。

解放军撤走后，穷凶极恶的国民党又窜回萨拉齐，并残酷镇压革命者。

国民党妄图扑灭革命火焰，国民党绥远省政府派来了8人组成的督导组，组长翟延实，外号翟灰事，副组长冯铭汤。督导组像一片乌云笼罩在萨拉齐上空，萨拉齐又陷入黑暗深渊之中。国民党变本加厉地反攻倒算，疯狂逮捕曾为解放军、共产党工作过的同志。国民党一窜回萨拉齐，当地那些落水狗便爬上岸，到主子跟前讨好，说王恺读过"抗大"，是地下党员，为共产党工作最积极，还写了骂国民党的《万言书》。

此时王恺利用同学关系，致书国民党萨县副县长高修武，劝其脱离国民党，跟共产党走。但此信落到国民党绥远省政府派驻萨县的督导组副组长冯铭汤之手。这样一来，杀人成性的冯铭汤对王恺更加恨之入骨，不惜代价要把王恺抓到手。每天派便衣、特务、警察到王恺家巡视，王恺成为督导组重点逮捕对象。

王恺风餐露宿隐藏在外，但他惦记着妻子的病，更想摸到敌人的活动情况。一天，他回到家中，刚和妻子谈了几句话，胡乱往嘴里扒拉了几口饭正要走，警察来到他家，旋即将他逮捕，关在警察局监狱。

1948年12月16日，王恺被敌人从监狱提出来，在审判庭上和审判人员大闹一场。他撞倒桌子，大骂国民党反动派灭绝人性，是兔子的尾巴长不了。凶神恶煞的敌人咔嚓一声拧断了他的肩膀，把他押上囚车。

当囚车行至萨拉齐镇大东街小学东侧一个叫"明记"的店铺门前时，照旧俗，刑前准案犯饮酒。王恺酒后高呼"共产党万岁"等口号。恼羞成怒的敌人把围观的人们轰走，扑上去恶狠狠地用枪托猛击他的后脑勺，然后慌里慌张驱车向刑场驶去。王恺牺牲时年仅34岁。

1949年，萨拉齐解放。王经雨派大青山抗日游击队的张永兴到萨拉齐接王恺的大儿子王培荣，送他到包头读书。王经雨曾不止一次和张永兴谈起王恺，他说："王恺被国民党反动派杀害，太可惜了！咱们要把他的大孩子接来培养成人，那是革命的后代。"

王恺从容就义，他的生命是短暂的，但他犹如一支炽热的火把，烧尽自己，却为人们照亮了前进的道路。

卢沟晓月成碎片
战鼓催行自卫军

── 郭长青小传

郭长青（1914—1950年），字松山，乳名才师子，化名王栓，1914年生于土右旗明沙淖乡三和马店村的一个赤贫农家。

郭长青幼年时先后丧失父母，沦为孤儿，后由其姑母收养。他生得眉头低窄，颧高鼻直，口大脸长，高喉咙，大嗓门，一副粗鲁相。十六七岁时便臂力过人，整日里游手好闲。一次偷得邻村农民的一背带秸黑豆，竟能打下1石2斗（合150多斤）豆子。

姑母去世后，郭长青于1932年到新村农场做短工、赶马车，但每逢邻村有庙会集市，他总要纠集一些泼皮恶少，滋事起哄，打架斗殴。被农场开除后，他跑到萨拉齐县（简称"萨县"）二区补了一名区兵，没过多久，自以为大材小用，只身离去。辗转投到刘盛五部，当了马夫，后升为班长。

七七事变后，日寇侵占了萨拉齐县城，土默川成了沦陷区。当时郭长青在绥远民众抗日自卫军（一个地方性抗日军事组织）内当兵。在知晓上司刘盛五要过黄河南岸，接受马占山改编的头一天晚上，郭长青领头，串通十多名士兵持械哗变，坚持就地抗日，不离土默川，自我为战。他与跟他走的士兵们说："我郭长青今年 24 岁，出门就把下坑纸烧了，软骨头不是我姓郭的，我郭长青的脑袋就别在裤带上，我要与那小鬼子拼命。"他慷慨激昂，大义凛然。从此与日伪誓不两立，在民族大义上显示出堂堂中国人的威风。

从此，郭长青自命连长，袭击日伪据点，火并小股土匪，很快将队伍发展到 50 余人，善岱乡的豪绅们推郭为萨县第五区区长，驻扎善岱乡，维持地方治安。

不久，日伪在善岱建立警察署，郭即拉走人马，与刘个儿（纳太刘）合伙，并与刘拜把子磕头。

纳太刘为进一步拉拢郭长青，便将自己的义女许郭为妻，因此郭也称刘为"外父（岳父）老大哥"。

《大公报》曾报道绥远郭姓青年的抗日壮举，郭姓青年指的就是郭长青。

与纳太刘抗日武装的联合，是郭长青坚持抗日武装斗争的升级，这两股自发性抗日武装合并后，战斗力大增，队伍对外称独立师，纳太刘为师长，

绥远民众抗日自卫军

郭长青为副师长兼团长。因郭长青英勇善战，成为纳太刘的得力助手，在一次次袭击日伪的战斗中，他的勇敢赢得了弟兄们的拥戴。

一次，他们在大水桥村被日伪军包围，郭长青率领队伍与敌人进行了一场殊死恶战，面对敌人优势兵力和火力，郭长青的队伍誓死不屈，这些农民出身的热血男儿，面对强敌，置生死于度外，奋勇杀敌，无一懦夫。突围后，仅剩下20多人。大水桥村一仗，是郭长青武装斗争的一个低潮，即便如此，郭长青也没有消磨自己的抗日斗志。突围后的20多人，撤退到小韩营子。这里有洋人传教士的教堂，筑有城堡炮台，是个易守难攻的地方。

郭长青在教堂坚守了20多天，有汉奸劝他投降日本人，并许以伪职"靖安团长"为引诱，当即被郭长青大骂"我郭长青只要有一条枪，也要打日本"。并在炮楼顶部悬挂"中华民国"国旗，以示抗日决心。此举极大地鼓舞了土默川民众的抗日斗志。为重整战斗力，郭长青撤到大青山六道坝一带休整，元气逐渐恢复，又发展到80多人。

由于郭长青高举抗日大旗，名声在外。国民党北路军总司令兼绥远省主席傅作义（驻山西河曲县）听说后，责令绥远民众抗日自卫军总指挥张钦收编这支自发的民众抗日武装。张钦委派辅仁大学毕业生、大岱村人于维欧入山招抚。郭长青部随即被编为绥远民众抗日自卫军第五路，郭任少将指挥官，史艺亭任参谋长，下辖三个团，又设八大处。当时正是国共第二次合作时期，六道坝与巴总尧子八路军李井泉司令部相隔五六里，起初互无侵扰。

1938年冬，日军从固阳、武川、萨县三路进军"围剿"郭长青部。郭长青率部在大青山前脑包的一条沟里埋伏，欲一举歼敌。郭虽有匹夫之勇，但不精通军事，布阵出现纰漏，加之士兵又为乌合之众，反被日军打散，但也击毙日军10多人后突出重围。

1939年春，纳太刘率部袭击水涧沟门日寇土药组合（日伪经营收获后的大烟土的最大组织和领导机关），打死日伪军20多人，缴获了大量鸦片，赴五原向傅作义报捷时，在美岱桥遭到日伪军边老五的伏击，纳太刘不幸牺牲，郭长青接任纳太刘独立师师长职务。在他的指挥下，其武装力量发展到200多人。

同年春夏之交，郭长青率部欲过黄河，正遇邬四儿被日军追击。郭当即在盐房滩截住日军，打死打伤日军 10 多人，但其部也被日军盯上，在木头湖被围，突围时打死日军 15 名，自伤 5 名，不得已将所部拉上大青山，经万家沟南渡黄河。

过黄河后，郭长青即赴河套，到陕坝面见傅作义。这次傅作义正式给其指定防地，即原萨县张义成窑子、海流树一带，以此作为根据地，并委于维欧为参谋长。

据绥远民众抗日自卫军负责人之一的张遐民回忆："1939 年冬，三十五军奉命反攻包头，第五路由郭长青率领，切断了萨拉齐与包头之间的铁路，使敌增援困难，并一度攻克包头县。"

经过几年的历练，郭长青自觉没有文化不行。他给自己规定，每天学三个生字，在长期坚持下，文化水平有了明显提高，增加知识后，眼界大开。几年后，往来信件公函都能自己处理。有老人说，郭长青虽为粗人，可在给士兵训话时，说理透彻，条理清晰，很是吸引人，上千人的大会，郭长青讲话时下面鸦雀无声。

民族大义面前，郭长青是非分明，不徇私情。他的异姓拜把兄弟马定远，在 1940 年初给郭长青写信，对自己的父亲被自卫军镇压心有不服，想请郭长青帮忙。马定远的父亲任日伪保长期间，横行乡里，鱼肉百姓，为虎作伥，实属罪恶累累。郭长青在了解情况后说，汉奸就是汉奸，何以哄人。

1940 年春，郭长青配合傅作义安春山师，收复磴口（现包头东兴）南岸的日伪桥头阵地新城，击溃并收编了驻守新城的日伪绥西联军陈秉义师的一个团；配合东北挺进军马占山部，攻克黄河南岸的日伪据点新召，迫使驻在该地的准格尔旗奇子祥的一个团退居将军尧子，从而粉碎了日伪驻军黄河南岸威胁伊克昭盟（简称"伊盟"，今鄂尔多斯市）的阴谋。

1940 年 10 月 20 日深夜，郭长青的部队奉命北过黄河对日寇铁路运输线进行破坏。

郭长青率部百余北渡过了黄河，炸毁日军火车铁轨 25 米，毁坏 3 等车 3

节，2 等车 1 节，攻占了萨拉齐火车站，活捉了一个叫平仓义一的日本人，解送到陕坝自卫军司令部，此事振奋人心，郭长青受到明令嘉奖。

就在美岱桥附近的日军派兵搜查郭长青时，郭部已转移到纳太村后的枣沟隐蔽起来。

1940 年 10 月 25 日 7 时，郭长青率部众 300 余人，枪械齐全，进攻萨县二区银匠尧的日伪据点，将城墙拆毁，将伪警察队长张德胜及 20 余名警察、8 名伪自卫团官兵当场击毙。

接着，郭长青又连续袭击了五犋牛尧、五盛公等日伪据点，摧毁日伪军的防御阵地。当萨拉齐城内的大队日伪军赶去增援时，郭部已撤退到黄河南岸。

1941 年 9 月，郭长青所统率的五路军，被改编成傅作义直接节制的骑兵挺进第二纵队。

1942 年 6 月底，骑兵挺进第二纵队驻黄河南岸部队，开始全面向敌反击，攻击萨县东南银匠窑子的敌人，至 7 月初，收复了十二顷地据点，破坏了敌碉堡多处，残敌向东撤走。

1943 年，郭长青派赵吉卡连北过黄河打游击。赵吉卡等人到了小牛皮营子被驻萨拉齐日本宪兵队和第二、四、六警察署共 400 多日伪军包围。赵连在村边挖了战壕拼命阻击，从中午一直打到晚上。后来，日伪军冲进村庄，将赵连的人全部击毙。

郭长青凭恃地理优势，与日寇展开游击战。每当黄河结冰前，就把非战斗人员和官兵家属向南转移到沙漠地带，分散居住，以减少目标，同时动员当地居民也随军撤退，只留少数轻骑与敌周旋。以逸待劳，以静制动，神出鬼没地隐伏要塞路口，凭险阻击。这样的游击战术，对日伪军大部队的打击极为有效。浩浩荡荡开来的日伪军，面对着空旷清野，束手无策，常在无准备之中被偷袭，挨打挨揍。沙漠地域，汽车、坦克行动受到制约，发挥不出作用，不敢贸然深入，只好以飞机、大炮远距离无目标轰炸，以示报复。待春天黄河解冻，郭长青部队的官兵及当地群众又返回驻地，重整家园。日寇隔河相望，无可奈何。在整个抗战期间，郭长青一直率部与日军进行直接的武装对峙，为中华民族抗战的胜利做出了自己的贡献。

此时，由于国民党关于自卫军枪支弹药及给养均由敌占区自行解决的明令，郭长青便以扰乱日伪治安为名，以游击战为形式，过黄河大肆活动，常使无辜百姓蒙受祸害。特别是在一年一度收割鸦片的烟市时节，郭长青总要派出大部人马，进行敲诈勒索，加剧了穷苦百姓的苦难。郭长青当时在萨县、包头、归绥、北平都置有房产，腰缠万贯。

抗战胜利前夕，郭长青被任命为托（托克托县）和（和林县）清（清水河县）绥南行政督察专员。

郭长青虽然是一个在历史上有争议的人物，但作为一个出身贫寒人家的农民，在抗战初期，能自发拉起武装与敌寇周旋，战斗失利后，不为日寇高官厚禄所引诱，坚决抗日，实属不易。

日寇宣布无条件投降后，郭长青配合马占山部接收托克托县，所部已达数千人。

1945 年 8 月 16 日，归绥（呼和浩特旧城）白神甫乘汽车赴托克托县求援，请郭长青立即前往，郭即挥师直扑归绥。先头部队进入今呼和浩特旧城大南街。时近深夜，原驻小校场的伪蒙古军门树槐师正与八路军激战而行将不支，郭部随即向八路军发起猛攻，致使八路军腹背受敌，撤出战斗。郭指挥所部乘机在归绥城内连夜抢劫日人"工业组合"和"大蒙公司"，并用大汽车搬运"蒙疆银行"的银圆及其他财产，全城人心惶惶。事后，郭长青被树为"抗日民族英雄"而被嘉

1951 年 11 月绥远省人民法院对郭长青的判决布告（法刑执字第 5 号）

2015 年 9 月，中共中央、国务院、中央军委向郭长青的儿子郭兴玉颁发了"中国人民抗日战争胜利 70 周年纪念章"

奖；同时被任命为绥远保安旅长，下辖两个团，同年秋缩编为保安团。

不久，郭长青的下属、驻守清水河县的陈增福团被解放军悉数歼灭。郭急率部报复，不料钻进解放军预设的埋伏圈，郭死命突围，才免当俘虏，但仅剩 200 余骑。

事后郭长青主动辞职，1946 年底又被任命为"救民先锋纵队"指挥官，纠集旧部，活动在绥南及山西平鲁境内，但却是左突右撞，到处碰壁。

1948 年第二次绥包战役时，郭长青率部转移到萨县境内，人民解放军战略转移后，郭驻守萨县城防。

1949 年夏，绥远省开始酝酿和平起义，"救民先锋纵队"被解散，官兵编为孙兰峰的一个团。委郭长青为驻绥部队指挥所少将督练的虚职。绥远"九一九"和平起义后他便与国民党傅作义部整编骑兵十三旅少将旅长高理亭（萨县人，庐山特训班毕业，绥远"九一九"起义通电签字人之一）等人集资合股，化名"王栓"，在河套狼山地带开办"大德炭窑"。

1950 年 6 月，郭长青参加高理亭秘密组织的"国防部第十三旅地下武装"，图谋起事反共，被群众揭发。10 月 8 日于陕坝镇忠孝街 53 号被逮捕。经绥远省人民法院审判，郭长青于 11 月 24 日（农历十月十五日）晨在归绥（呼和浩特旧城）被处以极刑。

2015 年 9 月，中共中央、国务院、中央军委向郭长青的儿子郭兴玉颁发了编号为 2015002390 的"中国人民抗日战争胜利 70 周年纪念章"。

勤学苦干寻常事
手握火炬照夜明 ——范易小传

范易（1914—1970年），亦名范瑞藻，山西省岚县人（隶属山西省吕梁市，位于山西省中部西侧），中共党员。

1921年，范易入岚县小学读书，1934年6月在兴县（隶属山西省吕梁市）初中毕业后，当了小学教员。1935年7月，进入太原并州高中就读，1936年5月转入太原师范。在当代著名教育家、出版家、通俗读物作家辛安亭等进步教师的帮助下，他比较系统地阅读了一些进步书籍，为投身革命打下了思想基础。

当时，山西抗日救亡运动气氛高涨。1936年12月，范易参加了由薄一波主持的牺牲救国同盟会（简称"牺盟会"）村政协助员训练班，开始走上革命道路，历任山西省离石县（现山西省吕梁市离石区）大武区牺盟会村政协助员，牺盟会岢岚县分会组织部长、特派员、战地动员委员会主任。由于工作开展得很快，使岢岚县成为当时晋西北政治中心。他领导大武区争取合理负担的群众斗争并取得了胜利，农救、青救、工救、妇救会组织发展壮大，培养了一批牺盟会村干部。组织、带领武装工作团，深入一些被顽固分子控制的乡村开展工作，很快打开局面。

1938年5月，范易加入中国共产党，并受组织派遣，担任牺盟会岢岚中心区区委委员兼组织部部长。1939年，阎锡山宣布取消战地动委会，并在秋林（陕西省宜川县秋林镇）训练反共组织精神建设委员会（简称"精建会"）

的干部。中共组织决定抽调一批政治上坚强的干部打入秋林训练班，以控制这个组织，范易是党派遣的 6 名干部之一。训练结束后，他被分配在岢岚县岢岚区精神建设委员会担任委员。在岢岚区特委书记白坚和组织部长黎朝坤的指示下，积极贯彻党对精建会的控制、分化政策，同精建会中的特务分子进行针锋相对的斗争。这年冬天，范易被派到临南县（1940 年由临县南部析置，1946 年撤销，并入临县。现隶属于山西省吕梁市）任县长兼公安局长，卓有成效地领导了政权建设、征购公粮、扩充兵源等工作，支持保卫陕甘宁边区的斗争。

1941 年至 1943 年，范易在临南县积极贯彻党的"三三制"政策（抗日战争时期在根据地建立的抗日民主政权在人员组成上采取的制度。在政权机构和民意机关的人员名额分配上，代表工人阶级和贫农的共产党员、代表和联系广大小资产阶级的非党左派进步分子和代表中等资产阶级、开明绅士的中间分子各占三分之一——樊尚仁注），在建设根据地、发动群众支援前线、团结开明人士共同抗日等方面，做了大量工作。

1945 年 10 月，范易被调至绥远地区，先后担任晋绥三地委政策研究室研究员、晋西北抗战日报社记者、绥蒙区绥东专署、绥北工委秘书。

1947 年 2 月，范易又调回山西，任绥蒙区雁北土改工作队队长、大同工委书记兼游击队政委，先后在右玉、平鲁、朔县、左云、大同等地领导土地改革，摧毁封建势力，改组区、村政权，在根据地发展党的组织，组织妇女会、少先队、儿童团。在大同工作期间，发展成立了 500 人的游击队，还组织了有 200 人参加的公安队，积极开展边缘地区的对敌斗争。

1948 年秋，华北三兵团北上进行绥包战役，范易调任托克托县中共县委书记兼县长，出色地完成了巩固大军作战侧翼、保护通往包头的交通线，以及征收公粮、动员担架支前等任务，并发动群众，建立了五个区的民主政府，在托克托县吸收培养了一批知识分子出身的干部。

新中国成立后，范易调至绥远省工作，先后任绥远省政策研究室主任、中共归绥（现呼和浩特）市委常委、秘书长兼市劳动局长、绥远省人民政府

1956年6月5日至11日，中共包头市第一次代表大会选举产生中共包头市委员会。第一书记苏谦益。高锦明、李质、范易、尹吉生当选为书记

劳动局副局长兼归绥市劳动局长、归绥市财委主任、归绥市委副书记。其间，他切实贯彻中央关于解决绥远问题的方针，组织工作组深入基层了解情况，推行民主改革，发动工人群众恢复生产；在私营行业推行集体合同制，召开劳资协商会议，解决劳资纠纷；参与领导了归绥市的反贪污、反浪费、反官僚主义和增产节约运动，为搞好地方政权建设和经济建设做出了贡献。

1954年，范易调至包头市工作，先后任中共包头市委基建工业部长、包头市委书记处书记、包头市委第二书记兼包头军分区政委等职。

范易来包任职时，正值包头工业基地建设开始起步，工作任务十分繁重。他坚决贯彻党的路线、方针、政策，全身心地投入包头新兴工业基地的建设，从城市规划、地质勘测、水文、气象资料的收集，到重点企业厂址选定、施工设计、施工队伍调集、建筑材料调运、职工生活安排等，他都亲自参与调

1959年包头市召开先进集体先进生产者代表会议，时任市委书记范易致开幕词

查研究、组织领导和决策，及时解决分管工作中的各种问题，并经常深入基层、深入一线调查研究。在包钢焦化厂、冶金工业部第二冶金建设公司（简称二冶）管铁公司等市委联系点总结经验，指导工作，为市委研究讨论问题、推动工作提供依据。他到基层平易近人，没有一点官架子，群众愿意同他促膝谈心，对于不懂的技术问题，不耻下问，经常虚心向工人和技术人员请教。作为包头市委主要领导之一，为解决包钢一号高炉风口经常烧坏和炼钢平炉炉顶烧穿跑钢问题，他曾多次与企业领导、技术人员爬上高炉平台、蹲在炼钢炉前，在烟尘弥漫、钢花飞溅中实地察看，现场研究解决问题的办法。为解决包钢焦化厂焦炭质量不稳定问题，在高温炙烤下爬到焦炉顶实地察看，掌握第一手情况。

1954年包头市委组织两千人深入基层指导工作，范易分工领导煤、电、交通运输和地方工业系统工作，经常不辞辛苦奔波于基层，还住进包钢焦化厂集体宿舍，蹲点半年，及时掌握工人的思想、生活情况。中共中央华北局内部刊物《华北学习》曾专门就此作了报道。

三年困难时期，市委派范易到巴彦淖尔盟（今巴彦淖尔市）和乌兰察布盟（今乌兰察布市）等地区求援调粮。他夜以继日、忘我工作，圆满完成调粮任务，保障了包头地区的粮食供应。

在黄河边上时任包头市委书记范易（右一）、第一书记高锦明（左二）合影

范易患有高血压，他边吃药边坚持工作，每天工作经常在 12 小时以上，有时路途成了他最好的睡眠时间。他清正廉洁，生活俭朴，从不接受任何形式的馈赠和组织照顾。

"文化大革命"中，范易被诬陷为"叛徒""走资派"，身心遭到严重摧残，于 1970 年 8 月 28 日与世长辞。

中共十一届三中全会后，党组织彻底推倒强加在范易身上的种种罪名，为他平反昭雪。

莽原无际怅寥廓
大地有痕忆当年

—— 纪华小传

纪华（1914—1971 年），原名席公权，又名席实三，1914 年农历三月出生于河南省孟县（今孟州市，隶属河南省焦作市）吉利乡横间村，1971 年 10 月病逝。

纪华曾任鞍建包头分公司经理，包钢党委副书记、包钢建设公司党委书记；中共内蒙古自治区第一、二届代表大会代表；中共包头市委第一、三届委员会委员；包头市第二届人民代表大会代表。

纪华自幼读私塾，15 岁进孟县高等小学读书。1931 年秋，入孟县师范攻读，在校期间接受进步思想，参加了共产党的外围组织反帝大同盟。同年 10 月加入中国共产党。1933 年暑假前夕，他和进步教师姚质中、王一行领导发动该校的第二次学潮，揭露和声讨国民党右派校长邓瑞明，把邓瑞明赶出学校。孟县当局为镇压学生运动，责令学校提前放假，并开除纪华学籍。纪华随后转入沁阳师范学校学习。

1934 年夏，纪华在沁阳师范毕业后，回到孟县，执教于横间小学，并任孟县中心区委书记。他在横间小学教书期间，和席松涛发起成立农民互济会。1935 年，他到西虢第五小学教书，先后介绍席松涛、刘应中等人加入中国共产党。是年年底，他在落驾头学校建立党支部，并在学校建立青年救国团。1936年孟县党组织与上级中断联系。翌年元月，他被派往陕西富平县红二方面军驻地寻找党的关系。同年3月在抗日军政大学学习，不久，转入中央党校学习。

七七事变后，中央组织部于1937年10月派纪华到苏鲁豫皖边区特委工作。他到枣庄后，即被特委派往临郯费峄四县边联办事处工作。1938年1月撤出办事处后，受特委派遣和朱道南（枣庄市人。黄埔军校长沙分校毕业后参加广州起义，后因病回到家乡）等人一道在峄县拉起武装，到滕县（今山东省滕州市，枣庄市代管县级市）国民党鲁南人民抗日自卫军杨士元部，纪华和党员多人在该部政训处工作。同年3月，他和朱道南等人奉命带领部队撤出自卫军，活动于峄县北部山区。

1938年5月，苏鲁人民抗日义勇总队成立，纪华任第三大队教导员。台儿庄会战期间，他带领部队伏击临枣公路敌人，还歼灭了马卫民匪帮。接着参加滕东反顽作战，战后部队东撤，进到高桥、大炉一带，开展峄县、临沂边境地区工作。

1938年10月，纪华担任峄县（现枣庄市峄城区）县委书记，一面依靠老同志深入农村，进行建党工作，一面以八路军代表身份进行公开活动。县委开始在运河北开展工作，教育界知名人士张捷三入党后，又接收刘亦夫、赵静波入党，他随之进入马兰屯和运河南岸地区活动。他秘密进入运河南后，首先在涧头集发展马瑞祥入党，以传教士身份在涧头集立脚。接着争取了国民政府六区区长孙斌全带领武装参加革命，成为县委掌握的第一支武装，全县工作有很大进展，县委机关南移涧头集。

1939年5月，受日本特务机关控制的红枪会（民国时期活跃在华北地区一个带有宗教性质的地方武装自卫团体）反动头目王亚平等带领红枪会武装数千人，占领涧头集。纪华依靠县委武装，发挥统战关系的作用取得运河北岸孙云亭、孙茂墀两部的军事支持，打垮了峄县铜山边境反动武装红枪会，随之争取红枪会大队长谢绍唐武装数十人脱离红枪会参加了县委武装，从而控制了黄邱山套（台儿庄古城西偏南，泛称以黄邱山为中心的山区）。后与胡大勋、胡大毅的陇海南进支队、运河大队取得联系，坚持了运河南岸抗日斗争。

1939 年秋，八路军一一五师主力进入鲁南抱犊崮山区，运河地区开始进入大发展时期。纪华带领县委机关北移抱犊崮山区的南泉，11 月建立鲁南地区第一个民选的峄县抗日民主政权，先后建立了八路军一一五师峄县支队和运河支队。

1942 年 4 月 21 日，运河支队在微山岛战斗中受挫，运河支队峄县大队副大队长褚雅青牺牲。鬼子变本加厉，对黄邱山套根据地进行频繁"扫荡"。经过敌军反复"扫荡"后，黄邱山套根据地只剩不到 10 平方公里狭小活动区。不久后，地方党组织转入地下。运河支队五中队队长又在敌人的策反下叛变，支队士气受挫，部队生存岌岌可危。在这极端困难的局面下，鲁南军区党委决定派纪华兼任运河支队政委。赴任前，时任山东军区司令员兼政治委员，八路军一一五师政治委员、代师长罗荣桓找来纪华，亲自对工作作了具体指示。

纪华来到运河支队，按照罗荣桓指示，积极发动群众、精兵简政、争取敌伪，这些举措取得了群众的广泛支持，极大地稳固了根据地，壮大了运河支队队伍，根据地地盘也得到迅速恢复。至 1945 年 8 月，运河支队已发展到 3000 余人，后编为山东军区警备第九旅十八团，成为地方主力兵团。在抗日战争中，运河支队历经大小战斗 900 余次，毙、伤、俘日军近千人，伪军4000 余人，为主力部队输送兵员 3000 多人。

1943 年 3 月 18 日，新四军第三师参谋长彭雄、第八旅旅长田守尧等一批高级将领赴延安参加整风学习，在从苏北赶往山东途中与日军遭遇，战斗中包括彭雄和田守尧在内的 16 名团以上领导干部牺牲。毛泽东哀叹此事对我党我军造成了无法弥补的重大损失。

闻听噩耗，运河支队政委纪华、支队长胡大勋分析了目前形势：当下正值延安整风学习运动，新四军华中苏北根据地陆续会有一大批党员干部赶赴延安。当时从苏北去往延安主要有海陆两条交通线，海上交通线是从苏北的盐城、阜宁地区乘坐木帆船到达山东，再辗转陆路去往延安；陆上交通线是从苏北淮海区越陇海线到山东滨海区，然后西行去往延安。这两条线路都需要穿越大片敌占区，曲折迂回，危险重重，鉴于彭雄等人牺牲的严重教训，必须采取补救措施，开辟一条新交通线，以免今后再次出现类似问题。

经过彻夜讨论后，二人终于制定出一条当时最为便捷且安全的交通线。通过正在运河支队作调研的新四军四师政治调查部研究室教育科长奚原给新四军四师党委报告："所谓新交通线，主要指从华中邳县、睢县、铜县地区经运河支队、铁道游击队、微山湖大队，前往湖西区（冀鲁豫），最终通往延安。从华中到达湖西区的这段路不足百里，一路上各支队可交替接应，是目前从华中经华北到延安最安全便捷的通道。"

新交通线的拟定很快得到上级批准，并于 1943 年 7 月最终确定下来。1943 年 12 月 1 日，新四军代军长陈毅奉毛泽东和中共中央电令从苏北赶赴延安，途经黄邱山套根据地，由纪华与副支队长邵剑秋率队护送从黄邱山套通过贾汪（现属徐州）封锁线最后到达杜庄山口，转铁道游击队护送。

此后，通过新交通线完成安全护送刘少奇等 1000 多名党员干部的任务，被罗荣桓政委誉为"敢在鬼子头上跳舞"的部队。陈毅赞称："运河支队可以写成一部大书。"而在此过程中，作为运河支队政委的纪华做出了不可磨灭的贡献。

为此，邳县、睢县、铜县地区改置峄滕铜邳县（后改称运河县、铜山县，现为江苏徐州市铜山区），隶属淮北区党委领导，纪华任县长。这一时期，他为区乡政权建设、开展减

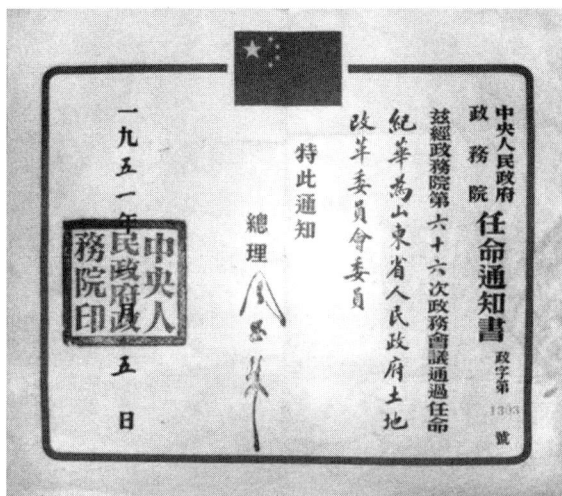

1951 年中央人民政府政务院颁发给纪华的任命通知书

1953 年 5 月，纪华、金刚夫妇离鲁赴鞍前在山东济南，山东分局老战友欢送纪华、金刚。前排左纪华、右金刚

租减息群众运动，支援部队反攻做了大量工作。

新中国成立后，纪华曾任山东分区农委办公室主任、山东省人民政府土地改革委员会委员、处长等职。

1953 年 5 月，纪华转入工业战线，参加了鞍钢的恢复建设，先后任鞍钢建设公司（简称"鞍建"）金属结构制造厂厂长、鞍建工程处处长、鞍建副工程师等职。1956 年 3 月，中华人民共和国重工业部任命他为鞍建包头分公司经理。妻子金刚随纪华一同调往包头，后担任冶金工业部第二冶金建设公司组织部长。

当时的包头，生态环境恶劣，风沙弥漫、气候变化无常，为使职工安心建设包钢，纪华坚持把政治工作深入施工现场，做到职工中。在分公司成批调来职工或接收集体转业复员军人时，不管工作多忙天气多坏，他都亲自去火车站迎接，然后检查食宿的安排情况。在欢迎会和座谈会上，给他们讲包头建设的远景规划，教育他们为建设包钢奉献青春；并了解一些职工的家庭、婚姻、身体等状况，听取他们的意见、建议。在施工生产基地建设的紧张日子里，他坚持在现场办公，做到了与职工同吃、同住、同劳动。他注重施工现场的宣传鼓动工作，亲自领导创办了《工地战报》，并亲笔题写刊名，多次起草重要社论及文章，激发和调动广大职工的积极性，保证了各项建设工程按计划顺利进行。

1957 年 9 月，包头冶金建筑总公司划归包头钢铁公司，纪华历任包头冶金建筑公司党委副书记、包钢党委副书记、包钢建设公司党委书记。为做好施工生产的后勤保障，他主持制定农副业生产规划，研究提出改善职工生活的各项措施，总结推广种植蔬菜、饲养家禽、牲畜的经验，为保障和改善职工生活，支援前方施工建设，做了大量富有成效的工作。1962 年 1 月，他任包钢建设公司党委书记。为提高党群干部政治理论水平和文化业务素质，他不仅组织党委常委带头学习，还督促、检查所有党群干部学习政治理论和施工业务、企业管理知识，以适应工作需要。他常说："思想政治工作，必须结合施工生产和各项管理工作，政治工作干部不懂施工管理工作，怎么结合，又怎么能结合得好呢？"他认真贯彻党的民族政策，大胆培养使用少数民族干部，特别是对有能力但有一定争议的少数民族干部敢于委以重任，让其在

1964 年 9 月冶金部二冶公司领导同志在包头合影。左二段平山，左三林光，右一刘雅勤，右二金刚，右三纪华

工作实践中锻炼提高。

长期艰苦的战争岁月和繁重的工作，使纪华积劳成疾。包头冬天寒冷干燥，早年就患上了肺气肿的纪华因此加重了病情，平日里作报告也不得不掏出氧气袋吸几次氧，可他从未因病耽误过工作。三年自然灾害期间，分管后勤工作的纪华家中也有揭不开锅的时候。一次，包钢三公司将农场分给职工的玉米面多给他送了一份，纪华满心不快，婉言谢绝。随后他打电话批评三公司领导："现在大家都困难，一般职工比我们更困难，谁也不能多送，我们当领导的要起带头作用！"后来，纪华又带头在下车间时与职工同乘通勤车，起到了表率作用，引发积极反响。

1959年10月15日，周总理与国防委员会副主席叶剑英，国务院副总理、内蒙古自治区主席乌兰夫一起，专程来到包钢，为包钢一号高炉出铁剪彩。在这一历史时刻，纪华就站在周总理身旁。随后，在陪同周总理的日子里，纪华抑制病痛的折磨，悄声地咳嗽。细心的周总理察觉后，几次要求纪华去杭州疗养，并提议安排他到南方工作，都被他婉言谢绝了。

1964年冬，由于纪华病情日渐严重，冶金工业部决定让他离职休养。可是没多久他就写信给冶金工业部部长吕东，请求组织安排他一般性的工作。他在信中说："我没死在战场上已经是很幸运的了，活着干，死了算，应该是我的本分。"

吕东回信说："实在要工作的话，可去郑州中国铝业公司任党委副书记，只是职务低了些，委屈了你。"

纪华高兴地回信说："我是个党员，讲什么职务高低，再低我也愿意！"他愉快地接受了组织分配，同妻子金刚一起赴郑州工作。

"文化大革命"中，纪华被打成"叛徒""特务""死不悔改的走资派"。妻子金刚也受到错误批斗，身心遭到严重摧残，于1968年7月去世。

1971年10月1日，纪华病情恶化，医治无效，在郑州逝世。10月3日，中国铝业公司在郑州革命公墓召开追悼会，并将骨灰安放在郑州革命公墓。在他病重期间，党组织为他彻底平反。

老城按下腾飞键
直挂云帆济沧海
—— 李质小传

李质（1914—1975年），原名李逸之，又名李昌庆、李亦夫，湖北省黄安县（今红安县）人。

李质是中共党员，新中国成立后，历任中共绥远省委秘书长、绥远省协商委员会委员；中共包头市委代书记、市人民政府代市长、市长（1952年12月至1955年5月期间兼任包头市各族各界人民代表会议协商委员会主席）；内蒙古自治区经济委员会主任、党组书记；内蒙古自治区副主席、政府党组书记；包头市革委会主任、中共核心小组组长；内蒙古自治区革命委员会秘书长等职。

李质8岁入私塾，12岁在其父开办的食品铺半工半读。1932年考入汉口市立职业学校应用化学科。1935年夏，改名李亦夫，考入武昌私立大公中学。在"一二·九"运动影响下，武汉学生纷纷罢课游行，李质参加了中共领导的抗日救亡学生运动，被选为学生代表。

1937年，李质考入国立西北农林专科学校（校址位于陕西省武功县张家岗，即今咸阳市杨陵区。该校创建于1934年，1938年6月与国立西北联合大学农学院、河南大学农学院畜牧系合并，成立国立西北农学院。新中国成立后更名为西北农学院；1985年更名为西北农业大学；1999年并入西北农林科技大学——樊尚仁注），在地下党组织的领导下，积极参加了民族解放先锋队（简称"民先队"）组织的抗日救亡宣传活动。七七事变后，由于他在学校抗日救亡活动中积极工作，被选为学校"抗敌后援会"副主任，开始系统接受中共地下党组织的教育与培养，成为青年学生中的骨干。1939年寒假，基于抗日的热情和对国民党反动统治的不满，在中共地下党组织和"中华民族解放先锋队"（抗日战争时期中国共产党领导建立的青年抗日救国团体）的启发下，他毅然抛弃学业，离开国立西北农学院赴山西临汾民族革命大学学习，参加抗日活动。

1938年2月，李质被吸收为中共党员。3月，任民族革命大学三大队中共支部书记。8月，任二战区随营学校中共支部书记，后又任阎锡山新建立的"同志会军省特分会"的中共支部书记（当时公开职务是阎锡山的"同志会"特派员）。1939年初，转到牺牲救国同盟会（简称"牺盟会"）工作，任秋林地区（陕西省宜川县秋林镇）中共总支书记。其间，根据中共中央联络部和晋西南区党委的指示，他组织进步力量，采取各种方式，同阎锡山的分裂和倒退进行斗争，同时掩护中共地下党组织和部分学生安全转移撤退到延安，圆满完成党组织交予的任务。

李质、杨鸿文1942年9月在晋绥分局所在地兴县结婚时留影

1940 年到 1942 年 7 月，李质任中共晋西区党委秘书、秘书科长、政策研究室副组长，直接协助区党委书记林枫工作。

1942 年 10 月到 1943 年 10 月，李质任中共临县县委书记兼县游击大队政委，多次配合部队粉碎日本侵略军的"扫荡"，发展生产和加强根据地建设。通过开展减租减息运动，提高了广大贫苦农民的经济地位和政治地位，鼓舞了他们的生产和抗日积极性。

1943 年 10 月，李质被调回晋绥分局参加整风审干运动，被错误地当作"特务"进行审查批判，后经甄别平反，分配到晋绥分局研究室任研究员，从事党在根据地的互助合作政策的调查研究工作，根据掌握的第一手材料，在《晋绥日报》上发表一些理论联系实际的指导性文章，宣传和推广党的互助合作政策。

1945 年 8 月日本投降后，李质受晋绥分局派遣带一个工作团到绥蒙地区就农业问题进行调查研究。1946 年调查工作结束后留任中共绥蒙区党委，历任秘书处长、秘书长。1949 年后任中共绥远省委秘书长。

1952 年 10 月 13 日，李质调包头市工作，接替郑天翔，任中共包头市委代书记、市人民政府代市长；1952 年 12 月至 1955 年 5 月期间，兼任包头市各族各界人民代表会议协商委员会主席（1953 年 4 月，兼任中国人民抗美援朝总会包头市分会主席）。

此时，正值包头工业基地开始筹建，工作纷繁复杂。李质到任后明确提出，包头市的各项工作必须以经济建设和城市建设为中心。1953 年 12 月，中共包头市第三次代表大会召开，他主持起草了《关于新包头市的建设方针与任务的决定》的报告，进一步明确提出：建设包头市的总方针是为工业服务，首先直接为冶金、国防工业企业的劳动者创造最好的生产、生活和学习条件。并将这个精神作为包头各项工作必须坚持贯彻的指导思想和原则，带头身体力行。

1953 年 12 月 7 日，中共中央组织部决定苏谦益任中共包头市委书记兼市长。李质没有因领导职务变动对工作有丝毫懈怠，仍竭力承担起自己应负

1952 年 10 月，包头市领导欢迎李质（前排左四）、欢送郑天翔（前排左五）同志合影

的责任。

1954 年 4 月，为取得领导工业基地建设的经验，李质率领自治区和包头市有关部门领导参加的学习团，赴哈尔滨、齐齐哈尔、沈阳、鞍山、大连等地考察学习，系统总结出发动和依靠群众、加强思想政治工作、组织地方服务供应和加强地方党委领导等一整套工作经验，对包头工业基地的建设发挥了指导作用。

1955 年 8 月，经中共中央组织部提名，包头市第一届人民代表大会第三次会议选举，李质当选为包头市长。他着重抓了包头工业基地的规划和新市区的建设，会同其他领导干部，同苏联专家和技术人员一起，不辞辛劳，踏遍包头周边地区，广泛听取意见，密切配合中央工作组开展工作，提出了包头新市区规划方案，上报中央批准后全力贯彻实施。修筑包头老城至新市区的建设路时，为了保证工程质量，他经常深入施工现场，亲临一线检查指导，与筑路工人一同在临时工棚就着风沙吃饭。1958 年包头遭受暴雨，李质冒雨在抗洪一线指挥，保护了人民的生命和财产安全，被群众称赞为"人民的好

1957 年 4 月，中共包头市第一届第二次代表大会在工人文化宫召开，李质作工作报告

市长"。包头工业基地建设全面展开后，40 多万建设大军云集包头地区，各方面困难和问题摆在面前，李质组织力量及时把一大批地方工业、手工业、商贸服务业由旧市区（即今东河区）搬迁到昆都仑、青山两个新区，并以旧市区为依托，使地方服务供应工作跟上工业建设的步伐，很快扭转了被动局面。

1956 年至 1959 年，包头工业基地进入大规模建设阶段，李质按照工作分工，负责联系指导内蒙古一机厂、内蒙古二机厂的建设和国家建工部华北包头建筑总公司（现内蒙古电建三公司）等单位的工作，每月抽出三分之一以上时间深入现场，掌握建设进度，协调甲乙双方关系，帮助解决建设中发生的问题，特别是一些很棘手的扯皮问题，在他不厌其烦的耐心协调下总能得到妥善解决，因此人们称赞李质是解决扯皮问题的"专家"。建设单位真正感到地方党委、政府发挥了领导作用。为解决包钢建设中的资金、原材料和物资供应问题，他多次到内蒙古自治区、中央各部委为包钢落实资金，联系铁路运输和煤、电供应，多方组织地方企业为包钢对口服务，并经常深入包钢建设工地，尽力帮助解决建设中的困难和问题。同时亲赴乌达市、海勃湾市（1975 年 8 月，经国务院批准，撤销乌达市和海勃湾市，合并设立乌海市——樊尚仁注）和巴彦淖尔盟（今巴彦淖尔市）、乌兰察布盟（今乌兰察布市）等地，取得兄弟地区对包头工业基地建设的有力支持。

1958年，国家"二五"计划第一年，包头工业基地建设进入施工高峰年，基本建设投资总额达5亿元以上，相当于"一五"计划期间投资总额的80%。"基本建设规模之大，任务之重，技术质量要求之高，是包头历史上没有的"。包头已经从一个只有9万人的小商业消费市镇，发展为拥有93万人口的大工业城市、国家钢铁基地。

从包头工业基地建设一开始，李质就十分重视城市农副业生产基地建设。1958年初，市委给郊区（现九原区）下达的任务目标是"苦战三年，基本建成包头副食品基地"。郊区开展了群众性的兴修水利运动，蔬菜播种面积一再扩大，秋收比上年增产四成。但终因农村劳力有限、机械化程度太低，加之年内遭遇两次大洪水，损失惨重。1959年，筹建了国营共青农场和青年农场，基本解决了市民蔬菜供应问题。三年困难时期，他带头发扬艰苦奋斗精神，坚持与群众同甘共苦。一次下乡调查，队干部见李质年龄大，身体也不太好，就按照当地老百姓招待客人的风俗习惯做了"烙饼炒鸡蛋"，他严肃地批评工作人员，说"不能搞特殊化"。由于工作时间长、强度大，生活条件差，他患上了肝炎，一直带病坚持工作。他对自己子女及近亲属要求十分严格，他哥哥在农村生活比较困难，三年困难时期想到包头谋个事做，他坚决不同意，自己长期承担起哥哥的生活费。

1963年12月，李质调任内蒙古自治区经济委员会主任、党组书记。1964年至1968年1月，任内蒙古自治区副主席、政府党组书记。1968年2月，调任包头市革委会主任、中共核心小组组长，直到1969年12月，中共中央对内蒙古自治区实行分区全面军管。

在"文化大革命"中，李质受到江青、林彪反革命集团的诬陷和迫害，蒙受不白之冤，但他对党的信念始终坚定不移，在接受监督劳动中，挤出时间坚持学习《资本论》《矛盾论》《实践论》等著作，并做了大量读书笔记。1973年9月，李质平反后，任内蒙古自治区革命委员会秘书长。1975年8月14日，因肝癌在北京逝世。

耕耘银屏桃李春
万条垂下绿丝绦

—— 邸力小传

邸力（1914—2004 年），原名邸俊英，1914 年 4 月 21 日（农历三月二十六日）出生于土默特旗萨拉齐镇的回族大户人家，2004 年 3 月 2 日去世。

邸力系北京电影学院表演系的副教授、系主任，是著名电影表演艺术家和教育家。代表作品有《祝福》《林家铺子》等。

幼年时的邸力性格开朗、活泼，像男孩一样倔强、勇敢，喜助人为乐，爱打抱不平，还有一股顽皮劲儿。母亲为收女儿的心，教她识字、打算盘，后随阿訇学习伊斯兰教教义。在母亲的支持和帮助下，邸力进入萨拉齐耶稣教办的小学学习。因她天资聪颖、学习刻苦，在老师的建议下，转入县高等女子小学就读。

旧时，回族女子入学被认为是违反伊斯兰教教规的。因此，萨拉齐清真寺即令其父赴回民坟地念经赎罪，并罚煤油 30 桶。

1927 年，邸力就读于绥远省立第一女子师范。在校期间，邸力听到一些中国共产党领导人民闹革命的传闻；受进步青年的影响，她开始阅读鲁迅、高尔基、蒋光慈（原名蒋如恒，又名蒋光赤）等进步作家的作品，还参加了《少奶奶的扇子》《一片爱国心》等话剧的演出。

1931 年夏，17 岁的邸力为了抗婚，只身离家逃往北平，考入中华中学，以奖学金和兼做家庭教师维持学业。

在中华中学就读期间，邸力先后阅读了马克思的《政治经济学批判大纲》，列宁的《俄国资本主义的发展》《共产主义运动中的"左派"幼稚病》等著作，为后来走上革命道路奠定了坚实的思想基础。在汲取政治素养的同时，邸力开始参加进步学生组织的活动，并积极而又谨慎地寻找尚处于地下状态的中共党组织。

1932 年，邸力加入左翼戏剧家联盟，从此走上革命的艺术之路。暑假期间，她随北平左翼戏剧家联盟到绥远作赈灾募捐演出，主要目的是建立绥远反帝大同盟组织。剧团在归绥旧城小东街的"大观园"里演出了《无线电急奏》《瓦刀》《英雄与美人》等宣传抗日救亡、抨击蒋介石"攘外必先安内"政策的剧目，在群众中引起强烈的反响，起到了鼓动宣传的作用。演出期间，邸力等人串联杜如薪、苏谦益、马麟等进步青年，组织召开座谈会，筹划成立绥远反帝大同盟组织。不久，组织建立，并迅速影响到包头、固阳等地。这个党的外围组织曾在归绥的抗日救亡斗争中发挥了重要作用。暑假返校后，中华中学将邸力逐出校门。

1932 年 8 月，邸力在苏啸中、郭象安的介绍下，加入中国共产党。入党后不久，邸力参加了北平学联，在地下党的领导下，为纪念"九一八"事变一周年，举行了大规模的学生游行示威。9 月 15 日，游行的学生与军警在沙滩红楼后院发生冲突（史称"九一五"事件）。在肉搏中，邸力奋力与警察分署署长阎庚厮打在一起。事后，"女学生怒打分署长"的传闻，就像是长了翅膀，在整个北京城传为佳话。

"九一五"事件后，邸力成了北京城的新闻人物，公开活动已不便，组织上便派她秘密中转文件。为此，邸力断绝了同社会上的一切联系，以山西省崞县（现原平市，为忻州代管县级市）人刘丹顿家属的名义住进了宣外西河沿繁峙会馆，具体任务是接转北平大学信件。次年 2 月，经组织批准，邸力与刘丹顿结婚，并将秘密联络点转移。

刘丹顿既是邸力的亲密伴侣，又是她的领导人。虽然新婚后的生活还是那样清贫，但共同的革命理想和纯真的爱情使他俩的生活无比幸福。婚后不久，因工作需要，刘丹顿去了张家口，邸力参加了在古北口抗日（古北口位于北京市密云县。古北口抗日战役打响北京抗日第一枪，是长城抗战的一部分。此战役自1933年3月5日中日军队交战开始，至5月15日密云县城沦陷为止——樊尚仁注）中负伤的国民军第十七军伤员的救护工作，参加了移灵安葬中国共产主义运动先驱李大钊的游行和路祭。

随后，邸力以夫妻团聚的名义，来到张家口，在桥东区土尔沟19号建立了党的前线委员会机关。刘丹顿负责对察哈尔抗日同盟军的统战工作，邸力做内务。这个机关是当时前委书记柯庆施经常开会的地方。

1933年夏，地下党组织调邸力回北平，担任柯庆施的单线联络员。是年12月，邸力生下第一个孩子。因生存环境恶劣，随时有生命危险，孩子出生八天后，就被送往教会育婴堂寄养，邸力则在产后半个月，同丈夫赴驻天津的河北省委机关工作。1934年8月，中共天津地下党组织出了叛徒，组织决定邸力等转移到上海工作。

白色恐怖笼罩下的上海，党的活动更加艰难。1934年10月30日，夫妻俩一起被捕，先入巡捕房，后进高级法院，因两人都使用化名，故敌人没有抓住什么把柄，被关押进南京监狱。被捕后的第二天，邸力生下第二个孩子。狱中的难友们给这个男孩子取名"囚子"。

1935年7月夫妻俩被释放出狱后，邸力与丈夫辗转于太原、北平、归绥（今呼和浩特）等地，从事革命活动。其间，在宋之的（剧作家，原名宋汝昭。1914年4月出生于河北省丰润县，11岁至15岁时曾寄养在归绥二伯父家，在当地的铁路小学接受现代教育。时任"西北影业公司"和"西北剧社"编剧——樊尚仁注）的介绍下，邸力进入位于太原的西北影业公司，成了一名专业电影演员。参加了《风雪太行山》《老百姓万岁》等电影的拍摄工作，在著名演员田方、蓝马等人的指导下，演技有了大幅度提升。然而《老百姓万岁》还没拍完，由于阎锡山开始在山西公开迫害进步人士，西北影业公司就此被迫停办。

1937年6月，邸力离开丈夫，带着不满3岁的孩子赴上海参加抗日救亡演出活动。

七七事变后，邸力参加了上海文艺界组织的《保卫卢沟桥》演出。1938年"八一三"淞沪会战爆发后，邸力参加了由上海文艺界爱国人士组织的抗日救亡演出队。不久，演出队离开上海，邸力将孩子托付给上海的一位朋友，随队经南京、武汉、开封、郑州、西安，于1938年4月到达革命圣地延安。沿途参加了《火种的上海》《游击队的母亲》《弟兄们拉起手来》等剧目的演出。

邸力来到延安后，先在延安鲁迅艺术学院戏剧系学习。1938年8月，延安鲁迅实验剧团成立，邸力在该团当演员。

1939年初，邸力被调往刘丹顿所在的晋西北岢岚战地总动员委员会工作。在与丈夫相聚半年后，邸力又奉命到八路军一二〇师"战斗剧社"工作。当时他俩结婚已八载，但在一起共同生活的时间还不到三年。这对革命情侣分手时都在病中。为了打败日本侵略者，邸力再次踏上征程。在艰苦的革命战争岁月里，他俩已经习惯了这种离别生活，但谁都没想到，这竟是最后的诀别——1940年，刘丹顿在吕梁地区的一次对日寇的反扫荡战斗中英勇牺牲，年仅34岁。

1941年春，邸力因病回延安治疗。出院后转入鲁艺文工团当演员。在革命根据地的几年，她活跃在晋察冀根据地的舞台上。1942年她在延安聆听了毛主席《在延安文艺座谈会上的讲话》后，积极参加新秧歌剧与戏剧的演出，在歌剧《白毛女》的首演中成功饰演了善良纯朴的王大婶，随后又参加了《周子山》《粮食》等剧目的演出。

抗日战争胜利后，邸力转入华北大学文工团当演员。

新中国成立后，邸力担任北京文管会文艺组组长，并且还找到了当年离开上海时寄养在朋友家的儿子。

1950年，邸力从舞台转到银幕，成为刚成立的北京电影制片厂的演员，她先后在影片《吕梁英雄传》《儿女亲事》《新儿女英雄传》等电影中饰演角

在北京电影制片厂拍摄的《林家铺子》中邸力饰演朱三太。图为邸力与于蓝剧照

色，在影片《祝福》中扮演柳嫂，在《林家铺子》中扮演朱三太。在这些电影、戏剧的表演创作中，邸力虽然都是"跑龙套"，也基本上都是"老大娘"的角色，但她以自己真挚的情感热情地投入创作中，给观众、给摄制组的同事们留下了深刻的印象。

1951年7月至1952年7月，邸力随中国青年文工团（担任歌剧队副队长）赴民主德国（简称"东德"）参加"世界青年联欢节"，出访东欧社会主义八国，演出歌剧《白毛女》。

1955年，新中国第一所培养电影艺术人才的高等学府北京电影学院成立，邸力在演员进修班系统地学习了电影表演艺术，理论水平和表演艺术都有了长足的进步，并在毕业剧目《第十三夜》中担任了副导演。

进修班学业结束后，组织上安排邸力留在北京电影学院表演系任教，对这件事，她回忆说："到电影学院来，我很害怕，不敢来。但当时没有人，没办法，章泯院长找我谈话，还把我批评一顿，结果我还是来了。"此后，她就把毕生精力放在电影表演教育事业上，辛勤耕耘，数十年如一日。她先后担任表演五五干修班、表演五六班、表演五九师资班、表演六〇乙班、表演六二乙班、表演七八师资班等班级的教学工作，曾任教员、教研组长、系副主任、系主任等。教学中，她严格要求，诲人不倦，注重教师对教学规律的研究，重视教师队伍自身建设，关心中青年教师在思想与业务上的成长，团结党内外新老教师，倡导教学集体"贵在人和"的风气，促使表演系形成了同志之间和睦相处，师生之间融洽亲近的系风。

在教书育人中，邸力身体力行地做好每一件事，她极重视表演教学与社会实践的结合。1966年春，她已年过五旬，腿脚不便，仍只身带着表演六二毕业班到太行山深处的革命老区阜平巡回演出。

1966年下半年后，教学环境遭到严重破坏，邸力丰富的革命经历使其身心受到重重摧残，面对一次次的群众批斗、专案审查和不明真相的群众辱骂，她都默默承受，坦然面对。

1976年后，党组织恢复了邸力的教学工作。1978年，学院教师队伍面临青黄不接的局面，刚刚宣布对她长达12年之久的专案审查结束后，她又以64岁高龄，担负了表演师资班的教学工作。在随后两年多的教学中，她早出晚归，始终坚守在教学一线。1980年，她带着学生去东北伊春林区实习演出，为解决实习教学中遇到的困难，她曾到处联系实习演出的剧场，还独自去长春电影制片厂安排学生下厂、下摄制组实习。

早在20世纪50年代，邸力就开始从自己的工资中拿出一部分，援助系里生活困难的教师。1984年离休后，又把自己仅有的1万元存款捐赠表演系，建立了"电影表演教育奖励基金"，并把几百册业务书籍赠送系资料室供教学使用。

离休后的邸力先后在影片《林家铺子》《少年彭德怀》《老乡》《人鬼情》等影片中担任过配角，也在不少电视剧中担任角色，她以丰富的生活底蕴和精湛的表演技巧，为观众留下了难忘的银幕、银屏形象。先后获得过北京市

20 世纪 80 年代北影的课堂（左三为邸力）

先进、全国三八红旗手、电影表演创作奖、电影教育"金烛奖"，并获得第一、三届"中国电影表演艺术学会奖"与"特别荣誉奖"等。

1992 年，在北京电影学院举办《纪念毛泽东〈在延安文艺座谈会上的讲话〉发表 50 周年》的座谈会上，邸力说："我是个小人物，到延安是跑龙套的。我本来是不爱演戏的，但因工作需要我跑龙套，就这样跑了一辈子。"

荣誉面前不骄傲自满，挫折面前不气馁消沉，邸力忠诚党的事业，为新中国文艺与教育事业默默奉献，践行自己的入党誓言。她是一代文艺家、教育家的典范。

邸力对北京电影学院表演系的贡献颇多，她德高望重，被学生们誉为"师魂"。

1994 年 5 月，在纪念毛泽东《在延安文艺座谈会上的讲话》发表 52 周年期间，北京电影学院表演系与中国电影表演艺术学会等单位，联合为她召开了《邸力电影创作与教学》座谈会，祝贺她参加革命文艺工作62周年。参加会议的200余人中，有曾经和她一起战斗过的老战友、老文艺战士：吴印咸、水华、严寄洲、于蓝、陈强、申伸、谢铁骊，有和她常年一起工作的孙月枝、沈嵩生，及表演系历届毕业生和在校学生。邸力的战友、学生还从全国各地发来数十封贺信贺电。邸力的学生许还山、林洪桐、黄佳明、谭天谦等在发言中都深深地表达了他们对邸力老师的爱戴，说她是把每个学生都装在心里的老师，在她身上，体现了两个"真"字：一个是真正的共产党人，一个是真正的表演艺术家、教育家。

邸力为了争得自由和民主，为了妇女的解放，舍弃了自己的青春、家庭和孩子；为了新中国的电影艺术事业，奉献了自己的光和热。她是中国妇女的榜样和楷模，也是中国妇女尤其是塞北回族妇女的骄傲。

谨以此书庆祝

中国共产党第二十次全国代表大会胜利召开

《人物履迹话包头》编辑委员会

主　　任：杨利民

委　　员：诺　敏　李新春　郝　文　吕惠斌

　　　　　刘晓东　傅　民　雪　松　乌　东

　　　　　马　明　董海梅

主　　编：杨利民

执行主编：樊尚仁

《包头政协文史资料》第三十辑

人物履迹话包头

（下册）

杨利民　主编

樊尚仁　执行主编

中国文史出版社

目 录 ┃

下 册

0775	眼见小园芳菲尽	终教桃花再重开 —— 郝田役小传
0780	时难年荒世业空	弟兄羁旅各西东 —— 奇子祥小传
0785	人才似水分高下	世事如云任卷舒 —— 李超小传
0788	五更鼓角声悲壮	脑包星河影动摇 —— 董玉河小传
0790	为乘阳气行时令	试耕试种趁物华 —— 陈汝诰小传
0793	一去紫台连朔漠	独留老哥向黄昏 —— 张诚小传
0798	舍生取义存侠气	慷慨赴死伟丈夫 —— 高志小传
0801	常把辛酸研为墨	写尽人生半世酸 —— 姚蘋生小传
0806	欲把书画比西子	浓妆淡抹总相宜 —— 胡海如小传
0811	踟蹰困顿开新径	峰回路转等闲过 —— 黄墨滨小传
0816	搜尽奇峰打草稿	我有我法师造化 —— 阎汝勤小传
0820	朝闻游子唱离歌	昨夜微霜初渡河 —— 刘允斌小传
0829	北斗七星高又高	梦帆今日又带刀 —— 梦帆小传
0832	国际风云多变幻	高瞻远瞩向前看 —— 杨朴小传
0837	邻里相助一团火	月下有人喊号声 —— 郭月娥小传
0840	凛之风神温以润	鼓之枯劲和以闲 —— 刘兆威小传
0845	鉴往知来闻天语	三尺讲台说古今 —— 屈连璧小传
0851	细致入微镌毫发	貌态原来能画成 —— 白铭小传
0857	老牛亦解韶光贵	不待扬鞭自奋蹄 —— 侯瑜小传
0863	苍鹰雄踞坚韧柏	水仙绽放清白花 —— 任德超小传
0871	云儿知他太辛苦	风儿唱他奋进歌 —— 沙月林小传
0875	金榜之上题姓名	不负当年苦用功 —— 吕湘提小传
0879	月下急追关汉卿	梨园初探二人台 —— 苗文琦小传
0882	一生正气培新苗	两袖清风育家风 —— 李畅茂小传
0887	生离死别已吞声	总教后人常恻恻 —— 孟克达赖小传
0890	男儿一向心如铁	看他试手补天裂 —— 哈斯楚鲁小传
0892	迎难而上打基础	敢于攻关开新局 —— 安纯祥小传

塞外古城有平台
此日登临曙色开

—— 郑天翔小传

郑天翔（1914—2013 年），原名郑庭祥，1914 年 11 月 28 日出生于绥远省（今内蒙古自治区西部）凉城县六苏木乡。

郑天翔 1936 年 12 月加入中国共产党。新中国成立后，历任包头市委副书记（主持全面工作）兼市长、包头市各界人民代表会议协商委员会主席；北京市委书记处书记、北京市革委会副主任、政协北京市第五届委员会副主席；中华人民共和国第七机械工业部（简称七机部，1982 年改名为航天工业部）部长、党组书记；最高人民法院院长。中国共产党第七、八、十二、十三次全国代表大会代表，第五届全国人大代表。在党的十二大、十三大上均当选为中央顾问委员会委员。在中共十二届二中全会上当选为中央整党工作指导委员会委员。

郑天翔少年时期先后在绥远省立第一中学（现呼和浩特第一中学）、北京市立第一中学、北京师大附属中学学习。

青年时期的郑天翔，满怀救国救民之志，广泛接触五四运动以来的进步思想和新文化。1935 年考入清华大学外国文学系，后转入哲学系，积极投身于"一二·九"抗日爱国运动。1936 年初加入中华民族解放先锋队和中国左翼作家联盟，先后参与组织"绥远旅平同学会""晋绥旅平同学抗日联合会""西北旅平青年救国联合会"。同年12月加入中国共产党。1937年奔赴延安，入陕北公学学习。1938年党的六届六中全会后调晋察冀边区工作。1945年党的七大后调绥蒙地区工作，历任中共塞北地委宣传部部长、绥南行署专员兼绥南地委敌军工作部部长、凉城县县长、凉城中心县委书记、绥南工委副书记等职，多次组织参加对敌斗争和土改工作。1947年11月到晋绥党校学习。1948年任临汾西山（枕头地区）工作团团长。同年11月任华北局宣传部宣传科科长。

1949年10月，郑天翔调绥远省工作，12月任绥远军政委员会包头工作团团长，率领工作团进入包头，任中共包头市委副书记（主持工作）兼市长。他在包头工作期间（1949年12月—1952年10月），面临错综复杂的局面，结合包头实际，坚决贯彻党的路线方针政策，为包头的新生和发展做出了巨大贡献。

城市接管

按照"绥远方式"的既定方针，解放后的绥远人民要在中国共产党领导下，"团结一致，力求进步，改革旧制度，实行新政策，为建设人民的新绥远而奋斗"。实现这一目标的第一步，就是城市接管。

1949年9月，中共绥远省委在绥东解放区丰镇组建成立包头市委，任命郑天翔为副书记，主持全面工作，立即开始着手接管包头的准备工作。12月5日，包头市委制定了入城工作计划，决定统一组成绥远省军政委员会包头市工作团。12月23日晚10时，绥远省军政委员会包头市工作团一行150人在团长郑天翔率领下，由丰镇乘火车到达包头，徒步走进包头城，开始全面接管包头地区。

12月24日，工作团拜会起义的包头市军政负责人；25日，中山堂（后改称"人民电影院"）召开各界代表欢迎工作团大会；26日，召开座谈会介绍情况；27日，工作团正式分编为市政［组长王金泉（董其武方）］、工运（组长霍长春）、文教（组长林泽民）三个大组，每个大组内都组建党的支部为领导核心。1950年1月1日，组织起六七千人参加的较大规模的新年文娱活动。工作团借此与群众普遍见面，讲解党的政策、形势和解放区情况，揭穿了反动派散布的种种谣言，有步骤地达到接管目的。

群众团体组织的建立

新中国成立初期，包头市有工人1万多人，连家属在内，计三四万人。旧工会受资方控制，虽有会员2000余名，却只收会费，而漠视工人福利，工人处于多重剥削压迫之下，生计艰难，文化水平低，思想觉悟不高。再加上受国民党反动宣传的影响，入城初期，工人大都不敢接近工作团，不敢与工作团成员说话。他们既害怕接收后没有工作做，又担心合并后降低工资。

1950年1月3日，绥远省总工会包头办事处宣布成立，招待全市500余名工人看电影，郑天翔为工人作了报告。此后，工运组继续驻厂工作，组织起厂代表会议，成立厂的筹委会。经过几次全市性大规模座谈，工人的领导阶级主人翁观念初步树立，工人中骨干积极分子逐渐涌现。

2月8日到12日，包头市首届工人代表会议召开，产生了市总工会筹委会。工人代表会一方面号召工人献计献策献器材，恢复生产，一方面强调工人阶级的团结，号召用半年时间把工人组织起来。8月，各工厂、行业工会及工会筹委会共发展会员4600余人。到10月，建立起基层工会156个，全市工人60%以上已经组织起来，大部分工人树立起主人翁思想，积极投入生产，公、私营企业生产都取得好成绩。12月22日，包头市首届工会会员代表会议召开，与会代表100人，并选举产生了包头市总工会。

1950年1月13日，中国新民主主义青年团绥远省包头市工作委员会成立，开展青年学生的思想政治工作。通过一个月的政治学习，绝大多数知识分子、青年学生开始树立革命的人生观，能够站在人民的立场上分析问题，思想觉悟提高，打下建团基础。到 1950 年底，全市共发展团员 679 名，建立团支部 39 个，团总支 4 个。

入城初期的妇女工作以配合工会、青年团工作为主，发动妇女参加农副业生产，教育妇女树立劳动光荣的观念。1950 年 3 月 8 日，包头市首届妇女代表会议召开，选举产生了包头市妇女联合会筹备委员会。10 月 20 日，首届妇女代表大会召开，通过了《关于市妇女工作总结报告及今后的方针与任务》的报告，对解放八个月来的妇女工作作了全面总结。此时，全市妇女已组织起 42 个手工业小组，有 400 余人参加了纺麻、纺毛、做针线、折布等生产劳动。

1950 年 1 月 30 日，市委召开干部会议，宣布包头市人民政府领导班子组成决定：市长郑天翔，副市长王金泉，秘书长陈若夫。同时成立临时党组，郑天翔兼任书记，郑孝先为副书记。2 月 10 日，召开第一次政务会议，初步规定了用人手续等制度和人事安排，对旧人员大部分留用，但不一定保留原职，只对个别有吸毒现象和群众影响不好的人报省委处理。2 月 13 日，中央人民政府政务院任命下达，包头市人民政府正式成立。政府下辖一、二、三区，各区成立党委会，属市委领导。

市政府下设各局、院的接收工作也于 2 月初开始，到 2 月中旬，民政局、文教局、建设局、劳动局、财政局、税务局、公安局、卫生局、工商局、检察院和法院的接收合并基本完成。合并后，对旧有人员大部留用。政府机关开展了不间断的学习运动，以加强思想改造工作。4 月，市政府党组对统战工作中的团结合作问题进行了专门研究和总结，郑天翔作了《提高一步》的工作报告，首先批评了党内干部包办代替，作风简单，不敢放手，不善于与党外人士合作的问题。同时批评了起义干部中"感觉被包起来，前途不大"的错误思想。在此后的土地改革、镇压反革命等历次政治运动中，贯彻了"以九一九为界限，既往不咎"的政策原则，使旧政权公职人员在包头地区解放区化过程中发挥了积极作用。

首届各界人民代表会议与人民民主制度的建立

入城之初，工作团注意在各阶层中物色各方面具有代表性的人选，1950年2月12日，由党、政、市民、工人、青年、妇女及少数民族各团体选聘的17名委员，组成了各界人民代表会议筹备委员会。

包头市各界人民代表会议于3月18日至21日召开大会。参加会议的代表共217人，其中特邀代表10人。会议以建立革命秩序，恢复与发展生产为中心议题，审议通过了12项重要决议。会议根据中央人民政府委员会1949年12月2日颁发的《市各界人民会议组织通则》，决定设立协商委员会，作为包头市各界人民代表会议的常设机构，在各界人民代表大会休会期间，协助人民政府实现各界人民代表会议决议。会议选举郑天翔为协商委员会主席，王雷震、吴佑龙为副主席，委员27人。郑天翔市长在会上作了《包头市当前的迫切任务》的报告，指出："建设新包头最基本的任务是经济建设，把包头建设成一个生产城市，这是我们长期奋斗的根本方针。因此，工人阶级、农民阶级、小资产阶级、民族资产阶级四个朋友亲密合作，在工人阶级领导下

包头市首届各界人民代表大会期间（前排右二为郑天翔）

为恢复和发展生产而奋斗，这就是我们当前的中心任务。"

随着社会秩序的日益安定和人民群众思想觉悟的普遍提高，1951年3月4日至7日，召开了包头市各界人民代表会议协商委员会第四届第一次会议。经绥远省政府批准，此次会议代行了人民代表大会职权，选举了包头市人民政府委员会，选举郑天翔为包头市市长，王金泉为副市长。为了贯彻会议决议，市三区分别召开区各界人民代表会议。各区代表会议在贯彻政策、推动工作、整顿作风方面起了一定作用。此后，区各界人民代表会议制度坚持下来，成为人民民主专政的基本组织形式。人民民主制度初步建立。

剿匪肃特，镇压反革命

1950年夏，郑天翔夫人宋汀来包探亲，与郑天翔在包头市委院内留影

历史上包头就是一个多匪之地，京、津、西北等地解放后，一些漏网土匪、特务、恶霸、反动会道门头子和反动党团骨干，均云集于此，寻求避难。包头解放后，按照绥远省军政委员会"军政结合，发动群众，剿抚兼施"的方针，市人民政府成立之初，即以镇压反革命活动、建立革命秩序作为当时的中心任务。

1950年7月10日，绥远省军区司令部命令中国人民解放军二十二师，骑兵一师一团，骑兵四师十团到包头剿匪。14日一战，消灭匪特83名，活捉152名。解放军继续执行发动群众、军事清剿、政治瓦解三位一体方针，严厉打击其余散匪，至8月5日，盘踞在包头一带的土匪基本肃清，84%的抢劫案被破获，抢劫案发生率由7月前的平均每月8～10起下降为2起，盗窃案发生率由7月前平均每月100余起下降为10余起。公营工厂中建立了工人纠察队和安全小组，街道建立了治安小组，以侦察匪情，报告匪警，群众性的防匪自卫工作得到加强。

7月23日，中央人民政府政务院和最高人民法院就镇压反革命活动发出指示，包头市经最高人民法院批准，将16名罪大恶极的首要匪犯处以极刑。11月，起义部队中一些顽固坚持反革命立场的官兵随部队东调，为放手镇压反革命创造了条件。12月，市委作出《包头市镇压反革命计划（草案）》。这一时期，狠抓了一批现行反革命分子和特务分子，并组织300余人彻底清查户口，实行新户政制度，以清除匪特、反革命藏身之地。

1951年3月，包头市各界人民代表会议召开四届一次协商委员会议，会议通过了坚决镇压反革命决议。会议前后，包头市镇反运动掀起高潮，政府前后组织了40多次镇反报告会和半个多月的镇反条例学习，群众普遍发动起来，通过代表会、控诉会、座谈会和公审大会，进行大量检举反革命的运动。3月15日开始进行特务分子登记工作，到28日共登记特务70人，有一些因恐慌害怕，抗拒登记，逃亡京津、归绥、太原、西安等地。5月，取缔一贯道，抓获制贩毒分子，大张旗鼓捕杀反革命。据统计，从1950年2月到1951年8月，共破获特务组织24个，扣捕反革命分子1070名，处以极刑者共170名。1951年10月，包头市大规模的镇反运动随着全国范围镇反运动的结束而结束。此后，全市严重混乱局面得到明显扭转，社会秩序基本稳定，为全市的解放区化创造了良好条件。

废除保甲，设置闾组，街道民主建政

保甲制度是国民党政权的基层组织形式。包头市人民政府制定了《关于废除保甲制度的实施办法》。1950年4月1日，废保建政工作正式展开。《废保建政实施办法》下达后，到6月30日止，全市保甲制度全部废除。

建政后的政权组织形式分市区和郊区，各区都成立区公所。市区的区公所下设闾，闾下设居民组，全市范围内建立了29个闾，4个行政村公所，553个居民小组，共有闾组干部1207人。为了使新生的基层政权组织不断健全巩固，人民政府在不影响生产的情况下，对闾组干部进行了轮训，以提高其政策水平、思想认识和工作方法。闾组制度建立后，为配合工厂民主改革和行业反把头运动，于1951年10月开始街道民主改革的典型试验，经过宣传政策，组织群众，斗倒了街道中的恶霸分子和封建反动残余分子，巩固了人民民主专政，发展了市民生产。到1952年，闾组制度已不能适应城市发展形势和群众要求，若不加以改变，会妨碍政策法令的贯彻和广大人民群众的政治热情。

1952年10月，为适应经济建设，便于推行政令，市人民政府报请绥远省人民政府批准，将原有城乡混合的区村规划重新调整，一、二区划为城区，所有农村划归第三区。同时，建立两个居民代表会议和居民委员会作典型示范。经过实践证明，居委会能及时贯彻政府法令、政策和工作，能及时了解和解决居民的意见和问题，是城市基层政权和政府联系群众很好的组织形式。为此，市人民政府制定了《关于开展街道民主建政运动的计划》和《街道居民代表会议及居民委员会暂行组织办法》，成立了市民主建政委员会，决定于1952年冬到1953年春，在一、二两区全面开展居民代表会议与居民委员会的民主建政工作。即改变闾组制度的组织形式为居民代表会议的组织形式，加强基层政权组织和基层工作，树立劳动人民在街道中的优势，达到进一步巩固人民民主专政的目的。

11月上旬，街道民主建政工作正式开始，召开人民代表会议，选举产生了居民委员会。到1953年2月，全市31个街道中，全部召开居民代表会议，成立了居民委员会，居民委员会作为居民代表会议的常设机构开始日常工作。

街道民主建政工作的完成，不仅改变了闾组制度，把分散的占全市人口60%以上的无组织群众组织起来，使党和政府的政策及时贯彻下去，群众意见迅速反映上来，而且通过宣传贯彻政策，提高了群众觉悟，尊重了少数民族权利。特别是在民主建政运动中，还建立了治安保卫委员会、妇女代表委员会，使街道基层组织进一步健全与巩固，克服了过去闾组制度下的脱节和工作步调上的混乱现象。居民委员会的建立，进一步树立了人民当家做主的思想，加强了人民民主专政。

党组织的建立和党员干部的思想教育

据 1950 年 4 月统计，包头市有党员 239 人。其中，随工作团入包的绥东干部中有党员 113 人。1950 年上半年，经过工作团五个月的工作，工会、青年团、妇女等群众团体逐步建立。在发动和组织群众过程中，利用一切机会，普遍地、广泛地、正确而深入地宣传了党的政策主张以及党纲党章。群众对党的性质、党与人民的关系都有了一定了解，政治觉悟、阶级觉悟和思想水平都得到了提高，尤其是在产业工人组织中，涌现出一批先进积极分子。据此，包头市委于 6 月初提出建党任务。

根据绥远省委指示精神和"积极的思想建党，公开地系统地进行党的教育，组织上慎重吸收及在城市中主要的首先吸收产业工人积极分子入党"的方针，市委确定先在各工厂、学校，巩固工会、学生会组织，继续发展团员，在团员中加强党的教育，使青年团成为党的助手和后备军，从中慎重吸收发

1950 年，包头电厂整修一号锅炉结束后，时任包头市长郑天翔在发奖大会上作报告

郑天翔在中共包头市第一次党代会上作报告

展党员。经过生产考验和组织考察，到年底，三个厂共发展党员9名，并在发电厂、皮革厂组成临时党支部。新党员积极生产，努力工作，发挥了模范带头作用。

1951年2月，市委作出"关于公开党组织"的决定，下属各级党组织和党员开始全面公开地进行建党工作。

8月29日，中共包头市第一次党代表会议召开，郑天翔讲道："我们的代表会议将要在我们党的建设和城市建设方面起重大影响，它将给我们的工作和党内生活带来新气象。我们全党团结起来，为团结更广大群众，建设人民的工业化的新包头市而进行长久不懈的斗争。"

会议选举产生中共包头市第一届委员会委员33名，候补委员6名。会议选举出席内蒙古自治区党代会代表34名，候补代表4名。通过《中国共产党内蒙古包头市委员会工作报告决议》。中共包头市委第一次全体委员会议选举产生市委领导成员：第一书记：苏谦益；书记：高锦明、李质、范易、尹吉生；常委：苏谦益、高锦明、李质、范易、尹吉生、张定安、孟琦、王西、沈湘汉、陈守中、李泽华、蒋毅；秘书长：王西。

第一次党代会的召开，对推动党的组织建设起到积极作用。到年底，全市已有党委 4 个，总支 2 个，支部 33 个，党员 455 人。各行业中党的组织基本建立起来。据不完全统计，党委、政府、人民团体中党员数占全体人员的 7.21%，企业公司中党员数占全体人员的 8.68%。显然，相对于包头地区解放区化工作的需要而言，党的组织建设仍然明显滞后。

1950 年 6 月到 11 月，市委开展整风工作。整风过程中，全市检查总结了治安工作与镇压反革命、统一战线与团结改造、调整关系与经济形势三方面的工作和政策。

1951 年 7 月，市委决定在以市直机关为重点的干部队伍中再次开展整风审干运动，主要审查干部的政治历史和政治态度情况，任务是划清革命和反革命的界限，清除干部队伍中极少数反革命分子，从政治上巩固党和政府组织。

以上仅仅从六个方面反映了郑天翔在包头市工作的近三年时间里正确贯彻执行党的路线方针政策，发动和依靠群众，着手建立革命新秩序，恢复和

1952 年 10 月 28 日，中共包头市委机关全体人员欢送郑天翔、欢迎李质合影

发展生产，剿灭土匪武装，肃清反动残余力量，镇压反革命活动，为建立和巩固人民政权作出的突出贡献。

郑天翔还组织禁烟戒毒，开展减租反霸，完成土地改革任务。他积极推动发展国营经济，调整私营工商业，顺利完成了各项新民主主义改革。他重视干部教育和党的建设，努力重建城市，发展经济，为包头市日后成为我国重要的新兴工业生产基地和新型商贸城市打下了基础。

1952 年 10 月，郑天翔调北京市委工作，后任市委委员兼秘书长、北京市都市规划委员会主任，分管城市规划和建筑业工作。在科学规划天安门广场的建设布局方面，做了大量卓有成效的工作。

1955 年 7 月，郑天翔当选为北京市委常委、书记处书记，并兼任市委秘书长，分管工业工作。1962 年，负责北京市委日常工作。

"文化大革命"期间，郑天翔受到残酷迫害，被关押七年之久。他坚持原则，坚持真理，表现了共产党人的坚定信念和铮铮铁骨。

1975 年 8 月，郑天翔任北京市建委副主任，分管城市规划工作。1977 年 7 月，任中共北京市委书记，同年 11 月兼任北京市革委会副主任、政协北京市第五届委员会副主席。

1978 年 5 月，郑天翔任中华人民共和国第七机械工业部（简称"七机部"）第一副部长、党组第一副书记，同年 12 月任部长、党组书记；1982 年 5 月，七机部改名为"航天工业部"，郑天翔任顾问。

1983 年 6 月，郑天翔当选为最高人民法院院长，并任最高人民法院党组书记。在主持最高人民法院工作的五年中，他积极开创改革开放以来人民法院工作新局面，为加强我国社会主义民主法制建设、推进依法治国作出了重要贡献。

1982 年和 1987 年，郑天翔连续当选为中共中央顾问委员会第十二、十三届委员。

2013 年 10 月 10 日，郑天翔因病医治无效，在北京逝世，享年 99 岁。

策马驰骋驱倭寇
一腔热血沃北疆

—— 奇俊峰小传

奇俊峰（1915—1947年），蒙古名色福勒玛，1915年生，蒙古族，原籍阿拉善和硕特旗（即直属蒙藏院的特别旗，现称巴彦浩特），出生在阿拉善旗的贵族家庭。

奇俊峰的父亲叫德毅忱，是阿拉善旗第九代十任札萨克和硕亲王达理扎雅的堂叔，人称"小三爷"，曾任和硕特旗管旗章京（协理台吉之下，掌统管一旗之事的官员）。

1934年，奇俊峰嫁给乌拉特西公旗札萨克（王爷）石拉布多尔吉（石王）。1937年，石拉布多尔吉病逝，奇俊峰为西公旗代理札萨克，主理旗政。

1937年10月，日军占领包头和乌拉特三公旗，奇俊峰反对德穆楚克栋鲁普（即"德王"）成立的伪蒙古军政府，反对日本帝国主义发动的侵华战争，毅然率部赴五原投靠绥远省政府主席、第八战区副司令长官傅作义将军参加抗日。

奇俊峰来到河套参加抗战，得到国民政府和傅作义将军及骑兵第六军军长兼包西防守司令和绥西警备司令、骑兵第七师师长门炳岳的表扬奖励，名赫一时。

1927年，奇俊峰的父亲德毅忱率旗兵发动推翻塔王（达理扎雅之父）事变，事败，德毅忱被捕，后被流放边地而亡。

奇俊峰5岁时就跟随姑母诺月朋（伊克昭盟达拉特旗西协理傲日布巴图的夫人，家住五原西埇，即"西仓"——樊尚仁注）生活。其时，傲日布巴图已经去世，诺月朋所生一子亦夭折，故而将奇俊峰视为亲生女儿和家业承继人，从小宠爱有加，令其学从名师，蒙汉双语兼修，及笄之年，举止文雅，有大家闺秀气质。适逢乌拉特西公旗札萨克石拉布多尔汗（石王，福晋早逝，续娶的花儿，蒙古名其其格，亦不生育）正觅续弦，听闻五原西仓的诺月朋老太太有一才貌双全的女儿，正待字闺中。石拉布多尔汗便托媒求亲。诺月朋为权势所惑，不待侄女同意，便私自应允。

奇俊峰闻知自己与石王的年龄相差24岁，誓不从命。终因抵不过姑母的软磨硬逼，于1934年嫁与石王，当了三房夫人。未隔多久，花儿夫人去世，奇俊峰成为石王的福晋（蒙古王公的正室夫人）。

乌拉特西公旗老格王膝下无子，他去世后，石拉布多尔汗因嗣位问题，与东协理额尔贺多尔济（汉名额宝斋）及大喇嘛依西达格丹结怨，形成两派斗争，石王和西协理色宁布为一派，依靠绥远省政府主席傅作义；达格丹大喇嘛和东协理额宝斋为另一派，仰仗百灵庙蒙政会德王。

两派各不相让，通过武力较量，石王继承了王位。达格丹大喇嘛战败身亡，额宝斋逃亡百灵庙。

奇俊峰婚后不久即身怀有孕，而石王却因发现二夫人其其格与额宝斋之子曼头通奸，一病不起，其其格吞金自毙，石王亦于1936年9月去世。

石王逝世不久，额宝斋等人便怂恿管旗章京朝鲁门和东协理沙格都尔扎布，联名向奇俊峰索取旧印。西协理色宁布（郝游龙之父）因不愿大权落于沙格都尔扎布、朝鲁门等人之手，便支持奇俊峰拒绝交印，以维护其王位。沙格都尔扎布、朝鲁门等便以新印主持旗务，代行札萨克职权。乌拉特西公旗有新旧二印：旧印是前清发的银质印章；新印是民国初年蒙藏院发的铜质印章。旗民依照习惯认同旧印，认为掌旧印者才算合法王爷。

1936 年，奇俊峰与姑母诺月朋到归绥面见傅作义主席。傅作义遂令绥远省蒙旗指导长官公署参赞石华岩，主持召开处理西公旗纠纷的会议。应邀参加会议的有：乌兰察布盟（今乌兰察布市）盟长林王的代表，绥远省政府蒙务组长陈玉甲，西公旗的管旗章京及东西梅林等人。经过协商，达成七条决定，其中第六条规定，奇俊峰所怀身孕，如所生男孩，当正式承袭王位；第七条规定，护路队由奇俊峰领导，另外旗下的水草、护路、抓羊等捐税，亦归奇俊峰征收。

这七条决定以绥远省政府决议案的形式发布，充分证明了奇俊峰的实力地位，不但由她掌握护路队的军权，还明确了腹中胎儿是石王的后代。接下来的日子，奇俊峰住在包头西公旗办事处，作临盆分娩的准备，由色宁布之妻（郝游龙之母）满都勒玛专责担负其生育期间的护理。

1937 年 4 月 25 日（农历三月十五日），奇俊峰诞下一个男婴，取名阿拉坦敖其尔，汉名奇法武。色宁布、诺月朋等人欣喜若狂，大加庆贺，满月之期，还举办了一次盛大的喜庆宴会。在这次宴会上，除了奇派的亲朋故友参加外，还邀请了包头地方的绅士名流及工商界的财东大亨，绥远省政府、长官公署驻包的晋军七十师司令部的人赴宴，七十师师长王靖国还敬献了一面"天降麒麟"木质大牌匾，一直挂在老包头（现东河区）园子巷西公旗办事处正厅。

1937 年 7 月，奇俊峰和姑母诺月朋带着小王奇法武，从包头回到乌拉特西公旗的敦达高勒王府，受到东西协理、大小梅林及札兰等全旗官员的隆重迎接。

这时，七七事变已经爆发，华北各省动荡不安。奇俊峰代行

奇俊峰（右）和姑母诺月朋

札萨克职权，召集全旗官员开会。会上，奇俊峰宣布了四条施政纲领，意欲积极整顿财务，刷新政务，扭转旗政疲弊局面，使全旗逐步走上兴盛发展的道路。但此时绥包地区已经沦陷，日伪势力深入西公旗。额宝斋与色宁布勾结，投靠日伪，企图压制奇俊峰以夺权侵位。百灵庙的德王也派伪蒙古军骑兵第九师一个团（白团），进驻乌拉山前的升恒号，威胁奇俊峰。

面对这一局面，奇俊峰与姑母商议后，派亲信赴五原，向门炳岳师长求援，并表示愿意带领兵马赴五原参加抗战，决不当亡国奴。

1938 年农历二月初二日，诺月朋抱着小王，奇俊峰带领亲近卫士十数人，夜间秘行，出敦达高勒沟，经吉尔格勒图庙北上，由后山绕到五原，从此加入了抗战的行列。

奇俊峰脱离伪蒙，投身抗战，受到第八战区副司令长官傅作义及骑七师门炳岳师长的热烈欢迎和鼓励。国民党中央行政院、军政部亦致电大加慰勉。

奇俊峰抵达五原后，西公旗保安队的许多官员及流亡在外的旧部百余人也赶到五原。奇俊峰先驻五原城内，后移拉僧庙村驻扎，听候编遣。

1938 年 4 月，国民党中央军政部任命奇俊峰为乌拉特西公旗少将保安司令，后改为防守司令。每月核准军饷 7000 元。这时，奇俊峰从旗内和后套招募了百余名士兵，共约 300 人，编成两个团。同年夏，在五原成立了乌拉特西公旗防守司令部，任命黄楚三为参谋长，李隽卿为参谋主任，钟可师为副官长，贺生举为军需主任。任命郑昭全为一团团长，郑色令为二团团长。两个团分别驻防西山咀以南、乌加河以北地区，担任防守任务。

同年秋，日军步兵分乘数十辆汽车，进犯五原西山咀，奇俊峰率乌拉特西公旗武装配合门炳岳师长的骑七师，利用有利地形，英勇奋战，迎头痛击来犯之敌，日军狼狈溃退。这是他们参战后协同傅作义部创建的第一次战功。

1939 年夏，日机轰炸五原。傅长官指示，西公旗防守司令部迁陕坝，而团队仍驻前方，协同防守阵地。

奇俊峰率部赴五原投靠傅作义将军不久，伪蒙政府即委任阿木尔扎那为该旗札萨克。奇俊峰分别向国民政府和傅长官部致电申诉。胜诉后，蒙藏委员会任命奇俊峰为乌拉特西公旗护理札萨克，兼任"绥境蒙政会"委员，任阿拉坦敖其尔（奇法武）为记名札萨克。奇俊峰也在陕坝组建成立了乌拉特西公旗流亡政府，办理旗内的行政事务。

继奇俊峰参加抗战后，茂明安旗的齐王夫人额仁钦达赖携子、乌拉特中公旗林王父子、乌拉特东公旗的额王福晋（护理札萨克巴云英）率部护理小王贡格色楞（汉名贡世明）脱离旗境，来到绥西参加抗战。

1940年春，奇俊峰组成赴渝述职团，由姑母诺月朋陪行，带领小王奇法武及随行参谋人员十数人，从绥西陕坝出发，先到伊克昭盟（简称"伊盟"）札萨克旗拜会了盟长沙格都尔扎布（**兼任"绥境蒙政会"委员长、伊盟保安长官**），又到陕北榆林拜会了绥蒙指导副长官朱绥光、总司令邓宝珊，蒙旗宣慰使署秘书长荣祥（**现包头市土默特右旗美岱召村人。时任第一届国民参政会参政员、蒙古抗日游击军第三军区司令部中将司令——樊尚仁注**）等人。然后搭乘汽车南下，路经延安，受到中共方面的热情接待。抵达西安后，行营主任胡宗南亲自接见她们，还开了一个小型的欢迎会。会上，奇俊峰即兴演讲，表明抗日心志，博得人们称赞。一经报纸宣传，旋即成为远近有名的抗日"巾帼"。

当奇俊峰身着军服，佩带将级领章，挎"军人魂"小佩剑，登门拜访重庆各有关部门的要员时，受到热情接待。据说，奇俊峰领着小王（小王奇法武身穿蒙旗王公服装，手捧哈达）晋谒蒋介石夫妇时，小王奇法武上前行跪拜礼，双手捧献哈达，向二人表达蒙古族最崇高的敬意时，蒋介石、宋美龄非常高兴，谈话时间长达三小时，还破例留他们

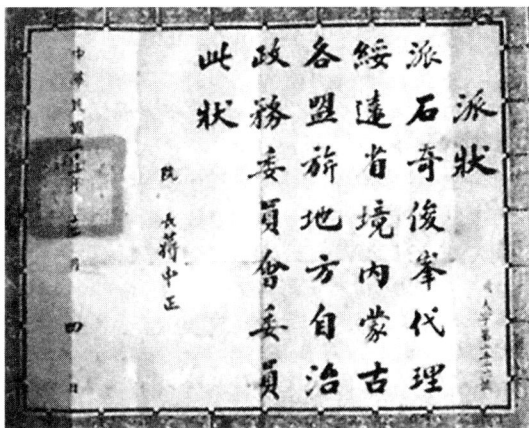

蒋介石委任奇俊峰为绥境蒙政会委员的派状

在官邸共进晚餐。

此后，蒋介石晋升奇俊峰为中将防守司令，并由军政部拨给步枪200支及大量子弹，军装500套，汽车2辆。

奇俊峰在重庆待了四个多月，后经西安绕道兰州返回陕坝。

奇俊峰回到陕坝后，在原有部队的基础上，招募了一部分旗民，扩编为三个团。佳日格勒为一团团长，沙格德尔为二团团长，阿拉坦朝鲁为三团团长。司令部除留一个警卫连外，其他各团都驻防前线，由傅作义将军的八战区副司令长官部调遣，担任侦察和向导任务，协同国民党军防守。

部队扩编后，旗前西协理色宁布的儿子郝游龙（绰号"油葫芦"）带领20多人，由包头潜入伊盟，绕道来到陕坝投奔奇俊峰司令。奇俊峰对他的卑劣行径早有所知，不予重用。但念及其母满德勒玛对她生育期间的护理之恩，便把他先安排到一团担任团附，然后，令他再返回西公旗做策反工作。郝游龙回旗后，经过数月的秘密活动，带来百余名散兵游勇。奇俊峰便成立了一个直属团，任郝游龙为中校团长。同年，又有该旗的伪蒙古军中队长贺太保，率领部下官兵85人前来投奔奇司令。奇俊峰将这些人编了一个直属连，任贺太保为连长，令他带队协同傅作义部三十五军与日伪军作战。贺太保曾因立下战功，受到傅长官的传令嘉奖。

1942年，伊盟札萨克旗"三二六"事变（即伊盟守备军总司令陈长捷，因强迫开垦成陵和牧场地，激起蒙古族牧民公愤，引发事端——樊尚仁注）后，驻在陕坝的奇俊峰为维护盟旗利益，也联名发起抗议，组织声援会，申请国民党中央迅速撤换陈长捷，以平民愤。

"三二六"事变时，蒙政会委员胡凤山、江震东等人被陈长捷以共产党分子的罪名扣捕押解到陕坝军法处置，拟处决时，曾得到陕坝的各旗蒙古族官员（包括荣祥及奇俊峰、巴云英等人）的联名请保，胡凤山、江震东等人得到释放。

1945年8月，日军宣布投降后，傅作义率部返回归绥。奇俊峰也于当月回到西公旗的哈拉汗伪旗政府驻地，并途经包头，到归绥拜见傅作义，请示整顿旗政事宜。

奇俊峰撤销伪旗政府，废除了伪札萨克阿木尔扎那，责令其听候处理。改防守司令部为保安司令部，组成了新的政府机构。旗政府驻地设在公庙子，东西协理的人选暂未任命，任敖特根为管旗章京，斯日吉楞为梅林章京，朋斯克巴扎尔、敏珠尔为扎兰章京。保安司令部下辖四个团，郝游龙为一团团长，敖其尔巴图为二团团长，达林太为三团团长，沙格德尔为四团团长。除一团驻旗政府负警卫之责外，其余三个团均分驻各地，负治安之责。汉族聚居的各农区，实施了保甲制度。

后来奇俊峰居功自傲，固执己见，一意主张推行民国政府的"新生活运动"（新生活运动，简称"新运"。指 1934 年至 1949 年中华民国政府推出的国民教育运动——樊尚仁注），迫令蒙古族妇女解除链垂（牧民已婚妇女的一种发式），剪成汉族妇女的短发发式，引发旗民的反感。

奇俊峰深感部队成分复杂，难于驾驭，便想发展心腹为己所用，以巩固旗政和札萨克的王位。因而，在一次官佐集会上，她向人们许愿：将委任郝游龙为保安副司令，代她执掌军事。此举引起老团长们的不满。奇俊峰得知众属下对此的反应后，在公庙子（旗政府所在地）楚格拉大会上欲收回承诺，并说："现因时局不稳，前拟任郝游龙副司令之事，暂且收回成命。"

郝游龙一听就火了，没等大会开完，就托词有事，离开公庙子，返回家中，密谋叛乱。

1947 年 7 月，当奇俊峰带着小王去往包头途经乌兰计村时，中了郝游龙埋伏，所带 20 余名卫兵均被缴械，奇俊峰和小王被押解到乌拉山德力格尔沟内的宝格岱庙禁闭起来。

郝游龙原想通过兵谏夺奇俊峰的军权，让她仅当护理札萨克，并稳保石王福晋之位。但奇俊峰拒不接受，并密派心腹喇嘛星夜赶到包头，向包头警备司令温永栋求救。

温永栋接到信后，一面向绥远省主席董其武通报，一面火速派出士兵数十人分乘四辆汽车，由参谋主任翁靖国带领前往营救。翁靖国等到了德力格尔山口时，遭到郝游龙团的阻拦，只允许翁靖国一人面见郝游龙。郝游龙诓称："请奇司令来此只为会商旗政，所报缴械劫驾之事，纯属妄谈。我们商妥后，即可将其护送到包头。"

翁靖国走后，郝游龙自知事态已经扩大，"若不采取果断措施，纵虎归山必遭大祸"。

1947年7月20日，郝游龙指使卫兵田小山，将奇俊峰母子枪杀在宝格岱庙巴图巴雅尔院中。其时，奇俊峰年仅32岁，小王奇法武10岁。

郝游龙劫持主官，叛逆杀戮奇俊峰将军及小王爷事件轰动了全省，全国各大报纸也都登载了这一要闻，7月25日的国民党《中央日报》报道称："西公旗血案，女王奇俊峰及幼子被杀，凶手系保安团长郝游龙。"

绥远省主席董其武连夜召集蒙汉有关人员商讨对策。为了不使事态扩大，决定先采取招安办法。董其武一面密令温永栋严密监视，一面派巴靖远（时任绥远省盟旗福利委员会视导组长，新中国成立后曾任包头市政协副秘书长——樊尚仁注）持其手谕，前往乌拉特西公旗面见郝游龙。在奇俊峰遇难的第六日，巴靖远来到事发地，听取郝游龙汇报后于次日赴宝格岱庙肇事现场察看，了解实情，并与郝游龙达成了协议：整饬部队，严守军纪，在原驻地听候编遣。

奇俊峰遇害后，只有她的姑母诺月朋为她鸣冤告状。直至诺月朋几近精神失常时，省政府才决定：郝游龙以经济财物赎罪，安慰死者家属。据说郝游龙赔偿了很多马、牛、羊及抚恤费，奇俊峰生前积存的财物和头戴珠宝等物，也都归还与诺月朋。并将奇俊峰和小王的尸体重新备棺，迁运到三印河头的石王坟地，以礼安葬。诺月朋亦于1950年病故在归绥市。

新中国成立后，残害奇俊峰母子的郝游龙、田小三被人民政府押上了历史的审判台，执行枪决，一代女将终于可以瞑目九泉。

锦江春色来天地
玉垒浮云变古今　——旺庆苏荣小传

旺庆苏荣（1915—1982 年），今达尔罕茂明安联合旗都荣敖包苏木人。

旺庆苏荣是全国人民代表大会代表、全国政协委员。曾任乌兰察布盟（现乌兰察布市）政协副主席，内蒙古自治区人民代表大会代表。

旺庆苏荣的父亲莎里布道尔吉是达尔罕贝勒旗世袭贝子。旺庆苏荣 1941 年任西协理台吉。1944 年，任达尔罕贝勒旗蒙古地方武装副团长。1945 年，任达尔罕贝勒旗保安司令，同年，曾与蒙古人民共和国军方代表会晤，互通有关抗日情报。

1949 年秋，曾投奔日本的德王及李守信在阿拉善召开所谓的"西蒙自治政府"成立大会，邀旺庆苏荣参加，他托词未出席。后收到西蒙自治政府颁发的"西蒙自治政府保安委员""达尔罕贝勒旗保安司令"的委任状。

1949 年 9 月 19 日，绥远省和平解放。1950 年 4 月上旬，旺庆苏荣、古尔扎布等人赴四子王旗乌兰花参加乌兰察布盟首届各族各界人民代表大会，见到了内蒙古骑兵第四师领导人毕力格巴图尔等，接受了中国共产党的民族政策和统战政策。

1950 年夏，旺庆苏荣任乌兰察布盟政务委员会候补委员。抗美援朝战争

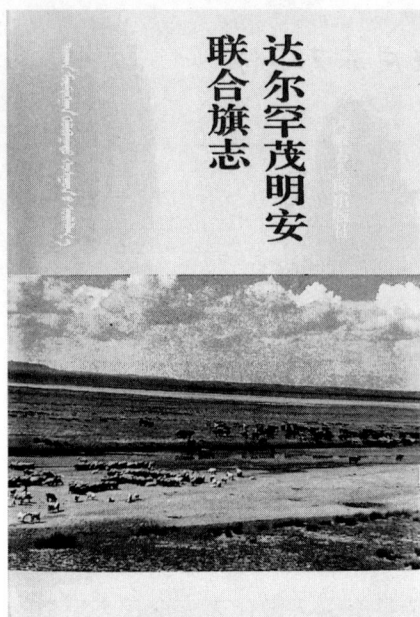

爆发后，他积极响应党的号召，为战争捐献大小牲畜400多头（只）。

1956年夏，旺庆苏荣向乌兰察布盟党政领导提出组建公私合营牧场的建议。经上级批准，同年7月1日，建立了以旺庆苏荣、佟贵、普力道三户人家大小牲畜6000多头（只）为主的公私合营巴音塔拉牧场。

1950年后，旺庆苏荣先后任达尔罕贝勒旗旗长、达尔罕茂明安联合旗旗长、乌兰察布盟副盟长，政协乌兰察布盟第一届至第五届委员会副主席等职。并当选为内蒙古自治区第一届至第五届人民代表大会代表。

1964年，旺庆苏荣当选为第三届全国人民代表大会代表。

1978年，旺庆苏荣被邀请为全国政协第五届委员会委员。

1982年2月17日，旺庆苏荣病逝于呼和浩特，终年68岁，其个人事略载入1994年由内蒙古人民出版社出版的《达尔罕茂明安联合旗志》中。

野蔬充膳甘长藿
落叶添薪仰古槐 ▍——巴增秀小传

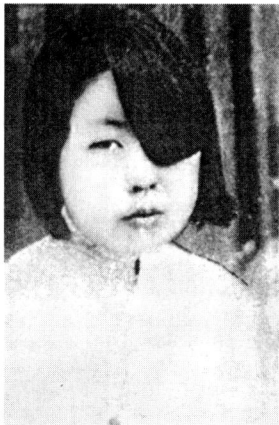

巴增秀（1916—1942年），蒙古族，蒙古名阿拉更，曾化名李彤，1916年七月出生于包头召梁（今内蒙古包头市东河区北梁地区）一个比较富裕的蒙古族家庭。

巴增秀还在襁褓中时，母亲因患病离开了人世，巴增秀幼年时得过一次眼疾，导致左眼失明，十几岁时，她的父亲也去世了，巴增秀的幼年和少年时代是在姥姥家度过的。坎坷的生活经历，磨炼了她坚强的意志，培养了她坚韧的性格。

1933年，17岁的巴增秀被叔叔塞外才子巴文峻（曾经与周恩来、马骏、韩麟符共同领导了天津"五四运动"。1920年，巴文峻赴法国勤工俭学，由周恩来介绍加入了旅欧社会主义青年团，曾经掩护周恩来脱险，并为周恩来的革命活动筹款；是百灵庙暴动的幕后功臣；1949年9月，巴文峻与阿拉善旗王爷达理扎雅及白海风、何兆麟等联名发表起义通电，阿拉善旗宣告和平解放——樊尚仁注）接到包头福徵寺土默特第五小学读书。1938年，转入位于归绥土默特高等小学校住读（现称呼和浩特市土默特学校）。

1937年，巴增秀的表哥勇夫从第三国际回国后，一直在家乡土默特从事党的地下工作。此时，她的哥哥巴增华也从北京蒙藏学校毕业回到包头，在福徵寺土默特第五小学任校长，经常掩护和资助革命者。巴增秀在与表哥、哥哥的交往中，受到进步思想的熏陶。

1937年七七事变后，日军的铁蹄开始践踏中原大地，10月，归绥沦陷。巴增秀忘不了在学校操场上焚烧日货的冲天大火，那天，几个日本特务闯进学校，抢走教具，绑架教师，查封了学校所有的教案材料，最后把建校200多年来搜集的资料付之一炬。巴增秀深感亡国之屈辱，胸中燃烧着复仇的烈焰，思想发生了很大变化，她崇尚光明，追求自由，争取人人平等的心一直在萌动。就在这时，她的继母逼着她嫁人，巴增秀坚决不从。后来在表哥勇夫的启发和帮助下，决心奔赴延安，投身革命。

1939年8月，中共地下党员贾力更等人带队，护送巴增秀等21名蒙古族青年从土默特旗出发，经过一个多月的艰辛跋涉，终于到达革命圣地延安，受到中央领导的热情接待。巴增秀被安排在陕北公学55队（后改为民族部）学习，学习期间，她勤奋刻苦，进步很快，被推选为学生会成员。

延安的天空晴朗明亮，延安的生活火热温馨。延安在巴增秀的眼里完全是一个崭新的世界，河水清澈，空气清新，民风淳朴，社会和谐，到处欢声笑语，一派生机勃勃。在杨家湾杜家沟，巴增秀如饥似渴地学习马克思列宁主义著作，追求革命真理。在这里，她通过学习革命理论，渐渐明白了要消灭剥削制度，要摆脱民族压迫，要求得妇女解放，要医治千疮百孔的祖国，就必须依靠中国共产党的领导。在这里，她眼界大为开阔，找到了自己的人生目标，在温暖的窑洞里，她向陕北公学民族部党组织郑重提交了入党申请书。

1941年春天，巴增秀加入了中国共产党，在杨家湾山沟里，面对鲜红的党旗，巴增秀举起拳头庄严宣誓："我志愿加入中国共产党，坚持执行党的纪律，不怕困难，不怕牺牲，为共产主义事业奋斗到底。"

同年6月，巴增秀接受中共西北局派遣，返回大青山抗日前线，参加对敌斗争。当时，正是大青山抗日游击战争最艰苦的年代，巴增秀作为一名女同志，本来组织上准备安排她到平川一带做地下工作，后来得知，敌人情报机关已经掌握了她的相貌特征，出于安全考虑，她化名李彤，改派到大青山井儿沟地区工作。经过三个多月奔波，一天傍晚，巴增秀才来到了隐蔽在井儿沟深处的武归县政府报到，出任建设科科员，分管文化和民族工作。

这一时期，大青山抗日游击根据地的生活异常艰苦，日军对大青山八路军抗日游击根据地实行轮番扫荡，武（川）归（绥）县政府和游击队的同志们只能在夜间分散开来，深入各村对群众进行教育工作和抗日宣传，天一亮就得爬山钻沟，隐蔽起来。有时候，敌人封锁了所有的路口，大家几天吃不上一顿饭，只好嚼几口山葱，吃两口炒面，继续与敌人周旋。在艰苦斗争的岁月里，巴增秀作为当时县政府唯一的女性，从不叫一声苦，主动要求和地委的男同志们一起开展游击战，也和男同志一样钻山洞、吃炒面，经受住了各种艰难困苦的考验。

巴增秀接受过比较系统的初小教育，在延安受过系统的革命理论熏陶，在政府和游击队里算是一个文化人。她常常利用战斗空隙在悬崖峭壁下或者在山坡桦林中，手把手地教战士们学文化、读报纸，讲解毛泽东的《论持久战》和党的统一战线理论，介绍全国抗日根据地的斗争情况，宣讲反法西斯运动的形势，教唱革命歌曲，帮助战士们提高文化水平和思想觉悟。每当敌人一撤走，山坡上就会响起她清脆的歌声，武归县政府所有的人都会唱她教的《懂不懂》：

> 你做工的没工作呀！懂不懂！
>
> 我耕田的没田耕呀！懂不懂！
>
> 太阳火一样的红呀！懂不懂！
>
> 汗珠雨一样的淋呀！懂不懂！
>
> 吃饭的不劳力呀！懂不懂！
>
> 劳力的没饭吃呀！懂不懂！
>
> 你也懂，我也懂，他也懂，谁也懂！
>
> 怎么办？闹革命！

1981年中央军委同志回到当年战斗过的大青山抗日根据地时，在巴增秀烈士墓前凭吊。前排为战友任斌（曾任内蒙古自治区建设厅副厅长）

1941年冬，大青山抗日根据地对敌斗争形势更加恶化。为了保存自己，积蓄革命力量，武归县委遵照上级党组织的指示，化整为零，隐蔽起来，开展群众性游击战争，派遣巴增秀到井儿沟一带的村庄里发动群众，开展对敌斗争。巴增秀住在召沟杨大娘家，她在杨大娘和儿媳崔玉兰的帮助下，走进一个个土窑，挨家挨户动员组织群众。白天，她领着乡亲们躲在山上，夜晚，她回到土窑里给乡亲们讲抗日救国道理，讲全国的抗战形势，鼓励乡亲们坚持斗争。房屋被敌人烧毁了，她组织大家搭窝棚，帮助群众渡过难关。

在敌人疯狂"扫荡"的情况下，巴增秀深入沟上沟下20多个村庄动员组织群众挖土窑、修房屋，重建家园，恢复生产，使抗日民主政府和抗日游击队在井儿沟的群众中深深扎下了根。当时，巴增秀已经怀孕三四个月，丈夫也不在身边，在恶劣的形势下，她和其他男同志一样，经常忍饥挨冻、跋山涉水、风餐露宿。山里的物资极端缺乏，敌人一封山，老乡们连盐都吃不上。为此，组织上要求巴增秀和沈青山在山区筹建一个合作社，两人经过多方努力，想方设法把合作社建了起来。在经营合作社的过程中，巴增秀时刻注意避开敌人的严格搜查，冒着生命危险，从平川把盐、碱、煤油、火柴、麻纸等生活必需品运到山区，方便了群众生活，补充了游击队对各种生产生活物资需要。小小的合作社为根据地军民解决了不少困难，温暖了广大群众的心。

巴增秀善于做群众工作，她是群众的贴心人，从生活上帮助群众，从情感上关心群众，紧紧依靠群众，使抗日民主政府像磁铁一样把群众吸引在一起，团结在民主政府周围，筑就了井儿沟抗日斗争的坚强壁垒。敌人要进山，十里八里的山头上就有人点火报信；游击队需要粮食，井儿沟的村村庄庄都在磨面；八路军需要军鞋，井儿沟 20 多户的自然村竟然做了 100 多双军鞋；伤病员来休养，井儿沟没有一个人走漏风声。巴增秀以她出色的工作，使抗日民主政府和八路军游击队在这里的群众中建立了水乳交融的革命情谊。

1942 年春，日寇开始对大青山抗日游击根据地实行规模更大的"扫荡"，巴增秀带领乡亲们在山里与敌人周旋。此时，她肚子里的孩子更大了，而爱人仍然不在身边。一天晚上，巴增秀刚回到土窑里躺下，又出现了敌情，她连忙起身，迅速召集乡亲们向山上转移。山路崎岖坎坷，巴增秀挺着大肚子艰难地爬山，后来实在太累了，疲惫不堪，气喘吁吁，突然感到一阵阵腹痛，还没有足月的小生命提前降生了。产后的巴增秀出血不止，乡亲们天亮后急忙去向县政府报告，建设

科科长曹文玉立即前往德胜沟请军医，当军医赶到的时候，为时已晚。巴增秀在自己还清醒的时候，将心爱的派克牌钢笔从衣服口袋里拿出来递给战友，说："我没有给党做多少工作，就把它交给党组织吧。"说完，这位年仅26岁的蒙古族女共产党员永远闭上了眼睛。

新中国成立后，大青山井儿沟烈士陵园为巴增秀竖立了烈士碑。

2012年9月26日，在包头福徵寺包头召革命纪念馆举行"巴增秀烈士铜像揭幕仪式"，缅怀这位英年早逝的蒙古族抗日女英雄。

包头召革命纪念馆

万家墨面没蒿莱
敢有歌吟动地哀

——岳泉玺小传

岳泉玺（1916—1943年），又名岳老虎，固阳县下湿壕乡后脑包村人。

岳泉玺是中共党员，曾任萨武固包联合县第十区政府助理员，抗日烈士。

岳氏家族祖籍山西省忻县。清光绪年间，其祖父逃荒来到固阳县下湿壕乡（今下湿壕镇），靠讨饭、打短工、揽长工度日。岳泉玺少年时因家贫，只读了两年私塾即辍学务农。

大青山抗日游击根据地司令部遗址

1938 年，李井泉、姚喆率八路军大青山支队开进大青山。不久，第二战区民族革命战争战地总动员委员会晋察绥边区工作委员会（简称"动委会"）在后脑包村建立了动委会，22 岁的岳泉玺参加了动委会，并担任财政主任。1940 年，由任克定、阎平两人介绍，岳泉玺秘密加入中国共产党，曾任过地下党支部书记，为党做了许多有益的工作。

岳泉玺参加革命后，除自己积极投身革命工作外，还引导动员自己的弟弟和岳父、内弟、二妹夫等亲属参加抗日斗争。后来岳父和二妹夫均在给抗日游击队送给养时被日伪军杀害。

抗日战争中，党组织把岳泉玺和另一位同志李栓才派到敌人的外围组织"元盟会"做内线工作。加入"元盟会"要经过许多险恶的"考验"，一旦露出"破绽"，就有被杀头的危险。有一次，国民党十二旅旅长鄂友山手下的人把他抓回去，扬言要勒死他，任凭敌人花言巧语，但他始终没有暴露一点儿共产党的情况，经受住了敌人的各种"考验"。后来在党组织里应外合的营救下，被放了出来。

1941 年至 1944 年是大青山地区抗日斗争最艰苦的时期。日军在对根据地频繁"扫荡"的同时，实行惨无人道的"三光"政策。仅 1941 年和 1942 年两年，日军对大青山根据地"扫荡"30 余次，在下湿壕乡西面的一个山沟中，日军一次就杀害了 17 名无辜群众。

1943 年秋，岳泉玺任萨（拉齐）武（川）固（阳）包（头）联合县第十区政府助理员。他与区政府工作人员经常活动在固阳县下湿壕乡和武川县哈拉哈少乡一带，配合塞北军区三团开展抗日活动。

1943 年夏，岳泉玺在哈拉合少的卜石台村抓获了国民党十二旅鄂友山部作恶多端的纪有宾和两个"工作员"，查实他们曾杀害过多名抗日军民，便组成秘密地下法庭，予以处决，为民除了害。敌人非常恨他，也十分怕他。武川县三汉窑的一个大甲长、大地主任和栓曾说："岳老虎这伙人死了，我的头皮就轻松了。"

11 月间，岳泉玺和八路军大青山骑兵支队三团二连副指导员毛汉荣及萨（拉齐）武（川）固（阳）包（头）联合县政府助理员阎从德、战士董玉河（又名董二来宝）、武三白、赵庭海、于林一行 7 人，奉抗日游击县政府的指示，外出筹备给养。他们完成任务后准备返往井儿沟，经过绍林沟，到老赖沟的小南沟秦满喜家喝了一口水，稍微休息一会后继续行军。因为这天夜里天降大雪，走正路容易被日伪军发现，就由秦满喜的舅舅王有生指路绕道山顶到达脑包沟。经过多半夜的急行军，大家又冻又累又饿，到了脑包沟一户老乡家准备吃点东西稍微休息一会儿再走。不料，秦满喜、王有生甥舅俩（曾在鄂友山部当过兵）已充当鄂友山部海福龙团的密探，将岳泉玺等人的行踪密报给海福龙，并带路引敌人骑兵百余人尾随至脑包沟，将岳泉玺等 7 人的住处团团包围。他们发现被日伪军包围后，立即振作精神，在毛汉荣的指挥下奋勇反击准备突围，从黎明时分一直抵抗至太阳出山。敌军用机枪、步枪、手榴弹，把整个脑包沟严密封锁。7 个人只带着 3 支手枪、3 支步枪和部分手榴弹。由于寡不敌众，加之地形不利，子弹打光后，他们烧毁文件、砸毁枪支，然后一齐迅速扑向拉开引火索的最后一颗手榴弹，毛汉荣当场牺牲，岳泉玺等 6 人受伤后被敌人俘获。惨无人道的敌人把他们的衣服鞋帽剥去，将他们的手心（一说"锁骨"）穿通，用麻绳串在一起，押到官庄子村（押送途中年仅 23 岁的战士董玉河趁敌不备挣断麻绳，跳入井中自尽不成，被敌人把头皮割开当活靶子打死），将他们捆成一个圈，当练兵的活靶子用刺刀向他们刺去。岳泉玺和其他四位同志面不改色、凛然就义。岳泉玺牺牲时年仅 27 岁。

当天上午，官庄子村农民于双狗等老百姓，冒着生命危险，含着眼泪掩埋了 7 位烈士的遗体。

新中国成立后，1950 年镇压反革命时，在当地群众的协助下，人民政府依法逮捕并处决了罪大恶极的秦满喜、王有生。

曾经日常琐碎事
回眸一看若许年

—— 宋硕甫小传

宋硕甫（1916—1982 年），原名姬劲华，字石夫，出生于山西省高平县（现为山西省晋城市代管县级市）。

1932 年 6 月，宋硕甫在山西省晋城县护泽中学毕业后到国民党四十一军三二八团技术队当兵。从 1934 年到 1949 年，先后任文书、准尉司事、政法指导员、中尉秘书、上尉科员、副大队长、副县长、副团长等职。1949 年 9 月 19 日，宋硕甫弃暗投明，随董其武参加绥远和平起义，投身革命队伍。

1949 年 12 月，宋硕甫随绥远军政委员会包头工作团到包头工作。

1950 年 2 月，宋硕甫任包头市民政局副局长。在中共包头市委和市政府的领导下，他积极组织开展生产自救活动，经过几年的努力，组织起 160 多个生产自救组织，安置 7000 多名失业人员就业；对于老弱病残者，给予定期定量补助，基本上做到人人有饭吃。同时，他执笔起草《收容游勇方案》《禁种大烟命令》《禁烟戒毒方案及细则》等文件，通过市政府颁布实施，使 2000 多游民、100 多妓女得到改造，1700 多制毒贩毒分子受到惩处。

宋硕甫还参与《包头市各届人民代表会议实施细则》《代表选举产生办

法》《街道办事处实施细则》《街道居民委员会组织条例》的制定，为地方政权的建立和巩固作出了贡献。

1954 年春，黄河昭君坟段被冰凌堵塞而决口，宋硕甫带领救助人员赶赴灾区抢救被水围困的群众。他坐着门板，整整七天七夜，在百里长的深水中指挥抢救，把全部灾民送上安全地带。随即又组织群众生产自救，重建家园。他富有成效的工作业绩，受到市委、市政府的表彰。

1954 年秋，原属乌拉特前旗的哈业胡同划归包头市郊区（现包头市九原区）管理，他奉命进行这一地区的乡村政权建制工作，带领工作人员背着行李到哈业胡同至黑麻淖一带调查，在极其困难的条件下完成了任务。

南海子、鄂尔格逊是当时包头郊区两个较大的村镇，地处黄河坝外和山洪口下泄处，历史上曾多次受水灾侵害。宋硕甫到该地区多次调查，向市政府提出两村搬迁的意见。经市政府同意并得到自治区拨款后，他带领工作人员选择新村建址，组织力量施工，经过两年努力，莎木佳、南海新村拔地而起，使两村居民永远摆脱了水患。

黄河昭君坟段河面流凌

为消除优抚救济中出现的弊端，1959 年，宋硕甫深入东河区回民办事处和南圪洞街对优抚救济情况进行调查，制定出优抚救济"个人申请、群众评议、办事处审查、民政局批准"的发放办法，在领导手续上实行"两条线、三联系"。这套办法的实行，有效地加强了民主监督，堵塞了漏洞，保证了优抚对象的生活。这一做法被自治区民政厅在全区推广。

1960 年，大批盲流人员涌入包头市，宋硕甫协同有关部门，采取劝阻、收容、安置、遣返、救济等多种办法和途径妥善处理，避免了意外事故的发生，保持了社会的稳定。

1961 年至 1962 年，宋硕甫受市政府派遣，带领工作组到乌拉特前旗新安镇和固阳县等地调查困难时期的群众生活，帮助群众渡过难关。他与群众同吃同住，出色地完成了任务。

"文化大革命"中，宋硕甫被扣上"反革命""大右派"等帽子遭到批斗。

"文化大革命"结束后，党和政府为宋硕甫平反昭雪，恢复了职务，他不计较个人得失，仍兢兢业业为党勤奋工作。1977 年 12 月，被邀请为政协内蒙古自治区第四届委员会委员；1978 年 11 月，当选政协包头市第五届委员会常委。1982 年病逝。

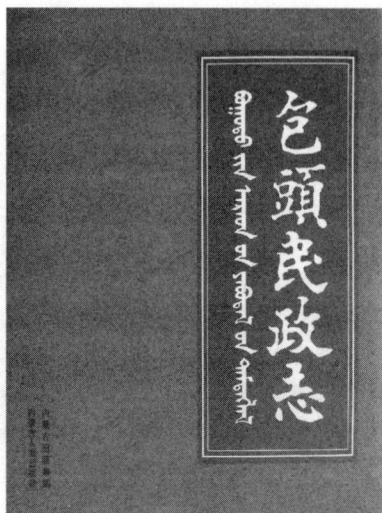

抗美援朝立国威
解甲归田苗树森

——苗树森小传

苗树森（1916—1986 年），直隶霸县（今河北省霸州市，廊坊市代管县级市）人。

苗树森是中共党员，1938 年参加革命。曾任中共包头市委书记处书记，中华人民共和国建筑工程部副部长，国家基本建设委员会顾问。

苗树森小学毕业后在家务农。

1938 年 5 月，苗树森参加八路军。在抗日战争中，经历了百余次战斗，在冀中、晋察边区、晋绥边区先后担任战士、班长、司务长、指导员、组织干事，1941 年，他奉命带领 40 余名党员参加开辟晋绥边区革命根据地的斗争，筹集军需粮款。历任晋绥五分区武工队长兼指导员、代理指导员、县长兼游击大队长、中心县县委常委兼武委会主任等职。在极其艰苦的环境中，依靠群众，团结抗日民主人士，组织抗日武装力量，使根据地不断扩大。在日军对根据地疯狂"扫荡"的岁月里，他带领民兵坚持武装斗争，战胜了日本侵略者的封锁、蚕食，镇压了汉奸、特务、叛徒，保卫了人民的生命财产，建立和巩固了抗日政权，壮大了革命武装力量。其间，曾四次负伤，仍坚持战斗。

解放战争时期，苗树森历任左云、右玉县长，晋绥边区五分区武委会主任，晋绥野战军团政委、支队政委、六十七团政委等职。面对国民党军队的猖狂进攻，他坚决贯彻党的针锋相对、寸土必争方针，动员人民群众开展武装斗争，积极进行减租反霸，有力地打击了国民党反动派和地方反动势力，

抗美援朝战场上修建机场

保卫了人民政权，并为支援解放战争作出了贡献。

新中国成立后，苗树森奉命调往驻绥远人民解放军三十六军一〇七师任团政委，出色地完成了改造起义部队的艰巨任务，并任改编后的一〇七师政治部副主任兼干部部长、师副政委。1950年，他随部参加抗美援朝，及时完成了修建清川江、龟城两个机场的紧急任务。由朝鲜回国后任一〇九师副政委、政委。1952年，为适应大规模经济建设需要，该师奉命集体转业，组建为建筑工程部第二师，苗树森仍任政委。

1954年5月，苗树森调至包头，先后任建筑工程部第二工程局党委书记，中共包头市委书记处书记，华北工程管理局（简称"华建"）、西北工程管理局党委书记兼局长，中华人民共和国建筑工程部副部长，中华人民共和国国家基本建设委员会顾问。其间参加国家"一五"计划重点工程项目中的内蒙古一机厂、内蒙古二机厂和包头第一、第二热电厂的建设。1955年1月，建筑二师与华北直属第二建筑公司合并，组建为华北包头总公司（后改为建工部第二工程局），苗树森担任党委书记。1956年，包头市各重点建设工程项目相继开工，他和行政领导相互支持配合，充分发挥党委一班人的作用，加强思想政治工作，调动广大干部职工的积极性与创造性；经常深入施工现场，了解情况，听取群众意见，还及时研究解决施工中出现的问题，确保各工程项目按施工进度要求进行。仅用五年时间，到1959年底，两个大型兵工企业和包头第一、第二热电厂相继建成投产。

1956年6月，在中共包头市第一次党代会上，苗树森当选为市委委员；1958年3月，当选为市委常委；1960年3月，当选为市委书记处书记，分管农业工作。1964年5月，建工部确定撤销二局，组建华北工程局（即"华建"），机关迁往北京。他先后任华北工程管理局、西北工程管理局党委书记、建工部副部长兼西安指挥部指挥等职。

在"文化大革命"中，苗树森立场坚定，旗帜鲜明，与林彪、江青反革命集团的倒行逆施进行斗争。

1977年，苗树森任国家基本建设委员会顾问，带病参加地方党政军史的编写工作。他为人正派，平易近人，关心群众，严于律己，宽以待人，善于团结党内外干部、群众。他生活俭朴，从不搞特殊化。

1986年2月4日，苗树森因突发心脏病逝世。临终留下遗言，死后将骨灰撒在抗战最艰苦岁月他战斗过的山西雁北地区。

敢将十指夸针巧
不把双眉斗画长 ｜ ——窦森瑜小传

窦森瑜（1916—1989 年），亦名窦瑾荣，今河北省黄骅市人，1916 年 10 月出生。

窦森瑜 1937 年 9 月参加革命，中共党员。1954 年 2 月调内蒙古第二机械制造厂，先后任副厂长、副书记、工会主席、厂长、书记等职。1979 年 5 月调任中华人民共和国第五机械工业部第六设计院书记兼院长。

七七事变后，不甘当亡国奴的窦森瑜，毅然投身革命，在河北省蠡县参加工作。1939 年 3 月，他加入中国共产党，同年担任第四区区长。1941 年 3 月，调之光县（旧县名。冀中抗日根据地设置。1940 年由河北省清苑县张保公路以东部分析置，以纪念李之光烈士得名。1944 年撤销，仍并入清苑县——樊尚仁注）任县委秘书。1942 年，窦森瑜任之光县县长，组织武装工作队深入敌人后方，破坏日伪统治秩序，瓦解伪军、伪组织，发展秘密武装，锄奸反特，震慑敌伪人员，敌伪分子惊呼其为"窦阎王"。

之光县地处华北平原，为有效地打击敌人，保护自己，窦森瑜领导全县人民建立了户户相通、村村相连的巨大地道网，人自为战，村自为战，粉碎了敌人一次次"扫荡"和"清剿"。他撰写"我在之光县坚持抗战的岁月"一文刊发在 1992 年出版的河北省清苑县政协文史委编印的《清苑文史资料》（第二辑）上。

解放战争时期，窦森瑜任河北省冀中区交通管理局秘书主任、电讯管理局副局长、粮食局副局长、冀中运输公司副经理、冀中军区后勤部司令部供应部长等职，主要负责前线的物资供应工作。在华北野战军接连进行的大清河战役、解放石家庄战役、青沧战役、平津战役中，他不辞艰辛，积极筹集粮食和各种物资，保障交通运输，保证了前线的物资供应。《冀中导报》以整版篇幅发表了他的《支前工作经验及今后意见》《把供应工作提高一步》等文章。1948 年 11 月，他任河北省交通厅秘书主任，后任交通厅副厅长，为河北省交通运输恢复畅通做了大量卓有成效的工作。

1953 年冬，窦森瑜被调到中华人民共和国第二机械工业部（1952 年成立，简称"二机部"，1982 年改名为中华人民共和国核工业部）华北办事处，办事处主任吴立人找他谈话，通知他到内蒙古第二机械制造厂（简称"内蒙古二机厂"，现称内蒙古北方重工业集团有限公司）负责基本建设工作。

1954 年春节后，窦森瑜来到包头，在东河区复成元巷内蒙古二机厂筹备小组任副主任，主管基建工作。其间，他在北京配合苏联专家到国家各部门搜集技术资料，包括供水、电源、煤炭、地质、风力、风向、降雨、降雪量、建筑材料等等。1956 年 3 月，经中共中央批准，被正式任命为内蒙古二机厂基建副厂长。他主动配合建工部第二工程局全面安排厂区建设，加快施工进度，使工厂提前一年建成投产。1959 年 1 月，改任厂党委副书记兼工会主席。

据窦森瑜回忆："1960 年，苏联政府决定撤走全部在华专家，苏联政府

窦森瑜与苏联专家的孩子们

的决定和我国有关文件传达后，苏联专家感到很突然。大多数专家对苏联政府的这种做法表示不满。有的专家还告诉我们某些产品有哪些问题需要注意，要求在走之前再详细给我们的有关人员讲一讲，那种真诚的情谊使人十分感动。苏联专家撤走后，由总工程师赵引同志组织我们自己的工程技术人员，自力更生，克服困难，攻克产品试制难关。"

1961 年 9 月，窦森瑜任内蒙古二机厂厂长。面对苏联撕毁协议、撤走专家造成的巨大困难，他领导全厂职工发扬"自力更生、艰苦奋斗"精神，组织各项主产品的试制定型。1961 年至 1964 年，100 毫米高射炮、57 毫米高射炮、100 毫米坦克炮、稳定器等主产品相继试制成功并定型投入批量生产，尖端武器装备红工装置于 1964 年试制成功。1964 年 11 月，他改任内蒙古第二机械制造厂党委书记，与厂长杜石生密切合作，改革工厂管理体制，调整生产线，大幅度提高工厂生产能力。1966 年，内蒙古二机厂工业总产值突破 1 亿元，创历史最高水平。

1972 年，窦森瑜恢复工作，1975 年重新担任厂党委书记，带着满身创伤，终日奔波，整顿组织、整顿工厂，为了把生产尽快搞上去，多次累倒在工作岗位上。他领导全厂职工开展企业整顿和工业学大庆运动，使工厂重新焕发了生机与活力。1979 年，内蒙古二机厂被兵器工业部和内蒙古自治区命名为

窦森瑜在厂科技大会上讲话

大庆式企业。

1979 年 5 月，窦森瑜调任兵器工业部第六设计研究院党委书记兼院长。他大力整顿各级领导班子，正确处理大量历史遗留问题，调动职工积极性，使该院的设计和生产任务连年超计划完成。

1983 年，经组织批准，窦森瑜离职休养。1989 年 6 月 9 日，因突发心脏病逝世。

粉身碎骨浑不怕
要留利器在人间

——吴运铎小传

吴运铎（1917—1991 年），祖籍湖北省武汉市汉阳县（今武汉市蔡甸区）柏林镇李湾村，1917 年 1 月 17 日出生在江西省萍乡县安源煤矿一个小职员的家庭。

1923 年，吴运铎 6 岁时进入煤矿东区职工子弟小学就读，参加儿童团并担任宣传员。由于煤矿上有许多机器设备，吴运铎少年时便对机械产生了浓厚的兴趣，打风房中空气压缩机巨大的飞轮让他认识到机械的力量，最大的梦想就是当管机器的工人。

1931 年，吴运铎随家人迁到湖北省黄石市，进入富源煤矿机电厂学徒。为了弄清机器工作原理，吴运铎在繁重劳动的间隙，把车间里的一个小阁楼打扫干净，当成"书房"兼"实验室"，把装机器的破木箱翻过来当书桌，又用省吃俭用的钱买来一些工业知识小丛书，学习机械知识。

抗日战争爆发后，中国共产党在煤矿举办抗战讲座，吴运铎天天去听课，家中也成了工人集会的场所。他还参加党的《新华日报》发行站的工作，每天下班后便把报纸张贴出去。

1938 年的一天，吴运铎得知矿主报告警察，要捉拿他，便毅然参加了新四军。1939 年 5 月，加入中国共产党，开始从事地下活动。随后，被派到皖南云岭的新四军司令部修械所，在农舍的茅草棚子里开始了军工生涯。吴运铎随兵工厂从皖南到苏北，再到淮南，然后转战淮阴、沂蒙山，后又渡海到东北的大连。历任新四军司令部修械所车间主任，淮南抗日根据地子弹厂厂长、军工部副部长，华中军工处炮弹厂厂长，大连联合兵工企业建新公司工程部副部长兼引信厂厂长、党委书记。他是中国抗日战争时期革命根据地兵工事业的开拓者。

战争时期，人民军队的兵工设备极其简陋，加上缺乏经验，生产的危险性常常不亚于前线。抗日战争中，在条件极端困难的情况下，吴运铎和战友们建立起我军第一个军械制造车间，制造出第一批步枪，研制出杀伤力很强的枪榴弹和发射架及各种地雷、手榴弹。因此，有人称他为中国的"枪榴弹之父"。

1947年3月，吴运铎被任命为大连建新公司工程部副部长兼引信厂厂长（对外称"宏昌铁工厂"），并协助吴屏周（原华中军区军工部政委，1946年12月调建新公司下设炮弹厂任职。该炮弹厂对外称"裕华工厂"）建立炮弹厂。

1947年9月23日上午，吴运铎和炮弹厂厂长吴屏周一起，把八枚炮弹搬上了车，运到大连甘井子一个名叫老虎牙的海滩山洼里，试验新炮弹。因为没有大炮，没办法进行试射，只能用土办法试验。当试到第七颗炮弹时，吴运铎拉动了起爆绳，不料炮弹竟然不起爆。吴运铎和吴屏周走过去，同时在炮弹旁蹲下身查看炮弹的时候，炮弹却山崩地裂一样突然爆炸了。

吴屏周当场牺牲，吴运铎被抛向空中，甩到了20米外的海滩沙地上，被紧急送到大连市区的医院，一周之内昏迷了无数次。一个多月后，他死里逃生，醒了过来。治疗期间，他阅读了苏联小说《钢铁是怎样炼成的》，从中得到鼓舞和激励。为了伤愈后更好地工作，他努力学会了日文。当他能下地时，便请示领导买来化学药品和仪器，把病房变成实验室，研制成功一种高效炸药。后来，吴运铎把这段经历写到自传体小说《把一切献给党》里。

1948年春，吴运铎研究出我国第一个"全保险型引信"，在中国引信史上具有里程碑意义，在解放战争和抗美援朝战场上发挥了巨大威力。

在艰苦的革命战争岁月，吴运铎带着 7 个学徒，每年为前线生产子弹 60 万发。为了研发枪弹，他 4 次负重伤，浑身上下有 200 多处炸伤，4 根手指被炸断，左眼失明，一条腿被炸断。

中华人民共和国成立后，1949 年 12 月吴运铎接受组织安排，到苏联克里姆林医院治疗。在莫斯科，《钢铁是怎样炼成的》作者奥斯特洛夫斯基的夫人听到了吴运铎的英雄事迹，特地到医院看望他。

苏联医生对这位"中国保尔"十分崇敬，经过悉心治疗，吴运铎的部分视力得到恢复。1950 年，吴运铎参加俄罗斯莫斯科五一节观礼，在红场见到了斯大林。回国后，曾任湖南株洲兵工厂厂长、中共中央中南局重工业部兵工局副局长。

1951 年 10 月，吴运铎被中央人民政府政务院和全国总工会授予全国特等劳动模范称号，参加十一国庆典礼，被誉为中国的"保尔·柯察金"。此后，吴运铎先后任全国总工会第七、八、九、十届执行委员，第三届共青团中央委员。

新中国成立后，包头钢铁基地建设拉开序幕。1953 年，吴运铎从首都风尘仆仆来到包头，就任内蒙古第二机械制造厂（简称"内蒙古二机厂"，今内

吴运铎（右四）带领培训人员赴苏联实习

蒙古北方重工业集团有限公司）第一任副厂长兼总工程师。

为了尽快将厂建好，快出产品，1955 年 8 月，工厂先后选派107 名工程技术人员，由吴运铎带队，赴苏联克拉斯诺亚尔斯克、弗洛斯洛夫兵工厂学习 57 高炮的生产技术。学习期间，吴运铎严格要求自己，和学员们一起白天

吴运铎在修锉零件

在车间学习，晚间在宿舍整理笔记，常常学到深夜 12 点多才休息。

吴运铎为内蒙古二机厂成建制地培养出科研、技能人员、分厂厂长、车间主任、基层管理人员等从事火炮科研、生产、管理的全部支撑人才，奠定了内蒙古二机厂成为中国兵器工业集团公司骨干成员单位的坚实人才根基。在内蒙古二机厂工作的几年时间里，吴运铎主持完成了 100 毫米高射炮的研制、定型，为该炮早日投入生产、装备部队做出了突出贡献。

内蒙古二机厂作为兵器工业集团的重要成员单位之一，一直以吴运铎为榜样，弘扬"把一切献给党"的精神，在企业建设时期，广大建设者"日战太阳夜战星""献了青春献子孙"，提前完成了建设现代化兵工企业的重任。在企业转型脱困时期，公司坚持保军转民、走军民融合发展之路，成功走出谷底、步入发展快车道。在企业科学发展新时期，公司实现打造百亿集团宏伟目标，成功建成 360 工程，厚壁无缝钢管挤压技术打破国外技术壁垒，跻身国家战略层面。

吴运铎 1953 年开始发表作品。1955 年加入中国作家协会。1953 年，吴运铎出版自传体小说《把一切献给党》，这本书发行后，在全国引起很大反响，共印刷 700 多万册，被译成六种语言版本，在许多国家发行。此外还著有《谈青少年道德修养》（1980 年）、《人生絮语》《十老叮咛》等。

1963 至 1966 年，吴运铎任中华人民共和国第五机械工业部（简称"五机

吴运铎事迹展览馆内景

部")机械研究院副总工程师，五机部机械科学研究院副院长、总工程师等职。

"文化大革命"期间，吴运铎在五机部机械研究院接受审查。

包头劳模吴运铎塑像

1991年5月2日，吴运铎因肺心病复发抢救无效在北京病逝，终年74岁。

2004年，内蒙古北方重工业集团有限公司在北方兵器城内建起了"永远的丰碑——吴运铎事迹展览馆"，接待全国各地、各族群众百万人次。2009年9月14日，他被评为100位为新中国成立做出突出贡献的英雄模范之一。

在今天的北重集团，吴运铎精神已经根植于这方热土，成长为北方重工的企业文化，也为包头市留下了巨大的精神财富。

万丈高楼起平地
千秋事业树丰碑 ——陈登崑小传

陈登崑（1917—2014 年），又名陈连岗，1917 年 2 月 23 日（二月初二）出生于河北省故城县陈田村（今属衡水市故城县三朗镇）一户富裕的农家。

陈登崑历任中共河北省故城县委书记、中共冀南五地委书记兼五军分区政委、河北省衡水地委书记；中共包头市委书记、归绥（今呼和浩特）市委书记；中共中央华北局办公厅副主任兼直属机关党委副书记；中共重庆钢铁公司党委书记兼总经理、重庆市委委员；重庆市人大常委会委员。

陈登崑于 1932 年 8 月考入河北省省立泊镇第九师范学校（今沧州师范专科学校泊头分校）读书。当时，学校集中了很多热血青年，他们向往光明，向往自由，对国民党的反动统治非常不满。1933 年，陈登崑秘密加入中国共产主义青年团并进入中国左翼作家联盟（简称左联）进行文学创作活动。1934 年，陈登崑因参与爱国运动，宣传抗日被学校开除，后回到家乡，做了两年小学教员。

1937 年"卢沟桥事变"，河北大地上的爱国武装风起云涌。1938 年 2 月，八路军一二九师东进抗日游击纵队在陈再道、宋任穷的率领下到达南宫（今河北省辖、邢台市代管县级市）一带开辟敌后抗日根据地。同年 3 月，陈登崑赴南宫参加纵队政治部举办的抗日军政干部训练班。4 月中旬，陈登崑学习期满，回到运河古镇郑家口，加入郑口故城县抗日民族解放战争战地总动员委员会（简称战委会）。战委会直接受冀南行署领导，董郁庭为主任，陈登崑为常务部长。4 月下旬，在战委会基础上，组成故城县抗日政府，董郁庭任县长，陈登崑任教育科长。

1938 年 6 月 13 日，冀南特委秘书胡一宁（即扈惠民，河北枣强县后扈大市村人）和八路军东进纵队的闻敬宇介绍陈登崑加入中国共产党。

1938 年 9 月，经冀南区党委批准，成立中共故城县工作委员会（简称工委），陈登崑任县工委书记。1939 年 3 月，中共故城县委员会成立，陈登崑任第一任县委书记。1939 年 9 月至 1942 年 12 月任冀南五地委组织部部长。1943 年 1 月至 1943 年 11 月，在中共北方局党校学习。1943 年 12 月至 1949 年 8 月，任冀南五地委书记兼冀南五军分区政委。其间，在敌人猖狂、河北大地遭遇严酷自然灾害的情况下，陈登崑领导军民度过了这段艰苦岁月。抗战胜利后，他又带领地方干部在重重困难和阻力的压力下，出色地完成了土改工作以及组织青年参军、民工队伍和干部南下等工作，稳固大后方局势，为解放战争的全面胜利作出贡献。1949 年 8 月，河北省军区正式成立，原冀南军分区所辖区域划分为了邯郸、衡水、邢台三个军分区，陈登崑任衡水军分区政委。1949 年 9 月，衡水地区解放，陈登崑任衡水地区地委书记。

1950 年 3 月，陈登崑离开河北省，调绥远省（省会归绥市，今呼和浩特市。所辖区域为今内蒙古自治区中部、南部地区）工作，担任新中国成立后包头市首任市委书记。

陈登崑到包头市委上任后，绥远省委书记刘澜涛找他谈话并提出包头市当前的工作方针，即“绥远地区解放区化，起义部队解放军化”。陈登崑充分认识到，新中国的城市建设是非常复杂和艰巨的，包头市的情况也和全国一样，中心任务就是要巩固政权，安定社会秩序和恢复生产，进行城市建设。

陈登崑和包头市委、市政府的领导班子认真分析包头市的严峻形势：新

1950 年 3 月 27 日，衡水地委欢送陈登崐合影

生的人民政权面临许多困难和问题，敌情复杂，经济崩溃，破烂摊子千疮百孔，人民群众迫切要求改革旧制度、实行新政策，恢复经济。绥远省刚刚和平解放，要团结傅作义部队高级将领、起义人员，对起义部队进行改造和统战工作。包头市是一个少数民族地区，必须严格执行少数民族政策和宗教政策。

包头是华北地区解放较晚的城市，当时社会秩序异常混乱，社会问题严重。周围各地的匪特大量逃匿于此，且气焰嚣张。一系列问题摆在市委、市政府的面前。

为此，包头市委、市政府在中央正确方针、政策的指引和绥远省委部署下，加强调查研究，稳定局势、团结各民族，逐步开展镇压反革命、抗美援朝、反霸减租、土地改革、民主改革、"三反"、"五反"、增产节约、发展与恢复工商业等运动，逐步开展城市建设工作。包头市委、市政府提出：必须尽快完成这些重大任务，并配合其他具体工作，共产党才能站住脚，政权才能巩固，绥远地区才能实现解放区化，起义部队才能解放军化，社会主义改造、

1950 年在包头，陈登崑抱着女儿陈绿河与工作人员合影

社会主义建设才能顺利进行。

陈登崑和市委、市政府领导班子团结一致，确定了"团结改造、恢复生产，肃清匪特，管制散兵游勇，安定社会"的施政方针。在包头工作期间，陈登崑做了大量细致繁重的工作。为做好各项工作，亲自起草了"包头市县减租反霸问题处理委员会工作方案""包头市委关于1951年工作计划的决议"等各种文件和各种形势、任务、工作报告等。废除保甲制度，查禁烟毒，取缔黑市，打击奸商投机倒把，镇压反革命，取缔反动党团、封建会道门等，确立革命秩序，包头市各项工作开始起步并取得巨大成绩。截至1951 年 8 月，陈登崑调离包头期间主要做了以下工作：

一、民主建政，建立并完善包头市各级人民民主政权

1950 年 3 月，根据中共中央《关于进入城市后成立各界人民代表会议的指示》，包头市人民政府邀请各界代表参加，于 3 月 24 日召开了第一届一次会议。1950 年 8 月 12 日、10 月 19 日，分别召开包头市第二届、第三届协商委员会第一次会议，陈登崑连续当选协商委员会主席（兼职，下同。副主席王雷震、吴佑龙，秘书长陈若夫——樊尚仁注）。1951 年 3 月 10 日，包头市第四届协商委员会第一次会议召开。经绥远省政府批准，此次会议代行了人民代表大会职权，会议选举产生了包头市人民政府委员会，郑天翔当选包头市长，王金泉当选副市长；陈登崑再次当选为协商委员会主席。

二、坚决镇压反革命，着手巩固革命秩序

向包头市人民进行镇压反革命的宣传。市委提出：包头市人民对反革命残余，特务、土匪及其他反革命分子要有高度的警惕，必须认识到包头市解放较晚，许多反革命分子仍然隐藏在这里进行破坏。不肃清他们，中国国防就不能巩固，全面的经济建设也不可能。土地改革也不可能顺利实现，人民的生命财产更无法保障。

掌握政策，正确处理镇反运动中的各种问题。包头市委提出，镇压与宽大政策相结合。一切特务分子无论有无组织关系，均须立即向公安机关或受委托的人事部门进行登记，并必须交出文件、武器、反动

1950年，陈登崑（右二）在包头工作期间与市委警卫营的同志合影

证件及其他与反革命有关的物资，听候人民政府处理。拒绝登记或破坏登记的，一律从严处理。其中有一定功绩者，酌情减免刑罚或适当奖励。会道门特别是一贯道，必须取缔。对于那些借会道门进行特务活动，或实际是匪首、恶霸的会道门头子，则进行严格镇压。陈登崑在多次会议上强调：我们不怕反革命分子造谣，人民的头脑是清醒的，人民政府镇压反革命的决心也是坚定不移的。他们想用谣言扰乱人民的思想，或动摇人民政府的决心是不可能的。

着手巩固革命秩序。一是安定社会秩序和恢复生产，开展投诚起义武装队伍的改造，起义部队解放军化。将起义部队拉到河北省衡水地区集训，让战士放下枪，开展诉苦运动；动员青年和骨干参军，加入起义部队；动员起义部队参加抗美援朝战争等。清理新产生的流散军人，凡是逾期不归的战士或

干部，一律动员归队。二是集中力量彻底清查户口，建立与加强社会管制。

三、深入开展抗美援朝反帝爱国运动

1950 年 10 月 19 日，中国人民志愿军入朝，开始抗美援朝，在中共中央和中央人民政府的领导下，全国开展了深入的、轰轰烈烈的抗美援朝运动。

进行政治动员，加强爱国主义和国际主义教育。陈登崑在抗美援朝动员大会上指出：朝鲜人民在中国及世界人民的援助下，取得了很大的胜利。但是，美帝国主义并没有甘心，其总的侵略政策也不会放弃。总的来看，朝鲜人民最后的胜利是肯定了，但还需要经过艰苦斗争。因此，我国的抗美援朝运动决不能松懈下来，而且要继续深入和发展。

进一步提出用增加生产进行捐献的各种办法支援抗美援朝。包头市在工人中开展爱国主义的生产竞赛，抓好产品质量的提高和数量的增加，从超额完成生产计划所得的收入中，拿出一部分或全部完成劳资双方的捐献任务。在公营工厂中，从超额完成计划中取得超额奖励作为工人阶级的捐献。宗教界认真贯彻《中共中央关于积极推进宗教革新运动的指示》（1951 年 3 月 5 日下发），实行自治、自养、自传。农民用多锄、多上粪的办法开展生产运动，争取增产一成，用增加收入的一部分或全部进行捐献。工商业者，保证爱国公约的贯彻实现，稳定物价，切实履行物资交流代表会议所签订的合同和协议，积极扩大生产，用多做买卖的方法增加收入完成捐献任务。其他各界，妇女结合副业生产进行捐献；青年学生厉行节约，进行义务劳动，在祖国需要的时候，响应号召参加国防建设；戏曲界提高艺术水平，更多地吸引观众，举行义演等。全市各界各民族普遍推行订立爱国公约，提高爱国思想。组织全市人民进行时事学习、教育。听取赴朝慰问团的时事报告，慰劳中朝部队，参加爱国游行。

抗美援朝取得成效。进行大规模的捐献运动，短时间内捐献达 2 亿 3千万元（旧币。实物尚未计算在内）。此外，全市职工加紧生产；郊区农村提

前并超额完成公粮任务；青年学生响应祖国号召报名参加志愿军、军干学校、护士学校；各界妇女缝制 700 多个装满日用品的慰问袋；文艺界编排抗美援朝新节目；工商界订立爱国公约；宗教界发表革新宣言；各少数民族在参加以上行动中，同样热烈和踊跃。作为后方进行武器捐献，在抗美援朝总会发出号召之后，由各界发出了捐献"包头市职工号""包头市工商一号""包头市工商二号"及"包头市民号"四架战斗机的捐献任务。

四、取缔反动会道门，加强对广大道徒的教育

包头市委、市政府将罪恶最大的那些点传师以上的道首统统逮捕起来，并开始进行审判。大道首已经扣捕，由公安局、法院分别处理。中小道首大部分已经登记，并进行集训。对广大道徒进行耐心教育。至 1958 年 8 月，经过改造后的 138 名一贯道道首（点传师）联合登报声明，表示认清罪恶、脱离一贯道组织，要重新做人，并捐出人民币 3711 万元（旧币）、小麦 20 石。

五、大力支援广大农民进行减租反霸反封建斗争

包头市完成郊区减租任务是"解放区化"的基本步骤之一。当时，包头市隐藏外地逃亡地主恶霸为数很大，仅包头县地主隐藏市内的即有 200 户以上，并且有大量的财产转移到市内，或隐藏

陈登崑手稿《包头市县减租反霸问题处理委员会工作方案》

在工商业中。为此包头市委、市政府及包头县委设立"包头市县减租反霸问题处理委员会",交换有关恶霸地主的罪恶行为信息,土地分散情况;研究地主在解放后转移的财产应如何退出;研究在解放后地主变卖或转移隐瞒在工商业中的财产应否退出;研究不法地主在转移变卖财产后所获之收入已经浪费、不足退租或补偿农民损失者,是否可以其他财产及工商业抵偿;研究恶霸地主及有贪污行为之保甲人员如系起义人员或干部者应如何处理;研究恶霸地主是否扣押与扣押手续问题;研究一般地主调回农村减租的手续问题;研究逃亡地主之扣押或调村减租的手续等具体问题。

在掌握减租反霸政策的问题上,陈登崑指出:现在,广大农村正在进行减租,秋季就要在全省范围内(少数民族地区除外)实行土地改革。减租是削弱封建,土地改革是消灭封建。陈登崑还指出:包头市各界人民中,很多人直接间接的和土地有联系,许多工商业者兼营土地或者家庭是地主成分;许多教育界人士、青年学生,甚至有些机关干部出身于地主家庭,或虽然出身于其他成分,但存在着严重的地主思想;其他各界也同样存在这种情况。对于广大农民来说,则必须划清界限,分清敌我,不然就会妨害人民内部的团结。

绥远省政府减租条例颁布后,农民基本上是满意的。减租是减地主、富农、寺庙、教堂、学校、机关、团体出租的土地,对无劳动力的军政人员及其家属,或因其他职业出租少量土地(数量不超过当地农民平均土地的2倍)、生活困难的,双方协商少减或不减。蒙古地主暂不减租,因为在蒙古族人民觉悟还未进一步提高的条件下进行减租,地主就可能乘机挑拨民族关系,对蒙汉人民不利。故减

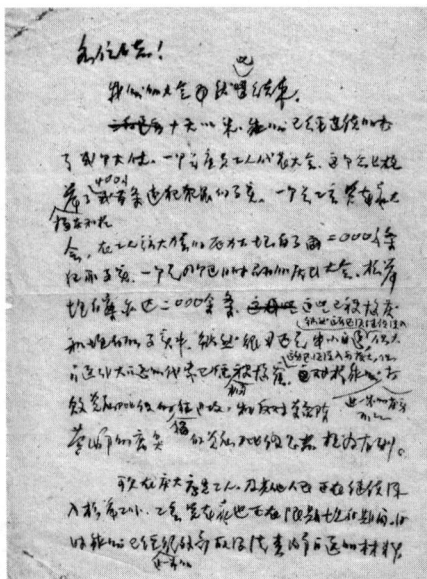

陈登崑手稿《在包头工商界"五反"动员大会上的讲话》

租问题从郊区情况出发，着眼于城市的发展和建设，不能完全按照一般农村情况进行。因此，在调剂大地主土地、减租退租中，变动地主土地或分配公有土地时，应由政府收回后，再分配给农民免租耕种。

六、发展与恢复工商业

1950年，陈登崑在包头市委办公处留影

发展与恢复工商业是 1951 年包头市的中心任务。继续积极组织土产出口。抓紧春节的紧张季节，赶办农民所需要的年货供给农民，并换回农民的土特产组织出口。保护正当工商业者，防止投机商人重利剥削农民，扰乱市场。

七、开展禁烟禁毒运动，彻底消除危害中华民族的痼疾

新中国成立后，中国共产党和中央人民政府决定根治烟毒，彻底消灭危害中华民族的痼疾。中央人民政府于 1950 年 2 月 24 日发布《严禁鸦片烟毒的通令》。《通令》发布后，烟毒泛滥较重的省市，包括绥远省的归绥、包头，均颁布了适用本省市的禁烟禁毒条例。铲除种植的罂粟，侦破制毒贩毒案件，查封烟摊烟馆，焚毁毒品烟具，组织烟民戒烟等。

八、认真执行《中华人民共和国婚姻法》，改革婚姻制度

1950 年 4 月，中央人民政府颁布了《中华人民共和国婚姻法》，中共中央向全党发出关于保证执行《婚姻法》的通知，把宣传工作和贯彻工作当作

1951年10月，陈登崑（第二排左三）与归绥市委部分工作人员合影

目前和经常的重要工作之一。包头市积极地开展了宣传贯彻《婚姻法》的活动并取得成效。

1951年8月，陈登崑调到归绥市（现呼和浩特市）任市委书记，至1953年4月。任职期间，陈登崑认真执行党的方针政策，取得了很多城市管理的经验。主要工作有：组织召开人民代表大会，行使人民权利。庆祝绥蒙军区成立，加强国防力量。突出抓好民主改革运动。在党政机关工作人员中开展"三反"运动。在私营工商业者、工商界中开展"五反"运动。1952年7月召开归绥市第一次党员代表大会。继续开展增产节约生产运动，开展劳动竞赛，以实际行动准备迎接大规模的经济建设。至1952年底，归绥市的经济建设已经取得了较大的成效。协助内蒙古党政军机关迁驻归绥（1953年冬，绥远省和内蒙古自治区合署办公；1954年初，绥远省与内蒙古自治区合并，撤销绥远省建制）。

1953年4月，陈登崑调任中共中央华北局办公厅副主任兼直属机关党委副书记；1954年4月，华北局撤销，干部调往工业部门，陈登崑曾一度负责

陈登崑与女儿陈绿河、女婿徐蔚为夫妇（摄于 1972 年）

组织筹建包头钢铁公司（时称五四钢铁公司）。同年 12 月，陈登崑调重庆钢铁公司（简称重钢），任党委书记兼经理。1955 年当选为中共重庆市委委员。

"文化大革命"期间，在已经离开重钢若干年之后，陈登崑几次到重钢，找到老同事、老部下，同他们交换意见，希望他们不要参加造反派，不要把矛头指向各级党政机关和领导干部。一定要和广大工人群众一起，保持重钢的稳定。保证高炉有铁，平炉有钢。2010 年 8 月，中共衡水市委党史研究室赴重庆采访陈登崑时，他忆述说："'文化大革命'期间，有人鼓动我去造反闹事，我不仅没有参与，还苦口婆心地教育劝说他们好好工作，不参与运动。这样既赢得了多数群众的信任，同时也引起了一部分人的忌恨，当造反派掌权后，他们就想方设法揪斗我，这时广大群众就保护性地召开批斗会，始终没让造反派的阴谋得逞。一直到十一届三中全会后，我恢复工作。"其后陈登崑曾任重庆市人大常委会委员、城乡建设委员会委员，重庆市建委副主任等职。1986 年离休，享受副部级待遇。2014 年 2 月 15 日（正月十六）因病于重庆去世，享年 97 岁。

三春白雪归青冢
万里黄河绕黑山

——段生华小传

段生华（1918—1940），原萨拉齐县鄂尔格逊村（今属包头市东河区）人。出生在一个中农家庭。

段生华儿时在鄂尔格逊小学读书四年，初小毕业考入萨拉齐县第一高级小学（今萨拉齐大东街小学）。一年后辍学，随父亲到固阳务农。

1938年，八路军李井泉支队挺进大青山开辟抗日游击根据地，段生华便参加革命，在固阳大榆树滩建立动委会，任主任。1939年调萨拉齐县四区任

萨县大青山游击队的战士们

区长，组织群众开展了轰轰烈烈的抗日斗争。

学生时期，段生华学习刻苦，品学兼优。他为人忠厚老实，性情温和。当时在学生中因他年龄最大，所以常以大哥哥的身份关心照顾同学。段生华在固阳大榆树滩任区动委会主任期间，深入群众，积极宣传抗日救国，为八路军征粮筹款。同时，组织和发展抗日游击队，伺机袭击日顽。有一次，国民党自卫军的一个连以讨饭为名，占据了区动委会。由于敌众我寡，段生华巧布疑兵之计：把刚刚组建起来的一支小游击队隐蔽部署在山头，首尾相接，虚张声势，敌人以为八路军大部队已到，仓皇逃窜。

1940年春，在中共萨（县）托（县）工作委员会宣传部部长、中共萨县县委书记兼县长、中共固阳县委书记兼县长的王弼臣等人的支持下，段生华、王经雨、杨思华紧密配合，组建起萨县抗日游击队。段生华在游击队虽无任职，但经常参与游击队的领导工作，更兼生性活泼，谈笑风生，颇受战士们的敬重。一次，段生华随游击队在路旁设下埋伏，当一批伪警察巡逻队进入埋伏圈时，他们立即冲杀，打死伪警官1名，打伤伪警士多名，缴获步枪10余支，子弹500多发。

1940年夏，国民党郭长青部（绥远民众抗日自卫军第五路）经常到新营子一带抢劫粮食，他们围住场面，不准农民挪动。并扬言，谁要不给粮食，就放火烧场面。一天，该村派赵二挠等三位代表来萨县抗日民主政府要求游击队护夏。段生华亲自带了游击队10多名战士进驻新营子村，帮助群众护夏，并走村串户，在群众中宣讲党的抗日政策，组织抗日力量。郭长青部见之，再没敢轻举妄动。

在艰苦的斗争中，段生华和战士们同甘共苦，历尽艰辛。他们常以野菜充饥。遇到青黄不接时，连野菜也挖不到，只能扒树皮、撸树叶果腹。

1940年夏末秋初，段生华和戴林飞、武建民等人从敌占区苏波盖乡返回大青山，进入美岱召村，被汉奸发现。当段生华从一户老乡的大门里走出时，被事先埋伏在美岱召东北角小楼里的敌人开枪击中，壮烈牺牲，年仅22岁。

誓扫倭奴不顾身
九峰山头血染红

——毛汉荣小传

毛汉荣（1918—1943年），1918年出生在四川省北部一个世代饱受封建剥削压迫的贫苦农民家庭里。

由于生活所迫，毛汉荣早早就挑起生活的重担，养成了吃苦耐劳、爱憎分明的优秀品格。

1933年初，红四方面军到达毛汉荣的家乡，他耳闻目睹了红军全心全意为人民服务的动人事迹，认识到只有红军才是帮助穷人翻身得解放的救星，年仅15岁的毛汉荣要求参加红军。他恳切地对红军首长说："红军是穷苦人的队伍，我只要活着，就要跟着红军走。为穷苦人民的解放而斗争！"红军首长答应了他的请求，从此，毛汉荣踏上了革命的征程。

毛汉荣参加红军后，刻苦学习文化知识，勤学苦练，很快就锻炼成为一名坚强勇敢的红军战士。红军长征途经甘肃省时，领导命令他带领一个班阻击敌人，掩护主力部队撤退。他毫不犹豫地接受了任务，带领战士们与超过己方十多倍且装备精良的敌人展开了战斗。战斗打得十分惨烈，当阻击任务完成后，他们班只剩下两个人。尽管如此，他们还缴获了敌人一挺歪把子机枪，受到了部队嘉奖。

1936年6月，毛汉荣所在的红军部队被编入贺龙领导的红二方面军。同年10月，红二、四方面军与红一方面军在会宁会师后，毛汉荣随军进入陕甘宁革命根据地。

群众住房困难的地区，部队露营在院落中

抗日战争爆发后，毛汉荣于 1937 年 8 月 25 日编入八路军第一二〇师三五八旅七一五团三营任班长，随部队开赴晋西北抗日前线。1938 年秋，又随部队开赴绥远大青山地区，投入了创建大青山抗日游击根据地的斗争。这期间他经历了无数次战斗的磨炼和艰苦生活的考验，曾多次立功受奖。

1941 年夏季，根据形势发展的需要，上级将在斗争中不断锻炼成长、发展壮大的萨拉齐县抗日游击队正式改编为八路军绥察独立二支队二连（简称"绥西二连"）。为把这支崭露头角的人民武装带好，上级调长征干部毛汉荣到绥西二连担任连队党支部书记，不久又兼任副指导员。他把老红军的光荣革命传统和革命作风带到了二连，使二连成为一个冲不垮、打不散、难不倒的战斗集体。

在艰苦的环境里不气馁、不动摇，吃苦在前、享乐在后，用革命的乐观主义精神带动和教育战士，是毛汉荣的一个显著特点。他来二连时，正值日伪军加紧封锁和"扫荡"时期，我军经常在深山老林里与敌人迂回周旋，给养的来源极其困难，战士们的生活相当艰苦。在这种情况下，毛汉荣表现得非常乐观，黝黑的脸上没有一丝愁云，还经常说笑，瘦小的身体好像由钢铁铸成，浑身上下有使不完的劲儿。部队宿营后，他常领着炊事班的战士去打柴、挖野菜。如果发现有人愁眉苦脸，他就滔滔不绝地讲述红军长征的故事。他说："我们现在有野菜吃还不错呢！红军长征过草地时，我所在的部队充当后卫部队的前锋，走到草地的深处时，野菜、草根都已被前边的部队挖完了，我们没有东西可吃，就只好煮皮带吃。"

这时有人插话："那皮带多恶心，还能嚼烂咽下去吗？"

"怎不能！"毛汉荣接着说，"那时我们一心北上抗日，坚信坚持到底就是胜利。当时饥肠辘辘，皮带煮熟了慢慢嚼烂咽下去，就不觉得饿了，又可以继续前进了！"

红军长征过雪山

大家听得入神。又有人问："那雪山是怎样过的呢？"

"爬雪山时更艰难。"毛汉荣说，"雪山山高坡陡，冰天雪地，空气稀薄，寒风刺骨，十分难行。我们爬山前就准备了一些辣椒和酒，带在身上，冷得不行就咬一口生辣椒或喝一口酒，浑身立刻就觉得暖和一些了。走到危险地方，累得人喘不过气来也不能休息，必须一鼓作气，以顽强的毅力坚持走到底，不然一蹲下来连饿带冻就再也站不起来了。我看见不少战友就是这样牺牲的。我过雪山走到危险地段时，也曾几次想停下来休息一会儿，但看看身边再也爬不起来的同志，就咬紧牙关继续前行，心里想着坚持到底就是胜利，就硬是跟随着大部队到达了目的地。"

大家听了深受鼓舞。毛汉荣见大家的愁容渐渐消失，又用严肃认真的语气说："同志们，我们大青山根据地现在也处在相当困难的时期，其艰苦程度也跟长征差不多！我们要像红军长征那样，鼓足勇气，坚持到底！渡过难关就是胜利！别看日本鬼子猖獗一时，他们是秋后的蚂蚱——蹦跶不了几天啦！我们的斗争是正义的，正义的斗争必定会胜利！"

毛汉荣越讲越有劲儿，大家越听眼越明，心越亮，坚定了抗战必胜的信念，增添了克服困难的勇气，人人脸上呈现出刚毅而乐观的神情。

部队吃饭时，如果饭菜是缺油少盐、令人难以下咽的粗糠野菜之类，毛汉荣就走过去，舀上一碗说："我先尝一尝。"说着便大口大口地吃起来，吃得津津有味；如果遇到改善生活吃好的，他不声不响地排在后边，战士们让他吃，他推辞说："你们先吃吧，我不爱吃这东西！"每次长途行军宿营后，他就给大家烧好热水，叮嘱战士们用热水洗脚解乏。有的战士负了伤，没有药物医治，他就端来开水为之清洗伤口，嘴里还不停地说："开水是个好医生，这是我多年积累的宝贵经验。"毛汉荣这种以身作则、关心战友的高尚品质，给二连的指战员留下深刻的印象。

在战斗中机动灵活、英勇顽强、冲锋在前、视死如归，以革命的大无畏精神带动和影响战士，是毛汉荣另一个显著特点。毛汉荣平时做思想政治工作，曾不止一次地指出：我们共产党员、革命战士，在战斗中一定要以压倒敌人的气概英勇顽强地斗争，决不能向敌人屈服。如果在敌众我寡的情况下脱不了身，就与敌人拼了，千万不要让敌人抓住。毛汉荣不但这样说，也是这样做的。

1941 年秋的一天晚上，毛汉荣带着两名战士去执行任务，碰到伪蒙古靖安军的岗哨，这家伙发现有人就直着嗓门高喊："干什么的？口令！"他们三人没理睬敌人的问话，却出其不意，飞快地到了敌人跟前。这个哨兵看见来势不对，急忙从背上往下摘枪，但为时已晚。毛汉荣等人一拥而上，将这个哨兵打死，然后迅速卸下敌人的枪支和子弹。当村内驻扎的敌人四处搜索时，他们已无影无踪了。

1942 年 8 月，绥西三团（此时，绥察独立二支队改编为绥西三团，绥西二连为绥西三团二连）驻扎在土默特旗察素齐万家沟、一前响一带。一次，日伪军以五个团的兵力前来进攻，敌人以装备精良的两个团抢先占领了九峰山东九峰的山头，其余三个团包围了绥西三团团部机关和部队。毛汉荣指挥二连凭借茂密树林的掩护接近了东九峰之主峰，他以迅雷不及掩耳之势，突然跃起，用机枪猛扫，战士们的手榴弹也在山坡上纷纷开花。同时，司号员吹起了嘹亮的冲锋号。这一下把敌人吓蒙了，顾不上还击，拔腿就跑，二连紧随其后追击。这时空中飞来两架敌机，毛汉荣高喊："别管它，往上猛冲！"敌人的指挥官为了阻止士兵后退，在山顶上架起机枪扫向自己的队伍，想以此压住阵脚。敌机却误以为是八路军占领了主峰，连忙向主峰丢下一长串炸弹。山顶顿时被滚滚浓烟笼罩，敌人叫骂着、哭喊着四散奔逃。毛汉荣率领二连战士抢占了主峰，摧垮了敌人的指挥所，创造了一个连续歼敌 300 余人的辉煌战例。

1943 年初冬的一天下午，天空阴云密布，飘洒着纷纷扬扬的雪花。不久狂风大作，白毛旋风呼啸弥漫，霎时天昏地暗。这时毛汉荣正带领着区助理员岳泉玺、阎从德和战士董玉河（又名二来宝）、赵庭海、武三白、于林一行 7 人，从武川县哈拉合少乡大壕赖出发，到脑包沟一带去征粮。他们在一户老乡家住下后，被鄂友三部海福龙团的密探秦满喜、王有生（曾在鄂友三部当兵）发现。时隔不久，这个密探便领着海福龙团的百余名骑兵，将毛汉荣等人的住所团团包围。密集的子弹突然从四面射来，毛汉荣带领战士们奋起反击，不幸被一颗子弹击中下巴，流淌的鲜血染红了他的脖颈和衣服。但他仍然指挥着战士们继续战斗，他们用 3 支步枪、3 支手枪和一些手榴弹，击毙、击伤不少敌人，战斗一直持续了三个多小时。由于敌众我寡，地形不利，他们没有突围出去。在子弹打尽只剩最后一颗手榴弹时，他们把文件销毁、枪支摔散，抛向四处，一起扑向拉开导火索的最后一颗手榴弹。手榴弹炸响，毛汉荣壮烈牺牲，年仅 25 岁。其他 6 位战友被俘后，惨遭杀害。

二连的指战员们得知毛汉荣等同志宁死不屈、壮烈牺牲的消息后，悲痛万分，流下了悲愤的泪水。他们表示要化悲痛为力量，继承和发扬毛汉荣等同志的革命精神，坚持斗争，奋勇向前，完成烈士未完成的事业。

1950 年镇压反革命时，当地政府在人民群众的协助下，逮捕并依法镇压了海福龙的密探。

等是有家归未得
杜鹃休向耳边啼 | —— 王若飞小传

王若飞（1918—1946 年），1896 年 10 月 11 日（清光绪二十二年九月初五）生于贵州省安顺县城北街，取名运生，号继仁，化名黄敬斋。

王若飞于 1905 年入贵阳达德学校读书，1912 年在贵阳群旺社书店做店员，1916 年随黄齐生（王若飞二舅，任贵州政府出外联络代表）到江苏、山东、河南、山西等省进行反帝制的宣传活动，1917 年在贵阳达德学校任小学教员，并积极参加爱国运动；同年 12 月，考取贵州省黔中道留学日本官费生，在日本期间初步接触马克思主义思想，1919 年 5 月回国。

为求学和寻找革命真理，1919 年 10 月王若飞从上海赴法国勤工俭学。1921 年底，王若飞与周恩来、赵世炎等发起组织旅欧中国少年共产党；1922 年夏秋，由阮爱国（胡志明）介绍加入法国共产党，同时向国内党中央申请加入中国共产党；10 月，中国共产党中央通知旅欧中国少年共产党改名为"中国共产主义青年团旅欧支部"，并批准王若飞等为中国共产党党员，王若飞随即参加中共旅欧总支部的工作；1923 年 4 月，赴莫斯科东方大学学习，从此开始深入研究马克思主义和中国革命问题。1925 年 4 月从苏联回国，先在上海党中央机关工作，后任中共豫陕区委书记。1926 年 2 月调上海党中央

王若飞与李培之在黑海（摄于 1929 年，有题诗一首）

工作，任中共中央秘书长，参加领导了上海工人第三次武装起义；同年 4 月至 5 月，在武汉参加中国共产党第五次全国代表大会，并当选为中央委员；6 月以后，接受党中央派遣回到上海，任江苏省委常委、省农委书记。

1928 年 6 月，王若飞赴莫斯科参加中国共产党第六次全国代表大会，会后主动请求留在苏联，进入列宁学院学习。7 月以后，担任中国共产党驻农民国际代表，并参加中共驻共产国际代表团工作。1929 年 7 月，在莫斯科参加共产国际执行委员会第十次全会第十二次会议。1930 年秋至 1931 年夏，王若飞在莫斯科斧头镰刀工厂做铁工。

1931 年夏，王若飞自苏联取道乌兰巴托回国，8 月奉中共中央之命组成中共西北特别委员会，王若飞任书记，9 月底到达归绥，因遇险，10 月初到达包头，被国民党包头市警察局逮捕，在监狱中，他与敌人进行了英勇不屈的斗争。因为王若飞在内蒙古开展党的工作时，泰安客栈是重要活动场所，所以在此建立了王若飞纪念馆。

王若飞革命活动旧址——泰安客栈

1931年10月，王若飞来到包头，化名黄敬斋，住进东河区复成元巷的泰安客栈。这是一个坐南面北的小四合院，紧靠城墙，距包头南城门一里之遥。

一天晚上，一位彪形大汉风尘仆仆来到客栈，按捺不住激动的心情推开2号房间门，见到身穿长袍马褂正在读报的富商后，两人对目而视，随即两双手紧紧握在一起。来人是王若飞正在等待的西蒙工委负责人云泽（乌兰夫）。

云泽向王若飞详细汇报了西蒙工委的工作情况及西蒙地区的敌我形势。

王若飞听完评价说："西蒙工委三人小组的工作是很有成绩的，我这不是灶王爷上天尽说好话，在短短几个月里，就把党的工作开展起来，还把几十名蒙古青年送到蒙古人民共和国去培养，这就是有实效呀。"同时，王若飞也直言不讳地提了一些意见，使乌兰夫的认识有极大的提高。针对当前的实际情况，王若飞向乌兰夫部署了今后一个时期的工作任务：要始终重视武装工作，坚持做倾向革命的"老一团"的工作；要加强从进步知识分子中培养革命力量；面对九一八事变后国内的斗争形势，要发动群众抗日。王若飞还再三强调，必须在群众中宣传党的民族平等政策。

接下来的日子里，王若飞考察了包头风土民情，逛遍了老包头的商店和老字号，在转龙藏的林荫下，佯装吟诗作赋，在纸烟盒上写下了《内蒙古平民革命党宣言》。王若飞在国民党《包头日报》上，看到登载陕北红军活动的消息，在乌兰夫的协助下，派吉合去陕北寻找谢子长、刘志丹领导的红军，以取得联系。10 月中旬，他亲赴五原一带进行了一个月的社会调查，归来已是 11 月中旬。王若飞准备启程前往宁夏之际，向乌兰夫做了最后的工作安排，提出要和在包头工作的同志见见面，于是以商人的身份在绥西宾馆宴请了 20 多位同志，王若飞还亲自为不吃荤的同志点了几样素菜。席间，大家推杯换盏，表达了彼此深厚的革命情感，为即日离包的王若飞饯行。

11 月 20 日深夜，天无端地刮起了刺骨的北风，天空阴沉沉的，没有一丝星光，泰安客栈 2 号房间窗户上，依然有灯光在闪烁，在煤油灯光微弱的照映下，王若飞正在整理乌兰夫送来的文件。

21 日凌晨 3 时许，一阵猛烈的犬吠，伴随着客栈大门的轰响，惊醒了刚入睡不久的王若飞，他预感到情况有变，迅速取出材料，将整整 7 页文件一起吞入口中。但是为时已晚，国民党县党部特务樊君山带着十几名宪兵和警察破门而入。几个黑狗子硬是从王若飞口中抠出了还来不及咽下的材料，王若飞不幸被包头县公安局（地址在原巡检衙门旧址）逮捕。

翌晨，乌兰夫来找王若飞，进入客栈就发现不妙，借故打电话脱身出去，却被埋伏的特务追了上来。乌兰夫跳入一户民宅，惊得鸡飞狗跳，居民纷纷出来抓贼，却抓住了追来的特务，而乌兰夫趁机脱离了险境。

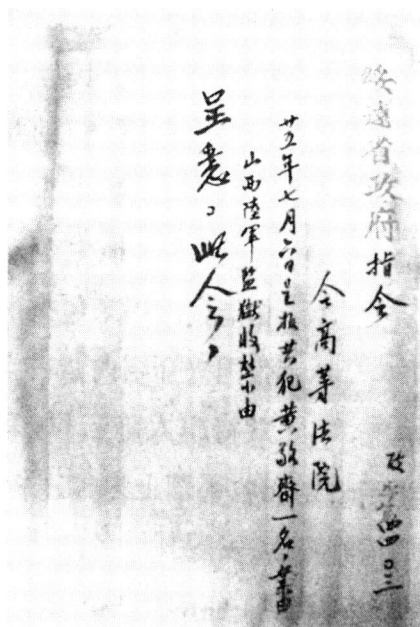

解押王若飞的指令

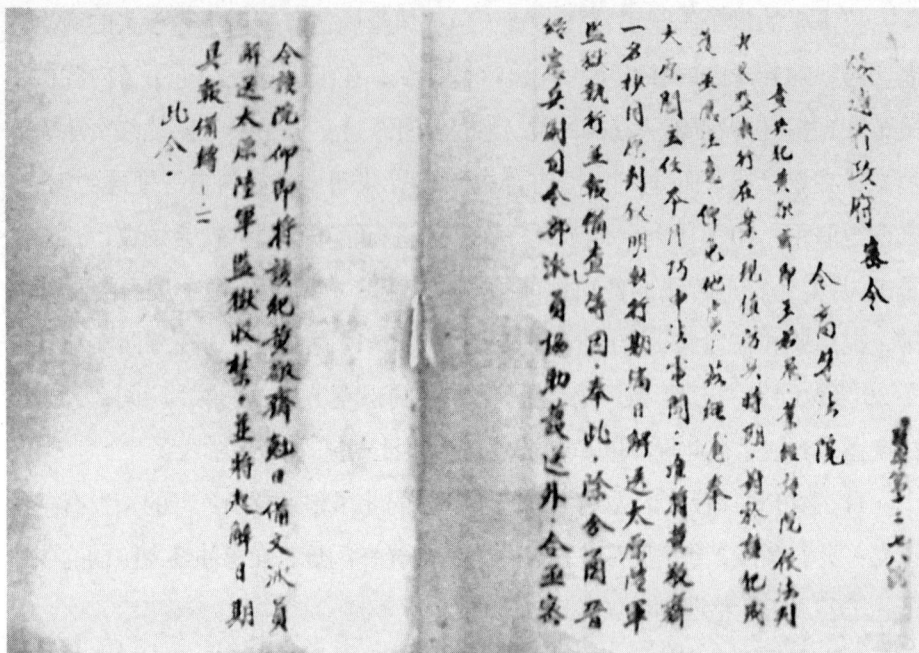

绥远省政府解送王若飞至太原陆军监狱的密令

敌人连夜审讯王若飞。王若飞以为文件已嚼烂，什么也不承认。

第二天早上，敌人根据烘干熨平的文件，得意忘形地追问许多人名和住处，王若飞明白自己已经暴露，便以共产党员的身份和国民党包头警察局长马秉仁等警宪人员展开面对面的斗争。在包头关押期间，他镇定自若，视死如归，没有暴露党组织和其他同志的情况，敌人一无所获，将王若飞押赴刑场施行假枪毙，王若飞神态自若，准备从容就义。反动当局无计可施，12月将王若飞转至归绥"绥远第一模范监狱"。

王若飞在法庭上公开宣传共产党的主张，揭露国民党的罪行，并借用敌人提供写交代材料的纸笔书写了蒋介石祸国殃民的14条罪状，在敌人威逼利诱乃至"枪毙"的恐吓下，表现了一名共产党人的革命英雄气概。1934年4月23日，绥远省高等法院以"危害民国"的罪名，判处王若飞有期徒刑十年，被关押在太原陆军监狱。

王若飞入狱期间，乌兰夫等人多方营救，没能成功。王若飞舅父黄齐生曾多方奔走搭救，但都被王若飞婉拒，他还表态不愿为了自己一个人的生命而背叛千万战士为解放事业付出的心血。王若飞的才华折服了时任绥远省主席的傅作义，因此萌生了将他纳入麾下的念头，将他约见在自家客厅。王若飞慷慨陈词，向傅作义讲述了自己的抗日主张，力争为抗日斗争贡献自己的力量，却严词拒绝了傅作义的招揽，更赢得了傅作义的钦佩。

狱中王若飞

王若飞被转押至山西后，阎锡山曾派亲信劝降，提出了十分"诱人"的条件，只要王若飞答应"合作"便可获得自由，离开监狱。王若飞却说作为一名共产党员，可以服从党的安排，但绝不用个人的生死利害来交易。

直至1937年5月，在中共中央北方局的多方营救和全国舆论的压力下，国民党当局被迫将王若飞释放。王若飞结束了5年7个月的狱中生活。出狱前，他要求党组织对自己进行审查，直到证实其在狱中的表现后才跨出监狱的大门，此番作为真正诠释了一个共产党员的自律与操守。

1937年8月，王若飞抵达延安。后历任中共陕甘宁边区党委宣传部长、八路军副参谋长、华北华中工作委员会秘书长。

1946年4月8日，在国共和谈濒于破裂的紧急关头，王若飞、叶挺、秦邦宪（博古）、邓发等人不顾恶劣天气的影响，乘飞机由重庆回延安向党中央汇报工作。临行前王若飞向周恩来道别时说："一切要为人民打算。"这句话成了王若飞的遗言，更是他一生为革命事业奋斗的写照。途中，飞机不幸在山西省兴县黑茶山触山失事。王若飞时年50岁。

遇难者分别是中共中央委员秦邦宪（博古）、王若飞；中共中央职工委员会书记邓发；原新四军军长叶挺及夫人李秀文、女儿扬眉、儿子阿九（时年3岁）；王若飞舅父、爱国进步教育家黄齐生先生，黄晓庄（黄齐生之孙）；十八

王若飞在延安（摄于 1937 年 10 月，王若飞任中共中央军委总政治部秘书长、统战部长）

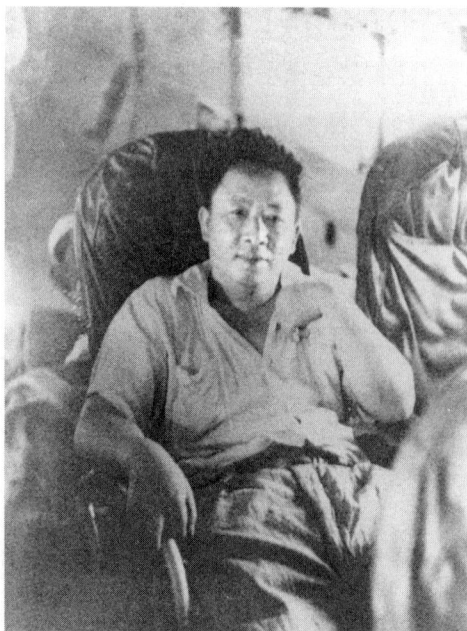

王若飞在赴重庆谈判的飞机上

集团军参谋李少华；王若飞随从魏万吉、秦邦宪随从赵登俊；阿九保姆高琼，共 13 人。还有机组人员美国飞虎队飞行员兰奇上尉及瓦伊斯上士、迈欧、马尔丁 4 人，全部遇难人员共 17 人。

1946 年 4 月 19 日 上 午 10 时，在延安东关飞机场举行隆重公祭"四八"烈士追悼大会和遗体安放仪式。毛泽东、朱德、刘少奇、林伯渠、贺龙等与延安各界 3 万余人参加。毛泽东题写了"为人民而死，虽死犹荣"的题词和题为《向"四八"被难烈士致哀》（《毛泽东文集》第四卷）的祭文。

朱德、刘少奇等中共中央领导亲自执绋送灵下葬，将烈士的遗体安葬在延安城郊王家坪北侧、清凉山下的飞机场旁，并修建了"四八"烈士陵园。

同日，延安《解放日报》开辟追悼"四八"遇难烈士专刊，刊登了毛泽东的《向四八烈士致哀》、朱德的《完成死难者所遗下的事业》、刘少奇的《痛悼我们的伟大的死者》等中共领导人撰写的悼

重庆温泉瀑布前留影

延安公祭"四八"烈士追悼大会

"泰安客栈"内的王若飞塑像与党和国家领导人题词的碑廊

念文章；刊登了毛泽东的手迹"为人民而死，虽死犹荣"，朱德的手迹"为全国人民和平民主团结而牺牲"，刘少奇的手迹"把给予我们伟大死者的悲痛，变为积极的力量，来巩固和平，争取民主"。周恩来在重庆《新华日报》上发表了题为《"四八"烈士永垂不朽》的悼念文章。

为纪念王若飞同志 1931 年在内蒙古地区从事革命活动的光辉业绩，1962年成立了王若飞革命活动旧址管理机构，后更名为王若飞纪念馆。1964 年，旧址被公布为自治区级重点文物保护单位。2017 年，王若飞纪念馆被中宣部命名为全国爱国主义教育示范基地。

少小虽非投笔吏
论功还欲请长缨

——郭韫小传

郭韫（1918—1980年），1918年农历五月出生于河北省蠡县。

早在学生时代，郭韫就参加了中国共产党领导的学生运动。1937年抗日战争爆发后，投笔从戎，参加了中国共产党领导的抗日队伍，1939年加入中国共产党。1939年至1954年，先后任蠡县总动员会组织部副部长、县民政科长、县长、专署秘书主任、河北省民政厅副厅长；察哈尔省（1952年11月建制撤省，按所属区域分别划归河北省、山西省、内蒙古自治区和北京市——樊尚仁注）第六行政督察公署专员、北岳区第六行政督察专员公署专员、察哈尔省察南地委委员、察南行政督察专员公署专员、华北行政委员会民政局副局长等职。

1954年，郭韫响应中共中央支援国家经济建设的号召，投身于国防工业建设，被任命为中华人民共和国第二机械工业部（1952年8月成立，简称"二机部"）正在建设中的内蒙古第一机械制造厂（现内蒙古第一机械制造集团有限公司）筹备组主任。

该厂是由苏联援建的中国第一座集生产、科研基地为一体的中型坦克制造厂，规模宏大，工艺技术复杂。为熟悉坦克制造技术和掌握企业管理知识，

1964年，郭韫（中）与技术人员在一起研究产品质量问题

郭韫到任不久即与一批干部到坦克修理厂（现北京北方车辆集团有限公司，隶属中国兵器工业集团公司）实习，经过一年勤奋学习和刻苦钻研，为工作打下了良好基础。1955年，他实习结束回到包头。此时工厂筹备工作已进入关键阶段，大规模基本建设即将展开，工作千头万绪。他高瞻远瞩，和其他厂领导分工负责，紧紧抓住基本建设、生产准备、产品试制三大任务，调兵遣将，分兵把口，指挥若定。1955年12月，他主持与中华人民共和国建筑工程部（简称"建工部"）华北第二建筑工程公司（华建）签订了工程协议，与城市水电、道路等管理部门订立配合协议，在厂内组建专职基本建设工作的"九科一室"，保证了基建工作井然有序地快速推进。

1956年3月，郭韫被中共中央政治局正式任命为内蒙古一机厂厂长。为加快施工进度，保证工程质量，他在加强工厂内部管理的同时，积极倡导成立了甲乙双方现场指挥部，协调施工进度，开展基建活动分析，真诚帮助乙方解决实际困难，同心协力确保工程质量。1957年1月，中共中央要求该厂1959年试制出第一批中型坦克，参加国庆10周年庆祝大典。为此他提出了"边基建，边安装，边试制"的"三边"方针和"平行、立体、交叉、流水作业"的施工方法。在甲乙双方精诚合作、日夜奋战下，提前一年实现了建厂目标。1958年底，试制出坦克样车。1959年底，工厂基本建成投产。1959年8月，完成了"十年大庆"32辆受检阅坦克的生产任务。20世纪60年代初期，苏联单方面撕毁援建协议，撤走专家，停止供应关键性原料，使生产处于极为困难的境地。为此，他在全厂组织开展了大规模的以攻克生产难关为

1965年8月郭韫（前排中）前往西安工业学院就任第一任院长，与内蒙古第一机械制造厂领导班子合影留念

内容的技术革新和技术革命活动，领导研制成功601无镍装甲钢、603轧制装甲钢等新钢种，建立了中国自己的坦克制造用钢体系，打破了苏联的封锁和垄断。1961年，他主持制定了主产品"小翻身"计划，对617项主产品零件开展技术攻关和质量攻关，组织力量制定生产期量标准，从而促进了生产的大发展。1962年，该厂产品产量比1961年翻了两番，1963年比1962年翻了一番。1964年至1966年，主产品产量又连续三年翻番。

1965年8月，郭韫接受第五机械工业部（简称"五机部"，1963年9月成立，主管国家兵器工业及其企事业单位、科研院所和大中专院校。1982年5月，改名为"兵器工业部"——樊尚仁注）的重托，奉命前往西安组建中国第一所半工半读的国防高等工业学校西安工学院（现西安工业大学），任院长、代理党委书记。

"文化大革命"中，郭韫遭到冲击和批斗，精神和肉体倍受折磨。1977年，调任西安国营红旗机械厂任党委副书记、书记。1980年4月26日，他在厂职代会上作报告时突发脑出血，抢救无效殉职，终年62岁。

舍南舍北皆春水
但见患者日日来

——康子铮小传

康子铮（1918—1990年），山西大同县人。

康子铮是中共党员，包头市人大代表，内蒙古自治区人大代表、政协内蒙古自治区委员会委员，政协包头市第五届委员会副主席。

康子铮的父亲康小民，曾任国民政府县长，年轻时酷爱中医，珍藏了不少中医典籍。康子铮受其熏陶影响，从小对医学产生浓厚的兴趣，高中毕业后，以优异成绩考入燕京大学医疗系。

1941年，康子铮准备报考协和医学院时，太平洋战争（第二次世界大战期间美日等国于1941年12月7日至1945年8月15日在亚太地区进行的战争——樊尚仁注）爆发，协和医院被日伪当局关闭，遂转入北京大学医学院医疗系学习。

此时的康家已家道中落，康子铮为继续求学，利用假期帮一些教授查资料以及誊抄稿件挣钱助学。由于勤奋刻苦，成绩优异，每年可获得160元的奖学金。1945年，北京大学医疗系毕业后留校任该院附属医院外科医师。其间得到妇产科专家林巧稚、外科专家吴阶平等名师的教诲和指导，不仅学到了精湛的医术，而且学到了他们对病人高度负责的精神和实事求是的科学作风。

一次，林巧稚让几个见习医生轮流为一孕妇检查，轮到康子铮时，听胎心、摸胎位，都正常。就是摸不到胎儿头，心里一阵紧张，难道连摸胎头的诊断都不会，岂不太丢人了吗？于是又仔细摸了一遍，还是摸不到，只好承认自己摸不到胎头。林巧稚笑了，很欣赏这个年轻人的独立诊断能力，更欣赏他的诚实品质。林巧稚用英语给康子铮打了一个 GOOD（好），然后对在场的人说："这的确是个无脑儿，很典型的无脑儿。"半年后，康子铮考入北平中央卫生实验院（中国医学科学院前身）医师进修班学习，之后又到北京中和医院进修内科。

1946 年 10 月，康子铮进修期满后，经北京中和医院院长钟惠兰教授推荐，到唐山开滦煤矿总医院任医师。不久回原籍山西省立大同医院任内科医师、医务主任。1948 年 2 月受聘到兰州医学院工作，因交通中断滞留包头，遂在包头定居，担任绥远省立包头医院内科医师、医务主任。由于技术全面，内外儿妇科病皆医，很快名声大噪，求医者络绎不绝，门诊、出诊应接不暇，足迹遍及包头全城。

1949 年 9 月 19 日包头和平解放，医院回到人民手中，从此康子铮高超的医术得到更大发挥，曾任包头人民医院（今包头市中心医院）内科主任和副院长，后调市第一医院（即今包头医学院第一附属医院）任副院长。从业 40 多年来，康子铮为数以万计的病人解除了病痛，抢救了许多危重病人。他高尚的医德和高超的医术受到广大患者的赞誉。对待科学，始终抱着知之为知之、不知为不知的实事求是的态度，从不在下级医生面前轻易说未经科学验证的结论性意见，更不在病人和家属面前夸口。不论是常见病还是疑难症，总是耐心地听病情介绍，仔细认真地检查。

对于农民患者，康子铮有着特殊的感情，他深知农村缺医少药，看病不易，格外精心。1964 年，康子铮赴包头市郊区（今包头市九原区）乌兰计巡回医疗三个月，诊治患者 2000 多人次。

土黑麻淖村一中年妇女患软骨病、心脏病多年，几经治疗无效，病人极度衰竭，家人已为其准备后事。康子铮听说后，立即赶到病人家进行仔细检查治疗，终于把患者从死亡线上抢救过来。

康子铮不仅对内科专业有坚实的理论基础，而且对祖国传统医学也有较深的造诣，尤其对内分泌代谢、癫痫病、美尼尔综合征有较深的研究和独到的见解。他十分重视祖国传统医学，1953 年，就积极建议开设中医科，高薪聘请著名老中医钱问亭、安定山、白之炯等来院诊病，并拜钱问亭、安定山为师，虚心求教，共同探索运用中西医结合治疗黑热病、消化性溃疡、神经衰弱、类风湿关节炎、痛经、慢性充血性心力衰竭等 15 种疾病，取得显著疗效。

1958 年 5 月，在包头市第三届人民代表大会第一次会议上，康子铮同七名医务界代表联合发言，提出"在包头办一所医学院，培养高级医务人才，以适应医疗事业蓬勃发展的需要"的议案，得到市党政领导的高度重视。同年 9 月 1 日，包头医学院正式开学，实现了康子铮多年的夙愿。他兼任医学院医疗系主任，后任副院长。

多年的临床实践，为康子铮积累了丰富的教学内容，讲课深入浅出，结合常见病、多发病例及时向学生传播国内外医学发展的最新成果，学生极爱听他的课。

康子铮担负医院繁重领导工作的同时，始终坚持到各科查房，参加重大手术和危重病人的抢救。一些青年医师结合临床实践写的论文，请他提意见，他从不推辞，总是耐心帮助，提出修改意见。

1959—1983 年，康子铮先后担任包头市医药卫生学会副理事长、中华医学会包头分会副理事长、内科学会主任委员等职。其间，他十分注重通过学术交流提高广大医务人员的理论水平和业务能力，经常举办疑难病症学术讲座，作学术报告百余次。他将多年倾心钻研积累的临床经验汇集成书，作为青年医生进行业务学习的教材。他先后发表论文 50 余篇及《发热疾病诊断与鉴别》《内科疾病症状诊断》两部专著。

"文化大革命"期间，康子铮被扣上"反动学术权威""特务嫌疑"的帽子。在长达四年的监禁和劳动改造中，身心受到极大摧残。1972 年恢复工作后，他不计较个人得失，一面从事临床医疗和教学，一面着手整顿医院，恢

复正常工作秩序。

1977年6月，康子铮与吴宝瑜共同编撰的《发热疾病的诊断与鉴别诊断》，由内蒙古人民出版社出版发行。

1981年康子铮加入中国共产党，实现了他多年的夙愿。

1951年3月至1955年5月，康子铮担任包头市人民代表会议协商委员会第四、五届委员；1952年至1986年期间，连续当选为包头市第一届至第七届人民代表大会代表；内蒙古自治区第五届人民代表大会代表；被邀请为政协内蒙古自治区第五届委员会委员；1978年11月当选为政协包头市第五届委员会副主席。

1990年11月18日，康子铮因病医治无效逝世，享年72岁。

动作优美打金钱
响遏行云走西口

—— 刘银威小传

刘银威（1918—1991 年），土默特旗人，1918年 9 月 13 日（农历八月初九）出生于今土默特右旗双龙镇何四营子村一户贫困农家。1991 年因病于呼和浩特辞世，享年 73 岁。

刘银威是二人台生角演员，曾任内蒙古自治区人大代表、政协委员和内蒙古文联委员、内蒙古剧协理事。

刘银威幼时家贫，8 岁时母亲在疾病和贫困交加中撒手人寰。全家三口人仅靠父亲给人打短工生活。他曾随父亲到河套地区乞讨。10 岁时为大户人家放羊，跟着父亲刮碱土熬硝。

旧时，土默特川的大部分居民多为生活所迫走西口而来，尤以晋陕地区的移民为主。在他们带来各地劳作技艺的同时也带来了他们各自家乡的风俗习惯，加之此地又是蒙汉杂居地区，因此，在蒙古族音乐和汉族音乐的不断交融中，形成了别具一格的蒙汉调。耳濡目染之下，这里的人大多都会唱几嗓子，刘银威在这样的环境熏陶中，自幼酷爱二人台，在劳动闲余，常常流连于大人们的"打坐腔"（"打"就是"表演"的意思，顾名思义，"坐腔"就是坐唱——樊尚仁注）当中。每逢"小班"来到此地，他总会追着戏班挨着村看。据说在他 12 岁的时候，村里在演练秧歌，乐队的师傅们看他长得"袭人"，因而要求他唱个曲儿，谁知这一唱，在招来乡亲们的赞赏和秧歌队重视的同时，也使他与二人台艺术结下了不解之缘，刘银威的演唱使得他留在了秧歌队，逢年过节，村里的红火总会出现他的影子，他对二人台艺术也越来越着迷了。

自 12 岁走上学艺之路，刘银威先后拜老艺人瞎眼王三、王埃锁为师，先后学会了二人台主要伴奏乐器笛子、四胡、扬琴、三弦、四块瓦，为他以后在唱腔创新上奠定了基础。15 岁时，又拜钟杏儿为师，17 岁加入了三发子的"小班"，从此走上职业演员的道路。刘银威的演唱高亢、明亮，音域宽，跳动大，吐字清楚，行腔委婉，表演真实自然，动作优美，善于吸收借鉴其他戏曲（特别是晋剧）的演唱技巧和表现手法加以创新。其代表剧目有《走西口》（饰太春）、《打金钱》（饰马立查）、《牧牛》（饰牧童），他把不同的角色演绎得惟妙惟肖，在内蒙古西部地区有很大影响。

新中国成立后，各地的地方戏焕发了生机，二人台这个在旧社会备受摧残的民间艺术逐渐复苏了起来。1952 年，刘银威在包头演出时加入民艺剧社，和著名老艺人计子玉、樊六、高金栓、班玉莲等同台演出。

1953 年刘银威参加绥远省民间艺术会演并参与筹建剧团工作。这一年是刘银威收获的一年，也是他二人台事业走向巅峰的一年。刘银威参加了绥远省民间艺术会演，受到大家一致好评。同年参与筹建第一个国营专业二人台剧团——绥远省前进实验剧团舞剧团（后改称呼和浩特民间歌舞剧团），这是二人台史上的一件大事——第一次有了国营专业二人台剧团，这对二人台的发展起了很大作用。同年 4 月，包头市文教局从萨拉齐县选调刘银威、高金栓、刘全、任万宝等代表绥远省赴京参加全国民间艺术观摩演出。会演中，刘银威与刘全合演《打金钱》，与高金栓合演《走西口》，荣获演员一等奖。会演结束后，应邀在中南海怀仁堂演出，受到周恩来及贺龙、陈叔通、黄炎培等中央首长的亲切接见并合影留念。自此，二人台走进了首都北京，走进了怀仁堂，民间艺人受到这样的尊敬和荣誉，再也不是旧时的"下九流"了。是年 9 月，刘银威响应国家号召，参加慰问团赴朝慰问"最可爱的人"，把二

内蒙古影像出版社出版发行的刘银威、齐凤英《走西口》VCD封面

人台艺术第一次带出国门，带入了硝烟弥漫的战场，并且受到官兵热烈欢迎。据高金栓回忆：10月3日，高金栓分别与刘银威、刘全为朝鲜军民和祖国亲人演出了《打金钱》《牧牛》，刚开始他们还担心大家能不能看懂、听懂，能否受到欢迎？然而随着演出的不断进行，观众随着剧情的发展，对他们演出的情节、表演、唱腔、舞蹈，甚至一些诙谐幽默的语言和造型，不时发出惊叹、欢笑和掌声。慰问团回国后，他们在沈阳、天津、太原等地演出，刘银威还应邀为中国歌剧舞剧院、北京舞蹈学校传授技艺。1955年他与刘全演唱的《打金钱》、与高金栓、顾小青演唱的《走西口》由中国唱片公司灌制唱片在全国发行。1958年，内蒙古百万民歌晋京展览，著名作家老舍看后欣然题诗："百万民歌内蒙来，句句都是二人台。看了一遍还想看，都说群众是天才。"老舍看完刘银威演出的二人台抹帽戏《小寡妇上坟》后，在《北京晚报》发表文章，对刘银威的表演大加赞赏，"一个人扮演了9个不同性别、不同年龄、不同性格的角色，堪称一绝"。此后，刘银威又在甘肃、青海、西藏等地巡回演出。1955年、1957年、1959年连续三次参加内蒙古会演均获一等奖。

为了发展二人台事业，刘银威积极投身教育事业，到多所国家级院校传艺，培养出大量二人台优秀人才。1959年为了培养二人台艺术后继人才，他奉调在内蒙古艺术学校任教。1961年，他和班玉莲合演的《走西口》由内蒙古电影制片厂摄制成舞台艺术片，这是二人台第一次走向银幕。其高亢、明亮、委婉的行腔艺术受到群众的热烈欢迎，在二人台艺术界享有很高的声誉。

1959年，为了发展与传承二人台艺术，培育二人台青年生力军，内蒙古艺术学校成立了民间歌剧班，也就是二人台班。刘银威被邀请从事教育工作，为此，刘银威把他的后半生奉献给了二人台事业。两届二人台学生毕业后，"文化大革命"爆发，二人台艺术因包含"哥哥、妹妹"等词语被定为"流氓艺术"，因此，刘银威也被扣上了"反革命"的帽子，赋闲在家，离开了他深爱的二人台艺术。

"文化大革命"结束后，刘银威虽年逾花甲，却仍登台演出和参加录音录像。改革开放后，内蒙古艺术学校恢复招收二人台班，刘银威在学校的再三邀请下重新回到课堂，再次拿起久违的教鞭。那时，正值冬季，刘银威因患了肺气肿病不便出入，因此他要求学生们去他家里上课。第二年开春后，他心疼学生们来回跑，耽误学习时间，便自己选择住进学校授课，教学五年来，他拖着病体，常常排练到深夜。学生们刚开始没有教材，刘银威在吕宏久的帮助下，整理出他几十年来所演所唱的所有剧目、曲目，编辑出版了一套《刘银威二人台唱腔集》，书中记录了70多首演出剧目的全部唱腔，由内蒙古人民出版社出版发行。

吕宏久记录整理

刘银威二人台唱腔集

内蒙古人民出版社

在教学过程中，刘银威还创新了霸王鞭的打法，在借鉴其他戏曲枪花技巧的基础上，改变了霸王鞭历来只用一根的打法，发展为两根、三鞭同时打出手，花样翻新。还有扇子、手绢的技巧，也是他和刘全等人从其他剧种中移植过来加以发展的，丰富了二人台的舞蹈语汇。

五年的教学里，内蒙古艺术学校分别培养出了王建国、崔淑芳、刘建中、郑美明、李波、霍伴柱、乔二丽等依旧活跃在舞台上的二人台业务骨干，他们大部分为国家一级演员，可以说，刘银威对二人台的贡献功不可没。

男儿立志出乡关
革命不成誓不还

—— 彭达小传

彭达（1918—2014 年），原名马信，字子诚，1918 年出生在包头。

1938 年，彭达加入中国共产党。1941 年到达革命圣地延安。新中国成立后曾任中华人民共和国兵器工业部党委书记。

革命的启蒙者

嘉庆六年（1801 年），山西人马自成从洪洞县"走西口"来到包头，依靠租押蒙古族青木刀儿计位于陈户窑子的户口地养家糊口。几代后，到了彭达父亲马世富这一代仍以务农为生，由于包头城外土匪横行，全家搬到城内五保巷居住。

彭达读了四年私塾后，1932 年进入包头马王庙小学学习。该校校长邬震是包头著名的教育家，他治校严谨，鼓励学生自强不息。1928 年，邬震带领学生掀起打倒泥胎神像运动；1929 年，他带领学生挨家挨户宣传妇女放足的道理；1930 年，他发动学生示威游行，反对在包头城西北门设立税卡。彭达进入马王庙小学后，邬震多次在朝会（又称早会，是指中学、小学在早晨时段的一种集会活动或仪式——樊尚仁注）上揭露日寇侵华罪行，号召学生要做"抗日先锋"。邬震同情人民,疾恶如仇,他对当政者的腐败、社会生活中的黑暗现象都给予批评和揭露,这些都对彭达人生观、价值观的形成有很深的影响。彭达的二哥做皮毛生意,常把沙子掺到毛里,彭达对此十分反感,决心长大后绝不从商。邬震曾摸着他的头说:"你头上长有反骨咧!"

1933年6月下旬,蒋介石命四十一军孙殿英部赴青海屯垦,7月,四十一军暂住包头。军中任政治处处长的韩麟符是中共党员。中共绥远特委书记刘仁经常到四十一军做策反工作,在军中组织"读书会""反帝红旗会"等,彭达经常看到这些组织宣传布尔什维克的传单,使他开始接触到共产主义思想。

1934年,彭达考入绥远省立第二中学(今包头市第一中学)。使他懂得"要为穷人说话"的启蒙者是英语老师朱子清。朱子清是共产党员,他在课堂上经常讲一些革命道理,宣传抗日思想,希望学生读《水浒传》《儒林外史》等古典小说。1985年,彭达对老同学郝秉忠说:"在课余时,我常去朱子清老师的宿舍与他聊天,受到革命思想的影响。"

组织抗日游击队

1935年,绥远省各县在每一乡镇都设乡村工作指导员(简称乡导员)。彭达在乡导员训练所参加了第三期训练班的学习,该所的宗旨是:"改进人民生活,增加人民生产,促进乡村建设。"

1936年,彭达加入绥远国民兵,任第四团政训处主任,在对士兵进行文化教育的同时积极宣传抗日。11月14日,傅作义将军发动了抗日的绥东战役,23日光复了百灵庙。彭达随军至武川,后至集宁。

1937年七七事变后,全面抗战开始。9月13日,日军进入大同,丰镇、集宁相继失守,绥远国民兵副司令李大超率三十五军军官训练队和军士训练队西退至包头。在包头,李大超又组成新的绥远国民兵司令部,李大超任司令,并在包头收容乡导员、自卫队等部,把包头、归绥四个补训团扩编为师。

9月27日，李大超率部进入归绥，任归绥城防司令，后移驻包头。

1937年10月17日，日军占领包头，绥远国民兵退往陕坝，潘纪文、郭敬等20名共产党员随军到达陕坝。彭达从集宁赶到陕坝任特务营副营长。10月，李大超重组政训处，政训处有多名共产党员，担任政训处主任、同时又任绥西工委书记的李衡就是其中之一。1938年，傅作义免去李大超归绥城防司令的职务，李衡便离开陕坝去延安。随后，彭达、李石英、安建国等20余人亦脱离了绥远国民兵，到达绥远抗日最前线安北县（时为包头第三区），并在那里组建抗日后援会，曲步霄筹集一些经费开展抗日救亡宣传活动。彭达由刘一山（刘瑞森）介绍加入了中国共产党。在这里，彭达见到包头学者王佐兴，听他讲述了马列主义思想理论和很多关于共产党的事，使彭达坚定了跟着共产党走的决心。

1939年冬，绥远省政府主席傅作义任命包头籍中共地下党员乔培新为包头县县长。1940年2月，耳子壕建立中共包头县委，乔培新任宣传委员。1939年3月，成立绥远省各级（省、县、区、乡四级）抗日救国动员委员会。傅作义任命彭达为安北县区长和第二行政公所动委会主任。中共安北县委成立后，由李石英任书记，安建国任组织委员，彭达任统战委员。彭达还与安建国组建了马建华、彭临、李过继、郭敬等40余人在内的安北县抗日游击队，凭着几条枪，在安北县境内打游击。

奔赴延安

1940年，傅作义将军发动五原战役，安北游击队开赴五原，配合五原战役。1940年3月23日，爱国官兵与日军激战，收复五原。1939年冬至1940年春，国民党顽固派发动了第一次反共高潮。五原战役后，傅作义在蒋介石的不断督促下由联共转为反共，将中共中央特派员代表潘纪文礼送出绥远。国民党中统局派张庆恩到河套任绥远省国民党党部书记长。张庆恩上任后，立即建立了反共组织体系，开始清除共产党员，党的地下组织被破坏，安北游击队亦被迫解散。

1941年1月，绥远省动委会书记长于纯斋给彭达打电话："傅作义长官让你来一下！"

傅作义见到彭达后直言："人家供出你是共产党员。"

彭达说："我是共产党员，但介绍人刘瑞森走了，我与他是单线联系，我已经脱党了。"

傅作义让彭达找中统特务头子张庆恩，于是，彭达趁机带着一把24式手枪，骑着自行车回到五原县。

1940年3月12日，八路军大青山骑兵支队政治部主任彭德大在绥西明安东滩（现固阳县下湿壕镇西南方向的小邦郎村）牺牲，彭德大的革命精神对敌后游击队影响很大，所以，彭达到五原后，为继承彭德大的革命遗志，将自己的原名马信改为彭达，化装成病人到了安北。由于中共党组织已被破坏，从延安派来的王明礼通知彭达马上离开安北，此时正是1941年1月26日（农历大年除夕），彭达与王明礼急匆匆走了一里多路后，跟王明礼商量，想把妻子王健和儿子带出来，王明礼说："我们已走这么远了，回去也救不了

彭达与章小初合影

她。"随即彭达、王明礼、孙石夫、李石英四人由一蒙古族向导带路，从伊克昭盟（今鄂尔多斯）经桃力民，于1941年3月7日到达革命圣地延安。

20世纪50年代初，彭达从战友处获悉，他离开安北后，他的妻子王建被国民党特务抓走，后改嫁国民党五原县县长（新中国成立初被镇压），现正独身居住在北京。那时彭达已与清华大学教务长章孟南之女章小初结为伉俪，获悉这一消息后，夫妻俩曾去探望，但未能如愿，后听说去了美国。此为后话。

重返绥蒙

1941年4月至8月，彭达在中共中央党校学习，邓拓任校长，彭达任党支部书记。8月份以后，彭达到陕北安定县任征粮工作团团长，年底任陕甘宁

2014年彭达接受采访

边区盐务总局苟池分局局长。

1944 年，中共西北局书记习仲勋让中央少数民族工作委员会高增培科长安排彭达回绥蒙工作，彭达任中共伊盟工委政务秘书，兼任三边民族学院秘书长；1947 年，彭达任蒙汉支队副参谋长；1948 年任陕甘宁边区政府建设厅秘书主任。

新中国成立后，彭达曾任中央人民政府政务院人民监察委员会二厅高级监察专员、副厅长等。1981 年任中华人民共和国第五机械工业部（1982 年更名为兵器工业部）党委书记。1985 年彭达离休后，依然念念不忘包头这块曾经生活和战斗过的故土，每年都要回到这里住几天，看望老熟人，他曾多次说："我希望永远生活在群众当中，在有生之年再为大家做点力所能及的事。"包头市东河区北梁棚户区改造时，他多次去陈户窑子村实地调研，了解民情民意。

2014 年 7 月 26 日，彭达因病去世，享年 96 岁。按照其生前遗嘱，遗体捐赠给首都医科大学，供医学解剖，部分遗产委托老部下用于救助贫困失学儿童。

田园寥落干戈后
骨肉流离道路中 | —— 李世昌小传

李世昌（1919—1947年），又名云德胜、赵德胜，蒙古族，1919年出生于土默特旗美岱召村（今土默特右旗美岱召镇）。

李世昌是中共党员，革命烈士。

青年学子奔赴延安

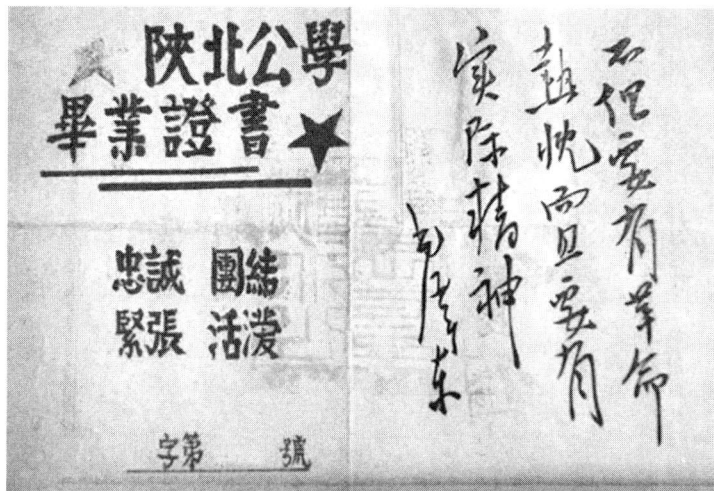

1938 年秋，八路军李井泉支队开进大青山，建立抗日游击根据地。不久便派于源、刘启焕、王弼臣等深入美岱召一带，发动群众抗日救国。李世昌等当地蒙古族进步知识青年是他们培养的首批重点人物。李世昌同王经雨、刘深源、李振华（蒙古族）等组织了青年救国会，从事抗日救亡活动。1939 年秋，根据中共"注意从蒙古族青年中选拔和培养干部"的指示，王弼臣将李世昌、李振华护送至大青山革命根据地，引见给萨托县委副书记高鸿光，高又通过中共土默特工委负责人贾力更，把他们护送过黄河。他们在中国国民革命军新编陆军第三师（简称"新三师"）见到乌兰夫。经乌兰夫介绍，于同年底到达延安。

到达延安后，李世昌即被送到陕北公学 55 队学习。1941 年，李世昌又转入民族学院第一班学习。这期间，他一边和同学们种菜、背米、打窑洞、烧木炭，自力更生解决衣食问题，一边刻苦努力，认真学习政治、军事、文化等知识，各科学习成绩均名列前茅。

1946 年，李世昌调任中共三段地（地处今鄂尔多斯市鄂托克前旗——樊尚仁注）工委组织部长。

1947 年 3 月，国民党军队进犯陕甘宁边区，马鸿逵的两个旅逼近三段地，解放军主力调到陇东和定边城。这时，当地的人民武装还不到 300 人。因此，三段地工委及保安队实行战略转移，部队沿着白泥井（今隶属陕西省榆林市定边县）开往东堂时，工委书记周仁山让李世昌、康恩源、王延返回原路寻找掉队的干部、战士。4 月 6 日，当他们从东堂行至糜地梁时，被鄂托更巴音尔等 10 余名匪徒包围而被俘。因李世昌身着军装，匪徒们又从他身上搜出一支手枪，认定他是解放军。其中的一名匪徒用马鞭狠毒地打他的头，鲜血顿时顺着脸往下淌。晚上，李、康、王三人被关到同一房里。他们趁匪徒不注意，互相表示永不变节、永不叛党，并约好口供："李世昌是解放军，康恩源、王延是受苦人，三人同路相逢，互不认识。"当匪徒用酷刑拷打他们时，虽被打得血迹斑斑，但三人口供始终一致，没有向敌人吐露任何秘密。

4 月 7 日，匪徒们又把他们三人拷打了一天，仍然没得到任何有用的情况。晚上，匪首黄玉堂、巴音敖其尔派四名匪徒把李世昌枪杀。

李世昌被害后，康恩源逃出虎口；王延被转押送宁夏、盐池、永宁、银川等地。新中国成立后，公安机关将鄂托更巴音尔等匪徒逮捕法办。

昆河图画看不足
当代鲁班孙冰水

—— 孙冰水小传

孙冰水（1919—1975年），原名孙彬水，又名孙凯茜、孙和轩。陕西省西安市人。

孙冰水，曾任鞍钢建设公司炼钢工程公司经理、鞍山冶金建设公司包头分公司副经理、冶金工业部第二冶金建设公司经理、冶金工业部基建组（局）负责人。

1925年至1936年，孙冰水在西安市伦海小学、第二中学及简易师范学校求学。1935年下半年，参加学生救亡运动，"西安事变"后参加民族解放先锋队（简称"民先队"）。1937年初，经西安各界救国联合会介绍至位于延安的中国人民抗日军事政治大学（简称"抗大"，其前身是"红军大学"）学习。同年4月加入中国共产党。6月，入中央党校学习。1938年先后任西北青年救国会组织部干事、西安市民队冬令营政治委员、陕西沿河七县青工巡使、民族解放先锋队大队长等职。9月，转入地方工作，任中共渭南中心县委青年部长和渭北区区委书记。1940年5月，孙冰水调延安中央马列学院和中央党校学习。1942年，任中共西北党校县委班班主任、中央党校六部组教干事。

1945年8月，孙冰水奉命参加中共东北干部团，10月到达黑龙江，任泰安县（今黑龙江省齐齐哈尔市依安县）县委副书记、望奎县（现隶属黑龙江省绥化市）县委书记等职。

1949 年，孙冰水转入工业战线工作，曾任鞍山钢铁公司修造部党总支副书记、基本建设处党委书记、副处长、基建计划处副处长、鞍钢建设公司（简称"鞍建"）炼钢工程公司经理、鞍建工程计划处处长、鞍建副总工程师等职。1951 年 11 月，他负责鞍钢三大工程设备订货，赴苏联工作，由于认真学习，掌握了有关政策和各方面知识，工作进展顺利，仅用半年时间圆满完成任务。1953 年初，担任鞍建炼钢工程公司经理，领导大型轧钢厂施工建设，确保该工程按期顺利投产。

1955 年 6 月，孙冰水调至包头，担任鞍建包钢建设筹备处主任。1956 年 3 月，他任鞍山冶金建设公司包头分公司副经理。同时，他深感自己的能力不足，抓紧学习，坚持听苏联专家讲课，定期与苏联专家商讨工作。学习或商讨的问题做到项项有记录，件件落实到工程建设中。由于他刻苦学习，很快掌握了从勘察设计、生产工艺到施工生产的经营管理业务。在包钢金属结构制造厂的建设中，他亲自指导设计，领导施工，仅用八个月时间就建成投产。1957 年 9 月，包钢厂区大规模基础建设开始，他担任包钢分管基建工程的副经理，夜以继日地在施工现场指挥工作。为防止主观主义，克服官僚主义，他注意计划的编制工作，编制前经过深入调查研究，综合考虑主客观条件，实事求是地做好工程建设的"五大平衡"（混凝土、构件、重型机械、运输、土方），保证了工程建设协调、顺利地进行。

1962 年 1 月，正式组建包钢建设公司（后更名为"包头冶金建设总公司""冶金工业部第二冶金建设公司"；1992 年改称"中国第二冶金建设公司"，简称"二冶"——樊尚仁注），孙冰水担任公司副经理。1963 年 10 月，他调任马鞍山冶金建设公司党委书记。1964 年 11 月又调回冶金工业部第二冶金建设公司任经理。上任后的第二天即参加了冶金工业部在兰州召开的"三线工程"汇报会。在汇报会上，根据会议要求，把宁夏工程的前期工作准备情况口头做了详细汇报，汇报中涉及的有关数据都准确无误，阐述问题的观点鲜明而且具有逻辑性。因此得到了与会领导和同志们很高的评价。冶金工

1965年5月13日，冶金部第二冶金建设公司部分领导同志合影（欢送李超）前排左一段平山、左二孙冰水、左三纪华、右二林光、右三李超

业部的领导和兄弟单位的与会代表都亲切地称他为"专家"。1964年，曾因工程预算的编制审批等问题，使二冶与包钢相持不下，各持己见，达一年之久。他亲自参加了双方就此问题的会商，在会上举例阐明了预算编制的根据，以及审批预算所应遵循的原则，这样就使争执的问题很快得到妥善解决。从此，凡是他批过要钱要物的报告，甲方照付，并说：孙经理手里握的是一支公平笔。

孙冰水工作认真严谨细致，作风扎实，责任心极强。坚持白天下现场，晚上抽时间开会，看文件；他生活俭朴廉洁，给家人立下规矩，凡因私用公车一次交款10元，在包工作多年从未破过此例。他经历了抗日战争、解放战争以及新中国初期恢复鞍钢的建设和包钢早期的创业，由于生活条件艰苦，工作繁重，因劳成疾，身患肺结核、胃病、肝炎等多种疾病，但他仍忘我地工作，很少想到自己的家庭，难怪他家人都说他把家当成了"饭店"和"旅店"。

"文化大革命"中，他被打成"走白专道路的修正主义分子"遭到批斗，但仍坚持工作。后被结合进第二冶金建设公司革命委员会，任副主任。

1971年7月，孙冰水奉调冶金工业部，任基建组（局）负责人。不久调任外事司负责人，担任援建阿尔巴尼亚冶金联合企业工程的技术组长，曾获阿尔巴尼亚政府颁发的一级劳动勋章。1974年7月在阿尔巴尼亚病重，确诊为肺癌，奉调回国治病，1975年10月25日，医治无效在北京逝世。10月31日，冶金工业部为他召开追悼大会，骨灰安放在北京八宝山革命公墓。

人说诗书传家久
又道稼穑济世长

——孟宪家小传

孟宪家（1919—1984 年），农艺师，出生于吉林省榆树县（现为吉林省长春市下辖县级市）。

孟宪家 1945 年毕业于日本北海道帝国大学农学部工艺作物专业。回国后曾在辽阳麻织厂、内蒙古公安厅劳改处、呼伦贝尔盟（现呼伦贝尔市）劳改处、内蒙古中滩农场工作。1963 年调固阳县农业局，1972 年调农业局下属的五一良种场。

孟宪家调入五一良种场后，主持了良种场农作物优良品种的引进、繁育、试验、推广。确定以小麦、莜麦、山药、胡麻的良种繁殖为主，水旱地同时试验的经营方向，使良种场的农作物于 1973 年全部实现良种化。

在孟宪家的主持下，良种场建立了提纯复壮田、种子田、繁殖田。从 1972 年到 1980 年的 9 年间，良种场先后引进优良品种及品系 145 个。通过大量试验，选出了适应固阳地区生长的小麦、莜麦、马铃薯、油料、豆类等 10 个品系。这些品种都在全县农业生产上推广使用，并作为主体品种种植，发挥了良种增产的作用。其间，良种场向国家上缴良种 94 万公斤，相当于 20 世纪 60 年代上缴良种量的 16.9 倍。

提纯复壮是孟宪家主持研究的一个重要课题。他分别采用三圃法和二圃法，对小麦、莜麦、马铃薯、胡麻等 10 多个品种、品系进行了系统的提纯复壮研究试验，收到了良好的效果。几年来共生产原系种 2 万公斤，原种 12.4

万公斤，为全县良种普及推广及增产增收作出了极大的贡献。

旱地小麦新品种选育是孟宪家承担包头市科委的一个重要课题。经过长时间的定向培育，选育了旱地小麦两个理想品系——"7411"和"7544"。其中"7411"被纳入内蒙古自治区布点试验范围。他培育的 7 个小麦和 7 个莜麦品种参加了 1976 年内蒙古自治区小麦、莜麦区域审定并获好评。

孟宪家根据自己的实践，撰写了多篇农作物提纯复壮的论文，曾在 1979 年《包头科技》上发表。由于孟宪家在农业上的突出贡献，多次受到内蒙古自治区、包头市的表彰。

1984 年，孟宪家因病医治无效逝世，终年 65 岁。

眼见小园芳菲尽
终教桃花再重开　——郝田役小传

郝田役（1919—1989 年），原名郝田福，1919 年 11 月 27 日出生于山西省榆社县云竹镇桃阳村一个普通农民家中。

郝田役曾任中共包头钢铁公司（简称"包钢"）党委第一书记、冶金工业部副部长兼中共包钢党委第一书记，天津市委常委、市革委会副主任、副市长等职。记录其行为世范的《风范永存——郝田役纪念文集》由天津人民出版社出版发行。

童年时，郝田役入本村小学校读书。1935 年秋，小学毕业后考入榆社县中学学习。1936 年秋 17 岁时，参加了山西省牺牲救国同盟会（简称"牺盟会"，抗日战争时期，中国共产党实际领导的山西地区抗日民族统一战线群众团体——樊尚仁注），开始投入抗日救国活动中。1937 年七七卢沟桥事变后，日军大举进攻华北地区。由于国民党军队节节败退，日军很快攻占了山西省省会太原市，山西省各地学校被迫停办转移。正在榆社县中学初中二年级学习的郝田役，在民族处于危亡时刻，毅然弃学从军，参加了由八路军领导的榆社县抗日游击队，在游击队二大队当战士。不久，调到游击队政治部任干事。1938 年 3 月，加入中国共产党。1940 年 3 月后，因工作需要，先后任中共榆社县委宣传部长、组织部长和县委书记。在极其残酷的对敌斗争中，他坚持宣传群众、发动群众，开展减租减息，武装保卫根据地，与日伪军进行英勇顽强的战斗。

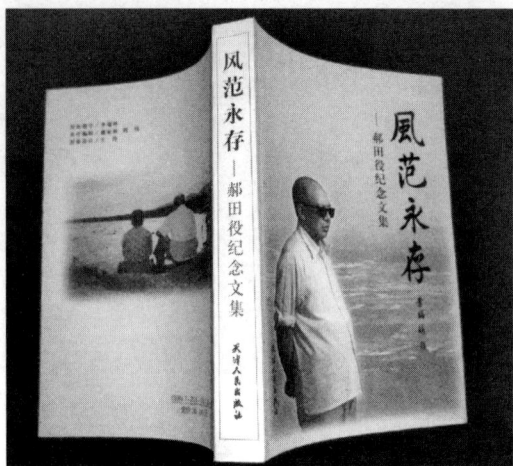

解放战争时期，郝田役相继任中共襄垣县委书记、临漳县委书记（分别隶属于今山西省长治市、河北省邯郸市），成功地领导了当地的土地改革和对敌斗争，巩固了人民政权，支援了解放战争。

1949年10月后，郝田役历任中共河北邯郸地委宣传部部长、组织部副部长、地委副书记、邯郸市委书记、市委第一书记等职。

1956年，郝田役当选为中共八大代表。他与广大干部群众同甘共苦，发展生产，恢复经济，领导并参加了邯郸的"一化三改"运动，成功完成邯郸、峰峰两个省辖市的合并工作（1956年，峰峰市、邯郸市合并，改名为峰峰矿区——樊尚仁注），提出邯郸城市发展的构想，奠定了邯郸工业发展的基础。

1960年5月后，郝田役调任中共河北省委副秘书长、省委代理秘书长、省委常委、省计委主任、副省长、省人委党组副书记，主要负责全省的经济工作。他积极贯彻党的经济调整方针，协助省委制定了以农业为基础、工业为主导、工业支援农业的经济发展战略；主持编制了全省第三个五年计划，领导了开滦、邯郸煤矿等重点项目建设；直接组织了河北省根治海河水利工程和农田基本建设。特别是在1963年抗洪抢险和1966年邢台地区抗震救灾中，始终坚持在第一线指挥和工作。

"文化大革命"初期，郝田役被打成"走资本主义道路当权派"，遭到严重冲击。

1973年3月郝田役恢复工作，任邯郸钢铁厂党的核心组组长兼革命委员会主任，邯郸钢铁厂党委第一书记。

1975年9月16日，中共冶金工业部党组和中共内蒙古自治区委员会任命郝田役为中共包头钢铁公司委员会第一书记。当他得知被派往闻名全国冶金系统的老大难单位包头钢铁公司（简称"包钢"）主持全面工作时，毫不迟疑，在腿脚活动还很不方便的情况下，立即赶赴包头钢铁公司上任。到任后，包头钢铁公司面临的形势是受"文化大革命"运动影响，派性斗争十分严重，工人、干部思想混乱，大部分工程技术人员不安心工作，整个公司生产陷于半停产状态，亏损程度达到令人惊叹的地步。上任伊始，郝田役就在领导班子会议上明确表态："我这次来包头钢铁公司工作，一是来向大家好好学习的。大家都是冶金企业专家，我可是个门外汉，希望大家能帮助我；二是想和大家共同把包头钢铁公司搞上去，甩掉老大难帽子。"他首先团结起用了包头钢铁公司的一大批老干部，在取得他们的支持下，积极发挥正在岗位上工作的干部们的作用，努力恢复生产建设。他还重用一批懂业务的知识分子，并把他们提拔到各级领导岗位上工作。经过一系列的整顿工作，包头钢铁公司的生产、建设形势大有好转，工人、干部和工程技术人员的情绪逐渐趋于稳定。

1976年上半年，全国掀起了一场"反击右倾翻案风"的运动。郝田役没有随波逐流，而是稳定包头钢铁公司领导班子成员的思想情绪，排除来自各方面的干扰，不搞内部"清查"活动，抵制了"反击右倾翻案风"对企业的影响。

1976年7月28日，河北省唐山市发生了震惊中外的强烈大地震，郝田役的小儿子郝晓丹当时正在唐山矿业学院学习，不幸在大地震中遇难。消息传到包头钢铁公司后，中共包头钢铁公司委员会的其他负责同志都劝郝田役去唐山看孩子最后一面。他让夫人史云（1923—1992年）一个人去唐山处理儿子的后事，自己则坚守在包头钢铁公司的领导岗位上指挥生产建设，但他并没有忘记

郝田役夫人史云，曾任邯郸市委书记、天津市经委副主任等职

自左起：郝田役、史进贤、王培仁（曾任天津市副市长）、史云（郝田役夫人）

唐山灾区的人民群众，及时召集包头钢铁公司有关部门负责人研究支援灾区人民抗震救灾工作，并派出火车专列奔赴灾区，送去包头钢铁公司支援灾区的救灾物资。

包头钢铁公司经过推行企业整顿工作，使生产建设工作有了较大的转变和发展。1977 年，当年盈利 1690 万元，受到国务院表扬。包头钢铁公司终于结束了连续 11 年亏损（1967—1977 年亏损）的历史，包头钢铁公司打了一个漂亮的扭亏翻身仗，从此，包头钢铁公司逐步走上了良性发展道路。同年 7 月 23 日，《人民日报》在第一版以《包钢大打扭亏为盈翻身仗》为题报道了包头钢铁公司扭亏为盈，开始甩掉连续 11 年亏损大户落后帽子的消息。为了推广包头钢铁公司扭亏经验，冶金工业部在包头钢铁公司组织召开了全国钢铁企业扭亏现场经验交流会。会议认为，在生产经营的客观条件都很差的包头钢铁公司能够做到扭亏，那么，别的企业就更应该努力做到。于是，包头钢铁公司的名气在全国钢铁行业迅速传播开来。

1979 年 2 月，郝田役得到彻底平反昭雪，被国务院任命为冶金工业部副部长兼中共包头钢铁公司委员会第一书记。为了使包头钢铁公司生产秩序转入正常，他果断整顿企业，解决班子建设、生产管理、技术攻关、职工生活等关键性问题，清除派性，团结全厂干部职工，结束了建厂 20 多年长期亏损的历史。

1979 年 12 月，郝田役调天津市工作，任中共天津市委常委、天津市革命委员会副主任。1980 年 6 月任中共天津市委常委、天津市副市长。1983 年 12 月至 1988 年 4 月任中共天津市顾问委员会副主任，天津市人民政府顾问。1988 年 4 月任中共天津市顾问委员会主任。虽已年逾花甲，但他仍以中共十一届三中全会以来的路线、方针和政策为指引，协助天津市委顺利实现了领导班子新老合作和交替，制定了天津经济发展战略，以及能源、原材料等基础工业、新兴产业和港口发展的政策。退居二线后，他热情帮助和关心年轻干部成长，维护、促进新老干部团结，为天津的各项建设事业倾注了巨大精力。

1989 年 9 月 6 日，郝田役因病于天津逝世。

时难年荒世业空
弟兄羁旅各西东

—— 奇子祥小传

奇子祥（1919—2011年），又名奇天祥，蒙古名阿拉坦保鲁特。1919年10月21日（农历八月二十八日）出生于新召湾（现属鄂尔多斯市准格尔旗蓿亥树乡董三尧村）一个仕宦家庭。曾任内蒙古自治区人民政府参事室副主任、自治区政协常委。

1937年，奇子祥任准格尔旗保安总队总队长，1939年春投降日伪，1943年夏任伪蒙政府准格尔旗代理王爷，1944年春任伪蒙古军第三旅少将旅长，1946年4月因刺杀准格尔旗警备司令而被捕，后因病保释。

1948年8月抗战胜利后奇子祥所部被国民党收编，任第十二战区暂编骑兵第二旅少将旅长兼绥南河防司令，12月任准格尔旗保安司令部司令，1949年8月通电起义。后任解放军伊盟军分区第一支队支队长，内蒙古自治区民政厅处长，内蒙古自治区参事室副主任，内蒙古自治区政协常委。

奇子祥的父亲吉林嘎（汉名奇存善），曾任准格尔旗保安队"兵官"（相当于连长），带领80多名蒙古族骑兵驻守在将军尧村，负责河套川（今土默特右旗的党三尧子、将军尧子、四家尧子、程奎海子等地——樊尚仁注）地区的治安和防务。母亲黄凤云，土默特旗色尔沁村人。

1926 年，也就是奇子祥 8 岁那年春，父亲吉林嘎因病去世后，其职务由三弟奇凤鸣接任，官职始改称为连长。1928 年冬，王英部三十一军进攻准格尔旗，奇凤鸣奉命率部前往纳林（属准格尔旗管辖）协同保安队阻击王匪南侵。奇凤鸣因身先士卒，指挥有方而立功授奖，晋升为营长。1929 年，奇子俊（蒙古名热不腾）任冯玉祥部国民军蒙边第一路军司令，奇凤鸣升任该部骑兵第一团上校团长，直至奇子俊和父亲纳森达赖被刺身亡。这时握有号称"河套铁骑"兵权的奇凤鸣乘机崛起，与奇文英（蒙古名乌力吉巴雅尔）分别担任了准格尔旗的西、东协理，控制了半个准格尔旗。父亲去世四年之后的 1930 年，奇子祥又丧母，身为"西协理"的奇凤鸣便收养了奇子祥兄妹三人。奇子祥在家读了六年私塾，奇凤鸣看到侄儿聪明好学，有培养前途，遂于 1933 年送他到归绥（呼和浩特）南文庙街的土默特高等小学校（今土默特学校）上学。毕业后考入国立绥远蒙旗师范学校继续深造。

1937 年抗日战争全面爆发时，奇子祥这个蒙旗师范的高才生刚好接受完为期半年的军训，便听从叔父之命，放弃出国留学的机会，回旗参政。这年冬，东北挺进军马占山部退入准格尔旗腹地。由于马部收罗招募了一些惯匪和杂牌队伍，所以军纪极坏，特别是该部先遣军总司令白凤翔的队伍，所到之处抓民夫、抢民女、开仓掏窖（受地理、气候的制约和影响，当地民众素

1937 年 10 月 21 日，包头南海子附近的蒙伪骑兵部队

有将粮食贮存在地窖里的习惯——樊尚仁注）。无辜百姓颠沛流离，生活在水深火热之中，人民遭受了自匪徒王英入侵以来的第二次兵灾。奇凤鸣为了维护统治阶级的利益，考虑到双方力量悬殊，决定和平解决事端，特派奇子祥为全权代表到陕西省府谷县哈拉寨马占山总部谈判，请求马部不要继续祸害百姓、乱摊粮草。随后献给马占山大烟（鸦片的俗称）1000两。从哈拉寨回来后，奇子祥又到傅作义部临时驻地山西省河曲县，送给傅作义一匹上等走马作为晋见礼，向时任国民党绥远省政府主席的傅作义汇报了准格尔旗军民遭受匪患与兵灾的情况。当时马占山、傅作义口头上敷衍应酬，答应予以解决，事后兵祸却与日俱增。由于国民党上层统治者执行民族压迫政策，这种现象也就突出反映了尖锐的民族矛盾，根深蒂固的大汉族主义思想已经牢牢控制了军阀们的行为，即使大敌当前，他们仍继续欺压处在抗日前线的准格尔旗蒙古族人民。奇凤鸣因与马部摩擦不断，被马占山的先遣军总司令白凤翔视为眼中钉肉中刺，于1939年春，遇害身亡。

料理完三叔奇凤鸣后事的奇子祥，便携带眷属、家丁逃往河套川地区投降了日伪，并继任了其叔父奇凤鸣之职准格尔旗西协理兼保安总队长。

1939年8月31日（农历七月十七日），奇子祥热情接待了秘密到延安学习的李永年、朱玉珊、李文精、张玉庆、云治安、云照光、云成烈、奇峻山、云晨光、赵俊峰、成义、云志忠、云升阁、李贵毛、巴增秀、云曙碧、云林、云林秀、云世英、云祥生、布赫、云文彦、张录。奇子祥和这些曾同窗过的同学免不了谈些离别后的旧事。住了一夜后，奇子祥给开了"沿途关卡放行"的通行证，使这些奔赴延安的革命志士顺利渡过了重兵防守的黄河。

抱着争取日伪信任和复仇的目的，奇子祥率部于1939年冬、1944年春与东北挺进军进行过两次激战，获胜而归。日寇认为奇部是一支能征善战不可低估的力量，于是把武器弹药、经费装备源源不断地向党三尧运来。为了表彰"战功"，伪"蒙古联合自治政府"还授予奇子祥"最高警察功劳勋章"一枚，改编奇部为"伊盟警察第一大队"，奇子祥兼任大队长。这时奇子祥的保安总队和警察大队共计1000余人。1943年，伪"蒙古联合自治政府"又任奇子祥为准格尔旗代理札萨克。

1943 年秋，伪蒙古军为了应付急转直下的国内外形势，大肆进行扩编。奇子祥部被编为两个团，奇子祥任三旅旅长。

日寇投降后，时任十二战区司令长官傅作义想利用奇子祥的兵力攻打中国人民解放军，便委任奇子祥为暂编骑兵第二旅少将旅长兼河防司令。当时，奇子祥对傅作义本来存有戒心，现在傅作义既不发军饷，也不给枪支弹药，显然是一张空头支票。从中也看出傅作义的目的：如能替傅作义抵抗住解放军更好，抵抗不了互相消耗掉也就了事。出于这种考虑，奇子祥也想探探解放军对自己的看法，便密派副官张子芳去萨拉齐和准备进攻包头的解放军接触。因奇子祥并无投诚之意，所以双方既没进行谈判，也未签订任何协议。当解放军包围了五犋牛尧、二十四顷地、党三尧三个村时，驻守二十四顷地的国民党邬青云部乘机逃去、国民党骑四师开始从五犋牛尧村向党三尧靠拢，被奇子祥拒于西门外。但该军大部借凌晨大雾的掩护，绕城东窜。早饭后，解放军入城，令奇子祥率部缴械起义。奇子祥考虑到国共谁胜谁负还难以预料，便采取拖的办法，到当天夜晚，奇子祥及全部人马脱逃。在此过程中，奇子祥通过一些现象，对在其部搞地下工作的共产党员杨达赖、勇夫等同志的活动有所察觉，与奇子祥有宿怨的奇文英（蒙古名乌力吉巴雅尔，此时代理准格尔旗行政职务）借机向傅作义告密，说奇子祥与共产党有勾结。奇子祥早想除掉奇文英而一统准格尔旗。于是，奇子祥经过周密策划，命令驻大营盘（地名，现属准格尔旗管辖）的辎重队长郝士英、副官王庆保、军需武耀宗等 12 名心腹干将，乘奇文英于 1946 年 4 月 22 日（农历三月二十一日）去成吉思汗陵祭奠之机，将其刺杀在暖水（地名，准格尔旗管辖）附近。不久，傅作义以奇子祥涉嫌与共产党有勾结和刺死奇文英为由，派刘万春将其扣押到归绥（今呼和浩特）。

1948 年，解放军杨成武部进攻归绥、包头时，准格尔旗保安司令奇致中在包头（9 月 25 日前后）宣布正式脱离蒋介石、傅作义，率部起义。解放军"告诉奇致中暂先率队回旗，等候收编"（2021 年 12 月 25 日鄂尔多斯日报

《准旗保安师包头起义前后》——樊尚仁注）。

刘万春将奇子祥押在归绥后，荣祥、张钦、于存灏等蒙汉名绅联名保荐奇子祥回旗安抚军民。经国民党绥远省政府主席兼保安司令、西北军政长官公署副长官董其武同意后，又委任奇子祥为准格尔旗保安司令，偕同流亡在外的准格尔旗末代记名札萨克王爷奇福海（孛儿只斤·宝音巴德尔胡）回到河套川地区。

这时，准格尔旗黄河以南地区大部分已解放。奇子祥于1949年春派副官黄维新两次去解放军"伊盟蒙汉支队"和伊盟军分区接洽起义事宜。商谈结果是：让奇部把所有武器装备、人员马匹造册报来。但消息很快被董其武派住在奇子祥部的副司令庄重三截获，庄重三声称归绥要召开军事会议，将奇子祥诱骗到归绥，扣押在警备司令部。此时的归绥已处于风雨飘摇、四面楚歌的境地，董其武也在酝酿起义，无暇顾及奇子祥。两个月后，奇子祥因病保外就医，在医院里派人回旗调动部分骑兵部队到归绥，潜伏在城外准备接应，几个精干的军官换上便衣，暗佩短枪从医院里"劫走"奇子祥。出城后，奇子祥等马不停蹄连夜赶回河套川，尔后将全部人马开拔到黄河南岸。奇部经过两个月的动员、整顿后，于1949年8月28日通电起义。

"1949年8月28日，国民党准格尔旗保安司令奇子祥，率官兵1250人从党三尧子渡过黄河，在新召湾通电全国宣布起义，接受解放军伊盟支队改编。11月15日《内蒙古日报》（1948年1月1日在乌兰浩特正式创刊）发表奇子祥起义电文时，误将奇子祥写为奇天祥，奇子祥从此更名奇天祥。"（准格尔旗党建网：准格尔历史上的今天8月28日，《奇子祥率部通电起义》）

奇子祥起义后，仍任准格尔旗保安司令，以后任解放军伊盟军分区第一支队支队长；转业后任内蒙古民政厅处长；"文化大革命"后，先后任内蒙古自治区人民政府参事，内蒙古自治区人民政府参事室副主任。在内蒙古自治区政协一届二次会议上增补为政协内蒙古自治区第一届委员会委员，被邀请为第二、三届委员会委员，当选为第五、六、七届委员会常委。

2011年2月22日，奇子祥因病医治无效，在呼和浩特逝世，享年92岁。

人才似水分高下
世事如云任卷舒 ——李超小传

李超（1919—2013），原名吕潮，河北省枣强县大王常村人。生于 1919 年 1 月，卒于 2013 年 3 月 13 日。

李超曾任包头钢铁公司经理、党委书记，攀枝花钢铁公司党委书记；中华人民共和国冶金工业部副部长、党委委员等职。是全国人大代表。

1936 年 3 月，李超加入中国共产主义青年团，同年 6 月加入中国共产党。曾任北平汇文中学民族解放先锋队（简称民先队）队长，北平中国大学民先队秘书长、地下党支委。李超在中国大学肄业后，于 1937 年 7 月，到陕北公学（抗日战争时期，中国共产党创办的培养抗日军政干部的学校——樊尚仁注）一队学习，任陕北公学民先队队长。1937 年 12 月后，历任山西长治县委书记，太南特委（中共晋东南地委的前身）巡视团主任，河南新辉获汲中心县首任县委书记，太南特委组织科科长，晋豫区党委秘书长、第三地委书记，太岳区党委调研室主任、第二地委委员兼士敏县（1941 年设立，属太岳区三专署管辖，1947 年与沁南县合并，称沁水县。现直隶于山西省晋城市——樊尚仁注）县委书记，太岳区第四地委宣传部部长、地委书记。

1959 年 5 月 26 日，包钢 4 号焦炉投产

中华人民共和国成立后，李超历任共青团山西省委书记，共青团华北工委副书记、书记，团中央常委。

1953 年 10 月起，李超历任包头钢铁公司副经理，鞍山钢铁公司副经理，包头钢铁公司第一副经理、经理、党委书记，冶金工业部副部长、中共冶金工业部党委委员。

1963 年 6 月，李超接任陈守中担任包头钢铁公司党委书记。当时，由于包头钢铁公司大幅度减产、建设项目下马和大批职工精简下放，造成了严重的经济亏损。面对这种局面，包头钢铁公司党委决定在清产核资的基础上，从反浪费入手，开展增产节约运动，提出了"学大庆、坚决甩掉亏损帽子"的口号。身为党委书记的李超，层层发动群众，从 1963 年秋开始，包头钢铁公司自下而上层层揭发浪费，一项一项地堵塞漏洞，大搞经济核算。开展反浪费的第三个月，就开始出现了当月转亏为盈的局面。1964 年，李超继续抓管理、抓核算，抓各项技术经济指标，实现了全年转亏为盈。

1964 年 12 月，李超当选第三届全国人民代表大会代表（任期自 1964 年 12 月至 1975 年 1 月，是历届全国人民代表大会任期最长的一届）。

1965 年，李超调任冶金工业部副部长。

"文化大革命"期间，李超受到迫害。1978 年恢复冶金工业部副部长职务后，兼任中共四川省渡口市（1965 年 2 月成立政企合一攀枝花特区人民委员会，4 月对外改称渡口市。1987 年 1 月 23 日，经国务院批准，渡口市更名为攀枝花市——樊尚仁注）市委第一书记、攀枝花钢铁公司（今攀枝花钢铁集团有限公司，简称"攀钢"）党委书记。

1982 年 12 月，李超离休。

2013 年 3 月 13 日，李超因病医治无效，于北京逝世，享年 94 岁。在他病重期间和逝世后，中央有关领导同志以不同方式表示慰问和哀悼。

五更鼓角声悲壮
脑包星河影动摇
—— 董玉河小传

董玉河（1920—1943年），又名董二来宝，1920年出生于土默特旗美岱召村。

董玉河因家庭贫穷，从十几岁起就给有钱人家放羊、放马。

1939年后，因董玉河家住在召庙后边的大青山脚下，前可进村，后可入山，位置偏僻隐蔽，他一家人苦大仇深，倾向革命，老实可靠，中国共产党的地下工作人员便把他家作为堡垒户。1938年冬，任中共萨（县）托（县）工作委员会宣传部部长、中共萨县县委书记兼县长、中共固阳县委书记兼县长的王弼臣等常在他家吃、住、碰头、开会，董玉河常为之站岗放哨，通风报信。

八路军抗日游击队设在巴总窑村的指挥部

1940年，董玉河经王弼臣培养和介绍，加入了中国共产党。1941年，董玉河在萨拉齐县抗日民主政府工作。那时的萨拉齐县抗日民主政府经常与八路军大青山支队的三团二连一起活动。每当发生战斗，董玉河等政府工作人员说打便打，说走便走；每当战斗间歇驻扎宿营，董玉河便深入群众，宣传抗日，征粮收税，筹集物资，动员青年参军参战，样样工作都完成得十分出色。

1943 年初冬的一天下午，天空阴云密布，飘洒着纷纷扬扬的雪花。董玉河跟

八路军大青山支队北梁井沟子驻地遗址

随着八路军大青山骑兵支队三团二连副指导员毛汉荣和萨（拉齐）、武（川）、固（阳）、包（头）联合县第十区政府助理员岳泉玺、阎从德及战士武三白、赵庭海、于林一行 7 人从武川县大壕村出发，在脑包沟一带筹集给养时，被潜伏在小南沟村的敌特分子秦满喜、王有生（曾在鄂友山部当过兵，1950 年被人民政府镇压）甥舅俩告密，遭到国民党顽军鄂友三部海福龙团百余名骑兵的袭击，密集的子弹从四面射来。在毛汉荣的指挥下，他们奋勇反击，董玉河战斗在最前沿，用手枪和手榴弹击毙、击伤不少敌人。但由于寡不敌众，加之地形不利，激战三小时，黎明时分在子弹打尽、剩下最后一颗手榴弹时，董玉河等按照毛汉荣的指示，将随身携带的文件销毁，3 支步枪摔折、3 支手枪拆散，零配件扔远，然后一齐迅速扑向拉开引火索的最后一颗手榴弹，毛汉荣当场牺牲，董玉河等 6 人受伤后被敌人俘获。敌人把他们剥光衣服，惨无人道地将他们的手心（一说"锁骨"）穿通，用麻绳串在一起。押送途中，董玉河面对凶残的敌人，没有丝毫畏惧，决心宁死也不受辱。这时正巧路旁有一口井，他趁敌不备，挣断麻绳，跳入井中，后被敌人打捞上来，敌人用刺刀从头到脚将其乱捅一顿，捅得他遍体鳞伤，鲜血直流。敌人以为他不敢再跑，将其头皮割开，把眼遮住，诡称放他回去给八路军报信。他竟真的撒腿就跑，跑出百余米后，敌人把他当活靶子开枪射击，但连开数枪没击中，便乘马追上用刺刀将其活活捅死，牺牲时年仅 23 岁。

为乘阳气行时令
试耕试种趁物华 | ——陈汝诰小传

陈汝诰（1921—1979 年），出生于辽宁省沈阳市辽中县。

陈汝诰是农业科技工作者，政协包头市第五届委员会委员。

陈汝诰 1937 年进入日本北海道帝国大学农学部学习，1942 年毕业。学成回国后，先后在华北科学研究所、锦州农业试验场、私立沈阳农场、北京城郊农场、北京合作农场、天津市公安局六处农业股、内蒙古中滩农场工作，担任过副研究员、技师等职。

1953 年，陈汝诰响应国家号召、说服妻子辞去刚刚找到的工作，把全家搬到地处祖国北部边疆的内蒙古自治区巴彦淖尔盟（今巴彦淖尔市）内蒙古国营中滩农场。当时农村照明用煤油灯，取暖做饭烧柴禾，食用粮食品种单一，又没有副食品，生活比较艰苦。陈汝诰进场工作后，历任农场技师、生产科副科长，负责全场的农业生产安排和技术工作。他经常白天骑马到各大队检查工作，晚上总是手提马灯，一块地一块地地检查浇水及病虫害等情况。经过几年的努力，农场吃上了自产的大米、蔬菜。水稻每亩产量稳定在 400公斤以上。

1957 年，陈汝诰被划为右派，受到行政降级处分（由行政 16 级降为 18级），同时又被下放到生产队里搞农业科技工作。他利用自己的知识和经验，继续在队里指导农业生产。由于工作表现好，1960 年摘掉"右派帽子"。

1966 年"文化大革命"开始后，陈汝诰被隔离审查三年。白天接受劳动改造，晚上交代问题。其间，陈汝诰一直坚持搞农业科研和技术推广工作。

1972 年，陈汝诰在固阳县九分子公社兴隆远塔大队蹲点搞农业科学试验。他家距离兴远塔村有五里路，经常是早上天不亮就走，随身总要带上眼镜、放大镜、盒尺等农业实验器材。他在推广科学种田的同时，还搞科学实验，进行多品种、多项目的小区域对比试验，仔细记录作物的生长情况，总结小麦丰产的间、混、套种经验，并把这些技术毫无保留地传授于他人。对前来请教的农民技术员，陈汝诰总是热情接待，耐心讲解，有时还写信指导具体操作流程和技巧。

在蹲点期间，陈汝诰开展了以"马铃薯双防"为中心的科学试验。综合防治山药病株获得成功，使该队的马铃薯坏腐发病率由原来的 30% 下降到 2%，退化率为原来的 10%。马铃薯亩产达到 155 公斤。他还引进小麦品种"毕红穗"、墨巴"六五"和墨巴"六六"，使小麦亩产达到 300 公斤，超过历史最高水平，为全县科学种田、良种培育和推广工作提供了科学依据。

陈汝诰还同技术人员共同研制了一台宽行播种机。为了在播种季节以前研制成功，他起早贪黑利用业余时间研究，并到兴隆远塔村田间进行试验。经过反复试验，终于在春播前研制成功。

小麦试验田

1973 年，陈汝诰在兴隆远塔种了三个十亩（小麦、马铃薯、胡麻各十亩）丰产栽培试验田。同时提出"四个革命"，即耕作革命、种子革命、肥料革命、种植革命。生产栽培试验田获得大幅度增产，成为全县科学种田的先进典型。

1975 年，陈汝诰又提出了"改浅耕为深耕，改春施肥为秋施肥，改春汇地为秋汇地（储水灌溉），改当地品种为良种"，平整土地的"四改一平"和间、混、套种增产措施，同年粮食产量达到 302 公斤，并使当年试种的 37 亩欧柔良种小麦，平均单产达到 520 公斤，使全县河滩地小麦第一次突破了千斤大关。

1977 年 3 月，陈汝诰参加包头市科技大会回来后，多次到本县的许多社队，举办农业科技培训班、宣讲和推广科学种田，在全县建立了四级农科网。

1978 年 8 月，全国马铃薯、实生薯选用自交、采选、育种科研协作现场会在固阳召开。参加会议的代表参观了兴隆远塔大队，代表们对陈汝诰的工作给予很高评价。

1979 年 3 月，陈汝诰因病住院。在病危期间，他经常念叨，现在正是春耕季节，小麦已经播种了，不知他们是否按我跟他们说的那样种，我回去以后还要告诉他们怎样浇水、施肥、防腐。

1979 年 4 月 6 日，陈汝诰在北京去世，终年 58 岁。

一去紫台连朔漠
独留老哥向黄昏

——张诚小传

张诚（1921—2016 年），1921 年出生于山西省霍县（现霍州市，为临汾市代管的县级市）。

张诚早年在家乡做过小学教师。1938 年 3 月参加革命，从事党的地下工作，同年 7 月加入中国共产党。1939 年至 1942 年，先后任《新华日报》发行员和三分站经理。1942 年至 1948 年，又先后任河南、河北、山西文化出版部门负责人。新中国成立以后，先后任《北京新大众日报》《工人日报》经理和秘书长、全国总工会财政部副部长等职。

1958 年 12 月，张诚调年初改名的中华人民共和国第二机械工业部（简称"二机部"，负责管理核工业建设和发展的工业部门。1982 年，改名为中华人民共和国核工业部）所属的国营二〇二厂（现中核北方核燃料元件有限公司）首任厂长兼党委书记。1965 年，调任国营八一二厂（始建于 1965 年，原称国营建中化工总公司、宜宾核燃料元件厂，现称中核建中核燃料元件有限公司，隶属中国核工业集团公司——樊尚仁注）首任厂长兼代理书记。1966 年 12 月，又调回二〇二厂任党委书记。1971 年，调国营八一三厂（对外称"向阳机械厂"，位于陕西省汉中市南郑区圣水镇。1970 年始建，1981 年缓建

2010年，张诚接受采访

后停建，2004年8月破产——樊尚仁注），历任革委会副主任、厂长、党委书记。1979年初，调任二机部办公厅副主任。离休后享受副省级待遇。2016年12月13日，南京大屠杀死难者国家公祭日这天，95岁的张诚永远地离开了他热爱的土地，离开了他挚爱的亲人，离开了他为之奋斗的事业。

张诚是中国核燃料元件厂主要创建人之一。二〇二厂建厂初期，张诚带领第一代创业者战胜了建厂过程中遇到的各种困难，在二机部的领导下，圆满完成了二〇二厂建成投产的艰巨任务。在三年困难时期，他组织、带领广大职工一边抢建工厂，一边开荒种地，建起养殖场（养奶牛、猪、鸡等。张诚的爱人郑金凤曾参加养鸡），进行生产自救，渡过了难关，为中国核燃料元件事业的发展争取了时间。

1959年2月，二机部部长宋任穷来厂指导工作时指示："要把工厂建设好，拿出合格产品，要依靠苏联专家，但不可能长期依靠，专家总是要走的。"根据宋任穷的指示，张诚组织厂里的技术人员抓紧学习苏联提供的初步设计。

1959年10月，赫鲁晓夫率苏联代表团来到北京，参加新中国成立10周年庆典。在10月3日与毛泽东主席单独会谈时，赫鲁晓夫提出要撤走在中国帮助生产原子弹的苏联专家。毛主席面无表情地说："撤回去也没有什么大关系的，随便。这对我们也是个锻炼。如果技术上能帮助一下就更好，不能帮助那就是你们的事了。"1960年初，二机部常务副部长刘杰来厂检查工作时要求"苏联专家一旦撤走，我们的生产还要接着搞上去，必须要做好这样的准备"。为此，张诚动员全厂掀起了"苦学苦钻，自力更生，猛攻科学技术关"，想各种办法向苏联专家学习生产技术。60年代初苏联毁约停援，同年8月将在二〇二厂工作的全部苏联专家撤走，张诚认真贯彻"自力更生过技术关、质量第一、安全第一"的方针，组织广大工程技术人员制定攻关方案，解决了一系列技术难题，为发展我国的核燃料元件事业做出重要贡献。同时，在自力更生的基础上，以张诚为首的厂领导班子，培养出一大批自己的核燃料元件科研和生产专家，还聘请了一些化工、冶金、分析专家来厂工作。先后从北京、沈阳等地调来刘允斌等一批高级科技人员。这批人在技术攻关以及大生产中，做了大量的技术和组织领导工作。其中，刘允斌来厂后任三室主任，在氢同位素分离的科研攻关方面做出了重要贡献。张诚团结带领班子成员，大胆起用知识分子。从1962年开始，全厂各车间、研究室主任和技术业

务处长、科长都是选用技术人员和专业人员担任，车间、研究室工段、分室的技术段长和分室主任也都由技术人员担任。

1961年7月，张诚积极贯彻厂党委提出的"抢一线，保二线"的方案（属于"一线"工程的有四氟化铀生产车间、核部件和辅助工程；"二线"工程主要是生产堆元件和某元素生产线。分别由副厂长杨朴、乌恩负责指挥）和"全厂保一线，一线带全厂"的行动口号，并在二机部有色金属管理局领导的支持下，从研究部门调集人员，组建了元件研究室和化工研究室。成功实现"厂所结合"，加大对元件技术的攻关，对促进科研与生产的共同发展起到了良好的促进作用。

由于二〇二厂原设计工艺用的几台关键设备苏联停供，国内一时又不能制造，由杨朴等人提出改变工艺流程，报二机部批准后，又重新调整了工艺设备布局。1962年3月，完成"一线"工程的设备安装任务，经过调整、试

2010年，张诚（左）与二〇二厂筹建处主任李恺在四川留影

车和岗位练兵，12 月 12 日正式投料试生产，拿出了合格的产品，为兄弟厂及时提供了生产六氟化铀的原料。在一座改建的简易仓库里，二〇二厂广大技术人员和工人于 1964 年 3 月使核部件的试制通过了技术关，拿出了合格的核部件，保证了我国第一颗原子弹成功爆炸的需要。1964 年，二〇二厂通过了专家检查评议生产线，讨论通过了联动试车和投料试生产大纲，开始联动试车。到 1965 年 9 月，"二线"工程生产出第一批氘化锂 -6 合格产品，为我国第一颗氢弹提前试爆提供了装料。

二〇二厂从 1957 年筹建，到 1965 年全面建成投产，用了 9 年时间，不仅很好地完成了各项生产任务，为核工业作出了贡献，也为第二套、第三套建设积累了宝贵的经验，输送了骨干力量。

张诚在领导三个元件厂的建设中，形成了一套"紧、死、严"的工作方法，即对上级下达的任务抓紧落实不拖延；在完成任务时间上抓死赶前不拖后；在工作要求上一切从严不迁就。在工厂建设中，他善于做思想政治工作，重视职工队伍建设，以身作则，严于律己，团结、信任、依靠知识分子和技术工人。他对三个元件厂集中的一大批学有专长，能独立解决技术、业务难题的技术业务骨干委以重任。组织他们解决了基建、科研、生产、管理中一系列重大问题，取得了四氟化铀、核部件、生产堆元件、试验堆元件、动力堆元件、氘铀的科研与生产双胜利，为核燃料元件的建设与发展作出了重大贡献。

中国的原子弹研制并试爆成功后，毛泽东主席曾调侃地说："中国原子弹爆炸成功，是给赫鲁晓夫发的一枚一吨重的大勋章。"这个时候，苏联"老大哥"也只能面对黄昏晚风而喟然长叹了！

舍生取义存侠气
慷慨赴死伟丈夫 | ——高志小传

　　高志（1922—1942年），又名高威栓，土默特右旗美岱召村人，1922年出生于一个贫苦农民家庭。

　　高志因家境贫寒，13岁就给村中的有钱人家放牲畜，常常挨打受气，遭受虐待，养成了吃苦耐劳、倔强不屈的性格。1937年10月，萨拉齐县沦陷，日寇的铁蹄践踏富饶美丽的土默川平原，山清水秀、物阜果香的美岱召等沿山村庄成了驻萨拉齐县日军经常蹂躏的地方。

　　1938年秋天，李井泉奉命率八路军一二〇师七一五团等部从山西省挺进绥远，开辟大青山抗日游击根据地，在大青山深处的公山湾一带站稳脚跟后，即派出干部深入山前平川，宣传群众，组织群众，开展敌后抗日斗争。16岁的高志一经动员就加入了农民抗日救国会，1939年，参加了萨拉齐县抗日游击小组，1940年调入八路军大青山支队绥西骑兵三团警卫班。正义而艰苦的抗日战争，互助友爱的革命队伍，把年轻气盛的高志锻炼成一名英勇顽强、克己忘我的优秀战士。

　　从1939年至1942年期间，高志相继参加过柳树淖、五里坡、察素齐、耿家营、朱尔沟、陶思浩等多次战斗。每次战斗，他总是冲锋在前，撤退在后，英勇杀敌，多次受到部队首长和战友们的嘉誉。1940年的一天，他从部队营地黄土尖到美岱桥村取军鞋被敌人发现，将其堵在一户老乡院内。他急中生智，冒险从高墙跳下，一口气赤脚跑了10余里，摆脱了敌人，顺利返回营地。

萨县抗日游击队纪念址

　　1941 年夏，部队一度在陶思浩一带活动。一天，王经雨率领几名战士在一个窝铺里休息。一名新战士摆弄枪支，不慎走火，子弹射穿了高志的双腿，鲜血直流，他不叫一声疼。因受伤，高志不能同作战部队行动，被安排在古雁梁的一个山洞里，在王经雨母亲王老太太（乔培玲）照顾下养伤。当时正值日伪封锁、"扫荡"的紧张时期，药品、衣物奇缺，他们只能自补旧衣，挖野菜，艰难度日。衣不蔽体，食不果腹，困饿交加，弄得人人面黄肌瘦。高志忍着久治不愈的伤痛和饥饿苦苦撑持。1942 年春，高志伤口尚未完全愈合，他硬是要求归队，重新回到原来的战斗岗位。

　　1942 年冬天，八路军绥西骑兵三团部分战士在副团长邓舜兰带领下，在武川县境内的大顺城一带与鄂友山部海福龙骑兵团迂回作战。一天，部队整装待发，准备在南山附近迎战敌人，突然，一个马桩和几匹战马被敌人的炮弹击中，邓副团长的坐骑当场毙命。炮声响过，烟尘乍起，刹那间敌人尾随而来。因寡不敌众，部队决定马上转移。高志发现战士们都上了马，而邓副团长却没有马骑时，便毫不犹豫地将自己骑的高头大马拉到邓副团长面前，十分恳切地说："您的责任重大，快骑上我的马转移吧！"

邓副团长观察了一下周围的情况，果断地说："小高，来，我们俩骑上走吧！"

高志看了看这匹浑身流汗的战马和将要追来的敌人，毫不犹豫地说："不行，这匹马已经没吃没喝整整跑了一天路了，要是我俩都骑上，恐怕一个也走不了！"说罢，高志敏捷地将邓副团长扶上马背。

这时尾随的敌人越来越近，密集的子弹不断向他们射来。高志毅然决然地举起手中的鞭子，使劲向那匹战马臀部抽去！战马挨了打，长嘶一声，箭一般地向前奔去。邓副团长率领部队安全转移了，高志却被敌人的子弹击中，献出了宝贵的生命，年仅 20 岁。

常把辛酸研为墨
写尽人生半世酸

—— 姚蘋生小传

姚蘋生（1922—2003 年），1922 年生于北京书画世家。

姚蘋生少年时出入齐白石家中学画，系入室弟子。生前系中国民主同盟盟员，中国工艺美术学会会员、中国美术家协会内蒙古美术家分会会员、包头市工艺美术学会副理事长、包头市云杉书画院副院长、包头市黄河画院名誉院长、中国书画函授大学包头分校国画班教师、中国铁路老年书画研究会呼和浩特铁路局分会艺术顾问。1986 年 4 月至 1994 年 3 月，被邀请为政协包头市东河区第二届（二届三次全委会议增补）、第三届、第四届委员会委员。

姚蘋生 1938 年考入北京京华美术专科学校（京华美术专门学校 1952 年并入中央美术学院——樊尚仁注），1942 年毕业。曾受教于齐白石、陈半丁、邱石冥、汪慎生、王雪涛等书画名家，专攻小写意花鸟及虾、蟹、蛙、虫、蝶等，认真研习各家画艺，融会贯通各家所长。先后举办个人"新月季画展""新荷画展"，和两位同学在北平中山公园举办"三青年联展"大获成功，受到当时书画界的一致好评。齐白石先生云："学我者死，得我用墨者唯蘋生

也"；邱石冥先生点评说："蘋生月季花头点缀得法，创得新技，更得先机"；王雪涛先生曰："蘋生画蝶，五彩缤纷，争奇斗艳，送香远矣。"有以上几位大师点评，可见姚蘋生当时已在京都画界声名鹊起。

1946 年，第三次国内革命战争爆发，姚蘋生毅然弃笔从戎，参加了八路军冀鲁豫军区第二纵队，先后随陈再道、宋任穷的部队参加了邯郸战役、聊城战役，负伤后到解放区治疗。痊愈后参加人民解放军第二野战军（中原野战军）二纵队平原剧社，从事舞台美术工作；1949 年在中国人民解放军总政治部文艺工作团（简称总政文工团，1980 年 12 月撤销，分别改编为总政歌舞团、总政话剧团和总政歌剧团——樊尚仁注）工作。1951 年参加抗美援朝战争。

1954 年姚蘋生从部队转业后，支援边疆建设，先后到内蒙古呼和浩特、包头市商业系统工作。1963 年调到包头市文化馆工作，后调到东河区文化馆、东河区回民文化站工作。

"文化大革命"中，姚蘋生受到冲击。但他好像知道这场浩劫不会长久，故泰然处之。让他痛心的是，在浩劫中他收藏的名家画作尽数丢失，齐白石、李苦禅、陈半丁、郭味蕖、邱石冥、王雪涛等大师的作品以及他自己留存的许多画作都被造反派拿走，运动结束后多方查找未果。这些画作具有极高的学术研究价值和收藏价值，给他的身心带来极大打击。1973 年为配合包头市工艺品出口创汇任务，姚蘋生调入包头市国营木器厂任高级工艺美术师。1994 年在内蒙古鹿王羊绒集团公司离休。

姚蘋生从 1942 年至 2002 年从事中国画艺术工作 60 年之久，在中国画的历史发展、学术研究，传统中国画的教学继承和发展方面，呕心沥血，倾其所学，做出了巨大贡献，为内蒙古自治区中国书画艺术的发展、改革奉献了毕生精力。中国美术评论家、美术家协会会员、内蒙古科技大学教授杨森茂言道："姚蘋生先生是包头市中国画的传承者、拓荒者之一，与白铭先生、闫汝勤先生在包头地区并称三老，他们潜心创作，开辟了工笔、小写意、大写意传统中国画的学院画风，为包头市中国画的传承和发展做出了重大贡献，在国内外享有极高的声望，为 21 世纪中国书画界的著名书画艺术家。"

1990 年起，姚蘋生将毕生精力和学术成果贡献在中国画艺术的发展传承事业上，先后培养出一大批有学术成就的专业人才，其中从事书画艺术事业成绩较为突出的学生有中国美术家协会会员王宏才、吉冬梅，内蒙古自治区美

术家协会会员孟宪甫、闫玉申、关福印、田文生、黄文昭、刘明峰、张宝生、李云中、邬满义、李志刚、杜广欣、胡德海等，现已成为内蒙古书画界的生力军，可谓芬芳桃李满天下，教泽绵长遍九州。

姚蘋生的作品曾多次在《工人日报》《文汇报》《河北美术》及内蒙古自治区各类报刊上发表，许多作品入选当代各类书画展，先后赴日本、苏联、蒙古国、法国、美国以及香港特别行政区和台北等地展出。日本东京出版的《中国现代书画家作品集》、香港出版的《华夏千家书画集》，都有其作品入选，并列入当代美术家名人录。1993 年，花鸟作品入选《银川美术馆第二届中国书画展》并被主办方收藏。1997 年作品《报喜图》被广东省佛山市四季花园石景宜刘紫英伉俪文化艺术馆收藏并出选集。1997 年 7 月 1 日他的作品入选武汉书画院举办的《迎香港回归书画精英展》并印发在华夏艺林的刊物中。1998 年 11 月参加北京中央电视台《大红鹰》杯首届中老年书画大展。1999 年东方书画协会、北京东方太阳文化艺术发展中心在北京大学文化中心展出其国画作品《喜迎澳门回归》，荣获"跨世纪中国画优秀书画"称号，并入选"老骥颂歌"中国老年书画大典。2000 年 11 月，作品入选中国画报出版社出版的《中华翰墨名家名作博览》世纪珍藏册。作品《芦塘野鸭》曾在法国获一等奖。2003 年 2 月 20 日，作品参加当代中华儿女书画邀请展，获特等奖，并授予"当代中华儿女优秀书画家"称号。几十年的艰苦奋斗、潜心创作，获奖无数，有道是：少年戎马争战中，中年画界是精英。一生只知研翰墨，一世书画传后人。

姚蕻生生性倔强，他不事权贵，淡泊名利，为人宽宏大度，光明磊落；他学识渊博，治学严谨，处事稳重大方，谦逊真诚。几十年在书画界默默耕耘，一生唯一一个"官场朋友"，是他的弟子诗书画三绝的刘凤鸣（曾任中共包头市委常委、市政府常务副市长），他们共同探讨书画艺术，相互敬佩，成为好友。姚蕻生为中国画的传承奉献了一生，是一位传承书画的大家，更是一位德高望重可亲可敬的老师。

2003 年 2 月 20 日，姚蕻生因病在包头逝世，享年 81 岁。

为纪念姚蕻生生前在书画艺术方面的突出成就，姚门弟子先后在包头市东河区汇宝楼、包头市美术馆举办书画展，再次展出其遗作和弟子们的书画成果，包头市文联主要负责人到场祝贺。包头各界艺术名流、画家云集现场，给予高度评价。

姚蕻生弟子黄文昭（笔名阴山墨客，师从齐白石弟子姚蕻生和著名工笔画家白铭。内蒙古美协会员，内蒙古书画研究会特邀画家）曾撰文写道："每当想起先生的一生，倍感辛酸，他一生遭遇曲折，但奋斗不息，参过军、打过仗、受过伤，最终以书画艺术成就自己。常把辛酸研为墨，写尽人生半世酸。是让人尊敬一世的恩师。"

欲把书画比西子
浓妆淡抹总相宜

—— 胡海如小传

胡海如（1922—2006 年），又名胡锐，笔名胡笳。1922 年 5 月 13 日出生于甘肃天水市一个平民家庭。

胡海如是中共党员、中国民主同盟盟员（民盟包头组织最初"六老"之一）。政协内蒙古自治区第五届委员会委员，内蒙古文史研究馆馆员，中学语文高级教师。生前系内蒙古书法家协会会员，包头市书法家协会副主席，包头市老年书画研究会副会长、顾问。2000 年 7 月，由中华人民共和国文化部授予"世界华人艺术家"荣誉称号。历年来多次参加全国、自治区、包头市的书画展览并获奖。多幅作品刊登于各类报刊，并收入《中国当代老年书画大辞典》《心愿（香港）》《海峡两岸书画名家精品大展作品选》《当代书画篆刻家辞典》等专辑。部分作品由北京鲁迅纪念馆、内蒙古博物馆及佛山石景宜刘紫英伉俪文化艺术馆收藏。另以书法四帧，入选开封翰园碑林、鄂州莲花山碑林、潍坊国际艺术碑林并刻石。个人艺术简历入选《世界华人文学艺术界名人录》等多种专辑。部分作品传入美国、日本、瑞典、加拿大、新加坡等国及香港、澳门、台湾地区。

胡海如出生时，正逢中国上空响彻辛亥革命的惊雷，小时候他从大人和老师的言谈中接受了反帝反封建的启迪。为追求光明，十七八岁时选择了从军报国的道路，考入黄埔军校西安分校（第十六期）。满怀救国救民的思想，在军旅中穿越枪林弹雨，经受着生与死的考验，从排长、连长、副营长、团副、团参谋长，到中国人民解放军西北独立第三军作战教育科长。新旧生活的经历，激荡着这个西北汉子的豪情，他更加勤奋地学习，努力地工作，他懂得人活着为了谁。

胡海如1950年复员转业，上级安排他留在甘肃某城市工作。待遇较优厚，环境亦舒适，可以和家人团聚过上比较安逸的生活。然而出乎人们的意料，他选择了工作环境艰苦的西北铁路工程局，当了一名普通办事员。铁路建设任务重，工作繁忙，风餐露宿，披星戴月，与狼共舞，在沙漠与荒野中他愿把祖国的动脉伸向远方。他从不向别人抱怨自己的苦，总是那么乐呵呵，他知道吃苦为了谁。

1960年的春天，因工作需要，胡海如调任呼和浩特铁路局教育系统，先后在包头铁路分局第一中学、第二中学任教，甘心做一名"孩子王"。他真情化作奉献雨，呕心沥血育英才，一干就是30多年，把学生们一批又一批地送往祖国的四面八方。多次被评为学校、包头铁路分局和呼和浩特铁路局先进教育工作者。首批被评为中学语文高级教师，于1983年光荣地加入了中国共产党，这给他增添了信心和力量，像头老黄牛不用扬鞭自奋蹄，他知道这是为了谁。

胡海如在教育的征程中给我们留下很多闪光点。他在政治上给我们树立了高大的形象。他是20世纪50年代的中国民主同盟盟员，也是包头六老盟员之一，是民盟包头组

胡海如作品

织筹建时的主要成员之一。1982 年 7 月，民盟包头市支部委员会正式成立，由胡海如等 4 人组成支部委员会。1984 年 7 月，民盟包头市筹备委员会成立，胡海如任副主任委员，并兼联络工作委员会主任；1987 年 11 月，民盟包头市委第一次全体盟员大会，选举他任民盟包头市委顾问。他还是内蒙古黄埔军校同学会理事、包头黄埔军校同学会小组组长。参加过黄埔军校第三届全国代表大会。论资历、水平、能力，可算包头名气不小的人物。他坚持中国共产党领导的信念和坚持民主的工作作风给人们留下深刻的印象。日常与人交谈时，他总是挺直腰板，两手放在大腿上，目光注视对方，从不打断别人的发言，保持着军人的素质。待你告一段落或讲话完毕时，他彬彬有礼地操着一口甘肃腔，有板有眼条理清晰地表述着自己的观点，令人口服心服。人们从他身上学到尊重别人、礼貌待人、尊重知识的风范和崇高的人格魅力。

胡海如上中小学时，喜好毛笔字。经教师指导，从临写颜真卿、柳公权的楷书入手，逐渐懂得了书法艺术的真正意义。对古今名家各类书帖精心临摹，形成了胡笳（笔名）的书风，笔力苍劲雄浑，线条粗犷有神，字字稳健如钟，见字如见其人。书法作品多次参加过全国、全铁路系统的书法展览和比赛，获奖颇多，声誉斐然，享誉大江南北。他从不以书家自居，凡求书者，有求必应。他与文化艺术界的朋友在一起时，才现出庐山真面目，神采奕奕，笑声朗朗，声音洪亮，作词唱赋，高歌朗诵，有时还来两嗓子秦腔，夺得满堂喝彩，怎么也看不出他是年迈的老翁，大有返老还童的神气。他说话幽默风趣，机敏过人。他离休后，很多人去看望他，问"胡老，您忙不忙？"

他说："我不老，才 30 多岁（'公岁'），现在又有了新的工作岗位。"

老年胡海如

胡海如（左）与高仁宽、梁殊玲夫妻在画展上留影

　　大家有些惊讶。"专职驾驶员，每天开着和平牌的专车（飞鸽牌自行车）接送领导（指孙子们），准时无误，风雨无阻，一刻也不可怠慢，否则就是工作失误。"

　　大家恍然大悟地笑了。又问："您生活如何？"

　　"现在的生活如坐上火箭游太空——好得上天了。"

　　身体近况如何？

　　他说："好得很啊，一日三餐有鱼虾，节假日还来个大会餐，整日养尊处优，身体哪能不好呢？"

　　再问他书法创作情况。

　　他总是谦虚地说："谈不上创作，只是每天涂鸦，填补精神空虚。"

　　同志们都祝愿老人健康长寿。

　　他说："我每日坚持行军打仗（指晨练和下象棋），平时研究兵法，准备迎接一切挑衅之敌。"他一语多关，幽默风趣。

他的生活里充满情趣，为自己想得很少，为组织想得却很多。20世纪80年代末期，住房是以福利性质来分配的，许多资历不如他的年轻同事都申请到了宽敞的住房。而他因气管有疾，居住的房间又小又阴冷，冬天暖气不足，常常犯病。老伴想和单位申请换个面积大点、采光较好的居室，他立马截住说："现在居住条件好多了，不如我们的还有很多，不要给组织找麻烦。"这些话，充分体现了一个共产党人、一个民主党派人士"先天下之忧而忧"的崇高境界。

　　2006年3月，胡海如因病去世。在他病重期间，包头市领导、包头市委统战部、民盟包头市委的同志们前去探望，他饱含深情感谢同志们的关爱，没有一句个人和家庭的要求，反倒拉住民盟包头市委领导的手说："我一生尽力了，没有愧疚，望你们努力工作。民主党派的工作是党在新时期政治制度的体现，责任重大，千万不可小视。"寥寥数句，情深意长。

　　赵守仁（号古鼎，亦称元空居士、半昧真人。曾任民盟包头市委委员、组织宣传部长，中华书法家协会副会长。2022年8月15日去世——樊尚仁注）曾撰文忆述胡海如：85年的岁月在历史长河中只是弹指一挥间，就人生旅途而言不算短暂，他的足迹涉及了中华民族最苦难的时代，也迎来了新中国的日出，他经历过抗日烽火和解放战争的洗礼，他从投笔从戎开启了戎马生涯；他又从硝烟弥漫中走出，又登上了神圣的讲台；他从一个迷茫的城市青年，参加了中国民主同盟后又成为有坚定信念的共产主义战士。85个年头，冬去春来，留下了一串串令人回味的脚印。人活着为了谁？他虽然离我们而去，但他那笑脸总像凝视着我们，一口西北腔的嘱咐永远萦绕在耳边。

踟蹰困顿开新径
峰回路转等闲过

—— 黄墨滨小传

黄墨滨（1922—2017 年），湖南省华容县人。1922 年 6 月生，2017 年 6 月 1 日逝世。曾荣获第二届全国优秀企业家金球奖、全国五一劳动奖章等荣誉，并获得中国企业联合会、中国企业家协会联合颁发的"中国企业改革纪念章"。

黄墨滨 1940 年 10 月参加革命工作，1945 年 3 月加入中国共产党，同年毕业于延安大学（原延安自然科学院）矿冶化工系，被派往延安军工局、晋冀鲁豫军工部兵工厂工作。

中华人民共和国成立后，黄墨滨先后任中央人民政府重工业部矿冶研究所军代表，唐山钢厂（现唐山钢铁集团有限责任公司，简称"唐钢集团"）厂长，天津钢厂（现天津钢铁集团有限公司，简称"天钢"）厂长兼党委书记，石景山钢铁厂（1966 年改称首都钢铁公司）副厂长、厂长，太原钢铁厂（现称太原钢铁集团有限公司，简称"太钢"）副厂长、厂长，为共和国成立初期钢铁工业的恢复和发展作出过重要贡献。

1977 年 3 月，黄墨滨从太钢调包头钢铁公司（简称"包钢"）工作，任包钢公司经理，成为包钢掌舵人。

面对包钢百废待兴的局面，黄墨滨重科研、抓管理、转机制，为包钢恢

1978 年 6 月包钢实现扭亏为盈，结束了连续 11 年的亏损局面（图为"包钢扭亏增盈会议"会场）

复生产秩序、提高生产水平开了首功。1978 年 6 月，他在包钢任职的第二个年头，包钢就结束了从 1967 至 1977 年连续 11 年亏损的历史，打了一个漂亮的扭亏增盈翻身仗，从此，包钢逐步走上良性发展的道路。

为了推广包钢扭亏经验，冶金工业部（1998 年 3 月，改组为国家冶金工业局）于 1978 年 9 月在包钢组织召开了全国钢铁企业扭亏现场经验交流会。会上，黄墨滨向大会介绍了包钢的做法和经验。会议认为，生产经营客观条件都很差的包钢能够做到扭亏，那么，别的企业就更应该努力做到。于是，包钢的名气在全国钢铁行业迅速传播开来。

包钢因白云鄂博矿的特殊性，投产以来最大的生产瓶颈是"三口一瘤"，几任包钢领导一直为高炉铁口、风口、渣口易损坏和高炉炉膛易结瘤的问题所困扰。在仔细研判后，黄墨滨没有头疼医头、脚疼医脚，而是开出整治包钢生产的药方：以人才为突破口，组织人才进行科技攻关。炉膛结瘤的原因基本查明，并对症下药地制定了一系列操作制度，高炉"三口一瘤"问题得到初步缓解。

在黄墨滨的带领下，1978年包钢恢复了技术职称评审制度。包钢开始设立总工程师、副总工程师；二级厂矿设立主任工程师、技术员。这样，在包钢自上而下的每个层面，都有了工程技术人员。在待遇上，无论是工资、分房、评优（先）、入党等，对贡献突出的工程技术人员予以优先安排。

在改革开放的大气候下，人们的思想逐渐从僵化守旧的束缚中解放出来，而百废待兴的包钢也比任何时候都渴望发展和进步。改革需要人才，发展更需要人才，包钢求贤若渴。尊重知识、尊重人才政策在包钢落地后，极大地激发了包钢科技工作者的工作热情。在他们的努力下，包钢"三口"（高炉铁口、风口、渣口）易损坏问题到1978年基本解决，但结瘤问题依然很突出，严重影响炼铁生产的正常进行。1980年，在黄墨滨的奔走呼吁下，冶金工业部开始关注包钢炉腔结瘤问题——冶金工业部和包钢共同组成解决炉瘤问题攻关组集中力量破解这一难题。他与攻关组一道，从1980年4月开始，在原包钢有色二厂55立方米高炉上夜以继日地进行冶炼试验，反复研究结瘤原因并积极寻找防止结瘤的有效办法。经过五个月的努力，炉腔结瘤问题得到基本解决，包钢前进道路上的又一只"拦路虎"被制服。

黄墨滨既心系工程技术人员，又注重操作人员技能的提高。他倡导、鼓励举办各类技术培训班、夜校，以提高工人们的操作技术水平，并要求各厂定期召开表彰会，表彰奖励优秀班组长。当时著名数学家华罗庚来包钢推广"优选法"，他全力组织配合，一度使"华罗庚优选法"在包钢家喻户晓，并在车间、班组得到重视和应用。

一分耕耘，一分收获，包钢的科技水平走在了全国同行业的前端。在1978年全国首届科学技术大会上，包钢申报的9项科技成果一炮打响，全部获奖。黄墨滨载誉归来之后，迅速召开会议，传达大会精神，落实包钢科技发展路径，在包钢形成了人人重视知识、崇尚科技创新的浓厚氛围。

在包钢工作的四年时间里，黄墨滨不负众望，将全部心血和智慧都献给

1980年7月13日，包钢选矿厂年产5000吨高品位稀土浮选生产线建成投产

了当时爬坡过坎的包钢，以他超前的管理思维和许多行之有效的管理制度为包钢的肌体注入了新鲜血液。

1981年8月，黄墨滨奉调武汉钢铁公司（简称"武钢"），先后任武钢经理、经理兼党委书记、党委书记，开始在一个更大的舞台上施展自己对祖国钢铁工业的爱与责任。

当时，武钢发展面临诸多难题，12万武钢人全部吃武钢"一锅饭"。同时，武钢承担着企业办社会的巨大压力。武汉市青山区的水、煤气、武钢子弟学校等大部分硬件设施几乎全部是武钢修建，这些"历史性"因素在市场经济的体制下就有些不适应了。

1991年，黄墨滨率先提出武钢体制改革：强化主体，分离辅助，以业为主。武钢的改革分三步进行：

第一步，实行承包经营，进行资产、资金、人力、技术等资源的重新配置，分离非钢铁生产部门和社会服务体系，7万人组成的7个公司，采取

"三包一"的承包经营方式，成立了化工公司、耐火公司等非钢铁型服务公司，1992年正式施行，实行包上缴利润递增或亏损递减、包生产经营任务、包固定资产的保值增值；工资总额与经济效益挂钩，对亏损企业进行递减工资补贴。

第二步，委托授权经营，明晰责权利关系，独立经营。

第三步，实行公司制改造，实现产权多元化，使他们成立独立的法人实体和市场竞争主体，自主经营，自负盈亏，自我发展。

武钢的做法，在深化企业改革中比较好地解决了企业富余人员的分流安置问题，没有把他们推向社会，职工容易接受，改革进行得比较平稳。武钢的管理体制改革，形成了一个联合企业，解决了12万人吃"一锅饭"的难题，通过资产充值，所有人都可以吃饱饭。

1993年8月，黄墨滨退居二线；1996年12月离休。享受中央国家机关副部长级待遇。

2017年6月1日，黄墨滨因病在武汉市华润武钢总医院逝世，享年95岁。

黄墨滨带领武钢企业改革，使武钢的发展提速。作为武钢改革的奠基者，黄墨滨在整个中国钢铁行业是一个响当当的人物。虽然武钢在2016年被宝钢重组成立新的宝武钢铁集团，虽然武钢已经换届几代领导人，但对于武钢人来说，黄墨滨的名字依然为人熟知。他不仅是武钢改革的奠基者，他的名字也与中国钢铁工业的飞速发展紧紧联系在一起，对整个中国钢铁行业而言，黄墨滨至今仍是一个响当当的人物。

搜尽奇峰打草稿
我有我法师造化

—— 阎汝勤小传

阎汝勤（1923—2011年），1923年7月13日生于北京，2011年9月13日卒于内蒙古包头市。

阎汝勤1931年随父迁居内蒙古巴彦淖尔盟（今巴彦淖尔市）五原县。他是中国美术家协会会员，曾任包头市美术家协会主席、名誉主席、内蒙古美术家协会荣誉理事、鹿城画院院长等。1978年11月至1988年4月，当选为政协包头市第五、六届委员会常委，1988年4月连任政协包头市第七届委员会委员。代表作有《江山壮丽图》《太行秋色》等。曾在包头、呼和浩特举办个人画展，2006年2月在北京中国美术馆举办"阎汝勤画展"。出版有《阎汝勤画选》（1992年12月北京出版社）、画册《大红袍》（2014年天津人民美术出版社）。

阎汝勤自幼从其祖父学画，显露出绘画才能。1946年，求学于国立北平艺术专科学校（1946年建校，时任校长徐悲鸿。1949年合并组建国立美术学院，随后发展为中央美术学院——樊尚仁注）学习。1950年中央美术学院国画系毕业后，在包头师范专科学校（现包头师范学院）先后任讲师、副教授、教授、终身教授。从事美术教育工作50多年，可谓桃李满天下。1993年被评为有特殊贡献的知识分子，享受国务院政府特殊津贴。

　　阎汝勤在中央美术学院求学期间，受徐悲鸿先生的影响，毅然改革，走上表现时代的新路。其后，亲聆齐白石、黄宾虹等大师教诲，并得吴作人、李苦禅、叶浅予、李可染等名家的指导，为其艺术探索奠定了基础。毕业后，分配到内蒙古自治区工作。50多年的艺术生涯路上，他铸就了一颗爱祖国爱生活的心，这也是他探索艺术奋发不止的动力。

　　阎汝勤遵从徐悲鸿的教导，致力于塞外题材的创作，对内蒙古无垠草原上矫健勇猛的雄鹰和负重跋涉的骆驼尤为喜爱，别具一格投诸笔墨，形成自己独特的艺术气质，表现了他半生孜孜以求的雄心壮志，最早受到叶浅予、李苦禅的嘉勉。他勤于实践，深入实地考察素材，"搜尽奇峰打草稿"。年近古稀时仍作画不止，65岁时两度攀华山，体悟中国画理法之高妙。其作《伟哉！造化》，使人观后为之振奋；《江山壮丽图》则以青绿色彩，绘出绚丽壮观的祖国河山美景，气势磅礴。早在20世纪60年代的作品便已露出不拘成法之大胆，无怪乎后作更是雄壮、浓厚，夺人眼目。他刻苦钻研，数十年如一日，继承了中国画优秀传统，有所师承，有所发展。他的泼墨写意画法，是近代中国画的正宗。中国画向以水墨为主，利用中国画特殊的绘画工具宣纸、毛笔、墨砚，发挥其特长。墨分五色，挥洒如意，以少胜多，寥寥几笔表达画家丰富的思想感情，这完全适合现代世界的美学趣味，以其独特的光辉自

立于世界美术之林。故今西欧东洋的现代画家，均竞相仿效，影响他们的画风。综观近代及现代的中国画大师，诸如齐白石、黄宾虹、潘天寿等，莫不采用泼墨写意法，而阎汝勤走的正是这样的路子。基于此，他对自己提出了"我有我法"的严格要求，在艺术实践中，迈出了扎实的步伐。

  阎汝勤的所谓"我有我法"的"法"，主要来源于生活，即"师法造化"而得来。他踏实生活，有深厚的生活基础。因为内蒙古的鹰鹫是常见的猛禽，骆驼是特有的动物，所以他擅长画鹰和骆驼。他经常到公园去观察写生雄鹰、秃鹫的栖止动态，流连忘返。他画的鹰不同于李苦禅的变形和程式化，比较接近自然，以焦墨、泼墨、破墨之法，表现鹰丰厚的羽翼，轩昂的气势。他的《雄鹰图》就是其力作。阎汝勤的写生骆驼，是多次深入骆驼之乡内蒙古阿拉善盟以及达茂旗和巴彦淖尔盟中后联合旗（位于今巴彦淖尔市东北部。1952年由乌拉特中、后两旗合并而成，1981年改为乌拉特中旗——樊尚仁注），跟群众放牧，朝夕揣摩，画速写的条幅，然后移之纸墨。最多的作品便是水墨骆驼。其所作骆驼或立或卧或行，或群集或独处，均神态各异，

资料分（1）

阎汝勤 先生：

您于一九八九年为天安门城楼赠献的精美画作（太行秋色、江山壮丽图）贰件现已作为天安门城楼的珍品收藏，并将在天安门城楼陆续展出。

特颁此证以示感谢

北京市人民政府天安门地区管理委员会

一九九〇年八月

栩栩如生，均出自他经过艰苦磨炼的写实功夫。阎汝勤除老鹰、骆驼外，画梅兰竹菊也有很深的造诣。画竹挺拔又萧疏，奇峰配雀，使画面生意盎然。画梅则老枝繁花，富有朝气勃勃的时代特征。在一幅《鹤梅图》上，李苦禅题曰："写鹤梅鹤松自古多矣，皆不能超脱，汝勤作来笔墨颇佳，构图已甚稳妥。""笔墨颇佳，构图稳妥"这八字评语，概括了阎汝勤笔墨技法的成就。山水人物，阎汝勤均有染指。他画的《题壁图》《举杯》《苦吟》三图，寥寥数笔，勾勒出人物的神态。他笔下的塞北山岳雄浑浩瀚，江南山水则清秀雅致，笔墨浑厚，意境优雅。他游桂林后画的漓江碧透，真是山从水转，水向墨流，雨云欲滴，如飞轻舟，别有一番韵致。

阎汝勤画好，书法也很有功力，全从篆隶魏碑中来，隶学何子贞，古拙耐看；草书从王羲之、张旭、怀素中变化脱法，笔走龙蛇，力透纸背。

阎汝勤在国画领域不断探索，形成了自己独特的风格，创作了大量优秀作品。他先后在全国各地举办过个人画展。大型山水画《太行秋色》《江山壮丽图》在天安门城楼悬挂数年，后被北京市人民政府天安门地区管理委员会收藏，并编入北京市出版的画集中。1997年阎汝勤的画被文化部、中国美协选入参加国际互联网播展，在100多个国家播展获得好评。

朝闻游子唱离歌
昨夜微霜初渡河　——刘允斌小传

刘允斌（1924—1967 年），原名刘保华，俄文名克林姆·允斌，刘少奇和何宝珍（又名何葆贞，1933 年 3 月在上海被捕，1934 年秋被国民党杀害于南京雨花台，时年 32 岁——樊尚仁注）夫妇的长子（长女刘爱琴，次子刘允若），1924 年生于江西省萍乡市安源煤矿。

刘允斌出生后即随同父亲刘少奇、母亲何宝珍辗转安源煤矿、广州、汉口、上海等地。3 岁时被送回老家湖南宁乡炭子冲，由两个伯父轮流照顾，小学毕业后即辍学在家务农。

1938 年 7 月，二伯父刘云庭将刘允斌送至中共中央所在地延安，入鲁迅小学读书。一年后，党中央决定选送一批革命者的子弟去苏联留学，其中包括刘允斌和妹妹刘爱琴。1939 年 11 月，刘允斌等到达苏联莫尼诺，在那里就读一学期后，搬到距莫斯科 300 公里的伊万诺沃市，进入由苏联国际革命战士救济会主办的国际儿童院读书。

不久，苏德战争爆发，苏联的经济环境逐渐恶化，物资供应严重短缺，伊万诺沃市民每天只能领到几两黑面包，冬天没有取暖的煤和柴，每顿只能用半片面包、几个蘸盐的小土豆果腹。儿童院的男孩都被动员去捡废铁，女

刘允斌（后排左二）与毛岸英（刘允斌右侧）、朱德的女儿朱敏（右二）、妹妹刘爱琴（刘允斌左侧）在苏联合影

孩则参加做手套、缝军衣的工作。刘允斌和毛岸英一起到军工厂参加劳动，制造枪支弹药，甚至到附近农庄参加收麦子、挖土豆等，并主动为前线将士献血，表现突出的他被选为国际儿童院学生会负责人之一。不久，刘允斌加入共青团，担任国际儿童院团组织负责人。

1945 年，成绩优异的刘允斌高中毕业时，考虑到中国的发展离不开工业，而钢铁工业在整个工业体系中占有举足轻重的地位，便于当年考入莫斯科钢铁学院冶炼专业学习，并加入了苏联共产党。1946 年，考入莫斯科大学化学系，学习核放射化学专业。其间担任中国留苏大学生同乡会会长。

美国第一颗原子弹爆炸四年后的 1949 年 8 月 29 日，苏联的第一颗原子弹试爆成功。关心时政的刘允斌注意到，苏联原子弹爆炸成功，立刻迫使美国对苏联的强硬政策缓和下来，并在国际关系中产生了连锁反应。在观察和思索中刘允斌认识到：原子弹不仅能改变战争的结局，而且可以影响人类的命运；原子弹可以给人类带来灾难，也可以给人类带来和平与幸福！他暗下决心，今后要搞核研究。

刘允斌与玛拉·费多托娃和女儿索妮娅、儿子阿廖沙

　　1950年，刘允斌以优异的成绩从莫斯科大学毕业不久，与同系不同专业的同学玛拉·费多托娃（莫斯科大学候补博士学位，担任一个教研室的主任）结婚，婚后生下女儿索妮娅（中文名苏苏，1952年生，成年后从事文艺创作，写有《怀念父亲》的诗）和儿子阿廖沙（中文名刘维宁，1955年生，莫斯科航空学院毕业后在苏联"国家航天指挥中心"任职，以军人身份从事苏联国防的尖端科技研究，多次获得国家奖章。退役前，任指挥中心高级工程师。2003年4月第一次回到中国，后获得中国"外国人永久居留证"，2006年举家定居广州——樊尚仁注）。随后在莫斯科大学化学系攻读核物理学研究生，专攻核放射化学专业，1955年毕业，获副博士学位。此后，他作为中国代表团工作人员留苏工作，并继续进修原子能专业。

　　1952年，刘少奇第二次率领中共代表团前往苏联参加苏共十九大。在莫斯科，刘少奇告诉刘允斌"中国科学院已经成立了近代物理研究所""机构是有了，就是缺少人才"。言外之意，就是希望他学成赶快回国，报效国家。

1954 年，刘允斌研究生毕业后，到莫斯科化学研究所工作，担任高级研究员。此后不久，刘允斌接到父亲刘少奇"国家需要你""祖国和人民等待着你的归来。在个人利益和党的利益发生冲突的时候，我相信你一定能无条件地牺牲个人的利益而服从党和国家的利益"的来信。颇为赏识刘允斌才华的苏共高层领导人用优厚待遇和条件挽留他，刘允斌却说："我始终把苏联当成我的第二故乡，我在中国只生活了十四年，而在这里却生活了十八年，相比之下，我对这里比对我的祖国还要熟悉得多。我也非常喜欢这座美丽的城市，但我不能不回去，因为此刻贫穷的祖国比任何时候都更需要我。这大概就像你们对待自己的祖国一样，这种感情相信你是会理解的。"

1957 年 10 月，冲破重重阻力的刘允斌，背着简单的行李，离妻别子独自一人返回祖国，被分配到中国科学院近代物理研究所（即中国原子能科学研究院四〇一所）工作，任副研究员，并转为中共正式党员。

自从刘允斌回国后，夫妻两人天各一方，分居两国，玛拉·费多托娃一个人默默地拉扯着一对幼小的儿女。刘允斌曾经出差加探亲几次去苏联，一直想争取妻子来中国定居。无奈随着中苏关系日益恶化和其他原因，办理了离婚手续。离婚后，玛拉一直住在莫斯科和刘允斌共同生活时住的那套房子里，独自把索妮亚和阿廖沙培养成才。她一直挂念着刘允斌，终生未再婚（1990 年，玛拉来到中国，来到了八宝山革命公墓刘允斌的墓碑前，魂牵梦绕几十年的思念再也控制不住，流下了热泪。1998 年突发心脏病去世——樊尚仁注）。数年后，刘允斌重新组建家庭，再婚妻子李妙秀，毕业于复旦大学化学系，1955 年在苏联列宁格勒大学化学系读研究生，1959 年取得副博士学位后回国，在中国科学院化学研究所工作。

1958 年 5 月，中国科学院近代物理研究所成立第十研究室（铀钚化学研究室），刘允斌被任命为研究室代理主任，并被选为所党委委员。此时，我国原子能事业在苏联帮助下得到蓬勃发展，他带领十室科研人员，在核燃料后处理和铀钚工艺化学领域做了大量工作，建立实验手段，展开各项研究工作，验证并掌握后处理沉淀法各工序的化学条件，并开展钚裂变产物的相互分离

刘允斌与妻子李妙秀合影

分析和某些基础理论研究，取得一系列突破性成果。刘允斌获得国家授予的副研究员技术职称。一次在由钱三强、彭桓武和苏联专家扎克洛宾列席的学术大会上，他们的学术研究成果得到钱三强的啧啧称赞，"这是一支思想觉悟高、科学作风好、严谨求实、能打硬仗的科学队伍。"

1959年，中苏关系恶化，苏联拒绝向中国提供原子弹模型和相关技术资料。1960年，苏联毁约停援，撤走专家。"老大哥"对不驯服的"弟弟"釜底抽薪了，怎么办？周恩来指示："自己动手，从头摸起。"中央决定：核研究院所与生产厂家结合，实行厂所（院）合一，用最快时间拿出原子弹，为中国人争一口气。在这样的大背景下，设在包头的中国第一个核燃料元件厂——二〇二厂建立了起来。

1961年，原子能研究院一院部分科研人员调入二〇二厂，刘允斌所在的原子能四〇一所元件工艺室并入二〇二厂。

在这种情况下，刘允斌不顾将丢弃自己的专长而去从事氢同位素分离面临的困难，毅然提出到该厂工作的要求。

当时二机部部长刘杰找他谈话时说"借调到二〇二厂工作两年，户口仍留在北京"，但他却要求在包头安家落户。

1962 年 1 月，刘允斌带领部分氢同位素分离课题的科技人员来到二〇二厂，他担任厂党委委员。当年 5 月组建了以他为主任的第三研究室（轻化工研究室），通过对工程全面解剖、分析，列出 95 个研究课题，开始全面技术攻关，并为轻材料的科研、生产广集人才，经过两年艰难奋斗，先后攻下最佳运行方案的理论计算、分解规律、分离系数测定、分析检验方法等重大技术难题。同时还验证了初步设计，制定了投料方案，组织编写了工艺规程和操作方法等技术文件，为大生产的投料生产奠定了基础。1964 年 9 月，轻材料生产线一次试车成功，生产出第一批丰度合格的 041 产品。1965 年 9 月，合成了第一炉最终产品，为我国第一颗氢弹试爆提供了装料。其间，他还承担了二机部下达的干法生产四氟化铀工艺研究的重大课题，在轻化工研究室组织开展铀化工的研究，采取技术人员、工人、干部"三结合"和设计、科研、生产"大协作"的办法，从 1964 年 7 月至 1966 年 6 月试验研究攻关，成功地进行了在卧式搅拌床中制取四氟化铀的干法小、中型工艺试验。紧接着又开展硫化床干法氢氟化工艺的试验研究，为大生产采取干法技术奠定了基础。

1964 年 4 月 7 日，邓小平、彭真、乌兰夫等中央领导来二〇二厂视察，刘允斌作为热核材料方面的专家参加了汇报。听完汇报后，邓小平对二〇二厂领导班子成员说："你们做出了成绩，工程技术人员是有贡献的。"

1964 年 10 月 16 日 15 时，中国第一颗原子弹成功爆炸的蘑菇云在中国西部戈壁滩腾腾升起。巨大的爆炸声惊天动地，强烈的冲击波撼动整个世界！喜讯传来，刘允斌全身热血沸腾，纵情欢呼："爆炸了，中国人研制的原子弹终于成功了！"他和所有参加核研究、核试验的科研工程技术人员、工人群众一起，沉浸在欢乐和幸福之中！中国第一颗原子弹爆炸成功，其间蕴含了刘允斌的智慧与奉献、奋斗与牺牲、欢欣与艰苦、失败与成功。他同时还十分理智地认识到：这不仅仅是一颗原子弹，而是一个大国的尊严和荣耀，是国家在世界上的平等与地位。

刘允斌在生活上很简朴，家里没有像样的家具和摆设，平时穿着极为平常，一双旧皮鞋总穿在脚上，同普通职工没有任何区别。他经常进行家访谈

刘允斌、李妙秀夫妇的长子刘维泽（右一），次子刘维东（左一）少年时代与保姆的丈夫王大爷及孙女合影

心、嘘寒问暖、了解工人和技术人员的困难，他的足迹遍布工人村各个角落。他真正地实行着党所号召的"三同"。他吃在厂区，即使妻子李妙秀从北京来包头安了家，他也很少回自己的家里住。

由于刘允斌平易近人，不管是对技术人员，还是对普通工人，都是平等相待，所以大家有什么心事都愿意找他谈，征求他的意见和指导。心中有什么苦衷，也愿意向他谈。他对同志们无微不至地关怀，有什么困难，他总是想方设法去解决。困难时期末期，鸡蛋很难买到，当时有研究室的女同事怀孕，他知道后，特地把自己的鸡蛋省下来送给孕妇吃。还有一些上海的年轻姑娘来到塞外包头，生活不习惯，他和妻子李妙秀经常去宿舍看望她们。有的姑娘病了，还让妻子做面条送去。

正当刘允斌施展才华、屡出成果之际，"文化大革命"开始，因他是国家主席刘少奇的长子而受株连，被下放劳动。虽然他不知道这是为什么，但是他诚心诚意地接受监督改造。越来越消瘦的刘允斌拼命干活，常常累倒在工地上。监督他劳动的工人冬天穿着单鞋，他就从家里拿来新棉鞋递上。尽管这样，周围的人还是渐渐疏远他、回避他。沉默的刘允斌尽量不与别人接触、说话。工休时独自躲到一边，在僻静处蜷曲着身子躺下。心情十分烦闷时，就将工作服遮在脸上，时而拉开衣角凝视着天空发呆。当他劳动一天后回到家里时，憔悴疲惫的妻子迎上来，刘允斌心里涌起不可名状的痛苦和彷徨。但他强咽下苦痛，装出笑脸宽慰妻子："我相信，相信这一切会过去的，误会定能解除！"

形势的发展，远非刘允斌想象的。

"文化大革命"开始后，与刘允斌关系不错的几个人都被关押批斗，那些经常登门的人也躲得远远的，心地善良的人们只能对他的处境暗地里同情。在刘允斌夫妇患难的日子里，只有保姆王奶奶和王爷爷一直陪伴着他们。老两口为人厚道朴实，在山东淄博农村生活了大半辈子。每当来人调查刘允斌时，老两口就说："不知道，我们是看孩子做饭的！"后来造反派说："走资派还要什么保姆，简直是剥削贫下中农！"随后，老两口被赶出刘允斌的家门。临走时老两口说："我们什么都不怕，两个孩子我们带上吧。"刘允斌夫妇欣然同意。于是，王奶

俄罗斯 2015 年颁发的苏联卫国战争胜利 70 周年纪念奖章

刘允斌的妻子李妙秀（左三）在二○二厂招待所前与同事合影

奶、王爷爷带着刘允斌、李妙秀夫妇的两个小男孩（刘维泽、刘维东），住到了在二○二厂工作的儿子家里。

1967年11月21日晚9时，刘允斌卧轨自杀，时年43岁。

1978年刘允斌得以平反，恢复了他作为中共党员和核化学专家的名誉，安葬在北京市八宝山革命公墓。

2015年4月15日，俄罗斯驻华大使杰尼索夫代表俄罗斯联邦总统普京，向32名为苏联卫国战争（1941—1945年）作出贡献的中国公民颁发了"卫国战争胜利70周年纪念奖章"。刘允斌是奖章获得人之一。

北斗七星高又高
梦帆今日又带刀   —— 梦帆小传

梦帆（1924—1989 年），江西省于都县人。

梦帆是中共党员，老红军。曾任内蒙古第一机械制造厂党委书记，内蒙古自治区政协委员。

梦帆少年时即投身新民主主义革命，1931 年初加入中国工农红军第一方

内蒙古第一机械制造厂落成庆祝大会

梦帆（右二）为厂先进生产者颁奖

面军，担任红九军团卫生员。1934—1935年，参加了举世闻名的二万五千里
长征。1936年加入中国共产主义青年团，1938年转为中国共产党党员。抗
日战争时期，历任八路军一二九师三五九旅七一八团宣传队分队长、陕北
三五八旅机要组组长、延安联防司令部机训大队队长。解放战争时期，任西
北野战军四旅机要科科长、西北野战军第六军机要科科长。

中华人民共和国成立后，梦帆先后任西北军区机训大队大队长、军委机
关干校大队长、国防部办公厅管理处副处长。1955年被授中校军衔，后晋升
上校。

1963年初，梦帆转业到中华人民共和国第五机械工业部（简称五机部，

1963 年 9 月成立，1982 年 5 月改名为兵器工业部）山西柴油机厂（现山西柴油机工业有限责任公司）任生产副厂长。

1964 年 1 月，梦帆调任内蒙古第一机械制造厂（今内蒙古第一机械集团有限公司。以下简称"内蒙古一机厂"）分管供应的副厂长。此时正值工厂大力开展以主产品"小翻身"为目标的技术、质量攻关活动，生产准备、新产品试制等任务十分繁重。他组织供应人员四处奔波，采购各种物资和协作配套件，保证了各个时期生产准备和生产发展的需要。

"文化大革命"开始后，梦帆因曾随同国防部长彭德怀出访东欧各国而受到诬陷和迫害，身心受到严重摧残，但革命意志仍非常坚定。

1968 年，梦帆任内蒙古一机厂党委副书记、副厂长。1980 年 2 月，任内蒙古一机厂党委书记，并当选为中共包头市委委员，被邀请为政协内蒙古自治区第五届委员会委员。中共十一届三中全会后，他和厂长李立青密切配合，积极贯彻"军民结合""保军转民"方针，深化工厂改革，调整产品结构，狠抓军品研制和民品开发，使工厂逐步走上军民结合型道路。通过产品外销，大幅度提高企业经济效益，1982 年、1985 年盈利均超过 1 亿元。1982 年以后，内蒙古一机厂连续被评为包头市、内蒙古自治区、兵器工业部先进单位。

1982 年 7 月，梦帆退居二线担任顾问；1984 年，经组织批准，离职休养。1989 年 7 月 30 日病逝。

国际风云多变幻
高瞻远瞩向前看

—— 杨朴小传

杨朴（1924—2015年），山东省菏泽市人，1924年3月出生，2015年5月1日于云南昆明辞世。

杨朴是我国第一批核燃料元件厂的创建者之一、核燃料元件工业创始人之一，为我国核燃料元件的生产发展作出了重要贡献。

杨朴于1942年1月参加革命工作，1944年8月加入中国共产党。曾任贵州遵义地区地委青年团书记、贵州省团省委宣传部长。1953年，调中华人民共和国冶金工业部（简称"冶金工业部"）西南有色金属局工作，任人事处处长。1955年，任冶金部有色金属局干部处副处长。1956—1958年，先后任中华人民共和国第二机械工业部（简称"二机部"，1982年改名为中华人民共和国核工业部，现称中国核工业集团公司）有色金属局第四生产处处长、四〇八厂（二〇二厂）设计总负责人、有色金属局生产处处长兼四〇八厂筹备处主任。1958年6月调任二机部设计院十室主任兼四〇八厂筹备处主任、设计总负责人。1960年，正式调任国营二〇二厂（现中核北方核燃料元件有限公司）技术副厂长。1972年后，历任国营八一二厂（始建于1965年，原称国营建中化工总公司、宜宾核燃料元件厂，现称中核建中核燃料元件有限公司，隶属中国核工业集团公司）革委会副主任、主任、厂长、云南省电子工业厅厅长等职。

杨朴是一个通过刻苦自学由党政干部转任生产技术领导的代表，为我国核燃料元件的生产发展作出了重要贡献，是我国核燃料元件工业的创始人之一。作为选厂委员会主席，他选择在包头创建了二〇二厂；作为总设计师，他带领中苏专家一起设计了二〇二厂。1964年4月7日，杨朴和刘允斌等人分别向前来视察工作的邓小平、彭真、乌兰夫一行汇报了二〇二厂为原子弹爆炸所做的生产准备工作。

建厂初期，杨朴（右）与二〇二厂筹建处包头办事处主任李恺

根据中苏两国协议，1957年初，苏联派专家来北京，协助进行二〇二厂（时称四〇八厂）厂址选择工作。由双方选派各类专业人员，共同组成联合选厂委员会。从冶金工业部北京有色设计院抽调以董弘祺工程师为首的12名技术人员和苏联专家组长日特琴科为首的9名专家，组成了二〇二厂联合选厂委员会，由杨朴任委员会主席，首先到山西、陕西两省进行选厂工作。在大同市郊，找到一块在交通运输、水、电和环境等方面都比较理想的厂址。

据2018年出版的《包头军工城访谈录》（内蒙古人民出版社）记载：杨朴在接受采访时回忆——

1957年元月中旬，我们赶回北京汇报二〇二厂的厂址选择情况。选厂汇报会由二机部副部长刘杰主持，袁成隆、郭超、韦彬等二机部领导及苏方代表基理琴科及苏联驻中国大使馆参赞等人参加。首先，由苏方组长日特琴科汇报，我做了补充，并讲了当地政府支持建厂的意见。汇报后经酝酿，刘杰代表中方宣布大同厂址还比较理想，但由于大同离海岸线太近，属于国防第一道防线之内，不太适宜，建议另选更适宜的地方。

2010年杨朴接受采访时

"刘杰一宣布这个意见，立即引起苏方人员的强烈不满，有的苏方人员发牢骚、甩资料。基理琴科说既然此地不合适，当初为什么作为选厂点提出来呢？刘杰最后说这是国务院副总理李富春的意见。我们考虑不周，请专家原谅。第一次选厂就此不愉快地告一段落。

"大同厂址被否定后，苏方专家很不满意。苏方改换苏联原子能委员会莫斯科设计院总工程师萨姑顿诺娃为负责人，仍由杨朴带队，进行第二次选厂。中苏选厂人员共27人，从北京出发直奔甘肃，在兰州周围选了一周找不到合适厂址。1957年1月30日（农历十二月二十九）晚上抵达内蒙古包头，由时任包头市市长李质代表包头政府宴请选厂人员，一起庆祝春节。大年初一，苏联专家组又宴请中国同志，祝贺新春佳节。初二晚上，中方选厂人员为尽主人之道、友谊之情，聚钱回请了苏方专家，消融了第一次选厂留下的不愉快。

"1957年的2月2日（大年初三），包头开始下大雪，寒气逼人，大家的疲劳尚未恢复，有的感冒了，但大家又开始驱车到包头周围现场勘查选厂。这样在包头周边又勘查了一个星期，在这里，我们找到了一个比较理想的厂址。他坐落在包头市东河、昆都仑两区之间，背靠大青山，面对黄河，左有煤矿，右邻内蒙古第一机械制造厂、内蒙古第二机械制造厂等理想的协作单位，地势平坦，约有10多平方公里的土地。至此，中国第一座原子能核燃料元件工厂——二〇二厂（时称内蒙古冶炼厂）就在此地诞生了。跑了好几个

杨朴带领二○二厂有关人员赴苏联学习前在北京站合影留念

月,经过几次反复,二○二厂最终定点在包头建设,现在回想起来,除了其他条件外,此地距离海岸线较远、距离苏联较近也是个重要因素吧。"

厂址确定下来以后,由冶金部设立代号为四○八工程筹备处来到包头,由冶金部有色金属管理局副处长李恺任筹备处主任。1957年11月,由杨朴带着以工程师董弘祺为首的9名技术骨干、2名翻译共12人组成中方设计组,到莫斯科开始二○二厂的初步设计。历时6个月,至1958年4月底,完成初步设计工作。回国后组织力量进行施工图设计。

1959年,二○二厂的基本建设形成高潮,设计人员进驻现场,生产准备、人员培训在积极进行。根据当时中苏关系的变化,部领导决定尽快派出一批人员去苏联学习。经过一段时间的准备,选出18名技术干部、19名技术工人、3名翻译,由杨朴和李恺率领,一行42人于1959年9月抵达莫斯科,

1959 年 9 月至 1960 年 4 月杨朴（右）在苏联实习

到 1960 年 4 月末实习结束，在苏联的原子能工厂实习七个多月的时间，为二〇二厂的建厂投产奠定了基础。

据杨朴回忆：在苏联实习时"厂里规定学习笔记一律交厂保密室保管，不得带出厂外，实习结束后，所有实习笔记一律留下。当时我们考虑，只凭大家的记忆回国建厂、生产是不行的，必须想办法解决这个实习成果问题。我专程赴中国驻苏使馆，向领导作了汇报，经过研究，在大使馆的支持配合下，较好地解决了这个问题。这些资料在后来中苏关系破裂，苏方撕毁协议、撤回专家、停供技术后，为我们自己建厂、生产起到了很好的作用。"

杨朴在二〇二厂筹建初期，在厂址选择、技术力量组织以及设计方案的选择、修改、审批、实施等方面都是决策人之一。在苏联毁约、停援，撤走专家、大批技术资料和关键设备被卡的困难形势下，他带领广大工程技术人员，发扬艰苦创业、为国争光的精神，组织设计、科研和生产单位协作攻关，解决了一系列技术难题，确保了二〇二厂各条生产线的顺利投产并拿出合格产品。

1972 年 5 月，杨朴调四川宜宾八一二厂任职期间，首先及时解决了初期设计方面存在的不合理问题，其次是在抓生产技术管理、开展技术革新改造、恢复和完善各种生产技术管理制度等方面做出了显著的成绩。

邻里相助一团火
月下有人喊号声 ——郭月娥小传

郭月娥（1925—1998年），生于山东省宁津县。

郭月娥是包头市青山区富强路街道办事处富强路6号街坊原党支部书记、主任。全国三八红旗手，中国妇女第五次全国代表大会代表，内蒙古自治区政协委员，包头市政协委员。

居民称赞郭月娥是"一团不熄的火"。的确，她以火一样炽热的感情爱着街道工作，干着街道工作。

1973年，郭月娥带头和8名家属组织起一个拆洗缝纫组。当时，为了方便职工生活，把广大家属从灶台旁解放出来，她们自力更生，没有资金，自己凑；没有工具，自己找；没有房子，就在露天干。秋天来了，无法在院子里干活，郭月娥同大家商量，下决心要盖房子，但是钱、材料都没有，有人泄气了，郭月娥却说："咱们有一双手，怕什么！"于是就领着大家顶风冒雨，起早摸黑捡砖头，凑材料，盖厂房，厂房快盖好了，她又日夜在工地巡逻。一个晚上，她发现一个孩子趴在还没有安玻璃的窗扇上玩耍，她边喊边跑，不料自己掉进防空洞里，摔伤三根肋骨，当即昏了过去，但她只在医院住了三天，就又跑到工地上。大家心痛地说："老郭呀，回家休息几天再来吧。"

她却说："这点伤不碍事，离开工地，我休息得不踏实。"就是凭着这种艰苦创业精神，她们盖起了7间厂房，把缝纫组扩大为一个具有较大生产能力的缝纫厂。

郭月娥的心思全部扑在工作上，连走路、吃饭都想着如何使街道工作再向前发展一步，解决更多妇女就业问题。经过十余年努力，这个街坊共盖厂房14间，办起托儿所、代营食堂、黑白铁加工厂、挂面加工厂。本街坊有劳动能力的家属全部参加了集体生产，每年创造价值20多万元。每个职工除了每个月近40元的工资外，还有粮食补贴票、洗理费、卫生费、劳动保护用品，退休时，还可以按工龄取得退职金。

多年来郭月娥廉洁奉公，不徇私情，在6号街坊居民中流传着许多佳话——送礼不要，请客不到，不占集体一丁点便宜，不走歪门邪道，不托人情走后门。她每天坚持在工厂、食堂劳动却从来没有白吃白拿过集体一点东西。刚创办街道工厂时，所有职工都有工资，郭月娥却坚持一年多分文未取。她经常外出开会，联系工作，但始终坚持不要差旅费。每次从北京、自治区开会回来，都要用自己的钱买些物品赠送给大家。1982年，街道决定给她200多元联系业务的酬劳，她分文不要。

郭月娥关心别人比关心自己更重，1975年2月4日辽宁海城地震后，她和职工集体开会决定，从街道工厂的利润中拿出1000元慰问受灾群众。1978年春天，中共包头市委号召节约粮食支援灾区，她带头把多年来节约的661斤余粮支援了灾区。

郭月娥对青少年帮教工作成绩突出，被家长用棍子打都无效的失足青年，在她"润物细无声"的教育下改邪归正。沾有恶习的青年准备要送去劳教，在郭月娥帮教小组教育下，这位青年思想得到了转变，变好了，对他从宽处理，管教一年，交街道执行，在郭月娥的教育下成为新人。在创建"五好家庭"和开展"爱国卫生运动"中，富强路6号街坊10栋居民楼先后被评为包头市青山区五好标兵栋，受到内蒙古自治区有关部门的表扬。在治理脏乱差中，郭月娥带领富强路6号街坊群众辛苦工作，被评为包头市"阿吉奈"（蒙古语，意为"骏马"）赛活动优胜单位。

郭月娥像"一团火"，为工作燃烧着，为群众燃烧着，让人民群众感到了她的光和热。她连续十多年被评为自治区、包头市、青山区先进工作者、劳

动模范、优秀共产党员，当选为自治区人大代表，被邀请为政协内蒙古自治区第四、五届委员会委员、政协包头市第五届委员会委员。1979 年，被命名为全国三八红旗手。1983 年，出席了中国妇女第五次全国代表大会。

凛之风神温以润
鼓之枯劲和以闲 ——刘兆威小传

刘兆威（1925—2006 年），字学庄。1925 年 3 月 25 日（农历三月初二）出生于内蒙古呼和浩特市托克托县河口古镇。2006 年 4 月 28 日（农历四月初一）在包头市去世。

刘兆威生前系中国民主同盟（简称民盟）盟员，内蒙古工学院（现为内蒙古工业大学）建工系汉语言文学副教授，离休后享受厅局级待遇。1987 年被聘为内蒙古自治区文史研究馆研究员，1992 年被时任自治区主席聘请为馆员。他是内蒙古自治区最早的中国书法家协会会员之一，曾任中华书法教育学会理事、内蒙古书法家协会顾问、内蒙古诗词学会名誉会长，内蒙古骑游协会会长。其艺事载入《中国当代名人大典》《中国美术年鉴》《中国当代书法家辞典》等 20 余种典籍，由于在书法方面的突出成就，被国家有关部门授予"终身成就奖"。编著出版《刘兆威书法集》《金石浅说》《篆书笔法试析》《篆刻初步》《四体书签》《隶书结构 64 法》等。

刘兆威少年时在北京平民中学（1952 年更名为"北京市第四十一中学"）读书，1944 年 10 月在包头厚包贸易组合任"准职员"，1945 年 5 月在国立绥远省中学（校址在抗战时期绥远省政府临时所在地巴彦淖尔盟陕坝市，即今巴彦淖尔市杭锦后旗陕坝镇——樊尚仁注）高中五班读书。1945 年 10 月毕业后回到包头，在包头马王庙小学（现东河区胜利路第一小学）教书，1946 年 12 月在（国民党）绥远省干部训练团受训，全团学员被强制集体成为国民党候补党员。1947 年 2 月至 7 月在国民党包头县党部任宣传干事。9 月赴国立昆明师范学院（原西南联合大学昆明师范学院，1946 年 8 月更名。现称云南师范大学——樊尚仁注）中国文学专业求学，1950 年 9 月转入北京师范大学古汉语和文学史专业读书。

1952 年 8 月，刘兆威于北京师范大学中国语言文学系毕业后，响应党的号召，为开拓绥远省高等教育事业，毅然放弃留京工作的机会，来到绥远省归绥工业学校任教，积极参与到筹建内蒙古第一所高等院校——华北第三工业学校（1953 年 8 月成立，隶属中华人民共和国第二机械工业部，是内蒙古工学院前身，1993 年 12 月更名为内蒙古工业大学——樊尚仁注）的工作中。

刘兆威书法作品《和平奋斗救中国》

1958 年 6 月，因反右派斗争被严重扩大化，刘兆威被开除公职离校。据其子刘一泽忆述：刘兆威“1958 年 6 月被错划为右派后，在呼和浩特接受三年劳动教养；1962 年回到包头后，在包头街头以摆小人书（连环画）摊兼售卖香烟为生。1964 年 1 月包头市教育局组建包头市第十九中学时，聘请其担任临时高中英语课教师，其间多次被评为模范或先进教师。‘文化大革命’中再次受到冲击，遭受不公正待遇。”

1979 年 5 月，刘兆威恢复公职和级别，调回内蒙古工学院，先后在基础部外语教研室和建筑系建筑教研室执教。1987 年 9 月，晋升为副教授；1988 年 4 月，经组织批准离职休养。

刘兆威在教学之余，致力于工程技术英语的笔译研究。20世纪80年代初，由他整理出一套适合工科院校学生使用的英语笔译参考资料。他在中国汉语言文学方面具有系统而又广博的知识，并通晓我国传统的书法艺术，且十分擅长文字工作。1987年60多岁时仍坚持主讲本科生的《基础英语》《汉语和写作》和《大学语文》等课程。

青年时期的刘兆威积极追求进步，忧国忧民。早年在昆明读书期间加入抗日战争后期和解放战争时期中国共产党在国民党统治区进步青年中设立的秘密组织中国民主青年同盟（简称"民青"。新中国成立后，大部分盟员转为中国新民主主义青年团员——樊尚仁注），积极参加学生民主运动和反内战、反饥饿、反迫害斗争，为争取民族解放和革命胜利奔走呼号。1983年刘兆威加入中国民主同盟，并担任民盟内蒙古财经工学院支部委员。他始终坚持思想上同心同德、目标上同心同向、行动上同心同行，在国家政治生活中积极发挥参政议政、民主监督作用。以内蒙古自治区文史研究馆馆员身份列席自治区"两会"，积极建言献策，就知识分子问题和文化教育问题提出一系列有远见的意见和建议，在提高教师待遇等方面提出了许多有价值的建议，并被有关部门采纳。

刘兆威幼承家学，在父亲刘汉儒的指教下，涉猎诸家，兼工四体，尤精篆、隶，篆刻亦凑刀成趣。在昆明和北京求学期间师从国学大师罗庸、罗常培、黎锦熙、姜亮夫、陆宗达诸人，探究训诂，研习《说文》，小篆初学李阳冰，融入清代邓石如篆法，笔意颇具邓氏风范，又能自出机杼，形成"凛之以风神，温之以妍润，鼓之以枯

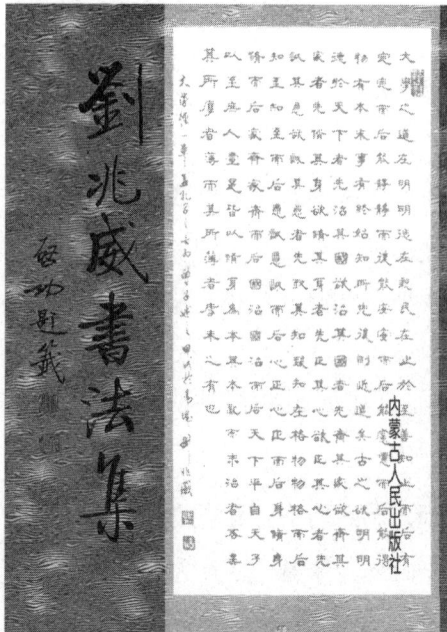

劲，和之以闲雅"的大家风范，故而能在当代写小篆的名家中相与比肩，难分瑜亮。

刘兆威的隶书得力于篆书功底，兼取《曹全碑》(东汉碑刻，又称《汉郃阳令曹全碑》)、东汉隶书名碑《史晨碑》及《张迁碑》(《谷城长荡阴令张迁表颂》)诸碑之长，参以大字鼻祖、榜书之宗《泰山经石峪》之笔意，秀劲中藏古拙，别具墨趣。所书代表作《千字文》不仅在书法艺术上一气呵成，堪称绝唱，而且在文字学上纠正了一些字的谬传写法，具有极高的学术价值和史料价值，受到原中央文史研

1994 年国庆节摄于钓鱼台国宾馆

究馆馆长、中国书法家协会主席、九三学社社员启功先生的高度肯定和赞誉。

刘兆威书法作品荣获过"首届丝绸之路书画展"一等奖、"中国佛教两千年书法展"金奖。他的作品多次在报刊发表，书法作品广为各地纪念馆、博物馆、名胜、碑林所收藏和刻石。20 世纪 80 年代初，刘兆威与日本书家在日本横滨举办书法作品联展，倍受东瀛友人的赞誉。他的杰作"大江东去"等许多作品被誉为不可多得之佳作，是我国晚近以来篆书领域之名家。在 2004 年文化部举办的国际华人诗书画印艺术大展中荣获特别荣誉奖。

刘兆威在书法创作、著书立说之余，长期在书法教育方面倾注了大量心血。为弘扬国粹，传承经典，他在内蒙古工学院任教期间，首创书法社团，并应学生会各社团的邀请，为学生们进行书法培训和演讲艺术讲座，在内蒙

古师范大学、青城大学、中国书画函授大学内蒙古分校担任书法老师，以字树人、以字启智、以字修身、以字立德，受到师生们的一致好评。早年在包头工作期间以及离休后，他经常在包头、呼市等多地举办书法讲座，传授书法知识，培养了大批书法爱好者和书法家，传道育人，不遗余力，嘉惠后学，桃李遍及海内外，被同人誉为德艺双馨，书以载道，深为世人景仰。刘兆威是内蒙古自治区著名书法家和书法教育家，为传承与繁荣中华书法事业作出了较大贡献。

刘兆威一向思虑通审，志气平和，不激不厉，风规自远。他热心慈善事业，多次捐赠书法作品，拍卖所得善款用于帮助受灾群众、失学儿童、孤寡老人等弱势群体。他待人真诚坦荡，不遗余力提携后学，并尽可能地给予力所能及的帮助，对人才的培养和爱惜，是书法界公认的。

在长达 40 余年的教学生涯中，刘兆威兢兢业业，任劳任怨，以自己勤奋敬业的精神和渊博的学识，为包头市乃至内蒙古自治区的基础教育和高等教育事业作出了重要贡献，为培养全国工业领域人才付出了大量心血。

鉴往知来闻天语
三尺讲台说古今 ┃ —— 屈连璧小传

屈连璧（1925—2010 年），辽宁省辽阳市辽阳县人，1925 年 10 月出生。

屈连璧是历史学家、翻译家、包头师范学院历史系教授。曾任中国世界近代史、现代史两个学会的理事，英国剑桥大学国际名人传记中心副理事长，还担任包头历史学会副理事长。

屈连璧经历了东北人民锥心刻骨的九一八事变，在幼小的心灵里充满了国破家亡的刻骨仇恨。他自幼萌发了抗日的爱国意识，在小学上音乐课时公开拒绝唱反共卖国的伪"满洲国"国歌《东亚民族进行曲》。

1942 年，屈连璧心怀航空救国的志愿，就读于日本东京函授航空学校。同年，考入沈阳南满中学（该校由日本人于 1919 年投资兴建，民国年间称中山中学。新中国成立后改为沈阳市第三十九中学，后改为东北中山中学——樊尚仁注）。

在南满中学学习四年，屈连璧担任班长、宿舍长，在同学中秘密组织地下抗日小组，从事抗日活动，并阅读了大批日文版的马列著作，这几十卷马列主义和社会科学著作一直被他珍藏着。

1947 年秋，屈连璧当选为校学生自治会主席，成为有威望的学运领袖。他在就职演说中强调："学校是神圣的教育园地，国民党三青团应退出学校。"在学校产生很大震动。他组织开办了进步书刊阅览室以吸引和扩大进步力量，在学校民主墙上刊出各种进步壁报。其中有他用中文、英文撰写的揭露国民党黑暗统治的壁报，在学生自治会领导下，学校有很多进步社团出现，活动非常活跃，被喻为"小解放区"。

1948 年初，屈连璧被列入国民党反动当局逮捕的黑名单，在中共地下党组织的策划下，进入辽南解放区。12 月，解放区辽宁省教育厅推荐一批学员，由他带队赴已解放的吉林省，入东北大学（1949 年迁往长春，改名为东北师范大学）历史系学习，并任社会科学院新民主主义青年团总支宣传委员，为同学们翻译英文史料及日文马克思主义著作，供大家学习参考。

1951 年，屈连璧在东北师范大学提前毕业并留校工作，担任校团委宣传部副部长、研究部科学秘书兼马列主义基础课教员，开始了一生的教育教学生涯。1957 年，屈连璧自愿支边来到内蒙古，应聘到内蒙古师范学院（1982年更名为"内蒙古师范大学"）历史系任教并担任世界史教研室主任、教政办公室主任、资料室主任，为内蒙古师范学院历史系的建设和发展作出了积极贡献。

1961 年，屈连璧被下放到包头市第一中学任教。从此，他与草原钢城结下了不解之缘。

1971 年，屈连璧调入包头师范专科学校（简称"包头师专"，1958 年创建，后更名为包头师范高等专科学校。2000 年，包头师范高等专科学校与原包头师范学校、包头教育学院合并升格为本科院校，更名为包头师范学院；2003 年又与原包头钢铁学院、包头医学院合并为内蒙古科技大学。2004 年，经内蒙古自治区人民政府批准，以内蒙古科技大学包头师范学院校名恢复独立法人资格——樊尚仁注），先后负责全校的共同政治课教学研究和政史系的领导工作，长期兼任《包头师范高等专科学校学报》（1988 年更名为《阴山学刊》）副主编，同时坚持在教学第一线从事教学工作，培养了大批莘莘学子。

他在教研、翻译、国内外学术交流上做出了杰出贡献。

20世纪70年代末，中国世界现代史学会成立不久，第二次全体会员大会在兰州召开，国内知名大学都被邀请参会，包头师专由于是专科学校未被邀请，屈连璧出于对学术的执着追求和加强同国内同行进行学术交流的意愿，与一名青年教师去参加会议。大会先是勉强为他们安排了住宿和发言。

年轻时的屈连璧

大会临近结束时，组委会决定召开唯一一次全体会议，让屈连璧就第二次世界大战问题作专题学术报告。报告引发与会人员的强烈反响。会员大会结束前，理事会通知屈连璧，包头师专被吸收为会员单位，屈连璧被推举为理事。从会前未被邀请参会，到会上作专题报告，又被推举为理事，这是戏剧性变化，同时也是国内专家学者对屈连璧学术成就的肯定。

屈连璧在世界史研究领域勤奋耕耘数十载，成就斐然，堪称学术楷模，得到了学生的敬仰和学界的认可。主要学术著作有《世界近代史简明教程》（上、下卷，1986年）；受国家教委延聘，主持编写全国高等师范专科学校历史专业教材《世界近代史》（1990年9月由北京师范大学出版社出版发行），时任中国世界史学会会长王荣堂教授对《世界近代史》给予了高度评价，先后发行四版，获内蒙古自治区社会科学优秀成果奖，作为全区59项社会科学研究成果之一、包头市唯一入选的社科项目被载入《内蒙古大辞典》。1994年，屈连璧入选由我国著名学者张岱年主编的《中国社会科学家大辞典》；1999年入选《英国剑桥国际名人传记大辞典》。他在国际上获多项奖励，其中有20

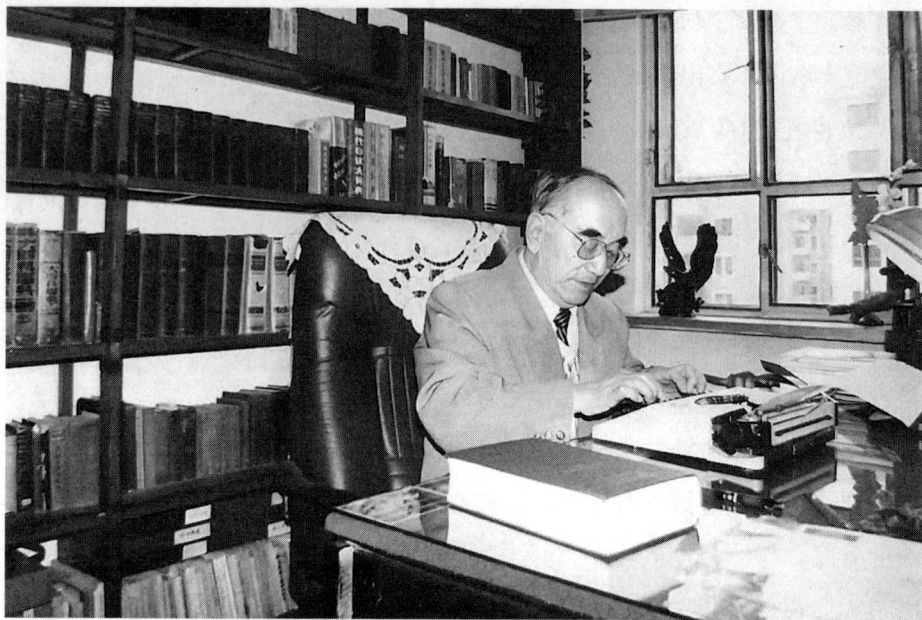

世纪 2000 名杰出学者奖、千年国际名人奖、20 世纪成就奖。

屈连璧是一位学识渊博的儒雅学者，外语功底深厚，精通日、英、德、俄多种语言，专业基础知识扎实，在世界史研究领域具有很高的学术造诣，他还撰写了大批世界史研究论文，其中不少论文填补了国内学术的空白，公开发表的论文和译著在国内外史学界有重要影响。

屈连璧 2001 年离休后，被聘为包头师范学院日本史研究所所长。每逢"九一八"纪念日，他都要邀请历史文化学院和包头电视台一起召开座谈会，主题都是"警惕日本军国主义的复活，勿忘国耻，强我中华"，在社会上产生了很大影响。在包头师范高等专科学校升本过程中，他利用自己在史学界的影响和声望，为升本和学校的发展出谋划策，多方努力，发挥了积极作用，受到学校领导的称誉和广大师生的敬重。

屈连璧一生勤奋刻苦，执着于史学研究，在职在岗时如此，更为难得的是，离休后更是如此。他把离休当作迈向学术生涯另一个黄金阶段的新起点，更是刻苦钻研，笔耕不辍。

2003 年 5 月，年近八旬的屈连璧编译出版了《一个日本老兵对侵华战争的反思》（日文作者为侵华时的日本陆军少尉，是其关于侵华战争的自传体回忆录），为出版这部译著，他自费 3 万余元，**其爱人徐桂馨（包头市第四中学高级历史教师，政协包头市青山区第三、四届委员会委员——樊尚仁注）**辞去在私立高中报酬丰厚的教学工作，全力协助屈连璧完成了这部 33 万字的译著。此时出书，绝非为名利所累，只为学术研究，只为爱国。其时，正值日本否认侵华战争的右翼势力极为猖獗之时，因而，由东方出版社出版发行的这部译著在国内外引起很大反响，成为当年的畅销书。2005 年，该书出了第二版。曾任中国外交部部长助理、时任中日友好协会副会长的文迟致信屈连璧，对该书给予高度评价："此译本对当前中日关系，反对日本极右势力很有现实意义。""你在中日关系上做了件很有价值的工作。"原包头市人大常委会主任赵道尔基在致屈连璧的信中写道："您在古稀之年仍不辞辛苦翻译出版长篇巨著，为中日友好事业奔忙，这种精神使我们十分感佩。您是我市教育界最具影响的前辈和知名教授学者，是包头人民的宝贵财富，万望多保重。"这

是市领导及全市人民对屈连璧的最高褒奖。

内蒙古科技大学于 2003 年 9 月 18 日召开纪念"九一八"国际学术研讨会及《一个日本老兵对侵华战争的反思》中译本首发式，该书作者河村太美雄参加了首发式，还前后四次到屈连璧家中做客。

耄耋之年的屈连璧，一腔热血关注着中日关系，痛斥日本政客和右翼势力的反华言论和行动。2005 年 4 月 5 日，中央电视台国际频道有一个批判日本教科书的访谈节目，两位教授和主持人批判日本新编教科书，谈到"日本不承认侵华历史。但日本侵华是事实，卢沟桥事变是历史存在，可没有很好的佐证材料"。屈连璧看后很是着急，连夜起草一封信，提供了最有力的证据，并于深夜从当时度假的深圳，通过电传发往中央电视台。第二天屈连璧就接到中央电视台国际频道的电话，向他表示感谢。

2007 年，年过八旬的屈连璧发表了《德国 1848 年革命初期法兰克福"工人协会"与国民议会资产阶级自由派的斗争》，以法兰克福"工人协会"与国民议会资产阶级自由派的斗争为切入点，以小见大，深刻揭示了 1848 年德国革命的特点。

2010 年初，屈连璧整理撰写成《屈连璧世界史论文·译文·著作选集》（上、下卷）两部书稿，共约 80 万字，准备结集出版。但令人惋惜的是，屈连璧于 2010 年 4 月 4 日在包头因病辞世。愿未了，人已逝，感叹之余，让人肃然起敬。

后学在《教学、研究与翻译集于一身的世界史学者》一文中称屈连璧："是一位儒雅的学者，堪称学术楷模；身正学高，是青年教师的良师益友；亮节高风，堪为道德模范。"

细致入微镌毫发
貌态原来能画成

—— 白铭小传

白铭（1926—2002年），别名旌堂，满族，1926年10月出生于绥远省包头县（今内蒙古包头市）。

白铭是高级工艺美术师、包头师范学院美术教授，全国首批享受国务院特殊津贴的优秀科技人才。1988年被内蒙古文史研究馆聘为研究员，曾任包头文联名誉主席。擅长工笔花鸟画、工艺美术作品等。原系中国美术家协会会员、中国工艺美术学会理事、中国美术家协会内蒙古分会副主席、内蒙古陶瓷学会理事长。曾任包头市人大常委会委员，被邀请为政协包头市第七届委员会委员。

白铭是我国著名的国画家和知名的美术教育家，工艺美术大师，被包头美术界誉为"包头美术的拓荒者"。他把毕生精力投入中国传统画创作和研究中，为世人留下了大量文化瑰宝。

白铭少年时家贫，却善思好学，随祖父白琇习画，颇具资质，祖父每天都亲自指点和督促他作画、习字，为他走上艺术道路奠定了坚实的基础。

1946年，白铭以优异的成绩考入京华美术专科学校（京华美术专门学校。1952年国画、西画两系并入中央美术学院）国画系，有缘受到我国著名

白铭（右二）和工艺师们一起研究驼骨雕挂屏的设计

国画家齐白石、陈半丁、于非闇、邱石冥、关镜汀、田世光、赵梦朱等名家垂教，开阔了视野，丰富了艺术思想，自此立志于丹青。经过大学的刻苦钻研，集诸大家之成，为日后的创作生涯铺垫了厚实的基础。

　　1949年，白铭从京华毕业回归故里。自1950年8月起，在包头市第一中学任教20余载，深受学生敬仰，被誉为名师。为填补包头市工艺美术生产上的空白，1972年白铭筹建包头市特种工艺美术厂并任厂长，为发展包头的工艺美术事业及工艺美术人才的培养做出巨大贡献。1985年，白铭重返教育战线，在包头师范专科学校（现更名为包头师范学院）美术系任教，1989年离休后仍执教于老年大学，是一位倾心教育事业，孜孜不倦培养接班人的艺术园丁。他坚持画如其人，"画品即人品"的观点，以自己的人品画品育人。

　　白铭不仅在任教的校园内具有高度责任感，从事社会美术活动也具有奉献精神，多年来通过文化宫、文化馆、函授学院等基地，开办美术专业培训班、学习班，毕业学生数千人，还举办专题学术讲座数百场，为中国培养了大批美术宣传干部和工艺美术人才，当今数名国家艺术界的大家和掌门人出自白铭门下。他把教学育人视为天职，受教育者良才济济，名家辈出，更有出类拔萃者多有创新，成就斐然。现代工笔花鸟创作遂形成"白氏"一派，为画界所瞩目。

白铭是一位在工笔花鸟创作上继承和发扬了优秀传统的高手，他的画源于生活，据以传统，其表现手法有独到之处，运用特有的艺术语汇对他热爱的大自然再度进行质的升华。作为著名国画家，他的工笔花鸟画，以描绘花卉、禽鸟来表现自然界的生命力见长，没有炫奇弄巧的惊人之笔，而是给人以健康的艺术感受，形成独特风格。他的水墨写意画和书法也有独到之处。在色彩应用上，善用重彩，但喜欢协调、素雅，令人耳目一新。

五十年艺术生涯硕果累累，白铭创作的不少美术作品参加了历届全国美展并获奖。1954年，在全国首届国画展中，他创作的《和平之春》，花须鸟毳细入毫芒，巧密精思以繁取胜；1955年，全国青年画展中《牡丹》以精巧的构思、严谨的布局、鲜明的色彩、别致而耐人寻味的意境展示出牡丹繁荣昌盛、富丽堂皇的神韵，被评为二等奖，授予全国十大青年画家称号。

数十年来，白铭的作品曾作为国礼赠送国际友人，国家列为珍品陈列于人民大会堂、

白铭画作

白铭作品——牡丹

天安门，《白天鹅》《芦塘月色》等 7 幅作品分别被北京民族文化宫、中国美术馆等收藏。此外，被内蒙古博物馆收藏国画 6 幅（1958 年）、辽宁省博物馆收藏两幅（1964 年）。创作的巨幅国画《祖国万岁》，悬挂于天安门城楼。这是对画家自身价值的最大肯定。

1957 年，内蒙古自治区成立 10 周年时，他创作的国画《天地皆春》作为礼品赠送给蒙古人民共和国；1958 年以来，在北京等全国各地举办的全国美术作品展先后展出他的《白孔雀》《曼舞迎春》《牧鸭图》《玉树临风》《松鹤图》等近百幅国画作品；他参加了许多国际巡回展，在日本、苏联、波兰、英国、加纳、古巴、阿尔巴尼亚等国展出《潇湘月影》《白梅》等一批为各民族群众喜闻乐见的、生动活泼的花鸟画作品，显示出作者优美的艺术风格和丰富的表现手法。

1988 年，白铭应邀携带作品 150 幅进京在民族文化宫展出，成为内蒙古第一位进京举办个人画展的画家。画展由国家副主席乌兰夫剪彩，乌兰夫饶有兴趣地细看了展出的 100 多幅作品，连声称道："这是来自内蒙古的艺术家，在北京展示出自己水平的作品，也展示了内蒙古的新面貌。"许多老画家都为展览题词，在中央电视台、中央人民广播电台播出的新闻中，誉白铭为"为生活造美的花神"。展览一时轰动京华。

除在国内外参展外，北京、天津、上海、辽宁和内蒙古等全国较大的出版社历年来先后出版了白铭的美术作品《红杏屏》《天鹅图》《荷塘白鹭》《四季花鸟屏》《雄鸡》等几百幅，在全国和地方报纸、杂志上发表作品和零星画片以及画册、挂历上采用的作品更多。曾编印《绘画入门》画册及专题明信片《白铭花鸟画选》。

白铭在书法上研习各体，兼收博采，并受清朝最末一个状元陆润庠等书生名流的指点，谨严挺劲，味道醇厚，表现出独特的个性。一些书法展览和报纸上常见到他的书法作品，在内蒙古地区也常能见到他题写的匾额，并一望而知这是独特的"白体"。

在研习中国画的同时，白铭不顾把工艺美术排斥在艺术殿堂之外的偏见，致力于工艺美术的探索和创造，凭借深厚的国画功底融民族、民间优良传统于一炉，创造了工艺美术的新途径，为古老的传统工艺同现代的重大课题相结合作出贡献。

1959年，白铭应邀参加了北京"十大建筑"的设计工作，1960年，为人民大会堂设计了《天鹅图》巨幅工艺挂毯，在人民大会堂内展厅绘制了大幅

白铭写意画——高风亮节

壁画《大兴安岭》，还为人民大会堂设计了沙发套、花盘套、茶几、地毯和窗帘等。担任包头特种工艺美术厂厂长、工艺美术公司副经理期间，他在兢兢业业领导企业美术工艺生产开拓创新的同时，还身兼专业总设计师、总工艺师等数职，作品曾在"世界博览会"展出，多件作品参加全国工艺美术展览并获奖；与他人合作设计制作的牙雕《龙舟》获 1985 年中国工艺美术品百花奖优秀创作设计二等奖；个人业绩被载入中国工艺史册，他创作的美术工艺作品畅销日本、美国、巴西、赞比亚、埃塞俄比亚、捷克、波兰、新加坡等国家和港澳台地区，创汇和利润实现同步增长，取得了较好的经济效益和社会效益。内蒙古自治区许多接待外宾的场所多用白铭的作品作为装饰。工艺作品《双喜》《芍药》《碧潭映锦》被选中载入中国工艺史册，并被国家收藏。设计的《天地皆春》图案，被中国铸币公司在新加坡发行的纪念金币和纪念银币所采用。他开创了包头工艺美术事业，填补了内蒙古自治区空白，为国家和内蒙古自治区赢得了荣誉，被誉为蒙古包里飞出的金凤凰。

白铭传略编入《中国美术家人名辞典》《中国当代美术家辞典》《中国当代艺术界名人录》等。晚年出版发行了《白铭国画集》《白铭百梅图集》等大型画册，是他 50 年创作精品的汇集。与此同时，他还在国内外期刊上发表了许多论著，为后学者提供了大量理论参考。

2002 年 2 月 17 日，白铭因病辞世，享年 77 岁。

老牛亦解韶光贵
不待扬鞭自奋蹄

—— 侯瑜小传

侯瑜（1926—2019 年）内蒙古包头市土默特旗人，1926 年正月二十九日（3 月 13 日）出生于土默特旗萨拉齐镇。

侯瑜于 1941 年赴北京求学，1948 年从北京私立大同中学毕业后，继续在北京交通大学运输专业求学。1952 年毕业后，先后在天津铁路局、太原铁路局大同分局从事铁路运输工作，曾任萨拉齐火车站（当时隶属大同分局）站长，后在太原铁路局驻包头办事处负责业务工作，1966 年因工作需要，组织上调他到包头铁路工程学校（现包头铁道职业技术学院的前身）从事教学工作，讲授英语、日语、运输等专业课程。1983 年 11 月 9 日，民进全国第五次代表大会后，由包头当时仅有的一名民进会员、包头师专副教授王孝端发展加入中国民主促进会，1984 年 7 月 21 日，民进包头市支部委员会成立后，他担任民进包头市支部委员会东河区组织的负责人。

1986 年以来，侯瑜离岗不离心，退休不退志，积极投身社会公益活动，甘将"余热"奉献给关心下一代事业，用实际行动谱写了一曲人生壮歌。1992 至 1999 年，侯瑜先后四次被评为呼和浩特铁路局先进工作者，2001 年被评为铁道部先进工作者，2003 至 2007 年连续三次被评为教育部先进个人，

2002 年被评为内蒙古自治区教育系统先进个人。国家、内蒙古自治区及包头市的众多新闻媒体，多年来先后从不同角度报道过他的感人事迹。2010 年教师节前夕，侯瑜接受包头电台等多家媒体的集体采访，9 月 10 日《包头日报》以"'只要是对学生有利的，只要是对下一代有益的工作，我就做'——85 岁退休老教师的心愿"为题，对侯瑜退休后坚持不懈地为学生、为下一代奔波、忙碌的生活进行了宣传报道。

秋天，正是枫叶泛红的时节，放眼望去，一片片、一层层，红得像花儿那样艳丽，像火焰般热烈。有人说，经历了春阳熏染、夏雨润泽、秋霜打磨，枫叶才有了如此摄人心魄的浓烈色彩，风采动人。中国民主促进会会员、老一辈教育工作者侯瑜便具有这样的品格。

侯瑜，一位耄耋之年的长者，之所以能够在超负荷的压力下，活得依然那么潇洒，笑得依然那么灿烂，就如红胜春花的枫叶，灿若朝辉的晚霞。正如他的心迹表白："通过自己踏实而又平凡的工作，既给了学生以生活、学习和做人的启迪，也使自己在发挥余热当中，拥有了一颗年轻的心，所以关心下一代是最好的老有所为。"是啊，将生命与培养年轻人的事业紧紧联系在一起，拥有如此境界者，其生命岂能不活力四射！

老有所为　执着追求献余热

1986 年侯瑜退休时，正值全国各地关心下一代工作兴起之时，包头铁路工程学校的关工委工作亟须起步，组织上决定由他负责包头铁路系统的关工委工作。为了不辜负组织的期望，侯瑜不顾家人的反对，毅然承担了这一神圣的使命。当时，校关工委只有他一个人，每天忙忙碌碌地工作，早晚还要骑自行车接送孙子，大家都为他这种工作热情和责任心所感动。起始阶段，关工委没有可资借鉴的工作模式，他深知只有加倍勤奋学习，才能更好地围绕党的工作中心，不负众望，圆满完成任务。

为此，他不顾年老体迈，勤奋学习，本着活到老、学到老的心态，以与时俱进、锐意创新的精神，努力提高自身修养。积极参加单位组织的各项政治理论学习活动，定期组织关工委的同志学习；在向书本学习的同时，向实践学习，向基层学习，做到边学边思边实践，不断强化大局意识、发展意识、服务意识，提升全社会和铁路系统广大干部职工积极参与关心下一代工作的能力；用理论指导实践，有针对性地开展工作。侯瑜自拟课题，就影响学生成长的主要因素和应采取的对策，深入铁路系统各个学校进行摸底调查，归纳、收集、整理出家长虐待子女、优越家庭宠爱子女、父母忙事业疏于管教子女、父母离异冷漠子女等影响青少年成长的几种普遍现象，组织学生、家长、老师进行讨论，引起人们的强烈共鸣，也由此打开了学校、家庭、社会齐抓共管、共同关心下一代健康成长的工作局面。

老有所爱　春风化雨护新苗

曾有人给侯瑜老师作了这样的概括：凡对学生有益的事，他会积极呼吁；凡涉及教育学生的活动，他都会积极参加；凡是学生遇到的困难，他都会积极帮助解决。

侯瑜根据国家不同时期的宣传重点和中心任务，积极组织开展"学习雷锋树新风""祖国明天更美好""民族精神代代传""中华美德""走进新世纪"等主题读书活动，在他的带动下，先后涌现出 20 名"读书活动"学生积极分子和 1 名优秀教师代表，受到铁道部和呼和浩特铁路局的表彰。侯瑜还先后为土右旗萨拉齐中学、明沙淖乡五犋牛村文化大院捐赠《中华美德》丛书 300 余本，为民进包头市委员会捐赠《莫忘国耻》VCD1套，印发《公民道德建设实施纲要》丛书1万余份、宣传资料3000多册，发放到学生手中。在抗战胜利纪念日期间，侯瑜自费购买了真实记录日本军国主义在中国大地上从疯狂到灭亡的可耻下场的《见证抗日——1937—1945影像档案》，免费赠送给有关学校和相关人士，并组织包头及呼和浩特地区的40余所学校、5万余人收看《历史的见证》《永远的丰碑》《抗日英雄谱》等影视片，以此激励大家毋忘历史、毋忘国耻，以史为鉴、珍爱和平、面向未来，弘扬民族精神，培养爱国主义精神。

侯瑜不仅在关心青少年师生身上倾注了心血，对离退休的老同志也是关怀备至。他先后组织离退休老同志集体学习《公民道德建设实施纲要》和《中华美德》读本，为他们印发《自我保健手册》《老人十养》《预防高血压》《健康百岁不是梦》《千万不要死于无知》和《洪昭光健康养生新概念》等健康手册；请心脑血管病专家来校为老同事讲课，还专门为老年朋友编辑养生保健剪报专辑。

近年来，随着包头铁道职业技术学院办学规模的不断扩大，生源逐年增多，学生分布的地点也由以前的1个增加到了目前的5个。侯瑜往返奔波于5个校区之间，力争做到学区建到哪里，就将青少年思想道德教育工作延伸到哪里，使广大青少年普遍受到了爱国主义、集体主义、社会主义教育，强化了为中华崛起而奋起读书的理念，帮助他们从小树立正确的世界观、人生观、价值观，从而提高了学生们对社会主义核心价值体系的认识。

老有所乐　倾心公益情未了

侯瑜常说："我的生命因孩子而精彩，我的生活因工作而充实。"作为一名人民教师，一名已退休的老教师，他像蜡烛一样燃烧自己，用情和爱照亮了许许多多稚嫩的心。侯瑜想方设法帮助贫困学生解除后顾之忧，主动与学校联系，出具家庭经济困难证明，帮助困难学生减免学杂费。2004年，交通运输班学生张长青因交不起学费而面临辍学。侯瑜看在眼里，急在心上，毅

然决定拿出自己有限的退休金帮他支付学杂费，三年下来共资助 5000 余元。在他的关心帮助下，张长青发愤读书，刻苦钻研，连续三年被评为三好学生，由于德智体全面发展，2008 年，张长青作为全校唯一一名代表参加了奥运火炬的传递。2005 年，侯瑜了解到学校为国家青藏铁路培养的 140 名学生中，有 22 名藏族学生家庭贫困，于是他不仅带头捐款，还多方奔走、四处呼吁，深入市区 16 家机关企事业单位，为这些月生活费不足 150 元的学生共募集善款 47500 元，为他们每人每月提供 100 元的补助，直至毕业。

侯瑜还把关心下一代工作与平安创建有机结合起来，为未成年人健康成长创造良好的社会环境。包头铁道职业技术学院（原主校区，现已搬迁至包头市职教园区）与包头铁路第一中学、包头铁路第二中学、包头铁路第三小学地处东河区繁华的巴彦塔拉大街，每逢交通高峰时段，超过万人的学生和居民群体与大量的过往车辆在没有交通信号灯的路口抢行。侯瑜了解到这一情况后，主动与交管部门取得联系，通过施画斑马线、增设信号灯、加派交管员等措施，消除安全隐患，保障广大师生和过往行人的生命安全。他还积极向包头市政协反映社情民意线索，有关人员根据他提供的线索，撰写成《关于在公交车上体现文明的四条建议》《关于治理沿街石料加工店铺污染环境的建议》等提案或社情民意信息，其中，包头市委宣传部主要负责人和分管副市长对《关于在东河区设立新华书店发行网点的建议》的社情民意信息做了重要批示，要求有关部门予以解决。

2006年"6·26"国际禁毒日期间，侯瑜组织师生3000多人观看禁毒展览，提高他们自觉抵制毒品、关爱生命的意识。同时与学校党办、保卫科、学生科共同举办了班干部法制教育培训班，聘请包头市警校教师围绕"当前青少年违法犯罪的原因和如何避免走上犯罪道路以及如何强化自我保护意识"主题，对广大学生进行宣传教育。

随着信息化的普及，青少年无度上网成为人们普遍关注的社会问题。针对网上一些封建迷信、色情暴力、流言蜚语等不健康的内容，侯瑜一方面积极引导青少年正确对待网络信息这个新生事物，访问健康有益的网站；另一方面及时向有关部门提出净化网络环境的建议，依靠技术手段，过滤各种不良信息，从源头上铲除精神垃圾，营造青少年茁壮成长的良好社会环境。

侯瑜在书法方面颇有建树，多次在包头市博物馆挥毫泼墨，与广大书画爱好者进行交流；其作品时常参加展览，见诸媒体，被书法爱好者收藏。2006年，在全国举办的建党85周年暨红军长征胜利70周年书画展活动中，侯瑜的书法作品在全国政协礼堂展出，并获得了由中国慈善总会、中国人民解放军总参谋部等九个部门联合颁发的奖牌和荣誉证书。为弘扬中国传统文化，培养青少年健康的人生观、价值观，侯瑜充分发挥自己的特长，用举办讲座、展览等形式，着力营造文化氛围，培养学生良好兴趣，激发爱国热情。同年，在包头铁工校举行建校50周年庆典期间，侯瑜积极奔走，联络校内师生、历届校友、呼和浩特铁路局和社会各界的知名书画名家，共征集书画、篆刻作品近百幅，成功举办了庆祝包头铁路工程学校建校50周年书画展。

2019年正月初十（2月14日）午饭后，侯瑜老先生于包头市东河区家中溘然长逝，享年93岁。亲属、朋友来了，生前所在单位的领导、同事们来了，受其教诲者来了……人们怀着悲痛的心情，无尽缅怀他崇高的精神，看望慰问他的家人，也为他默默送行。人虽仙逝，情谊依旧在。斯人已逝，但他留给所有人的美好回忆永远鲜活，他的精神永远镌刻在人们心中。

苍鹰雄踞坚韧柏
水仙绽放清白花 ┃ ——任德超小传

任德超（1927—2005 年），笔名恨石，别署三南恨石。祖籍河南偃师县（今洛阳市偃师区），1927 年 8 月 1 日出生于河南省南阳地区（今南阳市）南召县太山庙乡冯庄。

任德超是我国著名大写意花鸟画家、美术教育家。包头铁路第一中学高级教师、铁道部"社会主义精神文明先进职工"。中国民主同盟盟员（1984 年 7 月至 1987 年 11 月民盟包头市委筹委会期间任第五支部委员，1987 年 11 月至 1992 年7 月民盟包头市第一届委员会期间任东河区第一支部主委——樊尚仁注），内蒙古文史研究馆馆员。1986 年 4 月至 1993 年 3 月，被邀请为政协包头市第六届（六届十四次常委会增补）、第七届委员会委员；曾任内蒙古自治区美术家协会理事，包头市美术家协会副主席、名誉主席，包头市书画院副院长；呼和浩特铁路局文联副主席。出版《恨石国画作品集》《任德超画集（中国文联出版社）》，作品"金秋育雏""枇杷"分别收录于《全国文史研究馆馆员书画作品选》《中国书画研究院作品选》。作品《一家子》入编《中国当代国画家辞典》，曾接受中央电视台"夕阳红"栏目、内蒙古电视台"名人艺术家"栏目专访。

任德超幼年时先后在本乡小学和曹店街省立第九小学读书，1942 年在本县刘村街私立南都中学就读。1944 年以优异的成绩考入河南省立信阳师范艺术专科学校（简称信阳艺专，抗战时期校址迁至河南省内乡县师岗镇），入学不到一年，就接受国民政府国防部颁发的士兵证，参加"青年远征军"（抗日战争反攻阶段国民政府征集知识青年所组成的部队——樊尚仁注）二〇四师六一一团二营六连，后转入六一二团战炮连授二等兵军衔。队伍由南阳出发，经老河口、石花街，入湖北鄂西山区，翻越神农架，经巫山当阳大峡谷（位于巫山县北部）落脚在四川万县（今重庆市万州区），于郊外李家河受训。一年后，重回信阳艺专完成学业。这是一所老牌艺术院校，抗战时由河南省城迁到信阳。

　　任德超师从常书鸿的弟子李浴、徐悲鸿的高足丁折桂学画（这两位先生在新中国成立后，分别到鲁迅美术学院及开封师范学院、河南大学任教——樊尚仁注）。老师出于爱才之心，对他精心培养，严格要求，使其在校期间打下了书法、绘画方面的坚实基础。

　　1948 年任德超学满毕业，原以为能找到一份称心的工作，谁知他从河南到湖南，再到广州，内战烽烟四起，人心惶惶，他毕业即失业！1949 年农历正月初五即奔波于求职途中。因无钱购票，夜间爬货车"偷渡"。于汉口至衡水间头部被铁路桥横梁碰伤，几乎丧命。后在衡阳养伤两个多月，在病中作了一幅《山河破碎图》。在这幅画上他第一次大胆题出"三南恨石"的别号和笔名（1947 年起的号）。他曾经与友人解释说："三南者"是我家乡河南、南阳、南召县的缩写，以"三南"为号正是我不忘故里，崇敬祖根，对故乡的忠诚和热爱。

　　任德超是一个爱家乡、爱祖国、爱人民的艺术家。自任德超 1947 年启用这个笔名后至 2005 年去世止，在长达 58 年的艺术生涯中，他一直使用这个笔名和别号。他一生中大约创作出上万幅国画作品，每一幅满意的画面上都能找到他亲手加盖的"三南恨石"印章和题签。这是他的感情，也是他的性格。矢志不移，初心不改。

　　中华人民共和国成立之初，任德超很快就有了工作，先是应聘家乡留山完小任教，后投身边疆建设，于1953年入职铁道部第三工程局工会，专职从事宣传工作。当时正在修建集宁至二连浩特草原国际铁路，年轻的任德超激情满怀地投入筑路工地上，和铁路建设者们吃住在一起，以工人为题作宣传画，出黑板报，编油印的连环画册。他用激情的画笔，投入火热的铁路大建设中，是一个深受工人欢迎的宣传员。

六年后，因铁路实行"工管合一"（建设和管理合并），铁道部第三工程局撤销，任德超分入呼和浩特铁路局工会宣传部任美术员。1960年因呼和浩特铁路局工会所谓"吴建衡反革命集团"案，任德超遭到打击迫害，于1962年2月被开除公职，清洗回乡，接受劳动改造。老任家本就是当地出了名的"大地主"，成分高，再加上他这个现行的"反"字，各种压力一齐挤压在他的身上。其实，任家是一个名门望族，乾隆年间任家祖上数百口人不分家，偃师知县赠给"世敦雍睦"匾额，河南知府以"盛世义门""国瑞家型"两次赠送匾额于任家。乾隆四十九年（1784年）八月，御赐匾额"义门敦族"。据偃师顾县《任氏家谱》记载：任德超的曾祖父是清四品官员，邑之冠族（显贵的豪门世族、仕宦之家）。任德超同胞大哥任德昭，1932年从河南美专（一说开封美专）毕业，1937年从南召参加抗日救国活动，直接受表兄袁宝华（1916年出生于河南南召，新中国成立后曾任国家计划委员会副主任、中国人民大学校长、中顾委委员等——樊尚仁注）领导，1938年湖北宜昌学习无线电专业，1939

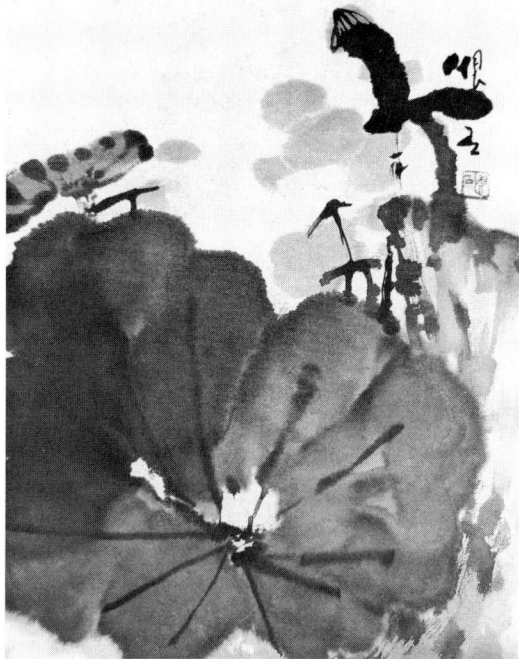

任德超作品荷叶

年考录到国民政府军事委员会政治部第三厅（1938 年初第二次国共合作时期在武汉成立。第三厅是由共产党领导下的进步人士组成，厅长郭沫若——樊尚仁注）电台工作，任报务员。1947 年任武汉地下党电台台长，为党的解放事业做出了突出贡献，是电影《永不消逝的电波》中主人公的原型人物之一。

好在 1962 年 8 月，经公安部甄别定"吴建衡反革命集团"案为错案，呼和浩特铁路局予以平反后，恢复了任德超的工作。但有好事者依然时不时地偷偷揪他的"小辫子"，1962 年他被下放至呼和浩特铁路局包头地区办事处铁路工人俱乐部工作，"文化大革命"开始后，又下派到包头铁路第五小学任教员（1985 年调任包头铁路第一中学美术教师）。学校的美术课任务不重，他有许多可以自己安排的时间。当时教师的待遇很低，全家只有一间小土屋、一盘土炕，他在炕上铺开毛毡、宣纸，润笔染色，一笔笔地画。在千变万化的笔墨神韵中他找到了无穷的乐趣，在山水沟壑的构图造型中，磨砺出博大精深的情操。他把看着顺眼的画幅拣出来，送到鲁迅美术学院（简称"鲁美"），送到开封师范学院，请恩师李浴、丁折桂审阅。老师们从他绘画的表现手法、艺术风格方面看到了学生日渐丰厚的功底，判定出笔墨的品位，对他大加赏识。然而两位教授对他的栽培与影响远不仅此，早在 1950 年前后，李浴教授将任德超推荐给了早已驰誉中国画坛的国画大师李苦禅先生。

任德超作品雄鹰

李苦禅是大写意国画的领军人

任德超在书画展中当场献艺

物，对这个从包头来京拜师学艺的画坛新人可谓是悉心教诲，倾囊相授，对任德超的作品一一批阅。后来他又多次赴京求教，大师没有架子，每次都热情接待，悉心指教。他们常有书信往来，切磋画艺，使任德超受益匪浅，艺术造诣也得到了长足进步。

李苦禅先生曾教导，"作画笔触"贵在"文而不弱，放而不野，沉而清润，笔补造化。"元代神仙中人赵子昂的一首诗，"石如飞白木如籀，写竹还须八法通。若也有人能会此，须知书画本来同。"书画同源，故善画者常能书。

在学艺过程中，任德超得知李苦禅大师过往的苦难经历（早年在北平街头拉过洋车，卖过字画），目睹了大师在事业上的执着，也逐渐理解了大师对艺术的追求乃至做人的真谛，这使他更加崇拜大师的画品，尊崇大师的人品，铭记大师的教诲。

正值壮年的任德超，艺术风格日臻完善，他擅长画大写意花鸟画和书法，早期潜心于绘画研究，吸收南北派别绘画技巧，开始树立自己的风格。中年画过不少人物和山水及动物、花鸟等，其表现灵活，妙在松动自然，毫不呆

任德超作品花枝俏

板。其作品远观栩栩如生，呼之欲出，含有精细理法。任德超能积蓄取之不尽的动力，能释放用之不竭的创造力，以色代笔，将绘画与书法融为一体，抒发新意，自成家法，努力创作新颖题材作品，逐步形成个人品格和风格。在技法上他注重用墨，很少着色，笔墨伶俐苍劲、洗练，每幅寥寥数笔，言简意赅耐人寻味。这个阶段是任德超作画的突飞猛进时期。不多久，他的"枇杷图"在中国美术出版社出版的画册上发表，另一幅"雄鸡图"被北京故宫博物院收藏。自此，"三南恨石"在画坛上渐渐找到了自己的位置。

这时候，一个绝好的机会悄然向任德超走来。为迎接内蒙古自治区成立30周年（1977年），内蒙古自治区政府成立了大庆办公室，选调数名优秀画家前来工作，任德超被调到呼和浩特专职作画，在宽敞的画室里整整工作了两年，待到纪念活动结束后，他仍然被挽留下来作画，任务很单一，用他的画作回赠各祝贺地区和单位。那两年，"三南恨石"的画堂而皇之地走进了各地的高雅殿堂。"三南恨石"名声大震，求画者纷至沓来。任德超为人宽厚、谦和，凡有求画者不论职位高低，不论年龄大小，来的都是朋友，他都真诚相待，精心作画，再专函寄回。

"大庆办"两年的磨砺，使任德超的艺术更加成熟和丰收。他连着两次在呼市、包头举办个人画展，他绘制出丈余长的《山鹰图》《梅林图》《荷花赋》，这些巨型作品被挂在包头的窗口单位，成为地方文化的一张亮丽名片。

1998 年 10 月，任德超（第二排左四）被聘请为内蒙古自治区文史研究馆馆员

值得一提的是，他由呼市作画归来，借助改革开放的东风，邀请几位同行教师，共同创办了一家以经营文房四宝为主业的"阴山斋"，主营端州名砚、湖笔、徽墨、黄山宣纸、福建漆雕。后来甚至将苏杭的梅花、漳州的水仙头都及时运到干旱多风的塞外，给开放的包头增添了儒雅的文化品位。在他的主持下，"阴山斋"由总店开出分店。文人任德超原来极善理财，办事公正廉洁，往来账目清晰。由他经理商店八年间，往来资金上百万，待到他退休移交时，每一宗每一笔账目都清清楚楚。事后听知情人说，他主管着纸笔墨砚，但他用墨用纸，都单独记账，如数付款，从不贪占店里一分钱的便宜。

1988 年 8 月，任德超从包头铁路第一中学退休后，身子活了，年年都要到南方去，或参加绘画笔会，或以文会友。他多次登泰山、爬黄山、游阳朔。这时作画，笔墨更加老到，笔随神驰，炉火纯青。他画松鹰豪放潇洒、大气磅礴，画梅花冷峻高古、酣畅淋漓。他笔下的荷塘、芙蓉、葫芦、枇杷，如身临其境，充满生命活力。他画中的一蔬一果、一蟹一虾，仿佛溢香扑鼻，秀色可餐。他爱鸡，一群可爱的鸡仔，依附在母鸡的身旁，充满着家庭的慈

任德超与妻子梁若珠

爱和谐。他笔下的一群麻雀、几只鹌鹑，都活泼生动。从这些小品里，你立刻会感觉到一种情趣，天真而又自然，自然而又安详。站在画前，常常会忘却自我，会把人带到一片高雅的艺术境界里，能听到遥远的天籁之音，能闻到大自然芳香的气息，能感受到家庭的关爱呵护。

任德超一生创作丰厚，流布海内外，曾被中国美术馆及亚、欧等14个国家和地区收藏。我国著名书画家及书画鉴定家徐邦达先生为画集题字，著名作家许淇、张长弓分别为画集作序、跋。中央电视台、内蒙古电视台和中央、内蒙古报刊多次介绍他的作品和艺术成就。著名作家张长弓把他的绘画风格概括为"真、简、新、辣""状花鲜丽，写鸟情深；删繁就简，领异标新。简而厚，一粒粟中藏世界；新而奇，一片虚灵中魅力无穷；辣而秀，老中有嫩，苍中含润，并以真气驭画之骨，驭画之神，驭画之韵。"《哺雏》和《瑞城尽朝晖》这两件佳作正是绝好的印证。

2005年7月28日，任德超走完了他的艺术旅程，中国美术家协会主要负责人为其主持追悼会，并对其艺术成就给予高度肯定。

任德超之子行方、行典、行文于他辞世15年后撰文回忆说："父亲将自己的毕生精力都放在美术教育和大写意花鸟画的创新上，致力于国家级绘画遗产的整理和研究，在他艺术创作的鼎盛阶段，却遭遇不幸（罹患肺癌），省部领导专门召集各方面的专家，成立医疗专家组展开会诊，拿出最好的治疗方案，尽力减轻父亲的痛苦。每日治疗返回家，他还要画几张画再休息。"

著名书法家杨鲁安、刘兆威分别为任德超题写挽联："似苦禅苍鹰雄踞坚韧柏；怀恨石水仙绽放清白花""德馨艺馨，妙笔丹青留后世；超达豁达，嘉风雅范属先生"。

云儿知他太辛苦
风儿唱他奋进歌

——沙月林小传

沙月林（1927—2014 年），回族，1927 年 5 月出生于河北省泊头市（今河北省沧州市代管县级市）。

沙月林 1949 年 9 月参加工作，曾任包头市第四中学教务主任、包头市第二十二中学副校长。1986 年离休，2014 年 1 月因病去世。

沙月林一生在教育战线辛勤耕耘，多次荣获青山区、包头市先进教育工作者，市级模范党员光荣称号。1986 年离休后，仍然为教育事业奔波，做关心下一代工作。1999 年，被内蒙古自治区关工委评为关心下一代先进个人，同年被教育部评为全国关心下一代工作先进个人。

在青山区以至在包头市教育界好多人都认识沙月林，他经常风尘仆仆地往来于青山区各中小学校和街道社区，热心地做着关心下一代的工作，到学校，孩子们亲切地称他"沙爷爷"，到社区，群众叫他"沙老"，关工委的同志都尊称他"沙主任"。从 1986 年离休后就开始从事关心下一代的工作，到行走不便的 2004 年，近 20 个年头，同志们说他是"老骥伏枥，志在未来"。

1989 年，沙月林发起并筹建了包头市青山区老干部关心青少年教育协会（简称"关协"），他亲自起草章程，不辞辛苦地深入全区中小学走访座谈，发展会员，积极开展筹备工作，经中共青山区委批准，1989 年 5 月 9 日，正式成立了"青山区关协"，后更名为青山区关心下一代工作委员会，是全市关心下一代机构中成立较早的一个。

机构建立后，开展工作却困难重重，可以说是"六无"——无充沛精力、无健康身体、无固定场所、无固定时间、无报酬、无节假日，靠的就是一颗炽热的心和几十年对教育事业不懈的追求。干上"关协"，沙月林就虚心学习先进，"关协"成立当月，他连写了四封信，分别发往河南安阳、贵州贵阳、内蒙古乌兰浩特和河北玉田等市、县关心下一代协会虚心求教，还到包钢"关协"等单位学习求教，不辞辛劳地展开了工作。

为了开展好"关协"工作，沙月林和同事们深入区属中小学进行调查摸底，反映的问题是：独生子女生活条件好，家长溺爱孩子，教育不得法，和学校配合不够，部分学生没有理想，自私狭隘、怕苦怕累、缺乏集体观念，地处偏远的学校学生成分复杂，流动人口的子女多。针对这些问题，他和"关协"的同志研究规划着一幅幅青少年健康成长的蓝图。

每年"五一""五四""六一""七一""八一""十一"等节假日，沙月林和"关协"的同事们依托教育主管部门和学校，举办各种讲座和活动，对孩子们进行革命传统教育，进行社会主义和改革开放成就教育，通过离退休干部现身说法，通过横向纵向比较，让孩子们不忘过去，珍惜今天，努力学习，健康地走向明天。

在开展"老少同"活动中，几乎每次活动都能看到沙月林的身影。他曾与关工委的同志组织全区少先队代表，到包头市东河区参观王若飞纪念馆（泰安客栈旧址），向少先队员们讲王若飞的故事。他两次到包头市委邀请革命老前辈市委原副书记刘启焕，以他开辟与建立大青山革命根据地的革命经历，向中小学生作发扬革命传统、做"四有"新人的报告，使孩子们受益匪浅。每年暑假，青山区教育局组织中小学社会实践夏令营，他不顾舟车劳顿亲自参加，冒着酷暑和孩子们参观机场，并和空军战士联欢。他还连续两年同孩子们到青年农场在驻军部队帮助下开展"军营一日"活动。长征胜利60周年时，青山区关工委、区教育局、区团委联合组织了"走长征路，做跨世纪接班人"模拟红军长征军事远营活动，他和青山区预备役军校的营员，走完了12.5公里的路程。同孩子们在一起，他显得年轻而充满活力。

沙月林随时关注着社会的变化和教育的变化，实行双休日以后，他琢磨着这样一个问题：怎样让孩子过好双休日？沙月林带着这个问题经常思考，到处求教，寻求解决问题的有效途径。他提出了成立青山区家教中心学校和建立"三位一体"的街道关工委工作网络的建议。他的建议很快得到了中共青山区委、青山区人民政府的批准。青山区家教中心学校成立了，学制一年。中心学校管辖区属和驻区部分厂矿小学29所分校。家教中心学校聘请本市知名学者、专家、教授讲授家庭教育、少儿成长、养成教育、保健等课程，还自己编写并出版了《家教八讲》一书，供小学使用。通过培训，许多家长的认识得到提高，家教观念得以转变。先后培训小学、初中年级学生家长1.5万多人。区团委、区教育局、区关工委组织了青山区"中华少年"暑期赴京夏令营，70多岁的沙月林毫不犹豫作为领队带着41名小营员出发了。有的同事说："有钱的工作你不干，每天为关心下一代工作忙碌着，每月给你多少报酬？人老啦，也应该关心关心自己，在家坐享清福，享受享受天伦之乐啦！"有些在岗的同事对他说："我们在岗的还感到思想工作不好做，何况是离了岗的呢。"来自四面八方的"关心""劝说"，没有动摇他的决心。沙月林常说："只要我力所能及，为关心下一代发挥一份余热，终身献给党的教育事业，就乐在其中了。"

重大的纪念年份都是关工委进行爱国主义教育的好时机，纪念鸦片战争150周年、红军长征胜利60周年、香港回归、澳门回归，在青少年中进行远离黄、赌、毒、邪的教育，沙月林总要东奔西走，组织宣讲团深入中小学进行教育活动，他还自己撰写讲稿在青少年中进行宣讲。一个70多岁的人为下一代教育不辞辛劳地奔波着，病了，克服病痛，从不耽误工作；烈日下，汗珠流淌，他毫不在乎。2004 年，他站不起来了，仍然感慨地说：2005 年是中国抗日战争和世界反法西斯战争胜利 60 周年，国民党的前身同盟会成立 100 周年，广州黄花岗起义 94 周年，国民党创建人、革命先行者孙中山先生逝世 80 周年，再加上国民党主席连战、亲民党主席宋楚瑜时隔 56 年后跨越海峡来大陆访问，台湾局势出现新的转机，我们需要做的工作太多了，可我站不起来了，如果能站起来，我一定搞它几十场讲座，让孩子们回顾过去、把握今天、展望未来，把自己的命运同祖国的兴盛紧紧联系起来。

沙月林在病床上还想着工作，想着未来，想着教育，他的一生就是一首歌，一首奋进的歌，一首追求的歌。风儿知道他的辛苦，太阳印下他的背景，孩子们心中有他的形象，共和国的史册中有他的名字。

金榜之上题姓名
不负当年苦用功

— 吕湘提小传

吕湘提（1928—2018 年），1928 年出生于辽宁省沈阳市，2018 年 1 月 29 日因病逝世。

吕湘提 1981 年入党。1952 年从东北工学院（1993 年，国家教委正式批准东北工学院复名为东北大学）钢铁冶金系毕业，分配在鞍山钢铁公司（现称鞍山钢铁公司集团有限公司，简称"鞍钢"）。1958 年调入包头钢铁公司（简称"包钢"），历任包钢冶金研究所主任、所总工程师、所学术委员会主席。他是教授级高级工程师，1992 年获国务院政府特殊津贴。曾被评为内蒙古自治区、包头市和包钢劳动模范，包头市和包钢优秀共产党员。包头市第八届人民代表大会代表。

1952 年，24 岁的吕湘提大学毕业后，分配到鞍钢第一炼钢厂，被安排到炼钢车间工作。不久，鞍钢组建本企业的冶金科技研究机构，吕湘提到科技处新组建的冶金研究所工作并很快成为研究室的骨干，取得了多项研究成果。

此后，鞍钢将多项生产建设中急需解决的重要研究课题交给冶金研究所。

1953年底，鞍钢基建部门提出：土建施工机械的部件耐磨性差、寿命短，影响施工进度。尚在"见习"期间的吕湘提在苏联专家指导下，用一些简陋的设备很快研制成焊补用的耐磨合金，并制成我国第一代硬质合金焊条，用于焊补挖补机铲齿的磨损部分，使铲齿的使用寿命提高数倍。

1954年初，鞍钢"三大工程"中的一条大直径煤气管道发生焊口通长开裂事故，公司紧急立项求解。吕湘提在老专家指导下承担了这一课题。经过研究，他发现焊口开裂是由于焊条中磷含量过高，导致焊缝磷偏聚而产生冷脆断裂，继而进一步追踪研究制造焊条铁芯的沸腾钢锭中磷的分布规律，发现钢锭下部为低磷区，据此他提出了"一锭两用"的方案，一举解决了焊口开裂问题。鞍钢采用此方法生产焊条达几十年之久。

1971年7月1日，包钢无缝钢管厂建成投产

吕湘提负责研究的"低锰铁小炼钢"的课题取得成功,在鞍钢生产中推广应用,并因此修改了平炉炼钢用铁水的企业标准,节约了大量锰矿资源,降低了炼钢成本。

1958年,吕湘提奉调到包钢中央实验室(现称包钢技术中心)工作,在那里一干就是30多个春秋。

1963年,包钢初轧厂尚未建成,包钢生产的沸腾钢要统一调给太原钢铁公司开坯。由于包钢提供的钢坯切头率超过了5%的规定,太钢提出异议,要求包钢派人解决。吕湘提不辱使命,在查明情况后,提出"改变生产工艺,采用硅铁化学封顶工艺"的建议,在炼钢厂试验成功并推广应用,使沸腾钢开坯切头率由6%降到2%~2.5%。这项技术从1964年开始在包钢应用,一直到20世纪90年代模铸钢锭被连铸钢坯取代为止,每万吨钢坯多收成品坯350~400吨,这项生产工艺创造了多少效益,从来没有人计算过。

1973年,吕湘提在一本外文杂志上看到了国外开发快速测定钢中氧含量的报道,立即建议立项研究,并被批准。一年后用手工制出了试验定氧探头,在炼钢厂炉前测试,效果良好。他自己研制的定氧探头测定精度的检测装置,受到业内专家的好评和冶金工业部主管领导的高度重视,研究报告在专辑刊物上发表,并被专著所引用。

1977年,世界上最大的定氧探头制造公司——比利时EN公司的技术经理来华进行技术交流和钢水测定演示。冶金工业部钢铁司经过调查研究后,决定由包钢接待外宾。经过双方在炼钢厂炉前对比测定和技术交流座谈,EN公司认为包钢的定氧探头测定结果与他们测定的相符,功能良好,并当场邀请吕湘提访问EN公司的制造厂。

1978年,冶金工业部要求包钢转炉沸腾钢轧制板坯外调,但首批十几炉钢锭开坯后,因钢坯表面缺陷造成的废品率很高,导致多炉钢坯报废。包钢领导点名吕湘提到炼钢厂研究解决这一问题。他帮助炼钢厂制定了新的沸腾钢脱氧工艺和铸锭操作规程,不但消除了板坯表面缺陷,还使所有沸腾钢的质量得到提升。

包钢响应供给侧结构性改革，2016 年 8 月拆除二号高炉，可压减炼铁产能 133 万吨

1980 年至 1985 年期间，由于研究成果突出，吕湘提先后担任包钢钢研所炼钢室主任，冶金工业部铸锭技术协调组副组长、炼钢学会浇注委员会副主任委员。在他的指导和参与下，保护渣、绝热板、发热剂"三位一体"的热帽技术的进步，以及钢锭模优化设计和浇注技术的改进，均取得成功。包钢生产的镇静钢切头，从 15% ~ 16% 降低至 11% ~ 12.5%，成材率提高约 4%，该成果获得冶金工业部技术进步二等奖。

2000 年 6 月，吕湘提被聘为包钢总经理技术顾问。他密切关注炼钢的技术进步和包钢新产品开发工作，为包钢的长足发展和技术人才培养积极献计献策；帮助解决一些生产厂在技术转型、操作水平提升过程中遇到的困难。他非常关注包钢的产品质量，经常深入生产一线和实验室了解质量问题，对包钢产品的市场定位、产品选型做了多方面的调查研究，相应地提出了一些操作性强、有参考价值的意见，受到了包钢领导重视和基层人员的欢迎。

月下急追关汉卿
梨园初探二人台

——苗文琦小传

　　苗文琦（1929—1972年），又名苗玉璜，笔名草田、王大可。1929年4月2日（农历二月二十三日）出生于土默特旗党三尧乡（今土默特右旗将军尧子镇）林家海子村。

　　苗文琦1岁丧母，15岁丧父，后由叔父抚养成人。1936年至1946年期间，

民国时期位于归绥公主府的绥远省立归绥师范学校

先后在林家海子、石泥桥、四家尧、保儿旦尧、大喇嘛尧等地读私塾和小学，1946年冬转入萨拉齐大东街小学读六年级，古典文学和历史知识基础扎实。1947年高小毕业后考入绥远省立归绥师范学校（位于清朝康熙皇帝给女儿固伦恪靖公主修建的公主府内，1950年改名为绥远省归绥师范学校——樊尚仁注），除学习文化知识外，还着重学习音乐基础知识，掌握作曲的初步技能。

1949年，苗文琦加入了绥远省行政干部学校文工队，任乐队副队长。1950年加入新民主主义青年团。在此期间，他除领导乐队、参加伴奏外，还参加了绥远省民间艺人学习会，帮助老艺人整理和修改演出剧目。1951年至1952年，文工队的戏剧创作特别活跃，他为本队自编的《杨三入了互助组》《放大眼光》等小歌剧配曲，还根据二人台牌子曲编写数首器乐合奏曲。

1952年至1953年，苗文琦先后调入绥远省文工团、内蒙古文化局戏曲审定委员会工作。在此期间，他收集、记录二人台《打后套》《转山头》《画扇面》《绣花灯》《珍珠倒卷帘》《红云》《阿拉奔花》《小叔子夸嫂嫂》《小姑听房》《抓壮丁》《打樱桃》《遭年限》《画八扇》《下山》《跳粉墙》《送四门》《探妹妹》《大闺女思色》《牧牛》等原始演出剧本，收录在《二人台传统剧目

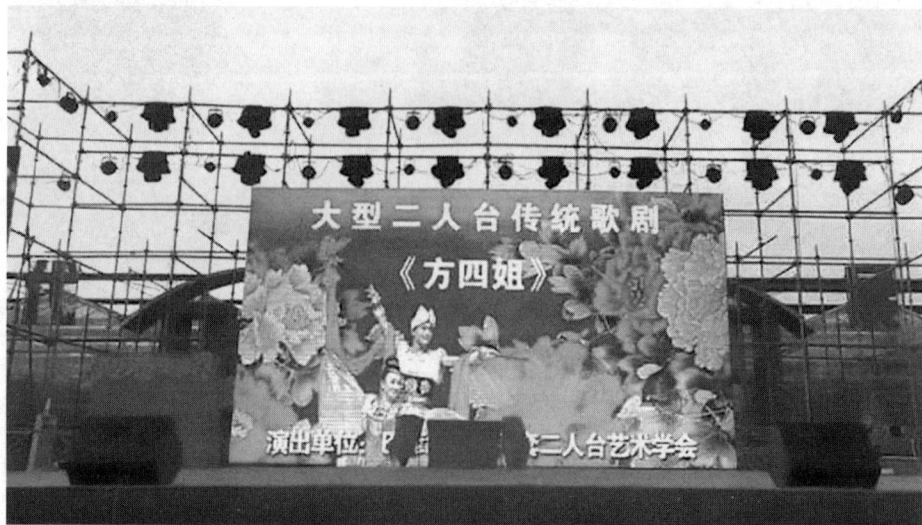

大型二人台剧目《方四姐》剧照

汇编》1～6 集中，为后人整理、改编、研究二人台提供了宝贵的资料。此外，他整理改编《牧牛》《撑船》《顶灯》《尼姑思凡》《打秋千》《放风筝》，与刘拉拉合作整理改编《空喜欢》《种庄稼》等二人台传统剧目，取其精华，去其糟粕，使二人台面目为之一新，丰富了二人台剧团的演出剧目。他还与计子玉等合作创作大型二人台剧目《方四姐》和小喜剧《探病》，在群众中广为流传，深受欢迎。

1955 年，苗文琦调内蒙古文化局剧本创作室，将评剧《茶瓶计》改编为二人台，被不少剧团连续演出。

1956—1957 年，苗文琦先后调内蒙古文化局艺术处、内蒙古文化局戏曲剧目工作室工作。1960 年，调任内蒙古艺术学校戏曲科主任，除负责二人台教学外，他还担任大型二人台《二虎庄》的编剧、作曲和导演，为培养新一代二人台演员做出贡献。

一生正气培新苗
两袖清风育家风
—— 李畅茂小传

李畅茂（1929—2015 年），祖籍山西省定襄县，1929 年 3 月 11 日（农历二月初一）生于包头东河村，卒于 2015 年 11 月 5 日。

李畅茂是中共党员，曾任包头市第一中学教导处副主任、包头市第十七中学党支部书记兼教导处主任、包头市第八中学党支部书记兼校长。包头市东河区人大常委会委员。

据包头市有关文史资料介绍，李畅茂的祖父李鸿是清末民初包头地区有名的中医，曾参与民国时期绥远省政府组织的抗疫工作。父亲李三星。母亲赵氏，生下李畅茂仅三天就去世了，由继母把他抚养长大。

李畅茂 7 岁的时候，父亲把他送到老包头的东河村读私塾，由百家姓、三字经、四言、七言文开始，到《大学》《中庸》《论语》《孟子》为止。

两年后，村里办起了公立学校，李畅茂转入该校学习，由一年级上到三年级；四年级到六年级转到城里上学。他在小学时学习成绩一直名列前茅，还喜欢各种体育活动。

小学毕业后，李畅茂考入绥远省立第二中学（包头市第一中学的前身）。一直学了六年。1951 年，高中毕业后，由于是新中国成立初期，百废待兴，市里急需教师，李畅茂便放弃了继续深造的机会，留校任教，历任本校初中数学教师、班主任、年级组长。他工作任劳任怨，平均每周18节课，最多时一周24节课，也不叫苦，并总是能做出优异的成绩，多次被评为教育系统先进教师（工作者）。

1957年李畅茂加入中国共产党，年底又被提拔为教导处副主任。1964年按照组织安排，他参加巴彦淖尔盟（今巴彦淖尔市）临河地区的"四清"工作，任工作队副队长。

1965年，组织上调李畅茂到

李畅茂与妻子赵玉莲（摄于1957年）

包头市第十七中学（简称"包十七中"）工作，任书记兼教导处主任。因为当时没有校长，所以党政工作他一肩挑。在第二年的全区学生运动会上，包十七中以总分名列第二（包一中第一）的优异成绩，受到包头市教育局的表彰，其他各项工作也走到全市教育系统前列。

由于表现突出，工作业绩优秀，1978年，包头市教育局调李畅茂到受"文化大革命"冲击较严重的包头市第八中学（简称"包八中"）工作，担任书记兼校长。当时，包八中摊子大，派性严重，学校领导、教师、工宣队都不甚团结，市教育局三位局领导分别带工作组前去调解，成效不大。

李畅茂去包八中后，立即着手拨乱反正工作，及时对校领导班子进行重组。他还在教工大会上做了动员，约法三章：一、要团结，不要分裂；二、要努力工作，夺回"文革"造成的损失；三、要树立良好的校风校纪，为人民服好务，为国家培养出有用的人才。要以清正廉洁、克己奉公为己任，踏踏实实干事、清清白白做人。再就是对运动中受到冲击的教师，有步骤地开展平反冤假错案工作，积极推动落实教师政策。他去离退休教师家中走访，听取意见，有实际困难的，能解决的就地解决，该上报的及时上报。逢年过节都要慰问老教师，从而使这些老同志得到安慰和温暖。他在教师中重点抓党员的模范带头作用和组织建设，按照党章要求，建立起"三会一课（每月一次党内组织生活会，每月一次小组学习会，每月一次校内形势分析会，每月一次讲党课）"制度，并狠抓了校领导的勤政廉政建设。

从此后，包八中的教学工作和党、团、工会工作都逐渐步入正轨，李畅茂获得如下殊荣：包头市政府1985年9月授予他从事教育工作25年以上教师称号；1985年9月，内蒙古自治区教育厅颁发从事教育工作30年以上教师称号；国家民委、国家劳动人事局、中国科协颁发的在少数民族地区长期从事科技工作者称号。

1979年8月7日，西脑包大雨倾盆，突发洪水。这天的半夜三更，包八中值班教师急匆匆地赶到李畅茂家，把熟睡中的李畅茂叫醒：包八中被洪水淹了！

那时，包八中的校舍都是平房，校区又处在一马平川之上，无遮无拦，突如其来的洪水指不定会对这些平房造成多大的伤害。李畅茂心急如焚，起床后冒着大雨急匆匆赶到学校。到校后，他立即通知能够联系上的教职工赶快到校。大家一起排水分洪，堵洪截流，经过一整夜的苦战，在大家的共同努力下，他们终于战胜了几十年不遇的洪峰，保住了学校。据《包头市志》记载："西脑包被淹，冲毁房屋4900间，淹没土地15万亩，淤积马路，中断交通，多数工厂停产。"

事后，每当想起这段抗洪经历，李畅茂都心有余悸，便想着怎样一劳永逸地解决这个问题。不久后，他想到一个法子，那就是在学校建一栋教学楼，既可阻挡以后可能出现的洪水北灌，又可改善办学条件。可当时包头市的财力有限，要想建成一栋教学楼资金缺口不是一点点儿大，而是很大很大。但是，以李畅茂下定决心、说干就干的性格，困难再大也要行动。于是，这位基本上从不求人的校长，亲自到有关地区、部门走访、求助，硬是把不可能的事做成了可能。经过一番不懈努力，终于落实了资金，并开始建设。不久后，人们看到包八中校园内一座崭新的教学楼拔地而起。从此后，包八中的教学环境得到极大的改善，学校可能被洪水冲击的隐患也得到一劳永逸地解决。

李畅茂（右）在包八中任职期间与教师谈心谈话

李畅茂有个尽人皆知的特点，就是刚正不阿，敢于直言，勇于负责。后来，东河区人大换届选举，性格耿直的他被选为东河区人大代表、常委会委员。

李畅茂除了在工作中踏实苦干、严于律己外，在生活中也以近乎苦行僧的行为方式著称。

李畅茂工作后，上有年迈的父母，下有七个嗷嗷待哺的子女，妻子赵玉莲在家务农，生活十分困难。但他年轻时很能吸烟。一次，母亲对他讲："家里经济这么困难，你还吸烟！"他把手里的烟往地下一扔，从此再没吸过烟。

在包头市第一中学工作期间，李畅茂工作勤奋，有许多时候晚饭就在学校凑合一顿，校领导过意不去，要给他分配一间房子，把妻子接来做饭。他说，希望学校把房子分配给其他生活更困难的教师。校领导的好意被他婉言谢绝了。

在包头市第十七中学工作期间，学校建了两次职工宿舍，他都没有伸手要过一间。

在包八中工作期间，鉴于李畅茂全家 11 口人始终挤在两间三四十平方米祖宅中的实际困难，包头市教育局"戴帽子"给他分配了一套 50 平方米左右的房子。

李畅茂极其重视道德涵养及优良家风，他把教子有方作为培育优良家风的准则，严于教子，注重培养子女自律自立意识，因此他的孩子个个谦恭有礼。他把勤俭节约作为培育优良家风的理念，让孩子们从小就在家庭生活中接受艰苦朴素、勤俭节约的教育，深切领悟"一粥一饭当思来之不易，半丝半缕恒念物力维艰"。七个子女生活方面克勤克俭，工作方面也是兢兢业业，事业有成。

在包八中工作后期，随着李畅茂的子女逐渐长大成人，大家也都各自成家立业，他的生活才渐渐有所起色，有时候也会自斟自饮二两老酒，但下酒菜也仅仅是一两小碟的咸菜、腐乳。

时光荏苒，岁月流逝。2008年3月，在李畅茂80岁寿诞之际，有人将其言行故事辑成一册，其中的序言对其品行修养有个概括和总结颇为实际。现录如下：

"阅其才，通而周；鉴其貌，厚而贵；察其心，贞而明。"听其言而观其行，乃知世上有直人；鉴其貌而审其为，总教屋宇依梁柱。环首四顾，望断八荒，层出而不穷者，畅茂先生是其一也。人道是："桃李不言，下自成蹊。"纵览古今，代代相续者，畅茂先生亦其一也。数十年做事，阅人事至耄耋；几十载从教，育英才而有年，盛名与焉。

又曰："月晕而风，础润而雨，事有必至，理有固然。"畅茂先生膝下成行，执父道而善诲，实子辈之楷模。子孙齐集，合成一书，曰《忆往事》。父其父，子其子，忆往事，看今朝，得生命之垂辉，共饥饱于斯年，四世之同堂，五福而临门，后福与焉。

人而得福佑福祉若此，足矣。

2015年11月5日李畅茂因病去世，有学生撰联评价说："一生正气育成桃李满天下，两袖清风留存德行在人间。"诚哉斯言。

生离死别已吞声
总教后人常恻恻

—— 孟克达赖小传

孟克达赖（1930—1974 年），蒙古族，1930 年出生于内蒙古昭乌达盟（今赤峰市）巴林右旗查干木伦苏木一个蒙古族牧民家庭。

孟克达赖是中共党员，革命烈士。曾七次被评为模范、先进工作者。1964 年 10 月国庆 15 周年时，被选为少数民族参观团成员赴京观礼。

1946 年 4 月，16 岁的孟克达赖成为中国人民解放军内蒙古骑兵四师三十四团的一名战士。1949 年 10 月，加入中国新民主主义青年团。1959 年 8 月，加入中国共产党。在解放战争中，他身跨战马转战东北和华北战场，为祖国的解放事业立下了战功。1954 年，孟克达赖转业到地方工作，历任通讯员、警卫员、保密员、文书、工人、武装干事、组织干事、档案馆长、武装部长等职。无论岗位怎么变换，他始终牢记党和人民的教导，对工作充满热情。

1962 年 8 月，组织上派孟克达赖到达茂旗新宝力格公社担任武装部部长。接到通知后，他二话没说就骑马上路了，他策马扬鞭日行 150 里，当天就赶到新宝力格公社。一到新的工作岗位上，他便深入蒙古包里，向广大牧民热情宣传毛主席思想，组建了具有牧区特点的"草原轻骑"，并且带领民兵

2015 年 4 月 3 日，达茂旗蒙古族学校学生向革命烈士孟克达赖墓敬献花圈

苦练飞跨堑壕、翻越障碍、骑马射击等杀敌本领。

当年和孟克达赖一起工作、训练过的老民兵现在回忆起来，依然对孟克达赖的动人事迹记忆犹新。1952 年，孟克达赖被组织上安排到新宝力格公社做武装工作时，还是一个 20 岁出头的年轻战士，走到哪儿都像一团火。他组织牧民打狼、修棚、搭圈，和群众一起艰苦奋战。民兵和群众都说："孟克达赖真是人离战马，心不下鞍！"

1964 年，孟克达赖调任包头市达茂旗百灵庙镇武装部部长，此后的十年间，他一直住在办公室里，床头上有一支半自动步枪、一支手枪、一个手榴弹袋和一个干粮袋，经常整理得好好的。他说："我们守护的是祖国北部的一个门户，战争的弦一丝一毫也松不得。我们手中有枪，背上有粮，就可以随时奔赴战场！"孟克达赖用战备的尺子严格要求自己，也严格要求别人。

1968 年冬，孟克达赖患骨化性肌炎，一只胳膊不能伸展，胳膊上带着钢卡子，即使是这样，他还是照样坚守在工作岗位上。1970 年 8 月，百灵庙镇战备施工进入紧张阶段，孟克达赖和群众奋战在一起，成天一身汗、一身泥。有一天突然下起大雨，他来到镇西头的施工点，见雨水正哗哗哗地灌进施工作业面。看到这情景，他一面招呼大家打坝堵水，一面跳进没膝的泥水中，用盆往外舀水。他忘记了自己还是一个胳膊上带着钢卡子的病人，别人要替他干，他笑呵呵地说："干这点活儿，我散不了架！"就这样，孟克达赖一直在冰冷的泥水里奋战了两个多小时，终于保住了施工作业面。

孟克达赖在日记中写道：当人民最需要的时候，我愿意献出自己的生命！

孟克达赖用行动实践了自己的誓言。1974 年 5 月 1 日，孟克达赖率领民兵进行步枪实弹射击训练，接着又进行手榴弹实弹投掷训练。有一位民兵是第一次进行这种实弹投掷训练，有些紧张，他接过手榴弹，站定后猛地甩臂一扔，不料却把手榴弹甩在自己身后五六米远的地方。手榴弹冒着白烟，而此时不远处的山脚旁还有 30 多位一起参加训练的民兵。就在这千钧一发之际，孟克达赖大喊一声"危险"，迅速将扔手榴弹的民兵推开，然后一个箭步冲上去，准备捡起冒烟的手榴弹扔向远处。然而，就在他俯身弯腰捡手榴弹的刹那间，"轰"的一声手榴弹爆炸了。民兵们得救了，孟克达赖却因伤势太重，抢救无效，献出了自己宝贵的生命，时年 45 岁。

孟克达赖牺牲后，人们在百灵庙镇武装部办公室里发现了他保存的 27 本学习毛主席著作的读书笔记和日记；在他牺牲时背着的挎包里，还有一张别人为他填写的、他却没有上交的困难补助申请书。

1974 年 5 月 6 日，内蒙古自治区党委和中国人民解放军内蒙古军区联合决定，给予舍己救人的孟克达赖追记一等功，并且追认为革命烈士。

男儿一向心如铁
看他试手补天裂

——哈斯楚鲁小传

哈斯楚鲁（1931—1987年），蒙古族，1931年出生于辽宁省朝阳县（今辽宁省朝阳市），1987年因病去世，享年56岁。

哈斯楚鲁是优秀共产党员，高级工程师，两次获全国劳动模范称号。哈斯楚鲁1957年毕业于哈尔滨工业大学焊接专业，被分配到内蒙古第一机械制造厂（今内蒙古第一机械制造集团有限公司），先后担任焊接工艺室主任、总厂技术改造办公室副主任、厂科协副秘书长。

哈斯楚鲁从事焊接科研工作30年，在这一领域颇有建树，被誉为"焊接大王"。他编制的坦克焊接工艺及装甲焊接、气割、铸钢和高锰钢补焊等技术文件，解决了许多焊接工艺难题；他积极推广铸钢、铸铁件电渣焊补焊新技术；主持研制成功"耐磨一号"焊条，填补了国内空白；试制成功接触电渣焊、KNO_3 代替 K_2CO_3 焊条涂料稳弧剂、"陶蒙一号"自动焊剂。参与试制成功锻模堆焊焊条及基堆焊技术；参与高锰钢履带板销耳缺焊补焊、601钢、603钢的可焊性研究和 Cr-Ni-Mn 奥氏体焊条、高速精密切割嘴、数控切割机、减震器摩擦体、离子喷涂、二氧化碳保护焊等新产品的研制工作；解决了接触电渣焊、电容重熔、奥氏体焊条焊接中裂纹等许多生产技术难题；参加了1000安二氧化碳气体保护焊机调试和轧机焊接工程。

60年代初，苏联毁约撤走专家后，连制造焊条用的自动焊剂也停止供应。哈斯楚鲁和其他技术人员经过70次试验，终于使"陶蒙一号"自动焊剂试制成功，工人高兴地称之为"我们的争气药"。

1982年内蒙古一机厂举办焊接技术比赛，厂领导亲临现场

哈斯楚鲁于1959年撰写的《大型钻头接触电渣焊》论文，在第二届全国焊接年会上进行了交流；撰写的《附座焊接裂纹》《甲板气割边缘焊接裂纹》《高速精密气割嘴》《结107电焊条》等论文分别在中华人民共和国第五机械工业部焊接学会和中国兵器工业学会焊接年会上做了交流；于1961—1971年撰写的《陶蒙一号自动焊剂》《耐磨一号堆焊焊条》《al-T电焊条热裂纹》等论文被收入《包头市论文集》中。

哈斯楚鲁曾任中华全国职工技术协作委员会委员、常委，中国焊接学会理事，内蒙古自治区技术协作委员会顾问，内蒙古自治区科委技术顾问，包头市科协委员，包头市机械工程学会秘书长。早在20世纪50年代，他就成为包头市著名的技术革新能手，多次被评为厂级、包头市、内蒙古自治区革新能手、先进工作者、劳动模范和优秀共产党员；1959年，被评为全国劳动模范并出席全国群英会，1977年，再次获得全国劳动模范称号，并于4月20日至5月14日，参加在大庆油田（开幕会）和北京（闭幕会）召开的全国工业学大庆会议。

迎难而上打基础
敢于攻关开新局 | —— 安纯祥小传

安纯祥（1932—2022 年），1932 年 2 月出生于河北省新城县（今高碑店市，隶属河北省保定市），2022 年 5 月 25 日卒。

安纯祥 1949 年 6 月加入中国新民主主义青年团，1957 年加入中国共产党。1959 年 10 月，安纯祥从苏联莫斯科钢铁学院学成回国后，分配到二〇二厂（现中核北方核燃料元件有限公司）工作。先后任工段长、分室主任、主任、生产处长、厂副总工程师、副厂长、厂长等职；是研究员级高级工程师，享受国务院政府特殊津贴；中国核材料学会常务理事、中国经营管理研究会理事；是中国核部件、生产堆燃料元件的研制者、组织者之一。

安纯祥自幼跟着二伯父念《百家姓》《千字文》《名贤集》。天资聪慧的他，1941 年读小学时，直接从二年级读起，三年后，老师带着他考入距家八里地远一个大村子的高等小学，跳级读五年级。1946 年他与同学相约，赴北平参加中学入学考试，分别被北平二中、三中、六中录取，选择教学水平高、师资力量强的北平二中就读，被选举为学生会生活部长。因家庭经济困难，靠助学金和奖学金读完中学。因成绩优异，初中毕业后，未参加北京市中学生初中毕业统考，由学校保送直接读高中。高考时，本来填报的志愿是北京

安纯祥（右）与中学同班同学王永志（我国载人航天工程首任总设计师）青年时代的合影

航空学院、北京工业学院等工科学校，却被录取为留苏预备生。1953—1954年，就读于北京俄文专修学校（1955年改名为北京俄语学院。1959年与北京外国语学院合并，1994年更名为北京外国语大学后，俄语系于1996年改名为俄语学院），1954年至1959年，留学苏联基辅工学院（现乌克兰基辅工学院），一年后转入莫斯科钢铁学院（现莫斯科国立钢铁合金学院）读大二，并担任学生会副主席（学生会主席由大使馆的工作人员担任），1959年7月毕业，毕业论文的题目为《汽车的曲轴锻造》。同年10月，分配到国营二〇二厂工作。

1961年底，厂里决定在第二研究室设立六分室。1962年1月6日，厂党委研究决定：由正在一车间进行设备安装、为组织生产做准备的安纯祥担任分室主任，主要任务是负责原子弹核部件的成型锻造及热处理等方面的科研攻关。接到任务后，安纯祥立即从厂里选人，并寻找合适的场地。为了争时间、抢速度，他们将车间外一个木板搭的工棚作为锻造试验用地，在那里安了一台盐溶加热炉，用150公斤空气锤开始了第一阶段的锻造试验。

"那是1962年1月的一天，天气实在太冷了，工棚里结着冰，这对特殊金属的锻造工作极为不利，一旦出现问题，不仅材料全部作废，时间上也将

延迟。当时，大家的心都悬着。当第一锤打下去后，一看没出什么问题，人们才放心下来。"（安纯祥 2010 年接受采访时语）

第一次试锻，让核部件锻造团队初步掌握了特殊金属的性能和加热温度等一些工艺参数。但对于极其复杂的核部件锻造工作，临时工棚不能满足逐步深化的试验要求，于是，厂党委决定把 627 仓库作为研究试制的临时试验场地。

于是，黑洞洞、阴冷潮湿的仓库成了核部件锻造试验基地。为了抢时间、争速度，大家吃在现场，睡在现场，几乎每天至少干 12 个小时。由于当时核部件试验是绝密工作，因此每天的锻造工作都在夜间进行。当时正值三年困难时期，几乎是饿着肚子连轴工作，到了半夜，厂里给每人发一个玉米面饼子，算是特殊照顾。这些困难对于锻造团队而言，还不算是困难。当时，由于苏联专家全部撤离，没有技术资料，要求在短时间内试制出合格产品，"苏联不提供技术，我们自己摸索，没有专家靠大家！""我们就是靠着强烈的事业心、高度的责任感和一不怕苦、二不怕死的革命精神，从零开始，摸索前

"仓库精神"发源地

安纯祥与车间技术组人员合影

行。"（安纯祥 2010 年接受采访时语）

正是凭借着这种迎难而上、敢于攻关的精神，安纯祥带领核部件锻造团队在简陋的仓库里，用很短的时间拿出两套核部件（一套备用），保证了我国第一颗原子弹成功研制。而这种"团结协作，勇克技术难关"的精神被开国大将罗瑞卿总参谋长高度赞誉为"仓库精神"。这种精神已成为二〇二厂企业文化的重要组成部分和宝贵的精神财富。

1964 年 10 月 16 日，由我国自行研究、设计、制造的第一颗原子弹爆炸成功。那一天，作为这一重大事件的参与者，安纯祥和同事们激动得流泪欢呼。

1965 年，一间正规的生产车间终于建成投入使用，为原子弹核部件的试验、试制和后来的批量生产创造了条件。随后，安纯祥主持进行了核部件的锻造成型和热处理等科研技术攻关，在短时间内又试制成功了一系列多种型号的新产品，为国家做出了重要贡献。他撰写的《特种金属的锻造试验与实践》等技术报告，为核部件的正式投产和发展成系列产品奠定了技术基础。

安纯祥还参与领导了生产堆元件的生产和质量攻关工作，解决了元件贴

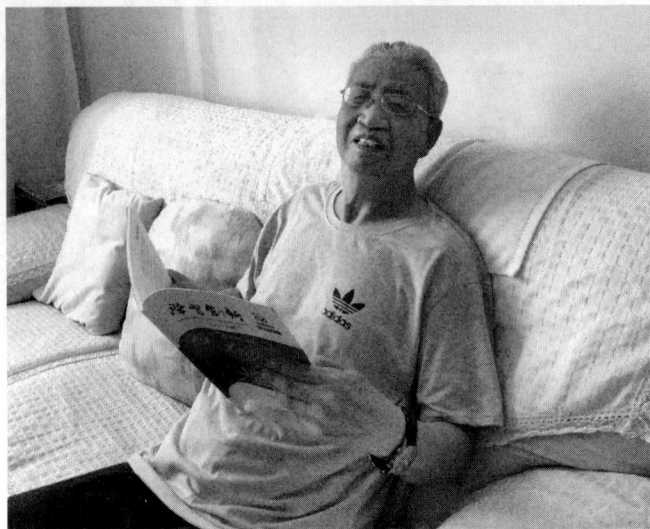

安纯祥晚年

紧度的质量问题，还参与组织生产堆元件大会战，促进了生产堆元件生产线建成投产，为国家生产出第一炉生产堆元件。他组织领导了金属冶金工艺的技术改造和低温轧钢等新工艺的试验工作，还组织了核武器部件的以铸代锻试验，取得了可喜成果，为进一步完善试验打下了基础。

安纯祥任生产副厂长及至厂长之后，主要抓了生产、科研、技术改造和新产品试制开发及企业管理工作，强化经济责任制的贯彻落实和全面质量管理，使二〇二厂的各项经济技术指标均创历史最好水平，产品质量、金属回收率等指标明显提高。尤其是他在解决职工子女就业方面想了许多办法，出台了一系列举措，特别是在资金方面，得到包头市各方面的大力支持，社会效益尤为显著。他曾先后被授予厂先进工作者、包头市模范厂长，内蒙古自治区、核工业部劳动模范等荣誉称号。

肩负使命埋头干
不忘工作只忘我

—— 吕瑛小传

吕瑛（1933—1983年），1933年出生于绥远省（省会在归绥，今呼和浩特市。所辖地域包括今内蒙古自治区中部、南部地区）卓资县荞麦皮沟村一个劳动人民家庭。

吕瑛少年时由本乡完小考入集宁中学。1949年10月11日加入中国新民主主义青年团，并于1952年5月提前半年毕业，被绥远省归绥工业学校（1954年6月更名为内蒙古第一工业学校，现为内蒙古工业大学）土建专业录取。1955年5月，毕业后分配到内蒙古一机厂（现内蒙古第一机械集团有限公司，国家"一五"期间156个重点建设项目之一，是隶属于中国兵器工业集团公司的特大型军工企业——樊尚仁注）。1972年7月8日，加入中国共产党。在厂工作28年，一直从事土建设计，为内蒙古一机厂基本建设做出了突出贡献。

吕瑛曾任内蒙古一机厂基建处技术科副科长，土建工程师。作为一名普通知识分子和基层干部，他在平凡的岗位上以忘我的精神和共产党人的高尚品德，在全厂广大职工中留下了深刻印象。

吕瑛进厂初期，为提高专业水平，利用休息时间钻研土建设计，省吃俭用买书，经过日积月累的学习，设计出了座座经济耐用的厂房，栋栋风格迥异的

1955 年正在建设中的内蒙古第一机械制造厂

住宅。他设计的高层住宅受到内蒙古自治区建设委员会和土建协会的嘉奖。

1969 年，吕瑛担任厂基建处技术科副科长后的一段时间里，每天加班到深夜，次日从没有迟到过。1982 年，全厂基建投资 2900 万元、设计工作量超过能力的 11 倍，吕瑛带头加班加点完成设计任务。其中，在 2500 平方米抽油杆厂房设计中，他连续奋战七昼夜，保证了生产线按时投产。这一年他被评为厂级劳动模范。

吕瑛的爱人患病卧床十余年，家务全靠他料理，吕瑛常常晚 6 点下班，跑到医院照顾病人后回家做饭、洗衣服，晚 8 点再进办公室加班，十余年如一日加班加点工作。

吕瑛家庭生活困难，但他从不向组织伸手。1980 年春节，家里连买肉的钱都没有，工会组长替他申请了 20 元困难补助，可他说什么也不要。爱人每次住院，处里总想派人陪床以减轻他的负担，他总是以爱人不是本单位的职工为由婉言谢绝。有人说他是书呆子，他说："我是党员，要按照党的要求做人。"

吕瑛积劳成疾后，经常硬挺着坚持工作，同事们劝他去看看病，他常说的一句话是："把这套图绘完再去。"在北京治病期间，硬是让人扶着参观北京的各式建筑，研究建筑物抗震加固理论，一门心思想着为工厂的建设再做一些贡献。

1983 年五一国际劳动节，内蒙古一机厂党委向全厂职工发出《关于向我厂优秀知识分子代表吕瑛同志学习的决定》，要求：一、学习他关心党的事业比关心自己的生命还重的革命精神；二、学习他一切用共产党员的高标准严格要求自己的崇高品质；三、学习他热爱本职工作，刻苦钻研、奋发图强、勇攀高峰的拼搏精神。

1983 年 6 月 5 日，吕瑛因罹患肺癌去世，年仅 50 岁。他留给广大职工群众的是革命的献身精神和共产党人高尚的人格。

千里草原风景异
塞外钢水第一炉

—— 额尔敦布和小传

额尔敦布和（1933—1985年），原名却吉，内蒙古自治区哲里木盟额莫里（今内蒙古自治区通辽市科尔沁左翼后旗）人，蒙古族。

却吉是第一代蒙古族炼钢工人。

却吉童年时家境极度贫困，8岁时到地主家放羊，稍大后给地主扛长工，受尽欺压和凌辱。

1949年7月，却吉参加中国人民解放军，先后在内蒙古骑兵三师八团、骑兵五师十四团任通讯员、警卫员、副班长、班长。1951年4月，加入新民主主义青年团。在部队执行接马、驯马任务中，由于表现出色，受到连、排嘉奖。

1957年4月，却吉同290名骑兵战士一起集体转业，加入正在建设中的包头钢铁公司，改名额尔敦布和。随后进入包头钢铁公司技工学校文化班学习，通过一年的刻苦学习，提高了文化水平。

1958年8月，额尔敦布和被选派到鞍钢第三炼钢厂实习，在一年半的实习期间，他虚心向汉族师傅学习操作技术，很快具备了独立操作能力，并由炉前工提升为平炉炼钢二助手，成为出色的第一代蒙古族炼钢工人。实习期间，由于工作表现突出，被评为标兵1次，红旗手3次。

1960年2月，额尔敦布和实习结束返回包头钢铁公司后，立即投入包钢一号 500 吨平炉的投产前准备工作。当时已经升为平炉炼钢一助手的额尔敦布和满怀激情，努力工作。1960 年 5 月 1 日，额尔敦布和参加了这座平炉炼出内蒙古有史以来第一炉钢的战斗。是年 10 月，加入中国共产党，不久提升为平炉炉长。

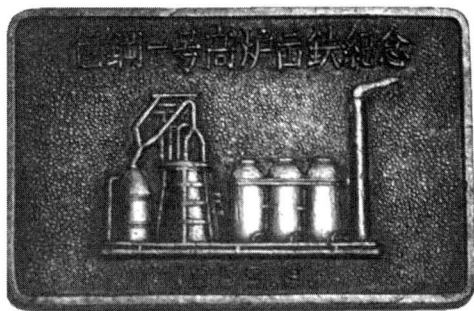

包钢一号高炉出铁纪念

额尔敦布和工作认真负责，一丝不苟，带领全班人员出色完成炼钢任务，主动搞好上下三个班之间的团结协作，带头进行渣道和炉前、炉顶清洁卫生，赢得职工的赞誉。

60 年代初，额尔敦布和多次被评为包头钢铁公司、包头市、内蒙古自治区先进生产者。1963 年 9 月 30 日，作为内蒙古自治区的代表，参加全国少数民族国庆观礼代表团，出席中华人民共和国成立 14 周年国庆招待会。10 月 4 日，他同全国少数民族代表一起，受到中共中央主席毛泽东、国家主席刘少奇、国务院总理周恩来、全国人大常委会委员长朱德、国家副主席宋庆龄、中共中央总书记邓小平等党和国家领导人的亲切接见。

1966 年，在"文化大革命"期间，额尔敦布和受到冲击，被打成所谓的"新内人党分子"，身心受到严重的迫害。1969 年，问题得到落实和改正后，他被抽调到包头钢铁公司"工人毛泽东思想宣传队"工作，并随同"工宣队"进驻包钢崞峪软质黏土矿。

1973 年 2 月，额尔敦布和当选为中共包头钢铁公司炼钢厂委员会副书记兼工会主席，但他依然保持普通劳动者的本色，经常深入炼钢生产第一线参加劳动，帮助解决生产和职工生活中的各种问题，带领广大职工完成各项任务。1977 年 5 月，因工作需要调任包头钢铁公司安全处副处长。1979 年因病离职休养。

1985 年 10 月 22 日，额尔敦布和因病逝世，终年 52 岁。

豪情壮志两难休
都自心头涌笔头 | —— 李野小传

李野（1933—2011 年），原名李龙杰，满族，1933 年 9 月生于黑龙江省庆安县（今黑龙江省绥化市庆安县）。

李野是中共党员，中国戏剧家协会会员，国家一级编剧，政协包头市第六届委员会委员。

李野 1949 年 5 月参加革命，任绥远省文工团创作员。1955 年秋，内蒙古自治区决定呼和浩特和包头单独设置文化局，并派汪焰、李野等来包头协助组建。1955 年 11 月 2 日，包头市文化局成立，汪焰任主持工作的副局长，22 岁的李野担任包头市文化局艺术科科长，可谓包头市文化局的创建人之一。他先后发表、出版各种作品数百万字，主要作品有剧本《丰州滩传奇》（合作）、《三十三岁的女经理》、《牧女与王爷》、《杨柳青青》、《邻居》，专著《诗词格律学》，诗词选集《李野诗词选》（收集已公开发表过的 200 余首诗作），小说《鹧鸪天》等。离休后任包头市艺术创作评论中心顾问、包头市戏剧家协会名誉主席、包头黄河文化研究会副会长。其事迹被收入《中国百科专家人物传集》《中国当代艺术界名人录》等多部辞书。

1949 年 5 月，在原绥远省文工团创作组工作时，李野开始了文墨生涯，主要从事戏剧创作，兼写小说、散文、新诗、旧体诗词以及评论文章。他是中国戏剧家协会等五个国家级文艺团体的会员，中华诗词学会名誉理事，还是内蒙古自治区戏剧家协会理事、二人台学会副会长、诗词学会副会长及包头市戏剧家协会主席、诗词学会副会长。

李野从小天资聪颖，悟性过人。由于他一生"侠肝义胆，热血衷肠"（曾任包头市委书记、内蒙古自治区政协副主席、内蒙古自治区诗词学会会长谭博文语——樊尚仁注），有倔强的脾气和敢于直言的性格，所以在1958年24岁时就遭错划右派之冤，被下放劳动；"文化大革命"中更是饱受摧残；1979年包头市文化系统拨乱反正，为李野等216位同志平反昭雪。是年，包头市文化局新设剧本创作室（后改称戏剧创作评论室），李野为首任主任。

20年间，李野历尽坎坷，尝尽辛酸。几十年的文墨生涯，他所创作、改编、整理、移植的大、中、小各类剧本（有少数为主笔、与他人合作）总数有90个，还有6个中短篇小说和7篇论文分别在《草原》文学月刊、内蒙古人民出版社、广西民族出版社、《人民日报》海外版和国家民委机关刊物

《契丹女》剧照

漫瀚剧《丰州滩传奇》剧照

《民族团结》上发表，有的还出版了单行本。所撰写的《蒙汉两族文化交融的产物——二人台与漫瀚调》一文，被收录在包头市政协文史资料第二十三辑——《人文历史话包头（上）》（题目改为"此曲只应天上有，人间能得几回闻"——樊尚仁注）中。他是全国戏剧家协会第四次代表大会代表，在人民大会堂受到过时任中共中央总书记、国家主席江泽民的亲切接见并合影留念。

李野是漫瀚剧（"漫瀚"是蒙古语，意为有沙原、有绿地的地方——樊尚仁注）的主要创始人之一。他将流行于伊克昭盟（今鄂尔多斯市）民间的漫瀚调与在包头市土默特右旗、固阳县土生土长的二人台小戏相融合、改造，创出一个新的剧种，将北方蒙古族的文化元素与汉族民间的文艺因子"打通"，"推陈"而能够"出新"，是一种大胆的尝试，所以他与人合作由他执笔的漫瀚剧奠基剧目《丰州滩传奇》，1995年获文化部、国家民委、中国戏剧家协会等主办的全国少数民族题材剧银奖，是包头市首次获得全国性大奖的专业剧作。漫瀚剧因此也在北京一炮走红，使漫瀚剧在全国戏曲百花园中占有了一席之地，在中国 20 世纪的戏剧史上留下了不可或缺的一笔财富，被专家赞之为"塞上炫目的新葩"。时任内蒙古自治区作家协会副主席张长弓说："漫瀚剧不容怀疑地是塞上炫目的新葩，是经得住时间考验的。"李野也曾对朋友讲："对漫瀚剧，我情愿鞠躬尽瘁，死而后已。"

李野 21 万字的著作《诗词格律学》于 1996 年 9 月由内蒙古人民出版社出版。"这是一本普及诗词格律知识的书，同时也是专门的重要学术论著，其科学性、系统性自不必言，其中一些新见解将大大有益于我国诗词格律学的发展。""其独到之处，既非一气呵成的急就之章，也非百纳缝制之锦纶，既是常识与知识，又有创论与新论，有诚爱之痴，无功利之欲，引经，而生纵横之理；据典，而放兰蕙之萼；谈格而能破格，论律而能出律，推论学识之旧，而生创作之新，为此书之特点。"这是内蒙古自治区作家协会副主席、著名作家张长弓和诗人贾漫为此书作的评语。

李野离休后，包头市文化局返聘他担任创作评论室和《剧稿》的顾问，

继续参与创作评论室党政领导工作，负责剧稿的最后核审。

离休后的内蒙古日报社原社长傅克家和记者部原主任张德海，也聘请李野参加他们创办的《市场时报》，并主持副刊《芳草地》的编辑工作。"豪情壮志两难休，都自心头涌笔头。"毕生以笔为劳动工具、为武器，只要一息尚存，这支笔他是放不下的。

离休之初三年时光中，李野还先后与梁立东、王世一、宋晓岗等合作撰写了《艺术与人民》《新时期包头市的艺术创作》《试论新兴剧种产生的历史必然性》《胸怀乾坤正气，笔写时代风云》等多篇论文和一些诗词，分别在《文艺报》等刊物上发表，有的论文还参加了全国性的学术研讨会。

李野虽是国家一级编剧，但他的文墨生涯是从写诗开始的。5 岁即受母亲的诗教，10 岁即能写诗，14 岁就在新中国成立前的《石门日报》（《石家庄日报》的前身）上发表了 4 首律诗。自己辑录的手抄本《李伏之诗集》，副标题为"西风夜雨写来时"，集中了他读初中时期创作的格律诗词。50 年间，旧体诗词写了 3000 余首，在报刊发表过的也有 200 多首。"故国诗坛一老兵，愿为天下写多情。"这两句诗是他一首七律的开端。这里面的"情"是包容一切崇高美好的情感：友情、亲情、乡土之情、民族之情、创造之激情、正义之豪情。

2011 年 2 月 2 日，李野不幸离世。2 月 25 日，《包头日报》周末版用几近整版的篇幅，刊登了他的遗作 8 首，以及郑少如（内蒙古文史研究馆馆员、包头市大漠文化艺术中心理事长、包头西口文化研究会会长）的悼念文章《诗魂飘落——悼李野先生》和谭博文等 12 位知名人士的悼念诗词。

访师拜友勤学问
工人画家演风流

—— 杨发旺小传

杨发旺（1933—2019 年），祖籍山西省忻县（现忻州市），1933 年 4 月 25 日（农历四月初一）出生于忻县孙村。

杨发旺儿时上过四年私学。1972 年加入中国共产党。他是中国美术家协会内蒙古自治区分会二至四届理事，内蒙古自治区文联一至四届委员，中国科学技术协会会员，中国工艺美术学会会员。曾任中国建设文化艺术家协会、中国书画研究会、内蒙古阴山山水画研究院艺术顾问，包头书画院院士。代表作有《麦浪千里》《沸腾的包钢》《万里黄河添锦绣》《可爱的内蒙古》等。获包头市委、市政府颁发的"建国 60 年文学艺术杰出成就奖"。著有《中国传统建筑彩画与油漆技法》《杨发旺山水画集》等。传略编入《中国美术家人名辞典》《中国当代艺术界名人录》《中国现代美术家人名大辞典》《中国当代诗书画印精品集》等。中国黄河电视台《故乡人》栏目曾拍摄专题片《画家杨发旺》。

杨发旺自幼酷爱艺术，少年时在家边务农边修习，闲暇时常常徘徊于古寺庙里，观赏壁画、雕塑，心摹手追。对朱熹的"穷理以致其知，反躬以践其实"（《四书章句集注》）颇有心得。他师古不泥古，涉猎广泛，人物、山水、花鸟、连环画、油画、雕塑、古建筑彩画设计均有佳作。他极其重视对生活源泉的挖掘，以朴素的艺术形式抒写心绪。与真山、真水、真树交朋友，善于从生活中汲取菁华，沉积智慧，开拓了包头山水画和工农业题材绘画之先河，创造性地用国画技法及现实主义表现方式创作了大量工农业题材的作品。百余幅作品参加全区及全国性美术展览并获得众多荣誉。

1950年，18岁的杨发旺辗转从家乡来到包头谋生，1952年，由私人棺材铺的徒工成为国营包头市第一建筑公司的一名油漆工。利用工作之余夜以继日地学习绘画，勤奋创作，由一名业余艺术爱好者跻身专业创作之路，及至蜚声画坛，与他和包头钢铁公司（以下简称"包钢"）的第一次亲密接触不无关系。

1954年，作为国家"一五"期间建设的156个重点项目之一，来自全国四面八方的8万多名创业者汇聚北疆戈壁，以大无畏的豪迈气概，风餐露宿，手推肩扛，建设包钢。1959年，一号高炉的顺利投产，标志着包钢跨出艰难的第一步。包头成为祖国北部边疆内蒙古自治区大草原的一颗璀璨的钢铁明珠，当高炉中奔涌而出的红色铁流映红天际的那一刻，草原钢城就镌刻在共和国建设的历史丰碑上。

"包钢为全国，全国为包钢。"在党中央的号召下，大江南北掀起了支援包钢建设的热潮。1958年秋，包头文联响应国家号召组织专业画家深入包钢写生创作。27岁的杨发旺听闻消息后，主动请求带队的包头市第一中学美术教师白铭（别号旌堂，国画家、知名美术教育家）"一同去写生"。他以朴素执着的情感、满腔热忱的态度仔细观察，目识心记，虚心向白铭老师等专业画家请教。写生结束后，他全身心地投入创作，面对建筑工地繁重的体力劳动和艰苦的生活环境，没有让他放下手中的画笔。在油灯下、在工棚里、在月光中，只要得空，就挥动着画笔，夜以继日地忘我创作。凭借超乎常人的速写和记忆能力，采用中国画创作方法挑战前无古人的工业题材绘画，用充满激情的心全力创作。

就中国画来说，过去的那种闲情逸致的笔墨，是不可能表现出厂房、烟

杨发旺——草原钢城

囱、高炉等现代工业的时代气息。由此，改造笔墨以适应创作的要求，就成了一大难题，他借鉴了传统工笔界画（界画即"界划"，指用界笔直尺画线的绘画方法——樊尚仁注）和壁画的手法并将散点与焦点透视互用，独辟蹊径首创了第一幅工业题材的处女作《包钢建设一角》，作品参加了1959年包头市首届美术展览会，刊登于《内蒙古日报》《内蒙古画报》，入选《建国十周年文艺献礼美术选集》。是当时内蒙古自治区用中国画表现工业题材中最具代表性的作品，作为联张封面和首页入选《内蒙古工农牧兵绘画选集》。随后代表中国工人作品赴民主德国展出。

这幅作品使杨发旺一举成名。时任内蒙古自治区美术家协会秘书长的张光壁评价说："《建设中的包钢》集中表现了包钢建设的宏伟场面和工人们夜以继日的冲天干劲，只要我们到包钢参观过，就会被画面感动。"

之后，杨发旺以工人画家的身份参加了内蒙古自治区文学艺术工作者第二次代表大会，加入中华人民共和国科学技术协会、中国美协内蒙古分会，随后当选为内蒙古自治区美协理事、文联委员。他在日记中写道："都说人穷无志气，受苦受难理当然。我偏不信这个邪，自古人贫志不短。忍气吞声暗发誓，定将宏愿来实现。人怕无志不怕穷，昼夜学画笔不停，五尺男儿多奇志，不爱权钱爱丹青，访师拜友勤学问，工人也要拼出名，画出《包钢》登画刊，师长亲朋都欢颜，29岁入画坛，世人不再低眼看。书画名家齐会面，艺术梦想终如愿。自古雄才多磨难，从来纨绔少伟男。"字里行间表达了他破蛹成蝶后的喜悦和不易。

杨发旺的艺术生涯始终与包钢结下难以割舍的不解之缘，他爱包钢，爱草原，爱这片热土，从1958年至20世纪70年代末，先后创作完成了《沸腾的包钢》《草原钢城》《包钢新貌》《包钢在前进》《包钢喜讯传全国》等13幅反映包钢各时期的艺术佳作。在那段激情燃烧的岁月里，他所饱含的那种渴盼国家自强与民族兴旺的情感，以及工人阶级当家做主人的自豪感激荡在画面之中，为时代留下了弥足珍贵的豪迈赞歌。"我在包钢工作40年，也画过包钢，但重工业题材很难画。这么好的画作，竟然出自工人画家之手，真是令人意想不到。"原包钢美协主席、著名画家马长江说："作品场景宏伟，气势磅礴，画面着眼包钢各个角度，以全景式画面展现，让观者仿佛身临其境，从中尽情领略草原钢都的壮观与宏大，深切感受伟大祖国的繁荣昌盛。以他的方法和视角来创作与表现，有别于专业画家、教授甚至国画大师，他吸收

杨发旺——万里黄河添锦绣

百家之长，以独特的视角从无法到有法，形成了一整套自己的艺术表达方式，所以有他的独特性。他的人生经历和艺术实践的多样性最终形成不同于他人的绘画风格。无论构图还是表现方法上都非常大胆，又非常合理，这就是他的独到之处，所以说其作品有着极高的艺术和历史文献价值。"

杨发旺热爱生活、热爱艺术，更是一位性情中人。他一生经受了许多磨难，而越是在磨难之中，就越能表现他的乐观和顽强。著名画家白铭评价他："发旺作为一名工人画家，一边从事艰苦的劳动，一边自学绘画，精神可嘉，他的画充满朴素的情怀，在章法、形式上摆脱了旧形式的束缚，增添了新意，有强烈的时代感。"

杨发旺之子杨旭画笔下的《父亲》

杨发旺之所以无师自通，其主要原因是幼时为学没有固定的师承，因此绘画创作的过程与方式不受任何传统模式的羁绊，而是博采众长，用自己的方法理解与感悟。因自幼接触民间艺术，将色彩、透视比例融合于现代国画之中，同时源于其对大自然的见微知著善于观察，既不照搬自然，也不复制古人，从他留下的几千张速写中可管窥一斑，在章法与造型等方面均表现出卓越的创造性和出众的艺术才华，逐步形成了别具一格的艺术面貌和创作方式。他有着极好的默记、默画能力，这都是在困难的学画环境中被逼出来的。这一绝活对他日后长达半个多世纪的艺术创作起着极为重要的作用。

杨发旺善于驾驭宏大的山水画场景，用丰富的笔墨穿越时空的构想，将山水与现代工农业场景相融合，在表现建设社会主义新中国大干快上的热烈场景上，采用中西合璧写实细腻的笔法，全景式地表现了人物、马群、草原、

黄河、阴山山脉、白云铁矿等历史人文壮观景象，使作品在视觉上呈现出和谐的节奏感和韵律感。他的作品雄伟开阔，弥漫着强烈的精气神。

作为新中国第一代工人画家中的佼佼者，杨发旺以他的勤奋与天赋、才华与精神，在回应时代要求中所表现出的特别作为，是时代的造就，也是其自强不息、努力拼搏的结果。他的创作艺术形式大致可分为三个部分，第一部分是以反映共和国初期百废待兴的社会主义工农业建设新成就为主的主旋律作品，如成名作《建设中的包钢》，连续三年印成年画的《麦浪千里》和《万里黄河添锦绣》《矿山新貌》等一大批力作，既精致严谨，又昂扬向上，充满着对美好未来的向往，具有强烈的时代气息。第二部分以反映祖国大好河山和绮丽的自然风光为主，其中有长 73 米、高 2.4 米的巨幅彩釉壁画《内蒙古揽胜图》（1994 年），长 30 米、高 5 米的《全国人民大团结万岁》巨型壁画（为庆祝内蒙古自治区成立 50 周年创作）以及 18 米长卷《东河新貌》（由他和儿子杨旭、孙子杨博超祖孙三代共同创作）和《龙泉幽境》等。这些作品意境深邃，气势恢宏。第三部分是他独辟蹊径，大胆尝试，采取各种特殊技法，创作出的具有个人独特风貌，表现北国风光，千里冰封、万里雪飘的精美冰雪山水，如《山舞银蛇》《霜林静月》《银谷泉鸣》等。

2019 年 2 月 3 日，杨发旺因病不幸辞世。

在杨发旺辞世两年后的 2021 年 7 月，《杨发旺画包钢遗作展》在包头美术馆《庆祝中国共产党成立 100 周年美术作品展》中陈列，展示了他自 1958 年以来涉及包钢建设的国画、速写、画稿、书籍等部分资料，部分尘封 63 年的史料首次与观众见面，再现了一位工人艺术家在"齐心协力建包钢"那个火红年代留下的生命足迹和心路历程，为建党百年献上了一份厚礼。

医者本是仁者心
救死扶伤记不清

—— 蒋焰小传

蒋焰（1933—2019 年），1933 年 11 月 26 日生于辽宁省昌图县（隶属辽宁省铁岭市）。2019 年 10 月 2 日因病辞世。

蒋焰是中共党员，全国三八红旗手，国家卫生部劳动模范，内蒙古自治区和包头市两级人大代表。享受国务院政府特殊津贴。

1955 年 8 月，蒋焰毕业于山东医学院（1983 年更名为山东医科大学，2000 年并入山东大学）。

21 岁时，她怀着坚决到祖国最需要的地方去的决心，第一次踏上包头这片热土。

当时，包头市仅有一所公立医院——包头市立人民医院（现包头市中心医院）。第一次参加手术，蒋焰就发现这里在循规蹈矩地沿用古典式剖宫产术和次全子宫切除术。虽然省时省力，手术损伤小，恢复快，也没有损伤输尿管的危险，但是也存在一定的潜在风险，保留宫颈容易引发残端宫颈癌、宫颈炎、宫颈病变的发生。感受到这里的医疗条件之差，水平之落后，蒋焰心潮汹涌，她毫不犹豫地提出建议，大胆开始了包头市第一例子宫下段剖宫产手术和第一例全子宫切除手术，从而避免了上述副作用的发生。从此，这种术式在包头地区普及开来。

1957 年 5 月，在包头市新建的昆都仑区成立了第一人民医院（现包头医学院第一附属医院），蒋焰调过来，住进医院的家属宿舍。当时，妇产科只有三名大夫，蒋焰是负责人。夜里有了难产病人，值班大夫就派院里的工友来家里找蒋焰。偏偏这位工友听力残疾，每次敲完门，只要看见屋里的灯亮了，他就以为完成了任务，遂转身离去。夜深人静，蒋焰踏出一串孤单的带着回音的脚步声，她的心剧烈狂跳，从家里出来，走过一段马路，紧接着，医院的太平间拦在眼前。她本能地站住了。这个幽幽的死寂所在，像一堵无形的墙，挡住了她的去路。倏然间，似有一声婴儿的啼哭催醒了她，她猛一激灵，意识到自己的使命，于是定定神，憋足气撒开腿跑了起来，几分钟后，这道可怕的魔障竟被她冲破了。

一天深夜，狂风盘旋在太平间附近，这样的夜分明是在向年轻的大夫示威。新婚不久的她，却在为另一个出生艰难的新生命，准确地说是两条生命在奔忙！蒋焰又一次狂跑起来，一直跑进手术室，当婴儿的第一声啼哭响彻产房的时候，东方的曙光露出了绯色的笑脸。后来，她竟形成了这样一种特殊感应，每每夜半酣睡，蒋焰便会突然从梦中惊醒，过不了几分钟，"聋子"准来叩门，真是绝了！据说这叫第六感应（"超感官知觉"的俗称，又称"心觉"，此能力能透过正常感官之外的管道接收信息，能预知将要发生的事情——樊尚仁注），这种感应产生于那些有血缘关系的人和有特殊感情的人之间。

蒋焰说："这辈子，真没睡过几个安稳觉。"长年值夜班，使她落下了神经衰弱的毛病。已年逾半百的她，常常不能安寝。于是，"安定"又成了她不可缺少的伴侣。谁都知道，"安定"吃得太多，会损伤肝脏。可蒋焰说："我宁愿得肝病而死，也不愿在手术台上出事啊！我干了一辈子，还从未出过事呢！"说这话时，她的眼窝有点湿润，她激动了。

也许，蒋焰的"第二青春"勃发了吧！她工作起来精力十分充沛。她曾做过胆囊、甲状腺等手术，还患着肩周炎，这是下乡巡回医疗时长期用凉得刺骨的消毒液泡手而落下的疾患。拍肩位片时，偶然发现了肺部的钙化点，蒋焰这才忆起，由于积劳成疾，患了结核，这是遗留下来的病灶。就是在深

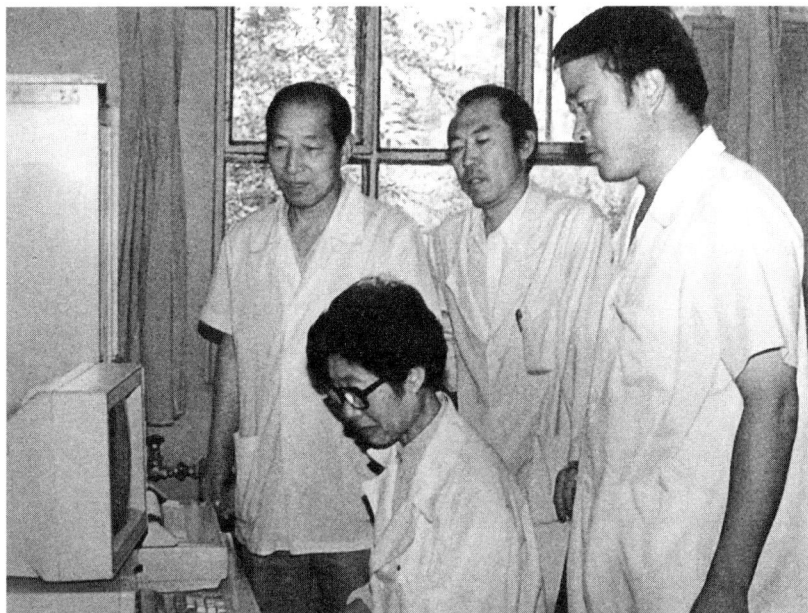

包头市肿瘤研究所所长蒋焰（前中）进行资料分析

度腹泻的时候，她羸弱的身躯也能在手术台上支撑好几个小时。

1985年3月，包头市在青山区团结大街建起了同肿瘤防治研究所合署办公的包头市第七医院（现包头市肿瘤医院），蒋焰受命来这里挑起第一任院长的担子。但没过多久，她就奉还了院长的交椅，又回到一辈子不曾离开过的病房，继续专心致志地进行她的肿瘤研究。

蒋焰深信，世界上不存在永远的不治之症，只要你充满希望地去探索！1978—1981年，蒋焰致力于内蒙古自治区的一项"骼内动、静脉结扎，注射大剂量化疗药治疗晚期宫颈癌"的科研项目。几年的钻研，几年的奔波，在42例患者身上获得了满意的收获。经五年后随访资料证明，存活率在80%以上。这个项目的成功，使多少濒临死亡线的患者又延长了生命！

在临床治疗中，蒋焰不断地摸索、总结、创新，一篇篇论文拿出来，掷地有声，不断在国家级学术研讨会上做交流。

蒋焰的成果凝聚了她的劳苦，她对生命的热爱，她对美好人生的爱心。一

个农民汉子叩响了办公室的门，见了蒋焰后笨拙而虔诚地鞠了一躬："蒋主任您好！"在场的大夫，护士都忍不住笑了，蒋焰也笑了。

"是您救了我老板子（方言，指妻子）的命，今儿我来市里，就特意看看您。"

"病人叫什么名字！"那汉子走了以后，护士们问。

"记不清了。"

蒋焰的精力在治病上，而病人的名字对她来说并不重要，她唯一做的就是从死神手里夺回他们的生命！

她时时刻刻不会忘记最使她激动和兴奋的时刻，1965年，她参加了全国青年联合会第四届代表大会，在人民大会堂与毛泽东、周恩来等中央领导合影留念，这鼓舞和鞭策了她一生。

蒋焰到了退休年龄，又开展了"胶体磷腔内注射治疗卵巢癌"的科研项目。然而，她切了一辈子别人子宫上的瘤子，到头来，自己也长了子宫肌瘤！算这一次，她已经先后做了六次手术，六次啊！就是一个五尺大汉，也是难以承受的！

蒋焰在自身手术之前，已经把病房里该做的手术都赶着做完了。直到自身手术的前一天，她安顿好科里的一切事务，才放下心来办了住院手续。

尽管这次手术使蒋焰元气大伤，但一谈到病人，她的眼神仍然闪现着明亮的光！她术后还是投入了工作。

工作着是美好的，党和人民记着蒋焰。1979年，蒋焰加入了中国共产党。1980年、1982年两次荣获全国三八红旗手的光荣称号，曾获全国卫生部劳动模范，全国卫生系统先进工作者，包头市拔尖人才，多次当选为青山区、包头市、内蒙古自治区人大代表。

组合设计频突破
一百年来第一人

—— 陆家羲小传

陆家羲（1935—1983 年）。1935 年 6 月 10 日，陆家羲出生于上海市一个贫苦市民家庭。

陆家羲是特级教师，中国现代数学家，国家自然科学一等奖获得者。据不完全统计，"陆家羲"词条先后收入 2009 年版《辞海》及《数学家辞典》《中国现代科学家传记》《数学史辞典》等 20 多部辞典及传记中。

陆家羲的父亲陆宝祥是个酿造酱油精、自产自销的个体手工业者，其母李月仙操持家务。陆家先后有四个孩子，前三个因家境贫困有病而没钱医治，幼年时便先后夭折，陆家羲特别受到父母的疼爱。

陆家羲自幼聪明好学，5 岁入上海南浔路正德小学读书，10 岁毕业。1948 年，他在麦伦中学读初中二年级时，其父因病去世。1949 年 5 月上海解放，他勉强读到初中毕业便辍学了。1950 年 9 月，经人介绍到上海公兴汽车五金材料行学徒。

1951 年 11 月，陆家羲经自学考入东北电器工业管理局举办的统计训练班。经八个月学习以学业第一名的成绩结业，被分配到哈尔滨电机厂工作。

新的生活开阔了陆家羲的视野，激发了他学习的热情，到东北工作不久，

1956 年 8 月，陆家羲获得哈尔滨市二等抗洪抢险模范奖状

他在给表妹的信中写道："从前被环境限制的求知欲复萌了，能自由自在地发展了，我读书、思考，从前呈现在面前的不可思议的自然世界，现在觉得井然有序，可以亲近了。我为人类智慧的伟大而兴奋，衷心地敬仰那些在艰苦环境中努力描绘世界图画的思想家。"

在哈尔滨电机厂工作五年多日子里，陆家羲勤勤恳恳埋头苦干，哪里需要就到哪里，先后在材料、财务、计划、生产等科室工作，两次被评为厂先进生产者。1956 年夏，松花江泛滥成灾，他积极投入保卫哈尔滨的抗洪斗争，获得二等抗洪抢险模范的光荣称号。业余时间他刻苦自学，不仅自修了全部高中课程，尤其是对一些自然科学的小册子、文学名著爱不释手。为了多学点知识，他不顾路途遥远，也不管风雪严寒，坚持在夜校学俄语，进步很快。据当年同他一起上夜校的袁懋远回忆，半年后，陆家羲便可以用俄语同老师交谈了。

1957 年夏，博览群书的陆家羲看到一本小册子——《数学方法趣引》，书中介绍了妙趣横生的十多个世界著名数学难题，最后一篇"柯克曼女生问题"是 1850 年提出的，至今已上百年尚未得到解决。这个题像磁铁一样深深地吸引了他，一连几天，他如醉如迷，反复思考。心中暗暗萌发出一个念头，要想法证明它！然而困难是那样的无情，对一个只有初中文化程度的青年来说，他深感自己知识的浅薄，多么迫切需要充实提高啊！他向厂领导提出要求上大学的请求，领导未同意，他仍不死心，毅然放弃了每月 64 元的工资，于 1957 年秋考入东北师范大学物理系，靠微薄的助学金开始了艰苦的大学生活。

在大学里，陆家羲把"柯克曼女生问题"作为自己的第一个攻克目标，同时从数学、物理两个领域挺进，不仅阅读了大量数学专业书籍，而且记下数目可观的笔记。常常等同学们熟睡之后，一个人悄悄走出宿舍，借助楼梯间昏暗的灯光，时而坐在楼梯台阶上研读和演算，时而站起来透过楼梯间的窗户，目光凝视着苍穹，脑子里却在飞快地思考着解题的思路。

1961 年秋，紧张的大学生活结束了，陆家羲以优异的成绩完成学业，并且完全解决了困惑数学界一百多年的"柯克曼女生问题"。是年 10 月，在他分配到包头钢铁学院任助教不久，凝聚着他五年心血的处女作，即他当作精神上的第一个孩子——《柯克曼系列与斯坦纳系列的构造方法》的论文，于 12 月 30 日寄给了中国科学院数学研究所求教。一年后才收到复信，让他"自行校对核实论文"。

包头钢铁学院下马后，从 1962 年 5 月到"文化大革命"开始，陆家羲先后在包头市教育局教研室、包头市第八中学、包头市第五中学、包头市教育行政干校、包头市第二十四中学任教，尽管调动频繁，他仍然顽强刻苦地潜心钻研组合数学。先后向《数学通报》《数学学报》投稿，1965 年 3 月 16 日，他充实进新内容，改写成《平衡不完全区组与分解平衡不完全区组的构造方法》的论文；之后又相继完成《$\lambda = 1$ 的平衡不完全区组》和《$n = 5\lambda = 1\gamma = 141$ 的平衡不完全区组》等三篇论文，于 1966 年 1 月 20 日和 29 日寄出，然而这些论文也像以前寄出的论文一样，不是被退了回来，就是时隔近一年复信说"没有价值"（《数学学报》1966 年 2 月复信）。

"文化大革命"中陆家羲置身事外，许多老师和同学到处串联、造反和游山赏景时，他却钻在单身宿舍里搞科研；在批斗所谓"走资派"的会上，他蹲在会场旮旯里，在小本子上演算推理。当时，消息闭塞，资料匮乏，他设法通过各种关系与上海、北京、呼和浩特等地的图书馆取得联系，借阅资料。在艰苦攻关的岁月里，为了抢时间搞研究，头发长了顾不上理，穿了多年的棉衣顾不上拆洗，就连恋爱、婚姻这样的大事也无暇顾及，远在上海的姑母和身边的同志，给他介绍女朋友，他都婉言谢绝，一直拖到 37 岁才成家。

党的十一届三中全会像和煦的阳光，温暖着陆家羲的心，更激发了他攀登科学高峰的勇气。1978 年 3 月，他从北京图书馆借到一本 1967 年版 Hae

著的《组合论》，从中了解到"柯克曼女生问题"尚未解决，又撰写了《柯克曼问题》和《柯克曼系列的组合方法》两篇论文，于 5 月 6 日寄给《数学学报》。不久，他又发现一种较为简便而且便于推广的处理方法，又写成《柯克曼问题新论》，7 月寄《数学学报》。1979 年 3 月，他又写出《柯克曼四元组系列》，寄给《数学学报》。

1979 年 4 月，陆家羲从好不容易才借到的、世界组合数学方面的权威性刊物《组合论杂志》（1974 年和 1975 年出版）上得悉：柯克曼女生问题以及推广到四元组合系列的情况，分别于 1971 年和 1972 年被两个意大利数学家解决了，这个时间比自己的研究发现要迟七到十年。

这消息使陆家羲痛心疾首，十分遗憾！他在给一位中央领导的信中写道：这些（指国外发表的"柯克曼问题"及推广到四元组的情况）时间比我要迟七到十年，而我的稿子（指 1966 年 1 月向《数学通报》《数学学报》投稿的三篇研究文稿《平衡不完全区组与分解平衡不完全区组的构造方法》《$\lambda = 1$ 的平衡不完全区组》和《$n = 5\ \lambda = 1\ \gamma = 141$ 的平衡不完全区组》）至今还无着落。但无论如何，国外在发表时间上是领先了，这也说明我过去的工作是有意义的。我的第一个孩子、精神上的孩子（指 1961 年 12 月 30 日，寄给了中国科学院数学研究所的处女作《柯克曼系列与斯坦纳系列的构造方法》的论文），她有十八岁了。十八年，在人的一生中不算短，对现代科学来说，更是一个漫长的时期，难道这里不应有什么教训吗？

攀登世界数学高峰、为国争光的荣誉被埋没了。痛心疾首的陆家羲并未因此泄气，而是以更加顽强的意志向新的数学高峰——"斯坦纳系列"的巅峰努力登攀。

这期间，陆家羲所进行的科学研究引起有关方面的重视。1983 年 7 月陆家羲去大连参加学术讨论会，包头市科协积极提供部分经费支持他的学术活动；他在外出开会或学校对外交流时，物理教研组的教师热情替他代课；包头医学院图书馆的同志不但为他借阅图书提供方便，甚至出经费为他从北京图书馆借阅图书资料；包头师专的李道和老师，帮他将所撰写的论文翻译成英文，许多同志都给予陆家羲热情的支持。

陆家羲的爱人包头医学院教师张淑琴给他规定：晚饭后必须外出散步，熬夜不得超过 12 点，可陆家羲工作到兴头上，往往"越轨"。

为了祖国的荣誉，陆家羲每天超负荷地工作着。他

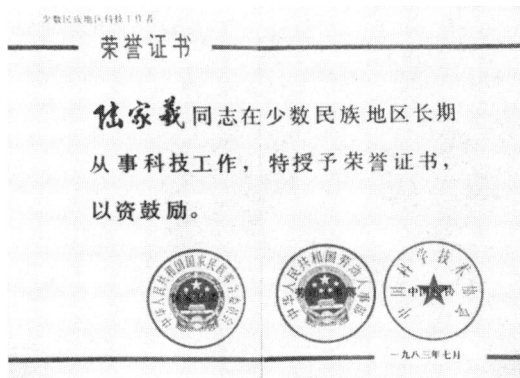

陆家羲少数民族地区科技工作者证书（1983 年 7 月）

1979 年 12 月的日记，31 天中竟有 27 天记着"夜工作""夜作业""夜补课""夜写论文"和"夜打英文稿"等。

组合数学是数学领域中一门古老而又年轻的数学分支，在计算机科学、空间技术、国防工业、实验设计以及管理科学等 20 多个科学领域中都有重要的应用，因而成为国内外普遍重视的一门科学。

1979 年 2 月至 7 月，他又给《数学学报》投了三篇稿。其中《可分解平衡不完全组设计的存在性理论》发表在 1984 年第四期《数学学报》上，这是他在国内多次投稿中唯一发表的论文，遗憾的是，文稿发表时他已去世九个多月了。

1981 年上半年，在陆家羲寄给位于美国的国际上关于组合数学权威杂志《组合论》的信中，预告说自己"基本解决了'斯坦纳系列'问题"。该杂志复信说，"如果是真的将是一个重要的结果"。又说"这个世界上，许多专家都在研究，但是，离完全解决还十分遥远"。

然而当世界《组合论》杂志从 1981 年 9 月起，陆续收到陆家羲题为《论不相交斯坦纳三元系大集》六篇系列研究成果时（其中Ⅰ—Ⅲ和Ⅳ—Ⅵ分别发表在该杂志 1983 年 3 月和 1984 年 9 月号 A 集上。在学术界引起强烈反响），不得不承认，中国的一名中学教师完全证明了"斯坦纳系列"。

随后加拿大多伦多大学教授门德尔逊称"这是二十多年来组合设计中的

位于包头市第九中学的陆家羲雕塑

重大成就之一"。加拿大多伦多大学校长称陆家羲为中国"处于领先地位的组合数学家"。美国《数学评论》主管编辑阿门达立斯给陆家羲来信，请他担任《数学评论》的评论员。

陆家羲受到国际组合数学权威们的高度赞扬。1983年7月25日陆家羲作为列席代表，参加了在大连举行的全国首届组合数学年会，介绍他多年来对斯坦纳系列和柯克曼系列问题的研究成果，受到与会者好评；8月在合肥参加了由中国科学院合肥分院举办的邀请加拿大组合数学专家门德尔逊教授和图论专家邦迪教授来我国讲学的讲习班。

同时，国内的有关学者、教授也对陆家羲的成就给予极高的评价。内蒙古大学数学系副教授陈子琪在《关于陆家羲工作的评价及若干有关的问题》中认为：陆家羲的这一系列论文解决了组合设计理论中一百三十多年来未能解决的一个十分困难的问题。这是一个十分了不起的工作，可以毫不夸张地说，陆家羲的工作是组合设计领域内具有国际水平的第一流工作。二十年来，陆家羲在组合设计方面完成了两项具有国际水平的第一流工作，这是非常了不起的成就，陆家羲的工作在全国范围内也是罕见的。

1983年10月，陆家羲作为唯一被特邀的中学教师参加了在武汉举行的第四届中国数学会年会，大会充分肯定了他的成就，表彰了他为科学奋斗献身的精神。会后，为尽快返校上课，在北京中转只等了几个小时便乘火车硬座启程。10月30日下午6时许回到家，他兴奋地说："这次可见大世面了，除华罗庚外，所有数学界的权威、大人物几乎都见到了，会上还表扬了我的工作。"

31日凌晨1时许，陆家羲的心脏猝然停止了跳动。医生诊断，由于积劳成疾，患"心脏性猝死症"。终年48岁。

陆家羲逝世后，加拿大多伦多大学校长 D.W. 斯特立格威发来唁电，国内著名学者、专家和教授万哲先、徐利治、吴利生、陈子岐等致函或发表文章，表示对逝者的钦佩和哀悼。

中共包头市委、市政府对陆家羲的病逝表示深切哀

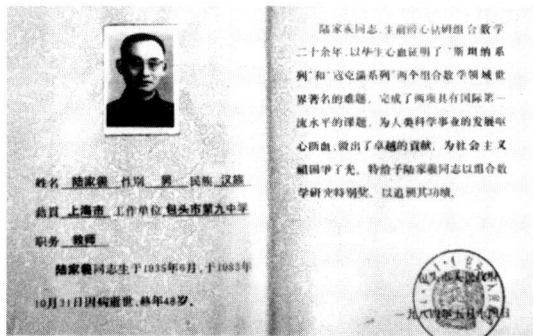

1984 年 5 月，包头市人民政府追授陆家羲组合数学研究特别奖

悼，于 1983 年 11 月 30 日举行了隆重的追悼大会，并发给特别科学奖金 2000 元，决定在包头市第九中学设立"陆家羲奖学金"。在他逝世 1 周年时，内蒙古党委和政府在包头召开"向优秀知识分子陆家羲同志学习表彰大会"，追授他"特级教师"荣誉称号，颁发特别奖 5000 元。

1984 年 9 月 11—15 日，内蒙古自治区科委和包头市科委委托内蒙古自治区数学分会，邀请国内十几名组合数学专家、教授在呼和浩特市召开陆家羲学术工作评审会，会议评审结果认为，陆家羲的学术成果，除几个有限集外，全部科学结论是正确无误的。《不相交斯坦纳三元系大集》是一个难度极大并具有重大学术价值的问题，130 多年来，世界上不少人为之付出辛勤劳动，但未能解决这个问题。会议建议给予这位优秀的科学家国家自然科学奖，并设法出版陆家羲文集。1989 年 3 月，陆家羲妻子张淑琴代表他参加在北京人民大会堂举行的 1987 年国家自然科学奖颁奖大会，从国家领导人手中接过自然科学界的最高荣誉——国家自然科学一等奖。

陆家羲荣获 1987 年国家自然科学奖

千里之行步步难
九层之台渐渐高　——刘克敌小传

刘克敌（1936—2007年），1936年5月8日刘克敌出生在湖南省湘西土家族苗族自治州大庸县（今张家界市）土家族一户书香门第人家。

刘克敌是中共党员，高级工程师，曾任包钢建设总指挥部工程师室主任，冶金工业部第二冶金建设公司（简称"二冶"）职工培训中心主任兼冶金工业部二冶职工大学、中专、技工学校校长，二冶副总工程师兼技术处处长，二冶科学技术协会常务副主席，内蒙古自治区冶金教育协会副会长等职。包头市昆都仑区第八届人民代表大会代表。个人业绩入选着重反映少数民族专家学者为祖国社会主义建设所做贡献的《中国少数民族专家学者词典》。

刘克敌出生时，正逢全国抗日救亡运动新高潮兴起之时，父母为其取名"克敌"，寓意中华民族有信心有能力打败一切侵略者，必将克敌制胜。诚如其名，生长在张家界的大山上、森林中、小溪边的土家族孩子刘克敌，7岁时就成为乡村儿童团长，成为一名勇敢的"小战士"。刘克敌的父亲刘北溪曾任县中学校长，据《大庸县志》记载，受家庭的熏陶，刘克敌在中小学时一直是学校里的尖子生，新中国成立后，被学校按照留苏预备生培养，后来由于种种原因未能赴苏联留学。那时的中国百废待兴，国家急需土木工程专业的技术人员，他不负父母的期望和国家的培养，于 1956 年以优异成绩就读于中国"建筑老八校"之一、原冶金工业部直属重点大学西安冶金建筑学院（1994 年更名为西安建筑科技大学）土木工程系工业与民用建筑专业。1961 年大学毕业后，响应党中央"全国支援包钢"的号召，来到远离家乡两千公里的黄河之滨包头钢铁公司建设二公司（后包钢建设部分从包钢分离，成立包钢建设公司，后又改称冶金工业部第二冶金建设公司二公司。公司虽几经变更隶属关系或名称，人

刘克敌与妻子王志华 1963 年 3 月在包头结婚时留影

们习惯上仍称其为"二冶"——樊尚仁注）工作。钢铁工业是国计民生的重要基础原材料产业，是国之基石，而二冶则是钢铁生产的基础。刘克敌和所有老二冶人一样，在这片热土上成家立业，把一生最美好的年华献给了当时风沙漫天的内蒙古，献给了草原钢城和包钢建设。

刘克敌用自己所学的工业与民用建筑专业特长，在"齐心协力建包钢"的火红年代，他参与建设了一座座高质量的冶金工业建筑。"文化大革命"期间，作为走"白专道路"的知识分子，他虽然受到冲击，但国家的冶金建设离不开专业人才。在开始工作的二公司技术员、"文革"期间的二冶四公司专职工程师等多个岗位上，他在草原钢城的民用建筑、包钢的基本建设和技改项目上洒下了辛勤的汗水，留下了坚实的足迹。

1970 年，冶金工业部提出"钢铁大上"，开始建设包钢 3 号炼钢高炉。刘克敌响应党组织的号召，积极投身于项目建设中，和同事们一道义务献工，

在那个缺少现代化施工机械设备的年代里，创造了 19 小时 1800 立方米混凝土基础浇筑工程的奇迹，最大限度保证了混凝土浇筑的整体性以及结构物受力的合理性，为下一工序的顺利进行奠定了基础，创造了条件。他还参加了包钢烧结厂、无缝钢管厂等项目的施工任务以及包钢水源地改扩建等诸多项目的土木建筑工程。

在缺乏文化娱乐生活的年代，二冶东方红俱乐部承载了几代二冶人、包钢人的文化情结。而东方红俱乐部于 1974 年进行改建扩建的土木工程，也是刘克敌的精工之作。作为这个项目的专职工程师，主负责该项目土木建筑的施工，他注重从细节入手，严把施工质量关，彻底解决了东方红俱乐部长期以来防水方面存在的隐患；从舞台到观众席衔接楼梯处做了旋转衔接等巧妙改进，为确保建筑经久耐用做出了贡献。

1978 年开始，刘克敌担任二冶科技处情报科科长，积极在公司内外开展学术交流、信息收集工作，与各省市自治区及冶金建设系统单位建立沟通机制，收集交流技术资料图书等。及至 1980 年担任包钢建设公司综合公司（后

刘克敌（左一）带领技术管理人员进入施工现场检查指导前作动员讲话

改称包钢建设公司第三建筑工程公司）主任工程师、副经理时，他率先使用了许多先进技术，如现在许多建筑企业采用的装配式住宅或称 3D 技术，最早在他手中使用，二冶的这项技术早于国内同行 40 年。包头市昆都仑区友谊大街 18 号街坊始建于 20 世纪 70 年代末，其中的两栋楼采用"大板结构"（用钢筋混凝土制成的大板，通过拼合和焊接后搭建）建设的楼房，就是由刘克敌大胆引进的先进施工技术建筑的。在这个项目中，从设计到施工以及施工过程中工艺的及时改进等，他都一直全过程紧盯。该建筑经历了 1996 年包头 6.4 级地震，一直至今天，整体建筑结构完好无损。

在多年的实践中，刘克敌深知技术质量的重要性以及建筑施工中质量管理的难点和痛点所在，他根据实践经验和理论探索，主编了《软塑料地面施工》等十几项技术操作规程，参与编审、编撰了施工建筑技术和冶金建筑技术规范，经过系统总结细致梳理了《冶金建筑安装技术操作规程》，进行了风送混凝土、沉井施工等数十项新技术开发和推广工作。自 1990 年起，他先后担任二冶科协常务副主席和二冶副总工程师兼技术处处长，使他更有条件施展自己的才华。通过组织技术力量，下大力气办好《施工技术》刊物，为二冶形成专有技术、核心技术进而实施标准化规范化管理奠定了基础，留下了一笔笔宝贵的财富。他高度重视技术质量管理工作，努力为技术质量管理创造条件，为广大专业技术人员提供平台，仅 1991 年到 1992 年两年间，全公司开发新技术 13 项，推广 31 项，完成成果 126 项，其中 4 项获得省部级奖励。他多次赴外地施工项目地指导各类施工，如到甘肃酒泉钢铁公司、河北邢台支援民用工程建设，先后解决了哈德门矿、陕坝糖厂等建筑工程技术质量难题。宝山钢铁总厂 [现称宝山钢铁（集团）公司，简称"宝钢"] 开始建设时，他赶赴上海参加基本建设项目的统筹工作。

1993 年初，冶金工业部和内蒙古自治区决定"第二冶金建设公司进入包头钢铁公司"，并与原包钢基建指挥部合并，成立了包钢建设总指挥部。刘克敌担任建设总指挥部工程师室主任，他积极调动原二冶高级专业技术管理人才的积极性，在这一时期包钢总指挥部在技术质量和施工管理工作中发挥了积极作用，推动了包钢四号高炉、五号焦炉等规模效益型项目的建设。其中，1993 年 7 月开工建设的包钢 4 号高炉工程，是"八五"期间的重点工程，也是包钢建厂以来规模最大、技术最新的一项工程。由于该工程采用了当时国内外高炉先进技术、先进工艺和先进设备，参战单位多、涉及专业多，他克服困难，从技术核心层面协调土建、结构安装、炉体砌筑、机电安装、管道安装等各专业的技术管理单位，为项目提前一年高效优质完成打下坚实的基础。同时，包钢四号高炉的建设创造了我国冶金建设史上的奇迹，成为当时全国建设速度最快的高炉，业内专家评审为 20 世纪 90 年代具有国际先进水平的工程，荣获冶金工业部"优质样板工程"。

1985 年，故乡张家界市希望刘克敌回到家乡，为改变故乡的面貌出力。但 20 世纪 80 年代中期的内蒙古，高考和中专招生人数极其有限，改革开放和包钢建设急需人才，全日制大专院校分配到包头的人才有限。刘克敌毅然放弃了更好的发展机会，接受了草原钢城的盛情挽留，担任新组建的二冶培训中心主任兼冶金工业部二冶职工大学校长。

在刘克敌任职期间，开办了职工夜校，创办了二冶职工中专。他充分利用二冶较为优质的教育资源，在冶金工业部的大力支持下，职工大学、职工中专、技工学校冠名为"冶金工业部二冶职工大学""冶金工业部二冶职工中专""冶金工业部二冶技工学校"。学校从面向全国十三个冶金建设公司招生，

刘克敌主持冶金工业部二冶职工大学毕业生答辩会

到面向全自治区招生，把二冶职工大学打造成阶段性、开放性的区内成人大学。二冶职工中专和技工学校致力于实用型人才的培养，开设了采暖通风等多个民用专业。在特定历史时期，刘克敌身兼二冶职工大学、中专、技校三校校长，为内蒙古自治区的建设培养了千余名专业人才。这些建筑人才从20世纪90年代开始直到今天，仍然在央企和内蒙古建筑行业发挥着领跑、中坚和骨干作用。

长期高负荷工作和曾经艰苦的生活环境，使刘克敌积劳成疾。在他同病魔做斗争的日子里，如同他从不计较个人得失一样，虽然疾病缠身，但他从来没有向组织提出任何特殊的医疗要求。2007年12月19日，刘克敌因病医治无效，长眠在他奉献毕生心血的大青山脚下。

黄沙漫漫初创业
硕果累累苏步环

——苏步环小传

苏步环（1936—2010 年），1936 年生于重庆市，卒于 2010 年 6 月 10 日。

苏步环于 1980 年加入中国共产党，是研究员级高级工程师。先后荣获内蒙古自治区（1979 年）三八红旗手、全国（1979 年、1983 年）三八红旗手称号；被评为核工业部劳动模范（1985 年）、全国能源工业（1989 年）劳动模范。

1959 年 1 月，整个包头被凛冽的严寒笼罩着。从重庆大学毕业的四川姑娘苏步环走下列车，不禁打了个冷战。她裹紧大衣随着人群走出车站，经过多方打问，才算找到接待站，然后奔向阴山脚下那片茫茫的荒原，那个当时外界一无所知神秘的地方——中国第一个核燃料元件厂（核工业二〇二厂）。

在荒原上，孤零零的几幢厂房和几排小平房横卧在那里，苏步环和大家一样，在简陋的小平房里，用砖头支起床铺后，立即加入建厂施工的队伍里。在冰天雪地中，她和男同志一样搞土建，搬砖溜瓦、担水和泥、筛沙子、挖土方，什么都干。她所在的七车间当时只有一个番号，一没厂房，二没设备，其中，锻工组在生活区找了一把大锤两把火钳，从一个家属手中借了个风箱，开始锻打基建用的锹、镐、扒钩子等。为了遮挡风沙，他们弄了几块木板，东遮西挡地在露天干活。到了难挨的寒夜，时常从睡梦中冻醒，她就裹紧棉衣偎坐在火炉旁边，伴着窗外偶尔传来的狼嚎，想着自己的心事。

20世纪60年代的第一个春天来了，工厂面临的困难越来越多。随着中苏关系的破裂，苏联对许多关键设备停止了供货。有人预言：中国再过二十年也拿不出原子弹。随着天灾降临，粮食开始告急，许多人吃不饱肚子，人们开始吃猪毛菜、糖菜渣、喝酱油汤。在紧张的工作之余，人们用锹用犁翻松荒原上的土地，种下可以果腹的蔬菜和粮食，苏步环和厂里所有的创业者一样，他们始终牢记着毛泽东主席在《论十大关系》中明确提出的"在今天这个世界上，我们要不受人家欺负，就不能没有（原子弹）这个东西"。舍弃了大城市优越的工作和生活条件聚集在荒原，他们来时不就是发誓要准备着吃尽千般苦吗？他们不怕吃苦，他们唯一渴望的就是国家的富强，民族的崛起，就是中国的原子弹爆炸的那一天。中华人民共和国第二机械工业部部长宋任穷将军来工厂视察，看到这艰苦创业的情景，眼含泪花说："感谢你们，你们吃的是山药蛋（土豆），造的却是原子弹。"

苏联毁约停援撤走专家后，苏方停止了一项工程急需的衬胶真空鼓式过滤机的供货。这是一台关键性设备，当时苏方已起运到了二连浩特边境，又拉了回去。厂里经过研究，决定交七车间自行研制。任务压下来了，苏步环负责研制中的技术工作。这是多么沉重的担子啊，缺少资料，又没有样机可看，可整个一线工程不能眼巴巴地停在那里，就因为没有衬胶真空鼓式过滤机而影响工程进展啊。苏步环和车间其他几位同志吃住在现场，揣摩分析，多方实验。经过几个月的奋战，完全符合一线工程需要的衬胶真空鼓式过滤机终于诞生了。她已经在阴山脚下找到自己的位置，成了车间颇受重视的年轻技术人员。

1964年10月16日15时，西北地区一片大漠中发出一声惊天动地的巨响，中国的核太阳终于升起来了，那辉煌的蘑菇云闪射出的光亮比太阳还要光明一万倍，强大的冲击波震撼着整个世界。厂里的每个科技人员和职工，包括苏步环都做出了贡献。历史将永远铭记！

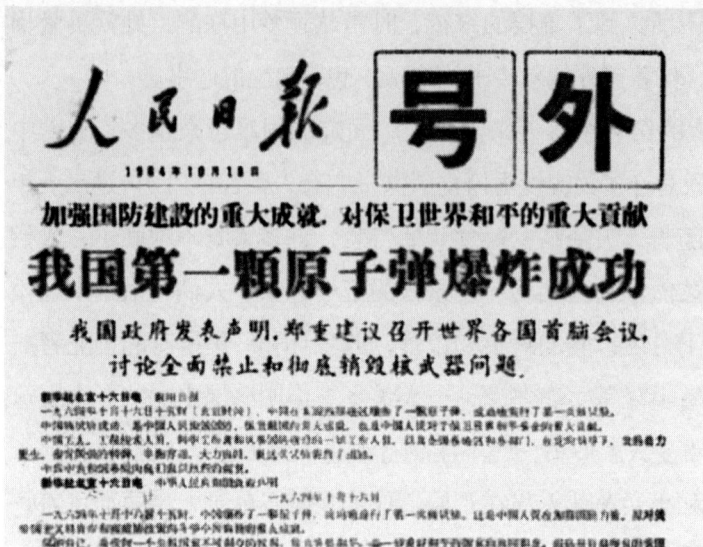

1964 年 10 月 16 日，新中国第一枚原子弹爆炸成功（图为当日发行的《人民日报》号外）

　　透过时间之雾，历史在苏步环和她当年的战友们的讲述与回忆中又复苏了：她碰到技术难题总是从生产实际出发，厂部曾多次给七车间下达生产齿轮配件的任务，但由于当时设备不配套等原因，一连几年的时间也没把齿轮生产线搞上去。苏步环参加齿轮生产线筹建工作后，她设计了包括造齿坯模具及本、滚插齿，拉床及磨齿机等全套工艺设备，生产出了二级精度的各种机床齿轮。齿轮备件的规模很大，由于当时没有齿轮倒角专用机床，只好采用人工倒角，这种原始手工操作，不仅效率低、产品质量差，而且劳动强度很大。在燥热的车间里，工人们或站或卧或蹲或跪地用扁铲一下一下、一锤一锤地倒角，其辛苦劳累可想而知。苏步环看在眼里急在心上，多方奔波，精心设计，在滚齿机上制造出了一套齿轮倒角附加装置，实现了齿轮倒角机械化，不仅大大减轻了工人的劳动强度，而且保证了齿轮倒角质量，工效提高了 5 倍。

　　"文化大革命"中，她照旧埋头于她的技术工作。一次，车间大修要铺设大量塑料地面，需要一台高效率的塑料切边机，苏步环和另两位老师傅接受了设计和制造任务。他们白天躲在清静些的地方讨论切磋设计方案，晚上彻夜搞设计，画图纸，夜以继日地工作，困了，趴在桌子上打个盹；饿了，随手吃口冷窝头。经过几十个日夜的煎熬，终于把软塑料切边机搞出来了，并且是全气动控制。

工厂由于形势的变化而确立保军转民的经营方针后，他们生产的一种金属钙远销美欧等国家和地区，在国际市场上很受青睐。但随着各国科技的发展和供给关系的制约，不少外商开始不要钙锭，而要求定购钙粒，否则就不订货。国外一些生产同样产品的厂家虎视眈眈地窥视着钙市场。面对激烈的国际市场竞争，厂里决定采用机械化方法制造钙粒产品，占领国际市场。可用机械方法造粒谈何容易，这在国内尚属空白。被厂里列为重点攻关项目，苏步环毅然承担了此项重任。在几名助手的协助下，她用几个月的时间就拿出了百余张图纸，又用三个月的时间拿出了 1.5 立方毫米、2 立方毫米、3 立方毫米三种钙粒试制产品。检验表明，钙粒完全合乎要求，从而不仅为钙粒

苏步环与同事们一道攻克技术难题（摄于 1980 年 7 月）

产品在国际市场的竞争打下了基础，而且也填补了国内机械造粒的空白。

钙粒试制产品拿出来后，在批量生产中又出现了模具使用寿命较短的问题，而模具寿命的长短直接影响钙粒成本的高低。为解决这一问题，苏步环又在模具铣槽工艺上下功夫，提出了刀具成组方案，将尺寸接近的刀具编为一组，从而把模具寿命提高了 20 倍、单件模具成本由 400 多元降到 200 多元，生产每吨钙粒由耗模 20 多套下降到 5 套，大大减少了机械造粒的成本，增强了在国际市场上的竞争力。

不久，苏步环又为工厂民品重点项目大稀土的设计做了大量工作。完成了稀土生产线主工艺 P204 萃取分离工艺和 P507 萃取分离工艺设计、废水处理站部分非标准设备的设计任务。她为高频感应炉配套而试制了高频淬火机床。她的设计还有很多很多，她把自己的心血、苦乐全部注入自己的设计之中，于是她设计的那些机械就仿佛也具有了生命和灵魂，有时她甚至看见它们像自己的孩子般地簇拥过来，与自己诉说它们的坎坷和艰辛，失败与成功。

苏步环在塞外高原上迎着风雪也迎着鲜花走了 50 多个春秋，她的人生在事业中闪光，绘出一道多彩的风景线，在她手指间滑落的是累累的科研成果。

寂寂江山摇落处 怜君何事到天涯 —— 张乃钧小传

张乃钧（1936—2015 年），蒙古族，1936 年 6 月出生于绥远省归绥市。2015 年 3 月 29 日在包头市去世。

张乃钧曾任政协包头市第七届委员会副主席，包头市政协祖国统一联谊委员会主任委员、包头市海外联谊会会长；民革中央第七届委员会委员、民革内蒙古自治区第七届委员会副主任委员、民革包头市委员会首届主任委员；中华医学会包头分会理事、国际中华名医协会理事、中科联北京科教文研究中心专家委员会委员。曾被国家民委、劳动人事部、国家科委授予少数民族地区优秀科技工作者称号。撰写的《中西医结合治疗乙型肝炎 302 例》《乙型肝炎的中西医结合治疗体会》等多篇学术论文先后发表在《中国临床医药》《中国当代医学论文选粹》《国际中西医结合》等国家级专业刊物上。1999 年被当代中国名医委员会评为"世纪名医"。其业绩被载入《内蒙古当代医学人物》《当代中国少数民族名人录》《中国少数民族专家学者辞典》《世界名医大全中国卷》《世界名人录》《现代名医大典》《中国专家大辞典》等典籍中。2006 年，其事迹收录于《银色人才奉献录》中。

历经磨难　风雨过后见彩虹

张乃钧的童年时代是在颠沛流离中度过的，新中国成立前，他曾逃亡陕坝、宁夏、银川、西宁一带躲避战乱。1949年北平和平解放后，父亲张遐民去了台湾，母亲被关进监狱，他和姐姐四处流浪，以拾煤渣、打短工、卖小吃为生。后来得到父亲好友的资助，勉强读了几年书，并于1950年考取绥远省卫生技术学校。1953年毕业后，张乃钧被分配到包头市卫生局防疫站工作。因家庭出身问题，"三反""五反"和"文革"期间，张乃钧先后被下放到包头郊区（今九原区）、鄂尔多斯达拉特旗进行劳动改造。1977年"文革"结束后，张乃钧得以平反昭雪，被安排到包头市东河区医院工作。几度风雨，几度春秋，曲折坎坷的人生，磨炼了张乃钧的意志，让他变得更加坚韧不拔；艰苦卓绝的创业生涯，锻造了他的能力，让他的医术更加精湛。他说："困难是人生的教科书，不经患难哪能见彩虹？"不论身处顺境抑或逆境，张乃钧始终没有放弃对理想信念的追求。他如饥似渴地钻研医学理论，夜以继日地奋战于医疗第一线。哪里需要人手，他就补缺到哪里；哪里有危重病情，他就出现在哪里。凭借过人的技术和无私无畏的奉献精神，他接受了一次又一次考验，赢得了一次又一次赞誉，很快从一名普通医务工作者锻炼成长为一名闻名遐迩的医学专家、包头市东河区医院院长。由他领导的东河区医院，连续数年被评为包头市先进集体。

张乃钧长期从事医疗工作，在出色履行救死扶伤神圣天职的同时，还致力于祖国统一大业，充分发挥自身优势，主动牵线搭桥，促进两岸交流合作，其爱党爱民之情，利国利民之举，广为传颂。

牢记嘱托　情系两岸构和谐

张乃钧的父亲张遐民原籍山西省寿阳县，中国大学经济系毕业，早年留学日本，后加入国民党。曾任绥远民众抗日自卫军总部参谋长、绥远财政厅

1986 年 7 月，张遐民与儿子张乃钧、儿媳刘慧芝相聚于香港

厅长，1949 年与妻儿分离，随国民党前往台湾，先后任国民党行政院设计委员会委员、辅仁大学教授等职，著有《绥远省志书概述》《王同春与绥远河套之开发》《边疆经济》《杨业父子忠诚事迹考》等著作，是当时台湾知名度很高的经济学家。他的诗作"一叶飘来又见秋，长流海隅岁入流；白云不断人千里，老翁诗穷酒未瓯。声切哀鸿催泓恩，身枕劫海滞归舟；苍茫渺渺家何在？北望风波步步愁。"意境沉郁悲怆，真切地表露了赤子思归之痛。1986 年 7 月，张乃钧在父亲好友杜学魁的安排下，携妻子刘慧芝到香港与阔别三十多载的父亲相见。骨肉团聚，悲喜交加。父亲一边将一本本浸满乡情和眷恋的著作、笔记递到亲人面前，一边老泪纵横地叮嘱："乃钧啊！这些书本记录着为父几十年的思念之情和忏悔之心。刻意地制造骨肉分离、家国分裂是我们民族莫大的悲哀。你一定要记取血的教训，多做有利于民族团结的事，早日促成祖国统一大业，以遂为父心愿！"然而，正当台湾当局发布《大陆同胞来台探病和奔丧申请作业规定》，解禁大陆探亲政策之际，张遐民却抱着万分

1988 年，张乃钧（左二）在台北与台湾乡友合影

遗恨，于 1988 年 11 月 15 日溘然长逝。

　　父亲去世那年，正值中国国民党革命委员会包头市委员会成立。由于特殊的生活经历和背景，张乃钧被委以民革包头市委员会首届主任委员之重任。他继承先父遗愿，团结爱国人士，始终牢牢把握两岸关系和平发展的主题，努力探索新方式、挖掘新资源、扩大新领域，为推动两岸关系发展、促进祖国和平统一贡献自己的智慧和力量。1988 年、2009 年，张乃钧两次借赴台奔丧及祭奠先父之机，遍访先父故交，广泛与爱国民主人士联系，为今后开展工作奠定基础。1992 年，他组织民革包头市委员会深入基层，调查了解全市情况，召开台属座谈会，认真听取他们的意见和建议，有针对性地帮助他们解决实际问题，以言必行、行必果的务实作风，赢得同志们的信赖，得到服务对象的一致好评。张乃钧经常将自己的心得体会撰写成文，发表于台湾绥远同乡会创办的《绥远文献》刊物上，他的作品《二十年后再登宝岛有感》《美丽的鹿城——包头》《腾飞的巨龙——记变化中的包头东河区》《悠悠岁月挥之不去人间真情——记香港回归前后亲身感受》和个人专辑《两岸情》，详尽地介绍了两地风土人情和社会变革，真挚地表达了渴盼祖国早日实现统一的美好心愿，加深了两岸同胞的相互了解，增进了两岸同胞的友谊。每有台胞来包头旅游观光，张乃钧都热情款待，使来者充分感受到大陆的亲情。

多年来，张乃钧通过先父的关系，联系了许多台胞回乡探亲访友、投资兴业，并先后为包头、呼和浩特、集宁、和林以及上海等地很多台属寻找到了久失音讯的亲人。上海宝钢职工中学的一位教师，通过张乃钧送转信件，终于找到了离别四十余载的老父亲。事后，这位教师专程赶到包头致谢，他眼含热泪地对张乃钧说："您帮我找到了亲人的下落，从您的言行中，我感受到了人情的温暖。"

提起这些，张乃钧满怀信心地说："祖国统一是人心所向，大势所趋，已成为不可逆转的历史潮流。我要竭尽全力履行好职责，为祖国早日统一贡献全部力量。"

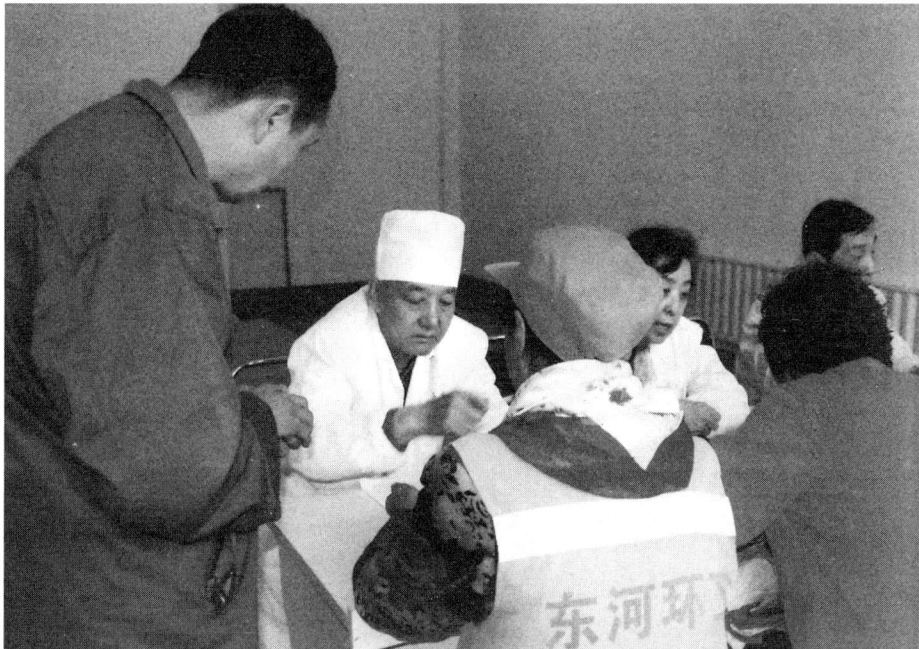

履行职责　服务社会献真情

张乃钧牢记民革主任委员职责，围绕中共包头市委、市政府工作中心，发扬民主，求真务实，带领民革包头市委员会全体成员，深入基层，服务社会，扎实推动各项工作开展，不断取得新的成绩，民革包头市委员会被包头市评为先进单位。

张乃钧时刻将群众疾苦放在心里，经常组织医务工作者开展义诊咨询活动。包头市干休所王兴老人患心脑血管疾病多年，张乃钧无论寒暑，都亲自上门，送医送药，打针输液，数年如一日，从未间断过；他帮助卫生站开展家庭病床服务，把医疗工作"进社区、进家庭"落到实处；他积极参政议政，注重调查研究，及时反映社情民意，为党政部门决策尽心尽力。1996年、1997年，张乃钧分别被政协内蒙古自治区委员会、政协包头市委员会评为优秀提案人；此外，他还热心公益事业，常年帮扶贫困学生，踊跃为灾区捐款，先后被评为包头市救灾救助先进个人、包头市各族各界爱国人士为"四化"建设做贡献先进个人、包头市民族团结进步先进个人、包头市工会积极分子。

1995年，张乃钧退休后，先后担任包头市东河区老科技工作者协会、延安精神研究会常务副会长兼秘书长，他退休不退志，退休不退岗，充分发挥余热，为实施科教兴国战略建言献策，争做贡献。每逢举行抗日战争胜利纪念活动，张乃钧总要将先父张遐民的遗稿《绥远民众自卫军抗日纪事》《日军侵占包头八年的罪行》等整理成文，分别刊登于《绥远文献》《包头文史资料选编》及有关媒体，以大量历史事实揭露日本军国主义所犯下的滔天罪行，以此唤醒民族自尊心，激发两岸同胞的爱国热情。张乃钧耗费多年心血撰写的《乃钧记述》，成为反映包头统一战线发展历程的珍贵史料。

桃李不言，下自成蹊。几十年来，张乃钧始终坚持以促进祖国统一大业为己任，争做党和政府对台方针政策最坚决的拥护者、贯彻者和最积极的宣传者，用实际行动诠释人生的意义和价值，在平凡的生活中留下了不平凡的足迹。

擦亮蓝天歌一曲
净化心田勤呼唤

—— 焦德成小传

焦德成（1937—2006 年），祖籍河北省新河县（现隶属河北省邢台市），1937 年出生于包头市，2006 年 10 月 14 日辞世。

焦德成 1956 年参加工作，从教 40 多年。1987 年，任包头市青山区少年宫主任，1990 年退休后一直热心校外教育工作，热心社会公益事业，曾任包头市少先队校外教育总辅导员，包头市环保志愿者协会常务副会长、包头市抵制"灰色迷雾"报告团常务副团长。2000 年 6 月，被评为包头十佳环保志愿者。2000 年 9 月，被评为内蒙古自治区十佳少先队志愿者。多年来，创作的多首歌曲分别在中国、亚太地区、世界控烟大会上被选为会歌和主题歌。

焦德成为青少年"不吸烟"教育到处奔走、呼吁、游说，为青少年和全社会控烟做宣传，为抵制"灰色迷雾"心甘情愿做贡献，人称控烟斗士。他曾教过一个才华出众的学生，不仅会吹拉弹唱，而且还写得一手好字，在他的学生中当数佼佼者，"今后很可能成大器，但那娃娃被几个坏孩子拉下水，不仅染上烟瘾，还经常小偷小摸。于是就进了劳教所。"每每谈及此事，他就痛心、惋惜，甚至怒发冲冠。用他的话说，吸烟是因，变坏是果。因此，要想抵制"灰色迷雾"，必须从娃娃抓起。"擦亮蓝天，净化心田"成为他义不容辞的责任。

1989 年初，在焦德成的努力下，抵制"灰色迷雾"报告团终于在包头市成立了。报告团成立之初，在包头市 15 所中小学共万余名师生中先后开展了

焦德成在学校宣传控烟

不吸烟教育。很多学生公开了自己的吸烟行为，纷纷表示与烟彻底决裂，不少学生也成了报告团的积极宣传员，回家后规劝父母戒烟。仿佛一夜之间，人们都认识到了吸烟有害。

"为了娃娃做好人，包头出了个焦德成。"的确，由焦德成倡导并主持的包头市抵制"灰色迷雾"报告团十多年活跃在草原钢城。报告团共做报告200多场，近2万人次聆听过他们的讲演。报告团成员还在市级、省级乃至国家级报刊发表论文及有关环保文章100余篇，摄影或图片30多张（幅），其中专题片《可怕的烟》于1990年的"世界无烟日"在中央电视台向全国播放。

1994年8月召开的中国包头首届国际稀土科技经贸洽谈会（简称"稀土会"）期间，在焦德成的呼吁和倡议下，终于开成"无烟"稀土会，成为那时的一段佳话。

1990年焦德成退休了，按一般惯例，本可歇会儿，调理身心，颐养天年，享享清福，可他就是闲不住，坐不稳，骑一辆小摩托到处走，就像"传道士"一样，硬是劝人们远离烟毒。他的观点是，硬硬朗朗活着才是人生的真实存在，病病歪歪活着就是折磨自我；吸烟害己害人害环境，实则和罪过无区别。从退休至辞世的十余年里，他每天日出而行、日落而归，到处奔波、呼吁、协调、动员，向"烟毒"宣战，多渠道、多层面、多角度开展"不吸烟"教育，为包头的无烟学校、无烟机关、无烟工厂、无烟车间、无烟车站、无烟公交车、无烟医院、无烟商场以及多种无烟大厅和无烟公共场所的创建立下了汗马功劳，功不可没。

有人讥讽焦德成是当代堂吉诃德，那辆不离身的破旧摩托就像一匹瘦马，那个随身携带的宣传材料包也极像一个箭囊，风里来、雨里去，图个什么？论家境，不殷实，三个儿子，两个下岗，老伴从一个不景气的企业退休，每月仅有微薄的收入。作报告不收取任何费用，却会产生交通费、材料复印费以及参加国内一些大型学术研讨会的往返交通费等，都得自己贴；论名誉，不实惠，忙乎多年依旧是"杨白劳"，何苦呢？人们不理解。但焦德成说，一个道德良好、理想的社会是多方面的，包括不吸烟。其实这个愿望不是我个人的，拥有健康应属于每一个人。用焦德成老伴的话说"他就是想实实在在为社会做点事"。

1997年，焦德成出席了第10届世界烟草与健康大会，他所带去的包钢焦化厂控烟经验材料备受大会关注。1998年，包头市出台了《公共场所禁烟暂行规定》，规定的出台，为鹿城人民的健康、净化环境及精神文明建设奠定了基础。1999年，他被评为全国控烟积极分子而得到1000元奖金时，他却立即捐给了包头市青少年爱国主义教育基地——李海瑞事迹展室（位于包头市第十一中学校园内）。

德重如山，行胜于言，这是焦德成毕生做人的信条。为了创作控烟歌曲，他用了许多时光，白天深入生活，到一些无烟单位广泛征求意见，向学者、专家请教有关问题，晚上便埋头伏案疾书，常常写到后半夜，一个字一个字地反复思索推敲，再征求意见，直到满意为止。一首歌如同一个婴儿坠

焦德成（左）与谭士俊在创作中

地，他写歌词的稿纸就写废了三四书包。功夫不负有心人，由他作词、谭士俊（政协包头市第十、十一届委员会常委，包头博物馆原馆长）作曲的第一首控烟歌曲《相逢在北海》谱写成功，本土歌手初菁华、马志峰倾情演唱进行录制。1999年4月，焦德成带着这首歌和包头开展控烟工作的汇报材料，赴广西北海出席第八届全国吸烟与健康学术研讨会。这首歌曲作为大会会歌在会上播放，并在北海人民广播电台播放，歌谱发表在《北海日报》上。会议期间，这首歌曲引起了与会代表的强烈反响，代表们纷纷签名留言，对作品给予了高度评价。

2001年，焦德成又一次与谭士俊合作，为在香港召开的第六届亚太地区吸烟与健康学术会议谱写主题歌《香港在呼唤》。这首歌报到大会组委会后，经过反复研究，得到大会组委会的认可。2001年10月，应大会邀请，焦德成和他的合作伙伴谭士俊作为中国代表，带着他们创作的主题歌前往香港出席了大会。当这首主题歌在会上演唱时，大会主席李绍鸿激动地握着焦德成的手说："这首歌唱出了亚太地区控烟人士的共同心声，团结起来创建无烟世界是我们的期盼！"大会秘书长补充道："让我们团结起来，创建一个人类的无烟世界！"

2003年8月初，第十二届世界烟草和健康学术会议在芬兰首都赫尔辛基召开。焦德成作为中国代表，也是内蒙古自治区的唯一代表，应世界卫生组织邀请出席了大会。焦德成作词、谭士俊作曲的歌曲《你好，赫尔辛基》作为中国代表团的礼品被大会选定为主题歌，填补了世界控烟大会无主题歌的空白。焦德成谱写的是生命奉献之歌，因而有人评价说，焦德成既是中国代表团唯一的控烟志愿者，也是中国代表团"重量级"选手。赫尔辛基会议期间，他被各国记者团团围住，甚至在下榻的宾馆也常常被媒体记者追踪，一位英国年轻女记者看着这位皓首而消瘦的中国老人，不无惊讶地问道："焦先生，您究竟为了什么这样执着并且勇敢无畏，顽强到底呢？"

2001年10月，焦德成（右）和谭士俊赴香港参会时留影

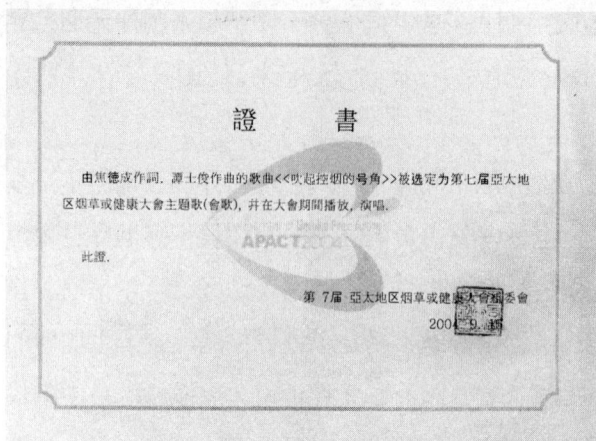

歌曲《吹起控烟的号角》荣获包头市第六届精神文明建设
"五个一工程"入选作品奖

　　焦德成微笑点头，继而慢言慢语道："因为世界上还有许多人在吸烟
（毒），包括你们英国公民。因为烟毒在全球上空飘散，污染环境，危害人类
的健康，如果我们不向它宣战，放弃这场战争，那就等于投降，用我们中国
话说就是自投罗网。"他把戒烟和控烟比作"战争"是言不为过的。当然，那
位英国女记者对他那几句极富哲理的比喻连翘拇指，表示折服。

　　焦德成人老脑不老，只要对祖国对家乡有利的事，绝不会疏漏，他把事
先准备好的经验集《控烟在包头》向世界各国代表散发，引起各国代表的强

烈反响。焦德成说，我之所以要这样做，就是让世界了解包头，让包头走向世界，为国家争光，为家乡扬名，难道还有比这更光彩、更重要的吗？

在大会期间，每当播放由花腔女高音李艳双（包头师院音乐学院声乐教师）用英语演唱的大会主题歌《你好，赫尔辛基》时，全场掌声雷动，经久不息。世界各国代表知道，这首歌是出自中国包头的一位勇士，一位老人，一位不图名不图利的环保志愿者焦德成。

2004 年，焦德成、谭士俊再度联手，为即将在韩国庆州召开的第七届亚太地区烟草和健康大会创作了歌曲《吹起控烟的号角》。他们的作品经大会组委会审定，确定为大会会歌。2004 年 9 月，焦德成和谭士俊带着这首歌赴韩国庆州出席大会，当由包头师院女高音歌唱家刘芳用英语演唱的这首《吹起控烟的号角》在大会开幕式上唱响时，焦德成眼含泪花，感受着成功的喜悦，他和谭士俊紧握双手，感慨地说：这是我们的作品，我们写的歌也能成为国际大会的会歌！我们是中国人，我们是包头人！会后，焦德成为国际会议谱写会歌的消息一时传遍包头，《包头日报》《包头晚报》《家庭周报》等媒体相继报道，《包头晚报》用一个整版详细报道了这一消息。

2006 年 10 月，焦德成住进了医院，一周后，他因心脏衰竭离开了这个他热爱过、为之付出过、努力过的世界。

不辍耕耘若许年
大珠小珠落玉盘 | ——许淇小传

　　许淇（1937—2016年），1937年2月出生于上海，2016年10月9日，因病去世，享年79岁。

　　许淇早年就读于苏州美术专科学校（1922年创办，后与上海美专、山东大学艺术系合并，现称南京艺术学院——樊尚仁注），曾任内蒙古包头市文联党组书记、主席、名誉主席，中国散文诗学会副会长，中国散文学会理事、内蒙古自治区作协名誉副主席、内蒙古自治区文史研究馆馆员、一级作家、中国作家协会会员，享受国务院政府特殊津贴。许淇是政协包头市第六、七、八届委员会常委。2016年被包头市委、市政府授予包头文学艺术终身成就奖。其绘画作品入选数十种画册，部分作品被众多博物馆、纪念馆及国内外收藏家收藏。

　　1956年，许淇随支边大军来到包头石拐沟包头煤矿筹备处工作，先后任包头矿务局工会干部、教师，团市委《包头青年报》编辑、记者等，后调包头市委编撰《包头史》。60年代末调包头市文联《包头文艺》月刊任编辑、创作员、专业作家、包头市文联组联部副主任，1980年加入中国共产党，1983年起连续14年担任包头市文联党组书记、主席、《鹿鸣》杂志社主编。1998年被聘为内蒙古自治区文史研究馆馆员。

许淇是我国著名散文诗作家，是包头市文艺界的杰出代表，也是包头文艺界的领军人物，六十年笔墨耕耘，创作了大量脍炙人口的优秀作品，为包头市乃至内蒙古自治区的文学事业作出了重大贡献，在中国文坛占据一席之地，自 1958 年 2 月在《人民文学》发表处女作《大青山赞》，随即开始文学创作生涯。先后著有散文集《第一盏矿灯》《美的凝眸》《呵，大地》《草原的精灵》《许淇散文选集》，散文诗集《北方森林曲》《城市意识流》《词牌散文诗》《许淇散文诗近作选》《辽阔》《淇竹斋集》，随笔集《在自己的灯下》《伞语》《许淇随笔》，短篇小说集《疯了的太阳》等。其文学作品两次获内蒙古自治区索龙嘎文学创作一等奖；获陈伯吹儿童文学奖、内蒙古"五个一"工程图书奖、《人民日报》散文征文奖、《星星》诗歌创作奖、"我心中的澳门"全球华人散文征文奖等。2007 年在纪念中国散文诗 90 年评奖活动中获中国散文诗重大贡献奖。2016 年，近 500 万字的 10 卷本《许淇文集》由内蒙古人民出版社出版发行。

　　许淇的诗文风格清新淡雅，包头市书法家刘文谦曾经在《生而为文的人——许淇印象》一文中记述：他是一个典型的文人，一个艺术家。论文学、小说、散文、随笔，样样精通，尤以散文成果最著。已出散文小说集多种。他的散文，语言凝练，文字优美，视角独特，意境幽深，成为文坛公认的散文大家。他写小说不多，写市井众生，官场人物，往往着墨不多，而神形毕肖。以后又有一批以欧美文化大师为素材的小说，选材精，立意深，语言美，似乎在追求一种新的表述方式，总体风格有讽喻，有鞭挞，基调还是含蓄蕴藉，温柔敦厚。他也写随笔小品，发得很杂，全国几张大报，几本大刊物，几乎都发过。留心的读者也会在包头这几张报纸、杂志上见到他的文字。虽然也发得不多，但总是异样的文字和异样的才情。不像有些文字味同嚼蜡，不像有些文章装腔作势，不像有些东西哼哼唧唧。

　　许淇一生最为引人注目的是散文诗创作。散文诗是国外舶来物，20 世纪五六十年代还不为读者所熟悉，用许淇的话说就是没有文体意识，"没人写，写了也没人注意，是一种边缘文体，一种独立的、不成熟的文体"。当时只有柯蓝、郭风出过散文诗小册子。"当时我写了一组散文诗,名为《大地集——一个年轻人的勘探手记》,从此开始我的创作从美术转向文学,绘画只在有展览时创作。"许淇说。

在许淇看来,散文诗是挖掘内心世界,人在世界上寻找自己的位置,把自然和人生给你的感受书写出来。"我的散文诗创作接地气,不凭空做梦,反映地区的生活感受、反映包钢建设,把阴山、黄河对我的灵魂所起的作用,间接地反映出来。"许淇说。

《散文诗》杂志主编冯明德表示,在中国当代散文诗创作中,耿林莽、李耕、许淇被誉为"散文诗三驾马车",而许淇先生是年纪最小的一位,"许淇先生首创的词牌散文诗更是在散文诗界引起巨大的反响,他的作品里,中西方文化艺术的融合、理论和创作的融合非常到位"。

农耕文明是中国文学的文化语境,散文诗亦然,花花草草的乡野题材居多。伴随着城市化进程,许淇将眼光投向城市题材,写城市生活,在这一人迹罕至的文学领地里筚路蓝缕,结集成《城市交响》,引起散文诗界的广泛关注。

城市题材创作到一定地步,许淇再次发现了局限性,于是他将目光投向中国古典文化。"几千年流传下来的古典诗词是一笔宝贵的文化财富,必须融合时代特色去运用,这时候我就想到了用词牌去创作散文诗,词牌流传较广的就有400多首,我只选取了150多首进行创作,词牌不是对词本身的解读,而是在词牌的题目框架下进行个体创作。"词牌散文诗,独此一家,别无分店。将颇富古典韵味的词牌与现代文体散文诗嫁接在一起,是许淇的创造,是他为自己量身定做的一个品牌,从而也奠定了许淇在中国散文诗创作方面独树一帜的地位。

中国作协副主席陈建功说:"许淇之于我,乃师,乃友,更是遥远的草原上追赶马群的兄长。这位兄长远离都市文人的苍白,将自己融汇在草原马群的嘶鸣里,融汇在云天与茂草的搏击间,融汇在异域与本土的碰撞下,融汇在激情与光影的腾闪中。其融汇其间,又凸显于其间。他雄浑沉郁、斑斓炫目的散文,特别是那些守白计黑、以一当十的散文诗,以丰沛的情感、恣肆

的意象和摄人心魄的通感，开辟了中国当代散文发展的新境界，成了世所公认的经典篇章。"

当代著名诗人、作家公刘评价许淇的散文诗："他把散文诗视同一个变数，拒绝程式，拒绝凝固，拒绝僵化。许淇先生晚近所做的大胆试验——词牌散文诗，付出了艰辛努力，取得了丰硕成果，堪称独领风骚。"

散文诗名家柯蓝、文学评论家杨匡汉撰文评价许淇的作品为："自然与人生俏蓝的一角，在散文诗中盘旋爽丽的情思。"

许淇是绘画科班出身，毕业于苏州美术专科学校，并师从刘海粟、林风眠、关良三位大师，得到名家的教诲，经典的熏陶，为他后来的艺术创作奠定了坚实基础，而许淇师承的是创造的精神，弘扬的是东方的美感，走的是融合中西的表现主义道路。在这方面，许淇的彩墨画实践就令人刮目，他把形式控制在构图、色调的大局上，以确保每件作品的新奇感，而在局部的处

许淇作品

理和笔墨运用上，则始终保持着一种漫不经心的轻松和信手涂抹的亲切。他把自己的彩墨画定义为"东方表现主义"。

著名书画家滑国璋说：许淇因为师从过林风眠，得其真传，承其衣钵，在中国画的革命与创新中再一次作出发展性贡献。我觉得这中间最有思想价值的有两点，一是中西技法的继续融合，二是文学对绘画的主宰。"彩墨画"这个词，在新中国成立之初曾经被使用，大约指代中国画这一种。当中国画和国画的词语出现后，彩墨画就很少被使用了。许淇至今坚持这一指法，肯定有他自己的主张。我想，他还能把这一概念单列出来，以区别通常意义的中国画，强调色彩的特征，这从他的作品中可以得到证实。许淇从绘画以来一直很重视色彩，他大胆地在宣纸上使用色彩，甚至把本属西洋画的水彩也搬到宣纸上，造成强烈厚重的效果。许淇成功的重要因素是文学修养对绘画的主宰。文学是人学。人的思想情感韵致品位，直至审美取向和审美能力，很多都是文学修养帮助提升的。许淇是诗家，有这样一副善于发现美的眼睛和善于表现美的手腕，他的绘画，从选材到加工到完成，注定了卓然不群，超然不俗。他的彩墨画，或饱满旺盛、绚烂雍容，或宁静含蓄、简洁清丽，或逸笔草草、境界全出，或濡笔天然、天惊石破。

许淇书画作品被《中国当代作家书画作品集》《中国美术书法界名人名作博览》等画册选刊并被收藏。《色与墨之和弦——许淇彩墨画近作展》2013年分别在京沪巡展，2015年在呼和浩特展览，受到广泛赞誉。

"我从20世纪50年代来到包头，在半个多世纪的时间里，以一名文艺志愿者的心态服务包头，歌颂大地和人民，所获得的成就有大有小，回顾我这一生，我并不感到遗憾和惭愧：没写文学垃圾，没有重复别人，也没有重复自己，这就足够了。"对于自己与包头这座城市的情感，许淇这样说。

作家尚贵荣说：许淇一生，无私奉献给了内蒙古。他的写作、绘画、激情、思想，以至爱恨歌哭，必与这片土地有关，他的才情因为这片土地而激荡奔泻，内蒙古因为他而风采尽出。

2016年7月9日，许淇将包头文学艺术终身奖的全部奖金捐献出来，设立许淇文学奖，以奖励在包头这片热土上植根大地和人民、潜心创作的年轻文艺工作者，这是他对这片土地的回报。

写尽熏风青草地
画成照影碧蓝天 ——刘在田小传

刘在田（1937—2016 年），回族，1937 年12 月生于内蒙古自治区呼和浩特市，2016 年 6 月 10 日因病辞世。

刘在田是包头师范高等专科学校（现称"内蒙古科技大学包头师范学院"）美术系教授、中国画家协会培训中心教授。曾获全国高等师范院校教师曾宪梓奖，被授予"中国非物质文化遗产功勋艺术家"等荣誉称号；其作品入编《一代名家》《中国山水画领军人物》《中国实力派优秀书画大家》《中国十大山水画家》《当代画坛巨匠六人集》等。名作有《百驼图》《百吉图》《阴山曙色》《我为阴山呼我为阴山鼓》《吴侯德山战场》等。

刘在田自幼勤奋好学，资质独秉。稍长，独钟中国书画。1953 年至 1959 年在绥远省立包头中学（1954 年 8 月更名为包头市第一中学）初中、高中学习。读书期间，他受教于该校美术教师——我国著名工笔花鸟画家白铭。中学毕业，各科成绩优秀的刘在田，因病未进入高等学府。其后，他留在母校工作。在学习和工作期间得到白铭的精心栽培和深刻影响，遵照老师教诲，恪守"天道酬勤""人品先于画品，心正方能笔正"。立志在绘画方面做出一番成绩来。他有一枚闲章，刻有"乐在砚田"四个字，取"在田"之音和献身中国绘画之意。

1962 年，组织上调刘在田到包头市第四中学任美术教师，并做学生工作。二十多年来，中学班主任、校团委书记、副校长、党支部书记等职责，使他始终处于满负荷工作状态，作画只能在业余时间靠一个"挤"字，他把大多数节假日甚至除夕之夜都交给了绘画。

1987 年，包头师范专科学校（1996 年更名为包头师范高等专科学校。2000 年与原包头师范学校、包头教育学院合并升格为本科院校，更名为包头师范学院）成立美术系时，刘在田调到该系任教，并任系党支部书记，从此走上了专业绘画的道路。

"外师造化，中得心源"，刘在田学中国画，除对历代名家及其作品精心研究、汲取传统技法外，还十分注重创立自己的风格，最主要是深入生活，身临其境，以领略大自然的真谛。他着意在写意花鸟和山水上下功夫，注重

刘在田作品——阴山魂

理论研究，尤重写生。他师于造化，不畏艰辛，常以清代画家石涛的名句"搜尽奇峰打草稿"自励，对祖国的大好河山注入了深厚感情。他遍访名山大川，内蒙古的大青山、乌拉山更是印满了他的足迹。1980年暑期，他攀上海拔2300米的乌拉山最高峰大桦背，在山上一住就是十几天，描绘了那里的桦林险峰、云海日出。30多年来，刘在田积累了数以千计的写生稿，丰富了自己的创作素材。

刘在田曾多次参加全国和国际书画展并获奖，先后在北京、河北、青海及内蒙古自治区、包头市举办十余次个人画展，中央电视台、内蒙古电视台、包头电视台均予以报道，内蒙古电视台制作了电视片《走进刘在田》（上下集）。

艺术探索永无止境，画家没有退休的年龄。齐白石衰年变法，终成大器；毕加索不断超越自我，永葆艺术青春，被誉为"世界上最年轻的画家"。中外美术史昭示了这样的道理，刘在田又给了我们新的启示。

刘在田于1998年1月退休，这只是职业意义上的，并不是事业意义上的。他一如既往，诲人不倦，笔耕不辍，自刻印章"丹青不知老将至"。1999年展出的多幅作品，就是对他功成身退后继续创作的一次检阅。著名书法家李树荣这样评价他的艺术风格："凝重浑厚，抱朴守拙。"这八个字的概括十分准确、精当，观赏其画，评议其人，莫不然也。刘在田的山水、花鸟都具有这样的特点，刘在田的为人，也给人这样的印象，这正应了北宋画家郭若虚在《图画见闻志》中所说："人品既已高矣，气韵不得不高；气韵既已高矣，生动不得不至。"中国画创作的目的主要不在于物，而在于画家的精神境界。

刘在田热爱祖国的山山水水，擅长写意山水、花鸟。他的画立意深邃，结构新颖，用笔洗练、凝重，表现出浓郁的生活气息和鲜明的个性，他画花鸟，赞美荷花之高洁，讴歌松梅之坚贞，颂扬雄鹰搏击长空的志向，吟唱雏鸡天真无邪的纯真。他画山水，既爱表现江南山川之秀美，更爱描绘塞北高原之雄浑，尤以表现北疆内蒙古的风情为己任。他有一个心愿，那就是为默默无闻的阴山写照、传神、扬名，专门致力于描绘祖国北疆这条亮丽风景线，作品以各种笔法、构图、题词，再现了阴山雄浑壮观的气势和神韵，给人以阳刚之美，富有强烈的地域特色和时代精神，令家乡的观众为之振奋，为之自豪。《壮哉大青山》气势磅礴，用笔纵横挥斫，疏朗简劲，"遗其形似而尚其骨气"，重而不板，不为陈法所拘。中国著名画家刘力赞道："在田同志擅长写意花卉，水墨山水用笔浑厚，设色淡雅。所画山水颇具地方特色，殊为可贵。"他的丈二横幅《阴山五当召》，用跑马透视的构图，恢宏的气势，粗犷的笔法，描绘出五当召的辉煌景观，堪称不可多得的佳作。他的《清廉图》，表现了荷花出淤

刘在田作品——鸡

泥而不染的高贵品质，用墨考究，寓意深远。一些名家对他作品巧妙的构思，苍劲的笔触，精湛的技艺，拙朴的风格予以极高评价。中国美术史学科杰出带头人、美术史论家王伯敏看了刘在田的作品后以书画相赠，评曰："挥毫重磊落，点染亦关情。"浑厚苍劲，气势雄伟，构成了他山水画的鲜明特色，他的近百幅佳作，已流传到韩国、加拿大、德国、日本、新加坡等国。

刘在田热爱大自然，更热爱生活，他的艺术笔触伸展到了生活的空间，饱蘸着生活的风霜雨露，使作品染有浓郁的生活气息，这集中体现在他的花草动物题材的作品中。退休后，他创作了大量描绘马、骆驼、鹰的作品，"以物比德""托物言志"。在宁夏银川一次创作笔会上，他应邀即兴画驼，并自题（驼颂）："足踏实地，步履稳健，吃苦耐劳，坚韧不拔，忍辱负重，甘于奉

献，乃骆驼之精神也，我爱其形，更崇其性，故不厌写之。"驼也人也？即驼即人，分明是画家人格理想的寄托。刘在田勤奋刻苦，惜时如金，毅力过人。1981 年，绘画大师李苦禅以"有才识能勤劳画事尽矣"的题词相勉。

一分耕耘，一分收获。1989 年北京民族文化宫为刘在田举办了个人画展，成为内蒙古自治区第一个到首都办个人画展的回族画家。他的 126 幅成功之作打动了人们。天津市一位观者留言道："刘先生花卉飞禽无不生动，尤以山水，非北国人难以领略其神韵，足见画家从自然之中颇有心悟。"齐白石之孙、著名书画篆刻家齐西来两次参观画展，并赠他端砚一方、印章五枚以作纪念。展后，他精选了 15 幅作品捐献给第十一届亚运会。《人民画报》阿拉伯语版以两个彩色版面刊登了他的作品和个人简介。他的作品还多次在全国绘画大赛中获奖。曾获中国现代文化学会艺术部颁发的世界艺术家铜奖奖杯和荣誉证书，被当代书画艺术家资格认定委员会和中国画家协会分别评为首届当代百名最佳画家、优秀书画家和首届当代百杰画家称号；《雏鸡图》获中国国际文化艺术博览会特别等级奖，《骆驼》在世界华人艺术精品大展中获国际银奖，《牡丹和平鸽》入选有 36 个国家参加的世界和平美术展览并获铜奖。在中华文艺画报和世界文艺杂志社举办的画展和笔会中，被评为德艺双馨艺术家。这是对他从师从艺、集人品与画品最好的注解。

天长地久有时尽
师德绵绵无绝期 | ——韩雪屏小传

韩雪屏（1937—2021 年），1937 年韩雪屏出生于北平。

韩雪屏是包头师范学院教授，语文教育家，享受国务院政府特殊津贴专家。1958 年毕业于北京师范大学，1979 年加入中国共产党。

韩雪屏从教 50 多年，始终坚守教学科研第一线，潜心研究教材教法和阅读规律，为边疆少数民族地区的教育事业付出了辛勤的劳动，奉献了毕生心血。由于贡献突出、学术研究影响深远，1997 年韩雪屏获曾宪梓教育基金会高等师范院校教师奖一等奖。

韩雪屏不满 2 岁时患骨结核症，动荡的年代因医治困难，使她落下了终身残疾，右髋关节强直，右腿屈曲内旋。从此，她每迈出一步，都要付出超出常人几倍的力气。1954 年，17 岁的韩雪屏以优异成绩从北京师范大学附属中学毕业，本来准备报考医学专业，但当她了解到新中国建设更需要教师的时候，便自觉服从国家需要，被保送到北京师范大学中文系深造。

韩雪屏 1958 年大学毕业后，本可以顺理成章留京工作，但她毅然放弃首都优越的工作条件和手术矫正腿疾的最佳机会，响应国家"支援边疆建设"

的号召，抱着为祖国边疆教育事业建功立业的理想，只身来到地处塞外的荒凉之地包头，五十年的教书育人生涯，从这里开犁耕耘。

韩雪屏从师范教师到中学教师再到大学教授，一干就是50年。即使到了退休年龄也是退而不休，创办了教育科学研究所，承担起国家级教育教学的研究课题，为国家的母语教学、阅读学、阅读心理学、教材教法改革做出了贡献。

2000年开始，韩雪屏直接为教育部直属师范院校相关专业硕士生、博士生授课，用毕生所学、所得、所悟培养和影响了一批新生的教育科研力量。2001年，国家实施"21世纪园丁工程"，她被聘为国家级、省区级语文骨干教师培训班教师，足迹遍布全国各地。先后到北京、上海、武汉、成都、西安、郑州、长春、哈尔滨等地讲课。基础教育课程改革以来，她又投身语文新课程的培训，教学科研的脚步从未停歇。

从参加工作的第一天起，韩雪屏就像上足发条的钟表，全身心地投身到教育教学工作中。1960年，她当语文教师刚两年，就担任了新建的包头师范学校语文教研组组长。"文革"十年中她遭遇了人生的低谷，但是从没有改变自己的信念，她克服了常人难以克服的困难，读书学习、劳动改造。在中学重登讲台的日子里，引导和启迪了一批贫困农家和工人子弟爱上读书学习，打下了良好的学习基础。恢复高考后，有十多个老学生从工厂和农村考上大学和中专，真正实现了读书改变命运。

1975年，韩雪屏又回到包头师范专科学校（简称"包头师专"，1958年创建，1996年更名为包头师范高等专科学校。2000年与原包头师范学校、包头教育学院合并升格为本科院校，更名为包头师范学院；2003年又与原包头钢铁学院、包头医学院合并为内蒙古科技大学。2004年，经内蒙古自治区人民政府批准，以内蒙古科技大学包头师范学院校名恢复独立法人资格——樊尚仁注）任教，走进大学课堂，走近师范生让她活力迸发。同时，她光荣地加入了中国共产党。从此，以更加饱满的热情忘我工作，投身三尺讲台，深耕在教育科研的沃野之上。

"教育与教学的改革从本质上说是一场沟通革命。在教学对话中，教师对学生应有挚爱、尊重、信任的情感和谦逊的态度。"韩雪屏常说，"教师的眼中不应只看到书，还应当看到人。"

韩雪屏出版的部分书籍

在教与学的矛盾中，教师主导，所谓师不高，弟子拙。韩雪屏将中小学视为高等师范院校生存与发展的源头活水，是消费高等师范教育产品的"上帝"。因此，她始终坚持在高等师范教育和基础教育两条战线上奋斗。她经常带领青年教师和学生出入中小学课堂，组织中小学教师参与全国教育科学的"语文教育的心理学实验研究"和"学科能力培养与学生素质提高"等重点课题的研究。她有 63 个子课题分布在 24 所实验学校，涉及 12 门中小学学科的 100 多位实验教师。通过实验、观察、研讨，韩雪屏主编出版了《中国当代阅读理论与阅读教学》《语文教育的心理学原理》《语文课程与教学研究文集》等著述和文集。这些研究不仅开创了包头市基础教育科学研究之先河，还为包头市中小学教师专业化发展起到了推动作用。

韩雪屏先后兼任中国高等教育学会语文教育专业委员会学术顾问、中国阅读学会副会长、内蒙古中小学教材研究会副主任等职务。参与了"八五""九五""十五"全国教育科学规划重点课题工作。她有扎实的外语基础和功底，能高效阅读外语原文文献，长期从事中、外语教材比较研究并有不少成果。"国际中小学课程教材比较研究""中外母语教材研究"在学术界影响深远。她主编的北方五省区师专教材《中学语文教材教法教程》，受到同行和专家们的好评，获中国教育学会语文教学法研究会 1980—1989 优秀学术成果著作一等奖。在研究领域，她是阅读理论和阅读教学的知名研究员，曾

韩雪屏（左三）同课题组部分成员留影

与河南师范大学文学院教授、硕士生导师曾祥芹共同主编了我国第一套《阅读学丛书》。丛书包括《阅读学原理》《阅读技法系统》《文体阅读法》《古代阅读论》《国外阅读研究》5种，约150万字，涉及阅读学领域的方方面面，集中反映了20世纪80年代后期中国阅读学研究的最新成果，做出了有突破性的理论探索。中国写作学会名誉会长、著名写作学理论家、南京大学教授裴显生在《阅读学原理·序》中写道："全书立意高远，内容扎实，说理透彻，而且使理论更接近阅读活动的本来面貌，令人信服。"著名语文教育家朱绍禹在《国外阅读研究·序》中给予了充分肯定："本书中对每一国家的阅读研究，虽都涉及阅读研究的起源以及历史的变迁，但其侧重点无不放在当今。而且，不管是对历史还是现在，都是站在当代阅读研究已达到的高度，以阅读研究的过去为起点，以阅读研究的发展为前瞻，以充实、改善我国的阅读研究为目的，对这些国家的研究进行理性的审视，从而写出了一部求广、求深、求新的著作，为阅读研究工作者提供了事实资料和思考的观念。"

"学高为师"是韩雪屏最鲜明的观点，她紧盯学科专业领域前沿，不顾身体条件限制，以学员和教员的双重身份，专程赴长春参加东北师范大学朱绍禹教授主持的语文教学法研究班。1992年，她又赴北京师范大学访学一年，成为心理学教授冯忠良的高级访问学者。她始终认为，自己在理论上学术上的每一点进步和突破都是对基层教学实践的总结和向高人学习的结果。

"身正为范"是韩雪屏教书育人的实际行动，她视学生为自己生命的延续。她的工作绝不止于课堂教学，因为她深信教育的效果产生于师生交往之中。她认为，师生关系不能仅限于传统的正式性、权力性、官僚性、僵化性和线性思维模式；而应逐渐转变为非正式性、平等性、灵活性、适应性、创造性状态。因此她几十年如一日，和一直坚守在教学第一线的许多新老学生都保持着密切联系，对中小学教育的实际情况非常了解，她为教育战线取得的成就感到由衷高兴，也为教育存在的问题担心忧虑。

韩雪屏坚守"教书育人"的崇高理想，在教学中坚持自觉、自然的育人方针，因此她的课深受学生的喜爱。她经常在课外与学生谈心、交流思想。她用自己的一片真诚，帮助学生拨正生活的航向，点燃理想之灯。很多学生把她奉为生活的楷模，人生的典范。担任系主任后，学生亲切地称之为"系妈妈"。她总是在教学和管理中把重心放在育人上。她体察学生的内心困惑，悉心引导学生，让她们知道怎样做人，怎样当好教师。她呼吁：教育回归本真，必以育人为本。用她自己的话说："仔细地想想，我从教五十年来只不过做了两件事：一件事，是认认真真地教了自己所担任的课程，并且围绕课程教学，广泛地展开了对基础教育阶段语文课程与

2018 年 9 月，韩雪屏作为功勋教师出席包头师院六十年校庆时，与学生新华社记者贾立君（左）、包头市固阳一中校长蔡有渊（右）合影留念

教学的科学研究；另一件事，就是在教学过程中与学生进行过广泛而持久的思想与情感的交流。"许多走上工作岗位的学生，都和她保持着密切的通信联系。这类信件，她保留了近 200 封。其中，她最喜欢是一张印有蓝色大海和白色帆船的贺卡，上面写着："感谢您为学生的航船挂起了风帆。"2008 年，她将多年来与毕业生的往来信件编辑成册，出版了《师生心桥》一书，她真正做到了在教书中育人，在育人中教书。

在韩雪屏的生平简历上还记载着 2002 年，内蒙古自治区教育厅（高校工委）授予她"全区教育系统关心下一代先进个人"称号。2003 年被内蒙古自治区残联评为"自强模范"，并于同年 9 月出席在北京召开的中国残联第四次全国代表大会暨第三次全国"自强助残"表彰大会。2004 年获"包头市先进老科技工作者"称号。

韩雪屏视教育为崇高使命，把教师当作最高荣誉的她，即使在生命的最后阶段，还在惦记着答应人家的讲座没有去成，看过的博士论文应该怎么回

著名语文教育家韩雪屏先生藏书捐赠仪式

2021年

复，有些新的想法还没有形成文字。其实，她早就忘了，有两次在外地的理论研讨会上突发病情，医生下过病危通知。她的身体状况已经不允许她继续工作。就这样，她用毕生精力为语文教育做着一点一滴的贡献。

"天长地久有时尽，师恩绵绵无绝期。"2021年4月11日，韩雪屏与世长辞。获知噩耗，一位高龄学子沉痛表达："生为女人，事业上不让须眉；身有残疾，从来都与健全人一样拼搏、进取；蹇于遭逢，却扼住了命运喉咙；来自京都，却一往情深地爱着北疆边陲；耄耋之年，依然藏有不老诗心。这一次，吾将永远失去当面聆听韩先生教诲的机会了！"

2021年12月29日，包头师范学院举行"著名语文教育家韩雪屏先生图书捐赠仪式"。仪式上，韩雪屏的女儿将母亲生前的藏书、手稿、照片和师生交流的书信捐赠给学校。学校负责人表示，韩雪屏先生用爱心谱写的教育长诗，濡染了一代又一代的学子，给我们留下了一笔宝贵的精神财富。学校将成立韩雪屏名师工作室，校史馆将永久收藏韩老师的手稿、著作、师生交流书信，图书馆收藏捐赠的书籍。把韩雪屏先生这种倾情教育、扎根边疆、深耕教坛、爱心铸就师魂的精神永远传承下去。

曲罢曾教善才服
妆成每被秋娘妒 —— 乔玉莲小传

　　乔玉莲（1938—1986年），伊克昭盟东胜县（今鄂尔多斯市东胜区）羊场壕乔家渠村人。

　　乔玉莲是中共党员，中共包头市第四次代表大会代表；内蒙古自治区政协委员；内蒙古自治区文联委员。

　　乔玉莲幼年时因家庭生活极度贫困，10岁被卖做童养媳，撵牛放马，拾柴捡粪，苦不堪言。1949年9月，绥远"九一九"和平解放后，经县、乡两级人民政府判定，乔玉莲回到父母身边。

　　乔玉莲母亲王氏，生性乐观豁达，是一位鲜为人知的"家庭歌手"，做家务、下地劳动总是"曲不离口"。乔玉莲在母亲的熏陶下，学会了许多伊克昭盟（今鄂尔多斯市）民歌。1951年冬，她的演唱才能被土改工作队发现，吸收其参加土改宣传队。由于嗓音嘹亮、甜润，年龄又小，她的山歌颇受欢迎，1952年，她被选送到绥远省文化局民间艺人学习会学习。她勤学苦练，进步很快。学习两期后，时值绥远省前进实验剧团（1954年3月6日绥远省并入内蒙古自治区后，改名为内蒙古自治区前进剧团。1958年，更名为呼和浩特市民间歌剧团——樊尚仁注）成立，年仅14岁的乔玉莲被选中，正式加入专业文艺团体，成为新中国成立后首批二人台专业演员。1959年，为支援包头钢铁公司建设，调入包头市民间歌剧团（现包头市漫瀚艺术剧院）工作。

　　贫苦农民出身的乔玉莲非常珍惜自己热爱的事业，怀着对艺术执着的追

计子玉（左）和郝秀珍（中）、乔玉莲（右）台下切磋技艺

求，在剧团领导和老艺人樊六等的关怀、教导下，业务上进步很快。为使其早日成长为二人台艺术的栋梁之材，剧团领导曾两次选送她到北京学习舞蹈和戏曲身段，进而成为当时剧团的台柱子之一。那会儿的民间歌剧团，因为有樊六、计子玉、郝秀珍、乔玉莲等二人台台柱子，演出日程被排得满满的，几出主要传统剧目是首选，比如走不完的《走西口》，看不够的《探病》，打不完的《打金钱》，流不尽眼泪的《方四姐》，喜爱二人台的观众说，宁可不发财，也不能没有二人台。

乔玉莲在三十三年的舞台艺术生涯中，演过二人台传统戏和古装戏，如《走西口》《打樱桃》《卖碗》《搜书院》《拜月记》《女驸马》《半把剪刀》等，但她更喜欢也更擅长演现代戏。正如她在1963年内蒙古二人台、二人转会演中，在会刊上发表的《我爱演现代戏》一文中所说：现代戏更接近现实生活，更容易有真情实感，更便于直接表情达意。她主演的《妇女代表》《珊

樊六（右）、乔玉莲（左）演出二人台《探病》剧照

瑚河的黎明》《红色种子》《朝阳沟》《洪湖赤卫队》《南方来信》《江姐》《雷雨》等现代戏，深受观众喜爱，在群众中扎下了根。她音域宽，唱腔激越嘹亮，既有浓厚纯朴的乡土气息，又有鲜明的歌唱感，表现力。表演朴实无华，贴近生活，具有真实感。

1955年以后，乔玉莲曾两次获内蒙古会演表演二等奖。1958年，她参加内蒙古自治区举办声势浩大的群众性的"百万民歌歌唱运动月"在北京展演活动，演唱的曲目入选《内蒙古民歌选》（1959年9月出版）。同年，与著名二人台演员顾晓青在中央人民广播电台录制二人台传统戏《打秋千》唱片，在全国发行。1960年，乔玉莲在内蒙古电影制片厂拍摄的艺术片《卖碗》中扮演村姑香兰。1963年，内蒙古第一届二人台、二人转会演后，进京汇报演出中与二人台名演员韩世五、杨淑卿在中央人民广播电台录制了小戏《邻居》唱片，在全国发行。

乔玉莲生活朴素，平易近人，上进心强。1954年，她加入了中国新民主主义青年团；1975年，加入了中国共产党。曾当选为中国共产党包头市第四次代表大会代表，1978年始，先后被邀请为政协内蒙古自治区第四届、五届委员会委员，内蒙古自治区文学艺术家联合会委员。

1986年乔玉莲病逝，年仅48岁。

劳动模范力量大
铁定企业主人翁
——唐章媛小传

唐章媛（1938—1999 年），湖南省岳阳市湘阴县人。

1956 年，18 岁的唐章媛被北京工业学院（现为北京理工大学）录取，在车辆工程系学习，同年 12 月加入中国共产党。1983 年，当选为全国六届人大代表。1985 年获全国"五一劳动奖章"和"全国优秀科技工作者"称号。1989 年，获"全国劳动模范"荣誉称号，享受国务院政府特殊津贴。

1961 年唐章媛大学毕业后，来到内蒙古第一机械制造厂（现内蒙古第一机械集团有限公司），从事产品设计研制工作。先后任设计员、设计组长、科长、副总设计师。1984 年，任副总工程师，曾担任过多种履带车辆的总设计师，其中有七种型号的产品通过了设计定型或产品鉴定，投入批量生产；有两种新型产品在新中国成立 35 周年国庆阅兵式上接受了党和人民的检阅，为提高产品性能、改进部队装备作出了贡献，人们称她为坦克妈妈。

"谁能想象得到这钢铁和履带组成的庞然大物，设计者却是一位纤柔的女性。此刻她正站在天安门观礼台上，坦克工厂的副总工程师唐章媛，人们称她'坦克妈妈'，中华人民共和国成立 35 周年受阅的坦克方队中就有唐章媛参与制造的两种新型坦克，她和她们（中国女兵）都是中国女性的骄傲。"（电视系列剧《让历史告诉未来》解说词）

1961 年 10 月，唐章媛主动要求来到内蒙古自治区包头市。当时正是国家处于三年自然灾害的困难时期，而内蒙古除了寒冷干燥、风沙弥漫的自然

条件外，还缺大米少蔬菜，以小麦为主的多杂粮饮食，天天黄沙扑面，顿顿土豆烩菜，用"增量法"做出的起面窝窝头，对一个土生土长的江南姑娘来说，是个要命的生活难关。然而，强大的精神力量会使物质生活的艰苦变得无足轻重，大家同甘共苦也是一种乐趣。

几十个春秋，唐章媛这位柔弱的江南姑娘变成一位名副其实的内蒙古人，她是一系列选择与被选择的凝结体；坦克事业选择了她，而她又选择了支援边疆、建设边疆、献身于中国军工事业的道路。

从坦克设计师到技术处的设计科长，从副总设计师到副总工程师，唐章媛从 23 岁就开始了她的奋进与拼搏，为中国的坦克事业奉献着自己的心血和青春。

1982 年 10 月，一项艰巨的设计任务落到了这位 44 岁的女设计师肩上，厂里同外商签订了一项 D 产品的出口合同。这个 D 产品外商要求非常高，其中一部车厂里从来没有搞过，就是世界上也只有极少数科技比较发达的国家搞过，在国内搞这样的产品还是第一次，而且从设计出图、工艺准备至总装出机，仅有四个月的时间，此产品又没有样机，困难重重。到底应该怎么干，从上到下谁的心里也没有底，人们都在着急，具体担负 D 产品设计任务的唐章媛更是急。"急中生智"，她根据外商的具体要求，同设计人员一起对产品的各项指标进行了具体分析，拿出了九个组别图纸的设计，攻克了设计中的五大难关，在无样机的情况下开始了紧张的试验研制工作。

试制阶段正赶上刚过完 1983 年的春节。塞外春节后的天气变化无常，有时候天气很好，晴朗的天空万里无云，有时候忽然就刮起漫天黄风，呛得人不敢张嘴说话，刮得人睁不开眼睛，一场黄风过后又冻得人直跺脚。自然条件的恶劣，并没有难倒参加试制的全体工作人员。夜晚在野外燃起了一堆堆篝火，顶着寒风袭击，一干就是深夜两三点，所有的人员都在拼搏，都在奉献。

每天深夜两三点钟，唐章媛拖着疲惫不堪的身体回到家中，还要对一天的情况进行总结分析，核对有关数据。每逢这个时候，她的丈夫鲁工就要起来帮忙，直到工作完成后休息一两个小时。这项 D 产品最难的一关是对产品通信部分的技术攻关。并且这一技术在中国通信网络中从未实现过，一无图纸，二无样机，要自行设计和研制，又要在研制过程中不断试验，找出规律。厂里从别的厂家请来几位专门从事这个专业的工程师。唐章媛亲自组织技术人员进行调试，并与大家一道收集有关资料，他们一道设计，探索寻找出一套可行的规律，终于闯过设计关。

更困难的是对这个系统的试验检测工作。因为该系统使用条件非常苛刻，精度要求高，难度大，整个系统不得出现任何差错，这就需要进行大量的试验分析和标定工作。她同老工程师们一起常常为了一个细小的毛病和问题一找就是一整天，甚至到深夜，外聘的工程师都被参加试验的技术人员的精神所感动，他们同唐章媛一道，经过一个多月的努力，通过上万次的测试和计算，终于搞出了一个脉络清晰、互不干扰的通信网络。

经过 74 个昼夜的奋战，终于完成了样机的试制工作。1983 年 5 月，外商对两台样机一次验收合格，用户代表还对样机的通信部分反复进行检验，结果完全达到了设计要求，用户十分满意。这一产品的试制成功，为国家创汇十多亿美元。

1987 年的夏天，工厂接受了一项到国外进行技术表演的任务，实质上是中国与几个经济与国防实力较强的国家的一次投标性竞争。唐章媛作为技术总指挥，承担起这一光荣而又艰巨的任务。当时她的心情又激动又紧张，激动的是她将代表祖国、代表中华民族去同西方的几个国家较量！紧张的是这样一项艰巨的任务，万一在技术上或操作上出了问题，我们的一切努力岂不前功尽弃了吗？

为完成这项任务，唐章媛与同事们一道做着出国前的充分准备工作：挑选最优秀的工程技术人员、技师和具体操作者；对样机进行最精细的保养和检修。6 月，正值该国盛热之时，他们带着样机来到持续高温的热带沙漠地区。当地每天温度都达到 50℃ 以上，帐篷里的温度也达到 49.5℃，人一进去便如同钻进了烤箱，人人口干舌燥。烈日当头的曝晒和铺天盖地的风沙袭击更是令人难以忍受。参赛的几个西方国家，带去的是配有空调的集装车，喝着从本国带来的高级冰镇饮料。而唐章媛和工作人员只有一个共同的信念：去拼搏，去奋斗，争取胜利，为国争光。她与同事们一道爬滚在靶场，与战车一起，在沙海狂潮中，精心调试着各个设备，经受着严峻的考验。在高温条件下进行各种科目的表演，样机不可避免地出现一些小毛病，为了排除机器故障，他们一起顶着炎炎烈日连续几个钟头排除故障、检修和保养。

唐章媛以自己的模范行动激励着在国外参加试验的战友们。白天他们十几个小时摸爬滚打在靶场；晚上大风刮跑帐篷，值班人员就睡在车旁。天热得睡不着，只好坐着等待天明。他们一天要在现场工作十几个小时，路途往返五六个小时，有时回住地只能休息两小时。49 岁的唐章媛也和大家一样乐观，精神抖擞，她以惊人的指挥才能和顽强的毅力博得了驻地官方的很高评价，常常十分敬佩地竖起大拇指，称赞中国代表团的女工程技术人员。

经过两个多月的艰苦努力，终于在要求苛刻的十三个项目综合性能指标考核中获得了全部试验项目第一名，击败了实力雄厚的美国、英国、法国公司，在国际上引起较大反响，为中国产品走向世界打响了第一炮。

包头劳模公园唐章媛塑像

随着保军转民方针的贯彻，1988 年唐章媛转向负责工厂民品的设计开发工作。放下过去熟悉的工作，从未搞过的民品开发重任落在她肩上。接受新任务后，她从头学起，先后组织进行了奔驰重型卡车引进项目的国产化工作；组织完成了散装水泥罐车、重油罐车、轻油罐车、平板拖车、粮食车等多种奔驰底盘的汽车变型车的设计试制工作；组织完成了散装水泥、扩容铝粉等多种铁路罐车以及大马力推土机的开发试制和鉴定工作。上述产品多已投入批量生产，为工厂实现军民结合的重大转折做出了新的贡献。

作为连年的厂级、市级、自治区级、国家级先进工作者和劳动模范，唐章媛参与改装和试制的产品曾多次获得国家科技进步奖、国防科工委和兵器工业部的嘉奖。

令人痛惜的是，1999 年 6 月 5 日，唐章媛不幸辞世。她为祖国的国防建设，为建设强大的军工事业付出了宝贵的青春年华和毕生的精力，祖国和人民永远记着她。

柳絮纷纷随风起
举国献爱如潮生 ┃ ——张雪小传

张雪（1938—2019 年），中共党员，1938 年 3 月 5 日（农历二月初四）出生于辽宁省锦州市黑山县，2019 年 9 月 26 日（农历八月二十六）因病辞世。

青少年时期，张雪在家乡高级学校（一说始创于 1922 年的黑山县立师中学校，后改为锦州省立黑山初级中学）读书，1955 年 2 月在辽宁省阜新市建筑工程处工作，在全国支援包钢建设的火红年代，1956 年随丈夫张贵（1928 年 7 月出生，早年在前身为延安炮兵学校的东北民主联军炮兵学校学习，毕业后参加中国人民解放军，曾任第四野战军炮兵师营长；1956 年所在部队集体转业支援边疆建设，先后任包头市粮食局人事科科长；包头市房管局人事科科长；1962 年调任中共包头市变压器厂书记。1970 年 9 月，因积劳成疾，与世长辞）来到塞外包头支援边疆建设，先后在包头市粮库办公室和东河区西门街道办事处、和平路街道办事处、胜利公社（现财神庙街道办事处）工作，1973 年至 1982 年，历任包头市蓄电池厂车间主任、工会主席、包头市电机电器工业公司工会负责人。1975 年加入中国共产党。1983 年至 1992 年，响应党和政府的号召，从餐饮服务（砂锅居）、商贸服务、汽车配件等行业起步，先后创办内蒙古自治区永安贸易公司、永安装饰装修有限公司，任董事长兼总经理。1993 年，组建为内蒙古永新建筑装饰工程有限公司（简称"永新装饰"。2004 年，公司又收购了包头稀土高新热力有限公司），任董事长兼总经理。

张雪带领"永新人"经过 30 多年的砥砺前行，成为国家甲级设计、一级施工的全国优秀企业，是中国建筑装饰协会常务理事、室内装饰协会常务理事、建筑业协会理事和内蒙古自治区建设工程质量管理协会常务理事单位。中国建筑装饰协会会长马挺贵、常务副会长徐明等曾多次来公司视察指导工作并题词；1997 年时任国家城市建设总局（现改称中华人民共和国住房和城乡建设部）总工程师、建筑监理司司长姚兵为公司题词——赞：内蒙古永新建筑装饰工程有限公司"高水平装点江山，高质量美化人间"。

熟悉中国历史的人都知道，每当中华民族遇到急难困苦时总会有一些人挺身而出，主动担当责任。春秋战国时期郑国的义商弦高用十二头牛犒师秦军解了郑国之难，这一义举被我们这个民族称颂了两千多年。2008 年汶川地震，包括许许多多商家在内的好心人仗义疏财，为国解难，为民疏困，奏响出又一曲时代的壮歌。

话说中国西南四川省有个叫汶川的地方，本是原始社会末期治水英雄大禹的出生地，但这个地方长期以来并没有因为是大禹的故乡而闻名于世，反而是因为一场大地震而名动天下。

2008 年 5 月 12 日 14 时 28 分 4 秒，"汶川大地震"发生，震中位于四川

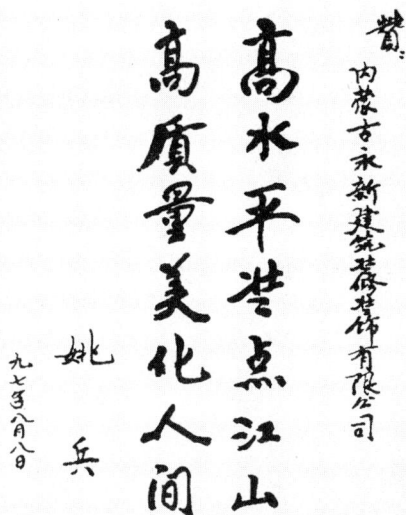

汶川地震纪念碑

省阿坝藏族羌族自治州汶川县映秀镇，5·12 汶川地震的面波震级为 8 级，地震波环绕了地球 6 圈。汶川地震严重破坏地区约 50 万平方公里。其中，极重灾区共 10 个县（市），较重灾区 41 个县（市），一般灾区 186 个县（市）。截至 2008 年 9 月 25 日，5·12 汶川地震共造成 69227 人遇难、17923 人失踪、374643 人不同程度受伤、1993.03 万人失去住所，受灾总人口达 4625.6 万人。截至 2008 年 9 月，地震造成直接经济损失 8451.4 亿元。5·12 汶川地震是中华人民共和国成立以来破坏性最强、波及范围最广、灾害损失最重、救灾难度最大的一次地震。2009 年 3 月 2 日，经中华人民共和国国务院批准，自 2009 年起，每年 5 月 12 日为全国防灾减灾日。

地震突如其来，震惊世界，震中交通中断，通信中断，解放军空降部队在漫天大雾中盲降映秀灾区，军队及有关人员紧急出动抗震救灾，世界有关国家纷纷伸出援手，全国各地、各族各界人士解囊相助，掀起了全民参与的抗震救灾热潮。那时的包头市也积极行动起来，大家捐款捐物，都想为地震灾区的群众尽自己所能，奉献一点爱心。在这个天地同悲的时候，作为一家民营企业负责人的张雪义不容辞地承担起自己的社会责任，在公司发出"发扬中华民族一方有难，八方支援的精神"倡议，号召全公司员工积极行动起来，全力抗震救灾，短短三天时间，募集捐款 10 余万元，为灾区人民献爱心。随后，她个人紧急筹措 600 万元现金，准备亲赴灾区慰问，临行前有人告诉她"现在灾区阴雨连绵，急需御寒衣物"，便立刻赴某知名羊绒衫企业订购羊绒衫，先是于 5 月 16 日购买了价值 260 万元的 3200 件羊绒衫捐给地震灾区，后于 5 月 20 日再次捐献了价值 340 万元 81 箱 4090 件羊绒衫。真正与全国各族人民群众风雨同舟、守望相助，以实际行动践行社会责任使命，彰显民营企业和企业家的本色担当。那时的场景真是柳絮纷纷随风起，举国献爱如潮生。在是年 9 月 18 日召开的全自治区红十字会系统抗震救灾工作总结表彰大会上，永新装饰及所属的包头稀土高新热力有限公司被授予抗震救灾"人道、博爱、奉献"金质奖章，授予张雪个人银质奖章，授予公司及她个人"内蒙古自治区红十字会荣誉理事"。

此外，张雪还曾在 2003 年 SARS

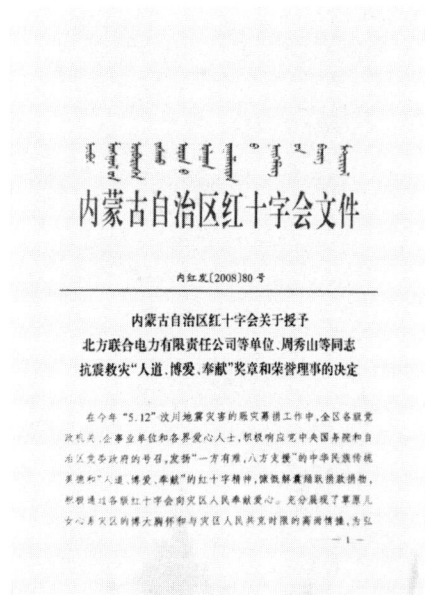

病毒（非典型肺炎病毒）泛滥及 2010 年 4 月 14 日青海省玉树州发生 7.1 级强烈地震后多次捐款捐物，共克时艰。她还伸出援手常年帮扶贫困家庭，多次为贫困地区的失学儿童捐款。

话说张雪创办的永新装饰拥有雄厚的设计、施工管理和高级技术资源，其中国家高级职业经理人 6 名，国家一级注册建造师 5 名，高级建筑、工程技术、经济管理、财务管理、法律等各类高中级人才 30 名，有一支勇于创新、技术过硬的 1000 多名优秀职工队伍。

张雪深知，质量是企业发展之本，遵纪守法是企业立足之基。公司承接的项目工程中，不仅注重品牌质量，而且充分为客户考虑，在工程建筑施工过程中全部选用绿色环保的优质建筑材料，以健康、实用为施工标准，建造了一批质量优良、客户满意的优质工程。同时，企业不断强化诚信意识，重信誉守合同，真正做到了以质量占领市场，靠信誉赢得用户，树立了良好的社会形象，为国民经济的发展作出贡献。诚信是市场经济体系的基石，是支撑企业发展的重要战略资源，也是企业生存和发展的根本。张雪始终坚持这样一条信念："做人无信不立，事业无信不强。"

永新装饰自创办以来，先后承接设计、施工的三星级至五星级酒店、办公大楼、写字楼、各类培训中心、游泳馆、多功能娱乐场所、蒙元博物馆、民俗馆等优良工程80多项，均被各级质检部门评为"全国建筑工程装饰奖"

和"草原杯奖""金鹿杯奖"工程及"自治区样板工程"，赢得了建设方、监理部门、社会各界的广泛赞誉和认可，是内蒙古自治区建筑装饰行业的排头兵。上述工程的室内外设计，曾荣获内蒙古自治区设计金奖、国家银奖。尤为珍贵的是1995年承接的中保内蒙古财产保险公司营业培训综合培训办公楼的设计、施工荣获由中华人民共和国住房和城乡建设部指导、中国建筑业协会实施评选的中国建筑行业工程质量最高荣誉奖——"中国建设工程鲁班奖（国家优质工程）"。在安全生产、施工工艺和质量、诚信建设方面，是中国"建筑装饰行业百强企业""建筑行业最具影响力企业""经济百佳诚信企业"和全国"室内装饰优秀企业""用户满意企业""建设质量十佳单位""诚信建设优秀施工企业"以及"建筑工程质量管理先进单位""守合同重信用企业"。在建筑装饰行业不断发展壮大的过程中，公司先后通过了ISO9001质量管理体系、ISO14001环境管理体系、GB/T28001职业健康安全三个体系的认证，公司始终坚持科学发展思路，使得企业管理进一步走向规范化、制度化。

多年来，张雪领导下的公司唯一追求并坚持的只有两个字：质量。用质量打造企业的核心竞争力，这是公司生存发展的命脉。"永新"公司所取得的成绩，得益于张雪牢固树立"品质塑造品牌，品牌铸就成功"的思想，在设计、施工中以建设方要求为本，创新设计不断挑战自我，高标准施工，坚持质量为本，将质量、进度、安全、效益等施工的基本要素组成一个大系统，

创建了"质量管理""材料质量""工艺质量""全员质量教育""技术和管理创新""安全生产管理"六项质量管理体系，整体提高企业核心竞争力，始终坚持"质量第一、信誉至上"的企业宗旨，坚持以"质量立业"的差异化发展战略。

公司创办初期，在承接鄂尔多斯某知名三星级大酒店的施工中，大堂6根柱子采用进口高档旧米黄色大理石石材装饰，项目负责人为了赶工期，养护不当，导致一根柱子出现空鼓，张雪知道后责令项目负责人把已经完工的6根柱子全部拆除，派出专人赶赴福建南安紧急加价订购石材，以确保工程如期交工。此举虽然给公司带来近百万元的损失，但她认为值得，既保证了工程质量，为公司树立了形象，又教育了职工，锻炼了队伍。这一举措得到项目方的赞扬和认可，也在业内树立了良好的品牌形象。她常说："对用户负责、对合作方负责就是对自己负责。老祖宗曾经说'官有官德，师有师德，医有医德，商有商德'，做什么都不可缺德。"这既是对公司管理层语重心长的告诫，也是对子女和孙辈的谆谆教诲。

张雪说："企业依靠品牌创造最大价值，产品的高质量又是品牌的生命线。在激烈的市场竞争中，品牌要是失去质量诚信，便成为无源之水、无本之木，企业也会因此失去消费者与市场。"因此，公司决策层始终把建立健全严格的质量管理体系摆在首要位置，使质量管理体系更加富有标准化、规范性、严密性和严格性。品牌的背后是尽心服务的价值追求，而服务创新已成为企业竞争取胜的法宝。"永新人"始终贯彻"前期策划服务、过程精品服务、交工满意服务、后期延伸服务"的"大服务"理念，将服务范围不断扩展，形成了独具魅力的"永新"品牌特色，始终处于行业竞争的领跑者位置，做大做强，勇于超越自我，在推动中国特色的建筑行业发展过程中不断创造新的辉煌。

"宽窄巷"是四川省成都市的三大历史文化保护区之一，也是一个包含有多种文化、餐饮、休闲商铺集中展示老成都文化的旅游胜地。而在包头市，有一条北方的"宽窄巷"，这就是九原区的"横竖街"。

包头横竖街位于包头市九原区的主城区，浓缩西北民俗及蒙元文化精华，是集美食、娱乐、休闲、观光、旅游为一体的特色商业步行街，素有南有成都"宽窄巷"、北有包头"横竖街"的说法，包含横街、竖街，其中横街为东西走向，长857米，竖街为南北走向，长765米，横竖两条街虽然都不长但却汇聚了各种包头本地的特色美味。

2016年，参照南京总统府遗址建筑群风貌，包头市九原区投资1亿余元打造九原区横竖街，按照"南有成都宽窄巷，北有包头横竖街"的目标去定位。

永新装饰承建的"横竖街"建设项目贯通整个包头九原中心区，是一条横街满载九原韵味，竖街承载九原文明，一横一竖标出一张美食地图的街道。为使横竖街的整体改造尊重历史，体现九原历史变迁和民俗特色，在兼顾整体协调的前提下保持与新都市区的建设协调相融，耄耋之年的张雪带领公司关键岗位的技术人员和设计人员三赴成都、南京等地考察观摩，即使在身体羸弱接受治疗期间，每到施工关键节点，她都要在子女搀扶之下，到现场实地察看，征询建设方和监理方的意见。她要求施工队伍落实好美观、安全、经济、节能、环保理念，从而使横竖街在改造提升中突出了景观效果和质量安全，各种节能和环境保护新技术得以充分应用，受到各方一致好评。

张雪政治素质高，始终和党委、政府思想上同心、目标上同向、行动上同步，"一条心"奏响发展大合唱，为全面建成小康社会、建设包头汇聚正能量。为了把企业进一步做大做强，她根据多年的工作实践，不断探索适应市场经济的企业运行机制和管理模式，把永新装饰从一个名不见经传的小企业打造成了内蒙古自治区装饰行业的"龙头"，树立了良好的社会形象和企业信用，在业界赢得了广泛赞誉并逐步向股份制集团化方向迈进。

笔挟元气力扛鼎
苍茫飞动势磅礴 —— 麻天佑小传

麻天佑（1938—2016年），字绿野，别署西岳山人、华山村农、三秦游子、关中布衣。祖籍陕西华县（今陕西省渭南市华州区）朝邑镇（现隶属于渭南市大荔县）六合村，1938年12月出生。

麻天佑是包头市第十、十一届人民代表大会代表；中国民主同盟盟员（1984年7月至1987年11月民盟包头市委筹委会期间任第六支部委员）；包头市职工大学（2009年整建制并入包头职业技术学院）副教授。历任包头市文联委员，包头书协主席、名誉主席，包头书画院副院长，中国书画函授大学（包头分校）特约教授、书法部主任，内蒙古高校书法教育研究会理事。有《麻天佑隶书千字文》等出版物发行，论文《军事与书法》刊于省级《职大学刊》上，另有多篇论文、书作刊载于《书法报》等有关杂志上，传略被收录于《中国现代书法界名人辞典》等书中。

麻天佑幼年入乡塾"朝邑县私立养正学校"，打下较厚实的书写功底，由

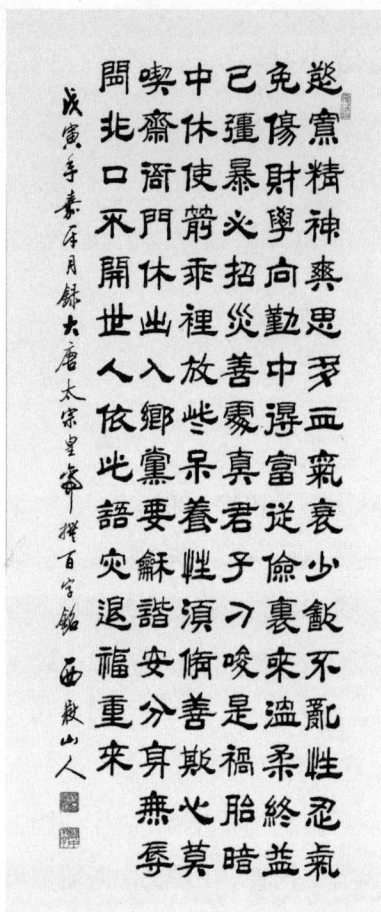

私塾而中学、大学期间，从未放弃书法研习。上大学伊始便求教于西安书法名家岳松侪、寇遐等书法名流。

岳松侪（名鹤龄，号老松、尺蠖庐），政协西安市第一届委员会委员，毕生致力书法，举凡钟鼎石鼓、篆隶章草无不涉猎。书风劲健奇崛、豪放雄强。善写丈余巨字，20世纪40、50年代西安街头匾牌多为岳松侪所题。后世评价其书法"雄强奇崛，张扬恣肆，筋骨坚实，峻切兀傲，在水墨氤氲中，呈现出一派豪放的阳刚气象"。

寇遐（字胜孚，号玄疵）是著名政治家和书法家，曾是杨虎城将军的幕僚，擅长金石收藏及研究，常以隶书和行书题署。所写隶书大字，笔挟元气，力可扛鼎，苍茫飞动，气势磅礴，在关中书坛别具一格。

60年代初，在寇遐引荐下，麻天佑求教于杨虎城心腹、抗日名将、时任陕西省副省长孙蔚如（民国时曾任陕西省主席）和张会风等著名书法家，加之他刻苦自励，笔不停挥地临碑摩帖，博采书法大家之众长，几年时间便在古城西安头角崭露。

1963年7月，麻天佑从西安外国语学院（2006年更名为西安外国语大学）俄罗斯语言文学系本科毕业后，支援边疆建设来到包头，分配到包头市第二中学任俄语教师。

1965年，麻天佑的书法作品首次参加全国书法大展，誉满京华。随后分别于1965年、1972年两次在日本展出青年时代作品，蜚声东瀛，从而一举名震鹿城。不久又有书作在北京荣宝斋展售。1995 年他的作品第三次赴日展出，为中日两国文化交流做出了贡献。

麻天佑自 1964 年开始进行书法授课。他教学生"起于点画运笔，成于单词结构，美于章法气韵"。他多年潜心研习书法，将蚕头燕尾，颜筋柳骨，加上《汉郃阳令曹全碑》（东汉碑刻，又称汉隶《曹全碑》——樊尚仁注）等隶书融会贯通。麻天佑说：要入古又要出古；继承传统又敢于创新。他正、草、隶、篆、行皆能，尤工隶书，人称"麻隶"，传统功力深厚，书风凝重稳健，古奥浑朴又俊逸潇洒，妍美流畅。屡有精品出手，"麻隶"在书法界流传并得到大家认可，佳作遍传东南亚和港澳台地区及欧美各国，赞誉不绝。

1975 年后，麻天佑因书法艺术日臻完美，遂调任从事专业书法工作，在包头市委宣传部展览办公室、包头医学院、包头市群众艺术馆和市职工大学都以潜心研究书艺为业，并创作了更多的精致作品，受到社会的公认；他关心热爱书法普及教育工作，后学者随其众多，他都悉心教授，成为倍受尊敬的书法老师。可谓字好品高，桃李满天下。1985 年麻天佑书签和春联在全国发行；山西晋祠、山东烟台美术馆、蒲松龄纪念馆、郑州黄河碑林、湖南桃花源、恒台王渔洋纪念馆等均收藏有他的书法作品，为发展和继承书法艺术事业做出了无私奉献。

在书法家的笔下，文字、书写、

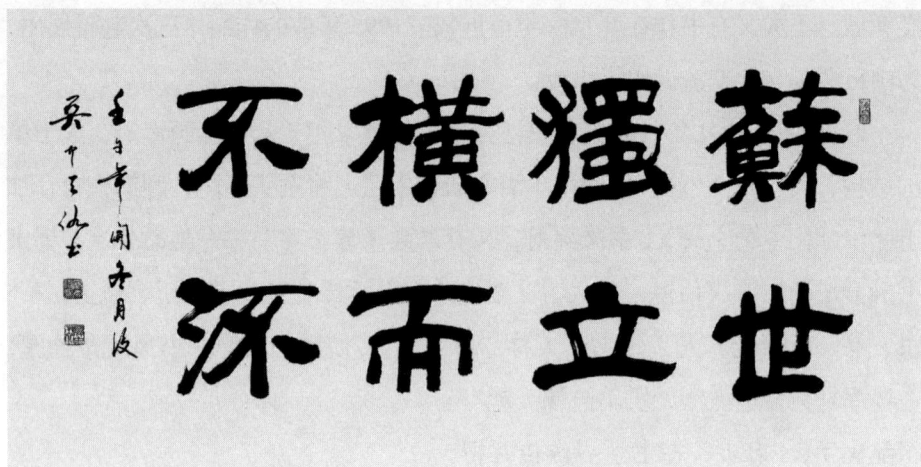

书法，这是一个动态创作的过程，最后，时间的连续凝练为空前的共存，书法作品表现于自我，呈现于社会，成为品赏的艺术。麻天佑投身于这种汉文字书写的视觉艺术中达 50 多个春秋，徜徉于南帖北碑的沧海桑田，最终建树了自己书艺法式的审美典型。业内人士称其人品高贵，字如其人，让人感动！他的"麻氏隶书"也将在书法史上独放异彩。

麻天佑积教十年之经验，将讲义编撰成书，理论、实践均极丰富。一册"麻天佑隶书千字文"，是他书法精品的代表作，在这里足可以领略"麻隶"的风貌，更是他谦恭友善、严己亲和的人品表现，正是观其书知其人也。

2016 年 10 月 6 日，麻天佑不幸病逝，但他的书作将香伴鹿城，永留人间。

宝剑锋从磨砺出
梅花香自苦寒来

—— 高仁宽小传

高仁宽（1939—2007 年），字苦石，号拙野山人，1939 年 3 月出生于日伪时期的伪"蒙疆联合自治政府包头市"（今内蒙古包头市）。

高仁宽是政协包头市第七、八届委员会委员，国家一级美术师，自幼酷爱书画艺术，擅山水、花鸟，绘事注重兼收并蓄，所作构图新颖，法度严谨，笔墨娴熟，隽润秀逸。

1963 年，高仁宽毕业于内蒙古师范大学数学系。

在中学时期，高仁宽较早受到工笔花鸟画家白铭的悉心教诲。上大学后，又有幸遇到我国著名国画大师邱石冥教授（1898 年生，师从齐白石，创办北京京华美专并任校长，1958 年后任内蒙古师范学院艺术系国画教授——樊尚仁注）和著名山水画家胡荫樟教授（1906 年生，师从吴镜汀，习山水画，曾任内蒙古师范学院艺术系国画教授——樊尚仁注）。两位教授对内蒙古师大数学系这个青年学生的绘画才华产生了浓厚的兴趣，倾其所学向这位第一弟子传授了花鸟山水的绘画技巧和技法，培养了他良好的素质。在两位恩师的推荐下，他又受教于写意大师李苦禅、王雪涛和著名的文艺评论家、小写意画家侯少君，并深得他们的器重和真传。这种戏剧性的艺术经历，与其说是上苍的厚爱，毋宁说是高仁宽用超然的才气、不懈的努力、高尚的品质和通灵

的悟性换来的。

在那个风雨飘摇的"文化大革命"岁月，高仁宽的老师李苦禅被打成反动学术权威。在他与世隔绝蒙难历险之际，高仁宽冒着风险来到北京，去看望李苦禅，以一颗拳拳之心，去慰藉老人心头的创伤。李苦禅十分感动："为难你了，在这种时候，你不怕受牵连，特地远道来看我全家，谢谢你了。现在只要有人来家，我们就心惊胆寒，他们不定什么时候来揪我去批斗，我们都成了惊弓之鸟，岌岌可危啊。你瞧，这些日子写不完的交代检查材料，我的眼睛也模糊了，你若进门不说话，我都认不出你了。"说着，他眼里的泪花扑簌簌地落了下来。

高仁宽告别时，李苦禅噙着眼泪，握着他的手说："仁宽，再以后的一段时间内你不要来了，这样风险太大，会给你带来很大麻烦。你还年轻，生活的道路还很长，再影响到你的前途就不好了，后会有期，多多保重啊！"这是一段刻骨铭心的记忆，这是一种难以忘怀的师生情谊。高仁宽每每提起，总是唏嘘不已。

观高仁宽画作，几乎每幅作品都有诗体。遒丽的诗体配在清雅的画作上，画中有诗，诗中有画，主题明朗，意境深远。他的花鸟形象、生动、逼真，设色嫣丽沉着，笔墨圆润苍遒，逸韵清新含蓄。他的山水构图苍茫雄阔，运笔酣畅雄劲，气势恢宏浩瀚，意境幽邃灵动。1993 年出版的《当代书画家作品鉴赏》一书中，对高仁宽的画作这样评价："技法娴熟，用笔大胆泼辣，于豪放处见法度，于谨严处显变化；兼工带写，风格殊异；绘画时如同书写，书写时又如同绘画。不论是山水、树石、花草、枝藤、禽鸟，还是虫鱼、盆景，均点画入形，走笔如神。他的国画构图严谨，从布局中反映出物态的结构美；从虚实关系中反映出空间的分割美，因平面造型的比例关系上进行美学效果的结合，足见他多年伏案于数尺之纸而积成于胸，落笔处自成天趣的功力。他在运腕行笔时技法熟练，别有韵致；落笔

高仁宽与妻子梁殊玲

处浓淡干湿，各显层次，富有变化，可见其功力之深厚，学之有成。""他的作品既承诸位尊师法度，又有他独特的风格，或泼墨，或以工带写，或画鸟，或写山水，均生机勃发。他创作时注重兼收并蓄，立意新颖，寓意深远，法度严谨，苍劲透逸，骨肉停匀，疏密有致，行款得体。"

李苦禅对高仁宽的人品、画品、书品均极为赏识，在他的作品上题批"仁宽聪亮正直""仁宽仁义之人也""仁宽书法秀美如赵体"。在一幅荷花图上，李苦禅题道："写意花卉以荷叶为最难，仁宽用笔用墨兼备，浓淡画法尽之矣。"在另一幅马蹄莲画上题道："内容新，取材照此可也，笔墨尚好，后照此学习。"

白铭于20世纪80年代初在高仁宽的一幅菊花图上题曰："勾花有致，点叶有法，笔墨挥洒自如，构图清晰典雅，仁宽弟数十年艰苦磨炼，今朝自见风华。"

　　"博采众家之长以为己有，又需自立面目不与人同。"这是高仁宽的治学主张。他说："艺术的生命力就在于独创，要脱俗形成自己的风格。""师自然，取造化，行于目，存于心，应于手。寄妙理于豪放之外，生新意于法度之中。"为此他在艺术的道路上苦苦磨砺四十余年，砚田里倾注着心血，笔下辉映着艺术的春花。他的代表作国画山水《高山远景图》早在1986年就参加了日本东京举办的"中国现代书画展"，并被编入日本出版的《中国现代书画家作品集》和《内蒙古美术作品展》中。另有多幅作品曾入选国内外多种大型美术展览并获奖。此后一发不可收拾，先后荣获全国首届"桃李杯"书画大奖赛三等奖、国际文化交流荣誉奖、中堂艺术家丰碑奖、中国当代美术书法篆刻金奖、国际荣誉奖，并被授予世界杰出华人艺术家、中国百名杰出美术家等称号。

2003 年，高仁宽个人业绩载入由人民画报出版社发行的大型典籍《走向世界的中国专家学者篇》之中。2004 年被聘为世界教科文组织专家成员。他有数十幅作品远赴日本、美国、法国、新加坡、荷兰、蒙古等国家以及香港、台湾地区展出，还有多幅作品被国内外著名收藏家、艺术博物馆和画院收藏。他的艺术事迹、传略和作品已被收入在权威版本《中日现代美术通鉴》《中国当代书画家辞典》《中国美术家选集》《中国美术选集（上、下册）》《中国美术家作品选集》《中国当代著名书画家珍品选》《当代中堂楹联书画大观》《二十世纪书画名家作品精萃》《二十世纪中华画苑掇英大画册》等 70 多部辞典和画集中。另外出版有《高仁宽画集》。由于他的艺术创作成就斐然，曾任包头市美术家协会副主席、现代民族书画艺术家协会副主席、中华文化艺术研究中心名人名作评审委员会高级评审员和高级研究员；新加坡新神州艺术院高级名誉院士和特聘高级书画师，新加坡星中国际美术艺术顾问，中华民族文化艺术研究所教授。

然而高仁宽说："艺无止境，必须要虚心，强其骨，实其腹。"他信奉安格尔的一段话："卓越的艺术成就只有用眼泪才能取得，谁不准备受折磨，谁就不会有信心。"在艺术的征途中，在艰难的追寻中，自强不息，并在困惑中研精殚思，"仍去求索，乐在其中，其乐无穷之时，就会有所收获"。这大概就是他自号苦石的缘由之一吧。

人生如棋局局新
入局之人需用心 　｜　—— 李曰纯小传

李曰纯（1940—1989 年），1940 年 10 月 23 日生于辽宁省善县。幼年时，即对"楚河汉界"的车马炮产生了浓厚兴趣。

李曰纯是包头市政协委员，内蒙古自治区棋类协会副主席，中国象棋大师，在棋坛上既有"弹簧钢"之誉，又有"胶皮糖"之号。

李曰纯于 1958 年春参加工作，同年 8 月，被选派到鞍山钢铁公司学习炼钢技术，其间，他勤奋好学、谦虚随和，技术水平和操作能力提高很快。实习结束后，被分配到包头钢铁公司（今包头钢铁集团有限责任公司）炼钢厂铸锭车间，成为一名铸钢工，业余时间热爱钻研中国象棋艺术。

1963 年 4 月，23 岁的李曰纯第一次参加包头市中国象棋比赛。由于他初次参加正式比赛，虽经奋力博弈，终因临场经验不足，只拿到第五名的成绩。1964 年，他再次参加包头市中国象棋比赛，连胜包头棋王曹鉴和棋坛高手段志田，荣获包头市中国象棋冠军。此后，李曰纯连续 11 次蝉联包头市中国象棋冠军。

由于李曰纯对包头市棋类事业的发展做出了突出贡献，1986年4月4日，政协包头市第六届委员会第十四次常委会增补其为政协包头市第六届委员会委员，并被邀请为第七届委员会委员。之后，他当选为内蒙古自治区棋类协会副主席。包头市棋类专家分析李曰纯的棋艺后认为：李曰纯的棋风独特，棋路灵活多变，自成体系，一般很难破他的棋。

李曰纯从1976年第一次参加全国象棋比赛起至1985年的10年中，分别参加了在上海、兰州、太原、合肥、厦门、苏州、西安等地举办的全国象棋比赛，曾经战胜或逼和过当代棋圣胡荣华、棋王杨官、全国象棋冠军柳大华及南棋王吕钦、蒋志良等名家。李曰纯不断从各路象棋高手那里学到长处，用来弥补自己的短板，提高、完善自己的棋艺，1985年8月30日，中华人民共和国体育运动委员会授予李曰纯中国象棋大师称号。

1987年，全国象棋比赛在西安市举行。李曰纯战胜当代棋圣胡荣华，使夺标呼声最高的上海市代表队失去了获得冠军的机会，从而被传为棋坛佳话。1988年4月，全国象棋比赛在湖北省孝感市举行，李曰纯参加完比赛返回包头后出现持续低烧和频频喘息的症状。

此时，传来国家体育运动委员会将在内蒙古自治区首府呼和浩特市举行全国象棋个人赛的消息。已经住院接受治疗的李曰纯听到消息后再也躺不住了，他几次向有关部门表示：全国象棋比赛在内蒙古自治区举办是第一次，这是一件推动内蒙古自治区象棋事业发展的大事，作为内蒙古自治区的棋手不参加比赛是遗憾的。比赛期间，只要有李曰纯参赛的棋局，比赛大厅都会传来他一阵阵的咳嗽声。20多天紧张、激烈的比赛结束了，李曰纯在药物的支撑下，以惊人的毅力获得全国第 10 名，这是他参加象棋比赛以来取得的最好成绩。

赛后，李曰纯被直接送进医院，医院经过多方会诊后确诊为肺癌。包头钢铁公司各级领导到医院探望李曰纯，时任包头市副市长魏力军闻讯赶到医院探望，并希望医院全力抢救这位中国象棋大师，中共内蒙古自治区委员会副书记千奋勇从呼和浩特市打电话到包头询问李曰纯的病情，并作出立即转院去北京治疗的指示。在国家体育运动委员会的协助下，李曰纯住进了北京肿瘤医院，被确诊为晚期肺癌。1989 年元旦，李曰纯从北京回到包头钢铁公司职工医院接受继续治疗。1989 年 2 月 27 日，李曰纯在包钢职工医院不幸病逝，年仅 49 岁。

李曰纯英年早逝，令人唏嘘不已。《当代体育》出版社 1989 年 05 期棋艺（象棋版）刊文"深切怀念李曰纯大师"一文称："棋坛名将、内蒙古唯一的象棋大师李曰纯，自悟棋道，因大器晚成令人倍加敬佩；然中年早逝又着实令人惋惜。作为业余棋手，他从 1975 年涉足国赛才大开眼界。尔后他奋起直追，勤修磨砺，1980 年便跻身弈林强手之列，真可称得上奇才。他天资敏慧，精于棋理，开局善于变通，中残局功夫尤为深厚，其棋风刚柔并济，日臻老成。在诸位特级大师的心目中，李曰纯确非等闲之辈，小觑不得。1988 年全国个人赛时，他毅然离开病榻，不畏膏肓之疾，抱病一搏，再度金榜题名，证实其宝刀未老，雄风犹存。壮哉棋雄，含笑去也。内蒙古棋坛，失良虚贤。"

遥见院士彩云里
手把核能朝玉京

——李冠兴小传

李冠兴（1940—2020年），1940年1月14日出生于上海市卢湾区，2020年12月1日在北京逝世，享年81岁。

李冠兴于1986年4月加入中国共产党，是中共十六大代表，第十届全国政协委员。清华大学核材料研究生。教育部公派美国俄亥俄州立大学冶金工程系访问学者。中国工程院院士。曾任中国核学会理事会理事长，二〇二厂厂长兼总工程师、中核北方核燃料元件有限公司名誉总经理等。是我国著名核材料与核燃料科学家、工艺技术专家、新型特种材料研究及应用的奠基人、试验堆燃料元件研究制造的开拓者。先后获部级科技进步奖一等奖2项，二等奖3项，三等奖6项。

李冠兴的祖上是上海当地的大户人家，父亲李守仁早年在大厦大学（1924年在上海建立的一所综合性私立大学。1951年10月，大厦大学文、理、教育学科与光华大学相关系科合并成立华东师范大学，成为新中国创办的第一所师范大学——樊尚仁注）念商科，没有毕业就开始接替父亲做生意。母亲王妙贞是茧厂老板的女儿。新中国成立前夕，父亲李守仁利用李家的大宅办了一个小学，名为道达小学（位于今上海市卢湾区鲁班路30弄16号，后改为鲁班路第

李冠兴家庭合照。从左向右分别为：弟弟李冠雄、母亲王妙珍、李冠兴、父亲李守仁、妹妹李冠秀

二小学——樊尚仁注），自任校长，母亲任语文老师。李冠兴就是从道达小学接受启蒙教育的。1956 年他从上海卢湾中学高中毕业后，考上清华大学，就读于工程物理系，16 岁的李冠兴成为全班最小的大学生。自小就独立性比较强的他，第一次离开家乡上海，独自一人远赴 1200 多公里外的北京求学，也与"核"结下了不解之缘。虽然带了六斤重的厚被子，但北京的冬天还是把他冻得够呛。班里的同学知道后，就让他去买棉花，然后大家共同给班里这个最小的弟弟加厚褥。虽然年龄最小，但他却是班上的尖子生之一，一直担任学习委员，后来又担任团支部宣传委员并在毕业时被评为优秀毕业生。

1962 年大学本科毕业后，李冠兴师从中国工程院院士李恒德先生攻读核材料专业研究生。20 世纪五六十年代，我国核工业处于起步阶段，对于核材料的研究方向和重点大家都不是很清楚，都是摸索着前进。在清华大学攻读硕士学位的李冠兴，读研第二年找了几个选题，但都被导师李恒德否定。他着急地问导师："哪个也不行，到底要做什么才行呢？"

导师严厉地说："这我不知道，别说我不知道，目前全国也没有几个人知道!"后来先生告诉他,你的研究方向是什么,你要到图书馆去查,然后再定。

那时只有外文资料,中文资料是没有的。李冠兴又经过两个月的反复调研,发现之前确定的研究方向确实存在很多问题。很快,他又确定了自己的研究方向——"铀的热循环"。抱着做不出来就肄业的决心,李冠兴拿着方案虚心向教研组里的教师们一个个地请教,逐步完善方案。当时的教研组实验条件非常差,没有先进的仪器设备,他就自己动手焊实验架,用时钟做控制系统。当时他还带了两个本科班,只能利用晚上的时间翻阅大量文献。那段时间他每天只能睡五六个小时。因睡眠不足,让他消瘦了不少。假期回上海探亲时,母亲看到憔悴、消瘦的儿子,差点没认出来。

研究生毕业后,1967年李冠兴被分配到位于内蒙古包头市的核工业部二〇二厂(后改称中核北方核燃料元件有限公司。以下简称"二〇二厂")第二研究室工作。投身到我国核事业的最前沿,希望实现"求真务实,创新图

李冠兴与张珊珠结婚

强，厚道为人，报效祖国"的人生信条。"我学的就是核材料专业，所以到核材料厂是最对口的。因为当时没有人，国家需要到这儿来，大家要干一番事业。"面对国家的需要，27岁的李冠兴义不容辞，也无所畏惧。到生产一线工作是李冠兴没毕业的时候就作的决定。当时有关系好的人建议他留在清华大学，不要去核燃料厂，但这并没有动摇他投身核事业一线的决心。

1968年李冠兴与张珊珠结婚。

同年，由于受父母的牵连，李冠兴被隔离审查，审查期间被分配到厂施工连接受劳动改造。那是一段饱经艰难、困厄坎坷的岁月。难得妻子张珊珠一直不离不弃，李冠兴才可以在12平方米的斗室里静下心来潜心学习，熬过这场劫难。1970年后，李冠兴被调回二〇二厂第二研究室做科研工作，"内部控制使用"。他开动脑筋，抓住主要矛盾，打破了苏联专家的权威结论。1976年，李冠兴攻克了核材料元件生产中存在已久的技术难题，为当时大幅度提高元件包装成品率和降低反应堆内事故概率作出了重要贡献，这次任务的圆满完成得到了业内人士的高度赞誉。

那个时候，曾有许多上海的朋友到包头，看到他的生活状况，不少人都掉了眼泪。后来的几年中，上海方面几次来"挖"李冠兴，让他回上海，并许诺解决户口、高薪、配备保姆等，但他为了核事业还是留在了二〇二厂。"因为到了上海就等于脱离了专业。"李冠兴当即给出了他这一生中最执着的答案。

1980年，李冠兴母亲的冤案

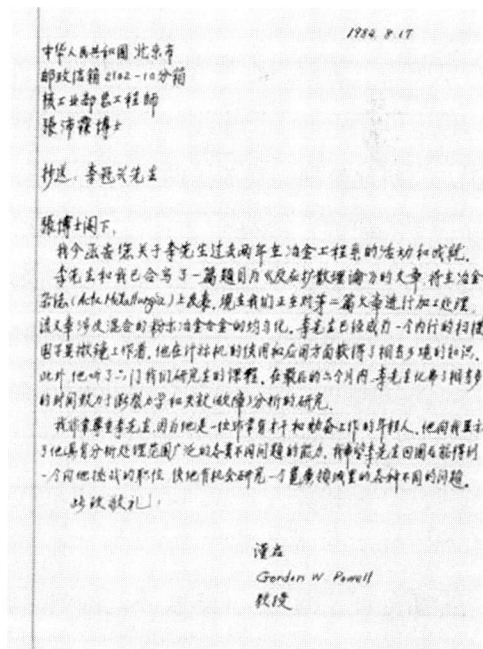

李冠兴回国之际，导师 Powell 写给张沛霖的信（翻译后手写版）

1989年，李冠兴（左）与张沛霖在北戴河会议上交谈时合影

得以昭雪，李冠兴也得到彻底解放。1982年经导师李恒德推荐，李冠兴到美国俄亥俄州立大学冶金工程系访学（教育部公派）。李冠兴在两年的时间里听了六门研究生课，完成了两项研究课题：一是完成了《二元系统中的反应扩散理论》的研究，1984年2月在加州洛杉矶召开的第113次冶金学年会上作了报告。文章发表于1985年的Acta metall冶金杂志上。二是于1984年4月，完成了《快速凝固三元铁—铝—硅粉末混合压实体的扩散均匀化》的研究工作。求学期间，他经常与导师Powell教授进行学术探讨，还到图书馆找来许多材料，证明导师的某些观点是不对的。这种敢于质疑的作风，反而获得了导师的认可和赞赏。回国前Powell教授在给张沛霖院士的信中对李冠兴倍加赞赏，认为"他是一位非常有才干和勤奋工作的年轻人。他向我显示了他具有分析处理范围广泛的各类不同问题的能力"。

李冠兴在二〇二厂一干就是40年。他在这里担任过组长、分室主任、副所长、厂副总工程师、总工程师、厂长等职务，并筹建了核工业唯一建在工厂里的重点实验室（1997年通过正式验收），建成了我国首条重水堆核燃料元件生产线，也在这里完成了多个项目，攻克了很多核材料元件生产中存在已久的技术难题。一些研究成果打破了国外垄断，填补了国内空白。

"先进的知识基本上没有，要到北京去查文献，但我们不怕困难，中央给我们的任务一定要完成，想尽办法去完成。"在一段采访视频中，李冠兴这样说。

李冠兴在二〇二厂的第一项工作是从事某重要研究，所有的事情都要自己做，包括查资料、定方案、整治设备、选材料等。第一次作项目报告时，李冠兴就遇到了中国科学院院士、我国核燃料事业的主要奠基者之一的张沛霖。张院士听完他的项目报告后评价："很好，很科班。"之后，张沛霖不断把一些科研攻关课题交给李冠兴，每次他都能出色地完成。

曾有人问张沛霖院士，谁够资格评选院士？张沛霖院士毫不犹豫地说："我觉得李冠兴够格。"在多年的科研生涯里，李冠兴结交了许多良师益友，熟悉的人都说他是大家心目中的英才。

1999年，李冠兴被评为中国工程院院士，那年他59岁。大城市、大企业和国外的高薪聘请函如雪片一样纷至沓来，但他丝毫不为所动，依然胸怀家国，心有大爱，在大青山脚下的黄土地上执着而勤奋地耕耘着。

2001年，花甲之年的李冠兴"临危受命"，出任二〇二厂厂长。在那个"搞原子弹不如卖茶叶蛋"的年代，他带领二〇二厂职工，建成了我国首条也是目前唯一一条重水堆核电燃料元件生产线。

老骥伏枥，志在千里。提起当时项目申请和建线时的情景，二〇二厂人都会回忆起身为工程建设指挥部总指挥李冠兴一再强调的几句话："同志们一定要珍惜这次机遇。如果搞不好这个项目，二〇二厂将再次落入低谷，脱困将成为泡影，同时也将给我国核电燃料元件的国产化带来不好的影响。我们这些人将成为历史罪人。"

李冠兴的话铿锵有力，语重心长，其言其情，令人为之感奋，让当时的二〇二厂职工深感肩上责任重大。在李冠兴的带动下，大家齐心协力，仅耗时33个月就建成了生产线，拿出了我国首套重水堆核燃料元件，不仅实现了

中共十六大代表李冠兴在人民大会堂前留影

二〇二厂的扭亏脱困，也为秦山三期核电燃料元件国产化奠定了坚实基础。如今，这条重水堆核燃料元件生产线已安全稳定运行 20 年，高质量完成了 20 万根棒束的生产任务，棒束质量达到国际先进水平。

2013 年，国家能源局组织召开中国首届事故容错燃料（ATF）研讨会，由李冠兴主持会议，推动组建中国 ATF 研发联盟。ATF 国家重大专项成功立项后，他不顾高龄，在 2015 年至 2019 年间频频往返于包头、北京、深圳，主持学术年会、方案评审等会议，帮助 ATF 开好头、起好步。

李冠兴曾说，ATF 是中国核燃料赶超世界的一次重大机遇。作为一名学者与管理者"双重身份"的厂长，李冠兴曾多次提及评判一个人的标准："我就看这个人的活儿干了没有，干得好不好。"

高瞻远瞩，鞠躬尽瘁。李冠兴自 16 岁求学清华，迈入核材料研究的大门，一生中坚守初心，砥砺前行，长期从事核材料与工艺技术、粉末冶金、金属材料、高级陶瓷与金属基复合材料的研究，在生产堆、研究堆和核电站

2016年，李冠兴（右）代表中国核学会与国际辐照加工协会签订合作协议

燃料元件与相关组件及铀材料等领域作出了重要贡献。他的许多学术思想，在核事业领域影响深远。

2004年10月，李冠兴从厂长的岗位上退下来后，受中国核工业集团公司委托，参加第三代核电站的国际招标，任燃料组组长，前后历时三年，出色地完成了任务。作为业界的精英，他始终用自己的坚定、坚持、坚守在困境中持续推动先进燃料研究。

2011年，日本福岛核事故发生，核电发展遇冷。当时上海核工院拟开展高热导芯块的预研工作，部分专家基于对业界发展前景的悲观预期，对研究投入持保守审慎态度。李冠兴充分认识到这种先进材料在后续核电安全性、经济性提升中的重要意义，大力推动该研究内容在"CAP1400关键设计技术研究"重大专项中的立项。后来抗事故ATF材料成为国际热点，高热导芯块成为各国重要的研究方向，他的真知远见为我国核燃料在该领域发展带来先机。

2013年8月，当N36锆合金特征化组件在秦山核电堆内考验第一次池边检查结果出来后，由于缺乏历史数据和经验认识上的积累，针对后续继续考验可能出现的风险和应对策略，中核集团在北京组织专题技术讨论。会上，出现了各种困惑、疑虑、怀疑乃至动摇的观点。幸运的是李冠兴肯定了一线技术人员开展的分析论证和主要应对措施，有力地推进了中国自主品牌 CF 系列燃料组件和 N36 锆合金的研发进程和成功应用。

随缘素位，是李冠兴给自己树立的人生目标。"随缘"指要摆脱名利，顺其自然，随遇而安。要以平常心，办平常事，做一个平常人。"素位"就是讲究保守本分，作为院士就是要保守学者的本分。生活中他为人厚道、以诚待人，学术上他求真务实、创新图强。

2019 年 1 月，李冠兴获中核集团院士荣誉勋章。2019 年 8 月获中国核学会特别贡献奖。2020 年 1 月，被中核集团评为中国核工业功勋人物。步入耄耋之年，李冠兴仍然在祖国核事业领域奋力拼搏、矢志不渝。李冠兴历任中核北方核燃料元件有限公司名誉总经理，核工业特种材料研究开发重点实验室学术委员会主任，中国核工业集团公司科技委顾问，中国核能标准化技术委员会主任委员，国家核安全专家委员会副主席，国核宝钛锆业股份公司董事会独立董事，中国核动力研究设计院反应堆燃料及材料重点实验室学术委员会主任，清华大学核能与新能源技术研究院双聘教授及精细陶瓷北京市重点实验室学术委员会主任，中核集团核燃料与材料研发中心专家委员会主任，国家能源先进核燃料元件研发（实验）中心学术委员会主任等。

2008 年至 2018 年，李冠兴连续任中国核学会第七届、第八届理事会理事长。2018 年起任中国核学会第九届理事会监事会监事长，中国核学会核材料分会理事长，《核科学与工程》主编。在他的领导下，中国核学会在学术引领、产业发展、国际交流、科普宣传、人才成长等方面作出了突出贡献。

公从何处得纸本
毫发尽备无差讹

—— 达楞古日布小传

达楞古日布（1941—1995 年），笔名敖日其格·西米，蒙古族，内蒙古自治区巴彦淖尔盟（今巴彦淖尔市）乌拉特中旗人。

达楞古日布曾参加生产劳动，当过小学教员、公社卫生院护理员，1970 年到达尔罕茂明安联合旗，在建筑工程队、水泥厂当工人。1983 年，转为国家正式干部，先后在达尔罕茂明安联合旗畜牧局、蒙古语文工作委员会任业务干事，系达尔罕茂明安联合旗文联专业作家兼编辑，中国少数民族作家学会会员，中国民俗学会会员，内蒙古自治区乌兰察布盟（现乌兰察布市）蒙古语文学会理事。

《蒙古族民俗大百科词典》

达楞古日布公开发表的小说、散文、报告文学共 31 篇，诗歌百余首，剧作 1 部，学术论文 11 篇，民间文学作品 40 余篇，翻译作品 3 篇。主要学术论文有《关于搜集整理民间文学作品之我见》《让埋藏在民间的瑰宝放出灿烂的光辉》等。主要文学作品有《月朦胧》（1985 年第 4 期《花的原野》）；《银河新春》（1980 年内蒙古人民出版社《乌兰花》散文选）。此外，还为中蒙两国合编的巨著《蒙古族民俗大百科词典》撰写有关易俗（象数）民俗条

文。《哈布图哈萨尔祭奠》也被这部词典选用。20世纪70年代，与他人创办了达尔罕茂明安联合旗历史上第一本文学刊物《达茂文艺》。1990年，他还积极主持召开了内蒙古民俗学会第二届年会及哈布图哈萨尔学术研讨会。为此，内蒙古民俗学会给他颁发了荣誉证书，并在报刊上进行了表彰。其文化创作事迹载入《中国少数民族作家辞典》《中国当代艺术界名人录》中。

达楞古日布对哈布图哈萨尔的研究与哈布图哈萨尔祭奠民俗的研究，弥补了蒙古史研究领域的空白。内蒙古师范大学学报曾指出："达楞古日布的《蒙古史研究的潜在渊源——论哈布图哈萨尔其人其事》一文，系统深刻地分析了哈布图哈萨尔的一生。"〔1990年第4期《内蒙古师范大学报》（蒙文版）〕

《汉书·地理志》云："凡民禀五常之性，而有刚柔缓急音声不同，系水土之风气，故谓之'风'；好恶取舍，动静无常，随君上之情欲，故谓之'俗'。"即为"自然条件不同而形成的习尚叫作'风'，由社会环境不同而形成的习俗叫作'俗'。"故今人将民间的生活习惯等带有民间色彩的文化形态和生活方式，都包括在每一个民族的"风情"范畴之内。达楞古日布对此十分认同，为此进行了蒙古族风俗习惯的研究，完成了《蒙古族易卜民俗》一书的初稿。然而，令人遗憾的是，该书未及出版，达楞古日布不幸于1995年辞世，给后人留下了一笔宝贵的文化遗产。其个人事略收录于《达尔罕茂明安联合旗志》中。

安能以此尚论列
愿借辩口如悬河 —— 柳陆小传

柳陆（1941—2014年），本名刘国臣。1941年出生于包头郊区（今包头市九原区）一个普通的农民家庭，笔名"柳陆"。2014年4月25日，在包头逝世，终年74岁。

柳陆是中国国民党革命委员会（简称民革）党员，包头市文学艺术界联合会专业作家，中国作家协会、民间文艺家协会会员，内蒙古文史自治区研究馆研究员、内蒙古自治区非物质文化遗产专家组成员；政协包头市昆都仑区第四、五届委员会委员，1993年3月，被邀请为政协包头市第八届委员会委员，并担任文史资料委员会委员。他是见证了包头60多年发展的本土作家，熟知包头的历史、文化、风俗人情，是地地道道的乡土作家、民俗学家、西口文化的传承者、包头历史文化发展的虔诚记录者。以研究本土文化著称。他30余次获得市级、自治区级及国家级文学创作奖。五部曲即《漫漫西口路》《走大河》《走北疆》《行走秦直道》和《走鹿城》为其代表作。

幼年时，柳陆在包头市东河区金龙王庙小学（始建于清光绪三十年四月）读书，因家境贫寒，他用稚嫩的双肩挑水、卖草，换得少许学费以支撑自己的学业，但最终还是在初中没有毕业的时候就步入了社会。

柳陆的童年时代是在"老包头"即东河区的市井之中度过的,打从记事起,在他眼前走过的,便是那些赶大车的、掏茅厕的、收破烂的、沿街叫卖的、拉骆驼的、放羊的、擀毡的、挖根子(甘草)的、烧窑的、背炭的、割风箱的、钉马掌的、跑堂的、卖干货的、开食堂的、卖皮货的、唱山西梆子的、打坐腔唱二人台的,以及铜匠、铁匠、皮匠、车倌儿、讨吃子。这些形形色色的社会底层人物和他们的生活熏陶着、感染着他,这些人物和生活经历,后来都成为他创作的源泉,同时也造就了他成为老包头民俗文化研究第一人的地位。

20世纪50年代后期,还是少年的柳陆考入了内蒙古话剧团,学员时代的柳陆尽管总是跑龙套,用他自己的话说就是"经常扮演匪兵甲、特务乙,有时一晚上叫八路军'枪崩'七八次"。但那个时代内蒙古话剧团演出了好多经典剧目,像《胆剑篇》《雷雨》及《椰林怒火》《千万不要忘记》《烈火中永生》等作品,虽然他当时学历不高,但这种影响是潜移默化的,像春雨般"润物细无声",对他后来的创作影响极大。

20世纪60年代初,饥饿君临大地,柳陆正是能吃能喝的"二不浪"后生,尽管饥饿像幽灵般地缠绕着他,但柳陆忍受着饥饿,他更渴望的是文学艺术，因而他拼命读书，充实自己。

1966—1976 年，正值"文化大革命"时期，柳陆在运动初期被造反派贴了大字报，受到"冲击"。"文革"十年，他当起了"逍遥派"，不跟风，不追派，静静地观察、等待。

1976 年 10 月，党中央粉碎了"四人帮"反党集团，柳陆也迎来了他创作的春天。1980 年，当时包头市文联主席汪焰与包头师专的创立者、老校长关文彬联手，办起了包头青年作家进修班，柳陆很幸运地成为这里的学员。那时他就是班里的"活跃分子"，给同学们主讲"五讲、四美、三热爱"，组织班里的周末舞会，协调各种关系，听邓丽君的录音磁带，给全班同学的印象是热情快乐，永远没有忧愁。

在柳陆视为恩师的汪焰的帮助下，他先后在几所大学进修，如饥似渴地吸吮文化营养，著有 26 部民俗、杂文等文学专著和数百万字的零散文章，除五部曲之外，还出版了《风雨福徵寺》《老包头街巷文化》《包头水事》《北梁》等作品，在包头电视台讲述《老包头故事》，被刻录成光盘（1—94 期），广泛传播。他是包头本土作家群里作品最多的一位高产作家，为今后包头市民俗文化的传承、研究提供了翔实的文献资料，更为包头市的文化建设增添了一抹光彩。

1994 年，柳陆患胃病，胃切除三分之二。出院后，人瘦得剩下一把骨头。对自己的身体，他一点也不在乎，还说"我已经在鬼门关上走了一圈，现在要抓紧时间写些东西"。拼着羸弱的身体，平均不到一年写一本书，这是许多作家很难做到的。即使在 2014 年离世前两个月的春节期间，他癌症发作，痛苦不堪，依然佝偻着身子伏案写作，对老伴儿的关心和劝阻吹胡子瞪眼，发脾气，坚持撰写他熟悉和热爱的老包头北梁的棚户区改造工程，留下了百万字的手稿，是一笔十分珍贵的精神遗产。

柳陆是草根作家，滚在生活里，熟悉生活，热爱生活。他一个人徒步走西口、走秦直道、走边关、走大河，记下了几十万字的笔记。改革开放三十年之际，他撰写的《分煨炭、储白菜、拉土豆》《三十年前乘车记》被收录在包头市政协文史资料第十九辑《改革开放亲历记》中。他在包头电视台主讲

94期"老包头故事"，都是老包头的典故、历史、西口人的民俗和故事，收视率极高，深受包头市民的喜爱。一次，他晨练路过阿尔丁植物园，一群晨练完的大妈看到在电视里常见的柳陆，马上围上来问他一些老包头的往事，搞得他不知所措，朋友们还戏称他是"中老年妇女的偶像"。

就在他离世的那天上午，恰巧一位素不相识但喜爱他的观众辗转打听到他的电话号码，听说他生病住院，便捧着一大束鲜花来到病房，看到柳陆刚刚离世，流着眼泪说："我来晚了，我来晚了。"

柳陆生前爱到烧卖馆吃早餐，一两烧卖，一碟咸菜，一壶清茶，天南地北地和吃烧卖的人聊天，朋友戏称他"就鬼嚼了"。在他离世的第二天，那些素不相识的"烧卖客"不知从哪里听到的消息，都到柳陆家里看望他的家人，安慰柳陆夫人，来客中甚至还有一位收破烂的老汉。这些素不相识的人们感动着柳陆的家人，人已逝去，情依旧在。

柳陆的情感在民间，他的朋友也在民间，三教九流都是他创作的源泉。柳陆没有架子，更没有看不起劳动人民，他是政协委员，喜欢和任何一个阶层的人交朋友，所以他深受老包头民众的喜爱，有这么多观众、读者和民间百姓为他送行，这应当是一个政协委员、作家、民俗学家、内蒙古文史研究馆研究员最高的荣誉。

大漠寒冬塞草衰
战士军前半死生

——扎木苏小传

扎木苏（1947—1989 年），蒙古族，内蒙古哲里木盟奈曼旗（今属内蒙古自治区通辽市）人。

扎木苏是中共党员。1968 年 9 月从部队复员到达尔罕茂明安联合旗（简称"达茂联合旗"），1971 年，在达茂联合旗查干淖尔苏木派出所任外勤民警，先后担任过副所长、所长等职，授予少校警衔。1989 年 12 月在执行公务时，不幸以身殉职，被追认为革命烈士。个人事迹入编《达尔罕茂明安联合旗志》。

扎木苏扎根在边防保卫战线上，二十余年如一日，勤恳认真，以苦为乐，刻苦钻研，热爱本职工作，是乌兰察布盟（今乌兰察布市）边防系统闻名的"问不倒"和"活地图"。在工作中，他专拣重担挑，要求负责最偏僻、最分散、面积最大的辖区。辖区内四五十里不见人烟，居住特别分散，开展工作困难重重，而他为了做好群众工作，不辞辛苦、深入牧场、蒙古包，每个月少则十天，多则二十天，风里来，雨里去，日夜忘我地工作。在他的带领下，全所干警齐心协力，扎实有效地完成了各项工作任务，派出所几次被评为内蒙古自治区、乌兰察布盟、达茂联合旗先进单位。1983 年，内蒙古自治区公安边防派出所基层基础工作现场会在达茂联合旗查干淖尔苏木召开，扎木苏在会上作了经验介绍。在这次会议上，把他所在的派出所作为内蒙古自治区的试点单位。

扎木苏在做好本职工作的同时，用一颗爱民之心温暖着牧民群众。他经常帮助牧民洗羊、灌药、打针、打草、剪羊毛、接羊羔等，多次为生病的牧民求医治病，帮助年老的牧民解决生活中的困难。牧民群众的文化娱乐活动比较贫乏，每次歌舞团到苏木演出，他就用车接送牧民观看演出。作为一名共产党员，他用实际行动把党的温暖送到牧民的心坎上。

1989年12月23日，扎木苏在履行职责、维护社会治安时，遭到歹徒疯狂殴打，不幸以身殉职，年仅42岁。他的一生是全心全意为边疆各族人民服务的一生，是兢兢业业、勤勤恳恳为公安边防忘我工作的一生。他用闪耀着雷锋精神的光辉事迹谱写了一曲热爱边疆、扎根边疆、保卫边疆、献身边疆的颂歌。

一超直入如来境
百炼钢成绕指柔

—— 史守仁小传

史守仁（1949—2007 年），1949 年 3 月生于内蒙古自治区包头市，2007 年 4 月 15 日去世，享年 58 岁。

史守仁是中国书法家协会会员，曾任包头市书法家协会副主席。

史守仁儿时在包头市东河区牛桥街小学就读，中学就读于包头市第十七中学。1968 年参加工作，1970 年在内蒙古第二机械厂（今内蒙古北方重工业集团有限公司）从事宣传工作。1972 年，赴内蒙古师范学院（今内蒙古师范大学）艺术系美术专业深造。20 世纪 80 年代初，包头市环保局成立不久，即调至局宣传科工作，从事《包头环境报》的策划工作。1985 年 5 月 1 日，《包头环境报》正式发行，成为包头环保宣传教育工作的主要阵地，他长期担任该报的美编工作。

翰墨不辍，终有所成。由于工作业绩突出，史守仁被邀请为政协包头市第八届委员会委员。1989 年荣获内蒙古自治区青年书法家"十杰"称号。先后获全国神剑美术书法摄影展特别奖和由内蒙古自治区党委宣传部、内蒙古自治区文联、内蒙古自治区文化和旅游厅、内蒙古自治区新闻出版广电局联

合主办的第二届全区最高形式的艺术奖项"萨日纳"（蒙古语"山丹丹花"的意思）二等奖；书法作品入选全国首届书法新人新作展、首届华北五省区书法展（优秀奖）、全国第六届书法展，获全国环保书法大赛铜奖；作品被收录于《2000年中国百杰书画家精品集》《新加坡与内蒙古书法作品集》。书法作品常被日本、新加坡等国家和台湾、香港等地区的朋友收藏。他创作设计的包头市市徽方案，于1986年4月2日，经包头市八届人大第十九次常委会审议通过，正式确定为包头市市徽。他的多幅书法作品曾作为包头市政府礼品馈赠海外国际友好人士，另有部分作品被国内博物馆和艺术团体及社会各界人士收藏。其艺术辞词条入编《中国书画名家签名钤章艺术总览》《中国当代青年书法家辞典》等多部辞书。

"我们身边有些人写字写了二三十年，怎么写也写不好，什么问题呢？缺少的就是真情。写字能把感情带出来，这一点特别不容易。"史守仁在2002年的一次作品研讨会上发言说："我们看书法作品，是要透过作品本身来看作品的背后，有一个活生生的人即创作主体的心声究竟是在怎样地流淌，怎样地倾注，怎样地滴血，怎样地关爱，要紧紧抓住书法艺术的本质和灵魂，即思想性、抒情性。这是十分难能可贵的。"

人，最难认识的还是自己，在几个博学多才、滔滔雄辩的朋友面前，史守仁也为自己的木讷而自惭。偶然间读了本《禅海珍言》：禅宗六祖惠能不识一字，不读一经，诸多终生读以坐禅的高僧尚须六祖开悟。史守仁读罢，心下渐渐明白：下下人有上上智，用不着捧着金碗讨饭吃。

中国书法家协会会员、内蒙古美术协会会员、国家二级美术师马沛成在

自求多福　守仁书

《迟者先至》（内蒙古人民出版社《大漠百家》）一文中称：在内蒙古自治区书画圈内，恐怕没有比史守仁更迟、更拙、更憨的了。史守仁的字，如史守仁的人，迟、拙、憨。迟得拙重，憨若古佛，一点一画，放在手心里掂量掂量，沉甸甸的，难怪内蒙古自治区几位国家级的书画家在史守仁面前恭恭敬敬执弟子礼。2003 年，内蒙古、江西两省区联展，内蒙古自治区书协主席康庄先生陪江西同人在展厅徜徉，走到史守仁作品前，沉吟良久，一切全在不言中。

一个不一定有的故事。僧问："如何走，方能早到灵山？"

佛曰："慢走。"

史守仁迟、拙、憨，无论做什么，不懂也不敢玩花活。20 世纪 70 年代末，由绘画旁涉书法，置他人的捷径、现代书法、粗头乱服于不顾，一门心思下笨功夫，专拣费力不讨好的活，写唐楷。一写就是三十余年。当年，那批速成的书法家大多已风流云散，剩下几个也显得先天不足，举步维艰，而踽踽独行的史守仁，却路越走越宽，渐显大家气象。

有时，朋友们私下议论起史守仁的迟、拙、憨。但他实际上有点像托尔斯泰笔下的列文与彼尔，缺的是小才智、小机敏，有的是大智慧、大能力。"一超直入如来境。"史守仁习字之初，周围无大家，他凭直觉认定书法的灵魂在线条，闭门二十年，百炼钢成绕指柔。史守仁骨子里的迟、拙、憨，天生玩不了甜、媚、俗，本能地选择了审美上的高层次，大玉不琢，大羹不和，天意。

史守仁常言："好儿不使爷钱，搞书法的，优势在线！"可以看出史守仁那"一超直入如来境"的大智慧。

史守仁喜弘一法师的作品，浸淫日久，自己的字已褪尽铅华，呈中和静穆之美。事情就是这样，美中蕴丑，长中寓短，从审美习惯看，略欠粗犷与苍茫，也不是唆人作恶，几次要史守仁找碴和别人吵上几回，荡荡胸中豪气，书风或可为之一变。史守仁听了憨憨一笑，不置可否。曹丕《典论·论文》中说："文以气为主，气之清浊有体，虽父兄不可以移子弟。"书风的最后陶铸，其实也是个人禀赋和阅历，不可力强而致。

叔本华说"艺术是人生的麻醉剂"；尼采说"艺术是人生的兴奋剂"。当一个人陶醉在追求艺术的境界中，什么痛苦、忧愁、财富、功名就都不复存在。在史守仁的生命中，只有璀璨的艺术之花永久地盛开。

后　记

包头市政协教科卫体委员会副主任　执行主编　**樊尚仁**

《人物履迹话包头》一书共有人物传记及相关附录208篇，主要内容为历史上在包头地区活动过并且具有某些方面代表性人物的事迹，这些方面包括政治、经济、军事、教育、医疗、书法、美术、戏曲等。

本书所收录的人物以近现代为主，全部为已辞世的人物。个别人物因资料收集较为困难而未单独列入，但他们在包头地区的某些活动散见于本书的相关篇目，或可略补不足。

本书具有传记性质，人物事迹主要散见于包头市及旗县区的党史、志史、文史和行业史、厂矿企业史以及村镇史料中。

本书在代表性人物的选择过程中或有挂一漏万的情况，尚祈见谅。

本书所涉及历史人物，着重从二十四史中择取在包头这片热土上留下坚实足迹的、在包头地区之历史蝶变进程中有过一定影响且家喻户晓的知名人物；近现代人物，着重从中华人民共和国成立后曾经担任过各级人大代表、政协委员，受到党和国家及各级政府、行业主管部门褒奖的先进人物中撷取，并以人物小传的形式编撰，着重反映他们在包头地域工作生活时所作出的主要贡献。其中：陈登崑同志相关资料由其长女陈绿河提供、郑天翔同志事略由中共包头市委党史办副主任于锦绣供稿，许琪同志事迹由包头市政协文化文史资料和台侨联络外事委员会主任许北怀提供，李畅茂和刘克敌同志的业绩分别由李国忠、刘浩翔提供，关陇集团里的武川军人由包头博物馆副研究员栗征华供稿，其余人物的稿件均由本人根据相关史料和官方宣介的记载编撰，并负责本书全部稿件的统筹、校对和史实订正工作。樊俣、樊华、史雅琴、刘浩翔同志承担全书的校对工作。

全书结稿后，内蒙古自治区文史研究馆齐凤凌馆员负责全书的审核工作，同时对各篇文稿的标题进行了统筹。

包头市政协党组书记、主席杨利民同志对编撰工作进行全面部署，提出具体要求，成书后又严格审稿并为之作序；市政协党组副书记、副主席李新春同志，市政协党组成员、副主席兼秘书长刘晓东同志除对本书的编撰思路提出具体要求外，还对本书在政治、史实、文字方面进行整体把关。

曾任中国艺术研究院院长、非遗中心主任，中国国学研究与交流中心主任，甘肃省委常委、宣传部部长，内蒙古自治区副主席连辑，在百忙之中题写了书名，为本书增色添辉，在此表示诚挚的感谢！

本书所收录图片资料，大部分取自有关史料，其他多为知情者提供线索。其中，中核北方核燃料元件有限公司原党委宣传部副部长陈永望、内蒙古第一机械集团有限公司总经理助理席世军、内蒙古北方重工业集团有限公司总工程师雷丙旺及党群工部部长谢俊成等同志不但提供了部分照片资料，还协助我与人物生前所在企业党群工作部对接，对所涉稿件进行综合审核，出具审核意见；中共包头市委统战部副部长朱存贵、杨柏军同志组织相关人员对本书所涉民族和宗教工作予以把关；内蒙古自治区文史研究馆馆员郑少如，包头市美术家协会副主席要红霞，包头博物馆馆长张海斌，包头市政协人口资源环境委员会主任刘占全，教科卫体委员会主任徐刚，民族宗教委员会主任王华、副主任格日勒同志及包头市政协办公室综合科科长冯国强同志在图片搜集和对知情人物史实的考证上，助力不少；五当召综合保障中心提供了部分五当召的资料照片。

在本书付梓出版之际，谨向所有关心和支持本书出版工作的领导和同志们致以诚挚的谢意！

书稿辑录人物的时间跨度长达 2300 余年，本着既不以一德掩大眚，也不以一眚掩大德的原则，经扒罗剔抉、精挑细选、刮垢磨光、精雕细琢成书。在史料搜集和稿件编撰时，由于本人的学养和知识储备与文字水平及个人阅历所限，以致本书在有关方面存在不足，请广大读者和方家宽宥并指正。

2022 年 10 月 8 日

跋

内蒙古自治区文史研究馆馆员　齐凤凌

　　由于包头地区具有关河之险的地理特征，使得本地区的人物长期在多民族纷争和融合的大背景下闪亮登场，便又具有人文荟萃的特点。包头市政协在以往征集到大量史料的基础上曾经出版过许多文史资料选辑，后来在出版选辑的基础上又出版了不少专辑，这是一次由广泛征集向专题研究的转变。本届政协包头市委员会又决定整理出版《人物履迹话包头》一书，属于人物研究专题，并把征稿、整理、编撰工作嘱托樊尚仁同志负责。

　　过去我曾参与过由樊尚仁同志具体组织实施的《话包头》系列史料的研究、整理、出版工作，其中有《金戈铁马话包头》《塞上通衢话包头》《人文历史话包头》《诗词歌赋话包头》《抗日烽火话包头》《多党合作话包头》和《民族宗教话包头》(后更名为《鹿野长河话包头》)等，后来市政协还出版了《工业经济话包头》，我没参与。这本《人物履迹话包头》又为市政协的《话包头》家族增添了一个新成员。现在看，《话包头》系列已经成为包头市政协文史资料工作的一个精致品牌了。

　　翻看《人物履迹话包头》这套书，感觉它所具有的文史资料"存史、资政、团结、育人"的作用十分显著，特别是在育人方面很有价值。

社会上有不少人喜欢读人物传记，希望从中找到一些做人的道理和行为处事的方法。是的，学习历史尤其是人物传记确实有这个功用。

历史是最好的老师，经验是宝贵的财富。恩格斯说，"历史就是我们的一切。"历史与现实，是一条永远割不断的长河，没有历史，哪有现在和未来？培根曾经说："读史使人明智。"李世民说了句非常有名的话："以史为鉴，可以知兴替。""究天人之际，通古今之变"，这是历史学家的使命，也是当代政治家的使命，还可以说是全人类的使命。人类从洪荒的远古走来，向着希望的明天走去。前人的经验教训，正是后人前行的宝贵财富。

昭昭前事，惕惕后人。我们不能忘记历史，列宁说："忘记过去就意味着背叛。"习近平总书记多次强调："历史就是历史，事实就是事实，任何人都不可能改变历史和事实。""历史的启迪和教训是人类的共同精神财富。忘记历史就意味着背叛。"对广大青少年进行爱国主义教育，历史就是活生生的教材，尤其是人物传记更是非常生动、非常实在和鲜活的教材。

《人物履迹话包头》里记述了200多个人物，他们中的大部分人士在事业上是比较成功的，这里都有哪些原因，值得我们反复品味。

我看这本书里的一些成功人士几乎都有以下一些共同点：

一是目标明确，刻苦坚持。鲁迅讲过："积之十年，必有大成。"这句话在本书中许多人物身上都有体现。

二是珍惜时光，读书学习。所谓"少壮不努力，老大徒悲伤。"还有这样一句话在提醒着我们："知识改变命运，读书改变人生。"

三是抓住机会，决不放弃。机会是人的偶然性（如品性才能等）与社会发展的必然性交叉点上的产物。它如白驹过隙，稍纵即逝。记得柳青在一本书的扉页上写过一段话："人生的道路虽然漫长，但紧要处常常只有几步，特别是当人在年轻的时候。"

四是当行则行，当止则止。老子说："知足不辱，知止不殆。"古人还说："邦有道则现，邦无道则隐。"李白讲："吾观自古贤达人，功成不退皆殒身。"

当然，闪烁着人生光环的人们所昭示给我们的远不止此，希望能够从他们身上得到更多的启迪。

2022 年 10 月 8 日于包头

图书在版编目（ＣＩＰ）数据

人物履迹话包头 / 杨利民主编；樊尚仁执行主编 . -- 北京：中国文史出版社 , 2022.10

ISBN 978-7-5205-3952-4

Ⅰ . ①人… Ⅱ . ①杨… ②樊… Ⅲ . ①包头－概况 Ⅳ . ① K922.63

中国版本图书馆 CIP 数据核字（2022）第 212681 号

责任编辑：梁 洁 装帧设计：杨飞羊

出版发行：中国文史出版社

社 址：北京市海淀区西八里庄路 69 号 邮编：100142

电 话：010-81136606 81136602 81136603（发行部）

传 真：010-81136655

印 装：北京新华印刷有限公司

经 销：全国新华书店

开 本：787mm×1092mm 1/16

印 张：68.5

字 数：900 千字

版 次：2023 年 3 月北京第 1 版

印 次：2023 年 3 月第 1 次印刷

定 价：269.00 元（全三册）